Borkner-Delcarlo
Linux im kommerziellen Einsatz
mit Samba 2.0.3

Quellen suchen, wo beschrieben wird wie Linux als Fax-Server eingesetzt/konfiguriert werden kann.

S. 131 Wichtiger Hinweis zum Starten von Samba! Anmerkung im (alten) Linux Handbuch von S.u.S.E. ist falsch?

Olaf Borkner-Delcarlo

Linux
im kommerziellen Einsatz mit Samba 2.0.3

2., aktualisierte Auflage

Carl Hanser Verlag München Wien

Der Autor:
Dr. rer. nat. Olaf Borkner-Delcarlo, Dipl.-Inf. (Univ.)

Internet: http://www.hanser.de

Alle in diesem Buch enthaltenen Programme, Darstellungen und Informationen wurden nach bestem Wissen erstellt und mit Sorgfalt getestet. Dennoch sind Fehler nicht ganz auszuschließen. Aus diesem Grund ist das im vorliegenden Buch enthaltene Programm-Material mit keiner Verpflichtung oder Garantie irgendeiner Art verbunden. Autoren und Verlag übernehmen infolgedessen keine Verantwortung und werden keine daraus folgende Haftung übernehmen, die auf irgendeine Art aus der Benutzung dieses Programm-Materials, oder Teilen davon, entsteht.

Die Wiedergabe von Gebrauchsnamen, Handelsnamen, Warenbezeichnungen usw. in diesem Buch berechtigt auch ohne besondere Kennzeichnung nicht zu der Annahme, daß solche Namen im Sinne der Warenzeichen- und Markenschutz-Gesetzgebung als frei zu betrachten wären und daher von jedermann benutzt werden dürften.

UNIX™ ist in den USA und in anderen Ländern ein eingetragenes Warenzeichen, ausschließlich durch X/Open Company Limited lizenziert.

Die Deutsche Bibliothek - CIP-Einheitsaufnahme

Linux im kommerziellen Einsatz mit Samba 2.0.3 [Medienkombination] /
Olaf Borkner-Delcarlo. - München ; Wien : Hanser
   ISBN 3-446-21174-8
Buch. - 2., aktualisierte Aufl. 1999
CD-ROM. - 2., aktualisierte Aufl. 1999

Dieses Werk ist urheberrechtlich geschützt.
Alle Rechte, auch die der Übersetzung, des Nachdruckes und der Vervielfältigung des Buches, oder Teilen daraus, vorbehalten. Kein Teil des Werkes darf ohne schriftliche Genehmigung des Verlages in irgendeiner Form (Fotokopie, Mikrofilm oder ein anderes Verfahren), auch nicht für Zwecke der Unterrichtsgestaltung, reproduziert oder unter Verwendung elektronischer Systeme verarbeitet, vervielfältigt oder verbreitet werden.

© 1999 Carl Hanser Verlag München Wien
Umschlaggestaltung: MCP • Susanne Kraus GbR, Holzkirchen, unter Verwendung des Bildes "Schlehe" aus "Friedrich/Petzold, Obstsorten" (Neumann Verlag, Radebeul, 1993)
Datenbelichtung: Wolframs Direkt Medienvertrieb GmbH, Attenkirchen
Druck und Bindung: Druckerei Wagner GmbH, Nördlingen
Printed in Germany

Jetzt oder nie!

Linux im Unternehmen ist heutzutage keine Frage mehr, sondern schlicht und ergreifend die Antwort auf viele Fragen. Nachdem vor kurzem Oracle, Informix, InterBase und Computer Associates ihre Datenbankprodukte für Linux angekündigt haben, dürfte auch dem letzten Zweifler klargeworden sein, daß Linux den Durchbruch geschafft hat – gerade und vor allem im Unternehmensbereich. Ein nicht zu unterschätzender Teil des Marktes bewegt sich auf Linux zu, und Sie werden in diesem Buch viele bekannte Namen wie Netscape, Corel und StarDivision wiederfinden, die interessante Applikationen und sogar auf dieser Plattform basierte Hardware anbieten. Aber auch IBM, der blaue Riese, hat eines der bekanntesten freien Softwareprodukte neben Linux, den Apache Webserver, in eine kommerzielle Entwicklungsumgebung integriert. Es ist also an der Zeit, sich mit diesem Thema auseinanderzusetzen, und Entscheidungsträger werden Referenzmaterial wie dieses Buch sicher begrüßen. Wer marktwirtschaftlich denkt und flexible Lösungen sucht, muß heute Linux in seine Überlegungen mit einbeziehen, denn die Flexibilität dieses Betriebssystems sucht seinesgleichen.

Trotz des gewaltigen Umfangs von weit über 500 Seiten kann natürlich auch dieses Buch nur Teilaspekte des Einsatzes von Linux beleuchten, nämlich als Server- und Datenbankplattform in heterogenen Netzen mit Windows- und Novell-Rechnern. Doch genau diese Bereiche werden Sie mit Sicherheit am meisten interessieren, und die Migration kann schrittweise und völlig gefahrlos geschehen. Linux hat sich hier in Tausenden von Unternehmen bestens bewährt, auch wenn dies bei weitem nicht alle öffentlich zugeben werden oder können. Druckerserver, die nicht mehr abstürzen, Dateidienste, die zuverlässig und schnell auf minimaler Hardware funktionieren, webbasierte Dienste, die rund um die Uhr unter höchster Last laufen, aber auch Einwahlrechner und Router, die kein teures Geld kosten, könnten in Ihrer Firma mit Linux bald zum Alltag gehören. Support-Firmen, die Sie dabei unterstützen und beraten, gibt es mittlerweile genügend, und hochmotivierte Linux-Experten für Ihre Projekte zu finden dürfte auch nicht allzu schwierig sein. Viele Universitätsabsolventen würden ihr letztes Hemd hergeben, um ihr Lieblingsbetriebssystem auch bei der täglichen Arbeit einsetzen zu können. Wagen Sie also den Schritt, und werden Sie Teil einer weltweiten und äußerst aktiven Gemeinschaft, die den Sprung ins nächste Jahrtausend gut überstehen wird. Der Autor dieses Buches wird Ihnen auf den folgenden Seiten alle Vorzüge von Linux in der Praxis näherbringen. Anschauungsmaterial aus seiner eigenen Beratertätigkeit hat er wahrlich genug.

Natürlich ist Linux nicht das Heilmittel für all Ihre Probleme. Haben Sie zum Beispiel hochproprietäre Software oder Dokumentenformate im Einsatz, so könnte sich die Zusammenarbeit mit Linux schwierig gestalten. Auch gibt es im Desktop-Bereich nicht jede Art von Software, die Sie vermutlich gerne haben möchten. Doch auch hier ist der Markt in Bewegung geraten, und viele Anbieter haben bereits Linux-Portierungen ihrer Produkte in der Schublade, die nur darauf warten, das Licht der Welt zu erblicken. Für Nachfrage müssen Sie allerdings schon selber sorgen. Projekte wie KDE und GNOME arbeiten zudem an einer CORBA-basierten grafischen Benutzeroberfläche, die die Grundlage für völlig neue skriptgesteuerte, netzwerk- und komponentenbasierte Applikationen sein wird.

Die Erfolgsgeschichte von Linux hat gerade erst begonnen, und auch andere Betriebssysteme wurden nicht an einem Tag erbaut. Ein offenes und nicht-proprietäres System wie Linux bietet Ihnen mehr Flexibilität und Investitionsschutz, als Ihnen vielleicht momentan bewußt ist. Gerade im Hardwarebereich und in der Steuerungstechnik haben viele Firmen die Vorteile der Verfügbarkeit des Betriebssystemquellcodes entdeckt. Echtzeiterweiterungen mit Latenzzeiten im Mikrosekundenbereich, diverse Mikrokontrollerprojekte und die vielen Portierungen von Linux auf Alpha, PowerPC, SUN, StrongARM, MIPS, SGI und sogar HandHeld-Architekturen wie den PalmPilot sprechen nicht nur eine deutliche Sprache, sondern belegen auch den Erfolg des basarartigen Entwicklungsmodells von Linux. In diesem Sinne: Viel Spaß beim Lesen dieses Buches und viel Erfolg bei der Migration zu Linux!

Tom.Schwaller@linux-magazin.de

Vorwort

Es soll ja Bücher über Linux geben, die mit ganz normalen WYSIWYG-Texteditoren, wie beispielsweise Word for Windows, geschrieben und gesetzt werden. Ob ein Vorhaben wie das Schreiben eines Sachbuches mit einem Umfang von weit über 500 Seiten mit dieser Art Werkzeug realisiert werden kann, ist zumindest zweifelhaft.

Es hat sicherlich einen guten Grund, die Texterfassung vom Satz zu trennen, wenn man professionelle Satzsysteme wie *QuarkXpress*, *Framemaker* oder *Interleaf* einsetzt. Beim Schreiben eines Fachbuches handelt man sich natürlich bei dieser Wahl Probleme ein, die im Endeffekt zu Lasten des Lesers gehen.

Da bei der Texterfassung nicht bekannt sein kann, auf welcher Seite sich zum Zeitpunkt des Drucks die referenzierte Textpassage befindet, sind Referenzen, speziell auf Seitenzahlen, nur schwierig – wenn überhaupt – zu realisieren. Solche Druckerzeugnisse zeichnen sich immer durch Textpassagen aus wie: »*Wie wir weiter hinten im Buch zeigen werden*« oder »*Sie erinnern sich, wir haben das Problem weiter vorne im Buch schon angesprochen*«. Das ist gerade für den Leser eines Fachbuches ein Mangel an Komfort, der durch die Verbreitung von WYSIWYG-Editoren leider immer mehr um sich greift. Die Leserichtung in einem Fachbuch kann nicht linear sein, das verbietet meist schon die Themenstellung. Und den Leser zum linearen Durchlesen des Buches zu zwingen oder ihn schlicht suchen zu lassen, bloß um der Bequemlichkeit des Autors und des Verlages entgegenzukommen, ist bestimmt kein schöner Zug. Der Autor eines Sachbuches sollte sich die Mühe machen, eine Editor-Satz-Kombination zu erlernen, um dem Leser die Lektüre so angenehm wie möglich zu gestalten. Der zu vermittelnde Inhalt eines Fachbuches ist schon kompliziert genug, da muß der Lesefluß nicht auch noch unnötig behindert werden. Die Verbreitung einer Problemlösungsstrategie, welche den größten gemeinsamen Teiler für die Produzenten darstellt, beweist nicht die Richtigkeit dieser Strategie für den Konsumenten.

Dem Autor wird seitens mancher Verlage sogar vorgeschlagen, solche Instrumente wie Word for Windows nur zur Texterfassung für das Manuskript zu verwenden, da der vom Verlag beauftragte Setzer nur noch dieses Format als Austauschformat akzeptiert. Man muß sich die Bedeutung dieser Forderung wirklich auf der Zunge zergehen lassen. Das wäre so, als ob ich meinen Pkw in die Wohnung heraufschaffen sollte, bloß um den Weg vom Wohnzimmer in das Badezimmer nicht zu Fuß zurücklegen zu müssen. Keine der so famosen Eigenschaften von Word for Windows kann bei dieser Art der Texterfassung verwendet werden, denn der Setzer wird dem Autor nicht gestatten, Bilder, Referenzen oder Tabellen zu setzen und ihm so ins Handwerk zu pfuschen. Irgendwie scheint das aber zu den Schildbürgerstreichen unserer Zeit zu gehören, daß wir alle Vorgaben eines einzigen Software-Herstellers widerspruchslos und ohne Murren hinnehmen. Wir Autoren scheinen vergessen zu haben, daß wir nicht Bücher schreiben, um der Bequemlichkeit der Setzergilde zu dienen. Wir schreiben für Leser und haben für deren Bequemlichkeit zu sorgen. Wenn die Thematik eines Sachbuches schon schwierig ist, dann kann der Leser verlangen, sich nicht mit einer mangelhaften Syntax herumschlagen zu müssen. Er darf erwarten, einen Index vorzufinden, der lesbar und strukturiert ist, Referenzen, die ihn sofort und ohne Suchen auf die entsprechende Seite führen, und Verweise auf Beispiele, die einfach immer zu stimmen haben.

Auch wenn viele Profis, die täglich mit dem Satz von Zeitungen, Illustrierten und anderen Druckerzeugnissen beschäftigt sind, nicht zustimmen werden, so halte ich die Verbindung *emacs*–LaTeX für eine äußerst effiziente und fruchtbare Werkzeugkombination, besonders wenn es um das Schreiben von Sachbüchern geht. Außerdem bin ich der Ansicht, ein Buch über Linux sollte auch unter Linux und mit all seinen vielfältigen Hilfsmitteln geschrieben und gesetzt werden. Was soll ein Unternehmensgründer davon halten, wenn er vom Autor animiert wird, Linux als Betriebssystem in Betracht zu ziehen, der Autor jedoch selbst nicht in der Lage ist, mit den für dieses Betriebssystem angebotenen Werkzeugen eben dieses Buch zu schreiben und zu setzen?

Es ist gerade für Sachbücher sehr hilfreich, auf Textstellen verweisen zu können. Das erleichtert dem Leser das Sich-Zurechtfinden ganz erheblich. Außerdem kann man mit dem Einsatz von *emacs* und LaTeX für Texterfassung und Satz demonstrieren, wie professionell mit Linux gearbeitet werden kann. Das ist gewiß wichtig, gerade bei dem Anspruch, dem dieses Buch gerecht zu werden versucht.

Dieses Buch ist unter der hervorragenden Betriebssystemumgebung Linux erstellt worden, Satz und Formatierung sind mit LaTeX bewerkstelligt worden, als Editor ist *emacs* zum Einsatz gekommen – welcher andere Editor außer vielleicht *vi* könnte eine solche Textmenge bewältigen?

Bei der Texterfassung und beim Satz hatte ich viele Hilfen. Als wichtigste natürlich das TeX-Paket von *Donald Knuth* [21] und LaTeX von *Leslie Lamport* [27]. Als hervorragendes LaTeX-Kompendium ist das dreibändige Werk von *H. Kopka* [23] [24] [25] zu nennen, und die Werke von *L. Dietsch* und *J. Lammarsch* [13] waren beim Erstellen des Manuskripts ebenfalls äußerst hilfreich. Die Linux-Literatur, die beim Installieren, Schreiben und Verwalten der Programme nützlich war, kann nicht komplett aufgezählt werden, die Liste wäre einfach zu umfangreich. Die wichtigsten Helfer waren *Kofler M.* [22], S. Hetze, D. Hohndel, M. Müller, Kirch O. [17] und KIRCH O. [19]. Nicht zu vergessen die wirklich gute Linux-Implementierung der *S.u.S.E. GmbH* und deren Handbuch [1] (an dem meine Frau Franca und ich nun auch mitwirken dürfen [34]). Auch KALLE DALHEIMER sei gedankt für seine Unterstützung beim Kapitel über das KDE-Projekt, welches ja nun auch schon als Release-Version 1.0 vorliegt. Vom Umfang seiner Unterstützung hat er wahrscheinlich keine Ahnung, da er diese geleistet hat, während ich mich in den entsprechenden Newsgroups tummelte und ihn mit Fragen löcherte. Auch »Samba«-*Andrew Tridgell* muß erwähnt werden, weil Linux ohne die Möglichkeit, als Server für Windows NT$^{(c)}$-Systeme zu dienen, in der Industrie kaum an Akzeptanz gewinnen könnte.

Die Arbeit an diesem Buch war einfach phantastisch. Fünf Rechner, vier davon mit Linux ausgestattet und einer mit Windows NT$^{(c)}$ beziehungsweise Windows 95$^{(c)}$, arbeiteten zusammen (der Windows NT$^{(c)}$/Windows 95$^{(c)}$-Rechner diente dabei nur als Guinea-pig, um Samba und die Windows-Client-Beispiele am lebenden Objekt ausprobieren zu können). Kein einziger Betriebssystemabsturz konnte bei den Linux-Rechnern beobachtet werden, und mir liegt daran, der gesamten Linux-Gemeinde meine Hochachtung und meinen Dank auszusprechen, insbesondere den beiden Säulen der Linux-Entwicklung

Richard Stallman und *Linus Torvalds*, **they started it all.**

Es ist eine Freude, mit einem so professionellen Werkzeug wie Linux arbeiten zu können.

Herrn Dipl. Ing. N. Millin vom Carl Hanser Verlag möchte ich für die vorbildliche Betreuung danken, viele seiner Hinweise waren mir eine wertvolle Hilfe. Meiner lieben Frau Franca, die ich um viele gemeinsame Mußestunden betrogen habe und die mir deshalb trotzdem nicht gram ist, gehört mein besonderer Dank.

Druckvehler ;-)

Der Verlag und auch der Autor bekommt, nachdem das Buch herausgegeben worden ist, eine Menge Zuschriften. Manche gehen auf den Inhalt der Publikation ein, manche beschäftigen sich mit der Zeichensetzung und Orthographie. Beide Arten von Zuschriften sind mir willkommen (und natürlich auch alle Mischformen). Mir ist völlig klar, daß ein Buch mit weit mehr als 500 Seiten nicht gänzlich fehlerfrei und ohne Tippfehler gesetzt werden kann, insbesondere deshalb nicht, weil der Produktionszyklus eines Sachbuches ziemlich kurz ist. Das muß auch so sein, damit das Buch nicht schon beim Erscheinen an Aktualität verloren hat. Diese Fehler werden natürlich von aufmerksamen Lesern gefunden und via E-mail oder per Post dem Verlag oder dem Autor mitgeteilt. Ich bitte meine Leser um Nachsicht, wenn ich der Rechtschreibreform der nächsten hundert Jahre versehentlich etwas vorgegriffen habe. Als Autor ist man zum Korrekturlesen nur schlecht bis überhaupt nicht geeignet, da man sich während des Schreibens eine gewisse Betriebsblindheit aneignet, die ein Auffinden von Fehlern praktisch unmöglich macht.

Ein Verlag beschäftigt kompetente Leute, welche das Manuskript überprüfen und Korrektur lesen. Ein technisches Sachbuch ist bis zur Herausgabe immer einem gewissen Zeitdruck unterworfen, das liegt in der Natur der Sache. Man korrigiert praktisch bis zur letzten Minute, weil auch die Software ständigen Veränderungen unterworfen ist. So ist während der Arbeit an diesem Buch die S.u.S.E. Edition von der Version 5.1 über die Version 5.2 zur Version 5.3 übergegangen, und das KDE-Projekt hat, ausgehend vom Beta-Release 0.3, das Release-Stadium 1.0 erreicht. Gerade bei dem rasanten Evolutionstempo von Linux kann man mit der Herausgabe eines Sachbuches nicht mehrere Monate ins Land gehen lassen. Dieser Zeitdruck verhindert aber auch ein mehrmaliges Durchlaufen des Korrekturprozesses. Wenn Sie also Fehler finden, so liegt die Verantwortung für diese allein bei mir, dem Autor. Ich kann Sie, lieber Leser, nur um Nachsicht und Verständnis bitten. Alle Zuschriften werden von mir genau beachtet, und jeder von Ihnen berichtete Fehler wird im Original-Manuskript sofort korrigiert, so daß eine Neuauflage fehlerfreier in die Hände meiner verehrten Leser kommt.

Vorwort zur zweiten Auflage

Es erreichten mich viele Leserbriefe. Manche wenige negativen Inhalts, zu meiner Freude die meisten jedoch positiv gestimmt. Natürlich haben die kritischen Anmerkungen den Inhalt der Korrekturen bestimmt, und so hoffe ich, daß viele Rechtschreibfehler, die sich in die erste Ausgabe eingeschlichen hatten, ausgemerzt sind.

Überempfindliche Kritiker (es waren nur zwei) haben mir »*Window-bashing*« vorgeworfen, leider war darunter auch die Kritik eines Redakteurs einer namhaften (freilich sehr *Microsoft*[c]-freundlichen) Fachzeitschrift. Da ich als Autor mich gegen unreflektierte Kritik nicht direkt wehren kann, will ich das auf diesem Wege tun. Auch wenn Kritik schon als »*bashing*« aufgefaßt wird, so kann will und werde ich am Kontext des Buches nichts ändern. Das die Firma *Microsoft*[c] monopolartigen Charakter angenommen hat, ist nicht nur von den Marktteilnehmern bemerkt worden, auch die US-Justizbehörden beginnen auf diese Entwicklung zu reagieren. Meinem Eindruck nach findet man leider häufig eine Art »*serviler*« Haltung, die einen etwas lockeren Schreibstil nur amerikanischen Autoren zubilligt, dieses aber deutschen Autoren als zu »*verbos*« ankreidet.

Das Buch richtet sich an ein Publikum, das nie oder doch nur wenig mit der Computerszene zu tun hatte und für das Linux gewiß eher ein Begriff aus einer fremden Welt darstellt, wenn Linux denn überhaupt bekannt ist. Mir ging es darum, auf einfache Weise die Vorteile des Einsatzes von Linux auch einem völlig unbedarften Publikum transparent zu machen. Daher habe ich die Fallbeispiele meiner täglichen Praxis entnommen und so aufbereitet, daß die Vorteile scherenschnittartig hervortreten. Das ist mir, wenn ich den vielen positiven Zuschriften Glauben schenken darf, auch gelungen.

Unglücklicherweise sind gerade Entscheidungsträger der Wirtschaft eher dem computertechnisch unbedarften Leserkreis zuzurechnen, und diesem Kreis nützt es wenig, wenn er mit ausführlichen technischen Einzelheiten gefüttert wird. Abgesehen davon, daß diese Kost sowieso nach den ersten Bissen verschmäht wird, erreicht man gerade dieses Publikum mit einer solchen Strategie nicht. Die Installationen (Samba, Adabas und Internet) sind bewußt so einfach wie möglich dargestellt, damit auch für das Zielpublikum eine erfolgsversprechende Installation möglich ist. Ist eine solche Installation einmal geglückt, so ist eher die Bereitschaft vorhanden, sich mit der Thematik ausführlicher zu beschäftigen.

Gerade die Literatur, die sich in der jüngeren Vergangenheit mit dem Thema Linux beschäftigte, wandte sich ausschließlich an ein Expertenpublikum. Seit dem Erscheinen des benutzerfreundlichen Desktops KDE haben wir es jedoch mit einer anderen Klientel zu tun. Ich stelle das immer wieder fest, wenn mich im Rahmen meiner Support-Arbeit Anrufe von neuen Linux-Anwendern erreichen. Ich stelle außerdem fest, daß sich das Publikum der Linux-Kunden drastisch zu verändern beginnt. Anstatt nur noch von Experten eingesetzt zu werden, wenden sich viele Anwender Linux zu, die sich nie mit der Theorie von Betriebssystemen auseinandergesetzt haben, sondern die einen Computer als einfach zu bedienendes Arbeitsgerät betrachten. Die Linux-Gemeinde der Experten und Entwickler sollte über diese Entwicklung erfreut sein, denn ohne die riesige Anzahl von »*normalen*« Anwendern, hätte Linux nie die Akzeptanz gefunden, die es heute hat. Kürzlich, beim Betanken meines Wagens, stellte ich mit Freude fest, daß sich auch populärwissenschaftliche Zeitschriften der Computerszene dem Thema Linux zuwenden. Beinahe jede Publikation dieses Genres, die bei der Tankstelle auslag, hatte einen Artikel, manche sogar die Titelseite Linux gewidmet. Es passieren große Dinge im Bereich Software.

Wir sollten nie vergessen, daß der Anwender angesprochen werden muß und nicht der Experte, wenn Linux in der Zukunft eine Chance haben soll. Ein reines Expertensystem, mit dem der normale Anwender nichts anfangen kann und das ihn sogar eher abschreckt, wird über kurz oder lang in der Versenkung verschwinden, und das kann weder im Sinne der stetig wachsenden Linux-Gemeinde sein, noch im Interesse der informationsverarbeitenden Technologie. Linux hat extrem viel zu bieten, und diese Eigenschaften sollten nicht unter Fachchinesisch verborgen bleiben.

Änderungen

Eine Neuauflage kann sich nicht darin erschöpfen, daß Rechtschreibfehler und grammatikalische Ungereimtheiten ausgemerzt werden. Neue Entwicklungen und technische Einzelheiten müssen ebenfalls Eingang in die neue Auflage finden. Das gilt in besonderem Maße für Linux, denn hier ändert sich praktisch stündlich etwas. Natürlich nicht im Sinne von: »*Den alten Kram werfen wir weg und erfinden etwas Neues*«, sondern eher im Sinne von: »*Nun wird die Software noch besser, ohne die Kompatibilität aus den Augen zu verlieren*«.

Aus den genannten Gründen haben sich natürlich auch inhaltliche Änderungen ergeben. Die von einigen Lesern geforderte technische Tiefe kann ich natürlich nicht in allen Kapiteln und für jedes Thema nachliefern, das wäre schon vom Gesichtspunkt Umfang und Seitenzahl eine kaum zu bewältigende Aufgabe und würde zudem auch die gestellte Thematik verfehlen, aber da sich *Samba* als der Bereich herauskristallisiert hat, der Linux einen so enormen Schub verliehen hat, habe ich dieses Kapitel besonders sorgfältig überarbeitet. Die Theorie ist ausführlicher als in der ersten Auflage behandelt, und auch die Beispiele sind natürlich entsprechend ergänzt worden. Die Beispiele wenden sich nun auch an Experten, die professionelle Aufgaben mit Samba lösen wollen. Das Kapitel enthält Beispiele, die einen großen Teil der in der Praxis vorkommenden Probleme abdecken, dabei berücksichtigt diese Auflage nun die Version Samba 2.0.3, die sich durch viele Ergänzungen und Neuerungen von der Vorgängerversion abhebt.

Auch die Verbreitung, die das PPP-Protokoll in den vergangenen Monaten erfahren hat, hat mich dazu veranlaßt dem Verbindungsaufbau in das Internet mehr Raum zu geben. Viele Support-Anfragen, die mich erreichen demonstrieren daß gerade der Einwählprozeß immer noch Probleme bereitet. Die Anfrage »*daemon died unexpectedly, was soll ich tun?*« erreichte mich sehr häufig. Ich hoffe mit den Änderungen in dieser Auflage dieser Frage Rechnung zu tragen.

Die der neuen Auflage beiliegende CD enthält die komplette installationsfähige Samba-Software, die S.u.S.E.-Edition 6.1 und das komplette *KDE*-Paket Version 1.1 für diese Edition. Und natürlich ist auch die *Samba*-Edition 2.0.3 auf der CD zu finden.

Der Anhang mit den GNU-Lizenzbedingungen ist in der neuen Auflage verschwunden, zugunsten des erweiterten *Samba*-Kapitels. Die Bedingungen der GNU-Lizenz kann mittlerweile an so vielen Stellen und Publikationen nachgelesen werden, daß ich keine Veranlassung sah, sie dieser Auflage ebenfalls mitzugeben. Wer trotzdem diese Lizenzbedingungen einsehen will, findet sie auf der CD.

Nochmal Dank

Die zweite Auflage ist nicht nur vollständig überarbeitet worden, sie ist auch komplett neu korrigiert worden. Meiner Frau Franca schulde ich besonderen Dank, denn sie hat den Großteil der Korrekturen in das Manuskript eingearbeitet. Sie hat aber auch mit großer Sachkenntnis Verbesserungsvorschäge gemacht, die zum überwiegenden Teil in diese Auflage eingeflossen sind.

Olaf Borkner-Delcarlo
`borkner@ibm.net`
Frühjahr 1999, Bazzano (Bo), Italien

Inhaltsverzeichnis

I	**Linux – Ersatz oder Alternative?**	**1**
1	**Einleitung**	**7**
1.1	An wen richtet sich das Buch?	8
1.2	Welches sind die Themen des Buches?	13
1.3	Wie ist das Buch aufgebaut?	14
1.4	Einige Bemerkungen zu Beginn	15
1.5	Freie Software	20
1.6	Voraussetzungen	24
1.7	CD oder nicht CD, das ist hier die Frage	26
2	**Was ist Linux?**	**29**
2.1	Die »Mehrere Wahrheiten«-Welt	29
2.2	Welche Hardware?	34
2.3	Die richtige Hardware	40
2.4	Die Checkliste	45
2.5	Welche Software?	54
2.6	Verfügbare Software	55
2.7	Und die Preise?	56
2.8	Garantie	56
	2.8.1 Das Geschäft mit dem Schrott	57
	2.8.2 Das Geschäft mit überzogener Hardware	59
2.9	Betriebssystem	62
	2.9.1 Netzwerkbetriebssystem	63
2.10	Internet-/Intranet-Server	68
	2.10.1 Die Auswahl eines ISP	68
	2.10.2 Die Kosten	73
	2.10.3 Die Homepage	74
	2.10.4 X-Terminal	77
2.11	Entscheidungshilfen	80
2.12	Technologie	91
2.13	Stabilität, Geschwindigkeit, Installation	92
	2.13.1 Stabilität	92

2.13.2	Geschwindigkeit	92
2.13.3	Installation	93
2.13.4	Welche Edition?	96

3 Linux für Entscheider 97
3.1 Eine Kostenanalyse 97
- 3.1.1 Systemadministration 100
3.2 Kriterien für oder gegen Linux 101
3.3 Der Linux-Markt 102
- 3.3.1 Linux-Distributionen 102
- 3.3.2 Support 106
3.4 Minimieren der Administrationskosten 110
3.5 Der Ursprung von X 111
3.6 Das X-Windows-System 111
3.7 Das Client-Server-Prinzip 112
- 3.7.1 Wie wird das Client/Server-Prinzip von X genutzt? 114
- 3.7.2 Szenenbeschreibung 116
- 3.7.3 Die Sicherheit der Remote-Systemadministration 121
- 3.7.4 Was bringt Ihnen das? 123

4 Einsatzszenarios 125
4.1 Sicherheit 126
4.2 Server im Windowsnetz 131
- 4.2.1 Samba-File- und Printserver 131

5 Standard-Produkte für Linux 135
5.1 Office-Pakete 137
- 5.1.1 StarOffice 137
- 5.1.2 Applixware 139
- 5.1.3 Applix Words 140
- 5.1.4 Spezielle Eigenschaften 142
- 5.1.5 Die Installation 143
- 5.1.6 Weitere Editoren 145
5.2 Desktop 145
- 5.2.1 Das fvwm-System 149
- 5.2.2 KDE – der neue Standard? 151
- 5.2.3 KDE starten 154
- 5.2.4 TkDesk 161
5.3 DTP 162
- 5.3.1 LaTeX 165
- 5.3.2 Warum LaTeX? 173
- 5.3.3 Die Installation 174
5.4 Browser 175
- 5.4.1 Netscape 175

		5.4.2	Die Installation	176
		5.4.3	Netscape konfigurieren	178
	5.5	Datev		180
	5.6	Beispiele aus der Industrie		181
		5.6.1	Entwicklung und Forschung	181
		5.6.2	Universitäten	182
		5.6.3	Neue Nachrichten	183

6 Betreiben eines Netzes — 187

- 6.1 Lokales Netz . . . 187
- 6.2 Dienste in einem Linux-Netz . . . 192
  - 6.2.1 telnet . . . 192
  - 6.2.2 rlogin und rsh . . . 193
  - 6.2.3 ftp . . . 194
  - 6.2.4 NFS . . . 195
- 6.3 Internet . . . 198
  - 6.3.1 Was ist das Internet? . . . 198
  - 6.3.2 Größe des Internets . . . 198
- 6.4 Das Intranet . . . 199
- 6.5 Server-Lösungen . . . 199
- 6.6 Netware Novell . . . 200
- 6.7 Novell-Netware . . . 201
- 6.8 Novell-Intranet . . . 202

7 Relationale Datenbanken — 205

- 7.1 Etwas Theorie . . . 205
- 7.2 Ein Beispiel . . . 206
  - 7.2.1 Was ist eine Datenbasis? . . . 209
- 7.3 Die Datenbanken . . . 214
  - 7.3.1 AdabasD Version 10.01 . . . 214
- 7.4 Andere Datenbanken . . . 216
  - 7.4.1 Yard . . . 216
  - 7.4.2 mSQL . . . 217
  - 7.4.3 mySQL . . . 218

8 Präsentation im Internet — 221

- 8.1 Wahl des Computers und Betriebssystems . . . 224
  - 8.1.1 Der Einsatz von Unix . . . 225
  - 8.1.2 Warum nicht Windows NT? . . . 227
  - 8.1.3 Linux gegen NT . . . 229
  - 8.1.4 Apache . . . 230
  - 8.1.5 ISDN . . . 232
- 8.2 VNC . . . 234
  - 8.2.1 Was ist VNC? . . . 234

8.2.2 Der VNC-Viewer für X	235
8.2.3 Wie funktioniert VNC?	239

II Linux im kommerziellen Umfeld 241

9 Hilfestellungen 245
9.1 Konfigurieren des Kernels 247

10 Lokale Netze 253
10.1 Einrichten eines lokalen Netzes 253
10.2 IP-Adressenvergabe 257
    10.2.1 Besondere Adressen 258
10.3 NFS 262

11 Samba 267
11.1 Linux als Server für Windows 267
    11.1.1 Finanzielle Aspekte 268
    11.1.2 Performance und Sicherheit 269
    11.1.3 Eigenschaften und Begriffe 272
    11.1.4 Einrichten 277
11.2 Einrichten eines File- und Printservers 284
    11.2.1 File-Server 284
    11.2.2 CD-Server 292
    11.2.3 User-Kennung 293
    11.2.4 Print-Server 294
    11.2.5 Einige Beispiel-Konfigurationen 302
    11.2.6 Die Syntax der Rechtevergabe von Linux und Samba . . 303
11.3 Samba 2.0.3 304
    11.3.1 Installieren 304
    11.3.2 Logging 307
11.4 Hilfsprogramme 308
11.5 Beispiele 309
    11.5.1 Kleine Netzwerklösung 311
    11.5.2 Subnet-Lösung 313
    11.5.3 Gemischte Subnet-Lösung 316

12 IPX-Installation 319
12.1 IPX als Netzwerkprotokoll 319
12.2 Linux als IPX-Router 319
    12.2.1 Internes Netzwerk 322
12.3 Linux als NCP-Client 322
    12.3.1 Wo bekommt man das Programm ncpfs her? 322
    12.3.2 Installation von ncpfs für den Kernel 2.0.* 323

Inhaltsverzeichnis

12.3.3 Konfigurierung der IPX-Netzwerk-Software	323
12.4 Konfigurieren von Linux als NCP-Server	326
12.4.1 Das mars_nwe-Paket	326
12.5 Konfigurieren des Servers	328
12.6 Linux als Novell-Print-Client	333
12.7 Linux als Novell-Print-Server	334
12.7.1 Konfigurieren	334
12.8 Die Kommandos von ncpfs	335
12.8.1 Administration tools	335
12.8.2 Befehle für den Anwender	336
12.9 Einrichten des PP-Protokolls für IPX-Support	337
12.9.1 Einrichten eines IPX/PPP-Servers	337
12.9.2 Einrichten eines IPX/PPP-Client	339
12.10 IPX-Tunneling über ein IP-Protokoll	340
12.10.1 Installieren von ipxtunnel	340
12.10.2 Konfigurieren von ipxtunnel	341

13 Entwurf einer Datenbasis 343

13.1 Was ist eine Relation?	344
13.1.1 Operatorenmenge	345
13.1.2 Fangen wir an	347
13.2 Das Entity-Relation-Modell	348
13.3 Normalformen	350
13.4 Installieren und Starten der Datenbank	356
13.4.1 Ein Beispiel	361
13.4.2 Zulässige Datentypen	367
13.4.3 Temporäre Relationen	368
13.5 Referentielle Integritätsbedingung	369
13.5.1 Spaltenbeschränkungen	370
13.6 Einige Erläuterungen zur Notation	372
13.6.1 Einfügen von Zeilen	373
13.6.2 Ändern von Zeilen	374
13.6.3 Löschen von Zeilen	376
13.6.4 Ändern von Spaltendefinitionen	376
13.6.5 Views	378
13.6.6 Löschen von Objekten	380
13.6.7 Wertebereichsdefinition	382
13.6.8 DataBase-Prozeduren	382
13.6.9 Erzeugen von Snapshot-Tabellen	383
13.6.10 Erzeugung eines Index	384
13.6.11 Trigger	386
13.6.12 Transaktionen	387
13.6.13 Bedingungen in Anfragen	388

13.7 Einige Transaktionen	389
13.8 Entwurfsstrategien	391
13.9 Frontends	394

14 JDBC — **397**

14.1 Das Zwei-Schichten-Modell	397
14.2 Das Drei-Schichten-Modell	397
14.3 Elemente der JDBC-Spracherweiterung	401
14.3.1 Die Klassen	401
14.4 Die Interfaces	403
14.5 Das Herstellen einer Verbindung	405
14.5.1 Ausführen eines SQL-Befehls	407
14.5.2 Schließen der Verbindung	408
14.6 ADABAS D	409
14.6.1 Szenario	409
14.6.2 QUERY	410
14.6.3 Wozu brauchen Sie QUERY?	411

15 Fernwartung — **415**

15.1 Installation von mgetty	416

16 Verbinden mit dem Internet — **421**

16.1 Terminal-Verbindungen	421
16.2 Node-Verbindungen	422
16.2.1 slip	422
16.2.2 dip	424
16.2.3 ppp	430
16.2.4 ISDN	431
16.3 Firewall und Masquerading	435
16.3.1 Was ist eine Firewall?	437
16.3.2 Installieren einer Firewall	438
16.3.3 Konfigurieren einer Firewall	439
16.3.4 Masquerading	444
16.3.5 Installieren des Masquerading	444
16.3.6 Konfigurieren des Masquerading	446
16.3.7 Nachteile einer Firewall	448

17 Installation von Software — **451**

17.1 Installation mit RPM	452
17.2 Proprietäre Installation	457
17.3 Office-Pakete	458
17.3.1 StarOffice	459
17.4 Die Installation der KDE-Oberfläche	460
17.4.1 KDE einrichten	461

A	**Die neue Softwarekrise**	**467**
	A.1 Sollte Software wirklich verkauft werden?	467
	A.2 Eine letzte Bemerkung	471
B	**Entstehung von Linux**	**475**
C	**Epilog**	**477**
D	**Glossar**	**481**
	Literaturverzeichnis	**499**
	Index	**503**

Teil I

Linux – Ersatz oder Alternative?

In diesem Teil des Buches wollen wir klären, was Linux eigentlich ist, und wir werden uns mit einigen Einwänden beschäftigen, die häufig gegen die Wahl von Linux vorgebracht werden. Diese Einwände sind nicht alle ungerechtfertigt, und manche können auch gegen den Einsatz von Linux als Betriebssystem sprechen, aber man sollte diese Einwände immer im Kontext mit anderen Betriebssystemen sehen. Wenn diese die gestellten Forderungen nicht erfüllen können, warum wird das dann bei Linux zwingend verlangt?

Speziell auf dem italienischen Markt, aber auch in Deutschland hat Linux den Ruf, ein System für den Hausgebrauch zu sein und für den Einsatz im kommerziellen Bereich nicht die notwendige Stabilität mitzubringen. Wie dieser Ruf zustande gekommen ist, kann man nur ahnen, denn er entbehrt absolut **jeder** Grundlage. Ich erwähne den italienischen Markt nur deshalb, weil dort die Situation fast schon als pathologisch einzustufen ist. Italien ist eines der liebenswertesten Länder dieser Erde, es hat gewiß die beste Küche der Welt (die französische eingeschlossen), es ist aber auch »Bill's own Country«, und zwar mehr, als man sich das vorstellen kann. Eine solche Abhängigkeit ist schier furchteinflößend.

Es mag am magischen Handschlag des Herrn Bill Gates liegen, den er mit Medien-Tycoon Berlusconi ausgetauscht hat, aber in Italien gibt es im kommerziellen Bereich kaum andere Lösungsangebote als die bekannten *Microsoft*[c]-Produkte. Einige einsame, verstreute Suns und HPs, vielleicht hat auch Siemens (zumindest in seinen eigenen Niederlassungen) das eine oder andere AIX in Betrieb, aber Linux hat, wenn es denn überhaupt verwendet wird, in Italien die Fama eines Spielzeugs und wird kommerziell praktisch nicht eingesetzt.

In einem typischen italienischen Linux-Rechner schlägt das Herz eines alten 33MHz 486 Prozessors, der die Daten-Bits durch die Arterien von ca. 8MB Hauptspeicher treibt. Die restlichen Eingeweide bestehen aus einer 200MB AT Festplatte und eventuell einer Sound-Karte. Man könnte die Verwendung dieser Computer als Hardware-Recycling bezeichnen. Der sprichwörtliche Pragmatismus der Italiener wird in Zukunft, so hoffe ich, Linux ein wenig das Gartentürchen zur Welt der kommerziellen Nutzung öffnen.

Ich habe versucht, Vertretern einiger Consulting-Büros wenigstens Samba als File- und Print-Server schmackhaft zu machen, bin dabei jedoch auf taube Ohren gestoßen. Die allgemein geäußerte Ansicht war: »*Wenn wir eine solche Lösung unseren Kunden empfehlen, dann machen wir uns ja das Geschäft selbst kaputt.*« Diese unwürdigen Vertreter ihrer Zunft sollen besser achtgeben, denn es könnte leicht sein, daß ein Kunde auf die Idee kommt, Samba selbst zu installieren und einzusetzen – dann ist das schöne Geschäft nicht nur kaputt, sondern der Kunde ist futsch. Berater- und Consulting-Büros sollten nicht nur ihre eigenen Interessen im Auge haben, sondern die des Kunden. Abgesehen davon, daß solche »*Consulter*« ihrer eigenen Berufsbezeichnung widersprechen, ist ein solches Verhalten, das nur kurzfristig Gewinn verspricht, langfristig äußerst dumm.

Linux ist spätestens ab der Version 2.0 ein professionelles Betriebssystem, welches von großen Firmen und bei großen, ja riesig zu nennenden Vorhaben eingesetzt wird. Die Animation des Films »*Titanic*«, eine mehrere hundert Millionen $ teure Produktion, wurde zum überwiegenden Teil mit Software auf Basis des Betriebssystems Linux produziert. Ein bekannter Autovermieter Deutschlands, der größte Europas, hat bereits Hunderte von Linux-Rechnern in seinem Firmennetz integriert, die Deutsche Telekom verwendet mehr als 100 Linux-Rechner als Router. Ein großes schwedisches Möbelhaus hat auch die Vorzüge des Rotstiftes erkannt und verwendet seit einiger Zeit Linux in seinen Filialen. Linux wird in der Forschung, Technik, aber auch im administrativen Umfeld von Unternehmungen eingesetzt. Schulen, vornehmlich Volkshochschulen mit ihrem schmalen Budget, haben Linux als preiswerte und vor allem leistungsfähige Alternative entdeckt. Linux existiert für den PC, die meisten RISC-Maschinen, den Alpha-Prozessor, den Macintosh und alle 68.000 Prozessor-Maschinen. Aber es gibt auch ein Echtzeit-Linux (Linux-KT) und sogar ein Multiprozessor-Linux, das zur Zeit mit 32 Prozessoren läuft, von denen jeder 64 MB an Hauptspeicher zu Verfügung hat. Und da behauptet man immer, es gäbe nichts, das schneller als die Lichtgeschwindigkeit ist.

All diese Anwender, die nun wirklich einiges an Gewicht auf die Waage bringen, beweisen, daß Linux für große Aufgaben fit ist. Und sollte dies für eine neue Unternehmensgründung oder für ein bereits bestehendes Unternehmen nicht der Fall sein?

Rauben Sie keine Bank aus, gründen Sie eine!
(Groucho Marx)

Ich will keinen Repräsentanten einer Bank oder Stadtsparkasse davon überzeugen, Linux als Alternative in Betracht zu ziehen. Banken sind, völlig zu Recht, sehr konservativ, was die Datenhaltung angeht, da findet nicht einmal ein SQL-DB-Server Gnade vor den Augen der Entscheider. Das ist verständlich, denn gerade Banken arbeiten mit sensitiven Kundendaten, und der Absturz eines DB-Servers kann für eine Bank das Aus bedeuten. Warum jedoch die Server in den Filialen alle mit teurer Server-Software ausgerüstet sein müssen, ist nur schwer nachzuvollziehen. Früher galt für den Bankensektor, daß es für jede Software eine Ausweichmöglichkeit eines anderen Herstellers geben muß. Das hat sich seit den genialen PR-Strategien von *Microsoft*[(c)] drastisch geändert. Heute wird in den Banken auf Windows NT[(c)] gesetzt, da OS/2[(c)], obwohl von der Konzeption ausgereifter und stabiler, kläglich das Feld dem größten Software-Hersteller überläßt. Aber gerade aus Bankenkreisen hört man die lustigsten Argumente, wenn es um den Support geht. Den Vertretern der Banken geht es offensichtlich nicht so sehr um Serviceability, sondern um das Vorhandensein eines Ansprechpartners. Wenn etwas schiefgeht, so muß ein bezahlter Sündenbock zur Verfügung stehen, Geld spielt dabei keine Rolle, denn der Kunde zahlt schließlich alles über die Gebühren, die bei Bedarf erhöht werden können. Die Programmierer, die von den Banken beschäftigt werden, sind ziemlich fähige Leute und können die anstehenden Probleme selbst lösen, aber sie brauchen einen Ansprechpartner. Für das Betriebssystem Linux gibt es ebenfalls diese Ansprechpartner, in Form von Consulting-Büros, aber es gibt keine Herstellerfirma, an die man sich mit seiner Beschwerde richten kann. Vielleicht gibt es ja in Zukunft irgendwo eine kleine Privatbank, die den Mut hat, auf Linux als Server zu setzen, das könnte sich auf die Gebühren der Kunden nur positiv auswirken. Für die Bankkunden wäre das ein Gewinn, und Kunden bei einer Bank sind wir ja alle.

Linux ist auch nicht *das* Betriebssystem, welches alle anderen ersetzen kann (haben Sie schon mal etwas von Verdipus oder Atlas gehört?[1]), aber Linux kann Ihnen und Ihrer Unternehmung eine Menge an Geld, Nerven und Problemen ersparen, und das, *ohne* die Infrastruktur Ihrer Firma in irgendeiner Weise zu beeinträchtigen.

---

[1] Verdipus ist eine Logik-Simulationssprache, die bei der Entwicklung von logischen Schaltkreisen eingesetzt wird, und Atlas ist eine Sprache für die Steuerung der dazugehörigen Testautomaten.

1 Einleitung

Man kann vieles für Geld tun, aber man sollte nichts nur für Geld tun.

Die Informationsflut unserer Zeit hat ein Ausmaß angenommen, das es unmöglich macht, auch nur über die einfachsten technischen Dinge des normalen Lebens vollständig informiert zu sein. Häufig ist Resignation die Antwort auf diese Überflutung. Daher bevorzugen die meisten Menschen eine Welt mit einer universalen Wahrheit. Das ist einfach und erfordert wenig Reflexion über die facettenreiche Realität, in der wir leben. Diese universelle Wahrheit wird über die Medien, wie Fernsehen, Zeitung und Radio, vermittelt. Das ist, wenn nicht sogar eine gefährliche, so doch eine bedenkliche Entwicklung. Verfügt man nämlich über ein großes Budget und kann Reklame und Öffentlichkeitsarbeit bezahlen, so kann man sein eigenes Image recht eindrucksvoll in einer lesenden Welt zur Geltung bringen. Das Fernsehen entlastet in unserer Zeit den Konsumenten sogar vom Prozeß des Lesens, macht also die Informationsaufnahme noch einfacher und bequemer. Die Wahrheit wird zur bezahlbaren Ware, und die Darstellung der subjektiven Wahrheit wird immer einfacher für denjenigen, der über die Mittel verfügt, die Ware »Wahrheit« bezahlen zu können.

Die Ford Motor Company hat gewiß genug Geld, um alle Leser und Fernsehkonsumenten mehrere tausend Mal im Jahr daran zu erinnern, daß für sie »Qualität an erster Stelle steht«. Die meisten Menschen werden das vermutlich auch glauben, wenn sie nicht gerade zu denen gehören, die einen nahen Freund bei der Explosion des Benzintanks des Ford-Modells »*Pinto*« verloren haben. Und hat nicht der geniale Bill Gates, zusammen mit seiner Firma Microsoft, das zuverlässige und preiswerte Allround-Betriebssystem mit Mouse-Windows-User-Interface erfunden? Und hat nicht die gleiche Softwareschmiede das komplette Internet erdacht? Schließlich ist ja der *Microsoft*[(c)]-Explorer sogar Bestandteil des obengenannten Betriebssystems, da liegt es doch nahe zu glauben, daß das Internet nur erfunden wurde, um dem geplagten Windows-Benutzer das Leben etwas freudvoller zu gestalten.

Wenn man das alles jedoch nicht glauben will, so braucht man nur einen Menschen zu fragen, der noch nie einen Computer benutzt hat und der die gesamte Branche nur aus den Massenmedien kennt, er wird bestätigen können, daß es sich genau so verhält!

Die Betriebssysteme der Firma *Microsoft*$^{(c)}$ sind nicht und waren nie die einzigen Alternativen in der Welt der Informatik, aber die Welt ist vergeßlich und weiß Leistungen nicht zu würdigen, wenn keine PR dahintersteht. Wer war schon Zuse, wer kennt XEROX PARK, oder kann sich jemand noch an CPM erinnern, das nur deshalb nicht zum Allerwelts-Betriebssystem avancierte, weil ein Manager dieser Firma unter keinen Umständen beim Golfspielen gestört werden wollte (die damals allmächtige Firma IBM rief an und wollte CPM als Betriebssystem auf ihren neu entwickelten PCs einsetzen). Wahrheit ist in der heutigen multimedialen Welt ein relativer Begriff, den man ganz nach Belieben mit seiner eigenen, subjektiven Wahrheit besetzen kann. Man kann offensichtlich nur dann seine eigene subjektive Wahrheit schaffen, wenn einem die nötigen Milliarden zur Verfügung stehen.

Das Internet und seine Verwendung sind primär nicht an verfügbare Geldmittel gebunden, deshalb kann über das Internet die »multiple Wahrheiten-Welt« zu ihrem Recht kommen. Wenn der Computer, in Verbindung mit dem Internet, kreativ und kompetent eingesetzt wird, so ist es relativ einfach und kostengünstig, sich aus vielen Quellen zu informieren, mehrfache Wahrheiten und Meinungen zu sammeln und zu präsentieren. Billiger und einfacher, als es die Welt der Druckerzeugnisse erlaubt. Man muß das Netz nur genau beobachten, um festzustellen, daß die *multiplen Wahrheiten-Welt*-Web-Sites wesentlich interessanter sind als die *singuläre Wahrheit-Welt* der großen Hersteller. Die Web-Seiten der großen Firmen sind mit viel Aufwand und Geld gestaltet worden, und speziell die Web-Site der Herstellerfirmen für Autos bestehen aus einer Ansammlung von Produkt-Broschüren, die mit schicken und professionell aufgemachten Graphiken erstellt worden sind, trotzdem sind die Besucherzahlen dieser Sites minimal im Vergleich zu den einfachen und Text-basierten Informationen der `rec.auto.*` newsgroups, welche die wirklichen Erfahrungen der Autobesitzer widerspiegeln. Diese newsgroups haben keine Bilder, Animationen, Töne oder Videoclips, aber sie beinhalten individuelle und daher mehrfache Sichten der Wahrheit. Denn auch die Wahrheit ist nur in den seltensten Fällen objektivierbar, es wird uns nur suggeriert, daß dem so sei.

1.1 An wen richtet sich das Buch?

Man kann sich die Antwort einfach machen, indem man alle kommerziellen Anwender anspricht, die eine kostengünstige Lösung suchen, aber so simpel ist die Frage nicht zu beantworten, denn der Einsatz eines Betriebssystems hängt nicht nur von den Kosten ab, welche es verursacht, sondern auch von der Verfügbarkeit notwendig werdender Betriebssoftware, wie Buchhaltungsprogramme, Textverarbeitung, Tabellenkalkulation, branchenspezifische Software wie CAD- und Statik-Programme, aber auch DTP-Programme.

Für eine kommerzielle Verwendung von Linux kommen jedoch hauptsächlich drei große Einsatzgebiete in Frage, wo Linux immer seinen Einsatz finden wird und deren Bedeutung zudem an Wichtigkeit gewinnt.

1. Linux als File- und Print-Server.

    Linux kann mit dem frei verfügbaren Software-Paket *samba* ohne Einschränkung als File- und Print-Server für eine Windows-Umgebung verwendet werden. Dabei spart man sich teure Netzwerk-Lizenzen der professionellen Betriebssystem-Anbieter, und man braucht keine netzwerkfähige Software zu kaufen, deren Preise ebenfalls recht kräftig der Geldbörse zusetzen.

    Das *Samba*-Projekt ist 1993 von dem australischen Linux-Programmierer *Andrew Tridgell* begonnen worden und hat sich bis heute zu einem robusten und einsatzfähigen System entwickelt. Allein der Einsatz von Linux als reiner Server kann in einem Unternehmen Tausende von Mark an Softwarekosten einsparen, und die Kosten für die Server-Administration lassen sich bei etwas gutem Willen auf 0,0 DM herunterdrücken. Nun, vielleicht nicht gänzlich auf 0,0 DM, aber ich hoffe, der Leser sieht mir meinen enthusiastischen Überschwang nach. Für große Netzwerkumgebungen tritt jedoch die reine Kostenersparnis der Lizenzierung in den Hintergrund. Aber auch wenn man die Performance und die Stabilität einer Linux-*Samba*-Server-Lösung betrachtet, so ergeben sich vielfältige Vorteile, die zunehmend im kommerziellen Einsatz genutzt werden (siehe Absatz 11.1.2 ab Seite 269).

    In Teil I, Kapitel 4, Absatz 4.2.1 wird auf die möglichen Einsatz-Szenarien genau eingegangen, und in Teil II, Kapitel 11 wird gezeigt, wie ein solcher Server eingerichtet und betrieben werden kann.

2. Linux als Datenbank-Server.

    Die Tatsache, daß praktisch alle großen und kleinen Datenbank-Hersteller ihre Produkte auf Linux portiert haben, läßt erkennen, daß von der Industrie hier einer der Schwerpunkte beim Einsatz von Linux gesehen wird. Sogar der große Anbieter Oracle verfügt über eine Portierung auf Linux, die Anfang 1999 von Oracle selbst offiziell vertrieben und unterstützt wird. Sie finden diese unter:

    http://www.ix.de/newsticker/data/avr-20.07.98-000/.

    Und auch Informix bietet seine Datenbank seit einiger Zeit für die Plattform Linux an. Die SAG GmbH bietet ihr Produkt Adabas D für Linux an, und auch Yard liefert seine professionelle Datenbank Yard-SQL für die Linux-Plattform. Neben den genannten Großen gibt es eine große Anzahl kleinerer Anbieter wie mSQL, mySQL, Ingres und Postgres95, die ohne Einschränkung auch für schwierige Systemanforderungen geeignet sind. Besonders hervorzuheben ist hier mSQL, mit dessen Hilfe sehr einfach ein Datenbank-gestützter Web-Server aufgebaut werden kann (siehe Punkt 3 dieser Aufzählung). Damit sind alle wichtigen Hersteller mit ihren Produkten auf der Plattform Linux präsent. Zum Zeitpunkt der Drucklegung der zweiten Auflage dieses Buches bietet sogar die Firma SAP Produkte für die Plattform Linux an. Wer hätte das vor Jahresfrist für möglich gehalten!

Auch vom Hardware-Markt gibt es Neues zu berichten. Während bis vor kurzem nur die Firma Siemens einen Rechner mit vorinstalliertem Linux vertrieb, haben sich jetzt so illustre Firmen wie Dell, Compaq und IBM dazu entschlossen, das gleiche zu tun. Um mir nicht Leserschelte einzuhandeln, will ich darauf hinweisen, daß es natürlich schon immer Firmen gegeben hat, die Linux als vorinstalliertes Betriebssystem verwendet haben, aber diese Angebote richteten sich eher an den Server-Markt und waren im Bereich RISC und Alpha zu finden, ein Markt, dessen Preisniveau für reine Client-Anwendungen zu hoch angesiedelt ist (obwohl auch hier die Preise zu bröckeln beginnen).

3. Linux als Web-Server.

Auf diesem Gebiet ist Linux schon heute nicht mehr zu schlagen. Mit dem Apache-Web-Server verfügt die Betriebssystem-Umgebung Linux über einen der leistungsfähigsten Web-Server auf dem Markt, der noch dazu völlig kostenfrei verteilt wird und dessen Quellen unter der GNU-Lizenz frei erhältlich sind.

Punkt 3 mag besonders bei einer Firmengründung nicht wichtig erscheinen, denn als Betreiber eines Web-Servers wird sich ein Unternehmensgründer wohl kaum sehen. Außer, die Firma hat wenig bis gar nichts mit Kunden zu tun (was wenig wahrscheinlich ist), müssen über kurz oder lang Dienste im Internet angeboten werden. Anfänglich mag das noch mit einer billigen Homepage funktionieren, die man bei T-Online sogar ohne Entgelt betreiben kann. Spätestens dann, wenn man seinen Kunden Angebote über das Netz machen möchte, die von diesen interaktiv beantwortet werden sollen, reicht eine Homepage allein nicht mehr aus, und man muß sich Gedanken über das Sammeln dieser Daten machen. Dafür benötigt man eine Datenbank, und die muß interaktiv im Netz betrieben werden. Jetzt benötigt man den Web-Server mit angeschlossener Datenbank. Eine wunderbare Einführung in diese Thematik bietet *Philip Greenspun* [15]; mit einer schnodderigen Lässigkeit behandelt er dieses Thema ziemlich ausführlich und trotzdem sehr amüsant.

1.1 An wen richtet sich das Buch?

Speziell im Bereich Nummer 3 hat heute Linux die Nase schon vorn, denn für Linux wird eines der besten Web-Server-Programme angeboten, das auf dem Markt erhältlich ist (Apache). Es ist kostenfrei und sogar als Source-Code verfügbar.

Besonders bei der Gründung eines Unternehmens, aber auch beim Einrichten eines firmeneigenen Netzes in einer bereits bestehenden Firma ist bei den Investitionen die Kostenfrage von nicht zu unterschätzender Wichtigkeit. Das gilt gleichermaßen für die Ersteinrichtung wie für den Betrieb und die Pflege eines bestehenden Netzes.

Auf Seite 98 befinden sich Berechnungsbeispiele, die den Preisunterschied einer Netz-Infrastruktur näher beleuchten. Dabei wird zwischen den Produkten des größten Softwareherstellers und Linux ein Vergleich angestellt. Es soll nicht verschwiegen werden, daß die vorgestellten Kalkulationen nur dann stimmen, wenn Linux als Alternative für alle Unternehmensbereiche eingesetzt werden kann. Das ist zwar denkbar, aber höchst unwahrscheinlich, es sei denn, der Unternehmer oder Unternehmensgründer ist ein ausgesprochener Linux-Enthusiast. Wir wollen solche Fälle jedoch außen vor lassen, es hieße Eulen nach Athen tragen (oder waren es Katzen nach Rom?). Die Berechnungsbeispiele sollen nur dazu dienen, die Kostensituation drastisch zu verdeutlichen, sie sollen nicht eine Soll/Ist-Kalkulation für eine bestimmte Firmenstruktur wiedergeben. Primäres Ziel dieses Buches ist es darum, Lösungen aufzuzeigen, die einen Gewinn an Sicherheit und eine substantielle Einsparung finanzieller Mittel versprechen, *ohne* die bestehende oder geplante Informations-Infrastruktur einer Unternehmung zu tangieren.

Linux-Anwender stammten und stammen fast immer aus der Ecke der Techniker und Naturwissenschaftler. Diese Anwender sind meist kompetent in technischen Fragen, und das mußten – und müssen – sie auch sein, denn Linux war nie ein »einfaches« Betriebssystem (allerdings trifft der Term »einfach« auf kein modernes Betriebssystem zu, welches seinen Einsatz im kommerziellen Bereich finden soll). Leider hat gerade diese Spezialistentruppe selbst lange Zeit Unix und damit natürlich auch Linux in die Ecke der Systeme für Experten und Idealisten abgedrängt. Daraus folgte, daß speziell Linux nie einfach zu installieren, keinesfalls einfach zu konfigurieren und gewiß auch nicht einfach zu bedienen war.

War?

Hat sich denn in letzter Zeit irgend etwas an der Situation geändert? Ist es für den normalen Anwender etwa einfacher geworden, Linux zu installieren, zu konfigurieren und zu betreiben?

Ja!

Es hat sich eine Menge geändert. Dieses Buch soll unter anderem dazu beitragen, daß diese wirklich substantiellen Änderungen eine größere Verbreitung erfahren. Linux ist einfach zu installieren, die Konfiguration ist nicht schwieriger als bei anderen Netzwerk-Betriebssystemen. Eigentlich ist Linux sogar einfacher zu installieren als andere Netzwerk-Betriebssysteme, da man nie auf spezielle Installationssoftware angewiesen ist.

Für die Testinstalltionen des *Samba*-Netzes war es notwendig, NT als Server und als Workstation zu installieren. Ich habe eine alte Sound-Karte zu Hause liegen, die ich in einem dieser Rechner wiederverwenden wollte. Wollte, denn leider wurde nichts draus, mir fehlte die Installations-Software, die ist bei den letzten zwei Umzügen einfach verschütt gegangen. Eine solche Karte kann ein Benutzer mit ausschließlich *Microsoft*[c]-Betriebssystemen auch getrost wegwerfen, denn sobald man die zur Karte gehörige Software weggeworfen (oder verloren) hat, ist eine solche Hardware in einem NT-Rechner nicht mehr einsetzbar. In einem Linux-Rechner läuft die Karte ohne Probleme, und ich habe bereits vier Mal einen Update durchgeführt, ohne die Karte neu konfigurieren zu müssen.

Auch erhält man als Linux-Anwender niemals, auf blauem Hintergrund, eine merkwürdige und meist nicht interpretierbare Fehlermeldung, die sich zwar in einem schick gestalteten Fensterchen präsentiert, aber dem Anwender doch nur mitteilt, daß etwas schiefgegangen ist. Leider liefert eine solche Nachricht keine Auskunft darüber, was denn nun eigentlich los ist und wo die entsprechende Konfigurations-Datei ihre Heimat hat. Linux funktioniert da ganz anders. Alle Konfigurations-Dateien sind Text-Dateien, also für den Menschen lesbar (sagen wir besser: für einen Menschen, der gleichzeitig etwas Experte ist), die Fehlermeldungen werden alle in einem eigens dafür eingerichteten Directory gesammelt (`/var/log`), und so sollte der nicht ganz unbedarfte Anwender die Probleme seines Systems auch selbst beheben können.

Um gleich dem berüchtigten Windows-bashing Einhalt zu gebieten: Fehler können bei jeder Installation von komplexer Software auftreten, egal ob es sich dabei um Linux- oder Windows-Software handelt, auch ziemlich undurchschaubare Fehler, die sogar dem Experten Probleme bereiten. Die Krux ist jedoch der Anspruch, eine einfache, anwenderfreundliche Installation zu ermöglichen, die gleichzeitig auf einem extrem hohen technischen Niveau stattfindet. Das sind zwei Forderungen, die nicht unter einen Hut zu bringen sind. Wenn man ein Netz installiert, dann muß man eben Bescheid wissen, wie die Rechtevergabe funktioniert und wie die IP-Adressen strukturiert sind, das läßt sich nicht »einfach« gestalten. Wenn das alles so einfach ist, warum gibt es dann so viele Windows NT[c]-Systemadministratoren?

Sicherlich, die Komplexität einer Unix-Umgebung ist schwierig, und sie wird auch in der Zukunft kaum wesentlich einfacher werden, trotzdem können heute auch Nicht-Techniker in Erwägung ziehen, Unix und speziell Linux als Betriebssystem einzusetzen, schon allein deshalb, weil alle Netz-Betriebssysteme eine adäquate Administration erfordern. Es ist also völlig egal, ob man gewillt ist, Windows NT[c] einzusetzen oder Linux. Um die Administration seines Firmennetzes kommt man heute nicht mehr herum.

Linux ist preiswert, und sein Einsatz kann gerade bei der Unternehmensgründung enorme Kostenvorteile bringen. Kommerzielle Betriebssysteme verursachen schon dann erhebliche Kosten, wenn nur drei Rechner miteinander vernetzt werden müssen, und die Folgekosten für netzwerkfähige Software können viele zehntausend Mark betragen. Mit Linux können bestehende Netzwerke von der Lizenzierung und den daraus entstehenden Kosten völlig befreit werden, und zwar auf absolut legale Weise. Wartungskosten, die in die Hunderttausende gehen können, fallen bloß deshalb an, weil die grafische Oberfläche nicht Client/Server-fähig ist und sich ein (meist sehr teurer) Systemadministrator vor Ort befinden muß. All das spricht für Linux als alternatives Betriebssystem.

Linux ist kein Spielzeug für Hobbyisten, es ist jedoch ein Betriebssystem, mit dem es richtig Spaß macht zu arbeiten, und ein echter Enthusiast wird eine schier unendliche Anzahl emotionsgeladener Gründe anführen können, warum Linux die bessere Alternative ist. Diese Betrachtungen werden jedoch nicht den Kontext dieses Buches bestimmen. Dieses Buch möchte Unternehmensgründern und innovativen Entscheidern Motivationen liefern, Linux als Alternative in Betracht zu ziehen. Dabei werden nüchterne Analysen, Preisvergleiche und Kosten-Nutzen-Betrachtungen im Vordergrund stehen.

1.2 Welches sind die Themen des Buches?

Der Titel des Buches gibt zwar die grobe Richtung vor, aber etwas Feinabstimmung bedarf es schon bei der Bestimmung des Inhalts. Die Krux bei dem Thema »*Linux im kommerziellen Einsatz*« ist, daß man eigentlich eine Einführung in Linux verfassen müßte. Das jedoch ist von vielen Autoren schon auf sehr kompetente Weise versucht worden (*M. Kofler* [22], *M. Welsh, L. Kaufman* [28] sind nur zwei Beispiele von vielen). Es ist jedoch wenig hilfreich, immer auf diese Werke zu verweisen, wenn es um die Einrichtung bestimmter Linux-Dienste geht. Andererseits würde das Thema des Buches definitiv verfehlt sein, würden die manchmal nötigen Installationsschritte für die Dienste der Linux-Installation in seiner gebotenen Tiefe abgehandelt werden. Ein praktikabler Mittelweg scheint mir zu sein, die Installation und Konfigurierung in (hoffentlich) verständlicher Kürze zu bringen und für tiefergehende Erklärungen auf die genannten Werke zu verweisen. Das Kapitel 11 macht hier eine Ausnahme, aber das hat einen guten Grund. Bis dato gibt es noch keine umfassende Literatur, die dieses Thema ausreichend behandelt. Speziell die Version *Samba* 2.0.3, die erst kürzlich freigegeben wurde, wird in keiner Publikation erwähnt. Es existiert zwar ein Buch, das sich in ausreichender Tiefe mit dem Thema auseinandersetzt, aber das gibt es nur in englischer Sprache, es wendet sich auch eher an ein Expertenpublikum (siehe *Blair, John D.* [2]), und auch in dieser Publikation wird die Version 2.0.3 nicht erwähnt.

Es ist eine Tatsache, daß der kommerzielle Einsatz von Linux in einer hauptsächlich durch *Microsoft*$^{(c)}$-Betriebssysteme bestimmten Umgebung stattfindet, daher konzentriert sich der Inhalt auch auf diese Dienste und deren ausführliche Konfiguration. Allerdings sind Entwicklungen im Gange, die eine Linux-Workstation auch als Client in einem inhomogenen Netz sinnvoll erscheinen lassen. Das KDE-Projekt und das portierte StarOffice sind hier prominente Beispiele, aber auch Datenbankportierungen wie *Adabas D* und Yard.

1.3 Wie ist das Buch aufgebaut?

Dieses Buch ist primär kein Datenbank-Buch und kein Buch über Netzinstallation und Netzbetrieb, sei es Internet oder Intranet, denn es richtet sich an Entscheider, die offen genug sind, auch andere Möglichkeiten der Software-Infrastruktur für ihre Unternehmung in Betracht zu ziehen und denen als Argument für die Auswahl des Betriebssystems ein einfacher Händedruck des Herrn Bill Gates nicht genügt. Trotzdem werden wir uns über weite Strecken gerade diesen Themen widmen. Das läßt sich kaum vermeiden, denn ohne eine lauffähige Datenbank, ohne eine sinnvolle, topologisch korrekte Vernetzung und ohne eine Anbindung an das Netz aller Netze, das Internet, ist auch eine kleine Firma heute nicht mehr überlebensfähig. Erstes Ziel des Buches ist es, Linux in den Bereichen vorzustellen, wo es den größten Nutzen für ein Unternehmen hat, aber den geringsten Mehraufwand an Training und Mitarbeiterschulung erfordert. Diese beiden Bereiche sind ohne Zweifel der File-Print-Server-Betrieb in einem proprietären Windows-Netz und der Einsatz als Datenbank-Server. Die Möglichkeiten, Linux als Fax-Server zu konfigurieren, wird nicht behandelt werden, die angestrebte Seitenzahl ist schon jetzt über Gebühr angewachsen, und irgendwo muß man eine Zäsur machen.

Es sind zwei Teile, aus denen dieses Buch besteht. Der erste Teil soll Entscheidern und Unternehmensgründern als Motivation dienen, Linux als Betriebssystem in Betracht zu ziehen. Aber auch Zweifler, die sich über Linux erst einmal informieren wollen, werden in diesem Teil angesprochen. Es werden Softwarekonzepte und Netz-Szenarien vorgestellt, die im täglichen Einsatz vorkommen. Für diesen Teil werden keine Hard- oder Software-Kenntnisse vorausgesetzt.

Der zweite Teil beschreibt die Installation der vorgestellten Software. Die gezeigten Netz-Szenarien werden an Beispielen implementiert, und auch die Datenbank-Anwendungen werden an praktischen Beispielen vorgestellt. Und obwohl es im zweiten Teil um reale Technik und Installation geht, werden auch hier keine besonderen Kenntnisse vorausgesetzt. Ich werde mich bemühen, die notwendigen Kenntnisse so komprimiert und trotzdem so verständlich wie möglich mitzuliefern, wenn sie erforderlich werden. Es wäre jedoch von Vorteil, wenn die grundlegenden Bedienungshandgriffe in einer Unix-Umgebung bekannt wären. Ich werde besonders auf Stolpersteine und Fehler eingehen, die man leicht übersieht, die der Unix-unerfahrene Anwender erfahrungsgemäß übersieht (die ich auch übersehen habe), und ich werde versuchen, die Scheu abzubauen, in einem laufenden Unix-Betriebssystem Änderungen vorzunehmen. Eine Linux-Workstation ist wirklich leichter zu konfigurieren als andere Betriebssysteme, man muß nur die Methodik einmal verstanden haben, dann ist alles ganz einfach und logisch.

In Teil I des Buches wird eine Datenbasis entworfen, die für den Einsatz in der Praxis zumindest ansatzweise tauglich sein sollte und von kundiger Hand problemlos abgeändert und erweitert werden kann. Es ist natürlich schwierig bis unmöglich, eine Datenbasis zu entwickeln, die einer bestimmten Anwendung vollständig genügt, deshalb wird eine Applikation implementiert, die mit möglichst vielen Tätigkeiten zu tun hat, die auch in anderen Bereichen auftreten und notwendig werden. Die vorgestellte Lösung kann keine Komplettlösung für ein Hotel oder ein Reisebüro sein, trotzdem können viele Tätigkeiten und Transaktionen auf andere Bereiche übertragen werden. Die an den Hotel- bzw. Reisebüro-Betrieb angelehnte Lösung ist nicht ganz uneigennützig entstanden, sie hat ihren Grund in der Tatsache, daß ich gerade eine solche Software entwickle. Die Basisüberlegungen sind als Beispiel in das Buch eingeflossen, auch sind natürlich einige Anregungen aus anderen Quellen hinzugekommen. Eine Datenbasis zu entwerfen ist nicht ganz einfach, und so läßt es sich nicht vermeiden, daß hierfür etwas Theorie vermittelt werden muß. Teil II liefert dann die Installation und das Einrichten dieser Datenbasis nach. Alle Beispiele, die in Teil II zu finden sind, sollen einen praktischen Nutzen haben, deshalb wird auf Funktion und nicht auf Feinheit und ausgebufftes Design der Installationen Wert gelegt.

1.4 Einige Bemerkungen zu Beginn

Ein Buch hat normalerweise einen, manchmal eine kleine Anzahl von Autoren. In Wirklichkeit kann grundsätzlich jeder Autor nur im Kontext seiner Lehrer, Kollegen, Freunde und der Fachkompetenz vieler Experten gesehen werden, von denen er gelernt, die er entweder selbst konsultiert oder deren

Werke er gelesen hat. Es wäre vermessen zu sagen, der Autor eines Buches könne deshalb weiter sehen, weil er auf den Schultern anderer steht. Das impliziert, daß der Autor auch wirklich weiter sehen kann. Das läßt sich gewiß nicht einmal für ein beliebiges Teilgebiet der angewandten Informatik behaupten. Im übrigen ist eine Diskussion nur sehr schwer zu führen, wenn man seinen Diskussionspartnern auf den Schultern steht. Ein Gegenüberstehen auf gleicher Höhe ist da wesentlich effizienter und auch fruchtbarer. Zumindest entspricht das den Erfahrungen, die ich gemacht habe.

Der Sinn eines Buches ist es, besondere Akzente zu setzen, spezielle Zusammenhänge zu betonen und eine Auswahl der Themengebiete anzusprechen, die den Einsatz der vorgestellten Software dem Anwender plausibel macht. Praktisch alle Informationen, welche in diesem Buch zu finden sind, können auch in den HOWTOs, FAQs und anderen Publikationen gefunden werden, die Form des Buches ist jedoch für den Informations-Suchenden, gerade wenn es um den Einsatz von Linux geht, besonders wertvoll, da in der Buchform die Informationen komprimiert und aufbereitet dargestellt werden. Auch fließen die guten sowie die schlechten Erfahrungen des Autors in seine Darstellung mit ein, von deren Lösungsmöglichkeiten und Strategien der Leser profitieren kann. Es handelt sich dabei jedoch fast immer um subjektive Sichten des Autors. Die Erfahrung zeigt jedoch, daß diese Sichten gar nicht so subjektiv sind, denn viele, welche sich das erste Mal mit Linux beschäftigen, haben die gleichen Probleme, und diese müßten, ohne entsprechende Informationen, von vielen Lesern auf die gleiche mühselige Weise gelöst werden. Bedeutet das nun, die Installation und Konfigurierung von Linux sei generell nicht besonders benutzerfreundlich? Ganz gewiß nicht, aber Linux ist ein sehr flexibles Betriebssystem, welches eine riesige Menge der verschiedensten Hardware unterstützen kann. Naturgemäß werden daher gerade bei der Installation viele Einzelheiten abgefragt, über die der Einrichter des Betriebssystems Auskunft geben muß. Diese nötigen Informationen liegen in den allermeisten Fällen nur versteckt vor, und so kann es zu Problemen bei der Installation kommen, welche manchmal einfach zu lösen sind, wenn man nur wüßte wie.

Die Gesetze der Kombinatorik erlauben es nicht, daß die Installation aller möglicher Kombinationen verfügbarer Hardware-Komponenten in einem Handbuch beschrieben werden können. Auch sollte man die Installation von Linux nicht mit den vorinstallierten OEM-Versionen von Windows auf den Rechnern einer Kaufhauskette vergleichen. Linux ist ein professionelles Betriebssystem, das auch bei der Installation einige Sachkenntnis, oder eben die Hilfe eines Buches erfordert.

Ein Buch stellt so etwas wie eine Abkürzung für den Leser dar, um den Zugang zu einem Sachgebiet oder der Installation einer komplexen Software zu finden. Man kann versuchen, einen Fisch im Meer zu fangen, es ist jedoch einfacher, einen Eimer mit Meerwasser gereicht zu bekommen, in dem sich bereits ein Fisch befindet. Der Eimer stellt einen kleinen Ausschnitt des Meeres dar, er gestaltet das Fischen sicherlich erheblich einfacher. Dieses Buch soll einen vergleichbaren Dienst leisten. Der Autor hat die Quellen gesammelt, gesichtet und die Spreu vom Weizen getrennt. Häufig auch den Weizen vom Weizen (siehe das fehlende Fax-Kapitel), denn die Informationen über Linux sind so ungeheuer vielfältig, daß man aus den nützlichen Informationen die mit dem größten Gewinn für den Leser heraussuchen muß. Das wird sich, so hoffe ich, in den im Buch enthaltenen Erläuterungen und Beispielen niederschlagen, die so gehalten sind, daß ein schnelles Einrichten und Anwenden der angesprochenen Software möglich ist, ohne sich durch meterdicke Bedienungsanleitungen der Software-Hersteller, HOWTOs und FAQs fressen zu müssen.

Ich möchte mich daher nicht so sehr als Autor verstanden wissen, sondern als einer, der die Erfahrungen und das Wissen anderer sammelt, zusammenfaßt, kanalisiert und die gewonnenen Erkenntnisse in schriftlicher Form ordnet und niederlegt. Diese Aufbereitung soll auch in einer Form geschehen, welche die Thematik, die für sich gesehen schon trocken genug ist, in angenehmer und vielleicht sogar amüsanter Weise wiedergibt, ohne die Probleme zu verharmlosen und den Eindruck zu erwecken, daß alles »ganz leicht« sei. Der Sinn dabei ist, der Idee von Linux Verbreitung zu verschaffen und die Entwicklungen Anderer, dem breiten Publikum verfügbar zu machen. Die Linux-Gemeinde lebt vom Austausch im Internet, dort sind praktisch alle Informationen über Linux zu finden, die Erfahrung zeigt jedoch, daß der Anfänger zu Beginn seiner Bemühungen nur selten Zugang zum Internet hat, und wenn er darüber verfügt, so bleibt ihm die besondere Infrastruktur des Netzes mangels Erfahrung anfänglich meist verschlossen. Auch scheitert ein Erfahrungsaustausch mit den Experten entweder am mangelnden Mut, die Linux-*Gurus* im Netz überhaupt anzusprechen, oder die verschlungenen Wege über *nnet* und *mailing-lists* sind dem Anfänger meist nicht bekannt, oder sie erscheinen ihm zumindest ungewohnt.

An dieser Stelle sei eine Bitte an die Experten gerichtet: Macht es den Novizen nicht so schwer! Es ist klar, daß in den entsprechenden Newsgroups regelmäßig die gleichen Fragen gestellt werden, und mit der gleichen Regelmäßigkeit werden diese Fragen mit einem *„Diese Frage ist hier schon so oft gestellt worden, ich habe jetzt langsam keine Lust mehr"* beantwortet. Solche oder ähnliche Antworten schrecken die Anfänger ab, und auch der Hinweis auf die *man-pages, HOWTOs* und *FAQs* ist nicht gerade einladend, Neulinge an Linux heranzuführen. Diese Quellen sind manchmal derart verziert mit *Unix-Kauderwelsch*, daß es einem Anfänger schon schwerfallen kann, sich mit Linux ernsthaft zu beschäftigen. Nach einer anfänglichen Phase der Desorientierung folgt dann meist der »Aha«-Effekt, aber bis dorthin muß der Anfänger schließlich erst kommen.

Ein verstohlener Blick zurück auf die eigenen Anfangstage ist da äußerst hilfreich – und in den meisten Bereichen, die Linux umfaßt, sind wir doch alle irgendwie noch Anfänger. Oder?

Linux ist ohne die Milliarden einer »singulären Wahrheiten-Welt« entstanden, deshalb ist es um so erstaunlicher, daß dieses Betriebssystem der einen Wahrheit die subjektive und multiple Wahrheiten-Welt der Anwender entgegensetzen kann. Der Erfolg von Linux wäre bestimmt ohne das *mehrere Wahrheiten*-Medium Internet nicht denkbar gewesen. Ihm verdankt es auch seinen Erfolg. Es ist bezeichnend, daß auch das Internet selbst ein kostenfreier Dienst ist und genau wie Linux selbst keiner von einem Monopol bestimmten Marktmacht gehorchen muß. Linux verdankt seinen Erfolg aber auch den Zehntausenden von Enthusiasten und Liebhabern weltweit, die es einfach nicht wahrhaben wollen, daß Software und damit auch Information ein Gut ist, welches gekauft und verkauft werden kann.

Spätestens seit der Kernelversion 2.0 ist Linux fit für den Einsatz in Industrie und Handel. Manche mögen das bedauern, manche mögen es belächeln, Linux im Vergleich zu dem Giganten Microsoft nicht ernst nehmen und deshalb diesem Betriebssystem auf dem Markt der Konkurrenz keine Chance einräumen, aber spätestens wenn einem als frischgebackenem Unternehmer die Rechnung für die Betriebssystem-Software der fünf vernetzten Rechner präsentiert wird, kommen einem Zweifel, ob man nicht bei der Auswahl des Betriebssystems einen Fehler gemacht hat. Die getroffene Entscheidung kann sich nämlich dann als sehr teuer erweisen. Auch dann, wenn man die Betriebssystem-Software für den Start »großzügig« geschenkt bekommen hat. Das geschieht öfter, als man annehmen möchte, jedoch muß man als potentieller Kunde groß genug sein, damit man als Multiplikator für den Software-Hersteller interessant ist. Banken und Schulen sind bekannte Beispiele dieses unfairen Verdrängungswettbewerbs.

Nicht immer sind Geschenke etwas Positives, das mußten schon die alten Trojaner erfahren, als sie von den Danaern das Holzpferd vor das Tor gestellt bekamen. Beim »Software-Hersteller« Linux braucht es diese Größe nicht, und Linux ist sicherlich auch kein Danaergeschenk. Hier bekommt jeder – und selbstverständlich auch jedes Unternehmen – seine Betriebssystem-Software geschenkt und eine unlimitierte Lizenzierung für die Netzsoftware dazu.

Es gibt viele Gründe, Linux auch in einer kommerziellen Umgebung einzusetzen, und das ist keinesfalls mehr ein riskantes Spiel mit den Firmeninteressen. Viele prominente Beispiele aus der Industrie beweisen dies. Linux ist frei, es kostet nichts, der Support ist ungewöhnlich, aber exzellent, Linux ist stabil, es ist elegant und leicht zu bedienen und – es ist sicher! Die nötige Betriebssoftware ist meist verfügbar, obwohl jedoch auf diesem Gebiet noch Nachholbedarf besteht. Hier sind auch meistens die Gründe zu suchen, die den Einsatz von Linux, zumindest als Komplettlösung, nicht ratsam erscheinen lassen. Der

1.4 Einige Bemerkungen zu Beginn

Einsatz als File-Print-Server kann jedoch sicherlich uneingeschränkt für jede Firma empfohlen werden.

Obwohl der Einsatz eines Betriebssystems für einen Computer ein an sich emotionsloses und analytisch bewältigbares Thema sein müßte, schlagen die Wellen der Emotionen doch recht hoch. Wer's nicht glaubt, braucht sich nur in `comp.os.linux.advocacy` oder `comp.os.ms-windows.advocacy` umzusehen, da herrscht ein regelrechtes Hauen und Stechen, und obwohl ich als Autor dieses Buches eher der Linux-Richtung zuneige, soll dieses Buch nicht als simples Windows-bashing verstanden werden, es soll vielmehr in einer nüchternen Analyse klären, für welchen Anwender, sei er nun dem kommerziellen oder dem privaten Anwenderkreis zuzurechnen, Linux als Alternative anzuraten ist. Dabei kann natürlich auf Vergleiche mit dem größten Software-Anbieter nicht verzichtet werden. Aber einen Vergleich schon als Angriff auf ein bestimmtes Betriebssystem-Lager aufzufassen hieße den Begriff Toleranz zu eng auszulegen.

Die Situation auf dem Markt der Emotionen hat sich in den letzten drei, vier Jahren drastisch verändert. Die Vernetzung von Rechnern war bis vor wenigen Jahren nur den Mainframes und sogenannten Minis vorbehalten, einen PC mit einem anderen PC zu verbinden, oder gar einen PC mit einem Großrechner zu vernetzen reizte die verfügbaren Möglichkeiten der Rechnertechnologie bis an die Grenzen aus und war zudem ein ziemlich teures Unterfangen. Die Protokolle der damals verfügbaren Billignetze waren nicht kompatibel zu denen der Großrechner, und einen TCP/IP-Stack bekam das gängigste aller Betriebssysteme, Windows, erst mit der Version Windows 95 spendiert und ist erst seit dieser Zeit gerüstet für den Transfer von Daten über das Netz. Während sich Anfang der 90er Jahre die Rechnerwelt bei der Vernetzungsmöglichkeit im wesentlichen in zwei Lager teilte, den Großrechner- und Mini-Bereich auf der einen, und in die PC-Schiene auf der anderen Seite, stellt sich die gegenwärtige Situation völlig anders dar. Heute ist selbst eine »Zwei-Rechner«-Konfiguration eines kleinen Büros unvernetzt kaum vorstellbar, ja sogar ein einsamer Rechner in einem kleinen Büro eines Freiberuflers verfügt heutzutage zumindest über einen Internet-Anschluß und nimmt damit aktiv Teil an der weltweiten Vernetzung. Aber auch das Internet selbst hat in seiner Entwicklung Linux einen großen Anschub gegeben. Das Internet besitzt heute die Fähigkeit, ohne Kenntnis des verwendeten Betriebssystems allen an das Netz angeschlossenen Rechnern die Kommunikation untereinander zu ermöglichen. Wenn beispielsweise von einem Linux-Rechner Daten von einem entfernten, am Internet laufenden Server geholt werden, so kann und braucht der Linux-Rechner nicht zu wissen, welches Betriebssystem die Daten auf dem Server bereitstellt.

Zudem wird die Weiterentwicklung der Sprache Java die Abhängigkeit von den verschiedenen Plattformen wenn nicht aufheben, so doch weitgehend mildern. Es wird vielleicht in Zukunft nicht mehr notwendig sein, beim Software-Kauf zu fragen: »*Wenn ich die Applikation A benötige, welches Betriebssystem muß ich dann dafür einsetzen?*« Bedingt durch die pathologische Software-Entwicklung des letzten Jahrzehnts, wird einem Computer-Anwender diese Frage heute noch völlig selbstverständlich erscheinen. Die gleiche Person würde aber mit völligem Unverständnis reagieren, wenn ein Autoverkäufer ihm auf sein Ansinnen, einen Wagen einer bestimmten Marke zu kaufen, antwortete: »*Aber wenn Sie* **den** *Wagen fahren wollen, müssen Sie sich von Ihrer Frau scheiden lassen und eine andere heiraten.*« Die Relationen stimmen im Software-Geschäft nicht, und sie haben sich seit Beginn der Entwicklung stetig zuungunsten des Anwenders verschoben.

1.5 Freie Software

Linux wird als ein dem Unix ähnliches Betriebssystem bezeichnet, obwohl mittlerweile der Unterschied zu einem »*echten*« Unix nur noch darin besteht, daß Linux nichts kostet. Dieser Umstand hat auch dazu beigetragen, daß die kommerziellen Unix-Systeme in den letzten Jahren immer billiger geworden sind. Während 1992 das bekannte SCO-Unix als Komplettsystem mit einer entsprechenden Entwicklungsumgebung für C++ noch wesentlich mehr als 15.000 DM kostete (mein geplagter Doktorvater, Prof. H. Werner, wird sich daran erinnern), kann man heute ein solches System für unter 2.000 DM erhalten. Das soll nun nicht heißen, daß sich Linux selbst das Wasser abgräbt, indem es die Konkurrenten zwingt, billiger zu werden, denn Linux ist ein wirklich freies System, während die kommerziellen Systeme immer mit Kosten verbunden sind, auch wenn man das System selbst geschenkt bekäme.

Linux ist in weiten Bereichen sogar vollständiger als jedes andere Unix, da es für fast jede Hardware-Plattform eine entsprechende Linux-Version gibt. Der Code des Linux-Kernels ist ebenfalls in weiten Bereichen besser optimiert, als dies bei kommerziellen Unix-Systemen der Fall ist.

Ein weiterer Umstand, der Linux von kommerziellen Produkten unterscheidet, ist die Art der Entwicklung. Linux wird weltweit von einer immer größer werdenden Anzahl hochqualifizierter Programmierer weiterentwickelt. Sie tun das aus reiner Freude am System, denn Linux ist nicht nur ein Betriebssystem, sondern ein wenig auch eine Weltanschauung. Wer sich einmal in diese Welt hineinbegeben hat, erkennt, wie Software auszusehen hat und wie die Benutzerführung effizient funktionieren sollte. Die Benutzerführung eines Betriebssystems, oder einer Applikation, sollte nicht davon ausgehen, daß alle Anwender potentielle Idioten sind.

1.5 Freie Software

Bei der Applikations-Software ist dieser Umstand nur allzuhäufig anzutreffen. Nehmen wir als Beispiel diese famosen WYSIWYG-Editoren. Nicht hinter jedem Punkt beginnt das neue Wort mit einem Großbuchstaben. Schon viele haben sich an dieser Art »Hilfen« die Zähne ausgebissen. Sicher, man kann diese »Hilfen« auch ausschalten, aber dazu muß man schließlich erst lernen, wo diese Option auszuschalten ist. Manche dieser angebotenen »Dienste« legen dem Benutzer Scheuklappen an, so daß er andere Lösungsmöglichkeiten nicht mehr sehen kann (siehe das Beispiel mit der Maus ab Seite 22). Wer schon einmal einen Java-Programmiererkurs gehalten hat, der wird amüsiert festgestellt haben, daß die erste Frage der angehenden Programmierer der Entwicklungsoberfläche gilt. Und wenn man gar verlangt, daß ein einfacher Editor (meinetwegen auch EDIT von *Microsoft*$^{(c)}$) geöffnet werden soll, dann erlebt man sein blaues Wunder, denn es wird immer zuerst verzweifelt nach entsprechenden Buttons gesucht. Die nächste Programmierergeneration wird vermutlich annehmen, daß die Bedieneroberfläche schon bei der Erschaffung der Welt vorhanden war.

Die Bedienung der Rechner wird, bedingt durch die Verwendung des Internets, auch im privaten Bereich nicht einfacher werden. Dem Benutzer eines Rechners kann bestimmt ein gehöriges Maß an Komplexität zugemutet werden, die einfach in der Sache steckt. Niemand würde auf die Idee kommen, die Schulen alle konzentrisch um das Bus-Depot anzuordnen und alle Straßen sternförmig vom Busterminal wegzuführen, bloß weil man annimmt, daß alle Schulbusfahrer Trottel sind, die nur geradeaus fahren können. Schulbusfahrer sind keine Trottel, sie finden sehr wohl komplexere Wege von und zur Schule, aber genausowenig sind die Anwender von Software und Betriebssystemen ausgemachte Idioten. Und jede Zeitgenossin würde sich vor Lachen krümmen, würde von ihr verlangt, den Ehemann mit einer Fahne vor dem Automobil herlaufen zu lassen, um andere Verkehrsteilnehmer zu warnen, daß jetzt ein Pkw daherkommt. Seltsamerweise scheinen sich Benutzer von Betriebssystemen bei einer ähnlichen Behandlung durch die Softwarehäuser geradezu wohlzufühlen, anders ist das Stillhalten der Benutzer bei dieser Behandlung kaum zu erklären.

Jeder Computer ist dumm (wenn ein solches Attribut überhaupt auf eine Maschine anwendbar ist). Er ist ein Automat mit einer zwar großen, aber eben doch nur endlichen Anzahl von Zuständen. Der Anwender muß sein Wollen der toten Maschine oktroyieren, erst dann wird diese Maschine für ihn sinnvolle Aktionen ausführen. Dieses Wollen setzt aber intellektuelle Fähigkeiten voraus, deshalb ist es eine Verdrehung der Verhältnisse, wenn Software so an den Anwender angepaßt wird, daß er den von der Maschine vorgegebenen Weg beschreiten muß. Es gibt viele Beispiele, wo dieser Sachverhalt nicht beachtet, ja geradezu in sein Gegenteil verkehrt wird. Versuchen Sie einmal, den folgenden italienischen Satz in einen dieser Word-Prozessoren einzugeben.

»*voglio dei fagiolini e dei pomodori*«

Die Chance ist groß, daß am Ende der Eingabe der folgende Satz auf Ihrem Monitor zu lesen ist:

»*voglio die fagiolini e die pomodori*«

Was soll diese Verdrehung der Buchstaben bewirken? Soll den Schreibern von Texten wirklich suggeriert werden, daß der Editor so *gut* ist, so daß er alle Fehler, auch solche, welche wir unbeabsichtigt machen, reparieren kann? Wer wirklich glaubt, einen Text, und sei es nur eine einzige Seite, ohne Korrekturlesen korrekt erstellen zu können, der ist blauäugig, ich glaube, das gelang nicht einmal dem alten Goethe.

Klar, man kann diesen automatischen Buchstabenverdrehrepariermechanismus auch ausschalten, aber das bedeutet in der Regel, man muß das mehrere hundert Seiten starke Handbuch durchforsten um herauszubekommen, mit welcher trickreichen Knopfkombination das zu bewerkstelligen ist. Und was hat man dann gelernt? Man hat gelernt, firmenspezifische Software zu bedienen, die für den Editor des Konkurrenten ganz anders zu bedienen ist und wahrscheinlich in der neuen Version des gleichen Editors ebenfalls ganz anders funktioniert.

Den Italienern geht es übrigens nicht besser, wenn die einen Satz wie »*Ich möchte nicht diese Hosen, sondern die anderen dort*« eingeben, dann erscheint auf einem italienischen Monitor »*Ich möchte nicht diese Hosen, sondern dei anderen dort*«.

Ein weiteres Beispiel für eine solch unsinnige Verfahrensweise will ich hier anführen, um zu verdeutlichen, daß der Rechner keinesfalls dem Benutzer das Denken abnehmen kann, aber das auch zeigt, daß es manche Software-Hersteller geschafft haben, uns genau das zu suggerieren:

Der Mensch bedient heute einen Computer mit der Maus (oder Mouse, um auch im Newspeak verständlich zu bleiben). Der Mensch verwendet selbstverständlich einen WYSIWYG-Texteditor. Da scheint es logisch, den Prozeß »Suchen/Ersetzen« auch mit der Maus auszuführen. Sehen wir uns den Vorgang etwas genauer an:

1. Rechte Hand von der Tastatur entfernen, zur Maus führen.
2. Maus auf die entsprechende Position in der Menü-Leiste führen und drücken.
3. Ein Fenster erscheint, in dem der Benutzer aufgefordert wird, zu wählen, ob er suchen und ersetzen will, oder nur suchen.
4. Auswahl tätigen, Fensterchen mit unsinnig vielen Optionen erscheint.

1.5 Freie Software

- Sich orientieren,
- die entsprechenden Auswahlknöpfchen drücken (das können eine ganze Menge sein).

5. Maus in das Fensterchen führen, in dem der Suchbegriff eingegeben werden muß.
6. Maus mit der rechten Hand verlassen, die rechte Hand zur Tastatur führen und Begriff eingeben.
7. Rechte Hand von der Tastatur zur Maus führen und die Maus umpositionieren, so daß sie jetzt im Fenster steht, in das der Text eingegeben werden muß, der den in Punkt 6 eingegebenen Text ersetzen soll.
8. Maus mit der rechten Hand verlassen, die rechte Hand zur Tastatur führen und Begriff eingeben.
9. Mit rechter Hand die Tastatur verlassen, zur Maus führen, diese auf den OK-Button positionieren und diesen drücken.
10. Rechte Hand von der Maus zur Tastatur führen. Jetzt kann mit der Texteingabe im eigentlichen Text fortgefahren werden.

Das sind großzügig gerechnet 10 getrennte Aktionen. WYSIWYG-Experten werden jetzt einwenden, daß man den »Suchen/Ersetzen«-Befehl auch mit einer Tastenkombination ausführen kann, aber das läßt das Fensterchen nicht verschwinden, die Maus muß nach wie vor positioniert, die Auswahl getroffen und der Text eingegeben werden.

Auch wenn man diese Vorgehensweise gewohnt ist, kann das Ganze nur mit dem Wort »idiotisch« bezeichnet werden.

Anstatt die Hände auf der Tastatur zu lassen, muß man hektische Betriebsamkeit entfalten, nur um ein Wort durch ein anderes zu ersetzen. Und das Ganze firmiert dann unter dem Begriff »Bedienerfreundlichkeit«! Der uralte WordStar (vielleicht erinnert sich ja noch jemand an ihn) war komfortabler zu bedienen als diese merkwürdigen Ausgeburten verquerer Technikgläubigkeit. Leider kann man durch Gewöhnung dem Anwender Dinge beibringen, die er dann als völlig natürlich empfindet. Wieso ist eigentlich noch niemand auf die Idee gekommen, das »Suchen/Ersetzen« im Kopfstand auszuführen? Das wäre doch wirklich mal etwas Neues.

Mit einem endlichen Automaten können die Wünsche des Benutzers nicht antizipiert werden, und mehr als einen endlichen Automat stellt ein Computer nicht dar. Das manifestiert sich beispielsweise in den Endungen von Programmen wie *.exe, *.bat und *.com, die suggerieren, das Betriebssystem wüßte, welches Programm ausführbar ist. Ein weiteres schlechtes Beispiel sind

Texterfasssungs-Programme, bei denen es fast unmöglich ist, innerhalb eines Satzes eine Abkürzung zu verwenden, ohne daß der nachfolgende Buchstabe auf geheimnisvolle Weise zum Großbuchstaben wird. All dies kann einem unbedarften Anwender den Umgang mit einem Computer erleichtern, wenn er denn gewillt ist, die firmenspezifische Benutzung zu erlernen. Der Effekt ist jedoch, daß man sich an Software gewöhnt und am Ende nicht mehr frei ist, unsinnige, ja sogar kontraproduktive Verfahren als solche zu erkennen. Und wenn dann eine Firma Pleite macht, die eine solche Software hergestellt hat, dann darf der Anwender, mit dem Erlernen firmenspezifischer Handgriffe und Bedienung von vorne beginnen. Sie meinen, das sei noch nie vorgekommen? Dann fragen Sie mal nach einem ausgezeichneten WYSIWYG-Editor namens DeScribe. Ich verfüge heute noch über Kenntnisse, die mir leider nichts mehr nützen.

1.6 Voraussetzungen

Einfache Dinge einfach zu beschreiben ist meist recht schwierig. Komplexe Dinge einfach zu beschreiben ist zumindest nicht einfacher. Der Mensch ist jedoch ein intellektuelles Wesen, daher kann er sich an komplexe Umstände gewöhnen.

Wenn man heute einen Computer kauft, so ist das Betriebssystem meist schon vorinstalliert. Die allermeisten vorinstallierten Computer werden mit der Betriebssystem-Umgebung der Firma *Microsoft*[c] ausgeliefert, die Firma Siemens liefert aber auch Rechner aus, die mit Linux vorinstalliert werden. Die Vorinstallation hat gewisse Vorteile, denn der Benutzer braucht sich nicht mehr um solche Dinge wie Treiber für Hardware oder Kompatibilität zu kümmern. Die Nachteile dieser Methode werden immer dann offensichtlich, wenn die »Normal-Installation« nicht ausreicht. Und das ist gewiß der Fall, wenn man sich dieses Buch gekauft hat. Dann nämlich muß man sich in die bereits existierende Installation einarbeiten, um den Punkt zu finden, wo man aufsetzen muß. Das ist jedoch weitaus schwieriger, als wenn man die komplette Installation von Grund auf selbst gemacht hätte. Das trifft gleichermaßen auf Windows-, wie auf Unix-Betriebssysteme zu. Man lernt das System einfach besser kennen, wenn man es schon mal völlig nackt auf dem Seziertisch gesehen hat.

Für Teil I des Buches benötigt man keine Voraussetzungen, außer vielleicht eine gewisse avantgardistische Neugier und Offenheit für moderne Technologie der Netze. Der Teil II verlangt Mut, die vorgeschlagenen Installationen auch durchzuführen, und natürlich ein gewisses technisches Verständnis. Allgemein läßt sich sagen: wenn man schon einmal ein Windows NT[c]-Netz installiert hat, die Installation von Linux und die Netzumgebung von Linux dann auch keine Probleme bereiten sollte.

1.6 Voraussetzungen

Wenn man die Idee, welche hinter der Konfigurierung von Linux steckt, einmal begriffen hat, dann findet man sich sogar leichter in einer Linux-Umgebung zurecht als in einer rein grafisch orientierten Installationsoberfläche. Linux läßt sich über Text-Dateien konfigurieren, sogenannte Script-Dateien, die allerdings manchmal schwer zu durchschauen sind (/etc/inetd.conf beispielsweise). Allerdings braucht man unter Linux nicht in die Tiefen der Systemprogrammierung abzusteigen, um es sinnvoll einsetzen zu können, dafür gibt es genügend Installationswerkzeuge, die dem Benutzer die Probleme weitgehend vom Halse halten. Auch eine Netzwerkinstallation ist problemlos möglich, und sogar eine DNS-Installation (**Dynamic Name Server**) kann mit diesen Werkzeugen problemlos bewerkstelligt werden. Wir werden die notwendigen Installationen deshalb weitgehend mit solchen Werkzeugen durchführen. Das ist einfacher als die Installation durch Verändern der Datei-Einträge in den entsprechenden Konfigurationsdateien. Das »fine tuning«, welches dadurch möglich wird, wird in den meisten Fällen sowieso nicht gebraucht.

Für die Netz- und Datenbankverwaltung benötigt jedes Unternehmen einen eigenen Administrator, das gilt für Macintosh, Windows NT[c] gleichermaßen wie für Linux und alle anderen Unix-basierten Systeme. Es ist ein gefährliches Unterfangen, seine Datenbestände in Gefahr zu bringen, indem man an dieser Stelle sparsam ist. Auch sollte man im Normalfall nicht versuchen, eine Datenbasis für die Firma selbst zu entwerfen, das geht fast immer schief. Eine Datenbank mit bestehenden Daten neu zu strukturieren ist ein teures Vorhaben und kann eine Firma in den Ruin treiben. Um die Systematik und Theorie kennenzulernen, ist es sicherlich sinnvoll, auch einmal eine Datenbasis entworfen zu haben, aber mit einer solchen »Lösung« einen Geschäftsablauf zu modellieren, das ist sträflicher Leichtsinn. Eines der großen Probleme beim Entwurf einer Datenbanklösung liegt im Entwerfen des »frontends«, denn hier spiegelt sich die Struktur der Firma wider. Mit JDBC kann ein solches frontend leichter entwickelt werden.

Wir werden uns im Rahmen der Datenbanken eine Datenbasis entwerfen, die kleineren praktischen Anwendungen genügt (Kundendatei Verwaltung, Verwaltung von Kunden-Nummern etc.). Die Datenbasis, welche in diesem Buch entworfen wird, stützt sich im wesentlichen auf ANSI-SQL, und das hat folgenden Grund: Sollten Sie sich entscheiden, doch einem anderen Betriebssystem den Vorzug zu geben, so soll die Mühe des Lesens nicht umsonst gewesen sein. In diesem Falle können Sie die Datenbasis auf eine Datenbank des Betriebssystems »Ihrer Wahl« übertragen (falls es überhaupt eine andere Wahl gibt) und diese dann nach Belieben nutzen. Lizenzgebühren fallen keine an.

Die Grundidee, welche hinter diesem Buch steckt, ist: »*Versuche zu überzeugen, ohne zu überreden.*« Wir befinden uns hier ja schließlich nicht auf einem orientalischen Basar (oder in einer Hamburger Hafenkneipe).

1.7 CD oder nicht CD, das ist hier die Frage

Ich möchte Shakespeare nicht unbillig bemühen (und verfremden), aber die Sitte, CDs seinen Büchern beizufügen, ist fast zur Unsitte entartet. Meist wird die beigefügte CD als Verkaufsargument benötigt und hat wenig bis gar keine Daseinsberechtigung. Eine solche Vorgehensweise zeugt nicht gerade von seriösem Verhalten und Achtung vor seiner Leserschaft. Eine solche CD besitzt auch meist ein kurzes Leben. Die Leser sind es leid, in jeder Publikation eine oder gar mehrere CDs vorzufinden, denen man ansieht, daß nicht die Qualität, sondern nur der »Füllungsgrad« der zur Verfügung stehenden Software ausschlaggebend für die Auswahl war. Leser quittieren das mit dem Öffnen des Buches über der großen runden Ablage (Mülleimer) und dem Hineinfallenlassen der verschiedenen CDs in dieselbe. Die Software veraltet heute so schnell, daß es nicht einmal Sinn macht, richtige, also keine Demo-Software auf die CD für ein Buch zu brennen. Oder wollen Sie heute noch den Netscape Navigator 3.0 verwenden, wo es doch schon die Version 4.51 gibt?

Eine CD kann sinnvoll sein. Dabei ist es für den Autor ganz leicht zu entscheiden, ob eine CD als Beigabe zum Buch angebracht ist oder nicht: Stammt die Mehrzahl der mitgegebenen Programme vom Autor selbst, so kann getrost auf eine CD verzichtet werden. Beispiele können heute viel einfacher über das Internet verteilt werden, außer vielleicht, man hat mit Beispielen aufzuwarten, die mehrere Megabytes an Platz benötigen (das ist jedoch kaum zu befürchten). Auch kommerzielle Produkte, die man auf die CD preßt, rechtfertigen nicht immer eine CD, denn in den allermeisten Fällen handelt es sich dann nur um Evaluations- oder Demo-Software, und auf diese Art Software kann man als Leser getrost verzichten. Editoren oder Tabellenkalkulations-Programme, bei denen man die Daten nicht sichern kann oder deren Zeitlimit auf ein bestimmtes Datum bezogen ist (wenn's nicht gerade das Jahr 2045 ist), sind die Pits nicht wert, in die sie gebrannt sind.

Anders verhält es sich bei einem Buch über Linux und Linux-bezogene Software. Hier gibt es genügend Applikationen, auch von professionellen Anbietern, die frei verteilt werden dürfen oder deren Umfang und Funktionalität auch in der Evaluationsversion einen praktischen Einsatz rechtfertigen. Diese Software kann einen beträchtlichen Umfang haben. Einen Umfang, den man nicht ohne hohe Telefonkosten aus dem Internet extrahieren kann. Genau dieser Fall liegt hier vor, daher habe ich mich entschlossen, dem Buch eine CD beizulegen.

Auf der CD befinden sich die meisten Beispiele, welche Sie für die Installation der Datenbasis benötigen. Trotzdem ist es ratsam, die Beispiele auch einmal »per Hand« einzugeben, um an den eigenen Fehlern lernen zu können.

Viel wichtiger als die Beispiele ist jedoch die frei erhältliche Datenbank *Adabas D* und eine voll funktionsfähige S.u.S.E.-Linux-Edition, die sich ebenfalls

1.7 CD oder nicht CD, das ist hier die Frage

auf der CD befindet. Hier gilt es jedoch die Lizenzbedingungen zu beachten. Die Datenbank *Adabas D* ist voll funktionsfähig (bis auf die Einschränkung der Anzahl der Benutzer oder der Netzwerkfähigkeit, was aber der kommerziellen Nutzung gerade am Beginn einer Unternehmung kaum im Wege steht). Und gerade weil der Titel des Buches lautet: »*Linux im kommerziellen Einsatz*«, muß der Anwender hier sehr genau darauf achten, wann er ein Produkt noch ausprobiert und wann bereits die kostenpflichtige Nutzung beginnt. Man würde der Idee, die hinter Linux steckt, keinen guten Dienst erweisen, wenn man sich vor Lizenzzahlungen drückt, nur weil es möglich ist. Die Lizenzierung ist im wesentlichen ein Entgelt für den Support, den man schon erhalten hat, als man die Software ausprobierte, und den Support, den man erhält, wenn man das Produkt kommerziell nutzt. Denken Sie an das Gefangenen-Dilemma aus der mathematischen Logik – es ist wirklich langfristig besser zu kooperieren. Der Aufwand, vom Hersteller kostenlosen Support zu erschleichen, lohnt nicht, die Datenbanken leisten Ihnen und Ihrer Unternehmung einen wertvollen Dienst, dieser sollte auch vergütet werden, zumal die Preise für Linux-basierte Software in den allermeisten Fällen sehr moderat sind.

2 Was ist Linux?

2.1 Die »Mehrere Wahrheiten«-Welt

Genaugenommen muß zwischen dem Kernel und einer Edition, die auf dem Kernel aufbaut, unterschieden werden. Das eigentliche Linux besteht aus einem Kernel, der für sich gesehen kaum anwendbar ist. Dieses Linux allein kann nicht viel bewirken, ohne die Scripte und Programme, die das System erst nutzbar machen. Linux hat auch nichts speziell mit der PC-Hardware zu tun, weil Linux auf fast allen Plattformen implementiert ist. Wenn Sie sich entschließen sollten, eine ALPHA-Maschine oder eine HP-Maschine zu kaufen, so können Sie das tun, es gibt auch für diese Hardware eine Linux-Implementierung. Die Hinweise und Tips zum Kauf der Hardware entfallen dann natürlich (siehe Seite 34). Man kann jedoch auch im PC-Bereich Hardware finden, die einem akzeptablen Standard genügt. Das ist allerdings äußerst schwierig, da die meiste verfügbare Hardware im PC-Bereich besser im Mülleimer aufgehoben wäre als in einem beigefarbenen Kästchen unter Ihrem Schreibtisch.

Da es auf dem PC-Sektor keine wirkliche Normierung gibt, trachten die meisten Hersteller danach, den potentiellen Kunden durch exotische, leider aber auch proprietäre Funktionen an sich zu binden. Wer sich eines der ersten PCI-*mainboards* gekauft hat, weiß ein Lied davon zu singen, und er ist gut beraten, dieses Stück Hardware in besagtem Mülleimer zu deponieren und sich ein neues *mainboard* zu kaufen. Ein anderes Beispiel sind ISDN-Karten, hier ist es mit der Normierung der Hardware auch nicht weit her, deshalb können leider auch nicht alle diese Karten mit Linux zum Laufen gebracht werden. Und weil die Auswahl der Hardware so schwierig ist, werden wir uns in Absatz 2.3 ab Seite 40 des Buches besonders mit dem Kauf der Hardware auseinandersetzen.

Linux ist ein kostenfrei erhältliches und Unix-ähnliches Betriebssystem. Es ist für fast alle bekannten Plattformen verfügbar (»fast« nur deshalb, weil mir nicht alle Plattformen bekannt sind). Die Initialzündung zu der Idee »Linux« gab *Linus B. Torvalds*, ein Student der Informatik an der Universität von

Helsinki, Finnland. Die bestehenden Linux-Editionen kann man keiner einzigen Person oder Gruppe zuordnen, dafür sind einfach zu viele Enthusiasten an der Entwicklung von Linux beteiligt, allerdings sollen an dieser Stelle einige Namen der wichtigsten Entwickler genannt werden, die überproportional viel für Linux geleistet haben. Man findet darunter so illustre Namen wie *Richard M. Stallman*, *Fred N. van Kempen*, *Sebastian Hetze*, *Patrick Volkerding*, *Olaf Kirch* und *Lendecke Volker*, die jedem, der auch nur etwas in Unix oder Linux »hineingeschmeckt« hat, bekannt sind. Die Liste der frei erhältlichen Software, die auf Linux „portiert" worden ist, wird von Woche zu Woche länger. Darunter befinden sich so wichtige Applikationen wie X11, der GNU C/C++-Compiler und auch die komplette TCP/IP-Netzwerkunterstützung. Seit neuestem befindet sich auch eine Implementierung von IPX darunter (Internet Packet eXchange ist ein Protokoll, welches von der Firma Novell entwickelt wurde, um eine Internet-Unterstützung für NetWare$^{(tm)}$-Produkte zu ermöglichen). IPX ist seiner Funktionalität ähnlich dem IP-Protokoll. Linux ist eine echte Unix-Implementierung und kann nach der GNU General Public License frei und ohne Lizenzierung kopiert werden.

Wenn man bei der Auswahl der Hardware sorgfältig ist, so macht Linux aus jedem PC eine echte Unix-Workstation. Damit verfügt der Benutzer über alle Vorteile eines Unix-Systems. Linux wird daher mittlerweile in vielen Firmen und den verschiedensten Umgebungen eingesetzt. Linux eignet sich für den Einsatz in Forschung und Lehre. An der Umgebung Linux kann der Entwurf und die Programmierung von Betriebssystemen demonstriert werden.

Aber auch Firmen können Linux in ihren lokalen Netzen verwenden, und das nicht nur, weil Linux aus Kostengründen interessant ist, denn Linux ist stabil, und es ist nicht selten, daß ein Linux-Server ein Jahr und mehr an »up«-Zeit hat (das ist die Zeit, welche ein Betriebssystem ohne Unterbrechung gelaufen ist), ohne neu gestartet zu werden. Aber auch viele »Computerfreaks« verwenden Linux zu Hause, um damit zu arbeiten, zu programmieren oder um einfach herumzuhacken.

Linux unterscheidet sich von anderen Unix-Systemen durch die Art seiner Entstehung und durch die Weise, wie es weiterentwickelt wird. Linux ist eine freie Unix-Implementierung, die von freiwilligen Gruppen und Einzelpersonen vorangetrieben wird. Natürlich ist eine solche Entwicklung nur über das Internet möglich, denn der Quell-Code kann nur auf diese Weise schnell unter den einzelnen Entwicklern verteilt werden. Jeder, der sich berufen fühlt (und natürlich zumindest über rudimentäre Programmierkenntnisse verfügt), kann sich an dieser Entwicklung beteiligen.

Diese Vorgehensweise mag unorthodox erscheinen, sie hat sich aber als äußerst effizient erwiesen. Linux besitzt das größte Entwicklerpotential weltweit und zusätzlich eine unübersehbare Menge an interessierten Beta-Testern. Kein Fehler wird von diesen Testern übersehen, und das führt dazu, daß Linux sich zu einem der sichersten aller Betriebssysteme auf dem Weltmarkt entwickelt hat. Die riesige Gemeinde der Entwickler und Beta-Tester kommuniziert über »mailing lists« oder »newsgroups« im USENET. Wenn Probleme auftauchen, werden sie vom Entdecker des Fehlers an das schwarze Brett geheftet, so daß jeder darauf reagieren kann. Aber auch wenn man als Anwender Probleme hat, etwa weil man einen Dienst nicht so richtig verstanden hat oder weil es nicht gelingt, eine besondere Hardware in das eigene System einzubinden – eine Nachricht an die entsprechende Gruppe (z.B. comp.os.Linux.misc) und die Antwort läßt nicht lange auf sich warten.

Bevor man sich jedoch daran macht, Linux zu installieren, sollte man sich im klaren sein, welcher Hardwareanforderungen eine professionelle Computer-Infrastruktur bedarf und welchen Beschränkungen das System unterliegt. PC-Hardware kostet um so viel weniger als eine Workstation, daß Sie für den Preis einer normalen Unix-Workstation drei komplette PC-Systeme kaufen können. Eines davon können Sie als Notsystem verwenden, und ein anderes können Sie in Reserve halten. Aber denken Sie daran, daß ein großer Teil der verfügbaren PC-Hardware absoluter Schrott ist, weil nur im Bereich »Computerspiele« einsetzbar.

Man erspart sich eine Menge frustrierender Erlebnisse, fruchtloser Diskussionen mit Händlern und Verkäufern, wenn man an die Hardware von vornherein wenigstens ein Mindestmaß an Qualitätsanforderungen stellt, sich aber von diesen Anforderungen auch nicht abbringen läßt. Glauben Sie jedoch nicht, daß das so einfach ist. Vor den Erwerb des Computers hat Gott den Händler gesetzt, und der wird immer versuchen, Ihre Hardwareanforderungen nach kosmetischen Gesichtspunkten auszurichten. Eine EIDE-Festplatte mit einer Kapazität von 6.5 GB für den Preis von 400,00 DM wird demnach immer einer »nur« 4.5 GB-SCSI-Platte vorgezogen. Lassen Sie sich nicht durch solche optischen Aufheller beeindrucken. Die beiden physikalischen Platten sind identisch, nur die Aufzeichnungsdichte ist bei der 6.5 GB-EIDE-Platte höher, und damit die Möglichkeit des Datenverlusts. Fragen Sie die Profis, Sie werden keinen finden, der EIDE einsetzt. Im übrigen werden ausnahmslos alle professionellen Unix-Systeme mit SCSI ausgestattet, warum sollten Sie dann mit weniger zufrieden sein?

Auch bei der Wahl des Betriebssystems werden Sie den Händler überzeugen müssen, daß Sie eventuell gar kein Windows haben wollen. Nein, auch nicht vorinstalliert, oder daß Sie doch zumindest eine gehörige Portion Platz für Ihren Ausflug in das Linux-Lager auf der Festplatte freihalten wollen.

Mir ist nicht so recht klar, warum die Händler immer darauf bestehen, Windows 95[c] »vorinstalliert« mit dem Rechner auszuliefern. Ich bin sicher, daß es diese Händler-Prämien von der Firma *Microsoft*[c] heute nicht mehr gibt, denn dafür besteht keine Notwendigkeit. OS/2[c] ist so gut wie gestorben, und ein anderes System ist weit und breit nicht in Sicht. – Halt, dort im fernen

Gallien – aber das ist Asterix, und wir wollen nicht abschweifen. Linux muß tatsächlich über eine Art Zaubertrank verfügen, andernfalls hätte es dem enormen Druck des größten Software-Herstellers wohl nicht so lange standhalten können. Und Linux hat nicht nur standgehalten, das Software-Angebot von Linux expandiert in einem Maße, daß es schwierig bis unmöglich ist, auch nur annähernd zu registrieren, welche neue Software auf den Markt kommt, geschweige denn die Software kennenzulernen. Und – Linux is still going strong.

Der Titel des Buches ist »*Linux im kommerziellen Einsatz*«. Das läßt erwarten, daß die folgenden Fragen angesprochen werden: »*Wie investiere ich das einzusetzende Kapital am günstigsten*« und: »*Wie vermeide ich unnötigen Ärger*«. Das Problem beim Entwerfen einer Computer-Infrastruktur ist ähnlich gelagert wie ein Zahnarztbesuch. Woher soll der Kunde wissen, ob sich der Lieferant der Hard- und Software wirklich um seine Belange kümmert und versucht, eine optimale Konfiguration für die Anforderungen seiner Firma zu finden, oder ob er nur versucht, seine Yacht im Mittelmeerhafen mit Ihren finanziellen Mitteln zu bezahlen? Bei den Gewinnspannen, die heute im Computer-Handel üblich sind, wird es sich wohl eher um ein Modellmotorboot in der Badewanne handeln. Aber gerade die fehlenden Gewinnspannen sind es, die den Kunden hellhörig machen sollten. Korrekte Beratung verlangt Kompetenz, und die hat ihren Preis.

Sie werden sicherlich nicht zum Spezialisten, wenn Sie dieses Buch gelesen haben, aber Sie können nach der Lektüre kompetent Fragen stellen und auf bestimmten Randbedingungen bestehen. Ein Lieferant wird Sie nicht so leicht über den Tisch ziehen können, denn Sie werden entscheiden können, ob eine vorgeschlagene Lösung für Ihre Einsatzanforderung adäquat ist oder nicht.

Zur Thematik, die eigenen Investitionen effizient einzusetzen, gehört sicherlich auch die Auswahl der Hardware, auch dann, wenn Ihr Unternehmen mehr als einhundert Mitarbeiter zählt und Sie auf die Dienste professioneller Anbieter zurückgreifen können.

An einer Hardware-Konfiguration hängt im Regelfall auch die Service-Infrastruktur. Häufig orientiert sich die Auswahl der Hardware nach dem Angebot der Serviceleistungen des Anbieters. Aber der Service, den eine Firma zu liefern vermag, besteht nicht nur aus einer oder mehreren, Telefonnummern unter denen ein Service-Mitarbeiter der Firma immer verfügbar ist. Sehr häufig läßt die fachliche Kompetenz solcher Mitarbeiter zu wünschen übrig. Sicher, wenn Sie sich einen Maschinenpark von Hewlett-Packard oder eines anderen Markenherstellers zulegen, und wenn Sie auch bereit sind, die horrenden Preise der Service-Verträge zu bezahlen, so haben Sie bestimmt weniger Probleme (aber dafür natürlich extrem höhere Investitionen zu tätigen). Aber dann lesen Sie sicherlich nicht dieses Buch.

Die kommerziellen Unix-Rechner-Hersteller produzieren ohne Frage mit die schnellsten und zuverlässigsten Rechner, die es gibt. Sie denken wahrscheinlich, daß Unix unmöglich zu unterstützen ist, da jede Implementierung verschiedene Konfigurationen besitzt. Trotzdem ist der Service, den diese Firmen bieten, exzellent. Sie bedienen sich hierfür einer Möglichkeit, die auch unter Linux benutzt werden kann und die Ihnen als Kunden eine Menge Geld einspart. Sie loggen sich in Ihre Maschine via `telnet` ein, und das Problem ist im Nu repariert. Wenn Sie beispielsweise HP um 1^{00} Uhr nachts anrufen, werden Sie mit hoher Wahrscheinlichkeit mit einem Ingenieur aus Australien sprechen. Rufen Sie HP um 4^{00} Uhr nachts an, dann bekommen Sie einen Ingenieur aus England ans Telefon. Ein ähnliches Arrangement ließe sich für Linux vorstellen, aber da Linux nicht verkauft wird, ist der Modus der Bezahlung für ein solches System ein Problem, nicht jedoch die Technik, die funktioniert genau wie beim HP-Service.

Digital ALPHA-Server sind auch sehr populär, besonders bei denen, die große relationale Datenbank-Management-Systeme betreiben. Wenn Ihnen die Hardware dieser Plattformen mehr Vertrauen einflößt, Sie aber nicht in den Sog der teuren Software- und Software-Betreuung kommen wollen, dann können Sie auch auf diesen Maschinen und Rechnerarchitekturen eine Linux-Implementierung einsetzen, wenn auch die Hardware etwas teuer und der Software-Service wohl kaum für die installierte Linux-Version gültig ist. Nun, man gönnt sich ja sonst nichts.

Das Hauptproblem mit den kommerziellen Unix-Systemen besteht darin, daß entweder die neueste und beste Software für Ihren Rechner nicht verfügbar ist, oder sie ist verfügbar, jedoch noch nicht getestet worden. Unix ist kein Standard. Ein Programm, das auf einer HP-Unix-Maschine läuft, wird nicht auf einer von Silicon Graphics funktionieren. Wenn Sie also ein Programm aus dem Netz herunterladen und sicher sein wollen, daß es auch funktioniert, dann ist das beste Unix SPARC/Solaris von Sun. Wenn Sie zudem noch sicher sein wollen, daß Ihr Unix auf allen genannten Plattformen läuft (und auch auf vielen nichtgenannten), dann sollten Sie Linux einsetzen. Das System ist sowieso nicht zu schlagen, wenn es um das Preis-Leistungsverhältnis geht.

Das populärste Unix für PCs ist nun einmal Linux, und es ist ein völlig kostenloses Betriebssystem. Diese Eigenschaft teilt sich Linux allerdings mit BSD, einem anderen freien Unix-Betriebssystem. Sie können sich Linux umsonst aus dem Netz holen, oder Sie bezahlen 79,00 DM und bekommen dafür von einer Firma wie S.u.S.E. (www.suse.de), Redhat oder Caldera einen Satz von CDs, mit dem Sie Linux installieren können. Nach wenigen Minuten haben Sie ein lauffähiges Unix mit den folgenden Paketen auf Ihrem Rechner installiert:

- Unix

- Emacs, Perls, Tcl/Tk, gcc, das X Window-Systems, ImageMagicks und all die andere Software, für die Sie bei Ihrem Consultant 100.000,00 DM bezahlt hätten, nur um es auf Ihren Digital, HP oder Sun-Box installiert zu bekommen.

- Den Apache Web Server.

- Einen NFS-Server, um Daten auf andere Unix-Rechner zu befördern.

- Einen Samba-File-Printserver, der Ihnen die Möglichkeit gibt, Linux-Partitionen in einer Windows-Umgebung zu verwenden und die komfortable Druckersteuerung einer Unix-Umgebung zu nutzen.

- Einen AppleShare-Datei- und Print-Server, um auch Macintosh-Rechner mit Daten bedienen zu können.

- Einen IPX-Novell-Netware-Server, der Sie von lästigen Lizenzzahlungen befreit, ohne Ihr bereits bestehendes Novell-Netz in irgendeiner Weise zu beeinträchtigen.

Und das Ganze wird auf mehreren CPUs gleichzeitig laufen, wenn Sie den Kernel so neu kompilieren, daß er multi-processing beherrscht. Ja, die Installation läuft sogar auf mehreren Festplatten gleichzeitig, denn Linux unterstützt RAID 05.

Wenn Sie Linux als Betriebssystem einsetzen, dann müssen Sie den Anspruch aufgeben, sich bei Problemen an die Herstellerfirma des Betriebssystems wenden zu können, die gibt es schließlich nicht. Wenn Sie jedoch über genügend Geldmittel verfügen, können Sie eine Support-Firma beauftragen, die sich um Ihre Probleme kümmert, angefangen von der Installation des Betriebssystems selbst bis zur Einrichtung des Netzes. Sie können das alles aber auch selbst tun – und Sie können sogar das Betriebssystem selbst nach eigenen Wünschen anpassen. Sie haben schließlich den Quellcode. Mittlerweile gibt es jedoch genügend Consulting-Unternehmen, die Ihnen beim Service zur Seite stehen, natürlich gegen Bezahlung, aber umsonst bekommen Sie diese Dienstleistung bei *Microsoft*[(c)] oder anderen kommerziellen Betriebssystem-Herstellern schließlich auch nicht.

2.2 Welche Hardware?

Um Linux im kommerziellen Bereich einsetzen zu können, braucht man in den allermeisten Fällen mehr als einen Rechner, von diesen Rechnern sollte einer

2.2 Welche Hardware?

als Server dienen, die anderen werden als Client eingesetzt. Der Server sollte aus Kostengründen immer ein Linux-Rechner sein, die Client-Rechner werden in der Regel mit *Microsoft*[(c)]-Betriebssystemen ausgestattet sein. Für die nötige Hardware macht das keinen Unterschied, daher sollte keiner der Rechner unterdimensioniert sein.

Alle Hardware-Forderungen der Linux-Anbieter setzen die Anforderungen an einen Rechner viel zu tief an. Das liegt aber daran, daß der Großteil der Kunden der Vertreiberfirmen immer noch in der Hacker-Szene angesiedelt ist. Wir wollen uns deshalb nicht an diese Vorgaben halten. Tabelle **2.1** enthält nur Angaben zur Ausstattung, nicht aber zur geforderten Qualität der Hardware. Ab Seite 45 finden Sie jedoch auch zu diesem Thema Informationen.

Wenn man sich für eine »normale« Unix-Infrastruktur entscheidet, dann hat man absolut keine Probleme. Die Hardware einer Sun, HP oder AIX-Maschine ist über jeden Zweifel erhaben, und man kann dieser blind vertrauen, sie wird funktionieren, und sie wird vor allem so funktionieren, wie man das von einem »*High Tech*«-Gerät erwartet. Man muß jedoch auch bereit sein, mehrere zehntausend Mark für diese Hardware zu bezahlen. Anders verhält sich das leider im PC-Geschäft, dort sind zwar die Preise relativ niedrig, aber dafür kann ein weniger erfahrener Einkäufer ziemliche Überraschungen erleben. Überraschungen, die gerade ein Unternehmensgründer mit viel, manchmal sehr viel Geld bezahlen muß. Denn eine anfänglich preisgünstige Lösung kann im Endeffekt sehr teuer werden.

Die Hardware-Preise sind in den letzten Jahren derart gefallen, daß die Hardware selbst eigentlich kein wirkliches Thema mehr sein sollte. Man geht in ein Computer-Geschäft, schildert dem guten Mann dort sein Problem, bekommt einige Kartons mit viel Styropor-Verpackung, schließlich handelt es sich ja um »High-Tech«, zahlt vergleichsweise wenig Geld dafür, und alles ist erledigt. Zu Hause packt man alles aus, stöpselt die Sachen zusammen, und schon funktioniert alles. Man braucht sich nur noch hinzusetzen und kann anfangen zu arbeiten.

Falsch!

Daß das so nicht funktioniert, davon kann man sich überzeugen, wenn man die immer wiederkehrenden Berichte über Testeinkäufe in den verschiedensten Fachzeitschriften studiert. Selbst große und renommierte Firmen scheinen nicht in der Lage zu sein, einen ordentlich ausgestatteten Rechner zu projektieren und zu liefern. Daher kann man sich die Sache beim Einkauf der Hardware nicht so einfach machen, wie es möglich wäre, deshalb kann dieser Punkt nicht kurz abgehandelt werden.

Das OTC-Computer-Geschäft ist leider immer noch äußerst unseriös und steckt voller Fallstricke für den unbedarften Kunden. Den Begriff OTC (over the counter) habe ich der Börsensprache entlehnt, damit werden Aktien bezeichnet, die nicht an der Börse gehandelt werden, weil ihnen kein reeller Wert gegenübersteht, man bezeichnet diese Werte auch als Junk-Bonds, oder Müll-Aktien. Ich habe den Begriff gewählt, weil er das Problem des Hardware-Kaufs im PC-Bereich genau trifft. Wenn es nur die Ladenstraßen wären, die sich in jeder größeren Stadt befinden (bezeichnenderweise immer in der Nähe des Hauptbahnhofs und Rotlicht-Viertels gelegen), von denen könnte man sich als Kunde ja fernhalten, leider steht es um die Kaufhausrechner auch nicht besser, und die Berater-Firmen, welche zur Beratung auch die Hard- und Software liefern, die wollen oft eigentlich nur zweimal an der Unkenntnis ihrer Kunden verdienen.

Kein Mensch würde sich auf die gleiche Weise, wie Computer verkauft werden, auch nur einen Gebrauchtwagen andrehen lassen, geschweige denn einen Neuwagen. Zusätzlich hat sich die Unsitte eingebürgert, Computer mit vorinstalliertem Betriebssystem zu verkaufen. Leider ist diese Vorinstallation häufig darauf hin optimiert, Spiele zu spielen und mit Joysticks rumzufuhrwerken. Die niedrigen Preise, mit denen gewisse Anbieter ihre »Waren« auszeichnen, mögen eine große Versuchung sein, aber seien Sie gewarnt, geben Sie der Versuchung nicht nach, es kann Sie teuer zu stehen kommen. Viele Anwender,

Tabelle 2.1: Hardware-Anforderungen

Hardware	Server	Client
Prozessor	Pentium II 233 MHz	Pentium 133 MHz
Hauptspeicher	$\geq$ 128 MB	$\geq$ 64 MB
Festplatte	$\geq$ 4 GB	$\geq$ 2 GB
Netzwerk	100 MBit Ether	10 MBit Ether
Grafik-Karte	VGA	SVGA mit 4 MB
Monitor	egal	$\geq$ 17"
SCSI-CD-ROM	Geschwindigkeit egal	Geschwindigkeit egal
Datensicherung	DAT-Streamer	-
Gehäuse	redundantes Netzteil 300VA	einfaches Netzteil 220VA
UPS-Unit	500 VA	Betriebssystem-abhängig

gerade wenn sie dem kommerziellen Bereich zuzuordnen sind, meinen, daß sie beim Kauf eines Computers der Zahlung von Lizenzgebühren für diese Software für immer enthoben sind, da sich die nötige Software als sogenannte OEM-Version schon auf dem Rechner befindet und sie deshalb niemals mehr in die Verlegenheit kommen werden, Lizenzen bezahlen zu müssen. Das ist ein Irrtum, der sich recht bald als sehr teuer erweisen kann. Jede Server-Software, die verkauft wird, kann mit einer bestimmten Anzahl von Clients betrieben werden. Wenn Sie einen neuen Rechner für Ihre Firma kaufen, kann es sein, daß Sie sehr kräftig zur Kasse gebeten werden. Genauso verhält es sich, wenn Sie einen proprietären Web-Server betreiben wollen, der keinesfalls im Grundpreis der bereits erworbenen Software enthalten ist.

2.2 Welche Hardware?

Wenn sich einige Vertreiber von Komplettlösungen auf die Füße getreten fühlen, so kann ich das nicht ändern, ich gebe nur meine Erfahrungen wieder. Ich will damit auch nicht die gesamte Branche in Mißkredit bringen, aber für einen unbedarften Käufer einer Computer-Infrastruktur gibt es leider keine andere Möglichkeit, als sich bei gebrannten Kindern, und zu denen zähle ich mich auch, zu informieren und vor allem höllisch aufzupassen. Sicher sind nicht alle Händler gleich, aber die Tricks der miesen Händler, die gleichen sich wie zwei Wassertropfen.

Bei dem Vorhaben, eine Rechnerstruktur für eine Firma zu entwerfen, kann man nicht mit einem Rechnerpark von alten, ausgedienten Rechnern vom Typ 486 aufwarten. Seltsamerweise hat die Eigenschaft von Linux, die Hardware-Ressourcen gut ausnützen zu können, genau dazu geführt. Alte 486er Rechner werden abgestaubt und zu neuen Ehren gebracht. Linux wird's dann schon richten. Die Kisten laufen zwar dann so schnell wie eine Windows NT$^{(c)}$-Box mit einem Pentium Pro, aber wie schnell würde erst Linux auf einer solchen Hardware laufen? Das ist nicht die richtige Methode, Linux als Server in einem Windows-Netz zu betreiben. Das trägt auch dazu bei, daß die Vorteile von Linux überhaupt nicht zur Geltung kommen.

Wir werden im Absatz 2.4 ab Seite 45 genauer auf die zu wählenden Hardware-Komponenten eingehen. Ich möchte hier niemanden dazu animieren, sich den Rechner selbst zu bauen (obwohl ich das aus Prinzip immer mache, ich möchte nämlich wissen, was in meinem Rechner für Teile verwendet werden), aber das Selbstbauen hat auch seine Vorteile. Auf diese Weise lernt man ein wenig die Struktur eines Rechners kennen und ist später in der Lage, auch mal eine Festplatte, die zu klein geworden ist, auszutauschen oder eine Ethernet-Karte zu installieren. Das sind alles Dienste, die extrem viel kosten, aber praktisch überflüssig sind.

Der potentielle Kunde hat gerade beim Kauf eines Computers mit zwei Schwierigkeiten zu kämpfen. Da es im wesentlichen nur zwei Märkte gibt, auf denen er sich mit der nötigen Computer-Infrastruktur eindecken kann, ist die Vergleichsmöglichkeit äußerst gering. Schon allein deshalb, weil diese kleinen beigefarbenen Kästchen sich alle so furchtbar ähnlich sehen.

- Da ist einmal das OTC-Geschäft:

  Man kauft wie besehen, und das war es dann auch schon. Nur – was hat man gesehen? Einen kleinen beigefarbenen Kasten, einen meist zu kleinen Monitor, eine Tastatur, eine Maus in exotischem Design. Die Innereien, die bleiben einem jedoch verborgen. Das ist gewiß der falsche Weg, sich die Rechner für den Einsatz in der Firma zu besorgen. Das Problem ist, daß bei gleicher Funktion die Hardware sich im Preis um mehrere hundert Prozent unterscheiden kann, und der naheliegendste Gedanke ist dann natürlich, dem scheinbar preisgünstigeren Produkt den Vorzug zu geben.

- Der zweite Weg:

  Man geht zu einem Computer-Hersteller, beispielsweise Siemens, Compaq, Dell oder auch HP (ja, auch HP bietet PC-Hardware an). Man schildert den Leuten dort sein Problem, und schwupp, hat man die Bestellung auch schon getätigt. Sicherlich bekommt man dort geeignete Geräte, aber auch nur dann, wenn man genau spezifizieren kann, welchen Rechner man denn nun möchte (falls Sie diesen Weg beschreiten wollen, so konsultieren Sie die Checkliste auf Seite 45 im Absatz 2.3). Denn glauben Sie mir, wenn Sie dort als einziges Kriterium den Preis angeben, den Sie bereit sind zu bezahlen, wird Ihnen auch bei diesen renommierten Herstellern nicht nur Hardware der ersten Wahl angeboten. Sicherlich müssen alle Hersteller ein Angebot für den privaten Bereich bereithalten, warum aber die Verkäufer gerade diese Rechner dem professionellen Nachfrager anbieten, ist schwer nachzuvollziehen.

  Wenn man den Beratern dieser Verkaufsstellen dann auch noch zu erkennen gibt, man hätte gern ein anderes Betriebssystem installiert, dann wird man mit verständnislos dreinblickenden Augen angesehen, und es wird einem klargemacht, daß das nicht möglich sei, es aber auch völlig unnötig sei, da die Betriebssystem-Software ja bereits vorinstalliert ist. Im übrigen würde die Garantie sowieso verfallen, wenn man sich erdreistet, irgendwie an dem Computer herumzuschrauben oder gar die so sorgfältig eingerichtete Software-Konfiguration zu verändern. Als ob das den Rechner in seinen Grundfesten erschüttern würde. Es stellt sich dann zwar fast immer heraus, daß die Software überhaupt nicht sorgfältig und kenntnisreich installiert worden ist, denn entweder funktioniert die Grafikkarte nicht in der gewünschten Auflösung, oder die Ethernet-Karte ist falsch konfiguriert, aber *das* scheint dann dort niemanden mehr zu interessieren.

Mittlerweile gibt es allerdings genügend Firmen, die Rechner anbieten mit vorinstalliertem Linux. Der Rechner SNI SCENIC Celsius von der Firma Siemens oder auch Rechner von Dell, IBM und Compaq. Sie alle haben Linux entdeckt und wollen am Geschäft mit Linux partizipieren. Sei es ihnen gegönnt. Das allein ist jedoch nicht so wichtig, denn Sie könnten sich das Betriebssystem ja auch selbst installieren, aber diese Rechner sind angemessen im Preis und erfüllen alle Forderungen, die man an die Hardware stellen muß. Diese Rechner sind natürlich nicht für einen Preis zu haben wie beim Tandler um die Ecke, aber sie sind preiswert, im wahrsten Sinne des Wortes.

2.2 Welche Hardware? 39

Zur Garantie sehen wir uns im Absatz 2.8 ab Seite 56 einige interessante Einzelheiten und Berechnungen an, die Ihnen zeigen werden, was von einer Händlergarantie zu halten ist und daß es auch anders geht.

Es gibt jedoch noch eine dritte Möglichkeit. Jeder Computer-Händler kauft seine Ware im Großhandel ein. Sie sind Freiberufler oder Unternehmer mit Gewerbeschein? Da können Sie doch genausogut zum Großhandel gehen und Ihren Computer dort einkaufen. Und merkwürdig genug, dort sitzen doch tatsächlich kompetente Leute, die Sie beraten können und die Ihnen einen Rechner anbieten, der vom Lager weg alle Eigenschaften erfüllt, die in der Checkliste von Absatz 2.3 Seite 45 enthalten sind, und das ohne vorinstalliertes Betriebssystem. Einziges Problem: Sie müssen herausfinden, wo sich ein solcher Großhändler befindet. Sie glauben, daß Sie auf die Beratung im Einzelhandel nicht verzichten können? Die Chance, daß Sie dort kompetente Beratung erfahren, ist äußerst gering. Sie müssen sich darüber klar sein, daß der Verkäufer eines Rechners sicherlich nicht hinter der Ladentheke stünde, hätte er die Kenntnisse und Fähigkeiten, die von einem Experten verlangt werden müssen. Es ist Ihre Firma, wollen Sie wirklich entscheidende Komponenten Ihrer Infrastruktur nach Kriterien bestimmen lassen, die einem professionellen Anspruch nicht gerecht werden?

Die nun folgende Erfahrung wird vielleicht für viele, die sich für Rechner-Preise interessieren, überraschend sein, vor allem dann, wenn man gleich fünf oder sechs Rechner einkaufen muß und sich dadurch die eingesparte Summe vervielfachen läßt:

Ein Rechner mit erstklassigem Mainboard, SCSI-2 und SCSI-Wide integriert, mit Intel Pentium II, 266 MHz, SCSI-4,5 GB-Festplatte, 64MB-Hauptspeicher, SCSI-CD-ROM 24-fach (obwohl das absolut unwichtig ist) habe ich bei einem solchen Großhändler für 2.000,00 DM zuzüglich MwSt. gesehen. Die Leute dort verstehen ihr Geschäft, trotzdem macht es kaum Sinn, diesen Großhändler zu nennen, weil der in Hamburg vielleicht ganz anders heißen mag als in München.

Großhändler sind generöse Leute. Sie haben gelernt, mit kleinen Gewinnspannen auszukommen, denn den Großteil der Gewinne beansprucht der Einzelhandel für sich. Sie gewähren Ihnen Garantie, Sie können ein defektes Gerät innerhalb von drei Wochen zurückbringen, ohne gesagt zu bekommen, daß die Reparatur vier Wochen dauern wird, obwohl es dann erfahrungsgemäß zwölf Wochen dauert, bis Sie Ihr Gerät wiedersehen (wenn Sie Glück haben). Festplatten werden anstandslos auch kurz vor Ablauf der Garantie *sofort* umgetauscht. Niemand will Ihnen weismachen, daß die Festplatte »zur Reparatur« eingeschickt worden ist, obwohl doch jeder weiß, daß noch nie eine Festplatte, die ca. 100,00 DM in der Herstellung kostet, repariert worden ist. Wenn Sie eine bestimmte Hardware für Ihren Rechner brauchen, so wird der Großhandel diese meist vorrätig haben, der Händler an der Ecke wird entweder versuchen, Ihnen ein anderes Teil zu verkaufen, oder er wird Sie vertrösten. Ich frage mich, wieso man beim Handel immer die gleichen stereotypen Antworten bekommt. Wenn Sie zum Beispiel fragen, ob die unterstützte ISDN-Karte eines bestimmten Herstellers auf Lager ist, dann wird der Verkäufer keine Minute zögern und wie aus der Pistole geschossen antworten: »*Ich habe vor fünf Minuten die letzte Karte verkauft, die Ware ist aber bestellt, die Lieferung müßte eigentlich heute gekommen sein, ist aber noch nicht da. Fragen Sie doch morgen noch mal nach.*« Er wird sich die Modellbezeichnung des gewünschten Geräts nicht ansehen, wahrscheinlich weiß er gar nicht, was das Ding macht, aber diese Antwort gehört zum Standard-Repertoire eines Verkäufers, und es ist dabei völlig gleichgültig, ob Sie eine Klosettschüssel oder eine Festplatte kaufen.

Das sind alles Erfahrungen, die ich selbst und viele meiner Kollegen gemacht haben. Es ist klar, daß ein Großhändler mit seinen Einzelhandelskunden nicht so umspringen kann wie der Händler mit Ihnen – warum werden Sie dann nicht zum Händler? Wenigstens für die Zeit, in der Sie die Rechner einkaufen? Sie können eine Menge Geld sparen. Die Lektüre des Buches soll sich schließlich für Sie lohnen.

2.3 Die richtige Hardware

Die Installation ist ein besonderes Thema, denn hier werden die meisten Animositäten gegen Linux erzeugt. Der Grund hierfür ist nicht bei Linux zu suchen, sondern fast immer bei dem »*Installateur*« selbst (so leicht kann man sich der Verantwortung entledigen).

Das Standard-Problem, welches gerade bei Neulingen auftaucht, ist praktisch immer das gleiche:

»*Linux? Davon habe ich jetzt schon so viel reden gehört. Hmm .... Ich habe da noch irgendwo ein altes Mainboard, eine alte AT-Platte, vielleicht auch noch die 80 MB-SCSI-Festplatte von Seagate (Mann, das waren Zeiten ...), eine Sound-Karte mit integriertem SCSI-Bus für ein Gerät ist auch noch in der Grabbelkiste, und eine nicht mehr ganz neue Netzwerk-Karte ist sicher auch noch irgendwo auffindbar. Daraus müßte sich doch ein Linux-Rechner aufbauen lassen, und – zum Probieren reicht das allemal.*«

Damit die Sache billig bleibt, wird dann noch ein Freund, der an der Universität Zugang zu einer Standleitung ins Internet hat, gebeten, 120 Disketten aus dem Netz zu holen. Warum soll man schließlich 80,00 DM ausgeben für eine Sache, die man auch umsonst haben kann.

Wenn man den Einsatz von Linux in einer kommerziellen Umgebung plant, dann wird die beschriebene Situation für die Auswahl der Hardware wohl kaum bestimmend sein. Trotzdem geschieht es häufig, daß gerade in Unternehmungen, die einen solchen Einsatz planen, ein ausrangierter Windows-Rechner verwendet wird, um das Terrain Linux erst einmal zu sondieren. Das ist gewiß eine recht teure Methode, um Linux auszuprobieren, und meistens führt sie auch dazu, die Vorteile von Linux nicht richtig nutzen zu können.

Man sollte sich vor Augen führen, welche Vielfalt an Hardware-Komponenten auf dem PC-Markt verfügbar ist, wie viele sogenannte »Defakto-Standards« in der Versenkung verschwunden sind. Es sei hier nur an Standards erinnert wie Vesa-Local-Bus, AT-Bus oder EISA (obwohl EISA wirklich seine Vorzüge hatte). Alle genannten Systeme sind sang- und klanglos vom Markt verschwunden. Der PC-Markt ist in seinen Prinzipien, oder besser in seiner Prinzipienlosigkeit, ein äußerst unseriöser Markt. Alle naselang ändert sich entweder die Steckerform der Tastatur, so daß man alte liebgewonnene Tastaturen nicht mehr verwenden kann, oder das serielle Anschlußkabel hat plötzlich 9 anstatt 25 Pins. Die Standardisierung auf dem Hardware-Sektor setzt sich nur deshalb nicht durch, weil handfeste Firmeninteressen das verhindern. Es hat eine Bewegung gegeben, die diesen Halbwelt-Methoden Einhalt gebieten wollte, die Einführung des Microchannels, aber als dieser Versuch gestartet wurde, war es für einen Erfolg schon viel zu spät. Die Hardware-Produzenten hatten da schon die Oberhand, und so konnte sich eine gute Idee nicht durchsetzen. Übrigens ist die Microchannel-Architektur die einzige, die von Linux nicht unterstützt wird, aber das hat praktisch keine Bedeutung, da dieses System vom Markt so gut wie verschwunden ist. Aber gerade Linux ist ein Betriebssystem, welches alle genannten Hardwarekomponenten unterstützt. Die zitierte Hardware-Auswahl aus der Abfallkiste ließe sich wirklich mit Linux zur Zusammenarbeit bewegen, nur ist dafür dann ein Experte notwendig, das läßt sich ohne profunde Kenntnisse von BIOS, Interrupts und I/O-Bereichen nicht mehr bewältigen.

Die großen Unix-Hersteller haben es da einfacher, liefern die Hardware gleich zusammen mit der Software aus. Daß beispielsweise eine Version von HPUX auf einem Hewlett&Packard-Rechner nicht laufen könnte, ist äußerst unwahrscheinlich. Allerdings hat eine solche Lösung auch seinen Preis, da wäre dann doch die in Tabelle **3.1** gezeigte Lösung interessanter. Wenden wir uns der Frage zu, wie man die Installation eines Linux-Betriebssystems am kostengünstigsten veranstaltet.

Die einfachste und auch billigste Art, einen Linux-Server auf die Beine zu bekommen, ist die sorgfältige Auswahl der Hardware. Das Hauptproblem ist hier, daß man heute fast nur vorgefertigte Hardware bekommt, und die basiert meist auf dem EIDE-Standard und einigen optischen Blickfängen, wie Sound-Karten mit integriertem SCSI-Scanner-Interface und womöglich einem ATAPI-CD-ROM Laufwerk mit der 36fachen Geschwindigkeit (36 wovon?). Ich frage mich, wann die Verformung, welche die Zentrifugalkraft hervorruft, bei dieser rasanten Geschwindigkeitszunahme beim Lesen der CD berücksichtigt werden muß. Diese Art Rechner ist definitiv die falsche Wahl. Für Linux gibt es keine Treiber vom Hersteller, die dem so gerühmten CD-ROM-Laufwerk beiliegen, deshalb ist man besser bedacht mit einem nur 12fachen CD-ROM-Laufwerk, das aber den Vorzug haben sollte, eine SCSI-Schnittstelle zu besitzen.

Trotz der Komponentenvielfalt hat sich auf dem Markt ein gewisser Standard herausgebildet, und zwar gleichermaßen auf dem Schnittstellensektor wie auf dem Festplattensektor. Als Hardwareschnittstelle sollte man außer dem PCI-Bus (eventuell mit zwei Slots für AT-Bus-Karten) nichts anderes akzeptieren. Jede davon abweichende Wahl birgt Probleme. Das gleiche gilt für die Festplatten-Schnittstelle. Nein, nicht EIDE, sondern SCSI sollte der Vorzug gegeben werden. Die EIDE-Festplatten sind zwar meist etwas billiger, aber sie sind auch nicht so zuverlässig. Zudem bewegt sich die Preisdifferenz im zweistelligen DM-Bereich, und das sollte nun wirklich kein Entscheidungskriterium sein. Am vernünftigsten ist es, man verwendet ein Mainboard mit integrierter SCSI-Schnittstelle, das hat den Vorzug, daß man sicher sein kann, daß das Board für den professionellen Einsatz gedacht ist. Zudem sind es nur renommierte Hersteller, die solche Boards vertreiben. Ohne für irgendeine Firma Werbung zu betreiben, sind die SCSI-Schnittstellen eines Herstellers besonders häufig integriert auf Mainboards zu finden, und das ist auch der Hersteller, der die qualitativ hochwertigsten Controller baut. Zudem befinden sich auf einem solchen Mainboard immer zwei SCSI-Controller-Typen, einmal der SCSI-2-Ultra- und der SCSI-Ultra-Wide-Typ. Letzterer ist besonders für Hochgeschwindigkeits-Rechner von Interesse, allerdings sind hier auch die Festplatten etwas teurer. Auch sollte man sich keinesfalls auf ein ATAPI-Laufwerk einlassen, ebensowenig wie auf Grafikkarten, die Fernsehbilder darstellen können (im allgemeinen werden Mitarbeiter gefeuert, die sich während der Arbeitszeit einem Fernsehprogramm zuwenden).

Nicht daß Linux mit der bemängelten Hardware nichts anzufangen wüßte, Sie werden in der langen, langen Liste der unterstützten Hardware bestimmt jede Hardware-Schnittstelle wiederfinden, die nicht älter als drei Monate ist (außer, wenn sie gegen die GNU-Bestimmungen verstößt, aber so ein Produkt bringt heute kaum ein Hersteller mehr auf den Markt, dazu ist die Verbreitung von Linux schon viel zu weit fortgeschritten), trotzdem sollten Sie derartige Komponenten gar nicht erst in Betracht ziehen. Der Sinn hinter dieser Auswahl ist es, ein effizientes und stabiles System zu konfigurieren, das von Hardware-Ausfällen sowenig wie möglich tangiert wird, und da sind die genannten, »für gut« befundenen Komponenten erfahrungsgemäß am vorteilhaftesten. Will man ein übriges tun, so kann man in einen RAID-Controller investieren und einen Server nach dem RAID5-Level aufbauen. Auch das funktioniert mit Linux. Will man eine vernünftige grafische Oberfläche haben, so muß man eine

2.3 Die richtige Hardware

Grafikkarte erstehen, die mindestens über 4 MB Grafikspeicher verfügt und eine Bildwiederholfrequenz von 75 Hz bei einer Auflösung von 1600x1200 Punkten. Eine solche Grafikkarte kostete vor wenigen Jahren noch mehrere tausend Mark, ist aber heute schon für wenige hundert Mark zu haben. Wie kommt man nun zu einem solchen Rechner?

Diese Frage ist gar nicht so leicht zu beantworten. Sicher gibt es Firmen, die reine Server-Rechner vertreiben, es gibt sogar einen Siemens-Nixdorf-Rechner mit vorinstalliertem Linux, allerdings sind diese Rechner meist recht teuer. Zu teuer für ein Experiment, das Linux in dem Stadium, in dem sich der Leser befindet, schließlich noch ist.

Man kann sich diese Rechner bei einem Händler auch konfigurieren lassen, aber da schlägt dann wieder das hohe Preisniveau der deutschen Handarbeit zu. Ist man in der glücklichen Lage, einen Bekannten zu haben, der privat einen Linux-Rechner einsetzt, dann ist es ganz einfach. Man bittet diesen Herrn, behilflich zu sein, teilt ihm seine Wünsche mit, und im Nu hat man für weniger als 2.000,00 DM einen Pentium II 266 MHz, 128 MB Hauptspeicher, eine 4.5 GB-Festplatte, natürlich SCSI, ein 24-fach CD-ROM-Laufwerk, ebenfalls SCSI, eine Grafikkarte mit 4 MB Speicher und eine Ethernet-Netzwerkkarte. Legt man dann noch knappe 800 DM für einen 19"-Monitor drauf, dann hat man ein System, mit dem es sich sicherlich arbeiten läßt. Ein vorkonfigurierter Rechner würde ungefähr das Doppelte kosten, und Sie hätten trotzdem nicht die Gewähr, daß alle Komponenten nach Ihren Wünschen verwendet wurden.

Da speziell im kommerziellen Einsatz ein Rechner normalerweise nicht ausreicht, kann eine selbstgefertigte Lösung doch einiges an Finanzen einsparen, und wie heißt es so schön bei unseren englischen Nachbarn? »A penny saved is a penny earned.«

Ist man jedoch als Unternehmensgründer in der Lage, vorgefertigte Rechner einzukaufen, dann ist das gewiß von Vorteil, der Kostenfaktor ist allerdings ungefähr $\frac{1}{2}$ bis $\frac{1}{3}$, und das kann bei einem Rechnerpark von 10 Rechnern schon in den fünfstelligen Bereich gehen.

Übrigens gilt das Gesagte auch für die Hardware einer Windows NT[c]-Lösung, hier gibt es zwar viel mehr Anbieter, aber billiger sind die Rechner auch nicht zu haben.

Zum Glück kostet die notwendige Software bei der Linux-Konfiguration wenig bis gar nichts, und das sollte dann doch schon ein Trost sein.

Noch ein wichtiger Punkt, den es grundsätzlich zu beachten gilt:

Warnung:
Betreiben Sie kein Rechnernetz ohne eine entsprechende Backup-Hardware, am besten verwenden Sie ein DAT-Laufwerk, dies ist am zuverlässigsten. Vergessen Sie auch nicht, eine UPS-Unit anzuschaffen. Wenn der Strom einmal wegbleibt, können wichtige Daten verlorengehen.

Es folgt eine Checkliste, die Ihnen als Hilfestellung dienen kann, wenn Sie einen oder mehrere Rechner für Ihre Unternehmung einkaufen wollen. Natürlich soll diese Liste auch Geld sparen, und das können Sie auf folgende Weise erreichen:

Computer werden heute leider als Black-Box verkauft, das bedeutet, Sie bekommen einen beigefarbenen Kasten, der zwar funktioniert, aber von dem Sie nicht wissen, was sich darin befindet. Wenn Sie ein Schnäppchen gemacht zu haben glauben, dann kann sich das sehr bald als Fehlgriff herausstellen, nämlich dann, wenn Ihr Netzwerk nicht mehr funktioniert, weil die 12 GB-EIDE-Festplatte Ihres Servers den Geist aufgegeben hat. Sicherlich, Sie bekommen Ersatz für die Festplatte, ohne Frage ist die Platte innerhalb der nächsten 12 Wochen ausgetauscht. Nur Ihre Daten, für die gibt es keinen Ersatz, aber das kümmert den Händler auch wenig, weil das Ihre Sache ist. Eine 4,5 GB-SCSI-Festplatte zum selben Preis wie die gigantische 12 GB-EIDE-Platte wäre zwar nur ein Drittel so groß, aber sie würde vermutlich jetzt noch funktionieren, und das würde sie auch noch in fünf Jahren.

Vertreter größerer Unternehmungen werden geringschätzig lächelnd die Nase rümpfen und auf einen Rechnerpark verweisen, der von einer renommierten Firma geliefert wurde. Lächeln Sie nicht, sehen Sie sich die Hardware-Komponenten Ihrer Systeme an, und vergleichen Sie diese mit den folgenden Angaben. Vielleicht gefriert Ihnen das Lachen im Gesicht, wenn Sie feststellen müssen, daß Sie ziemlich viel Geld für Schrott ausgegeben haben. Wenn Sie sich auf die PC-Technologie einlassen (und das ist heute fast unumgänglich), dann können Sie mit großer Wahrscheinlichkeit damit rechnen, daß die eingekaufte Hardware reiner Müll ist, wenn Sie sich nicht selbst kompetent um den Einkauf gekümmert haben. Hardware ist nur dann kostengünstig, wenn sie lange genug funktioniert. Das Nichtfunktionieren kann immense Summen kosten, die weit über die eigentlichen Hardwarekosten hinausgehen. Das Personal in Computer-Firmen, die Komplettlösungen vertreiben, ist im Regelfall überhaupt nicht qualifiziert. Klar, würden Sie für einen Hungerlohn arbeiten, wenn Sie hochqualifiziert wären?

Ich weiß aus Erfahrung, daß gerade bei der Hardware kleinere Firmen und Unternehmensgründer viel Geld sparen können. Wer zudem Linux als Alternative betrachtet, der ist mit den fertigen Rechnern sowieso nicht gut bedient

(Ausnahme Siemens), weil die gute Software ja schon vorinstalliert ist. Wer löscht schon seine Festplatte, wenn das System doch so schön funktioniert.

Wie sollte die optimale (bezahlbare) Hardware aussehen? Grundsätzlich sollte die Hardware SCSI-basiert sein, das bedeutet: Keine AT-Festplatten, keine EIDE-Festplatten und keine ATAPI-CD-ROM-Laufwerke, keine Parallelport-Streamer, keine Scanner der gleichen Sorte, nichts, was irgendwie mit Exotik zu tun hat. Es gibt Anwendungen, wo man manche der genannten Teile tolerieren könnte, aber *definitiv* gehört der kommerzielle Bereich *nicht* dazu.

2.4 Die Checkliste

- *Das Mainboard:*

    Auf dieses Teil sollte bei der Auswahl die allergrößte Sorgfalt gelegt werden. Es kommt hier nicht so sehr darauf an, die neueste, sondern eher, verläßliche Hardware zu haben. Das muß sich nicht ausschließen, aber lassen wir andere Leute herausfinden, ob die neueste Hardware auch verläßlich ist. Wenn sie es nicht ist, kostet das mehr, als die Hardware wert ist. Ich habe einen guten Freund, der laboriert immer noch mit seinem ersten PCI-Mainboard herum, welches er 1994 gekauft hatte; es war eines der ersten Modelle, und da es sich um PC-Technologie handelt, war es natürlich auch nicht ausgereift. Ein Kunde von SUN oder HP hätte den Herstellern einen solchen Rechner an den Kopf geworfen, nur wir PC-geschädigten Kunden, wir lassen uns anscheinend alles gefallen. Wenn Sie selbst über ein solches Mainboard verfügen: Schmeißen Sie es weg, es ist die Mühe nicht wert, alte Hardware zum Laufen zu bringen. Sie werden später Ihr gesamtes Abrechnungssystem dieser Hardware anvertrauen. Die komplette Kundendatei wird sich darauf befinden. Wollen Sie das alles in einem Blitz und einem Rauchwölkchen verlieren?

    Jedes Mainboard verfügt heute über EIDE-Schnittstellen, lassen Sie die leer, für Ihre Zwecke taugen die Platten nichts, welche man daran anschließen kann. Nein – Sie sollten auch kein CD-ROM-Laufwerk an diese Schnittstellen anschließen, glauben Sie mir, Sie würden es bereuen. SCSI hat außer der Stabilität den Vorteil, daß eine einzige Schnittstelle den gesamten Datenverkehr von den externen Geräten zum Prozessor und zurück administriert. Die Technologie ist ausgefeilt, und es wird sie auch morgen noch geben. Schließlich ist der SCSI-Standard von den Herstellern professioneller Unix-Systeme entwickelt worden. Wer weiß, wie sich morgen der neue EIDE-Standard nennen wird? Lernen Sie von den Spezialisten, eine Firma wie Sun oder HP würde niemals EIDE-Komponenten in ihren Rechnern verwenden, warum sollten Sie das dann tun? Mainboards sind zum Glück heute alle mit zwei seriellen Schnittstellen und einer parallelen Schnittstelle ausgerüstet. Das spart Steckplätze. Leider sind gerade die Steckplätze bei den neuesten Modellen auch immer weniger geworden.

- *Der Prozessor:*

  Man möchte meinen, daß über Prozessortypen wenig bis nichts zu sagen wäre, da die Firma Intel praktisch ein Monopol bei der Prozessorherstellung hält. Das stimmt nicht ganz, denn es gibt zumindest zwei Prozessorhersteller, die ebenfalls nicht weniger leistungsfähige Prozessoren produzieren (Cyrix und AMD). Aber auch wenn man auf das Logo »*Intel inside*« Wert legt, ist die Auswahl des Prozessors nicht so einfach, und man kann gerade bei der Wahl des Prozessors für den Server ziemliche Fehler machen. Ein Server muß 24 Stunden im Dauerbetrieb laufen, da sollte man sich keine Risiken leisten, nur um einige Mark zu sparen.

  Es sollte sich für den Server-Bereich auf jeden Fall um ein Pentium-Pro, Pentium II oder ein Zweiprozessor-Board handeln. Linux kann mit zwei Prozessoren umgehen (auch mit mehr als zweien, aber wenn nur zwei vorhanden sind, begnügen wir uns auch damit).

  Alte Prozessortypen (Klamath) sollten für den Server-Betrieb nicht eingesetzt werden, da diese Prozessoren zu viel Hitze entwickeln. Die Spannungsversorgung beträgt bei diesem Prozessortyp 3.5 Volt. Da die Leiterbahnen dieses Prozessors nur 0.35μ betragen, erwärmen sich diese zu stark, und das kann in einer schlecht belüfteten Umgebung zu Prozessorausfällen führen. Besser ist es, man verwendet speziell für den Server einen Pentium II-Prozessor vom Typ »*Deschutes*«, der wird nur mit 2 V betrieben. Die Leiterbahnen erwärmen sich bei gleicher Abmessung um mehr als 50% weniger. Außerdem besitzt erst diese Prozessor-Version einen sogenannten ECC (Error Correction Code), der es dem Prozessor ermöglicht, auftretende Lesefehler aus dem Speicher zu korrigieren. Derartige Lesefehler können zu Systemabstürzen führen, die im ungünstigsten Fall Datenverlust verursachen. Allerdings tritt das nur sehr selten auf, eigentlich nur dann, wenn der verwendete Hauptspeicher an der Grenze seiner Zugriffsgeschwindigkeit betrieben wird. Das ist jedoch ein Problem, welches eher im Home-PC-Bereich anzutreffen ist. Auch sollte der Lüfter für den Prozessor zwei Propeller besitzen, damit die von ihm erzeugte Hitze besser abtransportiert wird. Jeder im Rechner befindliche Lüfter sollte kugelgelagert sein, das reduziert das Geräusch, den Ihr Rechner verursacht, aber es verlängert auch die Lebensdauer des Lüfters selbst und damit eventuell die Lebensdauer Ihres Rechners.

2.4 Die Checkliste

- *Die Festplatten-Schnittstelle:*

  Ob man ein Mainboard aussucht, welches die SCSI-Schnittstelle integriert hat, oder eines, bei dem diese Schnittstelle hinzugekauft werden muß, bleibt Geschmackssache. Die Lösung mit der integrierten Schnittstelle hat den Vorteil, daß man sich einen PCI-Slot spart. Meistens ist die »onboard«-Lösung auch billiger. Auf jeden Fall sollten sich zwei SCSI-Schnittstellen auf dem Mainboard befinden, eine SCSI2- und eine SCSI-WIDE-Schnittstelle. Auf diese Weise kann man bis zu 14 SCSI-Geräte in einem Rechner betreiben (braucht man jedoch in den seltensten Fällen).

  Wenn Sie besonders sicher gehen wollen, dann besorgen Sie sich einen SCSI-RAID-Controller, das wird zwar etwas teuer, aber dafür können Sie später mit einer redundanten Datenhaltung arbeiten, die Sie nicht im Stich läßt. Allerdings bedeutet mehr Hardware auch eine höhere Ausfallhäufigkeit. Ein Mehr an Technik ist nicht immer von Vorteil. Die redundante Datenhaltung ist aber schon allein deshalb interessant, weil damit auch ein schnellerer Zugriff auf Ihre Daten möglich wird, das hängt aber von der Art ab, wie die Daten auf den einzelnen Festplatten abgelegt werden.

- *Die Festplatte(n):*

  Verwenden Sie ausreichend große Platten, unter einer Kapazität von 4 GB sollte keine der Platten haben. Man kann zwar später eine Platte dazuhängen, aber meistens findet man keinen Platz mehr dafür im Gehäuse. Außerdem sollten Sie den Geräuschpegel nicht gänzlich vernachlässigen, es sei denn, es handelt sich um einen Server-Rechner, der sich sowieso in einem anderen Raum befindet. Die Lärmbelästigung, die eine Rechnerinfrastruktur verursachen kann, ist erheblich. Lassen Sie sich nicht von dem scheinbar leisen Geräusch täuschen, es ist auch die Tonhöhe, welche sich als Störfaktor bemerkbar macht. Und es ist fast immer die Festplatte, die zu laut ist.

  Wenn Sie einen SCSI-RAID-Controller verwenden, so besorgen Sie sich fünf gleich große SCSI-Platten von mindestens 9 GB. Alle Platten sollten dem gleichen Typ angehören, SCSI2 oder SCSI-Wide. EIDE-Platten lassen sich auch für diesen Zweck einsetzen, aber das Thema haben wir bereits abgehakt.

- *Grafikkarte und Monitor:*

  - *Server*

    Für den Server brauchen Sie keine teure Grafikkarte, und der Monitor darf auch eher klein sein, damit er nicht soviel Platz wegnimmt. Der Server liefert Daten, und das tut er auch dann, wenn niemand zusieht.

- *Client*

    Bei einem Client-Rechner sieht das jedoch ganz anders aus. Die Client-Rechner sollten mit Grafikkarten ausgerüstet sein mit nicht weniger als 4MB Grafikspeicher und einer Bildwiederholfrequenz von mindestens 70 Hz. Die Größe des Monitors richtet sich nach den verschiedenen Aufgabengebieten Ihrer Mitarbeiter. In vielen Fällen reicht ein kleiner Schirm, aber hier ist unter klein mindestens 17″ zu verstehen. Alles andere ist eine Zumutung für Ihre Mitarbeiter. Wenn Sie eine Sekretärin oder Programmierer beschäftigen, gönnen Sie denen mindestens einen 19″-Schirm in der Diagonalen, sie werden es Ihnen danken.

    Wenn Sie die Einkaufstips beherzigen, die sich in diesem Buch finden, so können Sie gerade bei den Monitoren eine Menge Geld sparen. Ein 19″-Monitor, beim richtigen Händler gekauft, kann das gleiche kosten wie ein 17″-Monitor beim falschen.

- *Backup-Device:*

    Ohne Band-Laufwerk sollte Ihre Unternehmung kein Rechnernetz in Betrieb nehmen. Allerdings kommt hierfür nur ein SCSI-DAT-Laufwerk in Frage. Solange die Kapazität unter 4 GB liegt, sind diese Geräte relativ preiswert, darüber kosten sie richtiges Geld.

    Sie müssen mindestens sieben Bänder für das wöchentliche Backup haben, ein Band für jeden Tag. Diese Bänder nützen aber nur dann etwas, wenn man sie auch verwendet. Jeden Tag sollte das Band gewechselt werden und jede Woche eine neue Serie von Bändern begonnen werden. Wer ein übriges tun will, der erstellt am Ende der Woche eine CD vom Ist-Zustand und archiviert diese.

    Es ist auch eine gute Idee, wenn man sich einen CD-ROM-Writer anschafft, damit kann man Permanent-Sicherungen machen, die leicht archivierbar und extrem preisgünstig sind. Aber auch hier: SCSI-Schnittstelle, kein ATAPI, kein Parallel-Port-Ding. Überlassen Sie die Exotik den Abenteurern, Sie wollen mit Ihren Rechnern ernsthafte Arbeit verrichten. ATAPI ist *kein* Standard, wenn es so wäre, dann müßte nicht zu jedem dieser Geräte ein eigener Treiber mitgeliefert werden. Wenn Sie SCSI-Geräte verwenden, werden Sie Treiber vergeblich suchen, weil die schlicht nicht notwendig sind.

- *Netzwerkkarte:*

    Hier gibt es verschiedene Möglichkeiten. Ihr Mainboard besitzt für gewöhnlich zwei oder drei ISA-Slots. Sie können die Ethernet-Karten ohne Probleme für einen solchen Port einkaufen. Das kostet wenig, und Sie bekommen mit praktisch jeder Karte eine Transferrate von

2.4 Die Checkliste

10 MBits/sec. Für die meisten Anwendungen reicht das. Es gibt aber auch 100 MBits/sec-Karten, die rentieren sich aber nur, wenn Sie alle Ihre Rechner damit ausrüsten, und dann kann das teuer werden. Alle NE2000-kompatiblen Karten sind brauchbar, die Karten vom Hersteller 3com sind der reine Luxus, dafür aber recht einfach zu installieren. Linux unterstützt Myriaden von Ethernet-Karten, so daß die Wahrscheinlichkeit, daß eine vorhandene Karte nicht unterstützt wird, ziemlich gering ist. Mittlerweile werden die Datenpakete immer umfangreicher, und da kann es schon passieren, daß der Transfer über das Ethernet ziemlich lange dauert. Geschieht dies öfter, so sollte man doch eher die 100 MBit-Karten in Betracht ziehen, vielleicht sogar die Technologie wechseln. RJ45 ist hier das Stichwort.

- *Ethernet Switch oder Hub:*

   Wenn Sie ein Netz einrichten, dann ist es sinnvoll, ab einer Zahl von 4 Rechnern darüber nachzudenken, ob es nicht sinnvoll ist, ein Hub-System zu verwenden. Hub, wie alles aus der Computersprache, kommt aus dem Englischen und heißt Nabe. Wie die Speichen eines Fahrrades ordnen sich die angeschlossenen Rechner um diesen Hub an (siehe Abb. **2.1**). Hubs sind relativ billig zu haben, sind aber nicht die optimale Lösung für eine Firma. Nehmen wir an, die Netzwerkkarten der einzelnen Clients haben eine Transferrate von 10 MBit/s, dann müssen sich alle Clients diese Bandbreite teilen. Es würde wenig Sinn machen, die genaue Netztopologie zu erklären, aber Fakt ist, daß wenn alle Clients gleichzeitig Datenpakete senden, würde die durchschnittliche Transferrate auf $\frac{1}{6}$ gedrückt werden.

   Besser ist da die Lösung aus Abb. **2.2**. Der Ether-Switch stellt jedem Client die vollen 10 Mbit/s zur Verfügung. Zusätzlich erlaubt er eine Transferrate vom Internet ins lokale Netz von 100 MBit/s. Bei einem T1-Anschluß macht das einen Riesenunterschied. Allerdings ist die Lösung aus Abb. **2.2** wesentlich teurer, und in den Genuß eines T1-Anschlusses werden Sie wohl auch nicht so schnell kommen.

- *Der Speicherausbau:*

   Der Arbeitsspeicher des Servers sollte nicht weniger als 64MB sein, besser 128MB. Die Clients kommen mit 32MB aus, aber kleiner sollte man den Speicherausbau nicht wählen. Die Software wird immer speicherhungriger, und da macht es keinen Sinn, gerade am Hauptspeicher zu sparen. Allein schon deshalb nicht, weil Speicher wirklich preisgünstig zu haben ist.

- *Gehäuse:*

   Sie müssen davon ausgehen, daß Ihre Firma über kurz oder lang einen Server benötigt. Sie sollten deshalb beim Gehäuse darauf Wert legen, daß

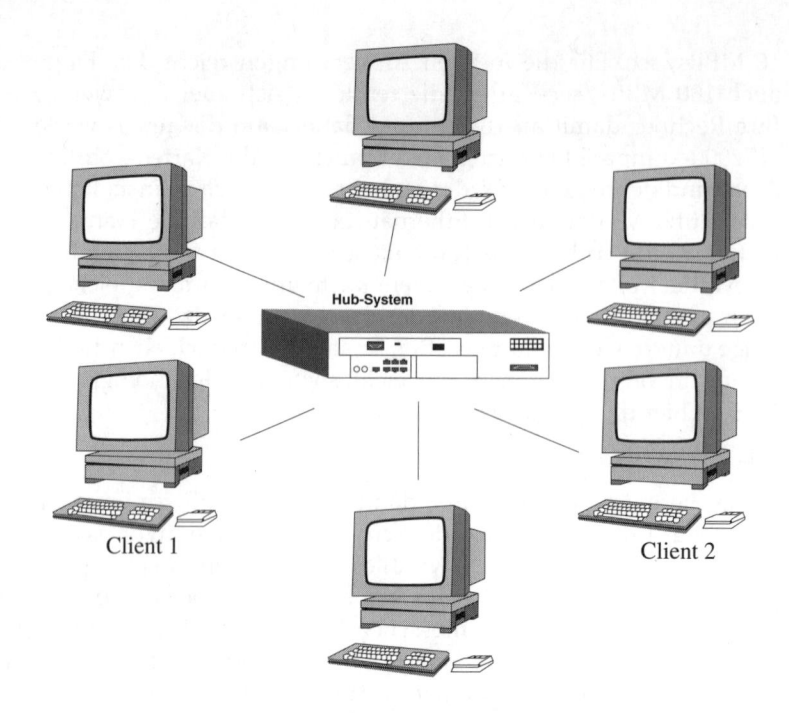

Abbildung 2.1: Ein Server mit Hub-System

es ausreichend dimensioniert ist, für den Fall, daß eine Festplatte nachgerüstet werden muß. Wichtig ist der Lüfter. In billigen Gehäusen werden meist sehr laute Lüfter verwendet. Anfänglich mag das nicht stören, weil man beim Einrichten des Servers nicht auf das Geräusch achtet, aber im Dauerbetrieb macht sich das Geräusch sehr störend bemerkbar. Leider sind Gehäuse mit gutem Netzteil und Lüfter nur schwer zu finden und auch recht teuer. Achten Sie darauf, daß das Gehäuse selbst einen Lüfter besitzt und nicht nur das Netzteil, welches sich darin befindet. Manche Gehäuse besitzen überhaupt keinen Lüfter, die sollte man zumindest als Server gar nicht einsetzen. Sie sind auf der sicheren Seite, wenn Sie speziell fr den Server ein sogenanntes »Big-Tower«-Gehäuse einsetzen, die verfügen immer über einen gehäuseeigenen Lüfter.

Betreibt man ein RAID-05-System als Server, muß man auf besondere Gehäuse zurückgreifen. Diese sind größer und verfügen über redundante Netzteile. Was nützen die vielen parallelen Festplatten, wenn bei einem Stromausfall alle stehenbleiben? Allerdings ist der Preissprung ganz erheblich. Während einfache ATX-Gehäuse für unter 150,00 DM zu haben sind, kosten solche Gehäuse mehr als 1.000,00 DM.

2.4 Die Checkliste

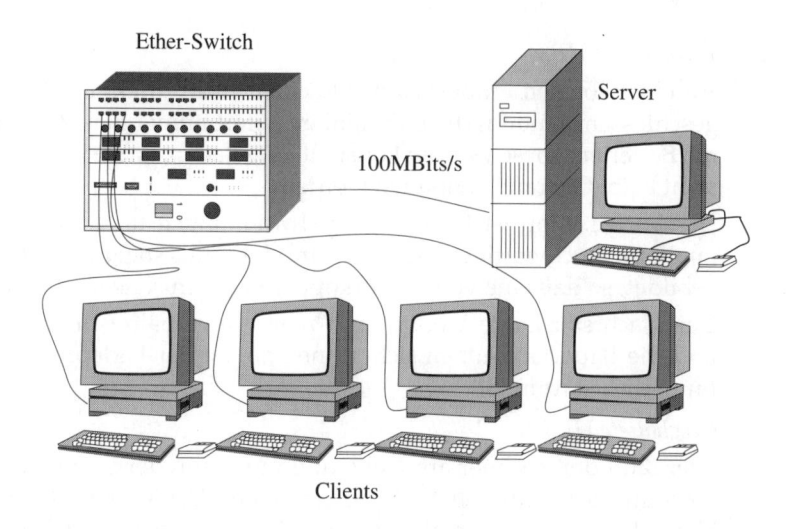

Abbildung 2.2: Ein Server mit Ether-Switch

- *UPS:*

  Ohne eine solche Einheit darf kein Netz betrieben werden. Darf schon, schließlich gibt es kein Gesetz dagegen, aber wer das versucht, spielt mit den Interessen seiner Firma vabanque. Wenn möglich, sollte das gesamte Firmennetz über eine solche Unit laufen. Auch hier gibt es verschiedene Typen-Klassen, zum Glück hat auch hier ein starker Preisverfall stattgefunden, während noch vor wenigen Jahren eine 900 VA-Anlage mehrere tausend Mark kosten konnte, sind solche Anlagen heute für weniger als 500 Mark zu haben.

  Es gibt natürlich auch heute noch edle Stücke, die den Sinus des Netzes digital nachbilden, die kosten auch heute noch mehrere tausend Mark, aber auf diesen Luxus kann man getrost verzichten. Eine 900-VA-Anlage kann ein Rechnernetz mit sieben bis acht Rechnern mindestens 10 Minuten in Betrieb halten, in dieser Zeit kann vom Server aus ein Shutdown auf allen Maschinen ausgeführt werden (oder es kann mit Bangen darauf gewartet werden, daß der Strom innerhalb dieser 10 Minuten wiederkommt).

  Eine UPS-Einheit (Uninterrupted Power Supply) besteht aus einer ziemlich dicken Batterie und einer Steuereinheit, welche die Spannung der Batterie von 12 V Gleichstrom auf 220 V Wechselstrom umformt und diesen dann bei einem Ausfall des lokalen Stromnetzes *ohne Unterbrechung* dem Rechner zur Verfügung stellt.

  Von diesen Geräten gibt es verschiedene Ausführungen. Im wesentlichen lassen sie sich in zwei Gruppen unterteilen:

1. *Permanente UPS*

   An einer solchen Einheit ist der Rechner nicht direkt am Netz angeschlossen, sondern die UPS-Einheit liefert immer den Strom über die Batterien. Diese werden konstant aufgeladen, da sie ja auch konstant beim Gebrauch entladen werden.

   Der Vorteil: Man ist keinen Netzschwankungen unterworfen. Bei qualitativ hochwertigen Geräten wird der Sinus sogar digital nachgebildet, so daß eine völlige Entkoppelung vom Netz stattfindet.

   Der Nachteil:: Diese Geräte sind meist unverhältnismäßig teuer, und die Batterien nutzen sich schnell ab, da der Ladeprozeß kontinuierlich stattfindet.

2. *Geschaltete UPS*

   Hier läuft der Rechner am Netz, und nur wenn der Strom ausfällt, wird auf den Batteriebetrieb umgeschaltet. Das ist aber kein Problem, da die modernen Netzteile die Spannung für einige Mikrosekunden aufrechterhalten, und das reicht der Unit, um vom Netz auf Batterie umzuschalten.

Die Entscheidung, ob man ein Gerät vom Typ (1) oder (2) verwendet, hängt davon ab, welches Stromnetz man am Einsatzort des Rechners vorfindet. Generell ist die Qualität des Stromnetzes in ländlichen Gebieten schlechter, weil hier die Versorgungsleitungen überirdisch verlaufen. In der Stadt kann man meist mit den billigeren Geräten vom Typ (2) auskommen.

In jedem Fall sollte man das Gerät aber ausreichend dimensionieren.

> **Tip:** Man kann eine Menge an Leistung und natürlich an Geld sparen, wenn man den Monitor nicht an das Gerät anschließt. Dann sollte man aber über eine Software verfügen, die im Falle eines längeren Stromausfalls das gesamte Netz selbständig herunterfährt. Hierfür bietet Linux sehr komfortable Dienste an. Dienste, die im Notfall sogar in der Lage sind, den Systemadministrator selbständig über ein Mobiltelefon von dem Umstand des Stromausfalls zu benachrichtigen.

- *Tastatur:*

  Hier kann man nichts falsch machen, man verwendet eine Tastatur der Marke Cherry und hat dann keine Probleme mehr. Ob die Tastatur ergonomisch geformt ist oder nicht, das liegt an der Art, wie sie bedient wird. Ein Anwender, der die Tastatur mit dem Zwei- oder Dreifinger-System bedient, ist sicherlich mit einer »normalen« Tastatur besser bedient, eine Sekretärin, die mit Zehnfinger-System schreiben kann, wird sich leicht mit einer ergonomisch geformte Tastatur anfreunden können.

2.4 Die Checkliste

- *Maus:*

  Man könnte meinen, zu so einem simplen Instrument wie der Maus gäbe es nichts zu sagen, aber auch da gibt es Unterschiede. Leider habe ich das beste Stück Hardware, welches für die PC-Technologie jemals gebaut wurde, seit langem nicht mehr auf dem Markt gefunden. Es ist ein Maus-Modell der Firma Honeywell. Das Gerät ist genial konstruiert. Es besitzt keinen Kugel-Mechanismus, sondern zwei in einem Winkel von 90° zueinander geneigte Räder, die an der Unterseite in einem Abstand von etwa 3cm angebracht sind. Ein Rad dient der X-Streckenaufnahme, das andere der Y-Streckenaufnahme. Während die Kugel ständig Dreck und Fusseln in das Innere der Maus transportiert und diese in kürzester Zeit ruiniert (jeder kennt die Putz-Aktionen: Maus aufschrauben, Q-Tip in Alkohol tauchen und putzen, Maus wieder zuschrauben – geht nicht –, Maus wieder aufschrauben ...), kann das bei diesem Gerät nicht geschehen. Diese Maus funktioniert auf jedem Untergrund und braucht kein häßliches Mouse-Pad, auf dem doch immer die falsche Reklame abgebildet ist.

  Es scheint jedoch so zu sein, daß ich das einzige Modell abbekommen habe, das in Deutschland jemals verkauft wurde, ich habe diese Maus noch nirgendwo sonst gesehen. Die Typenbezeichnung ist (Modell 2HW53-19EN), vielleicht kann man das Ding ja irgendwo bestellen. Tun Sie es, und bestellen Sie gleich auf Vorrat.

- *Drucker:*

  Kaufen Sie einen Laser-Drucker mit einer Auflösung von $600 \times 600 \, \frac{Pixel}{Inch}$. Nehmen Sie nicht den billigsten, denn der kann beim Verbrauchsmaterial schnell recht teuer werden. Sehen Sie sich die Preise für die Farb-Cartouche an und auch für die Druckwalze. Es gibt Drucker (Kyocera), die brauchen überhaupt keinen Austausch der Druckerwalze mehr, dadurch kann der A4-Preis auf unter 4 Pf sinken. Aber auch die komplette Palette der HP-Drucker kann bedenkenlos gekauft werden. HP-Drucker sind richtige Arbeitspferde, die sind durch fast nichts umzubringen. Kaffee sollten Sie jedoch trotzdem nicht hineinschütten.

  Einen Farbdrucker sollte man keinesfalls als Standarddrucker einplanen. Farbdrucker sind allenfalls als Zweitdrucker oder bei besonderen Aufgabenstellungen notwendig.

  Farbdrucker scheinen preisgünstig zu sein, sie sind es jedoch nicht. Ganz im Gegenteil. Der Kaufpreis ist meistens wirklich verlockend, und wenn man sich im Laden die Probeausdrucke ansieht, dann ist das schon eine große Versuchung. Unterliegen Sie dieser Versuchung nicht. Spätestens nach einem halben Jahr verfügen Sie über zwei Drucker, einen Laser-Drucker und den zuerst gekauften Farbdrucker. Der Farbdrucker wird Ihnen zu teuer geworden sein.

Während Sie für eine A4-Seite beim Farbdrucker mindestens 30 Pf veranschlagen müssen, kostet Sie die gleiche Seite bei einem guten Mittelklasse-Laser-Drucker weniger als 7 Pf. Die genannten 30 Pf sind aber nicht die obere Grenze, denn ein Farbausdruck auf Normalpapier sieht ziemlich armselig aus, Sie werden enttäuscht sein, wenn Sie Ihren Ausdruck im Geiste mit dem Ausdruck im Computer-Laden vergleichen. Sie können natürlich auch diesen Effekt erreichen und Ausdrucke mit Photo-ähnlicher Qualität produzieren, nur: dann kann Sie die A4-Seite bis zu 3 DM kosten. Stellen Sie sich mal eine 30seitige Dokumentation vor, welche Sie 100 Kunden zuschicken wollen, das kostet Sie mal so eben 9.000,00 DM. Der Laser-Drucker kann das schon für 120,00 DM. Wenn man bedenkt, daß solche Erzeugnisse beim Kunden oft im Mülleimer landen, so ist das wirklich herausgeworfenes Geld. Wenn Sie Farbbroschüren brauchen, gehen Sie zu einer Firma, die so etwas herstellt, das Siebdruckverfahren ist wesentlich besser geeignet, Ihre Wünsche zu realisieren, und bei einer ausreichenden Druckmenge auch erheblich billiger.

- *Sound-Karte:*

  Die braucht es nun wirklich nicht. Eine Arbeitsumgebung, in der jeder Computer beim Öffnen und Schließen der Fensterchen wunderbare Liedchen ertönen läßt, ist schlicht unerträglich. Nach einer Woche sind sämtliche Sound-Effekte abgestellt. Vergessen Sie die mögliche Spracheingabe, das funktioniert nur bei dem Verkäufer, der Ihnen das Ding andrehen will. Wenn es wirklich einmal die Spracheingabe so geben wird, daß sie auch benutzbar ist, dann wird das garantiert nicht mit diesen PnP-Sound-Karten mit SCSI- und Joystick-Anschluß funktionieren.

Sie werden sich wundern, warum kaum ein Hardware-Hersteller genannt worden ist. Der Grund hierfür ist simpel: Wenn Sie die genannten Komponenten beim Einkauf dem Händler als Vorgaben zum Kauf angeben, dann haben Sie zwangsläufig die richtigen Hersteller gewählt. Die beschriebene Hardware ist zwar etwas teurer, aber dafür bewegt man sich in dem einen Prozent der PC-Hardware, die nicht als Schrott zu bezeichnen ist. Trotzdem, ich würde mal den lokalen Großhändler versuchen, es lohnt sich.

2.5 Welche Software?

Das kann nicht allgemeingültig beantwortet werden, weil das stark von der Unternehmung selbst abhängt. Wir wollen auch nicht jede mögliche Software-Konfiguration beleuchten, das würde zu nichts führen, weil das Angebot von Software für Linux so riesig ist, daß man damit eine ganze Bibliothek füllen könnte. Allein die S.u.S.E.-Edition enthält vier CDs, die bis zum Rand mit Software gefüllt sind. Die neue Version besteht sogar aus fünf CDs, da sollte sich doch etwas Software auch für Ihre Unternehmung finden lassen.

Wir machen uns das Leben viel einfacher und sehen uns die Software an, für die jedes Unternehmen Verwendung hat.

Linux bietet den größten Nutzen genau dann, wenn man nichts vom Linux-System sieht. Nämlich dann, wenn man Linux als File-Print-Server einsetzt. Das ist überhaupt nichts Minderwertiges, denn dort kann Linux zeigen, wie vielseitig es wirklich ist. Die Vorgabe ist, daß Linux so eingesetzt wird, daß es eine bereits bestehende oder neu einzurichtende Infrastruktur nicht beeinträchtigt. Die Frage lautet also: Merken meine Mitarbeiter (die ja alle Windows-trainierte Spezialisten sind) etwas davon, daß sich Linux an ihrer täglichen Arbeit beteiligt. Ist die Antwort »nein«, warum sollten Sie Linux dann nicht einsetzen?

Es ist jedoch auch äußerst sinnvoll, Linux als Arbeitsplatzrechner einzusetzen, denn auch für Linux existiert die Software, welche Ihre Mitarbeiter gewohnt sind, manchmal ist es sogar die gleiche Software, welche Sie bereits einsetzen. Außer daß der Linux-Client nicht abstürzt, werden Sie zu einem Windows-Rechner kaum Unterschiede feststellen. Abgesehen von der Multiuser-Fähigkeit unterscheidet sich optisch eine Linux-Workstation bei entsprechender Konfigurierung nicht wesentlich von einem Windows NT[c]-Rechner.

2.6 Verfügbare Software

Software für Linux gibt es im Überfluß. Das meiste davon ist Software, um die Administration des Systems zu vereinfachen, also für Systemadministratoren. Diese Art Software ist zwar wichtig, für Sie als Unternehmensgründer hat sie jedoch nur sekundäre Bedeutung. Ihrem Systemadministrator erleichtert sie jedoch die Arbeit ganz erheblich.

Es gibt auch genügend Software für Programmierer, und wenn sich Ihre Unternehmung auf diesem Feld betätigt, dann haben Sie alle Werkzeuge, die man sich nur wünschen kann. Das wird nur nicht das Aufgabengebiet sein, welches für eine neue Unternehmung interessant ist. Wir können schließlich gar nicht so viele Programmierer gebrauchen.

Bei der Applikationssoftware sieht es nicht ganz so rosig aus, aber auch hier hat sich sehr viel getan, gerade in der jüngsten Vergangenheit. Auf diesem Gebiet zeigt sich jedoch einer der Nachteile der »Ins Blaue hinein«-Entwicklung. Da niemand Marktanalysen betreibt und niemand Projekte anordnet, werden auch nur die Applikationen entwickelt, für die sich eine Gruppe von Spezialisten zusammenfinden kann. Ein Hoffnungsschimmer ist jedoch die riesige Menge an Entwicklern, die hinter Linux stehen. Die statistische Verteilung der Interessen ist so geartet, daß sich für fast jedes Anwendungsgebiet irgend jemand findet, der dort die Entwicklung initiiert. Ist das einmal geschehen, so finden sich immer genügend Interessierte, die sich an der Entwicklung beteiligen.

2.7 Und die Preise?

Wie mehrfach erwähnt, kostet die allermeiste Software für Linux nichts. Das gilt allerdings nur in den wenigsten Fällen für Branchenlösungen. Hier liegt auch das Problem bei einer kommerziellen reinen Linux-Projektierung. Es gibt genügend Werkzeuge und Applikationen, mit denen sich eine kaufmännische Lösung bewerkstelligen ließe, doch hierfür müßten Datenbanken eingesetzt werden, die selbst zwar nicht viel kosten, aber das Design einer funktionsfähigen und vor allem brauchbaren SQL-Datenbanklösung ist nicht billig zu haben. Datenbank-Design ist eine Kunst und eine Wissenschaft. Eine vernünftige Lösung für eine ganz bestimmte Anwendung kann nur in Konjunktion mit einem fähigen Informatiker geschehen, der sich auf so etwas spezialisiert hat. Sie müssen eine Wunschliste liefern, die dann kooperativ in eine widerspruchsfreie Datenbasis umgewandelt werden kann.

Im zweiten Teil des Buches, in Kapitel 7, Absatz 14.6 ab Seite 409, werden wir uns eine Datenbasis ansehen, die für den praktischen Einsatz geeignet ist. Zumindest sollte sie, nachdem das Verständnis für den Entwurf von Datenbasen geweckt worden ist, leicht an die Erfordernisse einer kleinen bis mittleren Unternehmung angepaßt werden können. Im Endeffekt werden Sie jedoch einen Profi mit der Programmierung Ihrer Datenbasis beauftragen müssen. Allerdings sollten Sie dann in der Lage sein, einen Profi von einem Scharlatan zu unterscheiden. Und wenn das Datenbasis-Beispiel in diesem Buch nur diesem Zweck gedient hat, so ist das völlig ausreichend.

2.8 Garantie

Einer der am meisten genannten Einwände ist der Verfall der Garantie, wenn man entweder die Software selbst installiert oder die Hardware-Konfiguration auf irgendeine Weise verändert. Lassen Sie sich nicht verunsichern. Ein Computer ist kein monolithischer Block wie eine Waschmaschine oder ein Fernsehgerät, er setzt sich aus verschiedenen Bauteilen zusammen, die alle unabhängig voneinander in den verschiedensten Rechner-Umgebungen funktionieren können und die leicht selbst zu installieren sind. Da braucht es wirk-

2.8 Garantie

lich keine besondere Sachkenntnis, zumindest keine, die Sie nicht innerhalb einer halben Stunde erlernen können. Das ganze Fachsimpeln vieler Verkäufer ist nichts weiter als Woo-Doo-Geschwätz, um Sie zu verunsichern und zu verschleiern, daß in vielen Fällen die blanke Ignoranz dahintersteckt. Wenn wirklich Sachkenntnis zum Zusammenbau eines Computers nötig wäre, dann stünden die Zusammenbauer nicht hinterm Tresen eines Computerladens, sondern säßen auf hochbezahlten Posten irgendwo in der Industrie. Der ausfallsichere Computer besteht aus ausfallsicheren Bauteilen, und gerade diese findet man in Rechnern, die in einem Kabuff hinter einer Ladentheke zusammengeschraubt werden, nur selten. Garantie ist dummes Geschwätz, glauben Sie mir. Die beste Garantie, welche Sie haben können, ist die richtige Auswahl der Hardware, und diese Checkliste soll schließlich dazu dienen, Ihnen diese Entscheidung zu vereinfachen. Außerdem: was nützt Ihnen eigentlich eine Hardware-Garantie, wenn Sie Ihren Rechner beim Händler abgeben müssen und ihn dann die nächsten fünf Wochen nicht mehr zu sehen bekommen? Wenn Sie einen Händler finden, der Ihnen glaubhaft zusichert, daß Sie Ihren Rechner am selben Tag zurückerhalten oder der Ihnen in jedem Fall einen Austausch-Rechner zur Verfügung stellt, der dann auch noch mit Ihrer firmenspezifischen Software installiert wird, dann kann man das Thema neu behandeln, aber – finden Sie erst einmal einen solchen Händler! Der Ausfall eines Rechners ist in jedem Fall eine mittlere Katastrophe, ob Sie nun eine Ersatz-Hardware bekommen oder nicht, die Daten und Programme des laufenden Betriebs sozusagen »*on the fly*« in den Ersatz-Rechner einzuspielen ist praktisch unmöglich.

2.8.1 Das Geschäft mit dem Schrott

Ich schildere Ihnen einen Fall, der mir selbst passiert ist, er gehörte zur Recherche für dieses Buch. Sie können das gerne selbst ausprobieren und überprüfen. Wenn Sie keine Zeit dafür haben, so fragen Sie mal in Ihrem Bekanntenkreis nach, Sie werden genügend ähnliche Geschichten erzählt bekommen:

Von einem renommierten Computer-Händler, der europaweit operiert, verlangte ich, unter Angabe meiner Firmenbezeichnung, ein Angebot für einen Computer, zuerst mit den folgenden, zugegeben etwas vagen Angaben, allerdings unter der Maßgabe, daß ich den Rechner im kommerziellen Bereich einsetzen will, und zwar in der Texterfassung. Prozessor Pentium, ausreichend Speicher, Monitor, CD-ROM, mindestens 2 GB-Festplatte. Preis nicht gerade egal, aber ich verlangte qualitativ hochwertige Komponenten und die Auflistung der Einzelpreise.

Abgesehen von der Forderung nach Auflistung der Einzelpreise, sind diese Angaben typisch für kleine bis mittelgroße Firmen, die ihren Rechnerpark nicht über eine Consulting-Firma beziehen können (obwohl das fast immer ratsam ist und im Endeffekt Geld spart, wenn diese seriös ist). Klar, nicht jeder ist ein Computer-Experte, und wofür soll ein Händler schließlich da sein, wenn nicht, um den Kunden zu beraten.

Ich hätte eigentlich überhaupt kein Angebot erwartet, sondern eher eine Nachfrage, für welche Arbeiten ich denn den Computer einzusetzen gedenke, aber ein solcher Anruf kam nicht. Statt dessen kam das Angebot. Der Name war falsch geschrieben und auch die Adresse, aber da es via Fax kam, hatte die Post keine Probleme damit. Ich würde gerne das Angebot im Original abbilden, aber das ist aus rechtlichen Gründen nicht möglich.

Tabelle 2.2: Kalkulation für einen Rechner-Arbeitsplatz

Bauteil	Hersteller	Eigenschaften	Preis
Mainboard	-	-	-
Pentium 133 Mhz	-	-	-
Festplatte 6.5GB	-	EIDE	-
Monitor 14"	-	-	-
Graphikkarte	-	-	-
Joystick	-	-	-
3.5" Disketten-Laufwerk	-	-	-
CD-ROM	-	ATAPI 36fach	-
Tastatur	-	-	-
Gehäuse	-	-	-
Win95	-	-	-
Win-Office-OEM-Version	-	-	-
Preis	-	-	2445,55 DM
zzgl.MwSt. 16%	-	-	391,24 DM
Gesamt:			**2.836,84 DM**

Die Aufstellung 2.2 spricht für sich selbst. Kein Bauteil entspricht professionellen Qualitäts-Anforderungen. Ich will das Ganze nicht in die Länge ziehen, als ich jedoch mit meinen Vorgaben herausrückte, kostete der Computer (mit einer 4.5 GB SCSI-Festplatte) plötzlich weit über 5.500,00 DM und hatte eine Lieferzeit von 4 Wochen. Sie erinnern sich an die Preise beim Großhändler auf Seite 43? Einen vergleichbaren Rechner konnten Sie gleich in großen Stückzahlen mitnehmen, aber das für weniger als die Hälfte des Preises!

Ich habe dieses Angebot übrigens bei drei verschiedenen Händlern verlangt. Der Ablauf war mehr oder weniger immer der gleiche, und die Preise ähnelten sich auch. Ob das nun die Forderung der Industrie- und Handelskammer, nach dem Berufsbild des Computer-Meisters stützt, sei dahingestellt. Ich fürchte bloß, es werden nur die Preise steigen, denn die berüchtigten Meisterstunden sind teuer (Lehrlinge und Gesellen gibt es nur in der Theorie, auf der Rechnung hat sich immer der Meister um alles gekümmert), aber die Qualität der Beratung wird die gleiche bleiben, da bin ich mir sicher.

Die Garantie-Regelungen der Händler im speziellen dienen häufig nur dazu, dem Kunden zu verheimlichen, welcher Schrott sich in den Geräten befindet. Sollten Sie die Rechner für Ihren Betrieb selbst eingekauft oder einen Ihrer Mitarbeiter mit der Zusammenstellung beauftragt haben, dann bestehen Sie beim Händler darauf, daß die Einzelteile, also Festplatte, Controller, Monitor, auf der Rechnung gesondert aufgeführt werden. Lassen Sie sich alle Einzelpreise auflisten, sonst unterliegen Sie häufig dem Trick der Mischkalkulation, da werden optisch teuere Teile billig gerechnet, und die Preise bei anderen Teilen hochgesetzt.

2.8.2 Das Geschäft mit überzogener Hardware

Oder: Kaufen Sie sich einen Rollce Royce, wenn Sie sicher zur Arbeit kommen wollen.

Das Spiel funktioniert jedoch auch anders herum. Es gibt Consulter, die ihren Kunden ohne Rücksicht auf das Einsatzgebiet hochwertige Geräte vorschlagen, die gewiß ihren Dienst ordentlich versehen werden, welche aber völlig überzogene Leistungsmerkmale aufweisen. Es ist völlig klar, daß eine Maschine mit Dual-Prozessor, RAID05-Controller, fünf parallelbetriebenen 29 GB-SCSI-Festplatten, drei ausfallsicheren redundanten Netzteilen und einer 1.000 W UPS-Unit sicher funktionieren wird. Wenn aber auf dieser Maschine eine Hotelkundendatenbank mit einer Datenmenge von weniger als 1 MB administriert werden muß, dann sind das Hardware-Vorgaben, die einfach nur teuer und der Situation völlig unangemessen sind. Eine solche Maschine findet ein adäquates Einsatzgebiet bei ISPs, die jeden Tag mehrere tausend Kunden bedienen müssen. Consulter die solche Lösungen vorschlagen, machen sich das Leben etwas zu einfach. Natürlich, wenn ich immer die Maximallösung vorschlage, so liege ich nicht falsch, ob das aber im Interesse des Kunden ist, darf schon angezweifelt werden.

Hierzu wieder ein Fall aus der Praxis, natürlich ohne Nennung von Namen oder Firmen.

Eine Computer-Anlage für ein kleines Hotel, bestehend aus drei Rechnern, von denen einer als Server dient, mußte ausgewechselt werden. Bei den Client-Rechnern handelte es sich um sogenannte »diskless«-Stationen, sie verfügten über keine eigene Festplatte. Als Server diente ein 486er Rechner, damals als das Netz angeschafft wurde, war das Stand der Technik. Bei der Netz-Software handelte es sich um eine Novell-Version älterer Bauart. Die anfallenden Datenmengen waren eher klein denn mittel zu nennen, und so reichte eine Festplatte von 1 GB völlig aus. Die Festplatte war nur deshalb so groß, weil eine alte

200 MB AT-Platte irgendwann einmal ausgefallen war und durch eine neue ersetzt werden mußte. Kleinere Platten als 1 GB gab es zum Zeitpunkt des Austausches bereits nicht mehr.

Eines Tages fiel der Server aus, und alle Daten waren vorerst verloren. Sie waren jedoch nicht ganz verloren, da eine Bandsicherung vorlag, die später wieder eingespielt werden konnte. Da der Kunde mit halbschaurigen Anbietern schon seine Erfahrung gemacht hatte, wandte er sich diesmal an eine kompetente Firma mit entsprechend ausgebildeten Fachleuten.

Ich will mich nur auf das Angebot beschränken, welches die Firma abgegeben hatte:

Alle Rechner sollten ausgetauscht werden, und zwar gegen Rechner mit Festplatte. Als Server-Rechner sollte ein Dual-Prozessor mit »Deschutes«-Prozessoren und einem RAID05-Controller eingesetzt werden. Als Festplatten sollten fünf 6 GB-Platten eingesetzt werden, außerdem ein Gehäuse mit redundantem Netzteil und UPS-Unit. Der Kunde war natürlich nicht sehr begeistert, denn die vorgeschlagene Lösung bewegte sich ohne Software und ohne Rechnungstellung des Consulting-Unternehmens in der Größenordnung eines fünfstelligen Betrages. Rechnet man diese Preise hoch, so wird der Kunde wohl einen sechsstelligen Betrag auf der Endrechnung zu erwarten haben.

Die Novell-Netz-Lösung sollte natürlich beibehalten werden und die Datenbank ebenfalls, das bedeutet, die Softwareseite der neuen Installation sollte sich nicht verändern. Das ist verständlich, denn wer transferiert schon gerne eine bereits bestehende Datenbasis auf ein neues System.

Sie müssen das Angebot in Relation setzen zu der vorher laufenden Konfiguration. Mir kam das vor wie das Einstellen eines Teams von Kammerjägern, wo vorher die Hauskatze gute Dienste leistete.

Der Kunde wollte das so auch nicht hinnehmen und kaufte selbst einen Server-Rechner, der dann mit der nötigen Software ausgestattet werden sollte. Der bereitgestellte Rechner verfügte über einen Pentium II Klamath-Prozessor und natürlich auch über die notwendigte, allerdings nur mit einem Propeller ausgestattete, Kühlung. Beides wurde als »nicht ausreichend« bemängelt. Auch daß der Prozessor kein »*Deschutes*«-Typ war, ließ den Consulter Schlimmes befürchten. Alle Mängel hätten sich jedoch mit nur wenigen Mark Kapitaleinsatz beheben lassen. Der Preisunterschied von einem 333 MHz »Klamath«-Prozessor zu einem vom Typ »Deschutes« beträgt weniger als 50,00 DM, und auch ein kugelgelagerter Pabst-Lüfter mit Doppelpropeller kostet nur wenige Mark. Wenn ein Lüfter für das Netzteil nicht ausreichend ist und das Gehäuse selbst belüftet werden soll, so kann auch dies mit wenig Kapitaleinsatz bewerkstelligt werden. Jedenfalls betrug der Preisunterschied zum vom Consulter vorgeschlagenen Rechner mehrere tausend Mark.

2.8 Garantie

Der Kunden-Rechner wurde von der Consulting-Firma inspiziert und fand, wie zu erwarten war, keine Gnade vor den Augen der Consulter. Der Kommentar des »Gutachters« war vernichtend.

Zitat Anfang:

»Basierend auf obigen Ergebnissen können wir keinen einwandfreien Betrieb gewährleisten. Sollten Sie trotz unserer Empfehlung eine Installation auf diesem System wünschen, können wir keinerlei Haftung dafür übernehmen, daß die gelieferte Hardware, mit der bei Ihnen zusätzlich vorhandenen Hard/Software oder im Markt erhältlichen Software zusammenarbeitet. Unsere Haftung beschränkt sich unter Ausschluß jeder weiteren Haftung, es sei denn bei Vorsatz oder grober Fahrlässigkeit, insbesondere auch für Mangelfolgeschäden, auf Nachbesserung.«

Zitat Ende.

Welcher Laie würde da nicht zurückschrecken und lieber die »sichere« Lösung des Consulters in Anspruch nehmen. Aber das ist wie beim Zahnarzt, der Ihnen eine teure Brücke vorschlägt, woher wollen Sie wissen, daß die vorgeschlagenen Lösung auch wirklich notwendig ist?

Nun eigentlich disqualifiziert sich der Gutachter selbst. Oder, was noch schlimmer ist, er möchte seine Hardware beim Kunden unterbringen, und das mit allen Mitteln. Auch diese Firma kann nur am Markt erhältliche Hardware einsetzen. Dem Kunden anzudrohen, daß bestimmte Hardwarekomponenten mit der von ihm gestellten Server-Maschine nicht funktionieren werden, sollte den Kunden dazu veranlassen, einen Consulter aufzusuchen, der in der Lage ist, die Software, welche schließlich schon mit wesentlich älteren Rechnern zusammen funktionierte, auch auf der neuen Maschine zum Laufen zu bringen. Interessanter Nebenaspekt: Mein Firmennetz läuft mit der gleichen Hardware, und das mit einem wesentlich höheren »troughput«. Im übrigen wird kein Consulter irgendeine Haftung dafür übernehmen, die garantiert, daß eine bestimmte Software mit einer Standard-Hardware zusammen funktioniert. Wenn's nicht funktioniert, dann liegt das meistens an der Software und weniger an der Hardware. Und wenn der Consulter die Software nicht selbst liefert, so kann und wird er eine solche Zusicherung nicht abgeben, zumindest nicht schriftlich.

Die Entwicklung auf dem Hardware-Sektor ist derart schnell, daß ein heute für 6.000,00 DM gekaufter Server morgen schon veraltet ist und der gleiche Consulter, der Ihnen heute einen solchen Server verkauft, wird Ihnen morgen sagen, daß gerade *diese* Hardware bereits völlig veraltet ist und Sie *unbedingt* einen neuen Server haben müssen, wenn Sie nicht Gefahr laufen wollen, in den nächsten 10 Minuten alle Ihre Daten zu verlieren.

Jeder System-Crash ist eine Katastrophe, ob er nun einen selbstgekauften Server betrifft oder einen teuren Boliden. Und kein Consulter wird Ihnen eine Garantie geben, daß das mit der von ihm gelieferten Maschine nicht passieren kann. Die einzige Absicherung gegen einen Crash ist eine vernünftige Backup-Regelung.

Lassen Sie sich nicht verunsichern: Wenn Sie sich an die Vorgaben der Checkliste halten, dann erwerben Sie Hardware mit den gleichen Eigenschaften wie die von Consultern gelieferte Hardware, nur preisgünstiger. Auch Ihre Hardware wird bald veraltet sein. Einziger Unterschied: Der Wertverlust beträgt hier weniger als 3.000,00 DM, während die Boliden-Lösung im gleichen Zeitraum fast den dreifachen Wertverlust verursacht.

Wenn Sie sich partout absichern wollen, dann kaufen Sie zwei gleiche Rechner beim Großhandel, stellen einen in die Ecke für den Fall, daß der andere ausfällt, und Sie haben immer noch 1.000,00 DM gespart. So viel zur Garantie.

Bleibt zu erwähnen: Wenn Sie tatsächlich Anwendungen haben, die einen wie vom zitierten Consulter vorgeschlagenen Rechnerpark erfordern, dann liegen Sie auf der PC-Schiene sowieso völlig falsch. Dann sollten Sie sich Rechner der Unix-Reihe kaufen (Sun, HP, Siemens, DEC), damit haben Sie solche Probleme zum Glück nicht, denn die Hardware unterliegt bei diesen Firmen einer sehr strengen Auswahl, aber die Preise, welche diese Firmen verlangen, werden Ihnen auch nicht gefallen. Aber auch diese Firmen werden keinerlei Garantie dafür übernehmen, daß die Software, welche Sie einkaufen, immer und ohne Einschränkungen mit der gelieferten Hardware zusammenarbeitet.

2.9 Betriebssystem

Wir wollen hier nicht klären, was genau ein Betriebssystem ist, das trägt zum Verständnis der Thematik nur wenig bei. Beschränken wir uns auf die Verkürzung, daß ein Betriebssystem die große Klammer ist, welche eine Verbindung zwischen Applikationen und Hardware bereitstellt.

Das Betriebssystem Linux ist ein ziemlich kleiner Kernel, der ohne seine Hilfsroutinen eine recht klägliche Funktionalität besitzt. Er liefert aber genau diese erwähnte Klammerung, die es möglich macht, daß so komplexe Programme wie **Netscape** oder **StarOffice** auf die Hardware in definierter Weise zugreifen können.

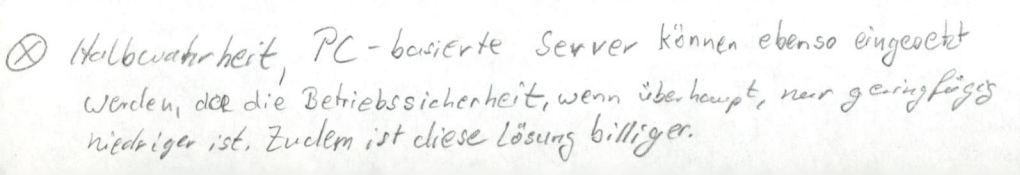

Der Kernel ist deshalb so klein, weil man sich auf die wirklichen Basisfunktionen beschränkt, die für die Funktion eines Betriebssystems unabdingbar notwendig sind. In den letzten Versionen ist der Kernel sogar noch kleiner geworden, weil er sein Gesicht gewandelt hat. Vom monolithischen Prinzip, also alle Funktionen in einem Block, ist man bei Linux in den neueren Versionen zum modularen Prinzip übergewechselt. Das bedeutet, auslagerbare Funktionen sind nicht mehr im Kernel enthalten, sondern werden bei Bedarf während des Betriebs hinzugelinkt. Natürlich kann ein Festplattentreiber nicht als Modul ausgelagert werden, denn den benötigt man ja gerade, um Module in den Kernel wieder einzubinden, aber ein ISDN-Modul, welches gerade nicht benötigt wird, würde den Kernel nur belasten. Schließlich benötigt man das Modul nur wenige Male, nämlich wenn man seinen ISP kontaktiert oder seine Bankauszüge via BTX (cept) abholt. Der Kernel überwacht die Vergabe des Speichers, und er kontrolliert, daß sich niemand an dem Speicher eines anderen zu schaffen macht. Programme, die auf nichtautorisierte Speicherbereiche zugreifen wollen, werden mit der Meldung »*Segmentation fault*« abgebrochen.

Wenn Sie jetzt der Ansicht sind, einen alten Bekannten wiedergetroffen zu haben, mit dem Sie schon unter Ihrem alten Windows-Betriebssystem konfrontiert wurden, dann befinden Sie sich im Irrtum. Es handelt sich hier nicht um eine Speicherschutzverletzung, die Ihnen Ihr gesamtes System lahmlegt, diese Meldung betrifft *ausschließlich* das Programm, welches ohne Berechtigung auf den Speicher zugreifen wollte. Schlecht programmieren kann man sicherlich auch unter Linux, aber eine solche Programmierung manifestiert sich zur Laufzeit nicht in einem Systemabsturz.

2.9.1 Netzwerkbetriebssystem

Die Struktur eines Betriebssystems bringt es mit sich, daß bestimmte Betriebssysteme für den Netzbetrieb besser geeignet sind als andere. So ist eine Vernetzung von Rechnern mit dem Betriebssystem MS-DOS[c] ohne entsprechende Zusatz-Software überhaupt nicht möglich, und das gilt genauso für alle Versionen des Betriebssystems Windows, die unterhalb der Version Windows 95[c] liegen. Allen diesen Betriebssystemen ist nämlich gemeinsam, daß sie nicht über einen inhärenten TCP/IP-Stack verfügen. Diese Tatsache zeigt die Zielrichtung der PC-Strategie der damaligen Zeit auf (Ende der 70er Jahre bis Anfang der 90er). Für die Rechner der PC-Familie (und dazu gehören auch die Rechner der Firma Apple) war eine Vernetzung gar nicht vorgesehen. Das zeigt sich auch an den unseligen Laufwerksbezeichnungen A: und B: für Disketten-Laufwerke, C: für die erste Festplatte und die gesamte Buchstabenvielfalt für alle folgenden Speichermedien. Nicht daß den Entwicklern diese Anachronismen unbekannt gewesen wären, nur war es damals kaum vorstellbar, daß die weltweite Vernetzung durch das Internet und auch die lokale Vernetzung durch das Intranet solche rasanten Fortschritte machen würde. Aber gerade wegen dieser Fortschritte sollte man genau überlegen, welches Betriebssystem sich für den Einsatz in einer Firma am besten eignet.

Netzanbindung

Die Vernetzung von Unix-Rechnern ist allgemein recht einfach. Alle Standard-Produkte der verschiedenen Hersteller bieten entsprechende Installationsroutinen für die Benutzung des Netzes an. Um die Installation durchführen zu können, müssen einige Begriffe bekannt sein, die wir uns im folgenden ausreichend genau ansehen werden:

- ISP (Internet Service Provider)

    Hier handelt es sich um einen Dienstleister, der Internet-Dienste bereitstellt. Auch wenn eine Unternehmung schon einen großen Umfang angenommen hat, wird man kaum eine Standleitung mit einem T1-Zugang wählen, die Kosten hierfür sind schon recht erheblich. In Absatz 2.10 werden die verschiedenen Arten des Netzzugangs erklärt und auch, mit welchen Kosten bei den diversen Möglichkeiten zu rechnen ist.

- TCP/IP

    Das Stream-Protokoll, besser bekannt als *TCP-* oder Transfer-Control-Protocol ist Verbindungs-orientiert. Das bedeutet, bevor eine Nachricht geschickt werden kann, muß eine Verbindung zwischen dem Socket des sendenden Prozesses und dem Socket des empfangenden Prozesses aufgebaut werden. Wenn diese Verbindung einmal steht, dann können über diese beliebig große Datenmengen ausgetauscht werden. Sobald die beiden Sockets verbunden sind, ist die Richtung der Nachrichten nicht mehr wichtig. Die beiden Prozesse können interaktiv miteinander kommunizieren.

- Domain-Name

    Der Domain-Name bezeichnet einen Rechnerverbund, dabei kann es sich um lokal vernetzte Rechner handeln (siehe Abb. **2.5**), aber auch um einen Einzelplatzrechner, der an einen ISP als Client angeschlossen ist. Dieser ISP stellt dann den Domain-Namen. Wenn man keine Intention hat, sich im Internet zu tummeln, so kann man lokal jede Art Phantasienamen vergeben, allerdings wird das bestimmt auf keinen kommerziellen Rechnerverbund zutreffen. Ist man nur Client bei einem großen ISP-Anbieter, kann es zu Namenskonflikten kommen, deshalb sollte man einen Namen wählen, der die Firma repräsentiert. Natürlich kann man diesen Namen nicht mehr frei wählen, denn täte das jeder, gäbe es ein ziemliches Namens-Durcheinander im Netz, und niemand könnte sicher sein, den gewünschten Adressaten auch zu erreichen.

    Um die Vergabe von Doppelnamen zu verhindern, muß jeder, der im Internet eine Domain betreiben will, den gewünschten Namen bei http://www.nic.de anmelden, er bekommt dann die

Bestätigung, daß dieser Name frei zur Benutzung ist, und er bekommt eine dazugehörige IP-Nummer, die nur ihm zugeordnet ist. `http://www.nic.de` ist die deutsche Dependance der InterNic-Zentrale, die für die Vergabe von Domain-Namen zuständig ist. Auch wenn es den Anschein hat, daß bei einem solchen weltweit operierenden System praktisch jeder gewünschte Name schon vergeben sein wird, ist die Auswahl eines aussagekräftigen Namens nicht unmöglich. Namen wie `mercedes` oder `zdf` sind natürlich schon vergeben, aber versuchen Sie es mal mit `mercedes123.com`, Sie werden mit Erstaunen feststellen, daß Sie diesen Namen haben können (nun, jetzt vielleicht auch nicht mehr).

- Host-Name

  Der host-name ist der Name der einzelnen Maschine innerhalb einer Domain. Jede Maschine hat in Ihrem Netz einen eigenen Namen, der zusammengesetzt mit dem domain-Namen den Rechnernamen im Internet repräsentiert.

- User-Name

  Dieser Begriff existiert nur bei Multiuser-Betriebssystemen, also auch bei Linux. Für die Installation und den Betrieb des Netzes ist er von untergeordneter Bedeutung. Wenn Sie jedoch einen ISP in Anspruch nehmen und eine registrierte Domain betreiben, sind diese Namen wichtig für die Zustellung der Mail innerhalb Ihres lokalen Netzes. Wir werden das zu gegebener Zeit genauer beleuchten.

  Aus dem Domain-Namen, dem Rechnernamen und dem User-Namen setzt sich Ihre E-mail-Adresse zusammen. Eine Adresse wie `borkner@business.italisa.de` (das ist die Adresse, unter der Sie mich im Internet erreichen können) bedeutet, es gibt einen User mit Namen `borkner`, dieser User befindet sich auf einem Rechner mit Namen `business`, dieser Rechner ist Teil der Domain `italisa.de`.

- IP-Adresse

  Der Computer kann mit textuellen Namen nicht soviel anfangen, deshalb verwendet das Internet numerische Namen zur Identifikation der einzelnen Benutzer. Jede IP-Adresse wird durch ein Quadrupel von Tripeln repräsentiert. Ein Beispiel:

  $$192.168.017.003$$

  Die IP-Nummernvergabe unterliegt genauen Restriktionen, die wir hier nicht näher erläutern wollen, da diese in jedem Buch über Linux und Linux-Netzwerke genau erläutert sind (siehe *Olaf Kirch* [19], *Michael Kofler* [22] oder *Craig Hunt* [18]).

- Interface

  Eigentlich bezeichnet die IP-Adresse keinen Rechner, sondern ein IP-Interface. Ein Rechner verfügt im Regelfall über mehrere Interfaces und daher auch über verschiedene IP-Adressen. Ein typisches Interface, das in jedem Linux-Rechner installiert sein sollte, ist das Loopback-Interface (127.0.0.1). Damit kann man das Netzwerkprotokoll auch für lokale Dienste nutzen (siehe unten).

- Gateway

  Ein Gateway ist ein Rechner, der zwei Netze miteinander verbindet (siehe Abb. **2.3**).

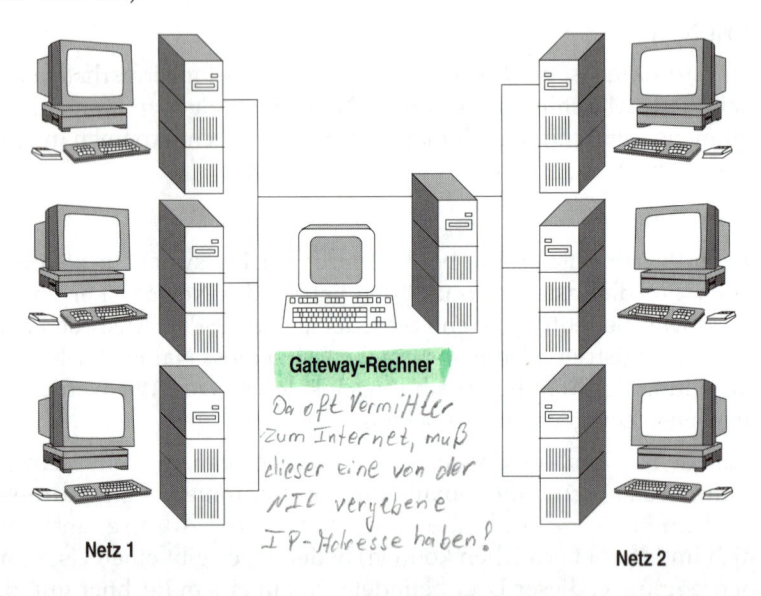

  Abbildung 2.3: Zwei Netze – durch einen Gateway-Rechner verbunden

  Normalerweise handelt es sich beim Gateway um einen Rechner, der das lokale Firmennetz mit dem Internet verbindet. Wird ein Netz mit einem Gateway konfiguriert, so muß die IP-Adresse des Gateway-Rechners angegeben werden, damit der Rechner, der die Pakete weiterleiten soll, bekannt ist.

- Network-Mask

  Der Adreßraum aller Rechner weltweit wird durch die IP-Masken ausgedrückt. Diese gliedern sich wieder in Untermasken, so daß man bis auf den User-Level für das lokale Netzwerk eine Bit-Maske vergeben kann, die alle Rechner, welche im Netz enthalten sind, repräsentiert. Wenn beispielsweise das lokale Netz alle Nummern 192.168.17.n umfaßt, wobei

2.9 Betriebssystem

$$n | 1 < n < 254$$

gilt, so ist die Network-Mask 255.255.255.0.

- Broadcast-Adresse

  Der Adreßraum aller Rechner weltweit wird durch die IP-Masken ausgedrückt. Diese gliedern sich wieder in Untermasken, so daß man bis auf den User-Level für das lokale Netzwerk eine Bit-Maske vergeben kann, die alle Rechner, die im Netz enthalten sind, repräsentiert. Wenn beispielsweise das lokale Netz alle Nummern 192.168.17.n umfaßt, so bezeichnet 192.168.17.255 die Broadcast-Adresse.

- Loopback-Interface

  Wenn auch überhaupt keine Netzanbindung geplant ist, so muß doch das Loopback-Interface immer eingerichtet werden. Viele Dienste, die in Linux angeboten werden, verwenden auch intern ein Netzprotokoll, wie zum Beispiel der Drucker-daemon. Der Drucker eines jeden Linux-Rechners kann auch als Netzdrucker installiert werden, daher ist auch für den lokalen Gebrauch des Druckers ein IP-Interface vorgesehen. Es hat standardmäßig die Adresse 127.0.0.1.

- Nameserver

  Der Nameserver ist dafür verantwortlich, daß die für den Menschen lesbaren Adressen (*borkner@ibm.net*) in IP-Adressen umgewandelt werden. Bei kleinen Netzen geschieht dies mit einer Tabelle (`/etc/hosts` siehe Beispiel 2.1), bei größeren Netzen wird dies mit einer Datenbank verwaltet.

Beispiel 2.1 *Eine Beispiel-/etc/hosts-Datei*

```
127.0.0.1          localhost
192.168.17.1       develop.italisa.de          develop
192.168.17.2       supporto.italisa.de         supporto
192.168.17.3       delcarlo.lisa.it            delcarlo
192.168.17.4       translation.italisa.de      translation
192.168.17.5       wincom.italisa              wincom
```

Sie finden diese Begriffe auch im Glossar ab Seite 481 am Ende des Buches erklärt.

2.10 Internet-/Intranet-Server

Sie müssen im Internet präsent sein, Sie werden nicht darum herum kommen. Das Leben im kommerziellen Umfeld vereinfacht sich drastisch, wenn man im Internet adäquat präsent ist. Die Betriebskosten werden geringer, und Termine lassen sich kürzer planen und leichter einhalten. Es ist deshalb besser, Sie beschäftigen sich oder einen Ihrer Mitarbeiter gleich mit diesem Problem. Das beinhaltet den technischen Betrieb, aber auch die Präsentation, also den künstlerischen Bereich. In letzterem Bereich werde ich Ihnen keine große Hilfe sein, denn meine Fähigkeiten, eine Web-Page ansprechend zu entwerfen, sind äußerst limitiert. Aber dafür gibt es Firmen, die sich nur mit dieser Aufgabe befassen, und die meisten sind ihr Geld wert.

Warnung:
Wenn Sie im Internet präsent sind, dann betreiben Sie einen Net-Server. Jeder Mensch auf der großen weiten Welt, der über einen Internet-Anschluß verfügt, kann sich Ihre Dienste zunutze machen, und jeder kann sich von Ihrer Kompetenz im Netz überzeugen. Der Schuß kann auch nach hinten losgehen, wenn man seinen Zugang nicht adäquat gestaltet.

2.10.1 Die Auswahl eines ISP

Bei vielen Providern wird der Kunde regelrecht abgezockt. Das fängt bei der Registrierung der Domain an und endet bei den Kosten für die Transfermengen der Daten, die monatlich übertragen werden. Erst kürzlich erreichte mich die E-mail eines Freundes, mit dessen Erlaubnis ich seinen Text hier wiedergebe.

```
From - Mon May 25 16:51:28 1998
Date: Wed, 20 May 1998 18:43:38 +0200
To: borkner@ibm.net
Subject: Re: ... I need some info on getting away from ...
X-Mailer: ------- eMail 2.12
MIME-Version: 1.0
From: Augustine@........de (Raymund Augustine)
X-Mozilla-Status: 8013

Dear Mr. Borkner,

I write to you motivated from the sheer frustration which I presently
have with ..... who has sent me a bill for 700 DM for last month. As
I recall, you mentioned having a similar problem and have moved over
to ...... Reading all the material I have received from ....... I
find that when you cut out all the crap, they are charging me 3.00 DM
per minute ! I do not know if my calculations are totally  correct,
however I have decided that i do not wish to receive another bill of
```

2.10 Internet-/Intranet-Server

```
the same sort.

I would like to ask you the following:

i)      when I join another ISP, will my current provider charge me
        anything ?

My user profile is that I usually do about 30 hours a month (since
March '98) in the internet usually on Weekends and late nights on
workdays spending about 90 minutes to 3 hours per session. I expect
to keep this up for the next year. I do not do a lot of travel, but
should i do, I believe that it would be to countries where .....
would have a connection.

If you would like any further details please ask. My e-mail address
(for the present !) is augustine@........de

Thank you very much for your attention. Awaiting your reply.

Raymund Augustine
```

Ich habe den Text nur so weit verändert, daß der eigentliche Provider, um den es sich hier handelt, nicht mehr kenntlich ist. Eine Summe von 700,00 DM pro Monat bezahlen, da fragt sich jeder, ob man nicht eine der berüchtigten 190er Nummern angerufen hat, obwohl doch der Grundpreis pro Monat nur 8,00 DM beträgt. Dem Mann konnte geholfen werden, der gleiche Dienst kostet ihn jetzt weniger als 45,00 DM (plus Telefonkosten natürlich).

Sekundärdienste für den Zugang zum Internet sind eigentlich immer die falsche Wahl. Was ist darunter zu verstehen?

Viele Anbieter liefern einen eigenen Service, der es Ihnen erlaubt, sich ins Internet selbst einzuwählen. Bevor Sie jedoch dort ankommen, liegen auf Ihrem Weg eine Menge von Möglichkeiten, sich bei dem lokalen Dienste-Anbieter über viele andere Dinge zu informieren. Leider sind diese Wahlmöglichkeiten alle kostenpflichtig. Am unteren Bildrand erscheint dann immer die Meldung: »Sie verlassen jetzt den nicht-kostenpflichtigen Bereich«. Die angebotenen Informationen können Sie getrost vergessen, die bekommen Sie im Internet auch, und zwar völlig kostenfrei. Wählen Sie einen ISP, der Ihnen einen Internet-Zugang gewährt und sonst nichts. Wenn Sie in naher Zukunft andere Dienste benötigen, so sind Sie bei einem solchen ISP sowieso besser aufgehoben. Ich will damit nicht sagen, daß diese Dienste generell nichts wert sind, aber für den kommerziellen Einsatz sind sie weniger gut geeignet.

Auch wenn Ihnen Ihr lokaler Provider erzählt, daß Sie auch die Domain besser lokal registrieren sollten und daß es ungünstig ist, den Provider auf Grönland zu haben, es ist absolut egal, wo sich Ihr Provider befindet, er muß sich nicht in Ihrer Nachbarschaft befinden, nicht in Deutschland, ja nicht einmal in Europa. Alles, was Sie brauchen, ist eine lokale E-mail-Adresse und einen kompetenten

ISP, irgendwo auf der Welt. Sicherlich ist die Versuchung groß, einen Provider in der Nachbarschaft zu bevorzugen, aber Sie werden den genausowenig besuchen oder sehen wie einen Provider, der sich auf Grönland befindet. Es ist wirklich völlig egal. Als lokaler Zugang bietet sich ein Provider an, bei dem Sie nur die einfachsten Dienste abonnieren, keine Homepage, keine Datenbank, nur den Zugang zum Internet. Solche Dienste werden für weniger als 50,00 DM angeboten. Ganz wichtig, lassen Sie sich nicht auf mengenabhängige Dienste ein, das kann ziemlich teuer werden. Abonnieren Sie einen Zugang, der Ihnen für den genannten Grundpreis wenigstens 100 Stunden online pro Monat zubilligt. Legen Sie auf Ihrer entfernten Web-Site ein »*forward*«, und Sie bekommen so die E-mail aller Ihrer Kunden lokal zugestellt. Das kostet Sie keine zusätzliche Mark. Sie können auf diese Weise eine vollwertige Domain mit 5 E-mail-Adressen plus dem lokalen Zugang für weniger als 100,00 DM pro Monat bekommen. Wenn Sie jetzt 79,00 DM gespart haben, dann hat sich der Kauf des Buches doch wirklich gelohnt.

Was jedoch nicht egal ist, sind die Preise. Hier muß ganz klar festgestellt werden, daß die Dienste, welche in den USA angeboten werden, weitaus billiger zu haben sind als vergleichbare Dienste in Deutschland.

Ein beliebter Punkt ist die InterNIC-Domainregistrierung. Anbieter in Deutschland verlangen im Schnitt 200,00 DM für die Registrierung und weitere 200,00 DM für den Unterhalt der Domain. Wenn Sie bei InterNIC direkt eine Domain registrieren lassen, so kostet das nichts, und Sie bezahlen lediglich $50 pro Jahr an Unterhaltskosten, die Sie für zwei Jahre im voraus entrichten müssen. Die Namensvergabe bei InterNIC ist problemlos.

- Sie wählen sich ein bei `http://internic.net` und lassen sich von der Suchmaschine dort bestätigen, daß Ihr gewünschter Name noch nicht vergeben ist (nach RFC 1035),

- Sie geben Ihre vollständige Adresse ein,

- eine Kontaktperson für die Administration (1 Person),

- Kontaktpersonen für den technischen Support (1 bis 3 Personen),

- Sie geben an, in welchem Bereich Sie die Domain verwenden wollen (voller Internet-Zugang natürlich).

Die Registrierung erfolgt online, und wenn Sie über eine Mastercard verfügen, können Sie die Registrierung sofort durchführen. Sie können mit dieser Registrierung zu jedem gewünschten ISP gehen und sich dort unter Ihrem Namen in seinen DNS eintragen lassen. Nun ganz so einfach ist das nicht, denn wenn

2.10 Internet-/Intranet-Server

Sie eine Domain einrichten lassen wollen, so müssen Sie mindestens zwei verschiedene Nameserver angeben, die bereit sind, die Namensauflösung für Sie zu übernehmen. Ein guter Netzanbieter wird das aber für Sie erledigen.

Wenn Sie einen ISP auswählen, so achten Sie nicht so sehr darauf, an welchem Ort sich dieser befindet, sondern eher auf die Net-Server-, und Betriebssystem-Software, welche er verwendet. Windows NT[c]-Server haben im allgemeinen kürzere Verfügbarkeitszeiten als Unix-Server. Kürzere Verfügbarkeitszeiten sind jedoch nicht so gut, schließlich wollen Sie ja erreichbar sein. Nachdem in der allgemeinen Windows NT[c]-Euphorie viele Provider sich für dieses Betriebssystem entschieden haben, ist jetzt eindeutig eine Tendenz zurück zu Unix-Betriebssystemen festzustellen. Das Internet ist von Unix- für Unix-Maschinen entwickelt worden, das hinterläßt Spuren. Das Engagement von *Microsoft*[c] ist eher als »*a jump on the bandwagon*« zu sehen, denn noch vor wenigen Jahren sprach man sehr verächtlich über das Internet und bezeichnete es als »*nicht zukunftsträchtige Technologie*«.

Und vergessen Sie nicht, wenn Sie eine Domain haben, dann betreiben *Sie* den Server, Ihr ISP ist für Ihre Kunden nicht sichtbar. Einen Effekt hat jedoch der ISP immer: Wenn er »down« ist, sind Sie auch nicht mehr zu erreichen, und Sie werden mit Erstaunen feststellen müssen, wie schnell Ihre Adresse aus den entsprechenden Bookmarks der Browser herausfliegt, wenn das allzu häufig geschieht. Bevor Sie sich für einen ISP entscheiden, sollten Sie sich deshalb davon überzeugen, wie es mit der Präsenz im Internet aussieht. Wählen Sie sich öfter mal auf seiner Homepage ein, und sehen Sie sich dort etwas um.

Seit kurzem ist eine neue Art der Kundenwerbung populär geworden: Der ISP bietet Ihnen eine Homepage völlig kostenfrei an, die Sie auch völlig frei gestalten können (etwas Reklame am Ende jeder Seite, aber das stört kaum). Die Homepage ist verbunden mit bis zu fünf E-mail-Adressen. Nach einer gewissen Zeit erreicht Sie dann eine Mail, die Ihnen einen kostenpflichtigen Zugang anbietet, mit Registrierung des Domain-Namens. Meist zu einem sehr günstigen Preis. Diese Angebote eignen sich sehr gut, um sich im Internet erst einmal freizuschwimmen, zu sehen, wie man eine Homepage gestaltet, wie die HTML-Programmierung funktioniert und wie die grafische Gestaltung sein soll.

Diese Provider sind auch nicht die schlechtesten, und wenn Sie Ihre Homepage immer erreichen können, so kann dieser ISP eine gute Wahl sein. Nur vergessen Sie nicht, daß sich diese Anbieter in Amerika befinden. Wenn Sie den Zugang zu Ihrer Homepage testen, so berücksichtigen Sie, daß zu dieser Zeit in Amerika alles schläft und daher der Zugang leicht zu erreichen ist. Versuchen Sie sich nach 19^{00} Uhr einzuwählen, dann können Sie testen, wie die Antwortzeiten auf dieser Site wirklich sind.

Es gibt drei Möglichkeiten, wie Sie einen Server im Internet betreiben können.

1. Sie haben eine Domain auf der Maschine eines ISP.

2. Sie besitzen einen Computer innerhalb eines Netzes, das nicht Ihnen gehört. Das bedeutet, man stellt seinen eigenen Rechner bei einer anderen Site unter. Hier ist es natürlich besser, Sie suchen sich einen Provider in Ihrer Nähe, denn wenn bei Ihrem ISP niemand die Zeit findet, sich um Ihre Maschine zu kümmern, so kann das zu ziemlich langen Down-Zeiten führen.

3. Sie besitzen einen Computer innerhalb eines Netzes, das Ihnen selbst gehört.

Wenn Ihr Server sich auf einer entfernten Maschine befindet, die irgendein anderer administriert, dann brauchen Sie nur die Verantwortung für Ihre eigene Maschine zu übernehmen, damit Ihre statischen Daten und vielleicht einige CGI-Scripts periodisch auf dem Server abgelegt werden. Sobald sich der Remote-Server verhält, wie Sie es erwarten, können Sie ihn vergessen, bis es Zeit wird, die Site auf den neuesten Stand zu bringen. Sie können für zwei Monate Urlaub machen. Falls Sie teure Software benötigen, beispielsweise eine relationale Datenbank, können Sie beim Betreiber des Netzes solche Dienste ankaufen.

Wenn Sie jedoch Ihre Dienste auf einer fremden Web-Site anbieten, dann sind Sie ganz der Gnade des Systemadministrators dieses fremden Web-Servers ausgeliefert. Falls E-mail für Ihre Domain nicht weitergeleitet wird, können Sie nicht Ihren Berater schicken, der dann selbst nachsieht, wo der Fehler steckt. Sie müssen warten, bis jemand auf Ihre Anforderungen reagiert. Wenn Sie jedoch eine hochgezüchtete, von einer relationalen Datenbank unterstützte Web-Site konstruieren wollen, dann haben Sie vielleicht nicht ausreichend Zugang zu Ihren Daten. Kompetente Provider können für etwa 100,00 DM bis 200,00 DM pro Monat eine Domain-Level-Web-Site bereitstellen.

Falls Sie der Besitzer eines Web-serving-Computers innerhalb eines Netzwerks eines anderen Anbieters sind, dann haben Sie die völlige Freiheit, Ihre Konfiguration und Software zu bestimmen. Sie besitzen ein Root-Password und Shell-Zugang, Sie können daher die Maschine dort auch für die Entwicklung von Software und anderen Experimenten verwenden. Wer immer auch für Ihren Rechner verantwortlich ist, zeichnet nur verantwortlich für die Netzverbindung. Falls Ihre Maschine Datenpakete nicht erreichen, werden Sie wahrscheinlich benachrichtigt, und die Leute dort werden auch etwas dagegen unternehmen. Sie müssen jedoch nicht die Gebühren von 4.500,00 DM pro Monat für einen T1-Anschluß bezahlen.

2.10 Internet-/Intranet-Server

Der Nachteil, eine eigene Maschine an einer Site stehen zu haben, ist: Sie müssen Ihre Web-Site-Programme genauestens überprüfen. Niemand wird sich darum kümmern, ob Ihr Computer Daten liefert oder nicht. Sie müssen einen Pager auf Ihrer Maschine besitzen und diesen bei einem Service wie Uptime (http://webtools.com/wtr/) anmelden. Auf diese Weise bekommen Sie E-mail, für den Fall, daß Ihr Server nicht erreichbar sein sollte. Sie können natürlich nicht in die Ferien fahren, außer Sie finden jemanden, der sich mit Ihrem Computer und der Web-Site-Konfiguration genauso auskennt wie Sie selbst und der diese Aufgabe auch übernimmt. Wenn Sie keine freie Software verwenden, müssen Sie eventuell schockierend hohe Preise für Lizenzen bezahlen. Internet Service Provider verlangen zwischen 250,00 DM und 2.500,00 DM pro Monat für eine solche physische Beheimatung Ihres Rechners. Der Preis hängt davon ab, wer die Hardware liefert, wieviel System-Administration der Gastgeber liefern muß und wieviel Datenbandbreite Ihre Web-Site konsumiert. Bestimmt haben Sie so wie ich gedacht, ein eigener Rechner bei einer fremden Site müßte billiger sein, als die Rechnerkapazität des Anbieters zu nutzen. So kann man sich täuschen!

Falls Sie der Besitzer eines Computers innerhalb Ihres eigenen Netzwerks sind, können Sie sich direkt an Ihren Rechner Ihres Web-Servers setzen und Software entwickeln, in Ihrer Datenbank herumstochern, ganz nach Belieben. Das kann substantiell recht nützlich sein, wenn Sie eine RDBMS-backed Web-Site betreiben und es keinen sichtbaren Weg gibt, über Entwicklungs- und Produktions-Sites zu verfügen. Wenn Sie bereits über einen Netzanschluß mit hoher Übertragungsrate auf Ihrem Rechner verfügen, dann werden die marginalen Kosten, einen Server zu betreiben, gegen Null gehen (eine Tatsache, die in den Anfangstagen des Netzes von Studenten an Universitäten gern genutzt wurde). Der Nachteil ist, Sie haben alle Verpflichtungen und Schwierigkeiten, einen Server innerhalb einer Netzwerk-Lokation zu besitzen, plus aller Verpflichtungen und Schwierigkeiten, das Netzwerk betriebsbereit zu halten.

2.10.2 Die Kosten

Wenn Sie sich einen ISP suchen, der Ihnen für Ihre Homepage eine Heimat geben soll, so müssen Sie eine ungefähre Idee haben, was so ein Dienst kosten kann. Genaue Angaben ließen sich hier schon machen, aber die sind von ISP zu ISP verschieden. Alle aufzuführen würde jeden Rahmen sprengen, die teuren Provider einfach abzuqualifizieren würde auch wenig Sinn machen, da unter Umständen Dienste angeboten werden (datenbankgestützte Web-Sites), welche mit den Diensten anderer Anbieter nicht zu vergleichen sind.

So ist beispielsweise bei einem Provider die Grundgebühr relativ hoch, dafür wird aber nicht zwischen ISDN- und Analogzugang unterschieden. Das kann für einen ISDN-Kunden sehr sinnvoll sein. Andere ISPs haben eine geringe Grundgebühr, verlangen aber mengenabhängige Preise beim Transfer der Daten. Solche Mengenabhängigkeit läßt sich bei einem kommerziellen Zugang

Tabelle 2.3: ISP-Kosten

kommerziell	
Leistung	IP/Domain
Einrichtung	200 DM
Grundgebühr	39 DM
Datenaufkommen > $5MB$ bis $50MB$	5 DM/MB DM
Konfiguration	200 DM/Std
privat	
Leistung	IP/Domain
Einrichtung	keine
Grundgebühr	39,00 DM / Monat
sonstige Kosten	keine

nicht vermeiden, ein Privatnachfrager sollte jedoch einen großen Bogen um diese Dienste machen, auch wenn die Anbieter illustre Namen tragen.

Tabelle 2.3 kann nur eine Orientierung geben, denn der Wert der angebotenen Dienste hängt auch von ganz anderen Kriterien ab, welche der Kunde nur schwer abschätzen kann. Lassen Sie sich nicht durch eine aufwendig gestaltete Homepage täuschen, hinter manch einem Provider sitzt ein einziger Rechner, mit einem einsamen CISCO-Router, der über eine normale ISDN-Verbindung ans Netz angeschlossen ist. Wenn auf einer solchen Site einmal so richtig Verkehr stattfindet, dann werden Sie bei den Übertragungsraten sehr schnell in die Zeiten des Akustikkopplers zurückversetzt. Lassen Sie sich von einem fähigen Spezialisten beraten, welche Site für Sie die beste ist. Sicherlich können Sie sich auch einen ISP aussuchen, der mit einem T1-Anschluß ausgerüstet ist, aber das kostet dann richtiges Geld, und für den Anfang ist eine solche Ausgabe nicht nötig. Wechseln können Sie immer, Ihre URL ist weltweit gültig, bei InterNIC registriert, die können Sie auch zu einem neuen Provider mitnehmen.

2.10.3 Die Homepage

Das Entwerfen Ihrer Homepage ist ein ziemlich trickreiches Unterfangen, und ich werde mir nicht anmaßen, Ihnen gute Ratschläge zu erteilen, wie Sie die Präsenz Ihrer Unternehmung im Internet gestalten sollen.

Ich will Ihnen jedoch ein paar Tips mitgeben, was man besser unterlassen sollte, wenn man sich im Netz präsentiert.

Auch wenn Sie über einen festen Kundenkreis verfügen, so werden Sie doch ungleich häufiger von Suchmaschinen im Internet gefunden, als daß irgend jemand gerade Ihre www-Adresse in den Browser eingibt, um nachzusehen,

2.10 Internet-/Intranet-Server 75

was es Neues auf Ihrem Server gibt. Und da Sie ja auch an neuen Kunden interessiert sind, ist es wichtig, daß Ihre Site von den verschiedenen Suchmaschinen im Netz auch gefunden wird. Die wichtigsten Suchmaschinen sind: *Yahoo*, *Webcrawler*, *AltaVista* und *BigFoot*.

Die ersten Versuche, sich im Netz zu präsentieren, scheitern meist kläglich, weil man der grafischen Gestaltung zuviel Bedeutung beimißt. Suchmaschinen finden Texte, keine Grafiken. Suchmaschinen sind auch nur Computer und daher ziemlich unintelligent. Sie können jedoch die Art, wie Suchmaschinen suchen, für Ihre Zwecke ausnutzen.

Wenn Sie einige META-Elemente in Ihre Web-Site in die Header-Sektion Ihres HTML-Dokuments aufnehmen, so werden die meisten Suchmaschinen auch diese inspizieren. Falls Sie einige Schlüsselworte kennen, von denen Sie überzeugt sind, sie beschreiben den Inhalt, kommen aber in Ihrem Text nicht vor, dann fügen Sie folgende Zeile in Ihre HTML-Seite ein:

```
<META    name="keywords"  content="Software preiswert
                                   Qualität verdienen Geld
                                   reich werden">
```

Damit stellen Sie sicher, daß diese Worte von den Suchmaschinen gefunden werden, und als Konsequenz auch Ihr Dokument. Die Worte richten sich natürlich ganz nach Ihrem Angebot.

Das kann nur in der <HEAD>-Sektion Ihres Dokuments geschehen. Leute, die so etwas zum ersten Mal machen, tendieren dazu, diese Worte immer und immer wieder einzufügen:

```
<META    name="keywords"  content="Software preiswert
                                   Qualität verdienen Geld
                                   reich werden Geld Geld
                                   Geld Geld Geld Geld
                                   Geld Geld Geld Geld ">
```

Bei schlecht programmierten Suchmaschinen kann man davon ausgehen, daß dann Ihre Site gefunden wird, denn irgendwie sucht doch jeder nach Geld. So dumm sind die Programmierer von Suchmaschinen aber nun auch nicht, deshalb werden Schlüsselwörter nur noch einmal pro Eintrag in den Index aufgenommen (AltaVista speichert gegenwärtig 0, 1 und „2 oder mehr" beim Auftauchen solcher Schlüsselwörter, und „Geld Geld" und „Geld Geld Geld" sind dann nicht mehr zu unterscheiden).

Sie können natürlich auch in Ihrem Meta-Text den folgenden Wortlaut unterbringen:

```
<META  name="keywords" content="Sex Frauen,
                                Qualität verdienen Geld
                                reich werden Geld Geld
                                Sex Sex Sex Sex
                                Sex Sex Sex Sex ">
```

Ihre Domain wird auch sicherlich gefunden werden, aber ob das dann die Kunden sind, auf die Sie Wert legen, das bleibt dahingestellt, ist doch aber eher zweifelhaft.

Und vergessen Sie nicht: Auch wenn die Informationen in META-Elementen niemals angezeigt werden, müssen alle Leser Ihrer Web-Site diese META-Marken mit herunterladen. Sie sollten also nicht unbedingt 50.000 Bytes Text in diesen Bereichen verstecken. Solche Tricks können dazu führen, daß Kunden mit einem Internet-Zugang niedriger Geschwindigkeit (28.800) sich nach der Hälfte der Übertragung aus Ihrer Site ausklinken, weil ihnen die ewige Warterei zu langweilig wird.

Eine potentiell nützliche META-Marke ist »*description*«:

```
<META  name="description" content="Journal for commercial
Web users.">
```

Normalerweise wird eine Suchmaschine den Textinhalt Ihrer Web-Site in so etwas wie eine Beschreibung umformen. Die Suchmaschine speichert die ersten 25 Worte und sichert diese zusammen mit dem Titel. Das wird besonders dann problematisch, wenn Sie eine Web-Site haben, die nur Grafik enthält und keinen Text. Wenn die ersten Sätze der Seite nicht der Inhalt ist, den die Leute finden sollen, dann sollten Sie vielleicht in der META-Marke die entsprechende Beschreibung einfügen.

Bedenken Sie, daß wenn Sie im Netz sind, Ihr Dateisystem Teil des Internet ist. Sie können nicht einfach jede Woche die Struktur Ihres Dateisystems ändern. Überlegen Sie sich gut, wie Sie Ihre Daten auf Ihrer Maschine anordnen. Sie stellen besser Ihr Dateisystem nicht mehr um, nachdem Sie in allen Web-Directories und Suchmaschinen aufgenommen worden sind, auch wenn Sie feststellen, daß ein anderes Ordnungskriterium besser geeignet wäre, Ihre Daten zu präsentieren. Auf diese Weise können Sie sicherstellen, daß der User die Nachricht »*404 Not Found*« nicht bekommt, nachdem er Sie im Netz mit Yahoo oder WebCrawler gefunden hat.

- Mehr als die Hälfte Ihrer potentiellen Kunden kommt über Suchmaschinen zu Ihnen. Sicher hängt das ab von den Diensten, die Ihre Firma anzubieten hat, aber letztlich haben Sie immer mit Kunden zu tun. Die Welt des Kommerz verändert sich rasend schnell, hin in Richtung Internet.

- Je mehr Text Sie auf Ihrer Web-Site haben, desto wahrscheinlicher ist es, daß ein potentieller Kunde Ihre Web-Site auch findet. Schwelgen Sie bei der Gestaltung Ihrer Homepage nicht in wunderschön anzusehenden Grafiken, das nützt nichts, Suchmaschinen interessieren sich nicht für Grafik, sondern ausschließlich für Textinhalte (sie können lesen, aber nicht sehen).

- Kunden, die über Suchmaschinen zu Ihnen kommen, landen normalerweise irgendwo auf Ihrer Web-Site, daher ist es sinnvoll, daß jede Seite Ihrer Site einen Link auf den Anfang Ihrer Web-Site enthält.

- Web-Directories und Suchmaschinen enthalten alle möglichen Links auf Ihre Seitenstruktur. Seien Sie deshalb also vorsichtig, wenn Sie irgendwelche Namen auf Ihrem Server ändern.

Wenn wir von Unix sprechen, und von Linux im speziellen, dann muß man auch die Besonderheiten ansprechen, welche die Art der Oberfläche bietet. Gerade im Internet ist die Methodik, wie die Benutzeroberfläche implementiert ist, von größter Wichtigkeit.

Man mag einwenden, daß für den Anwender die genaue Realisierung der grafischen Benutzeroberfläche nicht so wichtig ist, denn schließlich möchte ja der Benutzer nur eine Oberfläche vorfinden, welche einen Weg durch die Programmvielfalt bietet. Wenn diese Oberfläche auch noch ein ansprechendes Äußeres hat, um so besser.

Wir wollen im folgenden Abschnitt gewiß nicht der Frage nachgehen, welche der verschiedenen Oberflächen denn nun die schönere sei, und damit könnte man doch das Thema Oberfläche und Benutzerführung abhaken und sich um wichtigere Dinge kümmern, denn schließlich verfügt heute jedes Betriebssystem über eine solche Führung.

So einfach ist die Sache jedoch nicht, denn gerade die Technologie, die hinter der Realisierung der Oberfläche für Linux steckt, bietet ein enormes Einspar-Potential für Unternehmen, welches leider wenig bekannt ist, das aber in Zukunft immer wichtiger werden wird (Stichwort Fernwartung).

2.10.4 X-Terminal

Der Begriff X-Terminal ist in der PC-Welt praktisch unbekannt. In der Unix-Welt hat er jedoch eine große Bedeutung. Der Begriff ist deshalb so wichtig, weil mit dem Einsatz eines X-Terminals eine Menge Geld gespart werden kann. Ein X-Terminal ersetzt unter Umständen einen oder mehrere komplette Rechner.

Unix ist, wie schon häufiger bemerkt, ein Multiuser/*Multitasking*-Betriebssystem. Der erste Term macht die Verwendung und Konfigurierung etwas schwierig, was dazu geführt hat, daß Unix speziell bei den Anwendern einen so schlechten Ruf hat. Zu Unrecht, wenn man bedenkt, welche Vorteile ein solches System bietet. Auf die Vorteile eines Multiuser-Betriebssystems zu verzichten, bloß weil es etwas schwieriger zu bedienen ist, wäre gleichbedeutend mit dem Kauf eines Pkws, der nur über einen Vorwärtsgang verfügt, die anderen vier Gänge würden die Bedienung des Wagens schließlich nur verkomplizieren, und rückwärts schieben wir das Auto einfach.

Als im PC-Bereich Einzelplatzrechner vorherrschten, da war die Fähigkeit eines Betriebssystems, Multiuser-fähig zu sein, ganz nett, aber der Installations- und Administrationsaufwand konnte den Gewinn, den ein solches System bringt, nicht rechtfertigen. Konfigurationen, wie in Abb. **2.5** gezeigt, sind im PC-Bereich eher selten zu finden. In einer Firmenumgebung ist jedoch eine solche Situation eher die Regel.

Einzelplatz-Rechner sind in der betrieblichen Praxis eher die Ausnahme, und da wir uns hauptsächlich mit dem kommerziellen Einsatz von Linux beschäftigen wollen, betrachten wir nur noch Umgebungen, in denen mehrere Rechner zu einer Domain vernetzt sind.

Sehen wir uns eine typische Konfiguration eines reinen *Singleuser*-Systems an (siehe Abb. **2.4**).

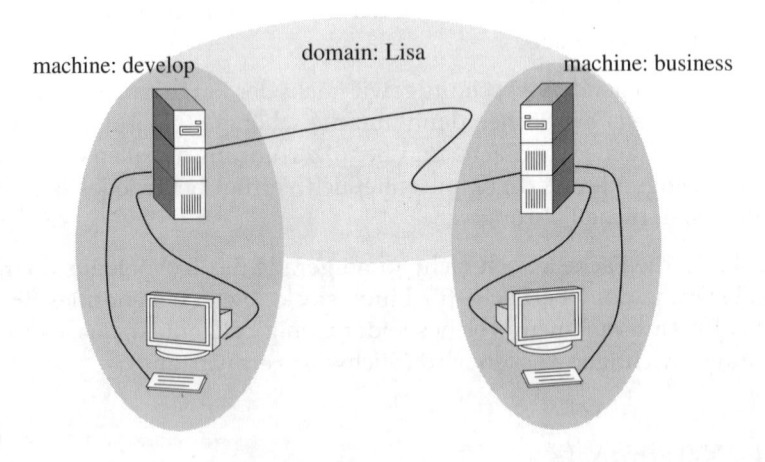

Abbildung 2.4: Ein *Singleuser*-System

Bei einem *Singleuser*-System kann nur pro Maschine unterschieden werden. Abb. **2.4** zeigt eine solche Situation. Wenn dem Netz ein weiterer Benutzer hinzugefügt werden soll, so muß ein kompletter Rechner hinzugefügt werden, inklusive Hauptspeicher, Festplatte und des dazugehörigen Netzteils. Aber

2.10 Internet-/Intranet-Server

auch die Software spiegelt sich in der in Abb. **2.4** gezeigten Situation wider. Für jedes Betriebssystem und für den Server müssen entsprechende Lizenzen erworben werden, und das kann ziemlich teuer werden, wie die Aufstellung in Tabelle **3.1** auf Seite 98 beweist.

Aber das *Singleuser*-Prinzip hat noch andere Nachteile. Jeder Benutzer eines Rechners ist zwangsläufig »superuser« auf dem System. Das kann gar nicht anders sein, weil natürlich der Rechner als Einheit gesehen werden muß und weil die angebotenen Dienste nicht strukturiert werden können. Das bedeutet aber auch, daß jeder, auch der nichtberechtigte Nutzer, der sich an dem Rechner niederläßt, alle Rechte besitzt, genauso wie der legitime Benutzer selbst. Die Industrie hat das Problem erkannt und hat darauf mit einer Art Spielzeug reagiert, welches zum Glück wieder verschwunden ist: mit einem Schloß! Wir wollen uns nicht der Lächerlichkeit preisgeben und diese »Sicherheitsvorkehrung« wirklich diskutieren. Aber auch die verschiedenen »logins«, die als Sicherheitssystem auf dem Markt erschienen, sind eher Grund zum Schmunzeln, als daß man diese als echte Lösung ansehen könnte. In jedem Kaufhaus stehen reihenweise die Knirpse, welche sich einen Spaß daraus machen, diese Art »Paßwortschutz« zu knacken.

Ein weiterer Nachteil ist, daß ein Benutzer zwar jeden beliebigen Rechner des Netzes (der domain Lisa) verwenden kann, aber seine Oberfläche, seine Umgebungsvariable, die kann er nicht mitnehmen. Das bedeutet: In einem Rechnernetz mit n Rechnern ist ein beliebiger Benutzer auf $n-1$ Rechnern ein völlig Unbekannter.

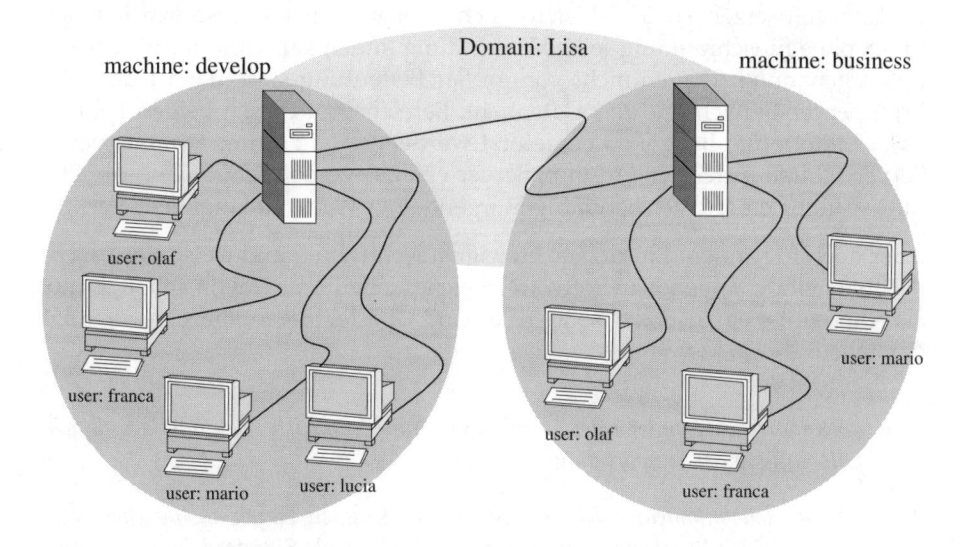

Abbildung 2.5: Ein Multiuser-System

Das Multiuser-System, wie in Abb 2.5 gezeigt, kann durch einfaches Anhängen eines sogenannten X-Terminals um einen Arbeitsplatz erweitert werden. An einem solchen Terminal (und es ist nur ein Terminal, ohne Festplatte und ohne viel Speicher) kann sich jeder Benutzer einloggen und findet sein persönliches System mit allen Umgebungsvariablen wieder. Die einzige Einschränkung liegt in der Leistungsfähigkeit des Rechners selbst, an dem das Terminal angeschlossen ist.

Auf diese Weise kann man seinem Rechnerpark sehr leicht einen neuen Arbeitsplatz hinzufügen, ohne einen neuen PC kaufen zu müssen. Sicher, die Leistungsfähigkeit des Rechners muß irgendwo im System stecken, aber es ist billiger, einen großen Server zu kaufen, als viele kleine Rechner mit vergleichbarer Leistung.

Außerdem kann man mit dem vorgestellten Prinzip mehrere Rechner zu einem einzigen zusammenhängen und so die Leistung des Gesamtsystems vervielfachen (siehe Absatz 6.2.4, Seite 195). Das bietet sich besonders dann an, wenn man Datenbank-Applikationen verwendet.

2.11 Entscheidungshilfen

Ob Linux ein Ersatz für einen Rechner mit einem bereits installierten Betriebssystem ist, oder eine Alternative, hängt stark von dem Einsatzgebiet ab, auf dem eine Unternehmung tätig ist. Sieht man sich Beispiele großer Firmen an, die Linux einsetzen, so kristallisieren sich zwei große Felder heraus, auf denen Linux ohne Einschränkung seine Verwendung finden kann und für welche die unten genannten Fragen nicht von großer Bedeutung sind, das ist der File-Print-Server-Bereich und der Datenbank-Bereich. Auf diesen beiden Feldern kann Linux ohne Bedenken eingesetzt werden, da ein teurer kommerzieller Server schnell durch einen Linux-Server ersetzt werden kann, ohne die PC-Infrastruktur einer Unternehmung in irgendeiner Weise zu tangieren.

Aber auch für andere Einsatzgebiete eignet sich Linux, und es ist meist nicht das mangelnde Angebot an Software, welches eine Firma davon abhält, Linux als Alternative einzusetzen, sondern es sind Überlegungen, die sich wie folgt darstellen:

1. »Windows verwendet jeder in meinem Unternehmensbereich, also werde ich, falls nötig, auch Support dafür erhalten.«

2. »Wenn ich mit meinen Mitbewerbern oder Kunden Daten austauschen will, dann habe ich Probleme, wenn ich nicht Windows als Standard-Betriebssystem verwende.«

2.11 Entscheidungshilfen

3. »Wenn ich mich auf eine Linux-Lösung einlasse, wer garantiert mir, daß Linux auch in 20 Jahren noch existiert?«
4. »Wird die Entwicklung von Linux mit der von Windows Schritt halten?«
5. »Habe ich bei Linux Support-Möglichkeiten? Wenn ja, welche?«
6. »Gibt es große Software-Häuser, die auch für meinen Bereich Branchen-Lösungen anbieten und diese auch pflegen?«
7. »Ist Linux nicht eher dem Home-PC-Bereich zuzuordnen?«
8. »Wird von Linux die Hardware, beispielsweise digitale Kameras oder Scanner, unterstützt, die für mich wichtig ist?«
9. »Ist freie PD-Software überhaupt verläßlich und fehlerfrei, und gibt es dafür regelmäßige Updates?«
10. »Windows-Betriebssysteme sind so einfach einzurichten und die Netz-Installation scheint auch kein Problem zu sein, wie steht es damit bei Linux?«
11. »In meiner Firma verwende ich einen Wordprozessor, wird so etwas auch für Linux angeboten, und wenn ja, ist das Datenformat austauschbar?«

Diese Aufzählung ist nicht vollständig, aber es sind die am häufigsten vorgebrachten Einwände, die man bei einem Beratungsgespräch hört, wenn man Linux als Alternative vorschlägt.

Ließen sich alle Fragen positiv für Linux beantworten, so könnte man Linux nicht nur als Alternative empfehlen, sondern als Ersatz für jedes Betriebssystem, und man müßte sich wundern, warum dann überhaupt noch ein anderes Betriebssystem verwendet wird. Sehen wir uns die Einwände der Reihe nach an:

1. »Windows verwendet jeder in meinem Unternehmensbereich, also werde ich, falls nötig, auch Support dafür erhalten.«

Der Support, den Sie für irgendein Betriebssystem erhalten, hängt nicht vom Betriebssystem selbst ab, sondern von der Consulting-Firma, die Sie damit beauftragen, oder von dem Spezialisten, den Sie für diese Aufgabe eingekauft haben. Glauben Sie nicht, daß Sie mit dem allgemeinen Support, den die Herstellerfirma anbietet auskommen, der ist gedacht für Leute, die ihre Spiele auf dem Betriebssystem zum Laufen bringen wollen. Wenn Sie »richtige« Fragen haben, dann kostet das auch »richtiges« Geld. Das ist bei Linux nicht anders als bei Windows.

Was nützen Ihnen eine oder zwei Telefonnummern, unter der zwar ständig irgendwelche Leute erreichbar sind und deren Zugang Sie teuer bezahlen müssen, wenn im Endeffekt kein befriedigender Service geboten wird?

Die Kosten für die Systemadministration, aber besonders für die Datenbank-Administration, sind hoch, aber Sie werden nicht drum herum kommen, sich nach qualifiziertem Service umzusehen.

Wie findet man qualifizierten Service? Diese Frage kann man nicht allgemeingültig beantworten, ohne eine genaue Analyse des Einsatzgebietes. Allerdings ist die Wahrscheinlichkeit größer, für eine Unix-Anlage kompetente Systemadministration zu finden, als dies für Windows-basierte Betriebssysteme der Fall ist. Der Grund hierfür ist: Bei *Microsoft*[(c)]-Betriebssystemen ist es wesentlich schwieriger, die Spreu vom Weizen zu trennen. Auf Windows-basierten Systemen fühlt sich jeder kompetent, der schon einmal irgendwelche Software erfolgreich installiert hat. Es gibt selbstverständlich auch zertifizierte Windows-Ingenieure, die sehr effektiv ein Windows NT[(c)]-Netz administrieren können. Aber glauben Sie ja nicht, deren Dienste seien billiger zu haben als die eines Unix-Spezialisten.

Ich kenne große Firmen, die sich an der nächstgelegenen Universität nach einem fähigen Studenten der Informatik umgesehen haben und damit auch ganz zufrieden sind. Ein leider wenig diskutiertes Problem ist das Herrschaftswissen, welches man dem Experten überantworten muß, und die Folgen, welche sich daraus ergeben können. Ein Systemadministrator kennt Ihre Unternehmung nach einer Weile besser als Sie selbst, deshalb ist es besser, man hat einen Angestellten, der diese Aufgabe übernimmt. Hierfür gibt es qualifizierte Unix-Schulungen. Dabei ist es egal, ob Sie ihn auf einer Alpha-, Sun- oder HP-Maschine schulen lassen. Besser wäre es, die Schulung fände gleich auf Linux statt. Auch hier gibt es zwischenzeitlich genügend Angebote (siehe http://www.suse.de).

Ich kenne eine Firma – eher ein Konzern –, die ein millionenschweres CAD-Programm vertreibt, welches im wesentlichen auf dem Wissen einer kleinen Gruppe von moderat bezahlten Mitarbeitern basiert. Keiner in der Firma hat sich jemals Gedanken darüber gemacht, was denn passiert, sollten diese Mitarbeiter einmal aus ihrem Dornröschenschlaf erwachen und die Firma wechseln. Wenn ein solches Verhalten in einem Konzern möglich ist, dann können Sie getrost die Informationen über Ihre Firmenstrukturen in die Hände eines fähigen Sysops legen. Ihnen bleibt schlicht nichts anderes übrig.

2. »Wenn ich mit meinen Mitbewerbern oder Kunden Daten austauschen will, dann habe ich Probleme, wenn ich nicht Windows als Standard-Betriebssystem verwende.«

Sicher, ein solcher Datenaustausch kann von Fall zu Fall notwendig werden. Ob das tatsächlich so ist, können Sie leicht herausfinden, wenn

Sie sich fragen, wann Sie das letzte Mal extern Daten mit einer Fremdfirma ausgetauscht haben. Überlegen Sie weiter, ob dieser Austausch überhaupt notwendig war und ob er auf dem gewählten Niveau überhaupt stattfinden mußte. Ich meine damit: Wenn man Texte im Word for Windows-Format austauscht, macht man das dann, weil es nicht anders geht, oder nur deshalb, weil man dieses Produkt gerade benutzt. Würde ein RT-Format nicht auch genügen? Wenn Sie bestimmte Produkte nicht benutzen, weil Sie auf andere ausweichen können, so kann das finanziell sehr interessant sein.

Es gibt Anwendungen, vornehmlich im Grafik- und Druckbereich, die an feste Formate gebunden sind, aber im allgemeinen handelt es sich bei solchen Unternehmungen nicht um Windows-Rechner, die Daten austauschen. Interleaf, QuarkXpress oder Framemaker laufen zwar teilweise auf Windows-Maschinen, hier hat aber immer noch Macintosh eindeutig das Sagen.

Aber selbst wenn Sie Word for Windows-Formate zum Austauschen brauchen, dann können Sie das unter Linux ohne Probleme tun, verwenden Sie doch einfach das StarOffice Paket, es kostet nichts, ist in vier verschiedenen Sprachen erhältlich und kann Word for Windows 6.0/98- Formate lesen und schreiben. Ebenso Excel-Formate und alle Windows-spezifischen Grafikformate. Die Firma Star Division aus Hamburg ist eine europäische Firma, denken Sie daran, wenn Sie das nächste Mal über die hohe Arbeitslosenrate schimpfen. Kaufen Sie europäische Produkte, wo es möglich ist, auch das schafft Arbeitsplätze (ein Amerikaner würde sagen »*buy american*«, nur in Europa scheint es verpönt zu sein, so etwas zu sagen).

Vergessen Sie nicht, Sie handeln sich mit solchen Office-Lösungen auch Probleme ein. Einen Text, den Sie vor 10 Jahren mit Word for Windows geschrieben haben, können Sie heute mit Word for Windows nicht mehr lesen. Die mitgelieferte Tabellenkalkulation verführt dazu, die Datenhaltung einer Firma damit zu bewerkstelligen. Das geht jedoch sicherlich irgendwann in der Zukunft schief, darauf können Sie warten.

3. »*Wenn ich mich auf eine Linux-Lösung einlasse, wer garantiert mir, daß Linux auch in 20 Jahren noch existiert?*«

Gegenfrage: Wenn Sie sich auf eine reine Windows-Lösung einlassen, wer garantiert Ihnen, daß *Microsoft*[c] in 20 Jahren noch existiert? Sehen wir uns die Situation an, wie sie ist: Eine beliebige Software, welche Sie vor 5 Jahren für Windows erstanden haben, läuft heute garantiert nicht mehr auf Ihrem neuen Windows 95[c], geschweige denn auf Ihrem Windows NT[c]. Und dabei handelt es sich um eine konstante Linie von Software-Produkten.

Niemand kann Ihnen heute garantieren, daß in 20 Jahren irgendeine der Firmen so, wie wir sie kennen, noch existiert. Kennen Sie IMSAI? Kennen Sie ALTAIR? Kennen Sie SWTPC? Das waren noch vor 15 Jahren die Größen im Computer-Geschäft, niemand hat jemals wieder etwas von diesen Firmen gehört. *Microsoft*[(c)] war damals eine völlig unbekannte Firma. Linux hat einen Vorteil, denn es baut auf dem Enthusiasmus seiner Fan-Gemeinde auf, und das ist mehr Motivation, als es ein Heer von Angestellten einer Firma jemals aufbringen wird. Sicher, dem Enthusiasmus einer Person würde ich mich auch nicht ausliefern, aber Linux, das ist eine Gemeinde von Millionen von Menschen. Fußball wird schon seit Jahrhunderten gespielt, einfach weil eine riesige Portion an Enthusiasmus der Fan-Gemeinde dahintersteckt. Und – wußten Sie eigentlich, daß Linux bei der Verbreitung aller Computer-Systeme den dritten Platz einnimmt, noch vor Macintosh?

Und dann – wollen Sie wirklich in 20 Jahren noch die gleichen Programme verwenden wie heute?

4. »*Wird die Entwicklung von Linux mit der von Windows schritthalten?*«

Hier wäre eigentlich die Umkehrung realistischer. Sieht man sich die Entwicklung von Linux in den letzten fünf Jahren an, so ist dort entwicklungstechnisch weit mehr geschehen, als der riesige Bauchladen *Microsoft*[(c)] je fertiggebracht hat. Genau wie die *Microsoft*[(c)]-Software baut die Linux-Software auf anderen Systemen und Erkenntnissen auf, aber die Entwicklung ist wesentlich effektiver. Sehen Sie sich das KDE-Projekt an, besser noch, Sie abonnieren nur für einen Tag die Newsgroup KDE Developer's Mailinglist <kde-devel@kde.org>, Sie werden überrascht sein, welche Aktivitäten dort entfaltet werden. Sie werden auch überrascht sein von der Menge an Applikationen, die dort jeden Tag neu vorgestellt werden. Keine Firma auf der Welt verfügt über ein so großes und kompetentes Entwickler-Team wie Linux. Wenn Sie heute eine Software nicht finden, morgen taucht Sie ganz von alleine bei Ihnen auf, Sie müssen nur bei der entsprechenden Newsgroup abonniert sein.

Aber es gibt noch eine andere Möglichkeit, Software für Linux zu bekommen. Warum fragen Sie nicht einen der Programmierer im Newsnet, ob er willens ist, seine Software für Ihre Belange und Notwendigkeiten abzuändern oder zu erweitern? Das haben schon große Firmen wie beispielsweise DEBIS durchexerziert und sind nicht schlecht dabei gefahren. Sie meinen, das sei zu teuer? Versuchen Sie es einmal, das ist preiswerter, als Sie denken. Und – Sie bekommen eine maßgeschneiderte Software, angepaßt an Ihre speziellen Bedürfnisse. Sie sollten jedoch nicht auf die Idee kommen, eine solche Software selbst vermarkten zu wollen. Das widerspräche der Idee, welche hinter Linux steckt und würde auch in der Linux-Gemeinde nicht sehr wohlwollend aufgenommen.

Sie merken, auch hier kann keine eindeutige Antwort gegeben werden, aber das trifft auf jede Betriebssystem- und Applikations-Software zu. Ich habe vor Jahren auf OS/2$^{(c)}$ gesetzt und mich finanziell und intellektuell ziemlich stark engagiert. Und wo befindet sich OS/2$^{(c)}$ heute? Der große Konzern IBM hat sich keinen Deut darum gekümmert, welche Ausgaben ich hatte und was ich alles anstellen mußte, als ich mich vor Jahren auf die Zusagen der Firma verlassen habe. Sie kümmerte sich auch nicht darum, wie sehr ich mich mit meinem Engagement bei meinen Freunden und Kollegen blamiert habe: »*Na, Olaf! Immer noch auf dem OS/2$^{(c)}$-Zug?*« Ich beschwere mich nicht darüber, so läuft nun einmal das Spiel, aber warum glauben Sie, daß sich die Firma *Microsoft*$^{(c)}$ in Zukunft intensiver um Ihre Belange kümmern wird, als es die Firma IBM tat?

Wenn Linux auch jung an Jahren ist (Linux existiert in ernstzunehmender Form erst seit vier Jahren), so hat die Entwicklung der Software an und um Linux eine Dynamik, die sich jede Software-Schmiede nur wünschen könnte. Die Wahrscheinlichkeit, daß die Entwicklungen für Linux zunehmen und auch immer mehr Branchen-Lösungen produziert werden, ist sehr gut. Aber – selbst das Leben an sich bedeutet Risiko, davor kann Sie keiner schützen!

5. »*Habe ich bei Linux Support-Möglichkeiten? Wenn ja, welche?*«

Der Support von Linux ist exzellent oder kaum existent, je nach Standpunkt und Sichtweise.

Fangen wir mit dem Term »*kaum existent*« an:

Linux war und ist ein Betriebssystem von Spezialisten für Spezialisten. Das bedeutet, ein Unternehmer, der Linux als professionelle Software-Lösung einsetzen will, hat es schwer, eine Beraterfirma zu finden, die ihm Unterstützung bei der Auswahl, Installation und Wartung bietet. Sicherlich gibt es solche Firmen (ich betreibe selbst eine solche), aber man kann sich nicht darauf verlassen, daß man in der Nähe immer einen Consultant findet. Zwei Lichtblicke gibt es jedoch: Die Firmen, welche sich mit der Wartung von Unix im allgemeinen und Linux im speziellen beschäftigen, werden immer mehr, und die Anbieter sind zum Großteil kompetent. In dem Marktsegment kann man sich mit puren Allgemeinkenntnissen nicht lange halten. Lassen Sie sich eine Referenz-Kundenliste geben, und fragen Sie bei den angegebenen Firmen nach. Denken Sie jedoch daran, daß ein Consultant, der gerade erst angefangen hat, noch keine Referenz-Kundenliste haben kann (Sie wären dann der erste auf dieser Liste). Sehen Sie sich in einem solchen Fall an, wo er seine Ausbildung bekommen hat. Uni-Absolventen sind in der Regel recht kompetent, denn sie mußten meist ein Institutsnetz betreuen, und da lernt man so einiges über den Gebrauch und den Mißbrauch von Rechnern im Netz. Aber auch unter den Experten, die keine Uni besucht haben, findet man kompetente Experten. Der akademische Grad sagt nicht immer etwas über den Kenntnisstand seines Besitzers aus.

Betrachtet man die Service-Situation, so gibt es einen weiteren Punkt, der für Linux zählt: Das X-System ist nach dem Client/Server-Prinzip aufgebaut, daher muß ein Spezialist in den seltensten Fällen persönlich bei Ihnen in der Firma auftauchen. Im Regelfall genügt es, wenn Sie ihn im Problemfall anrufen, und er loggt sich dann über X auf Ihre Maschine ein, um nach dem Fehler zu suchen. Das ist nicht nur sehr effizient, sondern spart auch Kosten.

Nun der Unterpunkt »*exzellent*«.

Wenn Sie bereits über einen Internet-Zugang verfügen und sich im Netz etwas auskennen, dann haben Sie die wohl beste Support-Unterstützung, die überhaupt möglich ist – und sie ist kostenfrei. Abonnieren Sie die entsprechenden Newsgroups, heften Sie eine Frage an das Schwarze Brett, dann machen Sie sich einen Kaffee und essen ein Stück Kuchen dazu. Wenn Sie dann wieder ans Schwarze Brett sehen, können Sie fast darauf wetten, daß einer oder mehrere der Leser auf Ihre Anfrage geantwortet haben. Ich habe meine erste Netzerfahrung auf diese Weise gewonnen und viele Erkenntnisse, die ich über den Samba-Server zum besten gegeben habe (siehe Teil II Kapitel 11), stammen aus dieser Quelle (ThX to you all). Auf Firmenschulungen hätte ich für dieses Wissen mehrere 10.000,00 DM ausgeben müssen.

Mir ist klar, daß man sich als Chef eines Unternehmens nicht dieser Prozedur unterziehen kann, deshalb wieder der Rat: Schaffen Sie sich einen Systemadministrator an, er macht sich bezahlt.

6. »*Gibt es große Software-Häuser, die auch für meinen Bereich Branchen-Lösungen anbieten und diese auch pflegen?*«

Das kommt sehr auf die Branche an, in der Sie tätig sind. Die allermeisten Datenbank-Hersteller bieten eine Lösung für Linux an, Office-Pakete gibt es zur Genüge, auch im Grafik-Bereich existiert (gewöhnungsbedürftige) Software. Im CAD-Bereich ist Linux sehr stark, aber leider auch nicht billig, das professionelle ARCAD-System hat schon einen Preis, der im fünfstelligen Bereich liegt. Das Gebiet Warenverkehr ist recht gut abgedeckt. Und endlich, die Szenen-Modellierung ist ein ziemlich starkes Gebiet unter Linux (ac3D). Zunehmend gewinnt **gimp** an Bedeutung. Das ist ein Programm in direkter Konkurrenz zu dem bekannten **Photoshop** von *Adobe*. Viele, auch Experten, bestätigten mir, daß dieses Programm leistungsfähiger sei als das große Vorbild. Ich will jedoch nicht verschweigen, daß es noch einige Probleme bei der Farbseparation gibt.

2.11 Entscheidungshilfen

Kritische Bereiche, in denen noch wenig bis gar keine Software verfügbar ist, das ist der Bauingenieur-Bereich und das Gebiet DTP. Über das letztgenannte Gebiet, also DTP, wird heftig gestritten, denn es gibt gute, ja sehr gute Satzsysteme für Linux (unter anderem das, welches ich gerade benutze, LaTeX). Aber hier gehen die Meinungen stark auseinander. Getrennte Farbdarstellung, so wie sie im DTP-Bereich üblich ist, die sucht man unter Linux (noch) vergebens. Die Entwicklungen schreiten schnell voran, und so gibt es bereits eine DATEV-Zugangssoftware für Linux.

Aber auch wenn Ihre Branche zu den Unterversorgten gehört, so sollten Sie doch darüber nachdenken, ob Linux nicht als File- und Print-Server dienen kann.

7. »*Ist Linux nicht eher dem Home-PC-Bereich zuzuordnen?*«

   Ja und nein, das kommt ganz auf die Hardware an, die Sie zu nutzen gedenken. Sicher ist es gerade im PC-Bereich wirklich schwierig, geeignete Hardware zu finden, denn die meisten Geräte sind purer Schrott und unbrauchbar für eine kommerzielle Nutzung, aber das trifft natürlich auch auf die Windows NT$^{(c)}$-Maschinen zu. Wenn Sie allerdings Windows NT$^{(c)}$ auf einer ALPHA einsetzen wollen, so können Sie das auch mit Linux tun. Einen Unterschied gibt es jedoch: Während auf der Kombination Linux-ALPHA die gesamte Linux-Software läuft, hat Windows NT$^{(c)}$ so seine Probleme mit der Software. Nicht alles, was auf der PC-Plattform läuft, ist auch für die ALPHA zu haben. Man kann in einem Emulationsmode die meiste Software zum Laufen bringen, aber dann braucht man sich keine teure ALPHA zu kaufen, da tut's dann der PC auch.

8. »*Wird von Linux die Hardware, beispielsweise digitale Kameras oder Scanner, unterstützt, die für mich wichtig ist?*«

   Die Liste der unterstützten Hardware ist ellenlang. Alle, wirklich alle Standardprodukte werden unterstützt, deshalb wollen wir die außen vor lassen und uns etwas (heute noch) exotische Hardware ansehen, die unterstützt wird.

   »*HP Scanjet, HP Scanjet+, HP Scanjet II, SCSI-Scanner, HP Scanjet Familie (einschließlich 3c), Mustek M105 Handscanner, Mustek Paragon 6000CX, Genius 4500 Handscanner, Geius GS-B105G, Epson GT6000, Fujitsu SCSI-2, Scanner A4 Tech, AC 4096 Logitech Scanman 32 / 256, Nikon Coolscan, SCSI 35mm film scanner, UMAX SCSI Scanner.*«

   So viel zu Scanner-Treibern.

   Ein Unterschied zu Windows ist: Alle Hardware-Hersteller liefern die Treiber für Windows-Betriebssysteme mit. Das tun die meisten für Linux natürlich nicht, obwohl sich hier ein Umdenken anbahnt, denn praktisch alle Grafikkarten-Hersteller haben erkannt, daß der Linux-Markt nicht einfach vernachlässigt werden kann.

Aber selbst wenn man aus Versehen eine Hardware eingekauft hat, die nicht unterstützt wird, so ist es meist nur eine Frage der Zeit, einer kurzen Zeit. Trotzdem ist die Versorgung von Hardware-Treibern bei *Microsoft*[(c)]-Produkten einfach besser. Aber ebenso häufig bezieht sich das jedoch auf Hardware, »*die kein Mensch braucht*« (zumindest nicht im kommerziellen Bereich), wie zum Beispiel ominöse Joy-Sticks.

9. »*Ist freie PD-Software überhaupt verläßlich und fehlerfrei, und gibt es dafür regelmäßige Updates?*«

PD- und freie Software ist genauso verläßlich wie Software, für die man bezahlen muß. Daß die Standard-Software heute bei den großen Anbietern so billig ist, muß zu einem großen Teil der PD-Software zugeschrieben werden. Vor fünf Jahren bezahlte man für einen einfachen WYSIWYG-Word-Processor 600,00 DM bis 1.000,00 DM. Genauso verhielt es sich mit den ersten Tabellenkalkulationsprogrammen. Die freie Software führte erst dazu, daß diese Produkte billiger wurden.

Aber schweifen wir nicht vom Thema ab. Niemand kann Ihnen sagen, ob eine Software verläßlich ist, egal ob Sie dafür 0,00 DM, 10,00 DM, 100,00 DM, 1.000,00 DM oder eine Million ausgegeben haben. Das kommt auf sehr viele Faktoren an, nicht zuletzt darauf, was Sie persönlich für verläßlich halten. Die Benutzerführung macht bei der modernen Software mehr als 80% des Programms aus, daher kann manche Software über lange Zeit verbergen, daß sie absoluter Schrott ist. Es ist einfach nur schön, die Software zu verwenden, da kommt es manchmal auf die Funktion gar nicht so sehr an. Andere Programme erfüllen ihren Zweck optimal, nur kommt das nicht zur Geltung, weil das Interface nicht benutzerfreundlich gestaltet ist. Die Beurteilung der Bedienbarkeit ist äußerst subjektiv. Manche Software, die einem Benutzer als plausibel und einfach zu bedienen gilt, ist für einen anderen schlicht nicht bedienbar. Mir ist es zum Beispiel nicht auf Anhieb gelungen, das äußerst nützliche Werkzeug **gimp** (jeder Linuxer kennt es) zu bedienen. Ich mußte die gesamte Bedienungsanleitung durchlesen, um nur halbwegs mit dem Programm zurechtzukommen. Das Ding ist, was die Funktionalität angeht, ein hervorragendes Stück Software, die Bedienerführung ist jedoch so fürchterlich, daß ein unbedarfter Anwender die Software nur einmal verwendet und nie wieder (Layouter, Designer und andere Spezialisten werden diese Meinung natürlich nicht teilen, denn sie alle arbeiten mit diesem Programm sehr effizient und effektiv).

Natürlich hängt die Bedienbarkeit auch von der Komplexität der Aufgabenstellung ab, aber immer muß der Lernaufwand im Verhältnis zur Nützlichkeit eines Programms stehen. Diese Verhältnismäßigkeit wird bei sogenannten Word-Processors ständig verletzt. Es gibt tatsächlich eine riesige Menge an Kurs- und Schulungsangeboten, die sich nur mit der Bedienung eines Editors beschäftigen, hier zeigt sich eklatant das Mißverhältnis zwischen Lernaufwand und Zweck des Programms. Das liegt **nicht** daran, daß es bei Word for Windows oder **StarOffice** und auch **Applixware** nichts zu lernen gibt, sondern es liegt daran, daß diese Programme einfach überfrachtet sind. Ein Editor sollte funktionieren wie ein einfaches Werkzeug, und alle Editoren sollten sich in ihren Grundfunktionen gleichen, damit der Benutzer nicht jedesmal die Bedienung der immer gleichen Funktionen neu erlernen muß. Es ist ja in Ordnung, wenn die Software-Hersteller sich profilieren wollen, aber muß das unbedingt auf dem Rücken des Anwenders ausgetragen werden? Oder haben Sie schon einmal erwogen, Geld für einen Kurs zum Erlernen der Grundfunktionen eines einfachen Hammers auszugeben?

Und zur Fehlerfreiheit ist zu sagen: Sobald die Komplexität eines Programms über das »*Hello World*«-Programm hinausgeht, ist es mit an Sicherheit grenzender Wahrscheinlichkeit nicht fehlerfrei. In der gesamten Linux-Umgebung lassen sich garantiert mehrere 100 Fehler finden, aber seien Sie versichert, in jeder beliebigen $Microsoft^{(c)}$-Betriebssystem-Umgebung sind es gewiß genauso viele, wenn nicht um eine Größenordnung mehr.

10. »*Windows-Betriebssysteme sind so einfach einzurichten, und die Netz-Installation scheint auch kein Problem zu sein, wie steht es damit bei Linux?*«

    Hier stimmt schon die Prämisse nicht. $Microsoft^{(c)}$-BSe gelten als »leicht« installierbar, weil praktisch jeder erhältliche PC mit einem vorinstallierten $Microsoft^{(c)}$-BS ausgerüstet ist. Fragen Sie einmal einen professionellen Netzwerkbetreuer einer großen Firma, der wird Ihnen sagen, daß er zuallererst das vorinstallierte System neu installiert und auch das Netz neu einrichtet. Und dann ist ein $Microsoft^{(c)}$-Betriebssystem nicht leichter zu installieren als ein Linux-Betriebssystem.

    Das wird Ihnen nicht weiterhelfen, denn wenn die Vorinstallation funktioniert, haben Sie tatsächlich mit dem Betriebssystem und eventuell dem Netz keine Sorgen mehr, was die Installation angeht. Nur sollten Sie sich fragen, ob ein vorinstalliertes Betriebssystem tatsächlich Ihren Anforderungen genügt, und wenn nicht, was Sie tun müssen, um ein solches System an Ihre Bedürfnisse anzupassen oder gar neu zu installieren. Vielleicht bekommen Sie die Probleme auch erst nachgeliefert, wenn Sie feststellen, daß die bereits installierte Betriebssystem-Version Ihren Anforderungen *nicht* genügt. Ist Ihre Firma wirklich so einfach strukturiert, daß eine Standard-Installation wirklich ausreicht?

    Im übrigen können Sie auch Rechner mit vorinstalliertem Linux erwerben, ein Angebot solcher Rechner finden Sie zur Genüge im deutschsprachigen »*Linux-Magazin*«, dessen Herausgeber Herr TOM SCHWALLER so freundlich war, ein Vorwort für dieses Buch zu schreiben.

Sie können natürlich auch eine der vielen lokalen »*Installparties*« besuchen und Ihren Rechner mitbringen. Hier bekommen Sie Ihren Rechner mit Linux installiert, denn auf solchen Parties finden Sie richtige Cracks, die Ihnen vielleicht beim Aufbau der Infrastruktur Ihrer Firma helfen können. Nur – rücken Sie nicht mit 10 Rechnern gleichzeitig an, das wird nicht so gerne gesehen. Eine solche Installparty dient dazu, Anfängern einen leichten Start in das Betriebssystem Linux zu geben, es dient *nicht* dazu, Firmengründern Kosten zu ersparen.

11. »*In meiner Firma verwende ich einen Wordpozessor, wird so etwas auch für Linux angeboten, und wenn ja, ist das Datenformat austauschbar?*«

Beide Fragen kann man mit »*ja*« beantworten, allerdings sollte man sich überlegen, ob vom Standpunkt Datensicherheit eine solche Lösung überhaupt die richtige ist. Ich weiß, mit dieser Meinung stehe ich so ziemlich alleine. Jeder verwendet diese Dinger, und jeder scheint damit zufrieden zu sein, aber haben Sie sich schon einmal überlegt, daß Ihre Daten nach 10 oder 12 Jahren überhaupt nicht mehr lesbar sind? Nehmen Sie eine Datei, die Sie mit Word for Windows 1.0 erzeugt hatten, und versuchen Sie, diese heute mit Ihrer neuen Word for Windows Version x.x zu lesen. Sie werden überrascht sein, das verspreche ich Ihnen, freilich nicht angenehm, das verspreche ich Ihnen auch.

Abgesehen davon, daß Sie im Regelfall nur sehr selten in die Verlegenheit kommen, komplexe Layouts zu erstellen. Die Layouts, die Sie mit Word for Windows erzeugen können, sind alle stilistisch ziemlich tölpelhaft. Glauben Sie ja nicht, ein solches Programm liefert Ihnen die Fähigkeiten eines Designers gleich mit.

»*Seit ich einen Wordprozessor verwende, geht mir die Arbeit viel leichter von der Hand.*« Das gleiche Argument, natürlich auf die Verwendung von Drogen gemünzt, hört man von Drogenabhängigen.

An dem Spruch ist was Wahres dran. Auch ich habe Korrespondenz zu erledigen, auch die Angestellten meiner Firma schreiben Rechnungen. Ohne Wordprozessor! Nur – ich habe noch nie die Notwendigkeit verspürt, das Ding überhaupt zu brauchen. Ich gebe zu, die Meinung ist sehr subjektiv.

Sie sehen, die Situation hat sich nicht klären lassen. Man könnte das vielleicht wie folgt zusammenfassen:

Der Fehler in einem Programm muß nur komplex genug sein, dann kann man ihn auch als Feature verkaufen. Und: Das ideale Betriebssystem gibt es nicht, es gibt nur ein ideales Betriebssystem für einen selbst, aber welches das ist, das kann man auch nur selbst herausfinden.

Es mag dem Betrachter so erscheinen, aber in Wirklichkeit handelt es sich bei Linux nicht um »noch« ein Betriebssystem, denn Linux ist mittlerweile nicht mehr nur ein Unix-ähnliches Produkt. Linux ist wie HPUX, AIX, SCO und BSD ein eigenständiger Unix-Dialekt, und Unix existiert schon seit dem Jahre 1973, als *K. Thompson* und *D. M. Ritchie* ihren ersten Unix-Kernel bei der Firma Bell Laboratories zum Laufen brachten. Linux kann also auf eine würdige Ahnenreihe zurückblicken.

2.12 Technologie

Eine der herausragenden Eigenschaften von Linux ist es, nicht kompatibel sein zu müssen zu jedem Prozessor der langen Ahnenreihe von x86-Rechnerarchitekturen. Weil Linux im PC-Bereich konsequent und ausschließlich erst die x386-Architektur unterstützt, werden viele Systemabstürze einfach ausgeschlossen. Die Speicherverwaltung (im Experten-Talk nennt sich das Kachel/Seiten-Adressierung) ist optimal auf eine Multiuser/*Multitasking*-Umgebung zugeschnitten, so daß Adressierungsfehler praktisch nicht mehr vorkommen.

Linux ist aber auch das einzige Betriebssystem, welches auf praktisch allen Hardwareplattformen läuft, die von der Industrie angeboten werden. Die Liste der unterstützten Plattformen ist lang, angefangen vom einfachen PC mit all seinen Hardware-Problemen über die RISC-Architektur bis hin zu Anlagen mit mehr als 64 Prozessoren, überall kann Linux installiert werden. Ja, es gibt sogar ein Echtzeit-Linux, und auf den 68k-Systemen läuft Linux auch. Sie können Linux sogar auf einer SUN- oder einer HP-Maschine installieren.

> **Bemerkung:** Ein wichtiger Hinweis:
> Wenn Sie Ihre Rechner zusammengestellt haben, erstellen Sie ein Verzeichnis, welche Hardware-Komponenten sich in den einzelnen Rechnern befindet. Sie sollten in diesem Zusammenhang auch die einzelnen Interrupts und, falls notwendig, die BIOS-I/O Adressen festhalten (Ethernet Karten). Wenn Sie die Software einrichten, werden Sie immer wissen, welche Parameter die richtigen sind. Sie werden niemals die Maschinen aufschrauben müssen, um sich zu vergewissern, welche Grafikkarte in dem entsprechenden Rechner steckt.

2.13 Stabilität, Geschwindigkeit, Installation

2.13.1 Stabilität

Linux ist schnell und extrem stabil. Diese Aussage müssen Sie mir nicht glauben, aber ich verwende Linux als Betriebssystem schon seit 1992 (0.99.xx war meine erste Kernelversion), und seit ca. zwei Jahren verwende ich ausschließlich Linux.

Seitdem ich Linux als alleiniges Betriebssystem verwende, hat es keine Systemabstürze mehr gegeben. Damit keine Mißverständnisse aufkommen: Natürlich beschäftige ich mich auch mit der Palette der anderen Betriebssysteme, aber nur, um hier und da ein paar Clients an einen Linux-Server anzuschließen.

Trotzdem, kein Betriebssystem kann ewig laufen, irgendwann muß die Platte auch gesäubert werden, auch Linux ist da keine Ausnahme. Wer seinen Linux-Rechner häufiger hochfährt, der wird bemerken, daß nach einer gewissen Anzahl von Boot-Vorgängen die Festplatte auf ihre Konsistenz überprüft wird. Es erscheint dann eine Meldung, `check forced`, die dem Benutzer mitteilt, daß vom System eine Überprüfung zwangsweise angeordnet wurde. Wenn Sie jetzt etwas länger warten müssen, dann seien Sie nicht ungeduldig oder drücken gar den »Reset«-Knopf, der Prozeß kann einige Minuten dauern, aber keine Sorge, Linux läuft dann wieder zuverlässig wie immer.

»Große« und vor allem teure Unix-Betriebssysteme laufen manchmal über Jahre, ohne jemals anzuhalten (mein HP-Rechner in der Uni tat das jedenfalls). Das ließe sich mit Linux auch bewerkstelligen, denn Linux ist ebenfalls ein »großes«, aber eben nicht teures Unix-Betriebssystem. Aber auch diese Langläufer halten an und überprüfen die Festplatte auf Konsistenz, sie machen das nur automatisch und meistens nachts, so merkt der User, wenn er morgens zur Arbeit erscheint, nichts davon. Das automatische Anhalten hat auch seine Tücken, denn bevor eine Unix-Maschine angehalten werden kann, müssen ebenfalls alle Datenbank-Server angehalten werden, sonst droht Datenverlust.

2.13.2 Geschwindigkeit

Linux ist schnell! Das liegt daran, daß Linux nicht zur Reihe von uralten 16-Bit-Betriebssystemen und zu jedem Prozessor der x86-Klasse kompatibel sein muß. Diese Schnelligkeit bietet aber auch finanzielle Vorteile, denn man kann alte, ausgemusterte Rechner der 486er Klasse in jedem Linux-Netz beispielsweise als Drucker-Server einsetzen, oder aber auch als X-Terminal. Allerdings sollte man Linux nicht nur unter diesem Aspekt sehen und Linux ein kärgliches Schattendasein führen lassen, denn Linux eignet sich sehr wohl für schnelle und gut ausgestattete Rechner und natürlich für den Einsatz im kommerziellen Bereich, als Web-Server, Datenbank-Server, Intranet-Server oder auch als Samba-Server (siehe Kapitel 11, Seite 267).

Linux geht mit den Ressourcen besonders sparsam um. Das scheint im Widerspruch zur Monitoranzeige zu stehen, die man jedem X-Fenster hinzuschalten kann, denn in diesem Monitor wird auch der Speicherverbrauch angezeigt, und der scheint immer im oberen Bereich zu sein. Abb **2.6** zeigt beispielsweise einen Speicherbedarf von 58 MB Hauptspeicher an, obwohl der Rechner praktisch nicht beschäftigt ist. Der Schein trügt jedoch, Linux ist so konzipiert, daß die Speicherzuteilung optimal ist, und das heißt in diesem Falle: »*Wenn es nichts zu tun gibt, dann nehme ich mir eben den Speicher, den ich bekommen kann, um das Nichtstun so effizient wie möglich zu machen*«, wenn mehrere Prozesse gleichzeitig laufen, dann wird Linux die Speicherverteilung anders gestalten und dem »Nichtstun« Speicher entziehen.

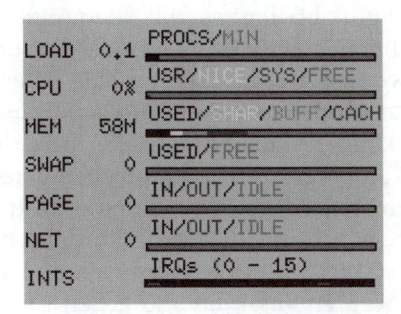

Abbildung 2.6: Der xosview Monitor zeigt die Systemauslastung an

»*Nichts*« im Sinne des Wortes tut Linux nie, denn es sind immer irgendwelche `daemons` bei der Arbeit, die überwachen, ob es nicht etwas für sie zu tun gibt. Linux kommt mit vergleichsweise wenig Ressourcen aus, deshalb kommt ein Linux-Server bei gleichem Verhalten mit weniger Speicher und Prozessorleistung aus als der große Konkurrent Windows NT[c]. Das hat in der jüngeren Vergangenheit auch dazu geführt, daß Linux im Internet-Web-Server-Bereich immer häufiger eingesetzt wird.

2.13.3 Installation

Bemerkung: Linux ist das wohl am einfachsten zu installierende Betriebssystem, das zur Zeit auf dem Markt ist, wenn ...

Dieser Satz ist provokant, und er soll es auch sein, trotzdem ist diese Aussage richtig, denn Linux unterstützt mehr professionelle Hardware-

Komponenten als jedes andere Betriebssystem. Linux unterstützt mehr Hardware-Plattformen als jedes andere Betriebssystem.

Wie kompliziert die Installation von Linux ist, das richtet sich in hohem Maße nach dem Grad der Exotik der eingekauften Hardware. Je exotischer die Hardware-Auswahl ist, desto schwieriger gestaltet sich die Installation, weil unter Umständen spezifische Treiber-Software aus dem Netz geholt werden muß, zu dem man meist keinen Zugang hat, weil Linux schließlich noch nicht installiert ist. Für einen kommerziellen Einsatz eignet sich sowieso nur die Hardware bestimmter Hersteller. So sollte man es vermeiden, SCSI-Interfaces zu verwenden, die sich auf windigen Sound-Karten befinden, auch wenn diese von Linux unterstützt werden. Es ist immer wieder erstaunlich, daß auch professionelle Kunden es vorziehen, zwei bis drei Wochen mit der Installation einer bestimmten Hardware-Komponente zu verbringen, bloß weil sie dadurch einige hundert Mark an Hardware-Kosten einsparen können.

Die Philosophie von Linux bedingt es, daß die nötigen Treiber auf den CDs der verschiedenen Editionen enthalten sind oder aus dem Netz bei den Herstellerfirmen geholt werden. Die Hersteller selbst liefern zu ihren Produkten meist nur die bekannte Windows-Treiber-Software. Damit die Treiber in Linux eingebunden werden können, muß die Herstellerfirma den Quellcode der Treiber offenlegen. In den Anfangstagen von Linux bereitete das ziemliche Probleme, weil die wenigsten Hersteller sich zu diesem Schritt entschließen konnten. Die Situation hat sich jedoch um 180° gedreht, denn heute sind es die Herstellerfirmen, die ein starkes Interesse daran haben, daß ihre Hardware auch auf Linux eingesetzt werden kann, und so geben sie die Quellen meist ungefragt den Linux-Entwicklern bekannt. Der Linux-Markt hat eine Dynamik angenommen, welche es auch großen Herstellern nicht mehr erlaubt, Linux-Kunden einfach zu ignorieren.

Die eigentliche Installation eines Linux-Betriebssystems wird hier nicht beschrieben, das erfährt man besser, indem man sich eine Linux-Edition eines renommierten Herstellers besorgt. Diese Hersteller liefern Installations-Werkzeuge, die es auch dem unbedarften User ermöglichen, eine sehr komplexe Linux-Installation durchzuführen. Das umfaßt die Netzwerkinstallation und sogar die Installation eines eigenen Internet/Intranet-Netzwerk-Servers.

Zum Glück ist es recht einfach, einen renommierten Hersteller zu finden, denn Linux-Vertreiber und -Hersteller zeichnen sich fast ausnahmslos durch eine sehr hohe Fachkompetenz aus. Man kann die Produkte von **SuSE**, **Debian**, **Caldera**, **Yggdrasil**, **Red-Hat** oder **LunetiX** bedenkenlos kaufen, alle verfügen über exzellente Installationswerkzeuge. Aber auch die nicht genannten Editionen können ohne Frage installiert werden. Es ist aber doch ratsam, auf gewisse Kleinigkeiten zu achten, in denen sich die einzelnen Hersteller unterscheiden. Die Edition von Red-Hat ist in Amerika recht weit verbreitet, und das macht sie natürlich auch zu der Edition, die weltweit die

2.13 Stabilität, Geschwindigkeit, Installation

meisten Anhänger hat. Die Red-Hat-Edition ist auch für den Alpha-Prozessor verfügbar. Jeder, der diesen Prozessor einsetzen will, wird diese Edition verwenden müssen. Red-Hat hat auch den *rpm* (Red-Hat Program Manager) entwickelt, der die Installation von Softwarepaketen in diesem Format besonders einfach gestaltet, der es aber auch erlaubt, daß die bereits installierten Software-Komponenten *ohne* Rückstände von der Festplatte entfernt werden können. Allerdings kann es beim nicht korrekten Anwenden von *rpm* zu recht merkwürdigen Ergebnissen kommen. Mir sind mehrere Fälle bekannt, bei denen die Software-Installation während des Prozesses abgebrochen wurde, weil es sich herausstellte, daß der Speicherplatz auf der Festplatte nicht ausreichte. Wenn man dann die Komponenten »per Hand« aus den angelegten Directories löscht, so kann es zu einem »lockout« kommen. Das *rpm* erkennt dann, daß das Paket installiert wurde, kann also das Paket nicht erneut installieren. Löschen läßt sich das Paket aber auch nicht, weil *rpm* erkennt, daß nichts installiert ist, was zu löschen wäre. In einem solchen Fall bleibt einem nichts anderes übrig, als den Eintrag in der *rpm*-Datenbank zu finden, diesen dort zu löschen und die Installation erneut zu versuchen. Das Beispiel zeigt aber auch, daß ein so weit »oben« angesiedelter Installationsprozeß problematisch ist, denn er entfernt den Administrator so weit vom System, daß er sich am Ende im eigenen System nicht mehr zurechtfindet. Das ist der Effekt, der gerade bei den Windows-Betriebssystemen den Administratoren den Schweiß auf die Stirn treiben kann.

Die einzelnen Pakete sind in der Regel so gut dokumentiert, daß eine Installation auch ohne die Hilfe von *rpm* meist keine Schwierigkeiten bereitet. Sie läuft grob in drei Schritten ab:

1. Entpacken des gewünschten Pakets an einem (fast) beliebigen Ort,
2. Einrichten der notwendigen Umgebungsvariablen, diese sind in der Dokumentation oder den `README`-Dateien leicht zu finden,
3. Legen der nötigen Links in den entsprechenden Directories

    - `/usr/bin`
       Hier sollten sich Links auf Programme befinden, die keine X-Umgebung benötigen.
    - `/usr/X11R6/bin`
       Hier sollten sich Links auf Programme befinden, die eine X-Umgebung benötigen.
    - `/sbin`
       Hier sollten Links gelegt werden für alle Programme, die der Systemverwaltung dienen. Alle hier aufgeführten Programme haben gemeinsam, daß sie nur vom Systemadministrator `root` ausgeführt werden dürfen.

Das Entpacken der Pakete kann zwar meist wirklich »irgendwo« geschehen, aber es ist ratsam, sich an die Vorgaben des Software-Herstellers zu halten.

2.13.4 Welche Edition?

Die S.u.S.E.-Edition ist in Europa am populärsten, und wenn man bedenkt, daß die S.u.S.E.-Edition die einzige ist, welche vier wichtige europäische Sprachen unterstützt (Deutsch, Englisch, Italienisch, Französisch und bald auch Spanisch), dann ist das zumindest ein guter Grund, dieser Edition den Vorzug zu geben, zumal sich das Installations-Werkzeug YaST, welches ebenfalls von dieser Firma stammt, im europäischen Bereich sehr stark etabliert hat. Die einzelnen Sprachversionen beziehen sich dabei nicht nur auf die Installation und YaST, sondern auch auf das Handbuch und die Texte der Support-Datenbank.

Das Handbuch der S.u.S.E.-Edition ist in Linux-Kreisen für seinen klaren Aufbau und seine einsichtige Struktur bekannt. Nicht zuletzt spielt der Lokalpatriotismus eine gewisse Rolle. Im Zeitalter des Zusammenwachsens Europas sollte Linux diesem Prozeß folgen. Warum soll ich als Europäer einem amerikanischen Produkt den Vorzug geben, wenn der Markt eine ausgezeichnete europäische Edition bereithält.

3 Linux für Entscheider

Die Kostenfrage ist langfristig gesehen für jedes Unternehmen wichtig. Dabei kann unter Kosten nicht nur verstanden werden, welche Summen für die Computer- und Software-Infrastruktur einer Unternehmung ausgegeben werden muß, die laufenden Kosten spielen genauso eine Rolle wie der Nutzen, den die gesamte Anlage einer Firma bringt. Ein Computer-Netz ist heute kein Prestigeobjekt, der Investition muß ein Nutzen gegenüberstehen. Eine Investition, die im Endeffekt nur Kosten verursacht, ist betriebswirtschaftlich unsinnig und sollte immer unterbleiben. Und obwohl das eine Binsenwahrheit der Betriebswirtschaft ist, wird nur allzu häufig dagegen verstoßen (prominentes Beispiel der Kauf von **Rollce Royce** durch die Firma **Volkswagen**).

Außerdem spielt die Frage eine Rolle, wie weit man sich, mit einer unorthodoxen Lösung, vom Markt entfernt und welche Auswirkungen das haben kann.

3.1 Eine Kostenanalyse

Als nächstes betrachten wir die Kostensituation. Dieser Punkt ist schon wesentlich wichtiger. Aber gerade in diesem Bereich werden aus Angst vor einer unorthodoxen Entscheidung die meisten Fehler gemacht, obwohl gerade Linux, wenn es denn richtig eingesetzt wird, eine Menge Geld und Unterhaltskosten sparen kann.

Als Grundlage dient eine Kalkulation, die für eine prospektierte Installation von 100 Computern erstellt worden ist. Als Basis wurde im ersten Fall eine Windows $NT^{(c)}$-Umgebung geplant, der dann in der zweiten Kostenrechnung eine Linux-Umgebung gegenübergestellt wird.

Sehen wir uns die vergleichende Kostenanalyse an (siehe Tabelle **3.1** und **3.3**), die von STEPHEN EDWARDS freundlicherweise zur Verfügung gestellt worden ist. STEPHEN EDWARDS betreibt seit Jahren eine Consulting-Firma und kann auf sehr viel Erfahrung in diesem Bereich zurückblicken. Der Text wurde vorurteilsfrei übersetzt:

From: Stephen Edwards
Subject: ATTN: Consultants -- WindowsNT vs. Linux: Eine Kostenanalyse
Date: 7 Mar 1998 02:30:02 -0700

Dies ist die Software, welche ich kaufen müßte, um ein einfaches, verwendbares WindowsNT basiertes Office Netzwerk für 100 Benutzer einzurichten. In diesem Szenarium werden alle 100 Clients von einem NT-Server bedient. Ich will mich nicht in Details, wie nötige Hardware, verlieren: Ich habe auch die Kosten für Applikationssoftware nicht berücksichtigt, weil diese Angaben von Firma zu Firma sehr unterschiedlich sein können. Die genannten Preise sind der offiziellen Preisliste der Firma Microsoft entnommen und können auf der Web-Site dieser Firma nachgelesen werden.

Tabelle 3.1: Netzwerk NT

Produktbeschreibung	Menge	$/Stück	Summe
Microsoft WindowsNT Server v4.0 Standard Edition w/ 25 client licenses	001	1619.00	1619.00
1 Extra WindowsNT Server client license	090	39.95	3595.50
Microsoft WindowsNT Workstation v4.0	100	319.00	31900.00
IIS FTP Server	001	0.00	0.00
Site Server Web site server	001	1499.00	1499.00
Microsoft Exchange v5.5 E-mail server w/ 25 client licenses	001	2129.00	2129.00
5 Microsoft Exchange client licenses	015	369.00	5535.00
Microsoft Proxy Server	001	999.00	999.00
Microsoft SQL Server w/ 25 client licenses	001	3999.00	3999.00
5 Microsoft SQL client licenses	015	11085.00	11085.00
Total cost for my office network w/100 clients:			$62,360.00

Tabelle 3.2: Laufende Kosten für das NT-Netzwerk

Item	Preis
Pay Per Incident	$195.00 per one incident
Priority Annual Support	$1695.00 per ten incidents
Priority Plus	$20,000.00 per 100 incidents
Priority Consult Line	$195.00 per hour

Die Kosten sind, verglichen mit den Preisen von Sun oder SCO, ziemlich niedrig, obwohl der Kunde bei der NT-Lösung mit ziemlich hohen Support- und Folgekosten zu rechnen hat. Außerdem

3.1 Eine Kostenanalyse

scheint Sun ein wesentlich flexibleres Support-Programm zu haben, als dies bei Microsoft der Fall ist.

Man muß bei diesen Zahlen jedoch berücksichtigen, daß es sich nur um die Anfangskosten handelt. Kosten, die durch den Arbeitsaufwand der eigenen Angestellten entstehen, können gerade bei NT in ziemliche Höhen laufen. Das liegt auch an den sogenannten *„setup wizards"*, die eine Installation manchmal zu einem Glücksspiel werden lassen. Auch wenn es möglich ist, daß eine Firma für vergleichbare Unix-Produkte weitaus mehr zahlen muß, so ist der Vorteil, den ein freies Unix bietet, von NT nicht zu schlagen.

Sehen wir uns also die gleiche Installation an, wenn ein freies Unix eingesetzt wird, mit exakt der gleichen Hardware.

Tabelle 3.3: Netzwerk Linux

Product Description	Qty	$/item	Subtotal cost
Linux Kernel 2.0.33 for the server (any freeware *BSD variant could also be used here)	001	0.00	0.00
Client licenses inf*	0.00	0.00	0.00
Linux for the client boxen	100	0.00	0.00
Built-in FTP serving capabilities	001	0.00	0.00
Apache Web Server	001	0.00	0.00
POP3 Mail Server	001	0.00	0.00
Mail Server client licenses	inf	0.00	0.00
Built in proxy services	001	0.00	0.00
Just Logic SQLweb	001	219.00	219.00
Just Logic SQLweb client licenses	100	0.00	0.00
Total cost for my office network w/100 clients:			$219.00

*inf denotes an 'infinite' number allowed

Die Kostendifferenz zwischen den in Tabelle **3.1**, **3.2** und **3.3** genannten Preisen ist enorm. Sie ist so hoch, daß auch die Führungsebene großer Firmen ins Grübeln kommen müßte, ob nicht Linux wenigstens als Windows-Server zum Einsatz kommen sollte. Dabei ist bei dieser Kostenrechnung nicht einmal berücksichtigt, daß Linux mit den Hardware-Ressourcen wesentlich sparsamer umgeht, als dies Windows NT[c] tut. Man kann also davon ausgehen, daß auch bei den Hardware-Kosten noch einiges gespart werden kann. Alles in allem sind das mehr als 160.000 DM, die der Einsatz von Linux einspart.

Leider gilt für Wirtschaftsunternehmen jedoch die folgende Aussage:

»*Um die Effizienz der Software steht es deshalb so schlecht, weil die Personen, welche die Software einkaufen, nicht diejenigen sind, die sie auch anwenden müssen.*«

Ganz korrekt ist der Vergleich von Tabelle **3.1**, **3.2** und **3.3** nicht, denn für die Linux-Lösung wurde die Kostenschätzung für den Unterhalt und den Service des Netzes nicht in den Vergleich übernommen. Das hat jedoch seinen guten Grund. Absatz 3.1.1 wird sich diesem Thema ausführlich widmen.

3.1.1 Systemadministration

Eine der kapitalsten und kostenträchtigsten Fehleinschätzungen beim Einsatz von Rechnern in Unternehmungen wird bei der notwendigen Systemadministration gemacht. Das hat historische Gründe. Die ersten PCs, welche in Unternehmungen eingesetzt wurden, konnten, wenn überhaupt, nur mangelhaft in den Systemablauf der Firma integriert werden. Es handelte sich dabei fast immer um Einzelplatzlösungen, an eine Vernetzung war damals nicht zu denken. Eigentlich war in den 70er Jahren der Rechner eher einer komfortablen Schreibmaschine vergleichbar als einem Computer. Dieser Umstand manifestierte sich auch in der Betriebssystem-Software, die damals gebräuchlich war. CPM, Flex9, RT11 und DOS dominierten das Feld, und an eine Vernetzung dieser Betriebssysteme untereinander hatte damals keiner gedacht. Die Computerwelt teilte sich in zwei strikt getrennte Bereiche, den Bereich der Groß- und Mini-Rechner und den Bereich der PCs. Die Mini-Computer liefen entweder mit einem Unix-Betriebssystem oder verfügten über ein eigenes Betriebssystem (RT11, VMX beispielsweise). Die Großrechner liefen mit Systemen wie BS1000 oder BS2000.

Und bis vor wenigen Jahren blieb das auch so. Sogar als die ersten GUIs (Graphical User Interface) auftauchten, blieb das Betriebssystem, welches darunterlag, ein Einzelplatzsystem, ohne Vernetzungsmöglichkeit. Unix als einziges verfügbares Betriebssystem für PC-Rechner verfügte schon damals über einen TCP/IP-Stack, der eine Vernetzung überhaupt erst möglich macht, und erst Windows 98[c] konnte die gleiche Eigenschaft aufweisen (die natürlich, wie wir alle wissen, von Bill Gates erfunden wurde). Das läßt aber erkennen, welchen Stellenwert die Verwaltung von Rechnern hatte. Die Vernetzung hatte eher untergeordneten Charakter. Man war der Meinung, die Administration eines Netzes ohne weiteres an einen »fähigen« Mitarbeiter delegieren zu können. Das ist natürlich einleuchtend, denn schließlich konnte der Sohn zu Hause ebenfalls seinen Computer selbst administrieren, was brauchte es da einen ausgebildeten (und teuren) Systemadministrator.

Diese Situation hat sich in dem Bewußtsein der Anwender derart verfestigt, so daß eine Systemadministration als bezahlbare Größe auch heute bei vielen Firmen überhaupt nicht ins Auge gefaßt wird. Ein Betriebssystem wie Windows beispielsweise muß einfach von jedem Anwender, und sei er noch so unbewandert, installierbar sein. Begriffe wie »plug and play« trugen ebenfalls dazu bei, daß sich diese Auffassung in den Köpfen der Computer-Benutzer verfestigte. Sogar im Duden für Informatik (siehe V. CLAUS und A. SCHWILL [9]) wird der Begriff Systemadministration nicht einmal erwähnt.

Diese Einstellung mag im Heim-Computer-Bereich noch seine Berechtigung haben, für den Einsatz von Rechnern im Unternehmensbereich ist diese Auffassung jedoch fatal. Jede Vernetzung von Rechnern im Unternehmen bedarf einer kompetenten Betreuung. Ist ein Mitarbeiter in der Lage, diese Betreuung zu leisten, so ist das eher als glücklicher Umstand zu werten, denn die Aufgabe der Systemadministration ist äußerst komplex und bedarf eines Fachmannes mit langjähriger Erfahrung. Ich habe ganz bewußt nicht von Unix im allgemeinen und Linux im speziellen gesprochen, denn seit den Tagen von Windows NT[c] und Windows 98[c] ist es auch bei *Microsoft*[c] vorbei mit dem Selbstadministrieren des Systems.

Jedes Netz braucht Systempflege. Dazu gehört das Konfigurieren von System-Ressourcen, das Überwachen der Benutzerverwaltung und natürlich das Einrichten und Betreiben des Netzes. Zum absoluten Minimum gehört aber auch das Überprüfen von sogenannten log-Dateien, um Fehlersituationen schnell in den Griff zu bekommen. Des weiteren sollte der Systemadministrator alle Angriffe auf das lokale Netz, die über das Internet kommen, abzuwehren wissen. Das sind Aufgaben, welche einer hohen Kompetenz bedürfen und die innerhalb des Netzes auch mit sehr weitgehenden Rechten ausgestattet werden müssen.

3.2 Kriterien für oder gegen Linux

Wenn die Entscheidung ansteht, sich für eine bestimmte Hardware- und Software-Plattform zu entscheiden, dann ist es schon wichtig zu wissen, ob man sich in die Rolle eines Avantgardisten begibt oder ob man auf der sicheren Seite bleibt, dort wo die meisten Nachfrager nach Betriebssystem-Software auch zu finden sind. Das ist besonders dann wichtig, wenn von dieser Entscheidung die zukünftige Entwicklung oder gar das Überleben einer Firma abhängt.

Um eine solche Entscheidung treffen zu können, muß zuerst die eigene Situation und der eigene Markt analysiert werden. Wie auf Seite 18 schon bemerkt wurde, kann in bestimmten Fällen der Einsatz von Linux als Gesamtlösung nicht ratsam erscheinen, nämlich dann, wenn man auf Software angewiesen ist, die unter Linux nicht oder nicht in einem professionellen Rahmen verfügbar ist. Eindeutige Schwachstellen der angebotenen Software unter Linux sind:

- DTP-Software und

- Ingenieur- speziell Bauingenieur-Software.

Auf diesen Gebieten dominieren andere Anbieter, wie Macintosh und Windows.

Unter DTP-Software soll hier jedoch nicht die allseits bekannte und beliebte WYSIWYG-Software eines Office-Pakets verstanden werden, von denen gibt es genügende auch für Linux. Hier sind Pakete gemeint, die über eine professionelle Farb-Separation und Layout-Funktionen verfügen, wie QuarkXpress, Framemaker oder Interleaf. Linux verfügt zwar auch über ein ausgereiftes Layout-System (LaTeX), aber das eignet sich nicht für die Gestaltung einer Illustrierten oder eines Fotobandes über das wunderschöne Alaska. Man kann jedoch prima technische Sachbücher damit setzen, wie das vorliegende Buch hoffentlich beweist.

3.3 Der Linux-Markt

3.3.1 Linux-Distributionen

Linux ist kein »*Produkt*« im üblichen Sinne und kann daher auch nicht »verkauft« werden, im üblichen Sinne. Trotzdem existieren eine Menge von Distributionen, die am Markt erhältlich sind. Und diese muß man natürlich bezahlen.

Der scheinbare Widerspruch löst sich schnell auf, denn wenn man eine Distribution erwirbt, so kauft man damit *nicht* die Lizenz für das Betriebssystem Linux, sondern man erwirbt Support (siehe Anhang A, Seite 467) für Linux. Solche Firmen verwenden viel Mühe darauf, ein Handbuch zu erstellen, die Edition zusammenzustellen und eventuell eingekaufte Software in die Distribution aufzunehmen. Für diese Dienste bezahlt man, aber nicht für den Erwerb von Linux selbst.

Linux unterliegt der GNU-Lizenz. Gnu ist ein rekursives Akronym und bedeutet »*Gnu not Unix*« (rekursiv, weil in der Ausschreibung das Wort Gnu wieder vorkommt). Es regelt die Art, wie Software vertrieben werden darf, wenn man unter dieser Lizenz Software vertreiben will.

Welche Version man verwendet, unterliegt dem eigenen Geschmack, und ich möchte hier auch keine besonderen Empfehlungen abgeben, außer, daß man mit keiner der Versionen wirklich falsch liegt. Manche sind vielleicht für den europäischen Markt besser geeignet als andere, da sie über eine lokale

3.3 Der Linux-Markt

Sprachanpassung verfügen, aber ansonsten sind alle ausgezeichnet und mit viel Liebe zum Detail ausgestattet.

Es folgt eine kleine Liste von Herstellern, die nicht den Anspruch auf Vollständigkeit erhebt. Alle Hersteller, die ich vergessen haben sollte, bitte ich, mir das nachzusehen. Ich habe bewußt die Bezeichnung Distributoren oder Vertreiber vermieden, denn das würde der Arbeit, welche diese Firmen leisten, in keiner Weise gerecht. Viele, manchmal mehr als 50 Spezialisten, sind damit beschäftigt, den Markt zu sondieren, das Handbuch auf den neuesten Stand zu bringen, die neuesten Module und Kernel-patches zu sammeln und alles in ansprechender Form auf den Markt zu bringen.

- SuSE

    Die S.u.S.E.-Edition ist in Europa die am häufigsten anzutreffende. Die Suse, wie sie genannt wird, ist vielsprachig, denn es existieren natürlich eine deutsche, englische, französische aber auch eine italienische Version. In Kürze wird es auch eine polnische Version geben, und eine russische ist in Planung.

    Die Leute sind äußerst rührig und sehr kompetent. Das letztere kann man jedoch von jedem Hersteller sagen: Linux verlangt Kompetenz, und darin gleichen sich alle Hersteller. Dieses Buch bezieht sich auf die S.u.S.E.-Edition, jedoch kann die komplette beschriebene Software auf jeder beliebigen Edition installiert und konfiguriert werden.

    Die S.u.S.E. findet man unter:

    http://www.suse.de

    Das ist die deutsche Homepage, aber die S.u.S.E. unterhält auch eine Dependance in den Vereinigten Staaten und ist dort unter:

    http://www.suse.com

    zu erreichen.

    Länderspezifische Internet-Zugänge gibt es ebenfalls, und so existiert eine www.suse.at für Österreich und eine www.suse.it für Italien.

    Die S.u.S.E.-Edition zeichnet sich durch besonders einfache Installation aus. Hierfür haben die S.u.S.E.-Leute ein spezielles Werkzeug entwickelt, welches ebenfalls in mehrsprachiger Ausführung vorliegt. Es ist das bekannte YaST (»*Yet another Setup Tool*«). Anfänglich gab es doch einige Probleme mit diesem Werkzeug, aber die derzeit gültige Version nähert sich schon der Eins vor dem Komma, es ist die Version 0.991. Sie ist sehr stabil, und einen Absturz konnte ich nicht damit provozieren.

    Die in der ersten Auflage geäußerte Kritik an der italienischen Version kann ich in dieser Auflage nicht wiederholen, denn mittlerweile wird die

Version 6.1 nur noch mit einem 400 Seiten starken italienischen Handbuch ausgeliefert (dem freilich noch einige wenige Absätze fehlen), ohne englisches Supplement. Die Version 6.2 wird dann komplett sein. Es steckt halt viel Arbeit in so einer Edition, auch für die lokalen Supporter.

Die Handbücher der S.u.S.E.-Versionen ähneln sich wie ein Ei dem anderen das liegt daran, daß die S.u.S.E. ein eigenes Styleguide für LaTeX geschrieben hat, es stammt von einem wirklichen TeX-Experten, WERNER FINK. Wer TeX kennt, weiß, was das zu bedeuten hat. Es nennt sich susebuch.cls und ist in der SuSE-Edition enthalten.

- Debian

  Die Debian-Edition ist die freieste unter den freien. Richtige Hacker bevorzugen diese Edition. Sie ist zu finden unter:

  http://www.debian.org

- Red Hat

  Das ist die professionellste, sie ist aber nur in Englisch verfügbar. Zur Sprache ist zu sagen: Natürlich ist Linux als echtes Unix-Derivat nur in der Sprache Englisch zu haben. Wenn hier von verschiedenen Sprach-Installationen gesprochen wird, so bezieht sich das auf die Sprache der Installations-Scripts, der Paket-Beschreibungen und des Handbuches. Wenn die Version einmal installiert ist, so sind die meisten Hilfetexte in englischer Sprache abgefaßt.

  Die Red-Hat Inc. ist zu finden unter:

  http://www.redhat.com

  Von Red-Hat stammt das Installations-Tool »*rpm*« (Red-Hat-Programmanager). Mit diesem Tool, das mittlerweile von allen Editionen unterstützt wird, ist die Installation und De-Installation recht einfach zu bewerkstelligen.

- Caldera

  Caldera hat sich die kommerzielle Anwendung auf die Fahnen geschrieben. Sie waren es auch, die den Port der StarOffice Version 4.0 finanziert haben, dafür sei ihnen gedankt, denn das kommt uns allen zugute.

  Die Installation der Caldera-Edition gestaltet sich nicht ganz so einfach wie die der S.u.S.E.-Edition, und man kann das Installationssystem recht leicht zum Absturz bringen. Man sollte schon mit den rudimentären Installations-Werkzeugen der Slakware-Edition vertraut sein, wenn man diese Edition ohne Probleme hochziehen will. Wenn sie einmal läuft, dann gibt es keine Probleme mehr. Sie ist zu finden unter:

3.3 Der Linux-Markt

```
http://www.caldera.com
```

- LunetIX

    Diese Edition, auch unter dem Namen DLD bekannt, hat sich einen Namen gemacht durch das exzellente »*Linux Handbuch*«, das mit dieser Edition ausgeliefert wird. An diesem Handbuch, das auch im Buchhandel vertrieben wird, haben Exponenten der Linux-Szene mitgearbeitet, und die Qualität ist auch entsprechend; neben dem Buch von M. KOFLER [22] sollte das Buch von SEBASTIAN HETZE, DIRK HOHNDEL, OLAF KIRCH [32] im Buchregal nicht fehlen. Auch wenn natürlich der Inhalt des Buches im Vordergrund steht, so möchte ich jeden Leser auf das Vorwort hinweisen, das sich gegen Rassismus und Intoleranz wendet. Die dort geäußerten Gedanken kann man nur unterstützen, sie spiegeln den Geist der Linux-Gemeinde wider.

    Die LunetIX ist zu finden unter:

    ```
    http://www.luntetix.de
    ```

- Yggdrasil

    Diese Edition mit dem wunderschönen Namen ist etwas ins Abseits gedrängt worden. Es war die erste Edition, die kommerziell vertrieben wurde (aus reiner Sentimentalität habe ich immer noch irgendwo eine herumliegen).

    Die Edition ist zu finden unter:

    ```
    http://www.yggdrasil.com
    ```

    Übrigens, der Name Yggdrasil ist der Name der heiligen Eiche von Donar oder Thor, wie immer man ihn auch nennen will. Warum die Edition mit diesem Namen gerade in Amerika beheimatet ist, das weiß nur Thor allein. Es hat aber gewiß keine nationalistischen Hintergründe. Die Linux-Gemeinde ist zwangsläufig keinen rassistischen Tendenzen unterworfen (siehe auch das Vorwort zu SEBASTIAN HETZE, DIRK HOHNDEL, OLAF KIRCH [32]). Die Kommunikation der Linuxer untereinander läuft hauptsächlich über das Internet ab, und da spielen Rasse, Religion, Abstammung absolut keine Rolle. Ein Beweis für die potentiell mögliche Friedfertigkeit der Menschen untereinander.

- Slakware

    Diese Edition ist sozusagen Linux-Urgestein, praktisch alle genannten Distributionen basieren auf dieser. Die Slakware ist eigentlich keine Distribution, man kann sie sich praktisch von jedem Spiegel weltweit herunterladen. Die Installation ist nur etwas für Experten. Es war meine erste

Installation noch zu den Zeiten der Version 0.99.31, und ich hatte damals auch so meine Probleme damit.

Und es gibt noch viele viele andere.

3.3.2 Support

Der Support für Linux ist (noch) etwas unorthodox, setzt man ihn in Relation zu den gewohnten Service- und Support-Szenarien.

Fragt man einen Guru, wo denn Informationen für Linux zu erhalten sind, so wird er meist ärgerlich brummig zuerst auf die man-pages hinweisen, dann die FAQs erwähnen und dann auf die HOWTOs verweisen. Alle genannten Informationsquellen sind zwar sehr nützlich, für einen Firmengründer, der über wenig Zeit verfügt, sind diese Quellen jedoch nur wenig brauchbar. Diese Art der Informationssuche hat seinen Grund in der besonderen Weise, wie sich Linux entwickelt hat.

Linux ist heute keine Weltanschauung mehr, und man braucht nicht mit fettigem T-Shirt ungewaschen und unrasiert nächtelang vor dem Rechner zu hocken, um als Experte zu gelten (abgesehen davon, daß das T-Shirt noch keinen Experten ausmacht).

Eine Linux-Edition ist ein professionelles Produkt und wird auch als solches vermarktet. Sicherlich gibt es einige unorthodoxe Unterschiede zu anderen Betriebssystemen, aber darin liegt vielleicht der Reiz.

Eine Linux-Edition ist ein vermarktbares und vermarktetes Produkt.

Wenn man ganz allgemein den Support, der derzeit auf dem Markt angeboten wird, genauer untersucht, so kristallieren sich im wesentlichen zwei Strukturen heraus:

1. Der Support ist gut, die Antwortzeiten kurz, die Antworten sind kompetent, die Experten haben Sachkenntnis, die Präsenz-Zeiten sind ausreichend, der Support ist extrem teuer (siehe Tabelle **3.2**, auf Seite 98).

2. Der Support ist schlecht, die Antwortzeiten lang, die Antworten sind wenig kompetent, die Experten haben kaum Sachkenntnis, die Präsenz-Zeiten sind miserabel, der Support ist extrem teuer.

Diese Einteilung hat nichts mit der Art des Betriebssystems zu tun, deshalb ist in der Aufzählung weder Linux, Unix oder Windows erwähnt worden. Das Problem für den kommerziellen Anwender ist: Wie finde ich heraus, ob eine Beraterfirma kompetent ist oder nicht. Das ist ein wenig wie beim Zahnarzt:

Wenn alle Zähne gezogen sind, dann weiß man, ob der Zahnarzt gut war, nur leider ist es dann auch schon zu spät.

Es gibt keine sichere Methode herauszufinden, ob eine Consulting-Firma etwas taugt oder nicht, aber die Qualifikation der Mitarbeiter ist zumindest ein Indikator, an den man sich mangels anderer Zeichen halten sollte. Man gibt ja schließlich den Bau seines Hauses auch nicht bei einem Gelegenheitsmaurer in Auftrag, der als einzige Qualifikation auf das Gartenmäuerchen verweisen kann, das er um seine Blumen herumgebaut hat. Warum gerade bei so kritischen Diensten auf halbseidene, wenig qualifizierte Berater zurückgegriffen wird, ist nicht nachvollziehbar.

Hier ein Tip:

Fragen Sie den potentiellen Auftragsnehmer, was er denn von der Samba-Lösung als Server hält. Wenn er Ihnen strikt abrät, hat er entweder keine Ahnung, er kennt den Server gar nicht, und wenn er ihn kennt und Ihnen abrät, dann will er Sie um viel Geld erleichtern (wie nennt man das? Abzocken!). Alle Reaktionen disqualifizieren ihn. Sie sollten besser die Finger von diesem Büro lassen. Sie wissen es bereits besser, Samba tangiert in keiner Weise die Funktionsfähigkeit eines Windows-Netzes, es spart nur Geld.

Es ist ein Problem, das von vielen guten Support- und Softwarehäusern stöhnend zu Kenntnis genommen wird – und gerade dann, wenn sie sich auf *Microsoft*[c]-Produkte spezialisiert haben –, daß sie sich mit einer Konkurrenz herumschlagen müssen, die sie nur beim Preis unterbietet, aber nicht in der Lage ist, Qualität zu liefern.

Die Welt des Supports ist leider noch nicht in Ordnung und die Tendenz bei der Auswahl eines Consulting-Unternehmens, gerade bei Unternehmensgründern, zielt bedauerlicherweise immer noch auf Billiganbieter beim Service. Wenn Sie sich ein Paar zu kleine Schuhe kaufen, dann können die noch so billig sein, Sie haben trotzdem Ihr Geld zum Fenster hinausgeworfen.

Die Unix-Experten sind meist seriöser, das liegt aber nur daran, daß dort Scharlatane seltener anzutreffen sind, die eben mal irgendeine Software erfolgreich installiert haben, aber sonst über keine Sachkenntnis verfügen.

Der erforderliche Grad an Sachkenntnis ist bei einer Windows NT[c]-Maschine genauso komplex wie bei einer Unix-Maschine, nur das PnP (Plug and Play) erweckt bei manchen sogenannten »Experten« das Gefühl, sie kennten sich aus auf dem Windows NT[c]-Sektor. (Warum das gerade PnP heißt, obwohl es doch PaP heißen müßte? Es muß wohl an einem Sprachfehler liegen.)

Man kann auch einige Zeit ohne Support-Firma auskommen, das spart eine Menge Geld, verlangt aber einige Zeit.

Man muß sich mit dem System selbst beschäftigen. Über einen Internet-Anschluß kann man sich dann für jedes Problem Rat holen. Im folgenden eine kleine Auswahl von nützlichen Newsgroups:

de.comp.os.linux.misc

Das ist die deutschsprachige Newsgroup, die für allgemeine Fragen zuständig ist. Hier sind die Fragen und Antworten im allgemeinen nicht in einem so abgehobenen Experten-Stil abgefaßt.

de.comp.os.linux.networking

Hier kann man sich für alle Arten von Netzwerk-Problemen Rat und Hilfe holen.

comp.os.linux.hardware

Hier gibt es Hilfe für Fragen der Hardware, darunter fällt auch die Netzwerkkarte.

comp.os.linux.adabas

Diese Newsgroup ist nicht so sehr Linux-bezogen, aber hilfreich beim Lösen von Problemen bezüglich der Datenbank.

comp.os.linux.advocacy

Hier sind allgemeine Fragen zulässig, also auch nach Software oder einem Typ von Software, die man gerade sucht. Das kann wichtig sein, wenn man beispielsweise kommerzielle Software sucht, oder jemanden, der einem eine solche schreibt.

de.comp.os.linux.advocacy

Hier sind allgemeine Fragen zulässig, nur ist die Sprache der Gruppe Deutsch.

Es ist absolut erlaubt, eine Frage, wenn sie nicht beantwortet wurde, noch einmal zu posten (so nennt sich das Abschicken einer Mail an eine Newsgroup) denn nicht immer bekommt man sofort eine Antwort. Allerdings sollte man zwischen der ersten und zweiten Anfrage mindestens einen Tag verstreichen lassen. Meistens wird die Antwort in Ihrer persönlichen E-mail auftauchen, so daß die Newsgroup von dem Experten-Talk zwischen Ihnen und dem Helfer in der Not nichts mitbekommt.

Etwas gilt es zu erwähnen: Es ist absolut verpönt in solchen Newsgroups »*spamming*« zu betreiben. Unter spamming versteht man das Absetzen von Fragen, die nicht in die Gruppenthematik gehören. Wenn es Ihnen einfallen sollte, sich nach einem Partner für eine prospektierte Heirat dort umzusehen, kann es sein, daß Sie mit Ihrer E-mail-Adresse keine Fragen mehr lancieren

3.3 Der Linux-Markt

können, weil der automatische twit-Filter Ihre Adresse erkennt und keine Mail mehr von Ihnen durchläßt.

Ich habe unzählige Probleme mit Hilfe der Newsgroups gelöst, die Hilfe ist fast immer kompetent, wenn auch manchmal Spaßvögel darunter sind, die wenig Kompetenz, dafür einen merkwürdigen Humor besitzen. Solche Leute können einem das Leben schon schwermachen. Aber auch da gibt es Abhilfe: Nicht darauf reagieren, dann hört das von selbst auf. Böswillige Antworten habe ich jedoch noch nie bemerkt.

Es ist der falsche Weg, beim Auftauchen eines Problems sofort die Newsgroup zu konsultieren, womöglich noch mit so undifferenzierten Angaben wie: »*Mein ISDN funktioniert nicht, woran kann das liegen?*« Die korrekte Methode bis zur Konsultation einer Newsgroup sollte nach folgendem Schema ablaufen:

1. Zuerst die man-pages konsultieren. Die sind manchmal unverständlich und geben wenig Auskunft und Hilfe. Sie sind auch nur als Bedienungs-Kurzanleitung gedacht, in der alle Aufrufparameter nach Funktion geordnet sind, aber manchmal hilft es ja, wenn man weiß, wie ein Programm aufgerufen wird.

    Man kann sich die man-pages auch im Postscript-Format ausdrucken lassen, das funktioniert mit dem Befehl

    ```
    man -t cat | lpr
    ```

    Die genaue Interpretation:

    Mit dem Befehl `man` wird die man-page zu dem Thema `cat` aufgerufen. Der Parameter `-t` veranlaßt den man-Befehl, den nroff-Text im Postscript-Format zu formatieren. Das Zeichen | ist eine sogenannte Pipe (Rohr), welche die Ausgabe der Befehlskombination, nämlich `man -t cat`, auf den Drucker umleitet. Der Drucker bekommt seine Eingabe von der Ausgabe des Befehls und druckt die man-page im Postscript-Format aus. Auch dann, wenn Sie gar nicht über einen Postscript-Drucker verfügen, dafür sorgt schon der apsfilter. So einfach ist das.

    Was nroff ist? nroff emuliert mit nroff-Kommandos das groff. Alles klar? Ganz im Ernst. Diese Formate haben schon historischen Charakter. Es sind Formatierungs-Sprachen, welche in den Text eingebettet werden. Wer den Starwriter 1.0 noch kennt, der weiß, was das ist. Übrigens ist das Manuskript zu diesem Buch mit dem Satzsystem LaTeX erstellt worden, welches nach ähnlichen Kriterien funktioniert, nur viel komfortabler. Uns braucht nroff, troff und groff nicht zu kümmern, wir werden damit nichts zu tun haben.

Sie werden sich gewiß fragen, warum man sich das Erfassen von Text so schwermacht, wo es doch WYSIWYG-Editoren gibt (auch unter Linux). Das werden wir uns im Kapitel 5, Absatz 5.3.1 ansehen.

2. Dann die HOWTOs durchlesen. Hier ist die Hilfe schon konkreter und erschöpft sich nicht nur in einer simplen Beschreibung der Funktion des gewünschten Programms. Hier findet man auch ausführliche Installationshinweise, die meistens sehr durchdacht und vor allem sehr kompetent verfaßt sind.

3. Dann lesen Sie sich die FAQs durch, hier hat man es mit Anwendern zu tun, die das gleiche oder ein ähnliches Problem hatten und darauf eine Antwort bekommen haben. Wenn Sie bis hierher gekommen sind, erübrigt sich zu einem großen Teil die Konsultation einer Newsgroup, denn das Problem hat sich bestimmt schon in Wohlgefallen aufgelöst.

4. Erst dann sollte man sich an die Newsgroup wenden. Meistens hat man die Antwort schon gefunden, wenn man bis hierher gekommen ist.

Wenn Sie eine Antwort auf Ihr Problem gefunden haben und der Ansicht sind, daß dieses Problem von allgemeinem Interesse sein könnte, zögern Sie nicht, posten Sie in der Newsgroup Ihre Lösung. Man wird es Ihnen danken. Schließlich basiert die gegenseitige Hilfe darauf, daß man seine Erfahrungen austauscht, damit andere davon lernen können.

3.4 Minimieren der Administrationskosten

Auf Grund der besonderen Struktur der Linux-Oberfläche kann die Systemadministration von Linux nicht mit der von gewöhnlichen Betriebssystemen wie OS/2 oder Windows verglichen werden. Das Client-Server-Prinzip der X-Oberfläche erlaubt eine weitgehend dezentrale Wartung und Administration. Das bringt Vorteile, aber auch gewisse Probleme mit sich.

Was ist unter dem Begriff »Client/Server« zu verstehen?

Im Gegensatz zu Windows ist die grafische Benutzeroberfläche der Unix-Systeme nicht Teil des Betriebssystems selbst.

Das *X-Window-System* ist ein sogenanntes Netzwerk-transparentes Fenster-System, welches nach dem Client/Server-Prinzip funktioniert. X ist auf praktisch allen Unix-Systemen verfügbar, und es findet sich auch auf anderen Plattformen wie beispielsweise *OS/2*, Windows 98[c], Windows 3.1[c] und Windows NT[c] als Zusatz-Programm wieder. Da auf den letztgenannten Systemen das X nur emuliert wird, läuft es dementsprechend langsam und ist praktisch kaum brauchbar. Außerdem sollte man sich einen solchen Anachronismus nicht leisten, denn warum sollte auf einem Windows NT$^{(c)}$-Rechner X laufen, wenn es doch Linux gibt? Das X-Konsortium verlangt, daß die folgende Namenskonvention für jedes X-*System* verwendet wird:

X
X-System
X-Version 11

Und daran wollen wir uns natürlich auch halten.

3.5 Der Ursprung von X

X ist gemessen am Alter von Unix noch recht jung. Im Jahre 1984 entdeckten Bob Scheifler vom MIT und Jim Gettys von der Firma Digital Equipment, daß beide ziemlich ähnliche Bedürfnisse bezüglich einer verteilten grafischen Oberfläche für Unix hatten. Von der Stanford University bekamen beide ein experimentelles System zur Verfügung gestellt, das **W** genannt wurde. **W** lief jedoch so langsam, daß beide sich nach einigen grundlegenden Änderungen am Programm dazu entschlossen, ein gänzlich neues System zu programmieren. Das neue System wurde von beiden *X* genannt. Ende 1985 wurde die Version 10 von *X* am MIT freigegeben. Bald darauf, im Februar des Jahres 1986, erschien *X10 Release 3*. Dieses System erreichte eine hohe Verbreitung auf vielen Unix-Betriebssystemen. Im Betrieb stellte sich jedoch heraus, daß *X10* nicht allen Anforderungen eines Windows-Systems genügte. Das Entwicklerteam entschloß sich daher, das *X-System* um die fehlenden Funktionen zu erweitern. Schon im September des darauffolgenden Jahres war es dann soweit, und *X-Version 11* Release 1 (XR11R1) erschien. Im gleichen Jahr (1987) wurde das *X Consortium* gegründet. Es hatte die Aufgabe, die Entwicklung von *X* zu unterstützen und sicherzustellen, daß der definierte Standard eingehalten wurde. Alle wichtigen und einflußreichen Computerfirmen gehören diesem *X Consortium* an. Im Jahre 1988 folgte dann die Version *X11R3*, 1990 die Version *X11R4*, dann *X11R5*, und heute ist auf allen Linux-Rechnern das *X11R6*-System zu finden. Alle Versionen sind aufwärtskompatibel und laufen in der Regel auch auf neueren Systemen (umgekehrt gilt das natürlich nicht).

3.6 Das X-Windows-System

Anfänglich ist es schwer, sich das Client/Server-System von *X* vorzustellen. Das liegt aber nur daran, daß die meisten Bedieneroberflächen als integraler

Bestandteil des meist Ein-Benutzerbetriebssystems realisiert sind. Das klingt sehr fortschrittlich, ist aber genau das Gegenteil. Unix ist 1972 entwickelt worden. Damals dachte noch kein Mensch an grafische Oberflächen, aber damals waren Rechenzeit und Speicher kostbare Güter, mit denen man sehr sparsam umgehen mußte, daher wurde Unix auf diese Engpässe hin optimiert, was sich heute als Segen erweist. Als dann grafische Oberflächen en vogue wurden, entwickelte man diese für Unix als normale Applikation. Das bedeutet, daß man heute ein Unix (daher natürlich auch Linux) im Kommandozeilen-Modus betreiben kann, also ohne eine grafische Benutzeroberfläche. Das bedeutet aber auch: Da die Oberfläche nur ein Programm unter vielen ist, läßt sie sich beliebig gegen eine andere austauschen. Diese Austauschmöglichkeit hat sich das KDE-Projekt zunutze gemacht und eine von der Funktionalität her ähnliche Oberfläche gebaut, wie sie ähnlich bei OS/2$^{(c)}$ und Windows NT$^{(c)}$ zu finden ist. Der Unterschied ist jedoch: Man kann die Oberfläche »on the fly« ändern, sogar während eines Programmlaufs (auch wenn das nicht besonders sinnvoll erscheint). Und verschiedene Oberflächen gibt es genügend; fvwm, fvwm95, AfterStep, KDE und Olwm, um nur einige zu nennen.

3.7 Das Client-Server-Prinzip

Man ordnet die Begriffe Client und Server meist einer *Datenbasis* zu, die von verschiedenen Anwendern genutzt werden kann. Dabei existiert die *Datenbasis* auf einem Rechner, der als Server bezeichnet wird, und die einzelnen Anwender greifen auf die *Datenbasis* von anderen Rechnern aus zu. Das Client/Server-Prinzip ist jedoch viel allgemeiner gefaßt, es ist ganz generell ein Produzenten/Konsumenten-Modell. Das *X-System* funktioniert nicht anders, denn es existiert ein Produzent, der grafische Elemente erzeugt, und ein Konsument, der diese Elemente verwendet, also konsumiert.

Wenn Programme in separaten Schichten implementiert werden, so werden diese Programme häufig als Client bzw. Server organisiert. Diese Begriffe sind bekannt, trotzdem – und weil das Prinzip für die folgende Diskussion wichtig ist – wird hier das Prinzip noch einmal erläutert.

- Als Client wird ein Programm bezeichnet, welches Dienste anfordert.

- Als Server wird ein Programm bezeichnet, das Anforderungen eines Client erhält und diese Anforderungen bearbeitet.

Normalerweise kann ein Server mehrere Clients gleichzeitig bedienen. Ein Server kann natürlich auch als Client fungieren, nämlich dann, wenn er einen angeforderten Dienst nicht liefern kann und sich der Server deshalb an einen anderen Server wenden muß, um den angeforderten Dienst befriedigen zu können. Genauso kann ein Client als Server fungieren, nämlich dann, wenn

3.7 Das Client-Server-Prinzip

er Dienste bereitstellen kann und diese angefordert werden. Man sieht schon, ganz so einfach ist die Sache nicht.

X ist im strengen Sinne kein Grafiksystem, es ähnelt eher einem Kommunikationsprotokoll wie TCP/IP beispielsweise. Dieses Kommunikationsprotokoll erlaubt es, daß bestimmte Grundfunktionen, wie zum Beispiel das Zeichnen von Linien oder das Füllen von Flächen, auf einem Pixel-orientierten Bildschirm zur Verfügung gestellt werden. Des weiteren werden externe Ereignisse über dieses Protokoll zurückgemeldet, wie das Drücken einer Taste oder die Bewegung einer Maus.

Die Vorteile eines solchen Systems sind offensichtlich:

- Der *X-Server* ist *nicht* Bestandteil des Betriebssystemkerns, sondern er ist ein ganz normales Anwenderprogramm. Das macht eine Portierung des Servercodes besonders einfach.

- Das *X-System* ist netztransparent, daher verhalten sich die ausgeführten Programme auf jedem beliebigen Rechner im Netz so, als ob sie auf der ausführenden (lokalen) Maschine selbst liefen. Weil die Programme mit einem Server über das X-Protokoll Nachrichten austauschen, kann jede beliebige Applikation, die das X-Protokoll nutzt, Ausgaben auf jedem beliebigen Client erzeugen (wie das praktisch funktioniert, sehen wir uns im nächsten Absatz an). Stellen wir uns folgendes Szenario vor: Mehrere Rechner sind miteinander vernetzt, der Server verfügt über eine große Speicherkapazität, und auf dem Server ist ein Office-System installiert (Applixware oder StarOffice beispielsweise). Die Client-Rechner verfügen über wenig Hauptspeicher und auch über wenig Plattenplatz, wollen aber das Office-System des Servers nutzen. Mit X läßt sich eine solche Anwendung einfach realisieren, denn jeder Client kann nicht nur das Office-System des Servers benutzen, er kann auch die grafische Ausgabe auf sein lokales *X-System* umleiten, so daß bei dem Benutzer der Eindruck entsteht, das Office-Paket sei auf dem lokalen Rechner installiert. Da der eigentliche Rechenprozeß aber auf der Server-Maschine stattfindet, hat der Benutzer den Eindruck, sein lokaler Rechner sei schneller geworden. Das X-Konzept erlaubt die Nutzung von verteilten Systemen.

- Beim *X-System* werden die Programmteile, die sich direkt auf die Hardware beziehen, in einem Server-Prozeß isoliert, sie bleiben damit den Applikationsprogrammen verborgen. Der Server übernimmt das Ansteuern der Grafikkarte, und er verwaltet die entsprechenden Eingabegeräte wie Maus, Tastatur und Grafiktablett. Der Server stellt über das X-Protokoll ein maschinenunabhängiges Kommunikationsprotokoll grafische Funktionen zur Verfügung. Diese können von den Clients genutzt werden.

Für Linux existiert ein freies *X-System*, das *XFree86*. Es ist dies eine frei verfügbare Implementierung von X-Servern für PC-Unix-Systeme. Es wurde von einer Reihe von Programmierern entwickelt, die sich 1992 zum *XFree86*-Team zusammenschlossen. Daraus entstand die 1994 gegründete Firma `The XFree86 Project, Inc.`, deren Ziel es ist, *XFree86* einer breiten Öffentlichkeit zur Verfügung zu stellen und sowohl forschend als auch entwickelnd an der Zukunft des X-Window-System mitzuarbeiten.

Die aktuelle Release-Version, *XFree86* 3.3, ist die Umsetzung des Systems X11R6.3 für PC-basierte Unix-Systeme.

Bemerkung: Bei der Konfiguration des X-Window-Systems sollte besonders sorgsam vorgegangen werden! Auf keinen Fall sollte X gestartet werden, bevor die Konfiguration abgeschlossen wurde. Ein falsch eingestelltes System kann zu irreparablen Schäden an der Hardware führen; besonders gefährdet sind Festfrequenz-Monitore.

3.7.1 Wie wird das Client/Server-Prinzip von X genutzt?

Unix ist ein *Multitasking*/Multiuser-Betriebssystem. Das bedeutet: Ein Benutzer kann auf seiner Maschine mehrere Tasks, also mehrere Prozesse gleichzeitig (pseudoparallel, wenn es sich um eine Ein-Prozessoren-Maschine handelt) starten, er kann aber auch einen Prozeß mehrmals starten. Das ist ein für Unix-Anwender völlig normales Vorgehen, diese Eigenschaft ist es auch, welche unter Unix sogenannte Entwicklungsoberflächen ziemlich überflüssig macht, denn man kann sich für jeden nötigen Prozeß eine eigene Shell erzeugen.

Eine Shell ist ein eigenständiges Fenster, das unabhängig von allen anderen Fenstern mit eigenen Umgebungsvariablen ausgestattet sein kann. Man kann sich eine Shell wie einen eigenständigen Rechner vorstellen. Eine normale Programmier-Session sieht unter Unix in etwa wie folgt aus: In der ersten Shell wird ein beliebiger Editor gestartet, mit dem das Programm geschrieben wird, in einer zweiten Shell wird der Übersetzungsprozeß gestartet, eine dritte Shell startet den Debugger, und eine vierte Shell wird als Test-Shell für das entstehende Programm erzeugt. Der Wechsel zwischen den Shells geschieht durch einfaches Positionieren des Maus-Zeigers. Die erwähnten Umgebungsvariablen spielen eine besondere Rolle unter Unix, sie sind aber auch in einfachen Systemen wie *DOS* oder Windows 3.1[c] zu finden und dürften daher nicht ganz unbekannt sein. Wir werden uns jedoch bei der Einrichtung der Oberflächen intensiv mit dieser Thematik beschäftigen.

Die erwähnten Shells werden vom Programmierer als verschiedene Instanzen des gleichen Benutzers angelegt, Unix erlaubt es aber auch, daß mehrere verschiedene Benutzer auf einer Maschine rechnen. Diese Benutzer können sich

3.7 Das Client-Server-Prinzip

natürlich nicht physikalisch an einer Maschine befinden, denn es existiert ja nur eine Tastatur, aber verschiedene Benutzer können sich, wenn ihnen die Rechte dazu verliehen werden, auf einer entfernten Maschine einloggen. Wenn Ihr Rechner plötzlich signifikant langsamer werden sollte, dann kann das daran liegen, daß ein anderer Benutzer im Netz auf Ihrem Rechner Prozessor-intensive Programme ausführt, ohne daß Sie davon Kenntnis haben. Ein beliebter Befehl, der eine Zielmaschine in die Knie zwingen kann, ist `find`, damit können Sie sich schnell in einem Netzwerk von Unix-Rechnern unbeliebt machen.

Bei den Client/Server-Systemen unter Unix existieren zwei typologisch verschiedene Dienste:

- Maschinen-orientierte Dienste:

  Das sind Dienste, die von einer Maschine angeboten werden und von anderen Maschinen, welche eine Berechtigung besitzen, angefordert werden. Dabei hat jeder Benutzer, der ein sogenanntes *login* auf der entsprechenden Maschine besitzt, das Recht, diese Dienste zu nutzen. Der Benutzer braucht also kein Password und kein UserID. Allerdings können Server-seitig bestimmte Benutzer von diesen Diensten ausgeschlossen werden.

  Beispiel für einen Maschinen-orientierten Dienst ist der Drucker-Server. Ein Server im Netz verwaltet den Drucker, und andere Maschinen (Client) können die Dienste des Drucker-Servers benutzen.

- Benutzer-orientierte Dienste:

  Das sind Dienste, die ein Benutzer einem anderen Benutzer zur Verfügung stellt. Um diese Dienste zu nutzen, muß der Server dem Client entsprechende Rechte einräumen, und der Client muß sich beim Anfordern dieser Dienste identifizieren, indem er ein UserID angibt (in der Regel sein Name) und ein Password. Wenn diese Dienste beim Server erlaubt werden, so kann die Rechtevergabe so gestaltet werden, daß der Server selbst keinen Zugriff auf die vom Client angelegten Dateien besitzt.

  Beispiele für solche Dienste sind *ftp*, *telnet*-Dienste oder aber auch der *X*-Dienst.

  Benutzer-orientierte Dienste sind, gerade wenn es sich um das *X*-System handelt, etwas schwierig zu verstehen. Das liegt daran, daß man bei einem solchen Service als Client nicht nur Dienste entgegennimmt, sondern man muß auch „Dienste" bereitstellen, damit die Server-Dienste ausgeführt werden können.

Diese Betrachtungen sind wichtig, um die Anwendung des X Client/Server-Vorgangs zu verstehen. Gerade beim Betriebssystem Unix macht es im allgemeinen wenig Sinn, wenn man Vorgänge mechanisch erlernt, ohne den Hintergrund der nötigen Aktionen zu verstehen. Wir werden uns das Anwenden des Client/Server-Prinzips an einem einfachen Beispiel verdeutlichen. Da wir uns dem kommerziellen Einsatz widmen, wollen wir uns ein Beispiel aus der Praxis ansehen, das für den Einsatz von Linux von gleich großer Bedeutung ist wie der Einsatz von Linux als File- und Print-Server (siehe Kapitel 11, ab Seite 267), denn man kann als Unternehmer mit den im Beispiel beschriebenen Mechanismen die Administrationskosten des eigenen Rechnerparks und die des Firmennetzes minimieren.

3.7.2 Szenenbeschreibung

Ein Unternehmen betreibt eine Rechner-Infrastruktur, die über einen Netzzugang verfügt. Dabei ist es unerheblich, ob dieser Anschluß aus einer einfachen Telefonleitung besteht, über die ein Gateway-Rechner des Netzes angesprochen werden kann, ob der Anschluß über einen Internet-Zugang verfügt, oder ob es sich nur um einen weiteren Rechner im lokalen Firmennetz handelt, der über eine Ethernet-Verbindung an das Netz angeschlossen ist. Es muß nur sichergestellt sein, daß sich ein Fremdrechner, der sich an einem beliebigen Ort auf dieser Welt befinden kann, in das Firmennetz einwählen kann. Zu diesem Zweck muß ein getty-Prozeß installiert sein, der es dem entfernten Benutzer gestattet, sich in das Firmennetz als normaler User einzuwählen. Wie ein solcher Prozeß konfiguriert wird und was dazu nötig ist, wird bei OLAF KIRCH [19] genau erläutert und soll hier nicht weiter interessieren.

Das Firmennetz soll von »außen« administriert werden, der Fremdrechner soll sich in das Netz einwählen und dort genau die gleichen Dienste leisten können, als ob sich der Administrator vor einem Firmenrechner befände und dort Kommandos absetzt.

Wenn man sich das Beispiel etwas unbedarft vorstellt, so scheint es nichts Weltbewegendes zu veranstalten, denn über `telnet`- und `ftp`-Dienste kann man sich schließlich auch auf jedem Windows- oder OS/2$^{(c)}$-Rechner einwählen und Programme auf dem Zielrechner ausführen. Das Ausführen der Programme findet aber recht schnell sein Ende, wenn man ein Programm auf dem Zielrechner aufruft, welches über eine grafische Benutzerschnittstelle verfügt. Hier ist mit `telnet` oder gar mit `ftp` nichts auszurichten.

Nehmen wir an, Ihre Firma hat ein komplexes CAD-Programm gekauft und möchte vom Hersteller oder Vertreiber des Programms die Installation vornehmen lassen. Der Hersteller bekommt von Ihnen einen Zugang zu Ihrem Rechner, das bedeutet, Sie richten einen User ein, den Sie mit entsprechenden

3.7 Das Client-Server-Prinzip

Rechten ausstatten und für den Sie dann ein Password vergeben. Mit diesen Zugangsdaten kann jetzt der Hersteller der Software die Installation auf Ihrem Rechnerpark vornehmen, die Konfiguration einrichten und Ihnen eine Benutzeranweisung über das Grafik-Terminal liefern. Da das zu installierende Programm auf der Zielmaschine mit einer grafischen Benutzerführung installiert wird, muß der Hersteller, der die Software einrichtet, diese Benutzerführung auf seinen Rechner exportieren, und zwar so, daß Ihr Rechner installiert wird, Ihr Rechner die grafischen Kommandos zum Bildaufbau der einzelnen Installationsschritte liefert, aber die Darstellung und die Befehle, welche dafür nötig sind, die sollen auf dem Rechner der Herstellerfirma laufen.

Zusammengefaßt heißt das: Das Programm soll auf Ihrem Rechner laufen, die grafische Darstellung soll aber auf einer Fremdmaschine laufen.

Ein solcher Prozeß ist nur möglich, wenn die grafische Benutzerführung und Darstellung des Betriebssystems nicht Teil des Betriebssystems ist, sondern nur ein Programm wie alle anderen auch. Wir haben schon gesehen, daß X, die grafische Oberfläche von allen Unix-Systemen, also auch von Linux, genau nach diesem Prinzip funktioniert. Da wir es mit einem Multiuser-System zu tun haben, müssen wir uns um die Rechtevergabe kümmern, und das geschieht in drei Schritten, deren Logik im folgenden beschrieben wird:

1. Der Rechner, der sich bei Ihnen einwählt – nennen wir ihn *A* –, muß auf Ihrem Rechner – nennen wir ihn *B* –, die Rechte haben, sich auf Ihrem Rechner betätigen zu können.

2. Ihrem Rechner *B* muß das Display des Fremdrechners *A* bekannt gemacht werden, sonst wüßte ja Ihr Rechner nicht, wohin er denn die Befehle zum Bildaufbau schicken soll.

3. Ihr Rechner *B* muß auf dem Fremdrechner *A* die Rechte haben, ankommende grafische Kommandos überhaupt ausführen und das Ergebnis darstellen zu können.

Weil wir das Beispiel natürlich auch praktisch erproben wollen, werden wir uns vom Rechner *A* aus auf dem Rechner *B* einwählen, dort das Programm `xclock` aufrufen und die Darstellung der Uhr auf dem Rechner *A* betrachten. Wenn das funktioniert, dann kann man auch die komplexesten Programme über das Netz laufen lassen, die kompliziertesten Installationen durchführen und alles von einem entfernten Rechner aus steuern, so als ob man vor Ort am Rechner *B* säße.

Da der Fremdrechner *A* seinem Rechner mitteilen muß (Punkt 3), daß der Zielrechner (*B*) das Recht haben soll, auf seinem Rechner (*A*) grafische Befehle abzusetzen und weil der Fremdrechner *A* sich als externer Benutzer auf dem Zielrechner *B* einwählen können muß, benötigen wir zwei Sessions für den gleichen Benutzer auf dem Fremdrechner *A*:

- Eine Session, in der wir das `rlogin` starten, wollen wir mit dem schönen deutschen Begriff *foreign session* bezeichnen.

  Hier kommt wieder das Multiuser-System von Unix zum Tragen: Wir wollen uns auf einem Rechner einloggen, und dort als ein bestimmter Benutzer, daher benötigen wir den Namen des Rechners *und* den Namen des Users.

- Und wir benötigen eine Session, in der wir die Rechte für den Zielrechner vergeben, die wir *local session* nennen wollen.

Hierzu machen wir uns eine kleine Liste der nötigen Informationen:

Tabelle 3.4: Nötige Parameter für das rlogin

foreign session		local session	
Rechner	Benutzer	Rechner	Benutzer
`develop`	`franca`	`delcarlo`	`olaf`

Sie müssen natürlich die Rechner- und Benutzernamen entsprechend an Ihre Verhältnisse anpassen. Dabei erhält man den Rechnernamen durch Eingabe von:

`hostname`

auf der Kommandozeile, und den gültigen User finden Sie auf der Statuszeile:

`olaf@delcarlo:`

In der ersten (foreign-)Session geben wir ein:

`rlogin -lfranca develop`

Daraufhin wird man nach dem Paßwort gefragt, schließlich muß man sich ja authentifizieren. Mein Password will ich hier nicht bekanntgeben, aber es war wohl das richtige, wie die Ausgabe von Beispiel 3.1 beweist.

Beispiel 3.1 *rlogin auf dem Rechner develop und dem User franca*

```
Password:
Have a lot of fun...
Last login: Mon Jun 15 17:23:57 on ttyp0 from :0.0.
```

3.7 Das Client-Server-Prinzip

```
No mail.

"The Lord gave us farmers two strong hands so we could grab as much as
we could with both of them."
              -- Joseph Heller, "Catch-22"

franca@develop:/home/franca >
```

Stören Sie sich nicht an dem *fortune cookie*, die sind bei mir standardmäßig eingeschaltet. Über irgend etwas muß man schließlich lachen können, wenn das Wetter so schlecht ist. (Das Buch »*Catch 22*« von JOSEPH HELLER ist wirklich lesenswert, wenn man etwas zum Lachen haben will.)

An der letzten Zeile können wir sehen, daß das Fenster mit der *foreign session* jetzt als Maschinennamen `develop` enthält und als User-Namen `franca`.

Als nächstes machen wir unser Display auf der Zielmaschine bekannt. Die Zielmaschine befindet sich in der *foreign session*, also müssen wir die Bekanntgabe auch dort vornehmen. Um das Display bekanntzugeben, müssen wir wissen, wie dieses heißt, und wir müssen wissen, daß es eine Umgebungsvariable auf jedem Rechner und für jeden Benutzer gibt, in der dieses Display festgelegt wird. Die Variable heißt DISPLAY und wird auf den Zielrechner exportiert, wie in Beispiel 3.2 gezeigt.

Beispiel 3.2 *Auf den Fremdrechner wird das eigene Display exportiert*

```
franca@develop:/home/franca > export DISPLAY=delcarlo:0.0
franca@develop:/home/franca >
```

Sie sehen, den Display wird zusammengesetzt aus dem Maschinennamen des Fremdrechners und der Angabe von 0.0. Damit auch Maschinennamen mit einer Zahl als letztem Zeichen zugelassen werden können, wird die Ziffernfolge vom Rechnernamen durch einen Doppelpunkt getrennt (:). Diese beiden Nullen bezeichnen die Nummer der Grafikkarte und die Nummer des verwendeten Schirms. Diese Angabe ist bei einem Rechner mit einer Grafikkarte und nur einem Monitor natürlich immer 0.0, aber man kann sich natürlich Konfigurationen vorstellen, die über mehrere Monitore verfügen, und da würde sich unter Umständen die Angabe unterscheiden.

Sie sehen, auf dem Rechner mit Namen `develop`, beim Benutzer mit Namen `franca`, haben wir die Umgebungsvariable *DISPLAY* mit dem Namen des Displays auf der *foreign*-Maschine belegt.

Bemerkung: Es ist besser, wenn man die ablaufenden Prozesse versteht und sich selbst befragen kann, »*was fehlt denn noch zum Funktionieren der gewünschten Applikation*«, anstatt sich nur eine Befehlsfolge zu merken und diese dann mechanisch einzugeben.

Nun müssen wir nur noch dem Zielrechner `franca` erlauben, auf unserem Rechner Kommandos abzusetzen, welche die Grafik auf unserem Rechner steuert. Das müssen wir natürlich in der eigenen Maschine machen, da ja hier die Befehle ausgeführt werden sollen. Dies geschieht, indem wir folgende Anweisung eingeben:

`xhost develop`

Warum geben wir nicht das Recht an den Benutzer `franca` auf der Zielmaschine, sondern dem Rechner selbst? Das liegt daran, daß die Maschine über die Grafikkarte verfügt und nicht der Benutzer. Der Dienst `xhost` ist also ein typischer Maschinen-orientierter Dienst. Daß aber nur der User `franca` auf unserem Rechner Kommandos absetzen kann, dafür sorgt das `rlogin`, denn das ist ein typischer User-orientierter Dienst.

Das Beispiel 3.2 läßt erkennen, daß man auch bei mehreren Zielrechnern seinen eigenen Rechner bekanntmachen kann, es ist also der Fall vorstellbar, daß ein Systemadministrator, der auf Auftragsbasis arbeitet, gleichzeitig auf seinem Monitor zwei Kunden gleichzeitig bedient, die sich beide jeweils am anderen Ende der Welt befinden.

Den letzten Schritt wollen wir natürlich nicht auslassen, denn wir wollten doch eine Applikation, die auf einem Zielrechner läuft, dort ablaufen lassen, aber die grafische Repräsentation auf dem eigenen Rechner darstellen. Hierzu rufen wir auf der *foreign*-Konsole das gewünschte Programm auf:

`xclock`

Und schon erscheint die Uhr (siehe Abb. **3.1**) auf dem eigenen Display.

Abbildung 3.1: Die Uhr läuft auf einem fremden Rechner, wird aber lokal angezeigt.

Wenn man sich einmal über die Konsequenzen dieses Beispiels klargeworden ist, so fällt einem sofort eine angenehme und überaus kostensparende Nutzung ein. Anstatt einen Systemadministrator am Ort der Firma zu beschäftigen, der eventuell recht teuer oder aber auch nicht besonders kompetent ist,

3.7 Das Client-Server-Prinzip

kann ein Unternehmer sich jedes Administrator-Dienstes bedienen, der ihm selbst qualifiziert erscheint. Abgesehen mal davon, daß auch das lokal ansässige Consulting-Unternehmen einen Experten vorbeischicken muß, kann man sich so die kostengünstigsten Dienste aussuchen. Und ob das Büro nun in Hamburg, Madrid oder Bazzano angesiedelt ist – das macht keinen großen Unterschied.

Wie findet man heraus, ob ein Consulting-Büro qualifiziert ist? Ganz einfach, schlagen Sie dem Vertreter einer solchen Firma diesen Dienst als Lösung für die Administration Ihres Unternehmens vor. Wenn er das ablehnt, seien Sie froh, denn dann haben Sie um einen wenig qualifizierten Anbieter einen Bogen gemacht, und das wirkt sich immer nur positiv auf das Geschäftsergebnis Ihrer Firma aus.

Wenn ein solches Consulting-Büro oder eine Software-Firma auf Ihrem Rechner tätig geworden ist, können Sie dann verhindern, daß der Zugang bestehen bleibt, wenn Sie diese Dienste nicht mehr in Anspruch nehmen? Selbstverständlich, Sie erinnern sich, im Beispiel 3.1 mußten Sie für den Benutzer `franca` auf dem Zielrechner `develop` ein Password angeben. Wenn die Anwenderin `franca` das Password ändert, dann werden Sie sich etwas schwertun, den Zugang zum System `franca@develop` zu finden.

Die Sicherheit ist ein derart wichtiges Thema, daß wir uns im folgenden etwas genauer damit auseinandersetzen werden.

3.7.3 Die Sicherheit der Remote-Systemadministration

In diesem Absatz werden die Konzepte der Netztopologie angesprochen.

Das System der entfernten Systemadministration kann nur korrekt eingeschätzt werden, wenn man die zwei grundlegenden Sicherheitskonzepte der Computerwelt kennt. Abbildung 3.2 zeigt eine typische Einbenutzer-Konfiguration, so wie sie mit dem Betriebssystem Windows realisiert werden muß. Auch Windows NT$^{(c)}$ ist ein *Multitasking/Singleuser*-System, auch wenn dem Anwender mehrere Benutzer vorgespiegelt werden. In einem solchen System geht man davon aus, daß sich pro Rechner immer nur ein Benutzer an diesem befinden kann. Das scheint plausibel zu sein, denn der Bürostuhl vor dem Rechner ist schließlich kein »*Doppelsitzer*«, auf dem sich mehr als eine Person niederlassen kann. Diese Betrachtungsweise ist jedoch zu laienhaft, denn es geht bei einem *Multitasking*/Multiuser-Betriebssystem nicht darum, daß sich zwei Benutzer vor einem Rechner befinden, sondern es geht darum, daß sich auf einem Rechner mehr als ein Benutzer gleichzeitig einwählen kann, und das kann auch über eine Telefonleitung geschehen. Diese beiden Prinzipien bedingen die folgenden zwei verschiedenen Sicherheitskonzepte:

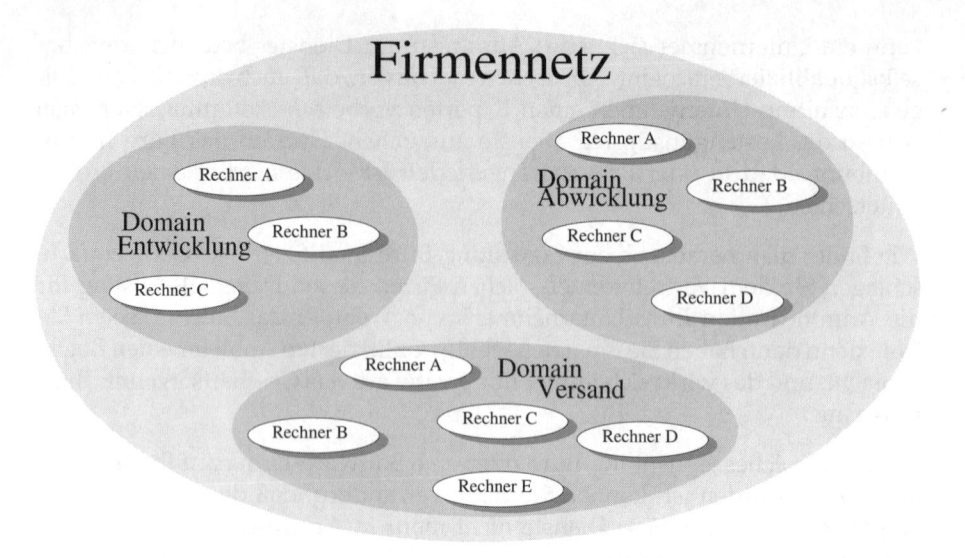

Abbildung 3.2: Das Netz einer Firma mit Singleuser-Topologie

- Geräte-zentrierte Vergabe von Rechten.

    Dieses System herrscht nicht nur auf sogenannten Einzelplatz-Betriebssystemen vor, es ist sogar eine zwingende Notwendigkeit.

    Da Betriebssysteme, die nach dem Prinzip *Multitasking*/su funktionieren, keine Benutzerverwaltung kennen (welche Benutzer sollten auch verwaltet werden, wenn es doch nur einen gibt), können Rechte nur Geräte-spezifisch vergeben werden. Ein Gerät auf einem bestimmten Rechner im Netz muß für einen anderen Rechner (oder für alle) »freigegeben« werden. Das bedeutet aber auch, daß Dienste von Geräten keinem bestimmten Benutzer zugeordnet werden können. Das ist eine große Sicherheitslücke, denn jede Person, die sich an einem Rechner mit bestimmten Rechten befindet, verfügt über diese Rechte, ob sie nun zum Kreis der »Berechtigten« gehört oder nicht.

- Benutzerzentrierte Vergabe von Rechten.

    Diese Rechtevergabe ist nur *Multitasking*/Multiuser-Systemen zuzuordnen, also auch Linux. Hier gibt es auch Gerätedienste, wie zum Beispiel ein Drucker, der an einem Drucker-Server des Netzes angeschlossen ist, aber man kann (und muß) die Rechte den einzelnen Usern zuordnen. Zusätzlich kann man den einzelnen User beschränken, indem man auf bestimmten Dateien nur lesende, schreibende oder ausführende Rechte vergibt. Dadurch kann die Rechtevergabe recht feinkörnig gestaltet werden. Sieht man das im Vergleich zur *Multitasking*/*Singleuser*-Umgebung,

3.7 Das Client-Server-Prinzip

so bedeutet das: Auf einem Computer können sich mehrere Benutzer einwählen, die sehr wohl unterschiedliche Rechte haben können. Da es unwichtig ist, von wo aus sich ein User auf einem Rechner mit seiner Kennung einwählt, ist es klar, daß jeder User, wo immer er sich auch befindet, seine Konfiguration vorfindet. Das gilt für die Links genauso wie für die Umgebungsvariablen oder die grafische Oberfläche. Dabei spielt es keine Rolle, ob sich der User in Amerika oder Australien befindet, wenn er sich auf einer Maschine in Deutschland einwählt.

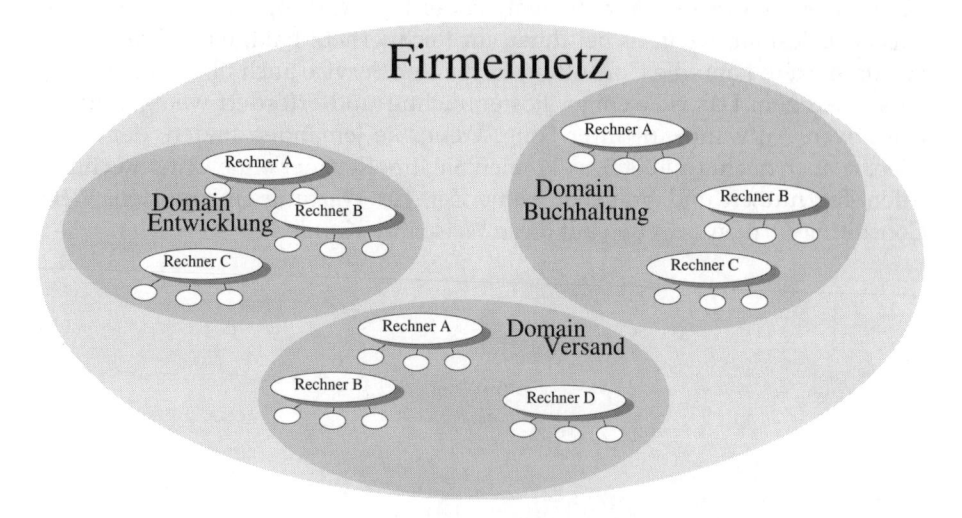

Abbildung 3.3: Das Netz einer Firma mit Multiuser-Topologie

3.7.4 Was bringt Ihnen das?

Der Zusammenhang ist vielleicht in technischen Details etwas untergegangen, aber gerade die Eigenschaft der X-Oberfläche, *kein* integraler Bestandteil des Betriebssystems zu sein, erlaubt es, daß Sie mit der Entscheidung, wer Ihr System administrieren soll, relativ frei sind. Um es drastisch zu verdeutlichen: Wenn ein Systemadministrator in Alaska für Sie die neueste Linux-Edition auf Ihrem Rechner-Netz, das sich in Hamburg befindet, installieren soll, so kann er das tun. Wenn der gleiche Administrator für Sie auf Ihrem Rechner die Datensicherung für den Tag fertigstellen soll, so funktioniert das ebenfalls. Der Mann aus Alaska kann bei Ihnen die StarOffice Version 5.0 installieren, auf Ihrem Rechner das StarOffice laufen lassen und auf seinem Rechner in Alaska die Grafik bewundern, die doch auf Ihrem Rechner in Hamburg läuft.

Was für die Installation der Software gilt, gilt auch für die Systemadministration. Wegen des Client/Server-Prinzips der X-Oberfläche ist es möglich, daß ein Anwender sich auf Ihrem Rechner so einwählt, als ob er sich an einem Ihrer Rechner befände. Und das gilt ohne Einschränkung. Natürlich kann der Mann aus Alaska bei Ihnen nicht das Backup-Band wechseln oder die Update-CD in das Lesegerät einlegen, aber abgesehen von solchen mechanischen Tätigkeiten gibt es keinen, absolut keinen Unterschied, ob der Mann sich nun bei Ihnen in der Firma befindet, oder bei sich zu Hause im kalten Alaska.

Diese Eigenschaft kann sehr effizient bei der Fernwartung eingesetzt werden. Anstatt jedesmal, wenn es bei Ihnen im Rechnernetz hakt, einen Mann vorbeizuschicken, kann die Consulting-Firma den Service auch über »remote login« erledigen. Das ist weniger kostenträchtig und erfordert weniger administrativen Aufwand auf Ihrer Seite. Wenn Sie jemanden finden, der diese Dienste auch nachts anbietet, so können Sie Ihre Rechner ohne Unterbrechung jeden Tag nutzen und brauchen keine Zeit für Wartung einzuplanen. Viele Consulting-Firmen betreuen auf diese Weise ihre Kunden.

4 Einsatzszenarios

In diesem Kapitel beschäftigen wir uns mit den möglichen Einsatz-Szenarien, die eine Linux-Workstation entweder als Client oder als Server enthalten. Die Situation, daß Linux als Client in einem reinen Windows-Netz auftritt, dürfte jedoch eher die seltene Ausnahme sein, und abgesehen von den bekannten Netzdiensten für Unix, wie beispielsweise *telnet*, *ftp*, wird die Zusammenarbeit dieser beiden Betriebssystem-Klassen nicht sehr befruchtend sein, dafür ist die Struktur der Systeme einfach zu unterschiedlich.

Die Möglichkeit, Linux als Server in einem Windows-Netz einzusetzen, ist jedoch eine nicht nur interessante, sondern auch lukrative Lösungsmöglichkeit. Windows 98$^{(c)}$- und Windows NT$^{(c)}$-Rechner sind von Haus aus mit einem TCP/IP-Stack ausgerüstet, und sie verfügen auch standardmäßig über die entsprechenden Unix-Tools wie *telnet*, *ping* und *ftp*. das bedeutet, daß diese normalen Dienste auch zusammen mit einem beliebigen Unix-Rechner aufgerufen werden können. Die Lizenzierung von Rechnern im Netz erfolgt ausschließlich über den Server selbst. Verfügt man also über 10 Windows-Rechner und einen Windows NT$^{(c)}$-Server, so sind für diese Rechner auch 10 Lizenzen zu kaufen. Was liegt also näher, als den Server und die darauf befindliche kostenpflichtige Software durch eine Maschine mit Linux als Betriebssystem zu ersetzen, die als Server ebenso leistungsfähig ist wie Windows NT$^{(c)}$, jedoch keine Lizenzkosten verursacht. Und zwar auch dann nicht, wenn dieser Server mehr als 100 Clients zu bedienen hat.

Das gleiche gilt für den Druckbetrieb. Man kann diesen Linux-Server als Drucker-Server und Spooler verwenden, ohne daß auch nur eine Mark an Lizenzgebühren fällig wird. Viele Volkshochschulen haben diese Möglichkeit erkannt, und so wird man als Dozent häufig im Schulungsraum einen kleinen beigefarbenen Kasten mit einem unscheinbaren 14"-Monitor entdecken und einer Tastatur, mit der man nichts Sinnvolles anfangen kann, weil einem das Paßwort fehlt. Es ist der Linux-Server, der die eigentliche Arbeit für die an ihn angeschlossenen Windows-Rechner verrichtet.

Die Vernetzung bringt aber auch Probleme mit sich, welche die Sicherheit der Datenbestände und Strukturen einer Unternehmung tangieren, deshalb wollen wir uns zuallererst mit dem Thema Sicherheit beschäftigen. Das Thema ist deshalb der Vernetzung von Windows-Rechnern vorangestellt, weil der Blick für die Sicherheit geschärft sein muß, will man nicht später böse Überraschungen erleben. Die Installation darf nicht nur nach dem Gesichtspunkt »*alles klar, funktioniert schon*« vonstatten gehen, man muß gerade bei der Vergabe von Rechten äußerst vorsichtig vorgehen, eher nach dem Motto: »*Alles, was nicht ausdrücklich erlaubt ist, sollte verboten sein*«, anstatt nach der Devise: »*Alles erlauben, damit später niemand meckert*«. Die Installation muß Sicherheit bieten gegenüber unautorisierten Fremdzugriffen. Ein bereits installiertes System so abzuändern, daß nötige Sicherheitsaspekte berücksichtigt werden, ist äußerst schwierig und zeitaufwendig.

4.1 Sicherheit

Die für dieses Kapitel wichtigen Aspekte der Sicherheit beschränken sich auf die sogenannte Sicherheitsklasse C. Der Term Sicherheit orientiert sich an den Erfordernissen des *Department of Defense* (DoD) der Vereinigten Staaten von Amerika (Orange Book). Die Sicherheit eines Systems wird danach in sieben Klassen eingeteilt: D, C1, C2, B1, B2, B3 und A1. Dabei werden alle Systeme, die nicht in die Klassen von C1 bis A1 eingereiht werden können, der Sicherheitsklasse D zugeordnet. Sie stellen den geringsten Sicherheitsstandard dar und sollten in einer Netzumgebung nicht verwendet werden. Das schließt alle DOS- und DOS-ähnlichen Systeme von der Teilnahme am Internet und in firmeneigenen Netzen aus. Das sollte diese Systeme zumindest ausschließen, leider sieht man immer noch Rechnersysteme dieser Art, die in einem Rechnernetz inkorporiert sind. Es sei noch einmal darauf hingewiesen, der Titel des Buches ist »*Linux im kommerziellen Einsatz*«, wir betreiben also keinen Netzzugang nur so zum Spaß, und da sollte Sicherheit ein ernstzunehmendes Thema sein.

- Die C-Sicherheit

  Soll ein Betriebssystem der C-Sicherheitsklasse entsprechen, so ist zwingend Voraussetzung, daß vom Benutzer bestimmbare Zugangsbeschränkungen existieren. Der Benutzer muß die Rechte seiner Dateien und ausführbaren Programme selbst vergeben können. Hierunter fallen alle Systeme, bei denen über Zugangslisten die Rechte des Zugangs und des Zugriffs eingestellt werden können. Alle Unix-Systeme fallen darunter, aber auch Windows $NT^{(c)}$. Windows $NT^{(c)}$ ist prinzipiell ein *Singleuser*-Betriebssystem, allerdings kann der einzige User, der auf einem solchen Rechner Zugang hat, die Rechte des Datenzugriffs selbst vergeben, und das erfüllt die Voraussetzung für ein nach dem C-Standard siche-

4.1 Sicherheit

res Betriebssystem. Die Möglichkeit, mehreren Benutzern unterschiedliche Zugänge auf einem Betriebssystem einzurichten, macht ein Betriebssystem nicht automatisch zu einem Multiuser-Betriebssystem. Würde das ausreichen, so wäre ein System nach dem Standard von Windows for Workgroups sicherlich auch der Klasse C zuzuordnen, aber das ist natürlich nicht richtig.

- C1

  C1-Systeme eignen sich für Benutzer, die alle dem gleichen Sicherheitsniveau entsprechen. Es muß nur gewährleistet sein, daß zwischen den Daten und den Benutzern streng getrennt wird. Die meisten Unix-Betriebssysteme erfüllen diese Anforderung, und hier natürlich auch Linux, als echtes Unix-Betriebssystem.

  Windows 98$^{(c)}$ erfüllt diese Voraussetzung nicht, da hier zwar mehrere Benutzer eingerichtet werden können, aber die Daten für alle diese Benutzer gleichermaßen zugänglich sind. Es sind eigentlich nicht mehrere Benutzer, eher verschiedene Benutzerprofile, die man auf Maschinen vom Typ Windows 98$^{(c)}$ einrichten kann.

- C2

  Nach dem C2-Standard müssen die vom Benutzer bestimmbaren Einschränkungen in einer Weise realisiert sein, daß die Operationen der einzelnen Benutzer abgespeichert und überwacht werden können (`/etc/passwd`). Die einzelnen Benutzer müssen identifizierbar sein. Eine solche Identifikation entspricht einer Vergabe eines Login-Namens und eines dazugehörigen Passwords. Zusätzlich müssen die Kontrolldaten vor nichtautorisiertem Zugriff geschützt sein. Zusätzlich müssen die folgenden Operationen überwacht werden können:

  * Benutzung des Authentifikationsmechanismus.
  * Löschung von Objekten.
  * Das Öffnen von neuen Objekten durch den Benutzer (Programmstart, das Anlegen neuer Dateien u.s.w.).

  Praktisch alle Unix-Systeme und auch Windows NT$^{(c)}$ erfüllen diese C2-Voraussetzungen, natürlich müssen diese Systeme dafür entsprechend konfiguriert sein.

Während bei den Klasse-C-Systemen die Rechte durch den Benutzer vergeben werden können, fordert die Klasse B regelbasierte Schutzmechanismen. Ein Benutzer kann also die Rechte nicht mehr selbst vergeben, sondern er wird von einem Systemadministrator entsprechend seiner Funktion eingestuft, der dann die Klassifikation des Users nach folgenden Kriterien bestimmt:

- nicht vertrauenswürdig

- vertrauenswürdig

- geheim

- streng geheim.

Jedem Objekt, jeder Datei wird mittels einer Markierung eine dieser Geheimhaltungsstufen zugeordnet. Ob ein Benutzer berechtigt ist, auf ein Objekt zuzugreifen, wird durch einen Vergleich des Geheimhaltungsgrades und der Benutzerberechtigung ermittelt.

Die B-Sicherheit strukturiert sich in B1, B2 und B3, wobei die Stringenz der Forderungen in dieser Reihenfolge zunimmt. Eine sehr gute Darstellung dieser Thematik findet sich in OTHMAR KYAS [26, Seite 311–326]. Diese Sicherheitsstufe kann von Unix noch erreicht werden, allerdings muß dafür erheblicher Aufwand getrieben werden. Solche Systeme werden vornehmlich in der Dokumentation eingesetzt. Es gibt eine Reihe von Unix-Herstellern, die solche Systeme vertreiben, das soll uns hier aber nicht interessieren, da solche Rechner in einem offenen Netz wie dem Internet nicht anzutreffen sind.

Um die Sache abzurunden und nur der Vollständigkeit halber sei noch auf den Sicherheitsstandard der Klasse A1 hingewiesen. Diese Klasse stellt keine Forderungen an die Sicherheit, die über die Klasse B3 hinausgeht, es muß jedoch das gesamte Modell des Software-Designs als formale Beschreibung vorliegen. Außerdem verlangt diese Sicherheitsstufe eine besondere Art des Software-Vertriebs.

Ein häufig gehörter Einwand ist die angebliche C2-Sicherheit von Windows NT$^{(c)}$, die dem Betriebssystem Linux noch nicht verliehen worden ist und daher scheinbar Linux als Server in einer großen Firma vom Standpunkt der Sicherheit disqualifiziert. Es stimmt zwar, daß Windows NT$^{(c)}$ unter gewissen Voraussetzungen die Normen der C2-Sicherheit erfüllt, aber diese Eigenschaft sollte man besser unter den dann geforderten Bedingungen betrachten. Ein solcher Windows NT$^{(c)}$-Rechner darf nicht ans Netz angeschlossen sein, und er darf kein Diskettenlaufwerk besitzen. Eine solche Konfiguration ist als Server nicht zu gebrauchen. Auch wenn Linux unter diesem Gesichtspunkt noch nicht untersucht wurde, so wage ich zu behaupten, daß dann auch Linux den C2-Sicherheitsstandard erfüllt. Allerdings wären beide Betriebssysteme dann für den Server-Betrieb nicht mehr geeignet. Eine Liste aller zertifizierten Produkte kann man über http://www.radium/ncsc.mil/tpep beziehen.

Linux ist als echtes Unix-Betriebssystem so sicher, wie der Systemadministrator es konfiguriert. Die Sicherheit bei Unix-basierten Betriebssystemen fußt auf

4.1 Sicherheit

der Vergabe von Rechten an User. Da Linux ein Multiuser-Betriebssystem ist, muß sich jeder User an einem beliebigen Terminal oder Rechner mit seinem »login«-Namen und seinem »password« identifizieren. Das bedeutet, jeder User besitzt seine ihm zugeteilten Rechte, egal auf welchem Arbeitsplatz er sich in einem komplexen Netz befindet, und es ist ebenfalls gleichgültig, ob er sich in Amerika auf einem deutschen Rechner einwählt oder nur im Nebenzimmer. Die oft gehörten Horror-Geschichten über den Mangel an Sicherheit im Netz sind zwar sehr öffentlichkeitswirksam und werden in der Presse auch reißerisch verbreitet, diese Berichte zeugen jedoch in den meisten Fällen von mangelndem Sachverstand.

Ich habe von einem Journalisten, dessen Namen ich aus naheliegenden Gründen nicht nennen möchte, die folgende Definition gehört: *»Ein Journalist ist ein Mensch, der die kompliziertesten Dinge beschreiben kann, ohne davon eine Ahnung zu haben.«* Sieht man sich manche Publikationen an, die in den Medien Verbreitung finden, so kann man sich des Eindrucks nicht erwehren, daß daran etwas Wahres ist. Die in der Presse beschriebenen spektakulären Sicherheitslücken sind in den allermeisten Fällen auf die Unachtsamkeit von Password-Inhabern zurückzuführen. Wenn Sie jetzt an einem fremden Rechner sitzen, drehen Sie doch einmal Ihre Tastatur um, vielleicht finden Sie dort einige Paßwörter, ja vielleicht sogar das root-Password. Haben Sie das Password gefunden? Wenn ja, können Sie zur nächsten Zeitungsredaktion laufen und behaupten, Sie hätten die Sicherheitsdienste Ihres Firmennetzes geknackt.

Sicherheit in einem Unix-Netz kann sehr leicht gewährleistet werden, auch die absolute Sicherheit! Allerdings wird mit zunehmender Sicherheit die Benutzbarkeit des Netzes immer mehr abnehmen. Wenn man die absolute Sicherheitsstufe erreicht hat, kann man das Netz auch abschalten. Studien belegen, daß mehr als 60% der mißbräuchlichen Nutzung von Computersystemen von Mitarbeitern des eigenen Unternehmens begangen werden. Hier wird erkennbar, daß es die ultimative Sicherheit nicht geben kann. Als Firmeninhaber muß ich meinen eigenen Mitarbeitern Rechte im Netz geben. Daß diese Rechte mißbräuchlich genutzt werden können, ist selbstverständlich, aber dem Einhalt gebieten zu wollen wäre so, als ob man den Ladendiebstahl, der von Angestellten des eigenen Unternehmens begangen wird, zu 100% verhindern wollte; beides funktioniert nicht, und mit beidem muß eine Unternehmung rechnen. Doch – Sie können beides verhindern: Im Falle des Netzes koppeln Sie Ihre Firma einfach ab, und im Falle des Ladendiebstahls schließen Sie einfach Ihre Firma, dann haben Sie nichts mehr zu befürchten und können sich dem wohlverdienten Ruhestand widmen.

Unsere Gesellschaft und auch die Miniatur-Gesellschaft einer Firma basiert auf dem allgemeinen Konsens und nicht auf der Gesetzgebung. Die Gesetze können nur Ausnahmesituationen innerhalb einer Gesellschaft regeln, aber nicht das gedeihliche Zusammenleben der Mitglieder einer Gesellschaft selbst, hierfür ist Konsens, also das einvernehmliche und kooperative Verhalten der Mitglieder einer Gesellschaft, auch ohne genaue Kenntnis der gesetzlichen Regelung unabdingbar. Daß dieser mißbraucht werden kann, sollte nicht dazu führen, Konsens durch Vorschriften zwangsweise herbeizuführen. Das ist ein unmögliches Unterfangen, denn die Transparenz der Möglichkeiten ist nie gegeben, und Sicherheitslöcher wird es immer geben. Es ist eben *nicht* so, daß alles, was nicht ausdrücklich verboten ist, erlaubt ist, sondern man muß an die Vernunft und den Kooperationswillen seiner Mitarbeiter glauben. Dieses kann aber durch entsprechende kooperative oder auch hierarchische Firmenstrukturen gefördert oder aber auch behindert werden.

Sicherheit sollte immer nur als Kompromiß zwischen der Effizienz des Arbeitens im Netz und den möglichen Schäden von Firmeninteresse gesehen werden. Schließlich werden die täglich anfallenden Belege ja auch nicht im Betriebs-Safe aufbewahrt, sondern nur Verträge, die vor Fremdzugriff geschützt werden müssen. Trotzdem sollte der Aspekt Sicherheit nicht außer acht gelassen werden (siehe auch OTHMAR KYAS [26]). Es bedarf also einer gewissen Risikoanalyse. Es gilt einzuschätzen:

- das beim Eintreten des Risikofalles zu erwartende Schadensausmaß
- und die zu erwartende Häufigkeit eines gefährdenden Ereignisses.

Das soll nun nicht heißen, daß Sicherheit und Sicherheitstechnik völlig überflüssig ist, ganz im Gegenteil. Die Sicherheit spielt gerade im kommerziellen Einsatz eine eminent wichtige Rolle, nur muß man die Sicherheitstechniken bewußt, konsequent und vor allem kompetent einsetzen, damit die Arbeit der Unternehmung nicht über Gebühr behindert wird.

Analysiert man die genannten Möglichkeiten unter dem Gesichtspunkt der sich ausbreitenden Datennetze, so kann man feststellen, daß sich diese Risiken in den letzten Jahren deutlich erhöht haben. Das Ausmaß der Folgeschäden durch den Zugriff nichtautorisierter Personen auf interne Datenbestände ist gerade in den letzten Jahren stark angewachsen. Das resultiert zum einen aus den wachsenden Möglichkeiten, welche die Verbreitung von Software im Netz bietet, zum anderen aber auch aus einem Mangel an Problembewußtsein. Viele Unternehmensstrukturen haben die veränderte Situation im Netz nicht erkannt und sich deshalb auch nicht der neuen Sachlage angepaßt. So wird noch in einem Großteil der Unternehmungen der Einsatz eines Systemadministrators als überflüssig und zu teuer erachtet. Ist jedoch der Schaden eingetreten, dann erkennt man, wie kostengünstig der Einsatz eines Administrators gewesen wäre.

Nahezu jedes Unternehmen ist heute auf den Einsatz und das reibungslose Funktionieren einer EDV-Infrastruktur angewiesen. Es ist klar, daß der Ausfall eines Teiles oder, schlimmer noch, der gesamten Infrastruktur einen nicht abschätzbaren Schaden anrichten kann – einen finanziellen Schaden, aber auch einen Schaden am Image eines Unternehmens. So kann einer Firma, welche Sicherheitstechnologie verkauft, ein irreparabler Schaden am Image entstehen, auch wenn der Einbruch in die Firmenstruktur keinen direkten finanziellen oder sonstwie gearteten Schaden verursacht hat. Es wird schwer sein, Sicherheitstechnologie zu verkaufen, wenn das eigene Firmennetz einem erfolgreichen Angriff von außen nicht standgehalten hat. Auch kann eine solche Firma nicht darauf vertrauen, daß dieser Angriff nicht bekannt wird. Nachrichten dieser Art reisen schnell auf dem Information-Highway.

4.2 Server im Windowsnetz

Das gewiß wichtigste Einsatzgebiet von Linux ist der File- und Print-Server-Betrieb für eine bestehende Windows-Umgebung. Sieht man sich die Tabelle **3.1** auf Seite 98 an, so erkennt man, daß hier eine Menge an Sparpotential liegt. Auch wenn man sich nicht zu einem gemischten Netz von Linux- und Windows-Rechnern, oder gar zu einem reinen Linux-Netz entschließen kann und der bestehenden, vielleicht auch bewährten Windows-Lösung den Vorzug gibt, so kann man sich trotzdem die recht hohen Lizenzkosten eines reinen Windows-Netzes ersparen.

Im folgenden wollen wir nur noch Windows-Clients ab Windows 98[c] und größer berücksichtigen. Windows 3.1[c] und Windows for Workgroups-Rechner findet man heute kaum noch im privaten Bereich, geschweige denn im professionellen Einsatz, und MS-DOS[c]-Rechner sollten schon aus Sicherheitsgründen in einem modernen Netz nicht eingesetzt werden.

4.2.1 Samba-File- und Printserver

Samba ist eine Gruppe von Programmen, die zusammenarbeiten, um Clients den Zugang zu Unix-Dateien und Druckern über das SMB-Protokoll (Server Message Block) zu gewähren.

> **Bemerkung:** Im Gegensatz zu der Beschreibung im S.u.S.E.-Handbuch werden die samba-Daemons nicht vom `inetd` gestartet, sondern vom init-Skript `/sbin/init.d/samba`. Die Einträge für `/usr/sbin/smbd` und `/usr/sbin/nmbd` aus der Datei `/etc/inetd.con` müssen auskommentiert bleiben. Am besten, Sie löschen diese Einträge gleich ganz.

Die Begriffe Intranet und LAN (Local Area Network) sind nicht genau gegeneinander abzugrenzen, denn beide Dienste haben die gleiche Aufgabe, sie verteilen Dienste und Ressourcen in einem lokalen Netz. Als einziger Unterschied kann vielleicht gelten, daß das Intranet sich des TCP/IP-Protokolls bedient und daß das HTT-Protokoll darauf aufsetzt.

Die einzelnen Architekturen unterscheiden sich stark, betrachtet man die Art und Weise, wie Rechte vergeben werden. Da die gesamte Palette der *Microsoft*[(c)]-Betriebssysteme reine Einzelplatz-Systeme sind, also über keine Benutzerverwaltung auf den einzelnen Rechnern verfügen, macht es wenig Sinn, Rechte benutzerzentriert zu vergeben. Ein User, der sich an einem Rechner befindet, muß auch über alle Rechte verfügen, seine lokale Umgebung betreffend. Wenn sich ein solcher User in einem Netz von gleichgearteten Betriebssystemen befindet, so können entfernte, also nicht-lokale Daten und Ressourcen nur über Geräte bzw. Directories freigegeben werden. Das bedeutet, der Benutzer auf Maschine A, der die Daten auf Maschine B in einem bestimmten Verzeichnisbaum `/Windows/system` nutzen möchte, muß von diesem die Berechtigung einholen, diese Daten auch verwenden zu dürfen. Der Benutzer der Maschine B muß den genannten Pfad für User A »freigeben«.

Aus diesem Grunde hat die Firma *Microsoft*[(c)] ein eigenes Netzwerkprotokoll, NetBIOS, entwickelt, mit dem *Microsoft*[(c)]-basierte Betriebssysteme wie Windows for Workgroups, Windows 3.1[(c)], MS-DOS[(c)], Windows 98[(c)] und Windows NT[(c)] miteinander kommunizieren können. NetBIOS ist jedoch nur ein Netzwerkprotokoll, kein Transferprotokoll, es muß also auf einer Transportschicht aufsetzen. Für diese Transportschicht stehen mehrere Möglichkeiten zur Auswahl, und unter den Wahlmöglichkeiten befindet sich glücklicherweise auch das unter Unix verwendete TCP/IP-Protokoll. Die unterstützten Protokolle sind:

- NetBEU

    Dieses Transportprotokoll ist ein von *Microsoft*[(c)] speziell für NetBIOS entwickeltes. Es ist relativ einfach, eben der *Singleuser*-Situation unter Windows-Produkten angemessen.

- IPX/SPX

    Dieses Protokoll stammt von der Firma Novell und wird speziell für Novell-Netze eingesetzt.

- TCP/IP

    Das Transmission Control Protocol/Internet Protocol. Mit diesem Protokoll und seiner Konfigurierung werden wir uns in diesem Kapitel genauer beschäftigen.

Das Besondere an dem letztgenannten Transportprotokoll ist, daß man NetBIOS-Daten auch in TCP/IP-Pakete verpacken kann, die dann über das Netz transportiert werden können. Das bedeutet im einzelnen, daß Internet-

und Intranet-Zugriff über ein identisches Netzwerkprotokoll abgewickelt werden können. Dadurch ist jeder Client in der Lage, mit nur einem Protokoll alle Routing- und sonstigen Dienste auszuführen. Das erfordert auf der Client- sowie Server-Seite die Konfigurierung nur eines Protokolls. Ein angenehmer Nebeneffekt: Clients können ohne großen Aufwand auf räumlich entfernte Verzeichnisse von Rechnern zugreifen. Ein praktischer Einsatz wäre eine Unternehmung, die in zwei Städten Filialen unterhält und deren Rechner auf den gleichen Datenbestand zugreifen müssen. Versicherungsunternehmen verwenden Tabellen, die natürlich überall im Bundesgebiet gültig sind, der Aufwand, diese Tabellen in jeder Filiale installieren zu müssen, ist noch gering im Vergleich zur Gefahr, daß die Daten auf diese Weise inkonsistent werden können. Das NetBIOS-Protokoll, in Verbindung mit dem TCP/IP-Protokoll, ermöglicht die Einrichtung eines Firmennetzes, bei dem die einzelnen Filialen nicht über teure Standleitungen miteinander kommunizieren, sondern jede der Filialen wählt sich lokal und temporär in das Internet ein und nimmt dann die Dienste der jeweils anderen Filiale in Anspruch.

Das ebenfalls von der Firma *Microsoft*[c] entwickelte SMB-Protokoll (Server-Message-Block) erweitert das NetBIOS-Protokoll um ein einfaches Transportprotokoll. Mit dem SMB-Protokoll können verschiedene Rechner Hardware-Ressourcen, wie Drucker oder CD-ROM-Laufwerke, aber auch Festplattenverzeichnisbäume miteinander teilen. Ein Rechner kann beispielsweise einen bestimmten Festplattenverzeichnisbaum freigeben, und die anderen Netzteilnehmer können dann diesen Verzeichnisbaum ansprechen, indem sie den Rechner- sowie Freigabenamen angeben. Auf diese Weise können auch Drucker und andere Ressourcen von allen Netzteilnehmern mit benutzt werden.

Der Verkehr von Unix-Netzteilnehmern funktioniert nach einem völlig anderen Prinzip. Hier werden die Rechte nicht gerätespezifisch vergeben, sondern die Rechte sind an bestimmte Benutzer gebunden. Das heißt, ganz korrekt ist das nicht, denn es gibt auch die gerätespezifische Vergabe von Rechten unter Unix. Wir wollen die Sachlage, die sowieso schon komplex genug ist, nicht unnötig komplizieren und sparen uns vorerst diese Unterscheidung. Um nun beide Rechner-Architekturen miteinander verbinden zu können, hat der Australier *Andrew Tridgell* das SMB-Protokoll auf Linux portiert und damit Linux als Server für Windows-basierte Betriebssysteme verfügbar gemacht. Unter Linux heißt das Protokoll *Samba*, in Anlehnung an den Namen SMB, und natürlich um keine rechtlichen Implikationen herauszufordern.

Samba erlaubt es, beliebig viele Windows-Rechner mit einem oder mehreren Linux-Servern zu vernetzen. Dabei ist sichergestellt, daß die Infrastruktur der Windows-Rechner nicht in irgendeiner Weise tangiert wird. Der oder die Linux-Rechner verhalten sich so, als ob sie Windows NT[c]-Rechner oder Windows 98[c]-Rechner wären. Eine Partition des Linux-Rechners (oder auch mehrere) kann freigegeben werden und erscheint auf den Windows-Client-Rechnern als Laufwerk, mit dem sich der Windows-Rechner verbinden kann.

Aber Linux kann auch als Drucker-Server dienen, hier leistet Linux sogar bessere Dienste als jeder Windows NT[c]-Server. Durch die besondere Struktur der Filterung beim Drucken kann der Linux-Rechner praktisch jeden beliebigen Drucker zum Postscript-Drucker machen. Ausgenommen sind Billigdrucker, welche den Hauptspeicher von Windows mitbenutzen, aber solche Drucker haben in einer einigermaßen professionellen Umgebung absolut nichts zu suchen. Sie sind eigentlich nicht einmal als Spielzeug einzuordnen, eher als Ärgernis.

Postscript ist in allen Unix-Systemen der Standard, wenn es um die Ausgabe auf einem Drucker geht. Um dieses Ziel auch zu erreichen, wenn kein Postscript-Drucker vorhanden ist, hat man sich ein System von Filtern einfallen lassen, welches mit dem Programm apsfilter und dem Programm ghostscript praktisch jeden Drucker zum Postscript-Drucker macht. Auch alte 9-Pin-Nadeldrucker werden Ergebnisse zeitigen, welche man diesen alten Veteranen nicht zugetraut hätte.

Man kann Samba auf eine Weise konfigurieren, daß Linux als Print-Server fungiert, und zwar mit den genannten Eigenschaften. So kann ein Windows-Netz über einen Linux-Server auf einen Postscript-Drucker zugreifen, den man nicht einmal kaufen muß.

Ein ausreichend dimensionierter Laser-Drucker ist meist nicht sehr teuer, solange man sich nicht entschließt, diesen Drucker als Postscript-Drucker zu betreiben. Mit der vorgestellten Lösung kann man einen qualitativ hochwertigen Drucker (beispielsweise Kyocera oder HP, und natürlich auch viele andere) mit relativ hoher Auflösung als Postscript-Drucker betreiben. Diese Drucker lassen sich im Regelfall recht einfach auf Postscript aufrüsten, aber in einem Linux-Netz ist das eine unnütze Ausgabe. Das Postscript-Modul mit dem dazugehörigen Speicher beschleunigt den Druck auch nicht besonders, und die Ausgabe ist immer die gleiche. Es wird schwerfallen, qualitativ zwischen einer Postscript-Emulation und einer echten Postscript-Ausgabe zu unterscheiden, wenn es denn überhaupt möglich ist, aber auch der Zeitbedarf, welcher ein emulierter Drucker für eine A4-Seite benötigt, ist nur unwesentlich größer als der eines echten Postscript-Druckers.

Auf die gleiche Art, wie ein Drucker zu benutzen ist, kann ein CD-ROM-Laufwerk über das Netz für alle Windows-Clients freigegeben werden. Das Einrichten eines Linux-Samba-Servers dauert nicht länger als eine Mittagspause, es erspart dem Unternehmen jedoch eine Menge an Lizenzkosten für diverse Windows-Clients.

5 Standard-Produkte für Linux

Speziell auf diesem Gebiet herrscht heute kein Mangel mehr. Office-Pakete gibt es mehr als genug für Linux. Und zwar solche, die von Windows-Betriebssystemen auf Linux portiert wurden, aber auch reine Unix-Systeme. Unterhält man ein reines Windows-Netz, das von einem Linux-Server bedient wird, so sollte man die Möglichkeit in Betracht ziehen, beim nächsten Computer-Kauf einen Linux-Rechner auch als Client einzusetzen.

Das Angebot professioneller Standard-Software für Linux wächst täglich, und das ist wörtlich gemeint. Die in Abb. 5.1 abgegebene Site zeigt nur eine Auswahl der Software, die für Linux verfügbar ist. Sie ist im Internet unter `http://www.chieti.com/lpc` zu finden.

Wir wollen uns hier aber nicht mit Spielen oder exotischen Anwendungen beschäftigen (obwohl auch das seinen Reiz hat), sondern wir konzentrieren uns auf Applikationen, die jede Firma, ob klein oder groß, benötigt. Zuerst sehen wir uns die Office-Systeme an, die unter Linux verfügbar sind.

Vor ca. 2 Jahren noch war das ein Gebiet, welches nicht gerade zu den Stärken der Linux-Umgebung gehörte (genauso wie heute noch das Gebiet DTP oder Branchenlösungen). Das hat sich jedoch in den letzten Jahren gründlich geändert. Linux bietet heute die gleiche Auswahl an Office-Systemen, wie sie unter Windows 98$^{(c)}$ angeboten werden, und zwar mit gleicher Funktionalität. Unter diesen Systemen befinden sich Produkte, die auch unter Windows 98$^{(c)}$ verfügbar sind und unter Linux nicht nur exakt gleich funktionieren, sondern auch die identischen Datenformate unterstützen. Ein Windows-Benutzer wird also keine Probleme haben, ein solches System zu bedienen.

> **Warnung:**
> Ein Tabellenkalkulationsprogramm ist keine vollwertige Datenbank! Der Einsatz als solcher kann mittelfristig zu irreparablen Schäden am Datenbestand einer Firma führen!

Tabellenkalkulationsprogramme sind ohne Zweifel nützliche Instrumente im Ablauf eines Betriebes, sie ermöglichen das Verwalten von Terminen, sie erlauben kleinere Berechnungen, und man kann hervorragend die Firmenkorrespondenz damit erledigen. Trotzdem muß davor gewarnt werden, ein solches Programm als Datenbank zu mißbrauchen. Das Dumme ist nur: Wenn man beginnt, eine Tabellenkalkulation als Datenbank zu verwenden, funktioniert das meist so gut und bereitet so wenig Probleme, daß man glaubt, das Ei des Columbus gefunden zu haben. Diese Produkte verfügen meist über eine ausgefeilte Programmierschnittstelle und suggerieren dem Anwender, daß die Verwaltung von Daten mit diesen Werkzeugen geleistet werden kann. Leider kommt das große Erwachen, wenn die Datenbestände zunehmen und die Anforderungen an die Datenhaltung komplexer werden. Und das ist ja eigentlich ein gewünschter Effekt bei der Entwicklung der Firmenaktivitäten. Wenn wir jedoch diese Warnung im Gedächtnis behalten, so kann der Einsatz eines Office-Systems die Arbeitsprozesse eines Betriebes enorm vereinfachen.

Office-Systeme bieten Hilfe beim Erzeugen von Präsentationsgrafiken an, sie erlauben den Entwurf vorgefertigter Briefköpfe, und man kann sogar die Präsentation im Netz damit bewerkstelligen.

Abbildung 5.1: Hier findet man brauchbare Software

Die in Abb. **5.2** angegebene Site enthält eine Zusammenstellung vieler Links, unter denen interessante und auch kommerzielle Software zu finden ist. Sie werden keine Site finden, die alle Links enthält, denn die Menge der für Linux verfügbare Software ist fast so groß wie die für *Microsoft*$^{(c)}$-Produkte. Man findet diese Page im Internet unter: ⌐ Ohne Backslash?

```
\ttt{http://www.double-barrel.be/linux\_apps/linapps.html}
```

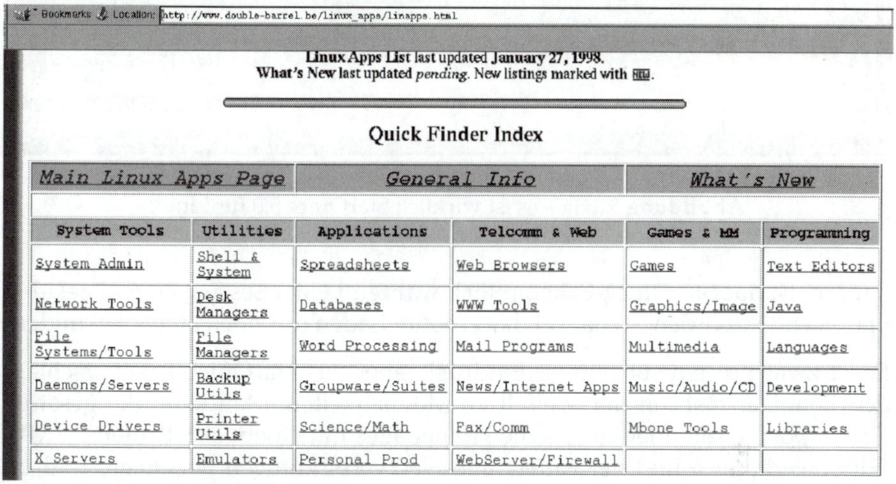

Bookmarks Location: http://www.double-barrel.be/linux_apps/linapps.html

Linux Apps List last updated **January 27, 1998.**
What's New last updated *pending*. New listings marked with NEW.

Quick Finder Index

Main Linux Apps Page	General Info	What's New

System Tools	Utilities	Applications	Telcomm & Web	Games & MM	Programming
System Admin	Shell & System	Spreadsheets	Web Browsers	Games	Text Editors
Network Tools	Desk Managers	Databases	WWW Tools	Graphics/Image	Java
File Systems/Tools	File Managers	Word Processing	Mail Programs	Multimedia	Languages
Daemons/Servers	Backup Utils	Groupware/Suites	News/Internet Apps	Music/Audio/CD	Development
Device Drivers	Printer Utils	Science/Math	Fax/Comm	Mbone Tools	Libraries
X Servers	Emulators	Personal Prod	WebServer/Firewall		

Abbildung 5.2: Wirklich ein reichhaltiges Angebot

5.1 Office-Pakete

Für Linux gib es eine ausreichende Anzahl von Office-Paketen, sogar solche, die man von der Windows-Umgebung her gewohnt ist.

StarOffice 5.0 kann auch als HTML-Browser verwendet werden, obwohl hierfür unter Linux ebenfalls eine ausreichend große Auswahl vorhanden ist. Wer es jedoch gewohnt ist, aus der Textverarbeitung heraus auf seine E-mail und Netzdienste Zugriff zu haben, der ist mit StarOffice 5.0 gut beraten.

5.1.1 StarOffice

Abb. **5.3** zeigt das Startfenster des StarOffice 5.0-Systems. Es unterscheidet sich in keiner Weise von der Windows-Version. Wenn der Internet-Anschluß korrekt installiert ist, funktionieren auch alle Dienste, die mit dem Internet zusammenarbeiten.

Das erstmalige Laden von StarOffice dauert ziemlich lange. Bis das Startfenster erscheint, kann es auch auf einem sehr schnellen Rechner mit sehr viel Speicher 25 Sekunden, bei langsamen Rechnern kann das länger als eine Minute

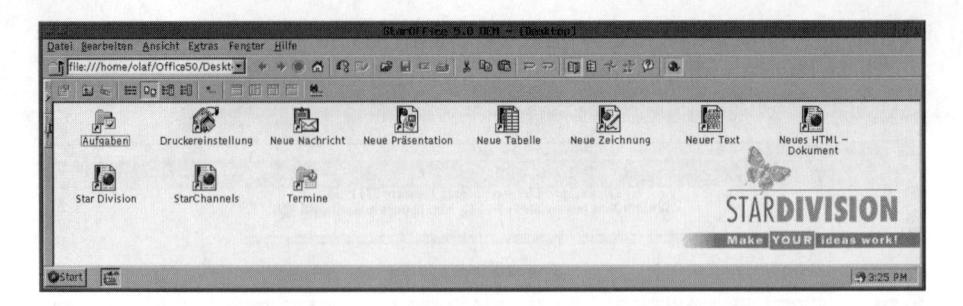

Abbildung 5.3: Ja – es ist wirklich StarOffice 5.0 für Linux

dauern. Ist das StarOffice-Paket freilich während einer Session einmal geladen und beendet worden, so dauert das erneute Laden nur noch einige Sekunden.

Es ist zwar nur ein subjektiver Eindruck, aber das StarOffice-Paket erschlägt den Benutzer fast mit der Vielfalt an Möglichkeiten. Man kann die gesamte Firmenpost damit erledigen, seine Homepages mit einem exzellenten HTML-Editor verändern und verwalten, alle Netzverbindungen herstellen, und eine umfangreich ausgestattete Tabellenkalkulation ist auch im Paket enthalten. Dieses Programm läßt absolut keine Wünsche offen. Nur – ein Unix-Spezialist, der es gewohnt ist, kleine, wenig komplexe Einheiten zu einem komplexen Ganzen zusammenzufügen, steht der ganzen Vielfalt etwas ratlos gegenüber.

Bis zur Version StarOffice 3.1 lag die Portierung in den Händen und der Verantwortlichkeit einiger Mitarbeiter der Firma StarOffice. Ihrem Engagement ist es zu verdanken, daß ein solch hervorragendes Produkt überhaupt auf der Linux-Plattform erschien. Die StarOffice 5.0-Portierung auf Linux ist von der Firma Caldera finanziert worden, die auch die alleinigen Vertriebsrechte an dem Paket besitzt (für Linux natürlich). Die neueste Version ist die Version 5.0 und ist natürlich ebenfalls für Linux verfügbar, nun allerdings inklusive Handbuch. Wenn man eine Caldera-Linux-Edition bevorzugt, so braucht man sich um den Bezug dieser Software keine Gedanken zu machen, sie ist bereits im Basispaket enthalten. Schwieriger wird es, wenn man eine andere Edition bevorzugt. Sicher, man kann StarOffice kostenlos aus dem Netz beziehen, aber ganz so kostenlos ist das leider nicht, denn dazu müssen fast 50 MB an Daten von der StarOffice-Site geholt werden. Die Telekom verdient bei einem solchen Transfer eine ziemliche Menge. Hat man die Edition einmal auf dem Rechner, sei es auf einer selbstgebrannten CD, sei es als entpackter Directory-Baum, dann ist die Installation recht einfach. Man ruft aus dem Directory `StarOffice_40`, genau wie auf der Windows-Plattform das Programm `setup` auf, und schon installiert sich das Paket von selbst.

Die Austauschformate von StarOffice können nicht zur Begeisterung hinreissen, im wesentlichen unterstützt StarOffice eigentlich nur sich selbst. Ver-

5.1 Office-Pakete 139

gleicht man diese mit den Formaten, welche von Applix unterstützt werden, so ist das nicht gerade eine große Auswahl. Dafür umfaßt das Paket von StarOffice auch »nur« ca 50 MB im Gegensatz zu den fast 400 MB von ApplixWare.

5.1.2 Applixware

Applixware ist ein Ritter, der seine blanke Rüstung unter der Kutte eines Mönchs versteckt. Wenn man sich die aufwendig gestalteten Oberflächen anderer Office-Pakete ansieht, so kann man sich des Eindrucks nicht erwehren, daß Applix etwas spartanisch auftritt (siehe Abb **5.4**). Der Eindruck täuscht, denn Applix kann mehr, als in Abb. **5.4** zu erkennen ist:

Das Applix-Paket hat einen riesigen Speicherhunger, und so sollte bei der Installation wenigstens 400 MB Festplattenplatz verfügbar sein, will man das Paket komplett installieren und vernünftig arbeiten können. Meine Installation belegt genau 358659 KB Speicher, und das ist schon ein ziemlicher Happen. Allerdings ist jedes dieser Megabytes wert, den kostbaren Festplattenplatz des eigenen Rechners zu belegen. Applixware ist das einzige Office-System, welches als echtes Frontend für Datenbanken dienen kann (siehe Tabelle **5.2**).

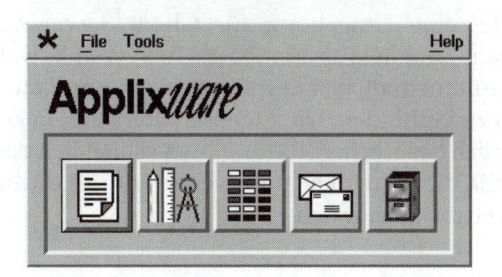

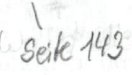

Abbildung 5.4: Die Bausteine von Applixware

Abb. **5.4** zeigt die einzelnen Bausteine des Applixware-Systems, und Abb. **5.5** zeigt einige der Applikationen des Office-Systems von Applix. Applixware ist wesentlich schneller geladen als StarOffice, dann sind allerdings in der Verarbeitungsgeschwindigkeit kaum mehr Unterschiede festzustellen. Das Applixware-Paket macht einen etwas strukturierteren Eindruck und scheint auch nicht so überladen zu sein wie das StarOffice-Paket, dem die Herkunft aus dem Windows-Lager nur allzu deutlich anzumerken ist.

In der Grundversion verlangt Applixware mindestens 100 MB, um die einzelnen Applikationen (Words, HTML Author, Graphics, Spreadsheets, Data, Mail und Filter Packs) installieren zu können. Zusätzlich wird der in Tabelle **5.1** aufgezeigte Platz belegt, wenn die entsprechenden Optionen installiert werden.

Applixware benötigt wenigstens 24 MB Hauptspeicher, damit es überhaupt zum Laufen gebracht werden kann.

Tabelle 5.1: Platzbedarf von Applixware

Eigenschaft	Zusätzlicher Speicherbedarf
International dictionaries	11
sun_snf fonts	4
bdf fonts	8
pcf fonts	4
Hypertext help (nur auf NT Plattform verfügbar)	35
On-line books	60
ClipArt	(maximum) 36

Das Applix-Paket verbraucht aus der Unix-Farbtabelle eine einstellbare Menge an Farben. Da man mit dem Paket auch Präsentationsgrafiken erzeugen kann, sollte die Farbtiefe ausreichend gewählt werden. Man kann bis zu einer Anzahl von 216 verschiedenen Farben einstellen, das ist nicht sehr viel, aber für Präsentationsgrafiken ausreichend.

Applixware, bietet eine Umgebung für Client/Server-Applikationen. Die Verbund-Dokument-Architektur erlaubt es, Text, Grafik, Datenbank-Informationen, Sound, Multimedia-Objekte mit externen Applikationen schnell und vor allem einfach zu verbinden. Die Eigenschaften aller Paketteile können wir hier nicht ausführlich besprechen, dafür gibt es schließlich das Handbuch, aber um die Kaufentscheidung zu erleichtern, sehen wir uns die beiden wichtigsten Teile des Paketes etwas genauer an.

5.1.3 Applix Words

Applix Words ist ein Textprogramm, ähnlich aufgebaut wie Word for Windows.

Die folgenden Eigenschaften werden von Applix Words unterstützt:

- Eine WYSIWYG (What you see is what you get)-Darstellung, es bleibt dem Benutzer überlassen zu beurteilen, ob das wirklich ein so großer Vorteil ist.

- Applix Words unterstützt das Verbinden von Tabellenkalkulations-Daten, Datenbank-Einträgen, Grafiken und anderen Word-Dokumenten.

- Templates, das sind vorgefertigte Textformen, welche das Erstellen von Briefen und anderen Standard-Schriftstücken erleichtern.

5.1 Office-Pakete

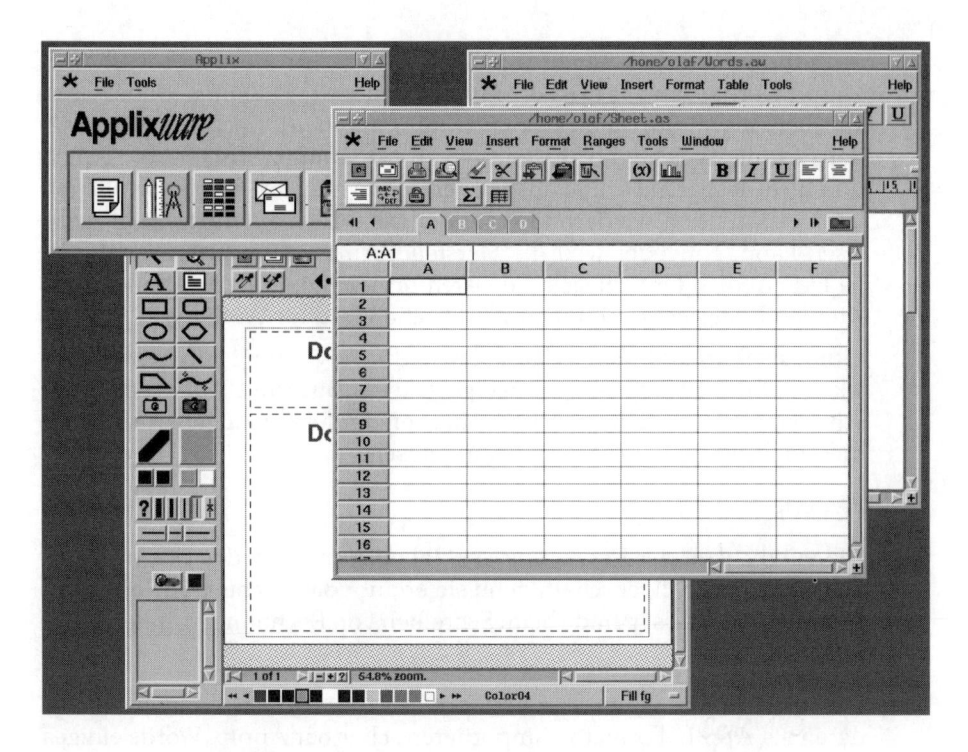

Abbildung 5.5: Applixware, das Office-System für Unix

Ich persönlich habe diese Art der Erleichterung eher als Erschwernis erfahren, denn das Erstellen von Templates ist ein komplexer, arbeitsaufwendiger Prozeß, und vor allem findet er praktisch nie ein richtiges Ende, weil man immer etwas am bereits erstellten Template verbessern kann. Das Ergebnis sind dann die verschiedensten Template-Versionen von Geschäftsbriefen, die dem Geschäftspartner zeigen, daß man noch kein vernünftiges Template gefunden hat. Im übrigen kommt man sowieso nicht darum herum, Briefumschläge drucken zu lassen, so daß die Templates keine so große Rolle spielen.

- Eine große Anzahl von Fonts in verschiedenen Größen und Schriftarten. Es werden praktisch alle Schrifteigenarten aller europäischen Sprachen unterstützt, sowie alle gängigen mathematischen Zeichen.

- Rechtschreibprüfung in sechzehn Sprachen und die Verwaltung zweier unabhängiger Wörterbücher, einem System- und einem persönlichen Wörterbuch.

  Die einzelnen Sprachen müssen natürlich separat erworben werden.

- Ein ziemlich guter Thesaurus ist im Paket ebenfalls enthalten.

- Mit Applix Words können unabhängige Dateien zu einem Buch verknüpft werden, und es existiert eine automatische Fußnoten-, Index- und Tabellenverwaltung. Ich persönlich mißtraue beim Bücherschreiben jeder Lösung, welche die Texte in einem bestimmten firmenspezifischen und nicht-lesbaren Format abspeichert, denn man kann sich nach Jahren in einer Situation wiederfinden, in der man die alten Texte nicht mehr lesen kann, entweder weil die Herstellerfirma Pleite gemacht hat (siehe DeScribe), oder weil sich die Datenformate ändern, ohne daß auf die Kunden Rücksicht genommen wird (siehe Word for Windows).

  Linux als Betriebssystem erlaubt gewiß die Verwaltung von großen Projekten. Ob es freilich sinnvoll ist, gerade ein Buch mit Applix Word zu schreiben, bleibt dahingestellt, denn Seitenreferenz-Angaben sind mit diesem Programm nicht korrekt aufzulösen.

- Hypertext-Links.

- Die möglichkeit der Erzeugung von Tabellen im Text, das ist eine ziemlich angenehme Eigenschaft, denn sie erlaubt das Rechnen in Textdokumenten, und das ist gerade beim Schreiben von Rechnungen äußerst hilfreich.

- Die Importfunktion von Applix Words erlaubt es, Dateien in einem anderen als Applix-Format zu importieren. Hier hat Applix Words einiges zu bieten, denn es erlaubt den Import von Framework-, Interleaf- und RTF-Dateien. Auch Word for Windows-Dateien können importiert werden, und die Ergebnisse sind befriedigend bis gut.

  Leider kann Applix keine LaTeX-Dateien im- oder exportieren, aber damit befindet es sich in guter Gesellschaft, das kann meines Wissens kein Text-Programm auf keiner Plattform (außer LyX).

- Applix Words verfügt auch über die Möglichkeit, Dokumente in anderen Formaten zu exportieren. Das kann recht hilfreich sein, wenn man mit anderen Abteilungen Daten austauschen muß, welche nicht über einen Linux-Rechner verfügen (so etwas soll es ja geben).

5.1.4 Spezielle Eigenschaften

Applix verfügt über diverse Schnittstellen zu den wichtigsten Datenbanken. Um Applix Data in einer Client/Server-Umgebung laufen zu lassen, muß man zuerst das Programm *axnet* und einen Datenbank-Gateway einer der in Tabelle **5.2** aufgeführten Treiber installieren. Der *axnet*-Prozeß agiert als Verbinder zwischen der Applix-Tabellenkalkulation und dem Datenbank-Server. Er akzeptiert eine Datenbank-Anfrage des lokalen Kalkulationsprogramms, startet einen Datenbank-Server-Prozeß auf der Server-Maschine (dort sollte sich die

5.1 Office-Pakete

entsprechende Datenbank befinden) und liefert das gewonnene Ergebnis auf der Client-Maschine wieder ab. Pro Client wird genau ein *axnet*-Prozeß gestartet.

Das Programm *axnet* sollte sich in dem Directory `install_dir/axdata` befinden, und zwar auf der Maschine, auf der Applixware läuft, wobei `install_dir` das Directory ist, in dem Applix installiert ist. Um ein Beispiel zu geben: Meine Applix-Installation befindet sich unter `/opt/applix`, und *axnet* ist in `/opt/applix/axnet` installiert. Um *axnet* verwenden zu können, müssen das Programm *axnet* selbst *und* die Datenbank-Gateway-Dateien nach `/usr/bin` kopiert werden, und zwar auf der Maschine, auf der diese Prozesse laufen sollen (das wird sinnvollerweise die Maschine sein, auf der sich die Datenbank befindet). Es werden alle Datenbanken aus Tabelle **5.2** unterstützt:

Tabelle 5.2: Applix Datenbank-Gateways

Hersteller	Datenbank-Gateway
Informix	elfinfmx
Ingres	elfingrs
Oracle	elforacl
Sybase	elfsybas

Diese spezielle Eigenschaft hebt Applix deutlich aus den angebotenen Office-Paketen hinaus, auf diese Weise können die lokalen Daten, wie Adreßverwaltung oder GuV-Rechnung, mit einer allgemein zugänglichen Datenbank abgewickelt werden. Lösungen, welche über eine eingebaute Adreßverwaltung verfügen, sind recht brauchbar, können aber mit der hier angebotenen Lösung in keiner Weise konkurrieren.

5.1.5 Die Installation

Das Paket Applix läßt sich am einfachsten über das *YaST*-Installationswerkzeug der Firma S.u.S.E. installieren. Zu diesem Zweck legt man die Applix-CD in das CD-ROM-Laufwerk und ruft *YaST* auf. Es kann notwendig sein, daß man vorher die Installationsquelle auswählen muß, wie in Abb **5.6** gezeigt.

Aus dem Installationsmenü wählt man dann das Paket Applix aus und markiert alle gewünschten Pakete.

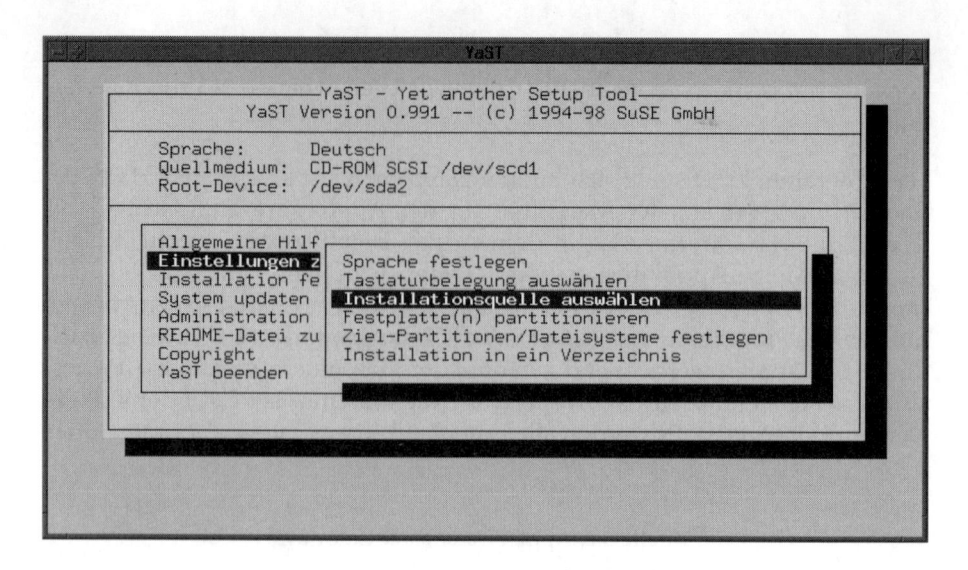

Abbildung 5.6: Auswählen der Installationsquelle

Datenaustauschformate

Bei WYSIWYG-Editoren ist natürlich wichtig, welche Austauschformate unterstützt werden. Diese Formate erhalten Sie angezeigt, wenn Sie Dateien im- oder exportieren wollen. Vielleicht kann diese Auswahl die Entscheidung, Linux auch als Client einzusetzen, erleichtern.

Die Austauschformate für Applix-Word sind recht vielfältig, aber an dieser Stelle will ich noch einmal darauf hinweisen, daß diese Austauschformate eigentlich etwas anachronistisch sind, das scheint erstaunlicherweise kaum jemandem aufzufallen. Wenn man zu anderen Datenformaten kompatibel bleiben möchte, so wird einem nicht weiter übrig bleiben, als jede neue Version des jeweiligen Office-Pakets zu kaufen. Aber auch wenn man einfach nur sicherstellen will, daß man seine eigenen Texte in zehn Jahren noch lesen kann, muß man sich dieser Prozedur unterziehen. Damit aber nicht genug, wenn eine neue Windows for Workgroups-Version herauskommt, so müßte man eigentlich jedes bereits geschriebene Dokument mit Hilfe der neuen Version konvertieren. Da das niemand zu machen schein, bleibt eigentlich nur ein Schluß: »*Die gesammelten schriftlichen Ergüsse unserer Zeit sind so volatil, daß man nach einem halben Jahr sowieso auf si verzichten kann.*«

Nun zu den Formaten der Grafik-Formate. Applix unterstützt praktisch alle Formate, die heute üblich sind und noch einige dazu, die es heute kaum noch gibt. Aber auch die verschiedensten Formate der Dateien, welche von Tabellenkalkulationsprogrammen erzeugt werden, unterstützt Applixware.

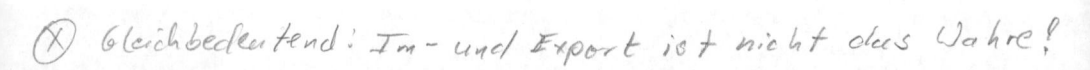

5.1.6 Weitere Editoren

Für Linux existieren eine Reihe weiterer Public-Domain-Editoren, die alle recht brauchbar sind, einer ist an dieser Stelle noch erwähnenswert, es ist der Editor Lyx (nicht zu verwechseln mit dem HTML-Browser Lynx). Er ist der einzige Editor, der mir bekannt ist, welcher LaTeX-Dokumente lesen und exportieren kann. Das ist für Anfänger, welche sich die Kombination emacs/LaTeX nicht antun wollen, eine ziemliche Erleichterung. Die Textqualität ist natürlich identisch zu der emacs/LaTeX-Kombination, denn es handelt sich ja wirklich um LaTeX-Code, der erzeugt wird. Einen kleinen Nachteil gilt es jedoch zu erwähnen: Lyx erzeugt zwar LaTeX-Code, aber der ist außer für absolute TeX- bzw. LaTeX-Experten kaum zu entziffern.

5.2 Desktop

Linux ist ein leistungsfähiges Desktop-Betriebssystem. Das war Linux eigentlich schon seit Einbindung des X-Systems in das Betriebssystem, aber die verschiedenen Desktops waren doch etwas schwierig zu konfigurieren. Es brauchte schon einen Experten, um beispielsweise fvwm, wmw oder olwm richtig zu konfigurieren, und manch ein Anfänger ist schier verzweifelt bei dem Versuch, die Tilde »˜«, das »ä« oder das »ü« in die Tastatur-Tabelle einzubinden. Das war besonders ärgerlich, weil diese Tasten im Kommandozeilen-Modus anstandslos funktionierten, aber im Grafik-Modus eben nicht mehr das gewünschte Ergebnis zeigten. Seit Beginn der Entwicklung des *KDE*-Systems gehören diese Klagen jedoch der Vergangenheit an.

Die Anforderungen an die Gestaltung der Oberfläche eines Betriebssystems ist äußerst ambivalent und leider auch kontrovers. Während Systemadministratoren und Programmierer mit einer einfachen, wenig strukturierten, aber dafür transparenten Oberfläche auskommen, ja diese sogar verlangen, ziehen es die Anwender von Software vor, die Oberfläche einfach nur zu benutzen und diese mit Mechanismen wie »drag and drop« zu konfigurieren und an die eigenen Bedürfnisse anzupassen. Wenn die Programmierung der Oberfläche (über Scripts oder Perl beispielsweise) nicht zu ihren Aufgabengebieten gehört, ist das sicherlich eine akzeptable Forderung.

Beide Wünsche sind verständlich. Was kümmert es einen Anwender, wo sich die Konfigurationsdateien der Netzwerkumgebung befinden, er möchte seine Oberfläche nach seinem Geschmack einrichten, ohne ständig vom Betriebssystem daran erinnert zu werden, daß sein Ansinnen so komplex ist, daß er dafür eine besondere Sprache erlernen muß.

Andererseits gibt es für den Systemadministrator kaum etwas Schlimmeres, als bei der Installation einer Software oder bei der Einrichtung eines Netzes auf der obersten Betriebssystem-Ebene mit einer freundlichen, aber wenig aufschlußreichen Meldung stehengelassen zu werden, ohne eine Mitteilung zu bekommen, wo denn nun eigentlich bei der Konfiguration Hand angelegt werden muß. Dieses Problem ist jedem Administrator, der sich mit Windows NT$^{(c)}$-Netzen beschäftigt, wohlbekannt.

Die Architektur von Linux ist völlig verschieden von der **Windows-NT**. Während bei Windows NT$^{(c)}$ die Oberfläche integraler Bestandteil des Betriebssystems ist, kann die Oberfläche von Linux als eigenständiges Programm aufgefaßt werden. Das hat enorme Vorteile, da Betriebssystem und Oberfläche exakt zu trennen sind. Daher kann auf Linux relativ leicht ein neuer Desktop aufgesetzt werden.

Unix allgemein und Linux speziell hat den Ruf, schwer installierbar und konfigurierbar zu sein. Der erste Punkt kann als abgehakt betrachtet werden. Kaum ein Betriebssystem kann so leicht, so flexibel und vor allem mit einer solchen Auswahl an Hardware-Unterstützung installiert werden wie Linux. Scanner, Sound- Ethernet- und ISDN-Karten alles kann in den Kernel von Linux eingebunden oder, seit den neueren Versionen, als Modul bei Bedarf hinzugeladen werden. Das RPM-System von Red-Hat erleichtert die Verwaltung von Software-Paketen, so daß auch der technische Laie Installationen und vor allem De-Installationen vornehmen kann. Wir leben im Zeitalter des Internets, daher ist Hilfe, welche *Microsoft*$^{(c)}$ nur für teures Geld bereithält, für Linux immer und vor allem kostenlos verfügbar.

Linux gewinnt im professionellen Bereich immer mehr an Bedeutung. Linux ist schnell, weil es keinen Ballast alter Versionen mit sich herumschleppen muß, es ist sicher, weil ein wirkliches Multitasking-Speicher-Management implementiert ist, die Netzanbindung ist schlicht hervorragend, kein anderes Betriebssystem kann so leicht für die Vernetzung konfiguriert werden.

Linux bekommt aber auch im privaten Bereich immer mehr Zulauf. Besonders seit der Entwicklung von fvwm95, das der X-Oberfläche ein Windows 98$^{(c)}$-ähnliches Aussehen gibt. Viele private Nutzer sind es einfach leid, sich mit den andauernden Systemabstürzen beschäftigen zu müssen. Sie sind es leid, sich mit der Software-Technologie der 60er Jahre begnügen zu müssen, weil ein einziger Software-Hersteller durch seine restriktive Politik eine echte Software-Entwicklung verhindert. Es ist auch für die bewußten Computerbenutzer nicht nachvollziehbar, warum man für eine halbfertige Software viel Geld bezahlen muß und dann dem Produzenten dieser Software für jede Fehlerreparatur zusätzlich einen Obolus zu entrichten hat.

Linux bietet heute im professionellen Bereich ein fast ebenso umfangreiches Software-Angebot wie die großen Software-Hersteller. Es existieren Datenbanken, die allen professionellen Anforderungen genügen, Office-Systeme, die keine Wünsche offenlassen, Textsysteme und Satzsysteme, die jedem Vergleich standhalten. Dieses Buch ist mit dem Satzsystem LaTeX erstellt worden, mit dem echte Referenzauflösung möglich ist. Die Kosten der Software sind gering, wenn denn überhaupt Kosten anfallen. Die Betriebssystem-Software und die Treiber-Software kann selbst repariert werden, und Hilfe ist immer genau einen Anruf im Internet entfernt.

Die Entwicklung und Verbreitung von Linux in den letzten zwei Jahren ist nicht evolutionär, sondern eher revolutionär verlaufen. Große Firmen setzen Linux ein, wenn es darum geht, einen Server zu betreiben, Firewalls, Proxy-Server und Gateways werden mit Linux betrieben. Aber auch die Client-Seite wendet sich immer mehr dem Betriebssystem Linux zu.

Bezüglich Programmsicherheit braucht Linux keinen Vergleich zu scheuen, im Gegenteil, das am meisten verbreitete Betriebssystem kann in punkto Sicherheit und vor allem Absturzsicherheit mit Linux nicht mithalten.

Der Support für Linux ist exzellent, wenn auch etwas gewöhnungsbedürftig. Speziell Firmen tun sich schwer damit, keinen direkten Ansprechpartner zu haben, dem sie jeden Monat enorme Summen für Service-Dienstleistungen überweisen. Die Service-Hotline bietet meist nur inkompetenten Service, und die Telefonleitungen sind zudem ständig überlastet. Speziell *Big Brother* läßt sich seinen Kundendienst vergolden, speziell dann, wenn der Kunde wirkliche professionelle Hilfe benötigt. Dann stellt sich nämlich heraus, daß das spezielle Betriebssystem keinesfalls so *plug and play* ist, wie angepriesen. Auch beim Marktführer bedarf es einer kompetenten und intensiven Administration. Warum also nicht gleich auf Unix umsteigen, das zwar auch einer intensiven Administration bedarf, der Systemadministrator hat jedoch die Möglichkeit, ein weltweites, rund um die Uhr verfügbares Expertenteam zu konsultieren, das kompetent, schnell und vor allem kostenlosen Service bereithält. Sicher, man kann natürlich dieses Expertenteam nicht in Regreß nehmen, aber wer das schon einmal bei einem kostenpflichtigen Dienstleister versucht hat, weiß auch, daß Ansprüche, die aus inkompetenter Beratung herrühren, kaum eingeklagt werden können.

Eine Eigenschaft von Linux ist jedoch fast unbemerkt geblieben, obwohl gerade diese den Markt der Betriebssysteme stark beeinflussen könnte. Linux ist das Betriebssystem, welches auf den meisten verschiedenen Prozessoren und Maschinen läuft. Linux gibt es für den PC (ab dem Prozessor 386), auf dem Macintosh, auf der Alpha-Station von Digital, auf HP- und sogar auf Sun-Rechnern. Diese Liste ist nicht vollständig.

Natürlich wird die weitere Verbreitung von Linux, speziell im privaten Bereich, stark von der Programmierbarkeit der grafischen Oberfläche abhängen, denn es ist nicht jedermanns Sache, sich in die Perl-, CGI- oder Shell-Programmierung einzuarbeiten. Aber gerade auf diesem Gebiet sind Entwicklungen im Gange, welche dem privaten Nutzer Linux als Alternative schmackhaft machen könnte.

Die Konfiguration der grafschen Oberfläche von Linux ist nicht einfach. Sie schreckt viele Anwender ab, und gerade diejenigen, welche am meisten von den unzulänglichen Programmen des größten Software-Herstellers geplagt sind.

Das Problem der Nutzung eines Betriebssystems ist innerhalb zweier Extreme gefangen:

- Das Betriebssystem ist in weiten Grenzen vom Benutzer selbst konfigurierbar. In diesem Fall ist die Benutzung schwierig und bleibt den Spezialisten vorbehalten. Allerdings kann das System wirklich auf die Anforderungen des jeweiligen Anwenders abgestimmt werden.

- Das Betriebssystem ist nur wenig konfigurierbar. Hier kann auch der Laie sofort mit dem Betriebssystem umgehen, allerdings kann die Konfigurierung nur wenig beeinflußt werden (meist mit *drag and drop*). Das Problem: Die Konfiguration ist für den Anwender wenig transparent, die Installationen und Konfigurationseinstellungen sind zwar meist rückgängig zu machen, allerdings bleibt das System in einem inkonsistenten Zustand. So selbstverständlich die Forderung nach einer korrekten De-Installation von bereits installierten Komponenten auch ist, sie ist in Systemen mit einem hohen Komplexitätsgrad selten korrekt einzuhalten. Es bleiben immer irgendwelche Reste und Installationsfragmente im System zurück, die nur mit einem sehr hohen Aufwand komplett aus dem System entfernt werden können. Das betrifft natürlich auch die Oberfläche, denn häufig bleiben Icons und Programmreste auf der Oberfläche sichtbar. Viel schlimmer jedoch ist, daß gesetzte Umgebungsvariable nicht entfernt werden, so daß es bei einer Neuinstallation zu unerklärlichen Fehlern kommen kann.

Es gilt also, zwischen diesen beiden Extremen einen Mittelweg zu finden, der einerseits die Konfiguration flexibel hält, sie andererseits aber nicht zu schwierig werden läßt.

Es gibt viele Oberflächen und Windowmanager für Linux. Alle vorzustellen würde den Rahmen dieses Kapitels sprengen. Wir sehen uns deshalb die beiden Windowmanager, welche am häufigsten anzutreffen sind, etwas genauer an. Einen von diesen beiden, den KDE, gibt es erst seit relativ kurzer Zeit, er ist aber schon in der ersten Release-Version verfügbar (Version 1.1). KDE hat sich gerade bei den Anwendern schnell durchgesetzt. Den anderen Windowmanager, fvwm2, gibt es schon ziemlich lange. Er ist gerade bei Entwicklern und Systemadministratoren sehr beliebt (wenn auch die meisten Systemadministratoren die Kommandozeile vorziehen).

5.2 Desktop

Als letztes sehen wir uns das Programm TkDesk an. Das Paket Tcl/Tk besitzt gerade für Unix-Umgebungen eine besondere Bedeutung, weil mit diesem Paket relativ leicht Bedieneroberflächen gestaltet werden können. Wie wichtig Tcl/Tk ist, läßt sich auch daran erkennen, daß praktisch jede Datenbank eine Tcl/Tk-Schnittstelle mitbringt.

Die Idee und Implementierung zu Tcl/Tk stammt von *John K. Ousterhout* [30], dem es zu mühsam war, für jede seiner Vorlesungen zum Entwurf integrierter Schaltkreise die Werkzeuge immer wieder neu zu entwerfen. *Ousterhout* entwickelte daher eine übergeordnete Sprache, mit der die Programmierung dieser Tools erleichtert werden sollte. Aus diesem Ansatz entsprang die Sprache Tcl und die Sprache Tk, welche heute als Tcl/Tk-Paket aufgefaßt und vertrieben wird. Ausgesprochen wird Tcl/Tk »TickelTeKa«. Tcl/Tk zeichnet sich auch dadurch aus, daß aus ihr heraus die Befehlsstruktur außerhalb leicht aufgerufen werden kann, das macht die Sprache ideal für Datenbank-Frontends.

5.2.1 Das fvwm-System

Fvwm2 ist ein Windowmanager für *X11* und stammt vom **twm** ab. Sein Name bedeutet *virtual window manager*. Das *f* läßt sich nicht benennen. Niemand scheint zu wissen, was es eigentlich bedeutet. Auch das allwissende Internet lieferte keine ausreichende Auskunft, von *foobar, feeble* über *famous* bis *fine*, alle möglichen Erklärungen wurden geliefert, aber keine Antwort konnte verbürgt und plausibel erklären, was das *f* zu bedeuten hat. Free wäre eine mögliche Erklärung, aber belassen wir es dabei, es ist nicht wichtig.

Wenn Sie mit Linux etwas vertraut sind, dann wird Ihnen im folgenden Text manches bekannt vorkommen, denn es bezieht sich auf die `man pages` fvwm des Linux-Systems. Das `man page`-System von Unix ist nicht jedermanns Sache. Die Erklärungen sind meist spartanisch und manchmal auch von einer gewissen Betriebsblindheit des Autors infiziert. Mit einiger Erfahrung gelingt es meist etwas besser, Informationen aus dem System zu ziehen, der Anfänger ist jedoch entweder von der Flut der Informationen erschlagen, oder er wundert sich über den spartanischen Inhalt dieser Seiten. Spartanisch kann man die Informationen der `man page` des Linux-Systems, bezüglich des fvwm2 nicht gerade nennen. Versuchen Sie einmal folgende Anweisung einzugeben:

```
man fvwm
```

Sie werden überrascht sein, welche Menge an Informationen Sie erhalten. Dem Anfänger nützt das freilich recht wenig.

Der fvwm2 ist ein Windowmanager für das *X11*-System und ist neu konzipiert worden, um den enormen Speicherhunger des **twm** zu reduzieren (ca.

```
┌─┬─┐                    xterm                    ▽△
│S.u.S.E. Linux - Have a lot of fun...              │
└───────────────────────────────────────────────────┘
```

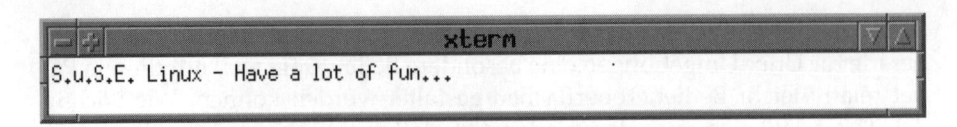

Abbildung 5.7: Fenster-Dekoration des fvwm2

$\frac{1}{3}$ des Bedarfs des **twm**) und um den Fenstern und Bedienelementen ein 3D-Aussehen zu geben. Der Windowmanager **fvwm** und **fvwm2** ist in weiten Bereichen programmierbar und bei Programmierern sehr beliebt. Der Anwender wird sich wenig damit anfreunden können, außer er kennt jemanden, der ihm diesen Windowmanager nach seinen Wünschen einrichten kann, dann allerdings sind der Konfigurierung keine Grenzen gesetzt. Da wir uns jedoch mehr mit der kommerziellen Anwendung von Linux auseinandersetzen wollen, ist der fvwm-Windowmanager von untergeordneter Bedeutung.

Der **fvwm2**-Windowmanager unter Linux ist ohne Zweifel der am häufigsten benutzte. Er ist jedoch nur mit hohem Aufwand und hohem Kenntnisstand der Shell-Programmierung konfigurierbar. Mit diesen Fähigkeiten ist jedoch dann jede gewünschte Oberfläche und Menüstruktur herzustellen.

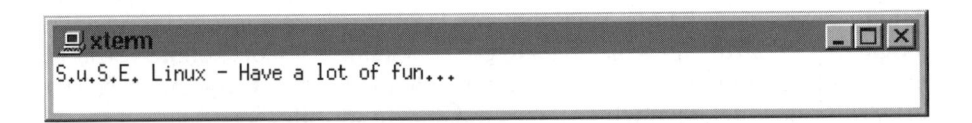

```
┌─────────────────────────────────────────┬─┬□┬×┐
│ 🖳 xterm                                  │_│□│×│
├─────────────────────────────────────────┴─┴─┴─┤
│S.u.S.E. Linux - Have a lot of fun...           │
└────────────────────────────────────────────────┘
```

Abbildung 5.8: Fenster-Dekoration des fvwm95

Es sind erst kürzlich Entwicklungen begonnen worden, welche die Konfiguration noch einfacher machen sollen. Das System nennt sich *KDE* und liegt derzeit in der ersten Release-Version 1.0 vor. Es ist äußerst stabil, deshalb wird im technischen Teil des Buches, in Absatz 17.4, ab Seite 460, die Einrichtung und Konfiguration das *KDE*-Systems behandelt. Als nächstes sehen wir uns die Eigenschaften des *KDE*-Systems näher an.

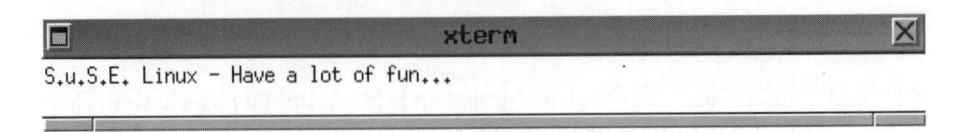

```
┌─┐                      xterm                     ⊠
│□│
├─┴────────────────────────────────────────────────┤
│S.u.S.E. Linux - Have a lot of fun...              │
└──────────────────────────────────────────────────┘
```

Abbildung 5.9: Fenster-Dekoration des AfterStep

5.2.2 KDE – der neue Standard?

Sieht man sich die Abbildung **5.10** an, so fällt die Ähnlichkeit zur OS/2$^{(c)}$-Oberfläche auf. Manche mögen eher eine Ähnlichkeit zur Windows 98$^{(c)}$-Oberfläche erkennen, aber das liegt daran, daß die Windows 98$^{(c)}$-Oberfläche eine ziemlich exakte Kopie der von OS/2$^{(c)}$ ist, die mit dieser Art »objektorientierter« Benutzeroberfläche den Anfang gemacht hat. KDE ist etwas eleganter, weniger verspielt, es verfügt auch nicht über schwänzelnde oder drehende Cursor, die nur den Hardware-Bedarf der Applikationen in die Höhe schrauben sollen. Die funktionelle Anordnung ist jedoch in etwa die gleiche. Eines der Hauptargumente gegen Unix und Unix-Derivate war immer die spartanische und schwer konfigurierbare Bediener-Oberfläche. Die Entwickler von KDE beabsichtigen, Linux dem Normal-Anwender schmackhaft zu machen. Sieht man sich das Ergebnis an, welches bereits in der Release-Version 1.1 vorliegt, so muß man anerkennen, daß ihnen das auch wirklich geglückt ist. Anwender, die eine OS/2$^{(c)}$-, Windows 98$^{(c)}$- oder Windows NT$^{(c)}$-Oberfläche gewohnt sind, haben kaum Schwierigkeiten, sich mit KDE anzufreunden. Wer eine Einführng in die Programmierung von KDE sucht, hat es zur Zeit noch etwas schwer, denn es gibt noch nicht sehr viele Publikationen. Eine sei hier genannt, sie ist von *Borkner-Delcarlo, O* [7] und wendet sich an den Anfänger, der sich über die Unterschiede zur »normalen« C++-Programmierung informieren will. *Kalle Dalheimer* [12] hat ebenfalls ein Buch über das Thema veröffentlicht, jedoch in englischer Sprache. Ich bin sicher, daß dieses Thema demnächst auch von anderen Autoren aufgegriffen wird.

Auf den ersten Blick scheint es gewisse Ähnlichkeiten zwischen der OS/2$^{(c)}$-Oberfläche und KDE zu geben, diese beschränken sich jedoch nur auf die Lage der Bedien-Elemente, dann enden aber auch schon die Gemeinsamkeiten zwischen der genannten Oberfläche und KDE. Während die Oberfläche von OS/2$^{(c)}$ integraler Bestandteil des Betriebssystems ist, ohne den ein Arbeiten mit OS/2$^{(c)}$ kaum möglich ist, kann KDE als eine ganz normale Applikation gesehen werden, die sogar während des Betriebs des Computers ganz leicht ausgetauscht werden kann. Das hat enorme Vorteile, die dem normalen Benutzer kaum auffallen, aber KDE verändert nicht das Client/Server-Prinzip des darunterliegenden X-Window-Systems, was bedeutet: Mit einem `rlogin` kann von einer fremden Maschine aus eine Applikation gestartet werden, die auf der eigenen Oberfläche klaglos läuft. Diesen Umstand haben wir schon im Kapitel 3 Absatz 3.7.1 auf Seite 114 ausführlich beleuchtet.

Es ist schade, daß Farbdruck im Verlagswesen immer noch sehr teuer ist und daher fast alle Bücher in Schwarzweiß gedruckt werden, denn die Abbildung **5.10** kommt auf diese Weise nicht richtig zur Geltung. Sie können sich diese »snapshots« natürlich auch direkt bei `http://www.kde/org` ansehen. Es ist wirklich beeindruckend, welchen Entwicklungsstand dieses Projekt be-

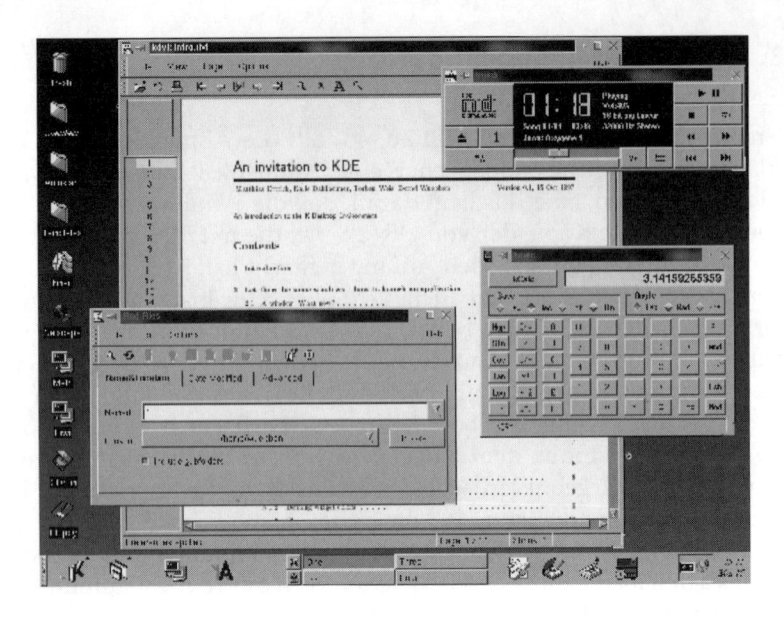

Abbildung 5.10: Der KDE-Desktop

reits hat. Wenn Sie dieses Buch in den Händen halten, so ist bereits die Version 1.1 des *KDE*-Pakets verfügbar. Das Download des kompletten Pakets kann allerdings teuer werden, denn ist sind fast 40 MB, die vom Server heruntergeladen werden müssen, und ohne einen ISDN-Anschluß ist ein solcher Download wenig praktikabel, nicht einmal Nachts um 3^{00} Uhr.

Meiner Meinung nach ist die *KDE*-Oberfläche wesentlich professioneller gestaltet und sieht viel ansprechender aus als die Oberfläche des großen Konkurrenten. Das ist nicht nur so dahingesagt, überzeugen Sie sich selbst: Unter http:www.kde.org finden Sie wundervolle Screenshots, die wirklich begeistern können.

Der *KDE*-Windowmanager ist auf http://www.kde.org und seinen Spiegeln als Release-Version 1.0 erhältlich. Dort kann er kostenfrei für alle Editionen von Linux heruntergeladen werden. Das Directory speziell für die S.u.S.E. finden Sie unter:

```
ftp://ftp.kde.org/pub/kde/stable/1.0/distribution/rpm/SuSE-5.2/1.0/
```

Wenn Sie sich Abb. **5.10** ansehen, so ist die Ähnlichkeit zur bekannten Oberflächenstruktur von Windows unverkennbar. Am unteren Bildrand befindet sich die Statusleiste. Am linken Bildrand findet man die Icons, die man schon von Windows gewohnt ist. Das Verhalten unterscheidet sich auch nicht gravierend von der Windows-Oberfläche, so daß man den Eindruck hat, der Windows-Standard soll auch bei Linux Einzug halten.

5.2 Desktop

Es gibt viele Stimmen, die sich gegen ein solches Projekt wenden, weil man sich damit an die ungeliebte Konkurrenz annähert und Dinge tut, welche man dem großen Bruder immer vorwirft, nämlich das Abkupfern von Ideen. Gerade dieses Design stammt nicht von *Microsoft*[c], sondern von der leider schon so gut wie eingestampften Konkurrenz OS/2[c], Auch widerspricht eine solche Auffassung eklatant der eigenen Intention von Linux, nämlich frei zu sein und jedem kostenfrei das Beste aus der Programmierküche zu überlassen, aber auch andere Ideen frei zu übernehmen, wenn sie sich als nützlich und sinnvoll erweisen. Im übrigen mag *KDE* der Windows-Oberfläche (besser OS/2[c]-Oberfläche) ähneln, in einigen wichtigen Punkten unterscheidet sich *KDE* entscheidend von den genannten Oberflächen:

- *KDE* ist **nicht** Bestandteil des Betriebssystems, sondern nur eine Applikation unter vielen. Das macht das Betriebssystem Linux weniger anfällig für Abstürze.

- Man kann den Windowmanager jederzeit wieder wechseln, ohne große und mühevolle Konfigurier-Arbeit leisten zu müssen.

- Linux kann nach wie vor einfach und durchsichtig konfiguriert werden. Die entsprechenden Dateien werden nicht in irgendwelchen Registrier-Datenbanken versteckt, wo man sie nie mehr wiederfindet.

- Das Display ist exportierbar, das bedeutet auch, es eignet sich für den Einsatz in der Fernwartung.

Gerade das *KDE*-Projekt ist es, welches für die Verbreitung von Linux die wichtigsten Argumente liefern wird, denn es vereinfacht die Oberflächenbenutzung eines Unix-Systems so, daß ein »normaler« Anwender damit umgehen kann. Gerade das war aber das Argument der Hersteller von anderen Betriebssystemen, daß Unix für »normale« Anwender nicht zu bewältigen war.

Es existieren mittlerweile für das *KDE-Projekt* so viele Applikationen, daß sie hier nicht alle aufzuzählen sind. Uns soll hier auch nur der Aspekt interessieren, der Linux für den kommerziellen Einsatz brauchbar erscheinen läßt.

Ziel des *KDE-Projekts* ist es, eine eigene ergonomisch perfekt zu benutzende Oberfläche zu schaffen und für diese alle nötigen Applikationen zu erzeugen, die im täglichen Arbeitsablauf nötig sind. In diesem Zusammenhang sind Browser, Fax-Programme und Editoren entstanden. Ein Office-Paket befindet sich im Stadium der Entwicklung. Auch Spiele sind für das *KDE-Projekt* verfügbar, Sound-Anbindung und Multimedia. Das *KDE-Projekt* zeichnet sich durch die fast schon sprichwörtliche Schnelligkeit der Entwicklung von Linux aus, denn fast täglich werden Projekte fertiggestellt und der Allgemeinheit zur Verfügung gestellt.

5.2.3 KDE starten

Je nachdem, wie Linux konfiguriert ist, bekommt man nach dem Hochfahren des Systems eine Login-Aufforderung im Kommandozeilen-Modus, oder man findet ein grafisches Login-Fenster vor, in dem man sich in das System einwählen kann. Daß das nur als regulärer User funktioniert, der sein Password kennt, ist selbstverständlich. Zum Thema Password eine kleine Anmerkung:

Warnung:
Der allererste Platz, an dem ein Hacker nach einem Password auf einem fremden Rechner sucht, ist unter der Tastatur oder unter dem Mouse-Pad. Dort gehört das Password jedoch gewiß nicht hin.

Wenn der Login-Prozeß im Textfenster stattfindet, bleibt Linux im Textmodus, und das X-System muß erst noch gestartet werden. Das geschieht wie folgt:

```
startx
```

Wenn die Installation geglückt ist, so wie in Absatz 17.4, ab Seite 460 beschrieben, so sollte sich eine Oberfläche zeigen, wie in Abb. **5.11** dargestellt.

Das Paket der Firma S.u.S.E. wird bis zur Version 5.3 mit dem *fvwm2* Windowmanager gestartet, man kann aber über den Menü-Punkt **Andere Fenstermanager→KDE (KDM starten)** die *KDE*-Oberfläche jederzeit nachladen. Das ist speziell dann recht angenehm,. wenn man sich von seinem geliebten **fvwm2**-Windowmanager nicht so schnell trennen kann, aber trotzdem auf den *KDM*-Manager nicht verzichten möchte.

Der Bildaufbau

Wie bereits bemerkt, ähnelt der Bildaufbau stark dem des Betriebssystems OS/2[c] (und damit dem von Windows 98[c], das eigentlich eine nicht sehr gut gelungene Kopie der OS/2[c]-Oberfläche ist), und wenn man mit einer dieser Oberflächen schon einmal gearbeitet hat, dann sollte einem der Umgang mit KDE nicht schwerfallen, und man findet intuitiv die nötigen Elemente.

Die *KDE*-Oberfläche ist für den kommerziellen Einsatz interessant, weil man damit die Möglichkeit hat, seinen Mitarbeitern einen Linux-Arbeitsplatz schmackhaft zu machen, ohne damit gleich Berührungsängste zu provozieren, welche Unix im allgemeinen und Linux im speziellen hervorruft.

5.2 Desktop

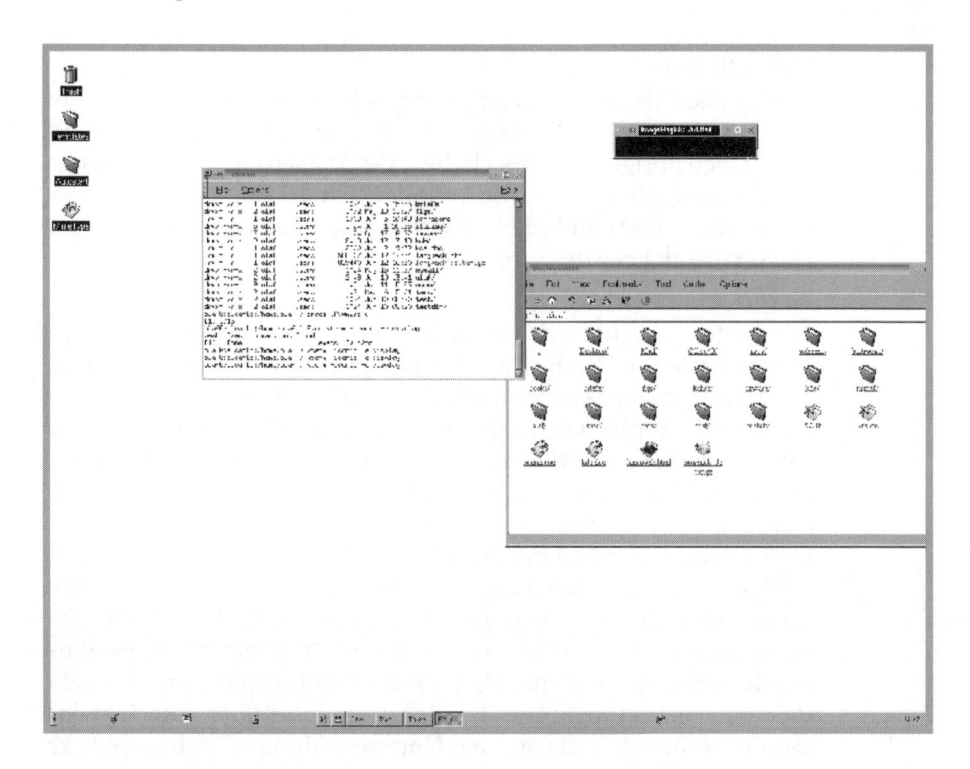

Abbildung 5.11: Der KDE-Desktop

Nachdem alles gestartet ist, nehmen Sie sich etwas Zeit, die neue Umgebung zu erforschen. Falls Sie bereits mit Windows 98$^{(c)}$ oder OS/2$^{(c)}$-Warp 4, gearbeitet haben, sollten Ihnen einige Dinge bekannt vorkommen. Die drei Hauptbestandteile einer KDE-Umgebung ist der Desktop selbst, das Panel und die Fensterliste.

- **Panel**

    Das Panel der *KDE*-Oberfläche befindet sich am unteren Rand des Bildschirms. Die vier Buttons (geben wir die »Knöpfe« zugunsten des neudeutschen Wortes »Buttons« auf), entsprechen der Fensterliste des *fvwm2*-Windowmanagers. Mit diesen Buttons kann eines der vier virtuellen Fenster angewählt werden. Das ist eine sehr beliebte Eigenschaft, denn sie verhindert bei vernünftiger Verwendung das Zuwachsen der Oberfläche.

    Wenn Sie KDE zum ersten Mal starten, befindet sich das Panel an der unteren Seite des Bildschirms. Damit werden Sie Ihre Programme starten und zwischen den virtuellen Bildschirmen umschalten. Gehen wir die Elemente des Panels von links nach rechts nacheinander durch.

- **Der ◄ Button**

  Ganz außen links befindet sich ein Schaltelement, mit dem man das Panel vom Monitorschirm entfernen kann. Es bleibt ein kleines Knöpfchen übrig, auf dem sich dieses ◄ Zeichen befindet. Wenn das Panel weggeschaltet wird, so befindet sich der Applikationsstarter (folgender Punkt) und die Fensterliste (übernächster Punkt) in der oberen linken Ecke des Monitors.

- **Applikationsstarter**

  Der Button, welcher sich neben dem ◄ Button befindet, ist der Applikationsstarter. Von hier aus können praktisch alle Applikationen gestartet werden. Es können alle *KDE*-Applikationen, aber auch alle Nicht-*KDE*-Applikationen gestartet werden. Manche der Einträge sind kaskadierende Menüs, deren Anwahl wieder ein Auswahlmenü zum Vorschein bringt. Solche Einträge sind auf der rechten Seite mit einem ► Zeichen versehen. Um ein Programm zu starten, muß man nur *einmal* den linken Mouse-Button betätigen, ein zweimaliges Betätigen startet das gewählte Programm auch zweimal. Dieses Verhalten ist etwas gewöhnungsbedürftig, aber schlüssig, wenn man bedenkt, daß eine Selektion ohne gleichzeitiges Starten des Programms wenig sinnvoll erscheint. Wenn man die *KDE*-Parameter eines Programms konfigurieren möchte, so geschieht das mit der rechten Maustaste, eine Unterscheidung in Mehrfachklicks und Einfachklicks erscheint auch unter diesem Aspekt überflüssig.

- **Fensterliste**

  Eine virtuelle Fensterverwaltung birgt einen Faktor der Unübersichtlichkeit in sich, denn um herauszufinden, welche Elemente sich in den einzelnen Fenstern befinden, bleibt einem nichts übrig, als in den entsprechenden Fenstern nachzusehen. Der *fvwm2*-Windowmanager löst das Problem, indem er den Oberflächeninhalt verkleinert nachbildet und den Namen der einzelnen Applikationen in den verkleinerten Fenstern darstellt. Diese Vorgehensweise ist jedoch nicht sehr befriedigend, denn wenn der Bildinhalt eines virtuellen Fensters sich langsam füllt, dann ist nicht mehr zu erkennen, was denn nun eigentlich in den nichtangezeigten Fenstern geschieht. Es bleibt einem wieder nichts anderes übrig, als eben nachzusehen. *KDE* hat das Problem anders gelöst. Der Button, welcher sich rechts neben dem Anwendungsmenüknopf befindet (er ist durch einen kleinen symbolischen Monitor gekennzeichnet), zeigt dem Benutzer den Inhalt aller virtuellen Fenster an. Es wird sogar der Aufrufbaum der Applikationen angezeigt, so daß man die jeweils aufrufende Applikation erkennen kann. Gerade wenn sehr viele Fenster offen sind, ist diese Eigenschaft eine Hilfe, sich im System zu orientieren.

5.2 Desktop

- **File-Browser-Button**

    Ein kleiner symbolischer Aktenschrank kennzeichnet diese Auswahl, hier kann ein File-Browser aufgerufen werden, der es einem ermöglicht, die Directory-Struktur von Linux zu durchwandern. Die Directories werden jeweils durch eine geöffnete Aktenmappe gekennzeichnet. Die Dateien werden durch unterschiedliche, der Funktion oder Art entsprechende Icons dargestellt. Auch hier gilt: Ein Klick genügt. Da Linux ein Multiuser-Betriebssystem ist, können natürlich den Dateien und Directories User-Rechte zugeordnet werden, selbstverständlich kann kein User sich auf diese Weise Rechte anmaßen, welche ihm nicht zustehen.

    Die folgende Gruppe von Eingabeelementen gehört zusammen und kann auch nur gemeinsam auf der Panel-Leiste verschoben werden.

* **Logout-Button**

    Dieser mit einem × gekennzeichnete Button erlaubt ein Beenden der *KDE*-Session. Das Zeichen ist schwer auszumachen, und nach meiner Meinung ähnelt es eher einer gekreuzten Messer- und Gabelkombination, aber darin eine semantische Verknüpfung sehen zu wollen fiel mir doch etwas schwer, vielleicht soll es bedeuten: »*Das Essen ist fertig, Rechner bitte ausschalten!*« Wenn dieses Element bedient wird, dann verdunkelt sich die Darstellung (ähnlich wie es bei Windows NT[c] geschieht), und dem Benutzer werden zwei Fenster angeboten: Eines zeigt die Applikationen an, deren Daten nach einem erneuten Programmstart nicht mehr restauriert werden können. Eine recht angenehme Eigenschaft von *KDE* ist es, daß alle offenen Applikationen bei einem neuerlichen Start wieder genau an der Stelle geöffnet werden, an der man diese verlassen hat. Allerdings gilt das nur für Applikationen, die von *KDE* unterstützt werden. Applikationen, welche dem *X*-Standard entsprechen, werden im unteren Fenster den Benutzer darauf aufmerksam machen, daß die Applikation zwar wieder gestartet werden kann, wenn *KDE* aufgerufen wird, aber die Eingabedaten können nicht wieder restauriert werden. Diese Applikationen werden also wieder gestartet. Eine dritte Gruppe von Programmen entsprechen nicht dem *X*-Standard, können also auch nicht erneut gestartet werden. *KDE* bleibt dann nichts weiter übrig, als den Benutzer auf diesen Umstand aufmerksam zu machen und diesem die Möglichkeit zu geben, diese Programme ordnungsgemäß zu beenden. Will man das tun, muß zuerst *cancel* und dann *logout* ausgeführt werden, nur so werden die Programme ordnungsgemäß beendet. Erst dann kann nach erneutem Bedienen des ×-Elements mit der Anwahl von *logout KDE* beendet werden. Da Linux ein Multiuser-System ist, wird natürlich nicht der Rechner selbst »heruntergefahren«, es wird nicht einmal die Sitzung des Benutzers selbst beendet, nein, es wird nur die *KDE*-Sitzung beendet. Das »Herunterfahren« kann in Linux nur der Superuser veranlassen (und es dauert auch signifikant länger als bei Windows, denn ein Unix-System muß wirklich etwas tun, wenn es »heruntergefahren« wird, und nicht nur eine irreführende Meldung produzieren).

* **Password-Schutz**
Dieser Button, der mit einem kleinen Vorhängeschloß gekennzeichnet ist, erlaubt es, den Benutzerschirm des Anwenders so zu sperren, daß nur durch die Neueingabe des Passwords die Sperre wieder aufgehoben wird. Das ist ein ausreichender Schutz gegen unbefugte Anwender, denn er schaltet den Bildschirm schwarz und zeigt ein kleines Fenster, in dem der Benutzer nach seinem Password gefragt wird. Will man diesen Schutz richtig nutzen, so sollte man den Systemadministrator bitten, die Tastenkombination *Ctrl-Alt-Backspace* zu deaktivieren, denn diese Eingabe fährt den Rechner auch herunter, wenn der Password-Schutz wirksam ist. Es kann zwar auch dann nicht auf die Daten des Benutzers zugegriffen werden, aber die nicht-gespeicherten Daten auf der *KDE*-Oberfläche gehen dabei verloren. Bei einem erneuten Starten des Rechners muß sich der User erneut authentifizieren.

* **Virtuelle Desktops**
Die mit »One«, »Two«, »Three« und »Four« gekennzeichneten Buttons erlauben die Anwahl sogenannter virtueller Arbeitsbereiche. Natürlich ist die Beschriftung sprachspezifisch, aber mein *KDE*-Desktop ist in englischer Sprache eingerichtet, daher sind die Bedienelemente auch alle in dieser Sprache beschriftet.
Die Eigenschaft, virtuelle Fenster verwalten zu können, ist besonders bei komplexen Aufgaben sehr nützlich. Während Windows oder OS/2$^{(c)}$ die geöffneten Fenster übereinander anordnen müssen, erlaubt es das unter dem *KDE*-Windowmanager liegende *X*-System, mehrere Desktops zu definieren, welche nach Belieben angewählt werden können. Windows- oder OS/2$^{(c)}$-Benutzern fährt beim ersten Mal, wenn sie das System benutzen, ein Schreck durch die Glieder, denn die nichtbenutzten virtuellen Fenster sind natürlich vor ihrer Benutzung leer. Es entsteht der Eindruck, daß der gesamte Inhalt des Arbeitsfensters sang- und klanglos verschwindet, wenn man das vir-

tuelle Fenster wechselt. Die Erleichterung ist groß, wenn man bei Anwahl des ersten Fensters feststellt, daß die Windows-Konfiguration wie aus dem Nichts wiederauftaucht.

Ein kleines Problem sollte an dieser Stelle nicht unerwähnt bleiben, das mir selbst schon Kosten verursacht hat: Wenn man sich in einem virtuellen Fenster in das Internet einwählt, zurückwechselt in das Arbeitsfenster, die bestehende Internet-Verbindung aber vergißt, dann freut sich die Deutsche Telekom, denn der Telefonzähler läuft weiter.

* **Hilfe**
Das nächste Bedienelement ist ebenfalls nur schlecht auszumachen, da sich aber eine Glühbirne in dem Icon zu befinden scheint, liegt es nahe, dort Hilfe oder das Hilfesystem zu erwarten. Und richtig, genau darum handelt es sich bei diesem Button. Die Hilfe ist äußerst professionell gestaltet, allerdings fehlen noch viele Teile. Es scheint so zu sein, daß die Entwickler zwar exzellente Programmierer sind, aber das Dokumentieren eher nachlässig behandeln. Das ist eine bekannte Informatiker-Krankheit. Das Dokumentieren der eigenen Arbeit ist eine lästige und daher meist vernachlässigte Arbeit.

* **Uhrzeit**
Ganz auf der rechten Seite des Panels findet sich die Uhrzeit. Schade eigentlich, *xclock* ist mir immer ein liebgewonnener Begleiter gewesen. Das kann *xclock* bleiben, denn auch wenn *xclock* kein *KDE*-Programm ist, wird es nach erneutem Aufruf wieder angezeigt. Man muß sich also nicht mit der spartanischen Zeitanzeige zufriedengeben.

- **Iconleiste**

Mit diesem Knopf können Sie Buttons neben den Desktop-Buttons plazieren, zum Beispiel Abkürzungen zu Ihrem Heimatverzeichnis, Ihrem Mülleimer, zum kvt-Terminalemulator und zu den Dokumenten, die Sie häufig benutzen.

- **Reißnagel**

Dieses Symbol, welches sich in der oberen linken Ecke eines jeden Fensters befindet, ist stilistisch von Sun geklaut, denn es zeigt den Sun-Reißnagel, mit dem ein Fenster auf der Oberfläche befestigt werden kann. Wird dieser Button betätigt, so bleibt das jeweilige Fenster auf der Oberfläche liegen, auch wenn ein anderer virtueller Schirm angewählt wurde. Diese Eigenschaft gibt es auch unter dem *fvwm*-Windowmanager, ebenfalls auf der linken Seite der Kopfleiste, dort ist es das Pluszeichen. Solche Bedienelemente sind natürlich auf Betriebssystem-Oberflächen wie OS/2$^{(c)}$ oder Windows nicht zu finden, da diese keine virtuellen Fenster kennen.

- **Kopfleiste**

  Die Kopfleiste eines jeden Fensters stellt ebenfalls ein Bedienelement dar. Man kann mit der Maus das Fenster auf der Schirmoberfläche verschieben, man kann das Fenster aber auch mit einem Doppelklick auf die Kopfleiste anzeigefüllend ausdehnen. Ein weiterer Doppelklick verkleinert das Fenster wieder auf seine ursprüngliche Größe.

  Für den Fall, daß die Kopfleiste so weit verkleinert wird, daß der Beschriftungstext nicht mehr Platz hat, haben sich die Entwickler von *KDE* etwas wirklich Nettes einfallen lassen. Anstatt die Schrift schlicht abzuschneiden, wandert sie in dem kleinen Anzeigerahmen hin und her, so daß man mit etwas Geduld immer den Titel lesen kann. Das ist eine dieser kleinen, aber wirklich sinnvollen Verbesserungen, die *KDE* bietet. Bleibt abzuwarten, wann *Microsoft*$^{(c)}$ das gleiche Verfahren anwendet. Es bleibt zu hoffen, daß dann nicht Linux und das *KDE*-Team des Abkupferns beschuldigt werden.

- **Minimize-, Maximize- und Close-Buttons**

  Ganz oben rechts auf der Kopfleiste befinden sich drei Buttons, die mit intuitiven Icons ausgestattet sind. Der linke von den dreien minimiert das Fenster, der mittlere maximiert es, und der rechte Button schließt das Fenster. Die letzten beiden sind problemlos anzuwenden, der mittlere Button besitzt die gleiche Funktionalität wie das zweimalige Anklicken der Kopfleiste. Aber der linke Button bringt das gesamte Fenster zum Verschwinden. Fragt sich natürlich, da das Fenster ja nicht geschlossen wurde: Wie kann man es wieder zur alten Größe expandieren? Zu diesem Zweck kann man die noch laufende Applikation im Fenstermenü mit der Maus anwählen, und es erscheint wieder in alter Größe.

  Die Fenster können mit Hilfe der Kopfleiste bewegt werden, dieser Prozeß ist mittlerweile so bekannt, daß er hier nicht näher erläutert werden soll. Besitzt ein Fenster eine *KDE*-Menüleiste (das haben beileibe nicht alle Fenster), so kann diese Menüleiste »*abgerissen*« werden. Das linke äußere Feld, ein etwa zwei Millimeter breiter genoppter Streifen, erlaubt es, das Menü vom Fenster zu entfernen. Das scheint ein überflüssiges Gadget zu sein, kann aber recht nützlich sein, denn dadurch können in einem Fenster zwei Textzeilen mehr dargestellt werden. Wenn man das aktive Fenster wechselt, so verschwindet das vom Originalfenster losgelöste Menü. Will man das Menü wieder an seinen alten Platz bewegen, so braucht man das Menü nur an die dafür vorgesehene Stelle zu führen, und es schnappt sichtbar an seinem alten Platz wieder ein.

5.2 Desktop

Der Filemanager besteht aus insgesamt drei Menüleisten, die alle auf diese Weise von ihrem Hauptfenster getrennt werden können.

- **Hilfe-Button**

  Jedes *KDE*-Fenster verfügt über einen Hilfe-Button. Aber auch über die Oberfläche selbst erhält man beim Drücken der rechten Mouse-Taste ein Menü, indem man Hilfe anwählen kann. Die Hilfe selbst wird in einem *KDE*-eigenen HTML-Browser dargestellt, ist sehr professionell aufgemacht, leider jedoch noch wenig vollständig.

- **Die Fensterliste**

  Bewegen Sie Ihre Maus in die obere linke Ecke des Bildschirms. Dort können Sie einen Button für jedes offene Fenster finden. Klicken Sie einfach auf den Button, der dem Fenster, das Sie öffnen möchten, entspricht. Das ist eine Alternative zur Fensterliste auf dem KDE-Panel.

5.2.4 TkDesk

Der Filemanager von Tcl/Tk ist auch für Windows-Nutzer leicht zu erlernen. Abb. **5.12** zeigt die Oberflächenstruktur dieses Managers. Er ist leicht und intuitiv zu bedienen. Man kann jeder Applikation genau wie bei Windows-Betriebssystemen ein Programm zuweisen, mit dem dieses Objekt geöffnet werden kann.

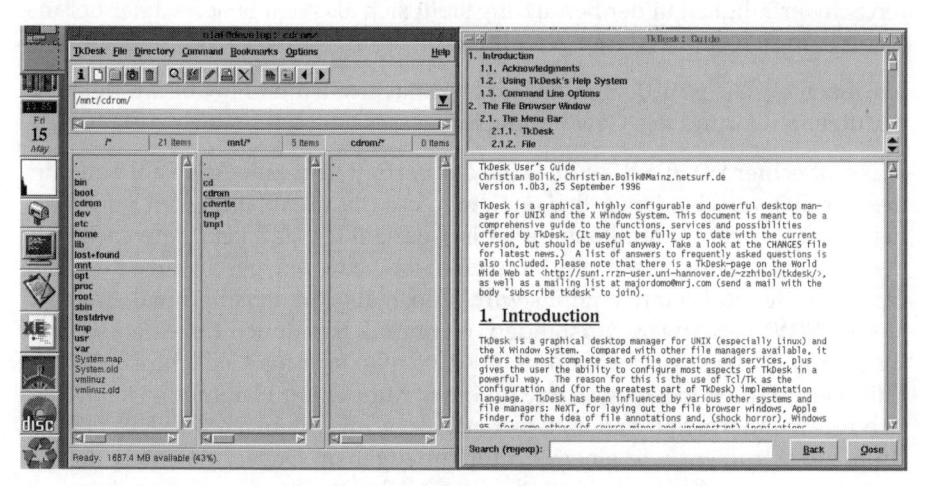

Abbildung 5.12: Der Filemanager von Tcl/Tk

Allerdings ist Tcl/Tk nicht einfach zu programmieren. Wenn Ihnen die Benutzung des TkDesk-Programms reicht, so benötigen Sie keine besonderen Programmierkenntnisse. Allerding kann Tcl/Tk viel mehr und ist immer noch die erste Wahl, wenn es darum geht, in einem Unix-System ein Frontend für eine Datenbasis zu schreiben. Eine wunderbare Einführung in die Programmierung von Tcl/Tk ist das Buch vom Kreator der Programmierumgebung selbst, *John K. Ousterhout* [30].

5.3 DTP

Auf dem Sektor »*Desktop Publishing*« werden unter Linux zwar eine große Zahl an Produkten angeboten, aber die Meinungen über Güte und Einsatzfähigkeit dieser Pakete sind doch gespalten.

Natürlich ist auch das Feld DTP sehr weit gesteckt, denn es erstreckt sich von einem einfachen WYSIWYG-Editor bis zu Layout-Programmen wie QuarkXpress und Framemaker. Die für Linux angebotene Software liegt irgendwo dazwischen. Für das Betriebssystem Linux existieren eine Unzahl von Editoren, die aber eher für die Systemadministration gedacht sind und dem normalen Benutzer, ich denke hier an einen Sekretär oder eine Sachbearbeiterin, kalte Schauer über den Rücken laufen lassen. Vi oder gar emacs sind nicht gerade Editoren, die man mit dem Prädikat »*benutzerfreundlich*« auszeichnen würde. Allerdings verfügen gerade diese Produkte über Eigenschaften, welche einem Mitglied der schreibenden Zunft ungeheuer hilfreich sind. Und deren Schwerfälligkeit in der Benutzung stellt sich als recht beherrschbar heraus, wenn man sich einmal daran gewöhnt hat.

Ich möchte gleich zu Beginn auf einen Anachronismus hinweisen, der dem Benutzer auf Grund des Gewöhnungsprozesses aber kaum noch auffällt.

Was ein rechter WYSIWYG-Editor ist, der verfügt über eine Auswahl von mindestens 500 verschiedenen Bedienelementen, die in Abhängigkeit voneinander konfiguriert werden können. Es ist sonnenklar, daß kein Anwender auf der Welt diese riesige Zahl von Möglichkeiten bedienen, geschweige denn alle Optionen memorisieren kann. Es wird jedoch als Qualitätsmerkmal einer guten WYSIWYG-Software verstanden, wenn das Handbuch für einen solchen Editor mindestens 500 Seiten umfaßt. Ruft man sich ins Gedächtnis, daß ein Editor ein Handwerkszeug ist wie für einen Maurer der Hammer, so kann man sich nur wundern, daß es dem Anwender so schwer gemacht wird, mit einem simplen Instrument wie einem Editor umzugehen. Dabei erleichtert die Bedienung dieser Editoren keinesfalls die tägliche Arbeit, sie verkompliziert sie eher (siehe Seite 22) und bietet Möglichkeiten an, die der Benutzer nur alle heilige Zeiten benötigt und die ansonsten nur im Gedärm der Software schlummern, viel Platz und Rechenzeit verbrauchen, aber kaum jemals nützlich sind. Es scheint heute kaum mehr jemandem aufzufallen, aber der Platzbedarf eines

Office-Pakets liegt heute in der Größenordnung einer Großrechenanlage der späten 80er Jahre. Während meiner Studienzeit wurde das gesamte Institut für Informatik von einer Rechenanlage bedient, die über eine Festplattenkombination von 600MB verfügte. Die Programme, die heute angeboten werden, sind einfach nur schlecht konzipiert, man bedient sich Programmgeneratoren, ohne sich jemals beim Erzeugen des vermarktbaren Codes um die Effizienz, sei es nun des verbrauchten Platzes oder der Zeit, zu kümmern. Auf die Schachtel wird einfach der lapidare Hinweis geschrieben: »*Benötigter Festplattenplatz 350MB, Speicherbedarf 32MB*«. Damit hat sich der Kunde zufriedenzugeben und nötigenfalls die geforderten Hardware-Bedingungen zu schaffen.

Wenn diese Wunderwerke der Software-Technologie nun wenigstens in der Lage wären, auch größere Projekte zu verwalten, dann könnte man diese Funktionenvielfalt und den immensen Speicherhunger noch irgendwie entschuldigen, aber genau das können sie alle nicht, diese schön anzusehenden Briefeschreiber-Software-Produkte. Wer jemals versucht hat, mit einem WYSIWYG-Editor ein Buch oder eine wissenschaftliche Abhandlung zu schreiben, wird mir zustimmen (es sei denn, er ist total infiziert von dem *Do it yourself*-Layout-Prozeß). Man verliert die Geduld, wenn nicht noch einiges mehr. Die Formeleditoren taugen absolut nichts, außer man will eine Einführung ins Rechnen der Grundstufe der Volksschule verfassen. Aber auch bei der Produktion eines Buches sind diese Dinger eher hinderlich. Die Kapitel können nicht getrennt werden, ohne daß der Editor ab sofort keine Seitenreferenzen mehr richtig auflösen kann (wenn er das denn überhaupt jemals konnte). Wer jedoch den Versuch unternimmt, mit diesen voluminösen Instrumenten ein 500seitiges Werk in einer einzigen Datei zu verwalten, der sollte sich vielleicht ein oder zwei Sitzungen bei seinem Psychiater reservieren lassen, er wird sie brauchen. Das leider schon oft gehörte Argument vieler Verlage ist: »*Sie brauchen den Text ja **nur** im Text-Format abzugeben, den Rest machen unsere Setzer, die können das Format verarbeiten.*« Da fragt man sich aber doch, warum dann die 500 Knöpfchen und Features in der Software enthalten sind, wenn man sie nicht nutzen kann.

Einen wichtigen Umstand gilt es noch zu erwähnen: Versuchen Sie einmal, einen Brief, den Sie vor 8 Jahren mit einem dieser WYSIWYG-Editoren schrieben, in die neueste Version des gleichen Editors einzulesen. Sie werden sich wundern. Wenn Sie nicht die alte Version des Editors aufgehoben haben, dann haben Sie äußerst schlechte Karten. Aber selbst dann kann es geschehen, daß die neue Betriebssystem-Software die Ausführung des alten Programms verweigert. Und was machen Sie dann? Am besten heben Sie sich nicht nur die Editorversion auf, heben Sie doch den Computer gleich mit auf, dann können Sie die Daten gewiß noch lesen. Ist doch recht platzsparend, so ein Schreib-Computer, oder etwa nicht?

Es stellt sich also heraus, daß man die riesige unübersichtliche Menge an Funktionen für die tägliche Korrespondenz nicht benötigt, weil diese für größere Projekte vorgesehen ist, aber diese größeren Projekte können wegen der Instabilität der Umgebung leider nicht realisiert werden.

Sehen Sie sich um, und zählen Sie in Ihrem Bekanntenkreis die voluminösen WYSIWYG-Editoren, die nur als simple Briefschreiber-Instrumente verwendet werden, Sie werden feststellen, daß die überwiegende Mehrheit dieser Editoren genau dafür eingesetzt wird. Wieviel Leute kennen Sie eigentlich, die sich für den täglichen Einkauf einen Baukran mit 31 Gängen gekauft haben und immer einen Kranführer bereithalten, der sie zum nächsten Aldi-Markt fährt, um die Edition des neuesten Zitronenjoghurt zu holen?

»*Aber die Vorlagen-Funktion ist doch sooo hilfreich, alle Briefköpfe werden damit so wunderbar.*« Das Argument habe ich ebenfalls noch nie nachvollziehen können, denn was ist das für eine Firma, welche sich die Briefköpfe selbst druckt, das sieht nicht nur bescheiden aus, diese Briefköpfe haben auch die Tendenz, andauernd geändert zu werden. Das macht dann immer einen besonders guten Eindruck auf den jeweiligen Geschäftspartner, wenn er bei jeder Korrespondenz mit Ihrer Firma einen neuen Briefkopf bewundern kann. Auch ein nagelneuer Farbdrucker läßt Ihre Firmen-Briefköpfe nicht professionell aussehen.

Die Entwicklung Software-Technologie befindet sich auch heute noch auf dem Stand der 60er und 70er Jahre, damals wurden die Technologien entwickelt, derer man sich heute noch bedient. Die Software von heute verwendet nur mehr davon. Aber zwei Pfund Salami ist nur das Doppelte von einem Pfund Salami, keinesfalls jedoch eine neue Wurstsorte. Die Informatik ist eine Wissenschaft. Als solche sollten ihre Ergebnisse objektivierbar sein. Daß es auch in der Informatik Modeströmungen gibt und Züge (manchmal Bummelzüge), auf welche eine große Anzahl Wissenschaftler und Industrievertreter ohne Bedenken aufspringen, ist unbestritten.

Es wäre an der Zeit, daß der Software-Konsument endlich *seine* Forderungen, die er an Software stellt, artikuliert, anstatt sich jedes verspielte Tool (so heißt das ja heute) vom Hersteller aufs Auge drücken zu lassen. Auch ein schwänzelnder oder sich drehender Cursor kostet schließlich Rechenzeit und Speicherplatz. Niemand würde für eine Autowäsche die dreifache Summe bezahlen, bloß weil der Wasserstrahl rosettenförmig über das heilige Blech bewegt wird, warum lassen wir uns dann eigentlich die Verspieltheiten der Software-Produzenten gefallen und zahlen auch noch teures Geld dafür?

5.3.1 LaTeX

LaTeX ist auf allen Plattformen verfügbar, und es ist seit seinen Anfangstagen ein kontrovers diskutiertes Produkt, bei dem es entweder Liebhaber und Enthusiasten oder eingeschworene Gegner gibt.

LaTeX ist für bestimmte Unternehmensbereiche ein beinahe unverzichtbares Werkzeug, mit dem Manuskripte, Bücher und auch Zeitungen gesetzt werden können, allerdings ist LaTeX nicht einfach zu erlernen und auch etwas gewöhnungsbedürftig in der Bedienung. Wir werden hier auch nicht einen Crash-Kurs in LaTeX veranstalten, denn dafür gibt es ausreichend erstklassige Literatur, speziell *H. Kopka* [23] [24] [25], *Michel Goossens, Frank Mittelbach, Alexander Samarin* [29]. Wir wollen uns hier nur mögliche Einsatzgebiete ansehen, so daß Sie entscheiden können, ob LaTeX eine Alternative für Ihre Unternehmung sein kann.

LaTeX ist ein Satzsystem, welches von *Leslie Lampport* [27], basierend auf dem System TeX von *Donald E. Knuth* [20], entwickelt wurde. Wer wirklich riesige Textmengen setzen muß, kommt um LaTeX und damit um TeX nicht herum. TeX selbst ist für die Thematik des Buches nicht interessant, da es viel zu komplex strukturiert ist, um für den praktischen Einsatz empfohlen werden zu können.

Leslie Lamport hat eine vereinfachte, handhabbare Form von TeX entwickelt, LaTeX, welches für den Satz von Büchern ausgezeichnet geeignet ist. Es eignet sich für Unternehmungen, die sich mit der Übersetzung von Texten beschäftigen, aber auch für die Handbucherstellung ist LaTeX ein mögliches Einsatzgebiet. Man kann sogar Farbauszüge über das Satzsystem herstellen, das ist jedoch nicht gerade einfach, recht gewöhnungsbedürftig und entspricht wohl auch nicht mehr dem neuesten Stand der Technik.

Es ist klar, daß dieses Buch auch mit LaTeX gesetzt wurde, und so können Sie selbst beurteilen, ob LaTeX ein professionelles und angenehmes Layout erzeugen kann.

LaTeX wird das Layout von verschiedenen Parametern vorgegeben, die man besser akzeptieren sollte, ansonsten muß man sich in die Tiefen von TeX einarbeiten, auf dem LaTeX basiert, und das sollte man besser Experten überlassen. LaTeX verfügt über jedes Stilelement, welches für das Erstellen von Büchern erforderlich ist, man kann beliebige Referenzen erzeugen, die vom System automatisch aufgelöst werden. Wenn Sie dieses Buch unter diesem Aspekt untersuchen, so werden Sie viele dieser Referenzen finden, sei es auf Abbildungen, Tabellen, Kapitel oder gar Textstellen mit Seitenangabe. Das ist nicht selbstverständlich, weil Textreferenzen mit reinen Satzsystemen wie *QuarkXpress* oder *Framemaker* nicht so ohne weiteres zu erzeugen sind, da die Texterfassung von der Phase des Layouts vollständig getrennt ist und man es dem Layouter nicht zumuten kann, die Seitenreferenzen entsprechend nachzubessern. Normale WYSIWYG-Editoren sind aus dem gleichen Grunde nicht in der Lage, Seitenreferenzen zu verwalten. Aber gerade ein technisches Fach- oder Sachbuch sollte Textstellen und Seitenreferenzen verwalten können, da man es dem Leser nicht zumuten kann, nach Textstellen nach der Methode »*Wie wir weiter vorne schon gesehen haben*« oder »*Wie wir weiter hinten noch sehen werden*« suchen zu lassen. Leider hat sich diese Unsitte gerade beim Satz von Fachbüchern epidemieartig verbreitet, und es werden heute sogar schon Sachbücher über Linux angeboten, die mit Editoren wie Word for Windows oder StarOffice erstellt werden. Auf dem Gebiet der Architektur gibt es eine so schöne Maxime – »*forms follow function*« – wieso gilt das eigentlich in der Applikationsprogrammierung nicht?

Wer mit LaTeX ein Manuskript zur Publikation erzeugen will, benötigt einen Editor, denn LaTeX ist ein reines Satzsystem, mit dem keine Zeile Text erzeugt werden kann. Editoren gibt es zur Genüge. Man denkt sofort, daß hier die WYSIWYG-Editoren eingesetzt werden können. Das könnte man, aber das ist wenig sinnvoll, da die Formatierung des WYSIWYG-Editors nichts, absolut gar nichts mit dem endgültigen Satz zu tun hat. Besser ist es, man verwendet einen Text-Editor, wie sie für Unix und Linux haufenweise zu finden sind. Diese Editoren erzeugen ASCII-Text ohne Formatierungsinformation, sie eignen sich daher besonders für LaTeX, weil sie dem Satzsystem nicht »ins Geschäft« hineinregieren.

LaTeX ist gewöhnungsbedürftig, aber die Grundfunktionen sind relativ einfach zu erlernen. LaTeX ist nach dem Baukasten-Prinzip aufgebaut und verfügt in der Grundausbaustufe nur über wenige Funktionen, die alle leicht zu erlernen sind. Man braucht immer nur die Bausteine zu importieren, die in einem Text auch tatsächlich gebraucht werden. In Beispiel 5.1 finden Sie die einzelnen Module, welche für den Satz dieses Buches notwendig waren. Damit das Beispiel nicht vollständig kryptisch bleibt, will ich einige wenige Einzelheiten etwas näher beleuchten.

Beispiel 5.1 *Die Steuerdatei dieses Buches*

```
\documentclass[german, 10pt]{chv}
\usepackage[german]{hmac}
\usepackage{german}
\usepackage{amsmath}
\usepackage{amssymb}
\usepackage{makeidx}
\usepackage{pictex}
\usepackage{umlaut}
\usepackage{a4}
\usepackage{latexsym}
\usepackage{theorem}
\usepackage[dvips]{epsfig}
\hoffset-1in    % compensate the driver margins
\voffset-1in
```

5.3 DTP

```
\def\arraystretch{1.2}

\setlength{\parindent}{0ex}
\pagestyle{headings}
\makeindex
\makeglossary

\newcommand{\longpage}{\enlargethispage{\baselineskip}}
\newcommand{\shortpage}{\enlargethispage{-\baselineskip}}
...
\newcommand{\ttt}[1]{{\tt #1}}
...
\theoremstyle{plain}
\newtheorem{beispiel}{\bsp{Beispiel}}[chapter]
\newtheorem{kd}{\kde{Klassendefinition}}[chapter]
\newcounter{com}%
\newsavebox{\comname}
\newenvironment{comment}[1]%
{\begin{sloppypar}\noindent\stepcounter{com}\sl Kommentar \arabic{com}
    \sbox{\comname}{#1} \begin{quote}\small\it}%
    {\hspace*{\fill}\usebox{\comname}\end{quote}\end{sloppypar}}
\theoremstyle{break}
\newtheorem{satz}{Satz}[section]
{
\setlength{\hoffset}{1cm}\hoffset-1in
\parsep 20pt
\it
}
\def\src{"}
\newenvironment{srccode}
{\list{}{
\rightmargin\leftmargin
\raggedright
\itemsep 0pt
\parsep 0pt
\ttfamily
}%
\item[]
}

\hoffset-1in      % compensate the driver margins
\voffset-1in
\font\fa=cmcsc10  scaled 1440
...
\def\Li{\autor{Linux}\index{Linux}}
\title{Linux im kommerziellen Einsatz}
\author{Dr. Olaf Borkner-Delcarlo\thanks{Tel: 0039-51-8350-14}}
\begin{document}
\maketitle
\bibliographystyle{abbrv}
\cleardoublepage
\include{vorwort}
\cleardoublepage
\tableofcontents
\cleardoublepage
```

```
\listoffigures
\cleardoublepage
\listoftables
\setlength{\parskip}{1ex plus 0.2ex minus 0.2ex}
\cleardoublepage
\setcounter{chapter}{-1}
\include{einleitung}
\include{part01}
\setcounter{chapter}{0}
\include{hardware}
...
\begin{appendix}
\include{appendixa}
...
\end{appendix}
\include{glossar}
\bibliography{/home/olaf/books/literature/lit}
\label{doc:END}
\cleardoublepage
\printindex
\end{document}
```

Die folgende Zeile bedeutet, daß als Dokumentenklasse eine Klasse mit Namen chv Verwendung findet, diese Klasse ist ein Styleguide, den ich für den *Carl Hanser* erstellt habe, da der Verlag spezielle Einzelheiten im Layout in einer von der Vorgabe abweichenden Form verlangte. An dieser Stelle stehen normalerweise Parameter wie *book, letter, article* oder *report*.

```
\documentclass[german, 10pt]{chv}
```

Die Schriftgröße soll 10 pt betragen, und die Sprache ist Deutsch. Das bezieht sich auf die Umlaute und die Trennregeln.

Die nächsten Zeilen geben Pakete an, welche von LATEX importiert werden sollen. So bedeutet der Paketname *makeidx*, daß ein Index und die damit nötigen Befehle bereitgestellt werden. Die Pakete für die Seitengröße, die Umlaute und die Einbindung von Postscript-Bildern sind leicht zu identifizieren.

```
\usepackage[german]{hmac}
\usepackage{german}
\usepackage{amsmath}
\usepackage{amssymb}
\usepackage{makeidx}
\usepackage{pictex}
\usepackage{umlaut}
\usepackage{a4}
\usepackage{latexsym}
\usepackage{theorem}
\usepackage[dvips]{epsfig}
```

Wir wollen hier keinen LATEX-Kurs folgen lassen, dennoch glaube ich, daß die Komplexität von LATEX einigermaßen zur Geltung gekommen ist.

Eine Aufzählung sieht in einem LATEX-Dokument wie folgt aus:

Beispiel 5.2 *Eine Aufzählungs-Umgebung*

```
\begin{enumerate}
\item {\Li} als \ttt{File- und Print-Server}.
\item {\Li} als Datenbank-Server.
\item {\Li} als Web-Server.\label{item:Web}
\end{enumerate}
```

Das Beispiel 5.2 zeigt einige Möglichkeiten von LaTeX auf. Es wird beispielsweise eine Marke definiert, die im Text an jeder Stelle mit \ref{item:Web} oder \pageref{item:Web} referenziert werden kann. Die letzte Referenz löst die Seitenzahl auf, an der sich die Marke befindet. Die Stelle *File- und Print-Server* wird mit der Anweisung \ttt{File- und Print-Server} als `File- und Print-Server` ausgegeben. Im Beispiel 5.1 ist in Auszügen die Steuerdatei angegeben, welche für das vorliegende Buch verwendet worden ist. Ich habe die Original-Steuerdatei natürlich stark gekürzt und nur die Teile beibehalten, welche im Beispiel 5.2 verwendet werden.

Wem das jetzt zu unübersichtlich erscheint, dem sei versichert; die reine Texterfassung gestaltet sich wesentlich einfacher, als bei den normalen WYSIWYG-Editoren. Hat man sich erst einmal an diese Art der Formatierung gewöhnt, so stellt man sogar fest, daß die Arbeit viel schneller von der Hand geht, da man keine firmenspezifischen Befehlsfolgen erlernen muß.

Wie Sie an dem Beispiel dieses Buches sehen können, lassen sich auch Bilder, Fotos und eigene Zeichnungen in den Text einbauen. Eine Unternehmung, welche sich mit dem Erzeugen von Büchern beschäftigt, ist mit LaTeX gut beraten. LaTeX ist vor allem in wissenschaftlichen Publikationen sehr beliebt, weil mathematische Formeln mit keinem anderen Satzsystem so professionell gestaltet werden können.

Beispiel 5.3 *Ein komplexes Beispiel einer mathematischen Formel*

$$\sum_{p_1<p_2<\cdots<p_{n-k}}^{(1,2,\ldots,n)} \Delta \begin{matrix} p_1 p_2 \cdots p_{n-k} \\ p_1 p_2 \cdots p_{n-k} \end{matrix} \sum_{q_1 q_1 < \cdots q_k} \begin{vmatrix} a_{q_1 q_1} & a_{q_1 q_2} & \cdots & a_{q_1 q_k} \\ a_{q_2 q_1} & a_{q_2 q_2} & \cdots & a_{q_2 q_k} \\ \cdots & \cdots & \cdots & \cdots \\ a_{q_k q_1} & a_{q_k q_2} & \cdots & a_{q_k q_k} \end{vmatrix} \quad (5.1)$$

$$V_n^m = \prod_{i=0}^{m-1}(n-i) = \underbrace{n(n-1)(n-2)\cdots\overbrace{(n-m+1)}^{\alpha\beta\gamma}}_{\text{insgesamt } m \text{ Faktoren}} = \frac{n!}{(n-m)!} \quad (5.2)$$

Eine Formel wie in Beispiel 5.3, ist kaum mit einem gewöhnlichen Formeleditor zu setzten. Übrigens ist TeX, auf dem LaTeX basiert, von *Donald E. Knuth* genau zu diesem Zweck erfunden worden, denn er ärgerte sich darüber, daß Formeln in wissenschaftlichen Texten handschriftlich eingegeben werden mußten.

Die Vorteile, welche LaTeX bietet und die auch von sehr vielen Verlagshäusern genutzt werden, sind:

- Man kann vollständig auf die verlagseigene Satzerstellung verzichten. Das bringt eine enorme Kostenersparnis.

- Hat man sich für den eigenen Verlag einmal einen sogenannten Styleguide erstellen lassen, so ist die Handhabung für den Autor recht einfach, und das Erscheinungsbild der Publikationen bleibt immer gleich. Der Wiedererkennungswert der Bücher, die ein Verlag herausgibt, ist dadurch sehr hoch.

- Der Autor kann mit geringem Mehraufwand die Gestaltung seines Buches weitgehend selbst bestimmen.

Als Nachteil schlägt zu Buche, daß nur wenige technisch interessierte Autoren zu bewegen sind, sich in die Materie des Satzes etwas einzuarbeiten. Das ist gerade im technischen Bereich und speziell auf dem Sektor Computer- und Software-bezogener Bücher ziemlich traurig, denn gerade auf diesem Feld sollte es an interessierten Autoren nicht mangeln. Die mangelnde Bereitschaft vieler Autoren, sich in LaTeX einzuarbeiten, führt leider dazu, daß gerade technisch orientierte Bücher immer simpler strukturiert und schlechter zu lesen sind.

LaTeX ist ein professionelles Satzsystem, welches unter fast allen Betriebssystemumgebungen zur Verfügung steht. „Fast" bedeutet hier nur, daß mir nicht bekannt ist, ob es ein Betriebssystem gibt, auf dem LaTeX nicht existiert. Insofern eignet sich LaTeX natürlich hervorragend, das Layout der unterschiedlichsten Typen von Publikationen eines Verlages zu vereinheitlichen (Belletristik, technische und wissenschaftliche Literatur). Das Satzsystem LaTeX kann Dokumente von mehreren tausend Seiten ohne Probleme verwalten. Der gesamte Umfang von LaTeX ist äußerst komplex und auch nicht immer einfach zu verstehen und kann daher auch nicht in wenigen Seiten erläutert werden. Glücklicherweise ist der Lernaufwand direkt proportional zum Komplexitätsgrad der zu erstellenden Publikation.

Arbeitet man öfter mit LaTeX, so bleibt es nicht aus, daß man sich über die komplexer werdenden Umgebungen und Fähigkeiten der einzelnen Pakete informieren will. Zum Thema LaTeX existiert eine ganze Reihe von Büchern und Artikeln, die hier nicht alle aufgezählt werden können. Gute Literatur für den Einstieg in LaTeX und auch für das Erwerben von Expertenwissen ist im folgenden angegeben: *Leslie Lamport* [27], *Helmut Kopka* [23], [24], [25], *Michael Goossens, Frank Mittelbach, Alexander Samarin* [29].

Im professionellen Bereich ist LaTeX das vorherrschende Satzsystem, zumindest gilt das für den Wissenschaftsbereich. Im Felde der Mathematik ist LaTeX das einzige nennenswerte Satzsystem überhaupt. Ernstzunehmende Formeleditoren existieren bei anderen verfügbaren Editoren praktisch nicht. Formeln wie die auf Seite 169 sind mit den gängigen Formeleditoren nicht oder nur unzulänglich zu realisieren.

Auch das Aufkommen von WYSIWYG-Editoren konnte LaTeX für ernstzunehmende Publikationen nicht verdrängen, eine professionelle und vor allem einheitliche Textgestaltung ist ohne LaTeX einfach nicht vorstellbar. Es gibt genügend Verlage, die aus gutem Grund zwingend LaTeX als Satzsystem vorschreiben.

Es ist ein leider weitverbreiteter Irrglaube, daß man als Autor bei Verwendung eines WYSIWYG-Editors (beispielsweise *Word for Windows, DeScribe, Wordperfect, Starwriter*) die Fähigkeiten eines Metteurs (in Neudeutsch Layouter) gleich mitgeliefert bekommt. Das Gestalten eines Layouts ist ein Beruf, der erlernt werden muß. Kein WYSIWYG-Editor kann diese Kenntnisse „on the fly" vermitteln. LaTeX ist nach den Richtlinien des Layouts des Verlagswesens konzipiert worden und nimmt dem Autor das korrekte Formatieren seines Textes fast vollständig ab. Genauso wichtig ist jedoch: LaTeX suggeriert keine Fähigkeiten, die in Wahrheit überhaupt nicht automatisiert werden können. Das Einbauen von Bildern und die Umbrucheigenschaft von Absätzen ist hierfür ein exzellentes Beispiel, denn das läßt sich schlichtweg nicht automatisieren, auch wenn fast alle WYSIWYG-Editoren einen solchen (nichtfunktionierenden) Automatismus vorschlagen.

Ein Beispiel für ein weitverbreitetes Mißverstehen von Layout-Mechanismen soll im folgenden beschrieben werden:

Die WYSIWYG-Editoren schlagen einen besonderen Umbruch-Mechanismus vor, der etwas anzüglich als *Hurenkinder* und *Schusterjungen* bezeichnet wird. Dabei bleibt die Seitengröße konstant, und den Absätzen wird mitgeteilt, daß sie sich an einer bestimmten Stelle (Restzeilen) trennen sollen, um auf der folgenden Seite fortgesetzt zu werden. Diese Vorgehensweise wird gewählt, weil die WYSIWYG-Editoren keine Möglichkeit haben, den bedruckbaren Bereich innerhalb des Textes umzudefinieren.

Das Layout-System von LaTeX erlaubt es jedoch, den bedruckbaren Bereich einer Seite zu vergrößern (oder auch zu verkleinern), um solche Merkwürdigkeiten wie *Hurenkinder* und *Schusterjungen* gar nicht erst entstehen zu lassen. Dabei handelt es sich immer nur um eine Seitenveränderung im Bereich von wenigen Millimetern, die vom Leser optisch nicht wahrgenommen wird. Die *Hurenkinder* und *Schusterjungen* haben sich jedoch seit dem Aufkommen der WYSIWYG-Editoren so eingebürgert, daß die meisten Autoren der Ansicht sind, das sei Stand der Technik.

Das Plazieren von Abbildungen ist ein äußerst komplexer Prozeß, der nur in den wenigsten Fällen vom Autor korrekt festgelegt werden kann. Die *Hurenkinder*- und *Schusterjungen*-Regelung kann, in Verbindung mit Abbildungen, zu widersprüchlichen Forderungen an das Layout führen, welche gemeinsam nicht zu erfüllen sind. Kommen dann noch mathematische Formeln hinzu, dann kann man sich als Autor weder darauf verlassen, daß die vorgeschlagene Formatierung korrekt erfolgt, noch kann man davon ausgehen, daß die auf dem Monitor angezeigte Seite auf dem Papier wie dargestellt erscheint. Mathematische Darstellungen im fließenden Text wie beispielsweise $\frac{sin(\alpha)}{cos(\beta)}$ können von keinem WYSIWYG-Editor vernünftig behandelt werden.

Auch Textstellenumrahmungen sind mit **WYSIWYG**-Editoren nur über Umwege zu realisieren, stellen für LATEX jedoch kein Problem dar, wie man sehen kann.

LATEX ist in seiner Leistung wohl durch kaum ein anderes Satzsystem zu übertreffen, die Benutzung muß aber erlernt werden. Allerdings ist der notwendige Befehlssatz für den Großteil aller Publikationen recht einfach strukturiert. Bedenkt man jedoch, daß die Bedienung von WYSIWYG-Systemen ebenfalls erlernt werden muß und daß die Anzahl der Bedienelemente bei den heute gängigen Editoren in der Größenordnung von mehreren Hundert liegt (*Word, Wordperfect, DeScribe, StarWriter*), so ist LATEX vergleichsweise einfach zu erlernen.

LATEX ist *kein* Editor, sondern ein echtes Satzsystem. Das bedeutet, die Texterfassung muß mit einem Editor geschehen, dabei müssen vom Autor die Formatierungsbefehle mit in den Text integriert werden. Welcher Editor dabei zum Einsatz kommt, ist unerheblich, es kann auch *Microsoft-Word* sein, dabei ist nur zu beachten, daß der Text keinerlei Formatierungen seitens *Word* enthält. *Unix*-Benutzer werden aller Wahrscheinlichkeit nach den verbreiteten *Emacs* verwenden wollen, aber prinzipiell kann jeder Editor eingesetzt werden. LATEX übersetzt dann den Text und liefert als Ausgabe eine sogenannte *dvi*-Datei. Die Datei beinhaltet ein *Device Independent* (geräteunabhängiges) Format, das in viele verschiedene Ausgabeformate umgewandelt werden kann. Dabei kann die Auflösung in weiten Grenzen frei gewählt werden. Diese Eigenschaft ist gerade für den Photosatz von besonderer Bedeutung, weil dann der Verlag die hohe Auflösung, die der Film zuläßt, auch wirklich nutzen kann.

LATEX ist relativ einfach zu benutzen und bietet zudem Vorteile, die allenfalls von *Interleaf* erreicht werden (allerdings unter Inkaufnahme von extrem hohen Kosten).

LaTeX ist modular aufgebaut, das bedeutet: Ist der Komplexitätsgrad eines Textes gering, so ist auch der Lernaufwand entsprechend gering. Unter Komplexitätsgrad wird hier verstanden, ob Referenzen, mehrere Zähler, Index und Inhaltsverzeichnis, Bilder und Literaturverzeichnisse verwaltet werden müssen. Allerdings steigt erfahrungsgemäß mit wachsendem Komplexitätsgrad des Textes auch die Bereitschaft des Autors, sich in die neu zu lernende Umgebung von LaTeX einzuarbeiten. Der Satz mathematischer Formeln ist nicht einfach, kann aber befriedigend eigentlich nur mit LaTeX bewältigt werden.

Die Formeln aus Beispiel 5.3 bedürfen schon eines LaTeX-Experten, um fehlerfrei gesetzt zu werden, allerdings wird man mit einem normalen WYSIWYG-Formeleditor diese Ausgabe wohl kaum bewerkstelligen können.

5.3.2 Warum LaTeX?

Für den Einsatz von LaTeX spricht vor allem der professionelle Satzspiegel, den LaTeX erzeugen kann. Ein weiterer unschätzbarer Vorteil von LaTeX ist, daß die Formatierung auf einer rein textbasierten Darstellung beruht. Ein LaTeX-Dokument, welches vor zehn Jahren erstellt worden ist, kann heute immer noch bearbeitet und übersetzt werden. Der Text kann leicht durch die *Suchen/Ersetzen*-Funktion eines beliebigen Editors von den Formatierungsbefehlen befreit werden, so daß dieser auch von einem WYSIWYG-Editor eingelesen werden kann (obwohl das eher ein Rückschritt in der Bearbeitung des Textes ist).

Betrachtet man als Gegenbeispiel WYSIWYG-Editoren, so kann der Autor nicht sicher sein, daß er einen einmal geschriebenen Text in zwei oder drei Jahren noch verarbeiten kann. Die gebräuchlichen Editoren ändern ihre Versionsnummern schnell. Leider sind sie nicht immer abwärtskompatibel (fast nie). Das bedeutet, erstellt man einen Text zur Veröffentlichung, so ist der Autor gut beraten, den verwendeten Editor gleich mit zu sichern, denn wenn die Versionsnummern des verwendeten Editors gewisse Höhen erklommen haben, wird eine alte Textdatei nicht mehr lesbar sein – und damit ist die ganze Arbeit hinfällig (der Versuch, ein mit dem Editor Version 3.0 erstelltes Dokument in den Editor der Version 7.0 der gleichen Firma einzulesen, wird mit Sicherheit kläglich scheitern).

WYSIWYG-Editoren verleiten den Autor, seine eigene Geschmacksrichtung in das Layout einzuarbeiten, und das geht eigentlich immer schief. Es werden zu viele und verschiedene Fonts verwendet, Fließtexte um Bilder gesetzt (teilweise mit unregelmäßig geformtem Rand, was besonders häßlich ist). Mit Modeströmungen kann man diese Stilbrüche nicht entschuldigen, denn es gibt gesicherte wissenschaftliche Erkenntnisse, wie ein Text gestaltet sein muß, damit er gut lesbar ist. Solange sich der Mensch genetisch nicht stark verändert, werden diese Erkenntnisse wohl auch Gültigkeit behalten. Sicherlich gibt es vereinzelt gute Gründe, auch solche Stilelemente zuzulassen (beispielsweise in der Werbung), diese Gründe gelten gewiß nicht für ernsthafte Publikationen.

Der Mathematiksatz von LaTeX ist unerreicht. Kein ernstzunehmender Autor, der mathematische Formeln setzen muß, wird auf LaTeX verzichten *können*. Sieht man sich die Formeln auf Seite 169 an, und versucht man, diese dann mit einem „Formeleditor" nachzusetzen, wird sofort klar, wo die Vorteile von LaTeX liegen.

Mit LaTeX können Dokumente mit nahezu beliebiger Seitenzahl verarbeitet werden. Wer jemals mit einem kommerziellen WYSIWYG-Editor ein Dokument mit mehr als 300 Seiten erstellt hat, weiß, daß dann die ganze Installation instabil zu werden beginnt (wozu man allerdings mehrere hundert Knöpfe braucht, um zwei Seiten eines Geschäftsbriefes zu schreiben, das bleibt das Geheimnis der Erfinder dieser Editoren).

Ein weiterer Vorteil von LaTeX: Es kostet nichts. Als *Donald E. Knuth* TeX und *Metafont* geschaffen hatte (das war vor fast 15 Jahren), machte er zur Bedingung, daß sein System TeX nur *kostenfrei* weitergegeben werden darf und daß alle Weiterentwicklungen, wie LaTeX von *Leslie Lamport*, ebenfalls *kostenfrei* weitergegeben werden müssen. Daran hat sich die Entwicklergemeinde bis heute gehalten, und so kosten Versionen wie *EmTeX* (DOS, OS/2$^{(c)}$2 und Windows) von *Eberhard Mattes* ebenfalls nichts, genauso wie die *TeTeX*-Version, mit der dieser Text erstellt worden ist.

Damit ist sichergestellt, daß der Autor keinen Firmeninteressen ausgeliefert ist und jedesmal beim Erscheinen einer neuen Version seines Textprogramms gezwungen ist, die neueste Version zu erwerben (eigentlich sollte jedem Menschen *jede* Art von Imperialismus suspekt sein, auch der Software-Imperialismus).

Natürlich eignet sich LaTeX nicht für jede Art von Publikation. Bei der Illustrierten-Herstellung oder auch bei der Erstellung von Layouts zum Zwecke der Werbung ist LaTeX wenig hilfreich. Leider ist für die Betriebssystem-Umgebung von Linux nur wenig Brauchbares im Bereich Farbseparation und Layout zu finden.

5.3.3 Die Installation

Zur Installation von LaTeX ist nicht viel zu sagen, sie wird bei allen Linux-Editionen als Option vorgegeben und kann während der Installation ausgewählt werden. Theoretisch kann man sich auch die neueste Version von LaTeX aus dem Netz holen und diese dann installieren, aber bei dem LaTeX-

Software-Paket handelt es sich um ein sehr ausgereiftes Produkt, das seit den Anfangstagen von Linux verfügbar ist, drastische Änderungen sind daher nicht zu erwarten. Eine »*von Hand*«-Installation ist zudem ziemlich aufwendig und erfordert eine tiefe Einsicht in das Zusammenspiel der einzelnen Teile des Pakets.

Ich kann es mir zum Schluß der LaTeX-Beschreibung nicht verkneifen, Ihnen den tatsächlich einzugebenden Text vorzustellen, der die mathematischen Formeln des Beispiels 5.3 erzeugt. Der einzugebende Text muß wie in Beispiel 5.4 aussehen. Lassen Sie sich nicht abschrecken, es sieht schlimmer aus, als es ist.

Beispiel 5.4 *Die LaTeX-Formeln des Beispiels 5.3*

```
\sum_{p_{1}<p_{2}<\cdots<p_{n-k}}^{(1,2,\ldots,n)}
\Delta_{\begin{array}{l}
p_1p_2\cdots p_{n-k} \\ p_1p_2\cdots p_{n-k}
\end{array}}
\sum_{q_1q_1<\cdots q_k} \left | \begin{array}{llcl}
a_{q_1q_1} & a_{q_1q_2} & \cdots & a_{q_1q_k} \\
a_{q_2q_1} & a_{q_2q_2} & \cdots & a_{q_2q_k} \\
\multicolumn{4}{c}\dotfill \\
a_{q_kq_1} & a_{q_kq_2} & \cdots & a_{q_kq_k}
\end{array} \right|
\end{eqnarray}
\begin{eqnarray}
V_{n}^{m} = \prod_{i=0}^{m-1}(n-i)= \underbrace{n(n-1)(n-2)\cdots
   \overbrace{(n-m+1)}^{\alpha\beta\gamma}}_{\mbox{insgesamt m
   Faktoren}}=\frac{n!}{(n-m)!}
\end{eqnarray}
```

Und noch eine Bemerkung, welche Sie gewiß zum Schmunzeln veranlaßt: Wenn Sie mit Ihrer Suchmaschine im Internet nach Informationen über LaTeX suchen, dann geben Sie nicht `latex` ein – Sie würden Ihren Augen nicht trauen, was Ihnen da alles als Suchergebnis angeboten wird. Das hat alles mit LaTeX nichts zu tun – und lassen Sie sich ja nicht von Ihrer Frau bei dieser Suche über die Schultern sehen, Sie werden sonst nach der Suche einiges zu erklären haben.

5.4 Browser

5.4.1 Netscape

Eine Unternehmung ist heute ohne einen eigenen Anschluß an das Internet nur die Hälfte wert, wenn sie denn überhaupt bestehen kann. Für die eigene Präsentation, aber auch den Kontakt zu anderen Firmen ist ein *HTML*-fähiger

Browser vonnöten. Hier bietet sich der *Netscape Communicator* an, der für eine Vielzahl von Betriebssystemen existiert und somit wirklich plattformübergreifend eingesetzt werden kann.

Dieses Kapitel soll keine Einführung in die Benutzung des Netscape-Browsers sein. Das mit dem Browser mitgelieferte Handbuch leistet hier viel bessere Dienste. Die Installation und die Einrichtung des Netscape ist erfahrungsgemäß immer wieder mit Problemen verbunden.

Wenn man sich den Netscape-Navigator aus dem Internet holen will, so kann man das unter folgender Adresse tun:

```
http://home.netscape.com/
```

Hier findet man immer die neueste Version. Die Version, welche beim Schreiben des Buches aktuell war, ist der *Netscape Communicator 4.5*. Diese Angabe ist besonders für Linux-Benutzer wichtig, weil die vorhergehende Preview Release nicht stabil funktionierte und ziemlich viele Probleme bereitete. Mit der neuesten Version ist es möglich, auch Java-Applets unter dem Netscape Navigator zu laden. Außerdem handelt es sich bei der Portierung um ein ELF-System. Auch sind keine Tricks mehr notwendig, um einem *segmentation fault* zu entgehen, der so viele *Linuxer* genervt hatte. Der Netscape Browser (siehe Abb. **5.13**) kann in dieser Version auch zum Anzeigen von Applets dienen. Das war in den Betaversionen entweder gar nicht möglich oder nur mit einem sehr hohen Installationsaufwand (man mußte die richtigen *Plugins* besitzen, sonst verweigerte die Betaversion die Anzeige der Applets).

Stabil ist der Communicator jedenfalls, und die Installation ist auch nicht schwierig.

5.4.2 Die Installation

Nachdem man sich das Ungetüm mit dem Namen

```
communicator-v403-export.x86-unknown-linux2.0.tar.gz
```

und der Größe von 10.449.133 Byte geholt hat (möglichst nach 9^{00} Uhr, es sei denn, man besitzt die Aktienmehrheit der Deutschen Telekom), muß man das Paket auspacken, denn es handelt sich um eine `tar.gz`-Datei. Nach Anwenden des *gzip* wächst die Datei auf eine Größe von 10.690.560. Die Größe allein läßt schon ahnen, welchen Umfang das Paket hat.

Nach dem Auspacken der *tar*-Datei wird folgende Struktur sichtbar:

```
-r--r--r--  1 root  root       16154 Oct 13  1998 LICENSE
lrwxrwxrwx  1 root  root          11 Jan   4 05:21 Netscape -> Netscape.ad
-r--r--r--  1 root  root      794439 Oct 13  1998 Netscape.ad
-r--r--r--  1 root  root       16213 Oct 13  1998 README
```

5.4 Browser

Abbildung 5.13: Der Communicator von Netscape

```
-r--r--r--  1 root root      4674 Oct 18  1994 XKeysymDB
-r--r--r--  1 root root     10431 Oct 13  1998 bookmark.htm
-r--r--r--  1 root root     10431 Oct 13  1998 bookmark.html
drwxr-xr-x  2 root root      1024 Mar 15 07:30 dynfonts/
drwxr-xr-x  3 7824 20        1024 Mar 15 07:39 java/
drwxr-xr-x  2 root root      1024 Mar 15 07:30 lib/
-r-xr-xr-x  1 root root     38613 Oct 13  1998 libjsd.so*
-r-xr-xr-x  1 root root     13650 Oct 13  1998 libnullplugin-dynMotif.so*
-r-xr-xr-x  1 root root      5767 Oct 13  1998 libnullplugin-
dynMotif.so.gz*
-r-xr-xr-x  1 root root      5380 Oct 13  1998 movemail*
drwxr-xr-x  2 7824 20        1024 Mar 15 07:40 movemail-src/
drwxr-xr-x  3 7824 20        1024 Feb 27 19:51 nethelp/
-r-xr-xr-x  1 root root  12179036 Oct 13  1998 netscape*
-r-xr-xr-x  1 root root   9168100 Oct 13  1998 netscape-dynMotif*
-r-xr-xr-x  1 root root   3931128 Oct 13  1998 netscape-dynMotif.gz*
drwxr-xr-x  2 root root      1024 Mar 15 07:40 plugins/
-rw-r--r--  1 root root      2389 Mar 15 07:30 registry
drwxr-xr-x  2 7824 20        1024 Feb 27 19:51 spell/
drwxr-xr-x  2 root root      1024 Jan  4 05:21 talkback/
-rwxr-xr-x  1 root root     23032 Dec 11 20:36 vreg*
```

Am besten installiert man jetzt das Paket mit *root*-Rechten. Dafür ist ein Script ns-install vorgesehen. Es installiert die nötigen Programme an den folgenden Ort:

/usr/local/netscape

Ob das der richtige Platz ist, darüber wird in der Linux-Gemeinde heftig diskutiert. Manche Anwender plädieren für den folgenden Ort:

```
/usr/local/lib/netscape
```
Aber auch das läßt sich bewerkstelligen, denn das System erlaubt es, einen anderen Platz anzugeben, auf dem *Netscape* installiert werden soll.

Nachdem man nun noch einen **sogenannten** *softlink* **gelegt hat,**
```
netscape -> /usr/local/netscape/netscape*
```
kann der Browser aufgerufen werden. Auch wenn es trivial erscheinen mag, **hier der Aufruf für den Softlink:**
```
ln -s /usr/local/netscape/netscape netscape
```
Jetzt sollte alles laufen, wenn man den Communicator wie folgt aufruft:
```
netscape
```
Der *Netscape Communicator* allein nützt natürlich nicht sehr viel, denn man braucht noch eine Internet-Verbindung. Hierzu ist das flexible PPP-Protokoll geeignet. Das Thema fällt aber in den Bereich »*Technische Instruktionen*« und kann in diesem Teil des Buches nicht abgehandelt werden.

Für eine ausführliche Erklärung des Einwahlprozesses sehen Sie sich bitte Absatz 16.2.3 ab Seite 430 an. Dort wird auch auf Probleme hingewiesen, die beim Einwählen auftreten können und selbstverständlich Lösungsstrategien angeboten. Wenn Sie »*nur*« über einen SLIP-Zugang zu Ihrem Provider verfügen, so finden Sie eine ausführliche Erklärung im Absatz 16.2.1 ab Seite 422. Dort finden Sie auch ein Einwahl-Script, daß nach entsprechender Anpassung problemlos funktionieren sollte.

5.4.3 Netscape konfigurieren

Der Netscape funktioniert deshalb noch lange nicht, er muß erst einmal konfiguriert werden. Dieser Punkt führt gerade bei Support-Anfragen immer zu Problemen, denn viele Anwender sind von diesen unseligen, leider aber weit verbreiteten Installationswerkzeugen verdorben und wissen nicht, wie man eine Applikation korrekt konfiguriert, ohne einen »*Wizzard*« zur Verfügung zu haben. Um den Netscape korrekt konfigurieren zu können benötigt man natürlich die Zugangsdaten von seinem Provider. Wenn man einen *Login* bei einem Provider beantragt hat, so bekommt man sehr bald die nötigen Informationen.

Zu dem in Abb. **5.14** gezeigten Fenster gelangt man, wenn man die Option »*preferences*« im Menüpunkt »*edit*« anwählt. Dann gelangt man zu der in Abb. **5.14** gezeigten Ansicht. Hier trägt man die vom Provider erhaltenen Daten ein. Wenn jetzt der Linux-Kernel mit der Netzwerkoption übersetzt worden ist, sollte der Datentransfer funktionieren. Um das E-mail-System auszuprobieren, kann man sich selbst eine Nachricht schicken. Es kann allerdings einige Zeit dauern, bis die Antwort von dem Provider zurückgeschickt wird.

5.4 Browser

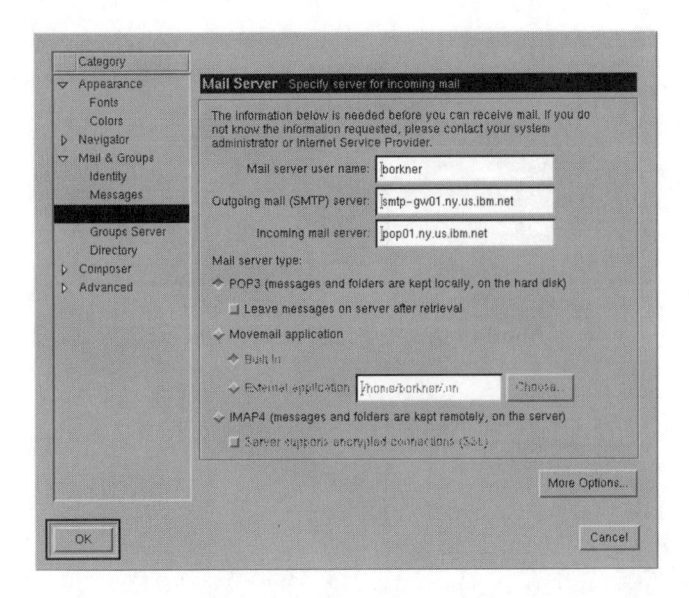

Abbildung 5.14: Das Konfigurationsfenster

Die Konfiguration des neuen **Netscape Communicator** ist einfach, wenn man weiß, wo die entsprechenden Menüs zu finden sind, und das kann anfänglich schon ein Problem darstellen. Die allgemeine Konfiguration findet man im Startfenster. Im **Netscape-mail**-Fenster findet man auch unter dem Menüpunkt *edit* das entsprechende Konfigurationsmenü. Wenn man aber, wie angegeben, die entsprechenden Adressen in die Konfigurationsfenster eingeben will, so kann es zu einem Problem kommen. Man kann zwar den Namen des SMTP-Servers eingeben, leider läßt **Netscape** nicht zu, daß dieser Name auch gespeichert wird. Das kann nur geschehen, wenn eine Netzverbindung existiert. Damit hat man allerdings ein Problem, denn diese Netzverbindung kann ja erst dann etabliert werden, *falls* die Adresse vom System akzeptiert worden ist. So etwas nennt man in der Informatik einen deadlock. Man bekommt immer die in Abbildung **5.15** gezeigte Fehlermeldung. **Netscape** ist einfach nicht dazu zu bewegen, die Eingaben zu akzeptieren. Es gibt allerdings einen Trick, wie man **Netscape** trotzdem dazu überreden kann, die Eingabe der Felder im Fenster **5.14** zu akzeptieren.

Zu diesem Zweck trägt man in der Datei

```
/etc/hosts
```

den gewünschten Server als Alias-Namen wie folgt ein:

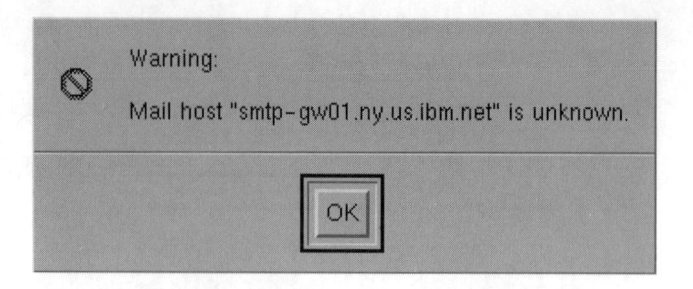

Abbildung 5.15: Fatale Fehlermeldung

Beispiel 5.5   *Die Einträge in der /etc/hosts-Datei*

```
127.0.0.1       localhost
152.158.4.33    smpt-gw01.ny.us.ibm.net
152.158.4.33    ibm.com
192.168.17.2    Franca
192.168.17.3    develop
```

> Die Namen und IP-Zuordnungen aus Beispiel 5.5 dienen nur zur Orientierung, sie stammen natürlich vom Rechnernetz des Autors und sollten so nicht übernommen werden.

Wenn man jetzt das Konfigurationsfenster öffnet und die Adresse eingibt, wird **Netscape** die Eingabe ohne Murren akzeptieren. Natürlich muß an Stelle der Zeile `smpt-gw01.ny.us.ibm.net` die entsprechende Adresse des Providers eingetragen werden.

Man sollte jedoch nicht vergessen, diesen Eintrag aus der `hosts`-Datei wieder zu entfernen.

5.5 Datev

Eine wirkliche Schwachstelle im kommerziellen Umfeld, wo Linux nicht mitspielen konnte, ist der Bereich Steuerberatung. Der Grund hierfür ist der fehlende Zugriff auf die zentrale Datenbank der **Datev**. Es gab einfach keine Möglichkeit, sich im Terminalbetrieb mit der Datev zu verbinden. Aber auch hier gibt es Neuigkeiten zu berichten, denn die Firma **Sybase** hat seine **SQL Anywhere** Datenbank jetzt in einer Betaversion für Linux herausgebracht. Das heißt: Für das **Datev**-Softwarepaket kann demnächst Linux als Netzwerkbetriebssystem zum Einsatz kommen.

Es muß nur noch gelingen, eine Gruppe von KDE-Programmierern zu finden, die eine elegante und funktionale Oberfläche für den KDE-Desktop generieren.

Diese Information ist auf dem Server der Firma **Sybase** zu finden und zwar unter:

```
http:www.sybase.de
```

Für diese Information möchte ich mich herzlich bei einem meiner Leser, Herrn *Eckart Jost* bedanken, der mir diese Nachricht via Mail zukommen ließ.

5.6 Beispiele aus der Industrie

Auch wenn es für die eigene Entscheidung nicht ausschlaggebend sein kann, so ist es doch hilfreich zu wissen, ob Linux professionell eingesetzt wird und welche Firmen die Plattform Linux nutzen und auf welchen Gebieten.

Die Liste der Anwender ist lang. Meist ist der unbedarfte Betrachter verblüfft zu erfahren, daß so illustre Anwender wie Mercedes-Benz, Sixt und die Telekom darunter zu finden sind. Sehen Sie sich die folgende Website an, wenn Sie mehr darüber wissen wollen.

```
http://www.linux.org/business/index.html
```

5.6.1 Entwicklung und Forschung

Zunehmend wird Linux in Entwicklung und Forschung eingesetzt. Es existiert ein Echtzeit-Linux, genauso wie ein multi-processor-Linux, genannt Linux/AP+Project, und wird von einer kleinen Gruppe von Entwicklern vorangetrieben. Zur Zeit existiert eine Linux-Implementierung auf einer AP1000+ Machine mit 16 Knotenrechnern vom Typ 50MHz TI Viking mit jeweils 16 MB Hauptspeicher. Zur Drucklegung dieses Buches werden bereits 32 Knotenrechner mit jeweils 64 MB Hauptspeicher und einem Disk-Array in Betrieb sein. Aber auch der Alpha-Prozessor der Firma DEC wird unterstützt, hier hat sich die Red-Hat-Edition besonders hervorgetan und liefert eine stabile Implementierung von Linux, die wohl zu den schnellsten gerechnet werden muß.

Während sich die verfügbaren professionellen Betriebssysteme nur auf einer, manchmal zwei verschiedenen Hardware-Plattformen installieren lassen, ist Linux das einzige Betriebssystem, welches auf praktisch jeder gebräuchlichen Hardware-Plattform verfügbar ist. Das könnte in Zukunft den Markt in Richtung Linux verschieben, und dann wäre es auch für den kommerziellen Sektor interessant, hier präsent zu sein. Linux ist nicht nur ein Betriebssystem, welches im kommerziellen Bereich gut einzusetzen ist, Linux ist auch ein Produkt, mit dem Geld verdient werden kann. Auch wenn die Software nichts kostet, sogar nichts kosten darf, so wird doch die Nachfrage nach guten Systemadministratoren und Datenbankadministratoren immer größer. Fähige Absoventen der Universität oder Tüftler (besser beides) können hier ihr Auskommen finden (kein schlechtes, wie ich aus eigener Erfahrung bemerken darf).

5.6.2 Universitäten

Die Professoren, Mitarbeiter und Studenten der Universitäten sind besonders eifrige Produzenten von Software für Linux und auch die eifrigsten Linux-Benutzer. Das ist auch verständlich, denn das Geld ist an Universitäten immer knapp. Der Hauptgrund ist jedoch, daß sich Linux wie kein anderes Betriebssystem dazu eignet, den Studenten die Architektur eines Betriebssystems zu demonstrieren. Alle Quellen stehen frei zur Verfügung, um seziert und untersucht zu werden. Es ist daher auch kein Wunder, daß Linux aus dem universitären Bereich stammt und daß von dort die meisten Denkanstöße und Entwicklungen ihren Ursprung nehmen.

Aber auch bei der Verteilung und Administration spielen die Universitäten eine bestimmende Rolle. Die Spiegel von Linux- und Linux-basierter Software finden sich auf jedem Server einer Universität. Unter einem Spiegel-Server versteht man die Kopie eines Servers, der weltweit eine bestimmte Aufgabe administriert.

Linux ist ohne das Internet nicht vorstellbar. Bei einer solchen Entwicklung spielt die schnelle Verteilung von Quellen und Programmen eine eminent wichtige Rolle. Bei den Entwicklungen großer Projekte kristallisieren sich bestimmte Server als maßgebend für den Fortgang dieser Entwicklung heraus. Eine Entwicklung wie das KDE-Desktop-Projekt wird beispielsweise an der Universität Tübingen administriert (kde@fiwi02.wiwi.uni-tuebingen.de). Damit nun nicht bei jedem Update der Server-Rechner in Tübingen mit Zehntausenden von Download-Anfragen belästigt wird (die der Rechner auch gar nicht bewältigen könnte), werden Spiegelrechner weltweit eingerichtet, deren Inhalt nachts über Satelliten-Verbindungen oder Kabelverbindungen (backbone Deutschland) miteinander abgeglichen werden. Nach diesem Transfervorgang, hat jeder User die Möglichkeit, sich das neueste KDE-Programm bei einem in seiner Nähe befindlichen Server abzuholen.

So chaotisch die Entwicklungsstrategie für Linux auch erscheinen mag, für den Eingeweihten sind die sehr stringenten Kontrollstrukturen schon zu erkennen. Im Grunde ist die Entwicklung auch ein Beweis für die sozialen Fähigkeiten der Menschheit. Linux ist eine Entwicklung, die keine Grenzen, keinen Rassismus und keinen Nationalismus kennt Linux-Anwender und Linux-Entwickler bilden eine Gemeinschaft, die effizient und vorbildlich funktioniert.

5.6.3 Neue Nachrichten

Es wird vielleicht überraschen, aber es existiert eine Portierung von Oracle auf Linux und sogar eine offizielle und unterstützte R3-Portierung der Firma SAP. Seit Anfang des Jahres 1999 gibt es eine offizielle Oracle-Portierung. Näheres kann man unter der folgenden Adresse finden:

```
http://biz.yahoo.com/prnews/980721/ca_oracle_1.html
```

ORACLE
Search Free Download Purchase Support Year 2000 Contact Oracle

Oracle on Linux--All the Benefits of Oracle on Linux's Open Environment

The Linux operating system, which began as a development project with strong support from the Internet community, has become one of the fastest growing UNIX platforms in the enterprise--with an estimated 7 million users, according to Linux Online (www.linux.org). Available free on the Internet, Linux is a strong leader in the Internet service provider market and currently provides a compelling alternative to Windows NT on Intel.

Oracle's decision to support Oracle8 and Oracle Applications in the Linux environment on Intel further proves Oracle's commitment to providing customers with a lower total cost of ownership and greater choice. Customers using Oracle8 and Oracle Applications can reap all of Oracle's scalability and flexibility benefits while taking advantage of the Linux open environment--yielding a low-cost point of entry for Web-enabling their businesses. This support for Linux also means that Oracle's broad community of solutions providers has access to a new low-cost, reliable platform to develop and deploy Internet and enterprise applications.

Key Benefits of Oracle on Linux

Lower Cost
Oracle on Linux provides further proof that Oracle is committed to providing customers with the lowest total cost of ownership. Because it is available free on the Internet, the Linux operating system is an excellent, low-cost alternative to Windows NT on the Intel platform.

Choice
Oracle strongly believes in providing customers with the industry's best database, regardless of their choice of platform. Because Oracle now ports to the Linux operating system on Intel, customers now have the option to run their Oracle database and applications on Linux, as well as Windows NT, on their Intel-based systems.

Abbildung 5.16: Oracle für Linux

Aber auch der andere große Anbieter von Datenbanken **Informix** liefert sein Produkt für Linux aus (siehe Abb. **5.17**). Und die Großmutter aller Datenbanken DB/2 ist ebenfalls für Linux verfügbar (Wobei Großmutter nicht negativ verstanden werden soll, es ist eben nur eine der ältesten Implementierungen im Bereich SQL-Datenbanken).

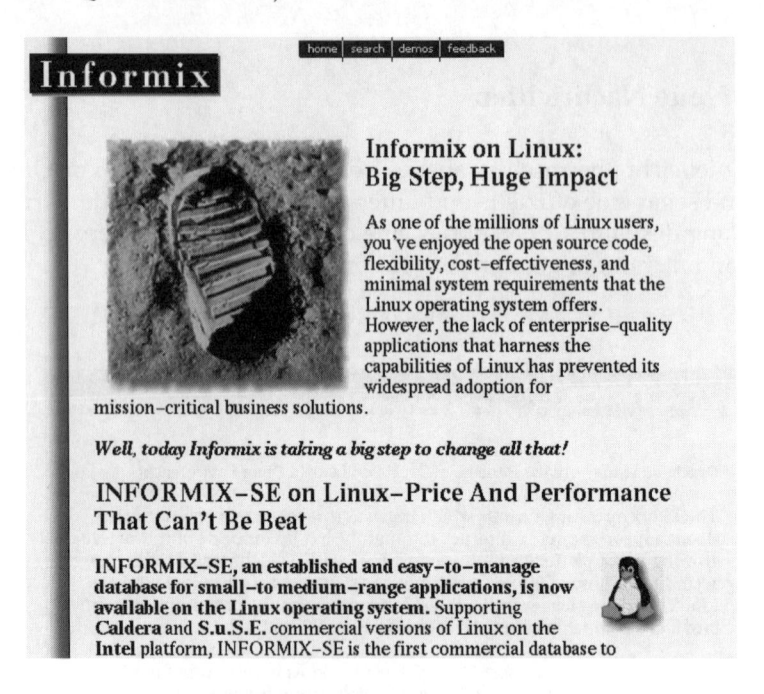

Informix

home | search | demos | feedback

**Informix on Linux:
Big Step, Huge Impact**

As one of the millions of Linux users, you've enjoyed the open source code, flexibility, cost-effectiveness, and minimal system requirements that the Linux operating system offers. However, the lack of enterprise-quality applications that harness the capabilities of Linux has prevented its widespread adoption for mission-critical business solutions.

Well, today Informix is taking a big step to change all that!

INFORMIX-SE on Linux-Price And Performance That Can't Be Beat

INFORMIX-SE, an established and easy-to-manage database for small-to medium-range applications, is now available on the Linux operating system. Supporting Caldera and S.u.S.E. commercial versions of Linux on the Intel platform, INFORMIX-SE is the first commercial database to

Abbildung 5.17: Informix für Linux

Das Problem, welches große Firmen mit Linux und der Idee, die dahintersteht haben, ist: Es gibt keinen offiziellen Ansprechpartner in der Linux-Gemeinde, an den sich Firmen wenden können. Sogar die Firma SUN, deren Zusammenarbeit beim Java-Projekt mit Linux als vorbildlich bezeichnet werden muß, hatte große Schwierigkeiten, als die Linux-Portierung des JDK 1.1 in den offiziellen Download-Bereich aufgenommen werden sollte. Die Frage nach dem offiziellen Ansprechpartner für diese Art Projekte ist für jede Firma selbstverständlich, nur die Antwort der Linux-Gemeinde darauf ist gewiß unorthodox, denn die Verantwortlichkeiten werden nicht vergeben, sie werden angenommen. Und das kann sich von Woche zu Woche ändern. Die Ansprechpartner *Karl Asha* und *Steven Burns*, die sich bereitgefunden hatten, das Projekt zu betreuen (beide haben wertvolle Entwicklungsarbeit für das Projekt geleistet), verließen das Projekt aus persönlichen Gründen. Steven wanderte zur Konkurrenz ab und mußte dafür böse Vorwürfe der Linux-Gemeinde einstecken. Leider ein Beispiel der Intoleranz, die auch vor der so weltoffenen Linux-Gemeinde nicht haltmacht. Auch nachdem Steven in Redmond seine Arbeit aufgenommen hat, lieferte er, und liefert noch wichtige Beiträge zum Java-Projekt für Linux. Man sollte ihm lieber danken für die Arbeit, die er für

5.6 Beispiele aus der Industrie

Linux und Java geleistet hat, anstatt die Wahl des Arbeitsplatzes zur Glaubensfrage zu erheben.

Es gibt mittlerweile einen Dachverband für Linux, »Life«, und der fest in deutscher Hand ist. Es bleibt abzuwarten, ob sich eine solche Regelung durchsetzen wird. Dachverbände und Vereine gründen wir Deutsche nun mal gerne, und daher bin ich guter Hoffnung, daß die Administration eines Projekts wie Linux dort seine Heimat findet (wenn es nur nicht so viele Individualisten gäbe in der Linux-Gemeinde!).

Erst kürzlich fand ich eine Darstellung von *Microsoft*$^{(c)}$-Chef *Bill Gates* über die Rolle, die seiner Meinung nach Linux im Bereich Betriebssystem-Software spielen wird. Sie können diese Nachricht lesen unter:

```
http://cnn.com:80/TECH/computing/9904/14/microsoft.linux.reut/index.html
```

Wenn man bedenkt, daß Linux im Sprachschatz der Firma *Microsoft*$^{(c)}$ bis vor wenigen Monaten überhaupt nicht existierte, so ist die Beachtung, die uns von dieser Seite geschenkt wird doch beeindruckend.

6 Betreiben eines Netzes

6.1 Lokales Netz

Ein lokales Netz einzurichten ist unter Linux kein großes Problem. Eigentlich muß hierzu nur die Netzwerksoftware installiert und das loopback-Interface eingerichtet werden. In Abb. **6.1** ist der Einstiegspunkt zu sehen, wo beides bewerkstelligt werden kann. Die einzelnen Einträge sind relativ leicht nachzuvollziehen, und nachdem die Installation erfolgreich beendet ist, kann das Netz in Betrieb genommen werden.

> **Bemerkung:** Der Drucker ist ein Netz-Device. Auch dann, wenn Sie gar kein Netz betreiben. Das bedeutet: Ihr Drucker wird nur dann funktionieren, wenn Sie das **loopback** Interface installiert haben.

Die technischen Einzelheiten, finden Sie in Teil II, Kapitel 10. Hier soll Ihnen nur die Möglichkeit gegeben werden, zu entscheiden, ob dieser Dienst für Ihren prospektierten Einsatz in Frage kommt.

In diesem Kapitel geht es um den Betrieb eines reinen Linux-Netzes. Das wird in der kommerziellen Praxis nicht sehr häufig vorkommen, der Einsatz im reinen Server-Betrieb in einem Windows $95^{(c)}$-Netz wird zweifellos überwiegen, aber man kann in ein solches Netz auch einen Windows-Rechner einbinden und Dienste wie `telnet`, `ftp` oder `ping` verwenden.

Bevor wir uns jedoch mit diesen Diensten beschäftigen, müssen einige Dinge geklärt werden. Externe Dienste der Unix-Betriebssystem-Umgebung unterteilen sich in zwei Gruppen:

1. Geräte- oder maschinenorientierte Dienste

    Eine Maschine oder ein Benutzer einer Maschine ruft einen Dienst einer weiteren im Netz befindlichen Maschine ab. Beispiel: Netzdruckerdienste.

    Die Sicherheit wird dabei von der Maschine verwaltet, welche die Dienste vergibt. Ein Benutzer oder eine andere im Netz befindliche Maschine können von dem Dienst ausgeschlossen werden, indem man auf der

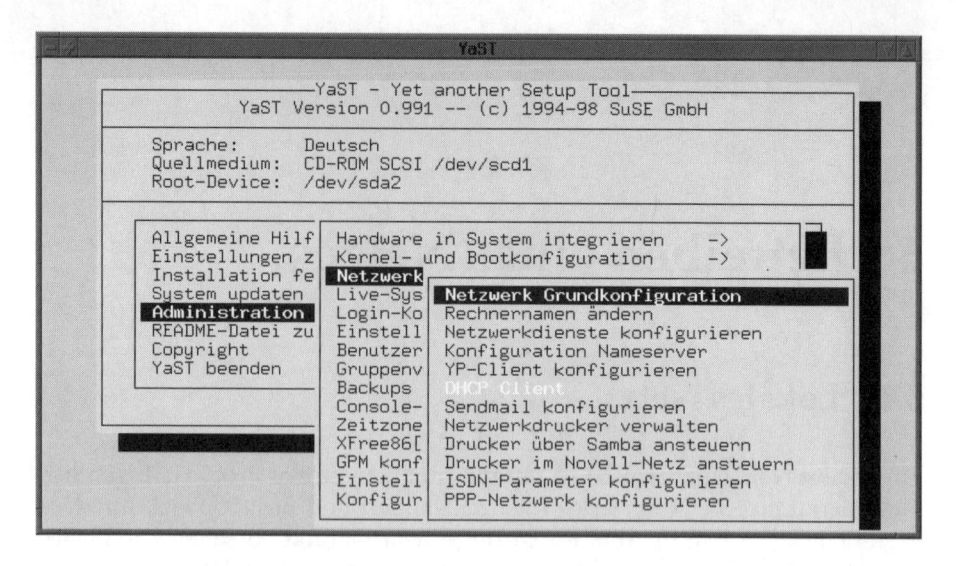

```
┌─────────────────────────────YaST─────────────────────────────┐
│                    ─YaST - Yet another Setup Tool─           │
│                   YaST Version 0.991 -- (c) 1994-98 SuSE GmbH│
│                                                              │
│         Sprache:      Deutsch                                │
│         Quellmedium:  CD-ROM SCSI /dev/scd1                  │
│         Root-Device:  /dev/sda2                              │
│      ┌──────────────────┬──────────────────────────────────┐ │
│      │ Allgemeine Hilf  │ Hardware in System integrieren ->│ │
│      │ Einstellungen z  │ Kernel- und Bootkonfiguration  ->│ │
│      │ Installation fe  │ Netzwerk                         │ │
│      │ System updaten   │ Live-Sys ┌──────────────────────┐│ │
│      │ Administration   │ Login-Ko │Netzwerk Grundkonfiguration│
│      │ README-Datei zu  │ Einstell │Rechnernamen ändern   ││ │
│      │ Copyright        │ Benutzer │Netzwerkdienste konfigurieren│
│      │ YaST beenden     │ Gruppenv │Konfiguration Nameserver││ │
│      └──────────────────┤ Backups  │YP-Client konfigurieren ││ │
│                         │ Console- │ DHCP Client          ││ │
│                         │ Zeitzone │Sendmail konfigurieren││ │
│                         │ XFree86[ │Netzwerkdrucker verwalten││
│                         │ GPM konf │Drucker über Samba ansteuern│
│                         │ Einstell │Drucker im Novell-Netz ansteuern│
│                         │ Konfigur │ISDN-Parameter konfigurieren││
│                         │          │PPP-Netzwerk konfigurieren││
└─────────────────────────┴──────────┴──────────────────────┘─┘
```

Abbildung 6.1: Die Netzkonfiguration der S.u.S.E.-Edition

dienstleistenden Maschine in einer Datei vermerkt, welcher Benutzer oder welche Maschine die angebotenen Dienste *nicht* verwenden darf. Eine User-Identifizierung und Password-Kontrolle findet nicht statt.

2. Benutzerorientierte Dienste

    Ein User loggt sich auf einer entfernten Maschine, auf der er eine Zugangsberechtigung hat, ein (man spricht auch von einem Account, über den ein User auf der Zielmaschine verfügt). Beispiel: `ftp`, `telnet`, `rlogin` und `nfs`. Die Sicherheit wird dabei von den Benutzern, welche die Dienste bereitstellen, selbst verwaltet. Ein Fremdbenutzer wird von solchen Diensten ausgeschlossen, indem man ihm die nötige Zugangsberechtigung verweigert. Eine User-Identifizierung und Password-Kontrolle findet statt, jeder User muß sich authentifizieren, bevor er Zugang zum Zielbenutzer erhält.

    Diese Dienste teilen sich wieder in zwei Gruppen, gemäß ihrer Funktion.

    - Dienste, die man auf einem Fremdrechner ausführen kann, ohne jedoch die Ressourcen des Fremdrechners seinem eigenen Rechner zur Verfügung zu stellen. `telnet` und `rlogin` sind solche Dienste. Man kann sich damit zwar auf einem Fremdrechner einwählen, aber man kann keine Dateien auf diese Weise auf seinen eigenen Rechner transferieren.

    - Dienste, mit denen man Dateien transferieren kann, aber keine Ressourcen des Fremdrechners verwenden kann. *ftp* ist ein solcher

Dienst. Man kann mit `ftp` zwar Dateien vom Fremdrechner auf den eigenen Rechner transferieren (und umgekehrt), aber man kann dort keine Programme ausführen lassen (abgesehen von einigen Befehlen wie `cd`, `delete`, `dir` und andere systemspezifische Befehle). *ftp* hat im Laufe der Zeit einige Änderungen erfahren, so ist es möglich, auf der Gegenseite ein Directory zu erzeugen, aber Programme lassen sich nicht – oder nur mit vielen Klimmzügen – ausführen.

Zu `ftp` gibt es ein ziemlich cleveres Programm von NEALE SMITH, es heißt `xftp` und bietet eine komfortable Oberfläche zum reinen textorientierten `ftp` (siehe Abb. **6.2**). Es ist ziemlich intuitiv und einfach zu bedienen. Nach dem Aufruf erscheint ein Fenster wie in Abb. **6.2** gezeigt, die linke Seite ist die lokale Seite, man kann hier die eigene Directory-Struktur durchlaufen und so sicherstellen, daß die zu transferierenden Daten in dem richtigen Directory landen, die rechte Seite ist die Seite des Fremdrechners. Auch hier kann man, nach erfolgtem Einwählen, die Directory-Struktur durchlaufen und sich so die entsprechenden Dateien vom Fremdrechner holen.

Das Programm *xftp* ist sehr empfindlich, was die Password-Übergabe angeht, ein Vertippen wird grundsätzlich mit dem Abbruch der Verbindung quittiert, keine Korrektur ist möglich. Wenn eine Verbindung zu einem Zielrechner einmal geglückt ist, so merkt sich *xftp* die Parameter (den Rechner- und User-Namen), die Kombination Rechnername/User-Name wird dann bei einer erneuten Anwahl in einem Pop-Up-Fenster zur Auswahl angeboten. Das Passwort allerdings muß selbstverständlich jedesmal neu eingegeben werden. Man kann auch einen `anonymous`-User eintragen, das ist besonders dann recht hilfreich, wenn man öfter von `anonymous`-Servern Daten holen muß.

Das Programm *xftp* kann auch ganze Directory-Bäume auf den Zielrechner übertragen, Voraussetzung ist jedoch, daß der Name des Directory-Baums noch nicht auf der Zielmaschine vorhanden ist.

Ein kleiner, aber wirklich unerheblicher Nachteil von *xftp* ist es, daß es immer vom *Homedirectory* ausgeht und man sich daher immer durch die Dateistruktur durchhangeln muß, egal, wo man gerade steht. Das gilt für beide – Sender und Empfänger der Daten. Aber das ist eher als Unbequemlichkeit einzustufen, als daß man es einen Fehler nennen könnte.

Diese Unterteilung ist deshalb so wichtig, weil das Sicherheitskonzept maßgeblich von der Art der verschiedenen Typen der Dienste abhängt. Während zum Beispiel alle *Singleuser*-Betriebssysteme das erstgenannte Prinzip unterstützen (klar, wie kann man benutzerzentrierte Dienste vergeben, wenn es nur einen Benutzer gibt), unterstützen alle Multiuser-Systeme, also auch Linux, das zweite Prinzip, also benutzerorientierte Dienste. Benutzerorientierte Dienste sind viel leichter von Viren freizuhalten, als das bei geräteorientierten Diensten der Fall ist. Bei einem Multiuser-System ist jeder User selbst für die Sicherheit seiner Daten verantwortlich. Aber selbst ein leichtsinniger Umgang mit den Login-Daten kann nicht zum Eindringen in ein Linux-System führen, denn wenn es einem Hacker gelingt, in das Dateisystem eines Users auf einer Maschine zu gelangen, so hat er damit noch lange keinen Zugriff auf die Daten anderer Benutzer, geschweige denn auf die Daten des Systems selbst, denn diese werden unabhängig von den einzelnen User-Daten geschützt. Auf das System und die Systemdateien hat im Regelfall nicht einmal ein normaler User des Linux-Systems Zugang, da fällt es sicherlich einem von außen Eindringenden viel schwerer, zwei Hürden zu überwinden, die User- und die Superuser-Hürde.

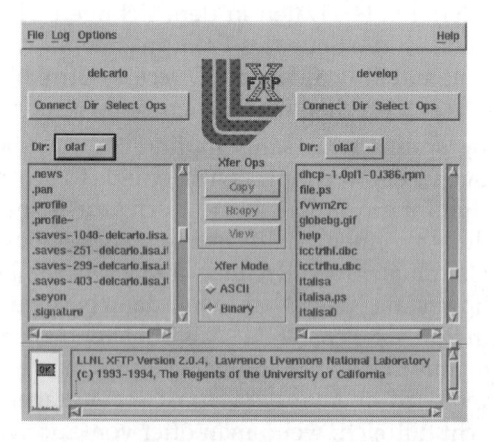

Abbildung 6.2: Das xftp von Neale Smith

Die Dienste `telnet` und `ftp` bewerkstelligen zwei unterschiedliche Dinge, die man auch dann nicht miteinander kombinieren kann, wenn man zwei Sessions eröffnet. Es gibt einen Dienst, der einem Anwender beides gestattet, nämlich eine bestimmte Directory-Struktur eines Fremdrechners in die eigene Baumstruktur einzubinden. Damit ist es dann möglich, zwischen dem Fremdrechner und dem eigenen Rechner Daten auszutauschen. Es ist dies der `nfs`-Dienst, oder Network-File-Server. Das ist ein Dienst, dessen Planung viel Analyse bedarf. Er ist eigentlich nur für eine größere Infrastruktur geeignet und im bereits laufenden Betrieb nur schwer nachzuimplementieren, ohne Sicherheitsprobleme aufzuwerfen. Mit diesem Dienst werden wir uns jedoch später beschäftigen.

Aber auch Samba (siehe Teil II, Kapitel 11, ab Seite 267) stellt ähnliche Dienste für eine Windows-Umgebung bereit. Der Unterschied ist nur, daß Sam-

6.1 Lokales Netz

ba natürlich auf die besondere Dateistruktur der Windows-Betriebssysteme Rücksicht nehmen muß. Windows-Betriebssysteme verfügen nicht über einen einzigen, systemweiten Directory-Baum, sondern über viele dieser Bäume, die sich jeweils unter einem Laufwerksnamen befinden. Es gibt daher bei Windows kein alleiniges Wurzelverzeichnis, unter dem sich alle anderen Directories und Dateien finden lassen. Die logische Struktur der Daten an die physikalische Hardware zu koppeln ist absoluter Unsinn. Sicher konnte niemand bei Einführung des PCs voraussehen, daß es einmal eine 16 GB-Festplatte und einen Pentium Pro-Prozessor für diesen Rechnertyp geben würde, daher war das Filesystem eher an die Verfügbarkeit zweier Disketten-Laufwerke gekoppelt. Es ist nur erstaunlich, daß Betriebssysteme wie Windows NT$^{(c)}$ und auch OS/2$^{(c)}$ heute immer noch nach diesem verqueren Prinzip funktionieren. Es ist jedoch noch viel erstaunlicher, daß die Kunden das klaglos akzeptieren.

Wie unangenehm sich die Koppelung an die physikalische Hardware auswirken kann, merkt man dann, wenn man seinem Rechner eine zweite Festplatte spendieren will. Die neu zu installierende Festplatte verlangt einen Laufwerksbuchstaben (D: als Folgebuchstaben zu C:), der die Laufwerksbuchstaben der übrigen Geräte um eine Stelle im Alphabet verschiebt. Bei einem erneuten Systemstart (wenn er denn überhaupt gelingt), wird Software nicht mehr erkannt, weil der Laufwerksbuchstabe für eine bestimmte Software sich verschoben hat. Programme, welche unter D: zu finden waren, liegen jetzt unter E:. Hier wird deutlich, wie unsinnig eine solche Konstruktion ist. Linux kennt solche Probleme nicht, da zum Zeitpunkt des Hochlaufens des Betriebssystems eine neue Festplatte in den Directory-Baum eingehängt werden kann. Auch wenn sich eine spezielle Software auf die Existenz eines Links verläßt, ist das völlig unerheblich für das System, denn Links, die auf ein nicht-existierendes Programm zeigen, werden vom System einfach negiert.

Für praktisch jeden kommerziellen Einsatz irgendeiner Betriebssystem-Software ist die Installation eines Netzes zwingend vorgegeben. Auch wenn nur zwei Rechner vorhanden sind, sollten diese vernetzt werden. Schon allein das Drucken von Dateien erfordert sonst zwei Drucker, oder die Daten müssen mit einer Diskette von Rechner zu Rechner getragen werden.

Die Vernetzung war in den Anfangstagen der PC-Technologie eine ziemlich teure Angelegenheit. Erstens war die Software nicht so ohne weiteres verfügbar, und zweitens war die nötige Hardware auch nicht gerade billig. Seit den Zeiten des Internets hat sich das glücklicherweise geändert. Die Vernetzung einer Firma ist heute nicht mehr mit großen Kosten verbunden und auch die Protokolle und die nötige Software haben eine gewisse Normierung erfahren. Die Vernetzung pro Rechner kostet etwa 17,00 DM bis 150,00 DM. Das kosten nämlich die Ethernet-Karten heute, und wenn man nicht gerade exotische Transferraten benötigt, ist eine Übertragungsgeschwindigkeit von 10 MBIT/s für fast alle Fälle völlig ausreichend.

Die technischen Einzelheiten, wie eine solche Vernetzung installiert wird, findet sich in Teil II, Kapitel 10, ab Seite 253. Zuerst sehen wir uns die verfügbaren Dienste etwas genauer an, damit Sie entscheiden können, ob diese Dienste überhaupt für Sie in Frage kommen. Die technische Installation müssen Sie trotzdem konsultieren, da auch ein reines Windows-Netz auf die dort gezeigte Weise konfiguriert werden muß.

6.2 Dienste in einem Linux-Netz

6.2.1 telnet

Das `telnet`-Protokoll stammt aus den Tagen der Großrechner. Damals befand sich der eigentliche Rechner irgendwo in einem Raum des Gebäudes des Rechenzentrums, der mit einer Klimaanlage ausgestattet war (so streng waren damals die Bräuche), und die Benutzer konnten nur über sogenannte dumb-Terminals auf diesen zugreifen. Die Terminals wurden dumb genannt, weil sie über keine Rechenkapazität verfügten. Die Terminals verkehrten über das `telnet`-Protokoll mit dem Großrechner, und so konnten viele Anwender den Rechner nutzen. Das war die einzige Art und Weise, wie Rechner bedient wurden. Ganz früher, also in den Vor-Unix-Zeiten, vor 1973, gab es nicht einmal das, da mußten die Rechenaufgaben, Jobs genannt, als Lochkartenstapel bei dem Rechenzentrumsleiter abgegeben werden. Ließ der den Stapel fallen, dann hatte man wirklich Probleme.

Es gab damals noch keine grafischen Bedieneroberflächen, und so konnte `telnet` als vollwertiger Zugriff auf die Ressourcen eines Großrechners gelten.

Mit einigen Kunstgriffen kann es das heute noch. Wir sehen uns das im Kapitel 3.7 auf Seite 112 genauer an.

Das telnet-Sicherheitsproblem

Das `telnet`-Protokoll stellt ein ziemliches Sicherheitsproblem dar. Die Ein-Ausgaben einer `telnet`-Session gehen im Klartext über die Leitung vom Terminal zum Zielrechner. Jeder Rechner im gleichen Netzsegment kann daher die übertragenen Daten mitlesen. Diese Lücke ist natürlich nicht unbemerkt geblieben, und so kann man sich ein besonderes Sicherheitsprotokoll installieren, das `ssh`-Protokoll, oder Secure-Shell-Protokol. Damit kann eine verschlüsselte Verbindung zwischen zwei Rechnern aufgebaut werden. Bei der S.u.S.E.-Edition muß aus der Serie *n* das Paket `ssh` Secure-Shell-Client installiert werden und Server (Remote Login Program) `ssh` (secure shell). Das ist ein Programm, um sich auf anderen Rechnern einzuloggen und Kommandos auf dieser anderen Maschine auszuführen. Es soll `rlogin` und `rsh` ersetzen und eine sichere, verschlüsselte Verbindung zwischen zwei nicht vertrauenswürdigen Hosts über eine unsichere TCP/IP-Verbindung gewährleisten. X-Verbindungen und andere (alternative) TCP/IP-Ports können ebenso über den sicheren Channel weitergeleitet werden.

Die `/etc/rc.config`-Datei muß im YaST-Menü SYSTEM KONFIGURIEREN den Eintrag `FW_SSH` auf »yes« abändern. Das kann natürlich auch »per Hand« geschehen.

`rlogin` und `telnet` sind strukturell sehr unsichere Protokolle. Wenn sie jedoch nur in einem internen Firmennetz eingesetzt werden (kein Intranet, bei dem sich die Teilnehmer über das Internet verbinden), sind beide ausreichend sicher. Wenn jedoch eine Verbindung über das Internet angestrebt wird, so kann der Sicherheitsstandard von `rlogin` und `telnet` nicht genügen. `ssh` bietet hier wesentlich mehr Sicherheit. Jeder Rechner, auf dem der `sshd` (ssh-Daemon) läuft, verfügt über einen eigenen RSA-Schlüssel, über den der Rechner identifiziert werden kann. Zusätzlich wird bei jedem Neustart des Daemons (und das findet spätestens beim Neustart des Rechners statt) ein Daemon-spezifischer RSA-Schlüssel erzeugt. Will sich nun ein Client mit einem Server verbinden, so sendet der Daemon den privaten Teil seines Rechnerschlüssels und seines Daemon-Schlüssels an den Client. Der Client vergleicht nun den Rechnerschlüssel, den er vom Server bekommen hat, mit den bereits schon einmal empfangenen Rechnerschlüsseln (zu diesem Zweck unterhält jeder Rechner eine kleine Datenbank). Für den Fall, daß die Schlüsselpaare nicht in der lokalen Datenbank enthalten sind, gibt der Client-Rechner eine Warnung aus. Der Anwender am Client kann jetzt die Warnung ignorieren und fortfahren, in diesem Fall wird das Schlüsselpaar des Servers in der lokalen Datenbank des Clients abgelegt, so daß beim nächsten Versuch des Clients, Kontakt zu dem gleichen Server aufzunehmen, dieser lokal bekannt ist und die Meldung nicht mehr erscheint.

6.2.2 rlogin und rsh

Der Term `rlogin` bedeutet `remote login` und hat in etwa die gleiche Bedeutung wie `rsh`, das, aus dem Unix-Kauderwelsch übertragen, `remote shell` bedeutet.

Unix-Befehle haben immer eine abschreckende Kürze, die es dem Neuling wirklich nicht einfach macht, sich daran zu gewöhnen. Man muß das jedoch im Kontext sehen. Als Unix 1973 aus der Taufe gehoben wurde, war ein Computer etwas für absolute Spezialisten. Kein Anwender hatte je die Gelegenheit, diesem Wunderding auch nur näher als fünfzig Schritte zu kommen. Die Maus als Bedienungselement war unbekannt und weitgehend auch das Terminal mit

Braunscher Röhre. Man verwendete damals ein Gerät, das sich Teletype nannte, einem Fernschreiber glich und mit viel Geräusch und einer rasanten Geschwindigkeit von 30, manchmal nur 7 Buchstaben pro Sekunde seine Ausgaben auf ein Stück Rollenpapier hackte. Speicher war äußerst rar.

Unix lief damals auf einem Rechner des Typs PDP 8 der Firma Digital, und der hatte einen durch 12 Bit adressierbaren Hauptspeicherbereich von 4 KB (das ist kein Tippfehler, es waren tatsächlich vier Kilobyte). Da mußte verständlicherweise an jedem einzelnen Buchstaben gespart werden. Also verzeihen Sie den Linux- und Unix-Spezialisten ihre abgekürzte Kryptik. Trotzdem hatten die Unix-Entwickler so viel Weitsicht, den Speicherzellen für Datum und Zeit so viele Bits mitzugeben, daß das gefürchtete 2000er Problem wenigstens für alle Unix-Betriebssysteme keine Rolle spielt. Jedoch sind Cobol-Programme mit diesem Problem sehr wohl behaftet, auch wenn sie unter Unix laufen.

Immerhin ist Licht am Ende des Tunnels zu sehen. Das KDE-Projekt bringt Besserung, bis hin zum absoluten Luxus. Wenn Sie sich die Konfigurations-Dateien für X ansehen, dann können Sie diese Entwicklung nachvollziehen. Als X eingeführt wurde, sah es mit dem Speicher schon nicht mehr so schlimm aus, deshalb konnte die Konfigurations-Datei auch `.xinitrc` heißen. Der erste Teil des Wortes (`.xinit`) zeugt schon von einer verschwenderischen Fülle von Buchstaben, der zweite Teil (`rc`) ist noch sehr sparsam mit Buchstaben ausgestattet, bedeutet »Ressources« und stammt noch aus alten Tagen.

6.2.3 ftp

Der Begriff `ftp` bedeutet `file transfer protokol`. Wie der Name sagt, kann man mit diesem Protokoll Daten über das Netz von einem Rechner zu einem anderen transportieren. Man kann sich aber auch auf dem gleichen Rechner eine solche Verbindung schaffen, das ist dann eine recht umständliche Methode, Dateien zu kopieren.

Eine unschöne Kuriosität gilt es noch anzumerken: Bei beiden Zugangsarten, `ftp` und `telnet`, muß sich der User authentifizieren, er muß also den Rechner angeben, mit dem er sich verbinden will, und natürlich auch den Benutzer, bei dem er sich einloggen oder mit dem er Dateien austauschen will. Man wird dann nach dem Password gefragt und erhält anschließend den gewünschten Zugang. Man sollte annehmen, daß der Aufruf beider Programme identisch ist, und das Verlassen, also das Abbrechen der Verbindung, ebenfalls. Leider ist dem nicht so.

Wenn man `ftp` aufruft, so muß das wie folgt geschehen:

```
ftp <host-name>
```

6.2 Dienste in einem Linux-Netz

Oder konkret mit den zugrundeliegenden Daten der Datei `/etc/hosts` (siehe Seite 257):

```
ftp develop
```

Nach erfolgter Verbindungsaufnahme wird man nach dem User gefragt, mit dem man auf dieser Maschine (`develop`) Daten austauschen möchte. Daraufhin muß man das Password dieses Users eingeben. Dann erst kann der Transfer beginnen.

Will man den Dienst beenden, so funktioniert das nur über die Eingabe von `quit`.

Der Aufruf von `telnet` geschieht auf folgende Weise:

```
telnet -l olaf develop
Trying 192.168.17.1...
Connected to develop.
Escape character is '^]'.
Password:
```

Und er wird verlassen mit `exit`. Aber Linux bietet ja die Möglichkeit, das zu ändern: Man holt sich einfach die Quellen des `ftp`-Programms, verändert diese entsprechend, übersetzt das Programm erneut, löscht das alte `ftp`-Programm und ersetzt es durch das neue. Das ist völlig ernst gemeint, das kann man wirklich machen, und es gehören nur wenig C-Programmierkenntnisse dazu, das auch wirklich hinzubekommen. Aber – es funktioniert nur unter Linux.

6.2.4 NFS

Um diesen Dienst verstehen zu können, braucht man schon etwas bessere Unix-Kenntnisse. Ich werde versuchen, diesen Dienst so einfach wie möglich zu beschreiben.

NFS ist gerade für den kommerziellen Einsatz sehr wichtig und nützlich, wenn man den Dienst korrekt einrichtet. Aber gerade beim Einrichten kann sehr viel falsch gemacht werden.

Sehen wir uns das Unix-System noch einmal genauer an.

Während beim Unix-Dateibaum kein Laufwerk zu erkennen ist (siehe Abb. **6.3**), befindet sich an der Wurzel des Verzeichnisbaumes von Windows der Laufwerksbezeichner. Dieser Bezeichner repräsentiert ein reales Laufwerk,

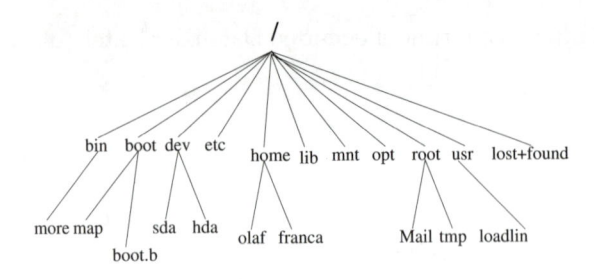

Abbildung 6.3: Der Verzeichnisbaum von Unix

also physikalische Hardware. Das Unix-System läßt im Gegensatz dazu keine Hardware erkennen. An der Wurzel befindet sich das `root`-Directory, und darüber existiert nichts mehr. Weil die Benennung der Hardware bei Unix nur beim `mounten` eine Rolle spielt, spricht man die Hardware auch nicht direkt an, sondern man referenziert diese indirekt über eine Datei innerhalb des Dateibaumes. Wenn man dem `root`-Directory zum Directory `dev` folgt, so erkennt man, daß sich dort zwei Dateien befinden, `sda` und `sdb`. Diese Dateien sind eigentlich Gerätetreiber. Innerhalb des Directory `/dev` befinden sich alle Gerätetreiber, die Linux unterstützt. Es sind eine unglaublich große Anzahl, daran erkennen Sie, wie viele Geräte von Linux unterstützt werden. Sie können jetzt über einen solchen Gerätetreiber eine zweite, dritte oder auch vierte Festplatte in Ihren Verzeichnisbaum einhängen. Mit dem folgenden Befehl kann man eine Festplatte (es kann auch das Disketten-Laufwerk oder das CD-ROM-Laufwerk sein) in den Verzeichnisbaum von Unix einhängen:

```
mount /dev/sdb1 /mnt
```

Der Befehl bewirkt, daß die physikalische Festplatte (in unserem Falle ist es eine SCSI-Platte) mit der ersten Partition an den `mount point` `/mnt` angehängt wird. Der Effekt davon: Alle Dateien und das gesamte Directory der Platte `sdb1` hängen nun unterhalb des Directories `/mnt`. Wir hätten uns ebensogut irgendein Directory erzeugen können und das Gerät an dieses »mounten« können, das spielt überhaupt keine Rolle.

Diese Dateien stehen zur Verfügung, um eine weitere Festplatte dort zu `mounten`, dort hinzuhängen.

Das `nfs`-System ist der wohl bekannteste Netzwerkdienst zum Bereitstellen von Remote Procedure Call-Diensten. Mittels `nfs` kann man ein netzweites Dateisystem aufbauen, welches für den Benutzer wie ein großer Verzeichnisbaum aussieht. In einem Rechnernetz können beliebig viele Teilverzeichnisse zu einem großen Verzeichnisbaum zusammengefaßt werden.

- Die Dateistruktur der einzelnen User kann auf einem Server gehalten werden, der die `nfs`-Clients zum Zeitpunkt des Hochfahrens des Rech-

6.2 Dienste in einem Linux-Netz

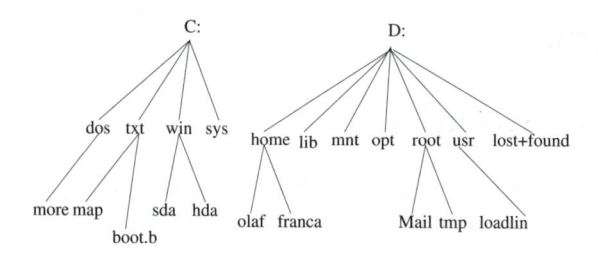

```
        C:                           D:
   /  |   |  \              /  /  |  |  \   \
 dos txt win sys         home lib mnt opt root usr lost+found
  / \     |   / \         / \              / | \
more map sda hda      olaf franca      Mail tmp loadlin
      boot.b
```

Abbildung 6.4: Der Verzeichnisbaum von Windows

ners mit dem Befehl `mount` zusammenführt. Man könnte beispielsweise allen Usern auf dem Server-Rechner jeweils einen Account einrichten und diese dort unter dem Directory `/home` einhängen. Die Dateistruktur sähe für den lokalen Benutzer wie seine eigene aus, obwohl alle seine Dateien sich auf dem Server befinden und nicht auf seinem lokalen Rechner.

- Wenn man große Programmprojekte verwaltet, die große Bibliotheken oder Datenbestände verwalten, so braucht diese Menge an Daten nicht auf jedem Rechner gehalten werden. Der Editor `Emacs` (sein Spitzname ist übrigens »*eight megabytes of memory constantly swapping*«) benötigt eine ziemliche Menge an Speicher. Mittels `nfs` kann man ihn auf dem Server installieren. Auf diese Weise können alle mit `mount` eingebundenen User das Programm `emacs` verwenden.

- Anstatt mit `rcp` jedem Benutzer nötige Dateien zu überspielen, können solche Daten zentral auf dem Server gehalten werden.

Das Prinzip von `nfs` macht es notwendig, daß eine verteilte Directory-Struktur vor der Installation und Einrichtung der verschiedenen User eingerichtet wird. Und das hat folgenden Grund: Wenn ein bestimmter User mit einer UserID-Nummer 503 eine Directory-Struktur auf einem anderen Rechner via `nfs` nutzen will, so müssen die Directories des anderen Rechners die gleiche Benutzer-ID-Nummer haben wie der potentielle Nutzer. Es ist einleuchtend, daß eine solche Vergabe von ID-Nummern geplant werden muß. Es ist ziemlich einfach, mit `nfs` ein totales Durcheinander auf einem Server-Rechner zu veranstalten.

6.3 Internet

6.3.1 Was ist das Internet?

Das Internet hat sich in den letzten Jahren stark verändert und unterscheidet sich heute enorm von dem, was es in den Anfangstagen einmal war.

6.3.2 Größe des Internets

Als man begann, die ersten Computer für den kommerziellen Einsatz zu produzieren (wenn man einmal absieht von den Rechnern, die der Erfinder des Computers KONRAD ZUSE in Handarbeit zusammenschraubte), waren sogar die Vertreter der Firma IBM nicht so recht überzeugt von dem Konzept. Die vorherrschende Meinung war: Die gesamte Welt brauche sowieso nur sechs Computer, und dieser Markt lohne sich nicht für eine kommerzielle Auswertung. Wie sehr sich diese Vertreter getäuscht hatten, kann in Tabelle **6.1** abgelesen werden.

Im Januar 1998 war die angezeigte Anzahl der im Internet verbundenen Computer 29.670.000. Die genaue Zahl kann man sich über die folgende Adresse besorgen:

```
http://www.nw.com/
```

Tabelle **6.1**: Anzahl der Rechner im Internet

Date	Hosts	Domains	ToPing*
Jan 98	29,670,000		5,331,640
Jul 97	19,540,000	1,301,000	4,314,410
Jan 97	16,146,000	828,000	3,392,000
Jul 96	12,881,000	488,000	2,569,000
Jan 96	9,472,000	240,000	1,682,000
Jul 95	6,642,000	120,000	1,149,000
Jan 95	4,852,000	71,000	970,000
Jul 94	3,212,000	46,000	707,000
Jan 94	2,217,000	30,000	576,000
Jul 93	1,776,000	26,000	464,000
Jan 93	1,313,000	21,000	
* geschätzt durch An-pingen 1% aller Hosts			

Das sind doch recht beeindruckende Zahlen. und man kann mit einiger Bescheidenheit behaupten, daß diese Entwicklung doch recht ansehnlich ist.

6.4 Das Intranet

Das Intranet ist im wesentlichen nichts weiter als ein lokales Netz, welches nach den gleichen Methoden und mit den gleichen Protokollen wie das Internet funktioniert. Das Angenehme dieser Eigenschaft ist, daß man beim Anschluß eines Intranets an das Internet alle lokalen Protokolle und Eigenschaften des eigenen Intranets nutzen kann, ohne irgendeine Änderung an der Konfigurierung vorzunehmen.

Das Intranet ist ein lokales Internet. Dabei ist der Begriff lokal nicht an die Entfernung gebunden. Auch Netze, deren Teilnehmer lokal weit voneinander entfernt sind, können zu einem Intranet gehören. Eine Firma, die beispielsweise in München, Hamburg und New York eine Niederlassung hat, kann ein Intranet betreiben. Ein solches Netz ist für den öffentlichen Zugang gesperrt, oder es existiert eine *firewall*, welche den Zugang zu diesem Netz gegen Eindringlinge abschottet. Es gibt aber noch eine andere Eigenschaft, die das Intranet von „normalen" Netzen unterscheidet.

Ein sogenanntes LAN (local area network) ist ein Netz, welches für den firmeninternen Gebrauch konzipiert ist. Wenn man in einer Netzumgebung davon ausgehen kann, daß die im Netz verknüpften Rechner alle mit dem gleichen Betriebssystem ausgestattet sind, dann ist die Installation eines solchen Netzes eine ziemlich einfache Sache. Es gibt in aller Regel eine vom Betriebssystem abhängige Netzwerksoftware, die installiert man, und schon kann's losgehen. Meist wird das nicht so einfach funktionieren, aber wir wollen uns hier nicht mit den spezifischen Schwierigkeiten der Betriebssystem-Software beschäftigen. Will man jedoch Rechner mit verschiedenen Betriebssystemen miteinander vernetzen, dann kann es schon zu Problemen kommen, denn die Netzprotokolle sind im allgemeinen nicht so ohne weiteres zu verbinden.

Die Frage liegt also nahe: Wenn im Internet die miteinander verknüpften Rechner nicht wissen müssen, welche Betriebssystemumgebung auf den jeweiligen Zielrechnern vorhanden ist, warum können dann nicht die Rechner eines lokalen Firmennetzes nach dem gleichen Prinzip kommunizieren? Sehen wir uns ein kleines Beispiel der Netzkommunikation an, bei dem es nicht darauf ankommt, daß alle beteiligten Rechner das gleiche Betriebssystem verwenden. Die Rechner müssen jedoch in der Lage sein, Java-Programme auszuführen.

6.5 Server-Lösungen

Ein Rechner wird als Server bezeichnet, wenn er einem anderen Rechner im Netz Daten, Netzverbindungen oder auch Druckerdienste zur Verfügung stellt.

Als Client wird ein Rechner bezeichnet, der diese Dienste konsumiert oder beansprucht.

Wenn man diese Bezeichnung genauer analysiert, dann kommt man nicht umhin zu erkennen, daß diese Aufgabe einem einzelnen Netzteilnehmer gar nicht zugewiesen werden kann, da ja jeder Rechner irgendwann im Betrieb Daten liefert, also Server-Funktionen ausübt, oder Dienste in Anspruch nimmt (den Netzdrucker verwendet beispielsweise).

Die gegebene Definition muß daher etwas aufgeweicht werden.

Ein Rechner wird als Server bezeichnet, wenn seine *Hauptaufgabe* darin besteht, anderen Rechnern im Netz Dienste anzubieten.

Ein solcher Rechner nimmt im Netz eine Sonderstellung ein und muß daher auch anders ausgestattet sein (siehe Kapitel **2.1**, auf Seite 36).

Er braucht keine aufwendige Grafikausstattung zu haben, denn an ihm sollte niemand arbeiten, aber er muß über eine gehobene Hardware-Ausstattung verfügen, da er immer in der Lage sein muß, mehrere Rechner gleichzeitig zu bedienen. Wird `nfs` verwendet (siehe Absatz 6.2.4), so ist die geforderte Hardware-Ausstattung auf Seite 36 eher als Minimum zu betrachten, dann sollte eigentlich ein RAID05-System in Betracht gezogen werden. Vor allem sollte die Festplatten-Kapazität erheblich höher sein, 9 GB oder sogar 29 GB ist dann eine bessere Wahl (in Abhängigkeit von der Anzahl der Benutzer natürlich). SCSI ist zwingend vorgeschrieben, wenn Sie nicht mit den Daten Ihrer Firma vabanque spielen wollen. Es sollte sogar darüber nachgedacht werden, ob man nicht zwei Server parallel betreibt, das erhöht die Ausfallsicherheit. Auf keinen Fall sollte ein solcher Server ohne eine UPS-Einheit betrieben werden.

6.6 Netware Novell

Netzwerke müssen nicht nur bezahlt, sondern auch administriert werden. Die gängigen Publikationen, welche sich mit Netzwerklösungen beschäftigen, betrachten meist nur die Hardware- und Software-Konfigurierung, das Netzwerk-Management bleibt meist außen vor. Das wäre so, als ob man ein Auto kaufen geht, vom Händler die technischen Einzelheiten erfährt, wie denn so ein Pkw zu bedienen sei, und dann, ohne irgendwelche Fahrpraxis vorweisen zu können, einfach einsteigt und losfährt. Wo das im Regelfall endet, können wir uns leicht vorstellen – im Graben, wenn's gut geht. Um einen Pkw korrekt und ohne Mitmenschen zu gefährden, bedienen zu können, bedarf es einer entsprechenden Schulung und darauf folgender Fahrpraxis.

Warum sollte das bei der Installation und Inbetriebnahme eines Netzes anders sein? Bücher, die sich mit TCP/IP beschäftigen, erklären meist auch noch das SNMP-Protokoll, der praktische Bezug zum kommerziellen Einsatz wird jedoch meist vernachlässigt.Es existieren Netzwerkmanagement-Systeme auch für Linux, aber diese Produkte sind in homogenen Netzen auf Novell-Basis kleiner bis mittlerer Größe viel weiter verbreitet. Daher wird mancher Unternehmer eine bestehende Novell-Architektur behalten wollen, wenn sie denn schon existiert. Unter kleinen bis mittleren Netzen versteht man Konstrukte mit 100 bis 300 Rechnern.

Novell-Netze haben hier eindeutig immer noch einen Vorsprung vor einer TCP/IP-Lösung. Für große Netze existieren natürlich Netzwerkmanagement-Systeme (Transview von SNI, Openview von HP oder TME von Tivoli), aber diese Systeme würden ein Loch in die Tasche eines Unternehmens reißen, wobei meist von der Tasche nichts mehr übrigbleibt. Da kommen schon sechsstellige Rechnungen zustande, die schließlich erst einmal verdient werden müssen.

Novell bietet fertige Netzwerk-Management-Systeme an, die preislich erschwinglich sind. Will man das Geld für ein solches System auch noch einsparen, so kann man auch Linux als Novell-Server verwenden.

6.7 Novell-Netware

Wenn man bedenkt, daß eine recht kleine Lösung von nur 25 Rechnern bereits eine vierstellige Rechnung zur Folge hat, so sollte man vielleicht darüber nachdenken, wie sich diese Kosten zugunsten einer Netzwerkmanagement-Lösung einsparen lassen.

Tabelle 6.2: Novell-Einsparungspotential

Novell-Netware	
5 Lizenzen	2.590,00 DM
10 Lizenzen	4.970,00 DM
25 Lizenzen	8.760,00 DM
Stand 30. Juli 1998	

6.8 Novell-Intranet

Sie können auch die Novell-Intranet-Version einsetzen, aber damit sparen Sie auch nicht viel Geld ein. Zudem sich dann sowieso eher eine TCP/IP-Lösung anbietet, weil die wesentlich flexibler ist.

Tabelle 6.3: Novell-Intranet

Novell-Intranet	
5 Lizenzen	2380,00 DM
10 Lizenzen	4780,00 DM
25 Lizenzen	7980,00 DM
Stand 30. Juli 1998	

Sie können aber auch eine Linux-Workstation als Novell-Router einsetzen, dann brauchen Sie sich um die Lizenzzahlungen keine Gedanken mehr zu machen. Auch das von der Firma Novell angebotene NFS-File-Server Paket, welches immerhin 9.400,00 DM kostet, kann mit einer Linux-Workstation eingespart werden, denn Linux bietet die gleichen Dienste, nur eben kostenlos. Die Preise der einzelnen Pakete sind mir freundlicherweise von der Firma ARS-CONSULTING GMBH MÜNCHEN zur Verfügung gestellt worden. Das ist deshalb so bemerkenswert, weil ich gleich bei meiner Anfrage zu verstehen gab, daß ich keinesfalls die Absicht hatte, auch nur eines dieser Produkte zu kaufen, mir aber trotzdem erschöpfend Auskunft gegeben wurde. Wer weiß, vielleicht haben die Spezialisten dort auch etwas von mir gelernt, nämlich wie man Novell-Software verwendet, ohne Lizenzen zahlen zu müssen.

Eine Beobachtung ist gerade im kommerziellen Einsatz immer wieder zu machen, wenn man sich um einen Kredit für seine Unternehmung bemühen muß: Die Banken analysieren die Firmenstruktur und schlagen dann eine Software-Lösung vor. Manchmal haben die Banken auch gleich einen Consultant parat, der die Auswahl und Installation der vorgeschlagenen »*Branchen-Lösung*« vornimmt. Das Problem dabei ist, daß die Banken und ihre Spezialisten, gerade auf dem Software- und Hardware-Markt über wenig bis gar keine Erfahrung verfügen und Lösungen vorschlagen, die sich aus der Sicht der Banken »*bewährt*« haben. Auch die empfohlenen (oder vorgeschriebenen) Consulting-Firmen haben wenig bis gar kein Interesse an einer »*kleinen*« Lösung, die dem Berater wenig lukrativ erscheint. Leider knüpfen manchmal die Banken ihre Kreditzusagen an das Akzeptieren einer solchen Lösung, so daß Ihnen nicht viel übrigbleibt. Sie müssen diese Bedingungen einfach akzeptieren, wenn Sie den Kredit in Anspruch nehmen wollen.

Aber vielleicht benötigen Sie ja den Kredit Ihrer Bank nicht mehr, wenn Sie sich die Einsparmöglichkeiten genauer ansehen, die Ihnen Linux als Software und die richtige Auswahl der Hardware bietet (siehe Absatz 2.2 ab Seite 34).

Und wenn Sie einen Consultant einschalten, achten Sie darauf, welche Lösungen er Ihnen vorschlägt. Wenn er Unix und insbesondere Linux gar nicht erwähnt oder sogar als nicht akzeptable Lösung bezeichnet, dann hat der Berater nur seine Interessen im Kopf, die Ihren sind ihm völlig egal. Und wenn das nicht der Grund ist, sieht es eigentlich noch schlimmer aus. Sie können davon ausgehen, daß diese Firma nicht kompetent ist, Beratungsdienste zu leisten.

7 Relationale Datenbanken

Lassen Sie mich mit einem Zitat beginnen:

> »Es ist sinnvoller, Informationen in kleine Einheiten zu strukturieren, auf die wahlfrei zugegriffen werden kann, als daß diese Informationen sequentiell angeordnet sind und der Zugriff sequentiell zu erfolgen hat. Es ist besser, daß beispielsweise ein Postamt Postfächer für seine Kunden anbietet, auf die jeder Kunde individuell und zu jeder Zeit zugreifen kann, als daß die Kunden sich an einem Schalter zu einer bestimmten Zeit anstellen müssen, um ihre Post von einem Angestellten entgegenzunehmen, der alle Zustellungen jeden Tag alphabetisch sortieren muß, der Rheumatismus bekommen kann, der in ein paar Jahren pensioniert werden kann und dem es völlig gleichgültig ist, ob und wie viele Kunden vor seinem Schalter stehen und warten. Wann immer eine Verteilung in eine sequentielle Form gezwungen wird, findet sich ein Angestellter, der in der Lage ist zu diktieren, welche Änderungen von ihm akzeptiert werden und welche nicht. Diese Einschränkung ist für jede Datenverwaltung tödlich.«
>
> – Robert M. Pirsig.

7.1 Etwas Theorie

Allzuviel Theorie soll es nicht werden, nur gerade so viel, daß Sie beurteilen können, welche Datenbank einzusetzen ist und warum es nicht sinnvoll ist, eine Tabellenkalkulation als Datenbank zu mißbrauchen. Schließlich befinden wir uns noch in Teil I des Buches, der nur Entscheidungshilfen geben soll. Die Installation und Einrichtung der Beispiel-Datenbasis folgt dann in Teil II, Kapitel 13.

Bevor wir uns mit dem Entwurf einer Datenbasis beschäftigen, ist es nötig, ein wenig die Theorie zu erläutern die dahintersteckt.

Die Theorie der relationalen Datenbanken ist, gemessen in Informatik-Jahren, schon recht alt. Schon im Jahre 1970 veröffentlichte E. F. Codd im Journal »Comm. of the ACM« einen Artikel mit dem Titel »A Relational Model of Data for Large Shared Data Banks«, der damals die Welt der Informatik revolutionierte. Er schuf ein mathematisches Fundament, auf dem bis heute die Theorie der Datenbanken basieren. Keine andere Theorie hatte einen solchen Einfluß auf den Einsatz der Informatik im Bereich von Industrie und Handel. Auch wenn sich heute das objektorientierte Paradigma im Bereich der Datenbanken zu etablieren scheint, so stützen sich auch heute noch alle wirklich wichtigen Datenbank-Anwendungen auf das Modell von Codd. Das Coddsche Modell ist abgeschlossen und konsistent im Sinne der relationalen Algebra.

Das klingt hochwissenschaftlich, aber so tief brauchen wir in die Materie gar nicht einzutauchen, wir werden einfach ein Modell bauen, an dem die wichtigsten Eigenschaften und Anforderungen einer relationalen Datenbank erläutert werden.

7.2 Ein Beispiel

Wenn das Beispiel, in diesem Kapitel komplett wäre, niemals einer Änderung bedürfte und alle Ihre Nöte der Administration befriedigen könnte, ließe sich auf die Theorie sicherlich verzichten. Sie implementieren die Datenbank, erzeugen die Relationen (aber sehen Sie, da geht es ja schon los mit der Theorie), geben Ihre Daten ein, und schon können Sie für immer und ewig Ihren Kundenstamm pflegen, Ihre Steuererklärung mit einem Knopfdruck erledigen, die Bestellungen immer auf dem laufenden halten und Ihre Mitarbeiter verwalten.

So einfach kann das nicht funktionieren. Hätte ich eine solche Lösung allgemeingültig anzubieten, läge ich jetzt unter der Sonne von Acapulco.

Eine Datenbasis muß gepflegt, verändert und erweitert werden. Auch dann, wenn sich kein einziger Fehler in der Ausgangs-Datenbasis befindet (was eher unwahrscheinlich ist). Die Zielrichtung Ihrer Unternehmung könnte sich verändern, andere Bereiche und Aufgabengebiete könnten sich für Ihre Firma auftun. Eine einmal entworfene Datenbasis kann einer solchen dynamischen Entwicklung nicht gerecht werden.

Um eine Datenbasis zu erweitern und zu pflegen, muß man sich ein wenig mit ihrer Theorie auskennen. Natürlich wie immer und wie schon häufig bei anderen Gelegenheiten vorgeschlagen, können Sie auch eine Firma beauftragen, eine Datenbasis für Ihre speziellen Anforderungen zu entwerfen. Es gibt zwei Probleme, deren Lösung im wesentlichen von dem Inhalt Ihres Geldbeutels abhängt:

7.2 Ein Beispiel

- Sie finden einen »Experten«, der Ihnen diese Arbeit für wenig Geld, schnell erledigt, dann können Sie sicher sein, daß die abgelieferte Arbeit nichts taugen wird. Ein solcher »Experte« wird Ihnen vielleicht sogar eine Lösung mit einer Tabellenkalkulation vorschlagen, Ihnen anhand seines Modells zeigen, wie schön das alles funktioniert. Er wird drei oder auch vier Test-Datensätze eingeben, Ihnen die Bedienung erklären, alles wird ganz einfach und logisch sein, Sie werden glücklich sein und sich die Hände reiben, weil Sie eine so phantastische Lösung so preisgünstig erworben haben. Er wird Ihnen eine Rechnung schreiben, die Sie bezahlen, und nach einem halben Jahr haben Sie enorme Probleme mit dieser »Lösung«, weil Ihre Datenbasis beginnt, immer langsamer zu reagieren. Es kann auch sein, daß Ihre Datenbasis nicht langsamer reagiert, sondern genauso schnell wie am ersten Tag, dann hat sich aber Ihre Firma in einem halben Jahr nicht besonders gut entwickelt, weil Ihr Kundenstamm nicht angewachsen sein dürfte.

- Sie finden einen Experten, der Ihr Problem genau analysiert. Der sagt Ihnen, daß er für einen einfachen Entwurf eines ER-Modells (Entity-Relation) in Zusammenarbeit mit Ihnen oder einem Ihrer Angestellten etwa eine Woche brauchen wird. Das funktionierende Modell könne er in ca. zwei Monaten abliefern (meint er), daß dann aber noch seine Mitarbeit für mindestens ein halbes Jahr erforderlich sei, um das Datenmodell an die Praxis anzupassen.

    Eines wissen Sie jetzt: Sie sind an einen Experten geraten. Sie wissen aber auch, daß diese Lösung nicht ganz billig werden wird, denn schließlich muß dieser Mensch ja auch seine Familie mit zwei oder drei Kindern ernähren. Allerdings, wenn Sie die nötigen Gelder aufbringen, diesen Mann zu bezahlen, dann können Sie sicher sein, daß Ihre Firma zumindest nicht wegen der Datenbank-Software in die Pleite rutschen wird.

Ich kann Ihre Gedanken erraten: *»Das Datenbank-Design wird so teuer, und dann soll ich noch auf Linux setzen, ein völlig unbekanntes Betriebssystem ohne nachvollziehbare Support-Möglichkeiten? Wäre es da nicht besser, ich bleibe gleich bei Microsoft[(c)]?«*

Ich kann Sie beruhigen: Speziell die Datenbasis ist, wie man so schön sagt, Plattform-übergreifend. Da die Datenbank-Hersteller ihre Produkte auf fast allen Plattformen anbieten, und ganz sicher auf der Plattform *Microsoft*[(c)], haben Sie die Möglichkeit, Ihre Datenbasen von einer zur anderen Plattform zu portieren. Sollten Sie also mit der Linux-Lösung nicht glücklich werden, so brauchen Sie Ihre bereits bezahlte Datenbasis nicht wegzuwerfen, sie funktioniert auch unter Windows.

Es gibt jedoch eine dritte Möglichkeit: Sie beschäftigen einen Ihrer Mitarbeiter damit, sich in die folgende Theorie einzuarbeiten und die Beispiele zu implementieren. Sie können das natürlich auch selbst machen, aber das kommt natürlich darauf an, ob Sie die Zeit dafür finden. Belohnt werden Sie in jedem Fall, denn das Datenbank-Design ist eine interessante und nützliche Aufgabe.

Übrigens wird das Datenbank-Design Sie sowieso beschäftigen müssen, und zwar dann, wenn Sie Ihre Unternehmung im Internet präsent machen. Es hat keinen Sinn, im Internet mit einer oder zwei statischen HTML-Seiten vertreten zu sein. Wenn Sie auf die Anfragen Ihrer Kunden reagieren wollen und keine Zeit haben, das per E-mail zu tun, dann kommen Sie um eine Datenbank-gestützte Web-Site nicht herum. Dort können Sie die gleichen Mechanismen anwenden, die für den Entwurf Ihrer Firmendatenbank gelten. Wenn Sie jedesmal, wenn Änderungen an Ihrer Datenbasis notwendig werden, einen Experten konsultieren, so kann Sie das auch in die Pleite treiben. So ein Experte verlangt gut und gerne seine 2.000,00 DM an Honorar pro Tag. Lesen Sie das Buch von PHILIP GREENSPUN [15]. Dort finden Sie erschöpfende Auskunft, wie man seine Firma im Netz präsentiert.

Außer in ganz wenigen Ausnahmefällen, wenn Ihr Betätigungsfeld keine Besonderheiten aufweist, gibt es keine allgemeingültige Lösung. Es gibt vorgefertigte Lösungen für Teilgebiete der Wirtschaft, wie Linux-Kontor oder Linux-Warenwirtschaft, aber damit lösen Sie das Problem Ihrer Datenbank-gestützten Web-Site noch nicht. Und wenn Sie schon einen Experten bezahlen müssen, einen Mitarbeiter abstellen oder sich selbst mit der Aufgabe beschäftigen, dann können Sie das auch gleich richtig tun. Denn hat man das Prinzip einmal verstanden, ist der Entwurf nicht mehr so schwierig.

Ich habe jetzt auf elegante Weise klargelegt, daß es bei Linux an echten Branchen-Lösungen mangelt. Das ist ein Schwachpunkt, der nicht versteckt werden darf. Wenn Sie *Microsoft*$^{(c)}$-Betriebssysteme einsetzen, haben Sie eine riesige Auswahl an Datenbank-gestützten Branchen-Lösungen, deren Vielfalt unter Linux leider noch keine Entsprechung findet. Für jeden Berufszweig wird etwas angeboten, vom Gebäudereinigungsbetrieb bis zum Installateur, vom Zahnarzt bis zum Architekten, jede Firma, jeder Freiberufler kann eine relativ kostengünstige Datenbasis für diese Plattform erwerben. Wie kostengünstig diese Lösungen sind, hängt zum Teil von der verwendeten Datenbasis ab. Die Implementierungen sind in den meisten Fällen brauchbar bis gut. Es gibt kaum noch Software, die nur auf einer Tabellenkalkulation basiert, allenfalls als »*hit and run jobs*«, denn dieser Typ Software zeigt nur allzu schnell seine Limitationen. Man findet sehr häufig Lösungen, die mit D-Base oder Clipper fabriziert worden sind. Sie stammen aus einer Zeit, als richtige Datenbanken fünfstellige Summen in der Anschaffung verschlangen und der hauseigene Datenbasis-Entwurf noch einmal das gleiche kostete. Das ist prinzipiell kein großes Problem, nur: Auch hier dürfen die Datenbestände nicht allzu groß und zu komplex werden. Wenn sich die Hersteller von Branchen-Lösungen mehr und mehr den SQL-Datenmodellen zuwenden, wird sich die

Situation für Linux verbessern, denn die Relationen, aus denen schließlich jede Datenbasis besteht, sind völlig unabhängig von der Betriebssystem-Software. Das Frontend, also die Bedieneroberfläche, ist bis heute dafür verantwortlich, daß viele nützliche Applikationen nicht auf Linux portiert wurden. Mit Java, JDBC und HTML-Interfaces wird sich hier jedoch eine Menge ändern (siehe hierzu auch O. BORKNER-DELCARLO [5]).

Bei dem Betriebssystem Linux ist das leider ganz anders. Auftragslösungen rentieren sich für die Softwarehäuser nicht, dazu ist der potentielle Kundenstamm einfach zu gering. Die Firma SAP hat ihr R3-Modell auf Linux portiert. Sie wird es aber erst dann verkaufen, wenn ein Kunde dieses für eine Linux-Workstation nachfragt. Und ob das in naher Zukunft geschehen wird, das wissen die Götter. Und auch ob sich irgendeine Gebäudereinigungsfirma findet, die für sich selbst ein Linux-Programm strickt, das man dann vermarkten könnte, ist äußerst unwahrscheinlich. Hier macht sich bemerkbar, daß Linux in seinen Anfängen eher ein Experten- und Hacker-System war. Die Linux-Freaks interessierte eine Branchenlösung überhaupt nicht.

Eine SQL-Datenbank-Lösung ist durch nichts zu ersetzen, und wenn die Frontends nicht mehr von dem Betriebssystem abhängen und sich Java als der allgemeine Standard, zumindest bei der Oberflächengestaltung und bei Datenbanken, etabliert hat, dann gibt es auf einen Schlag Tausende von Branchenlösungen für Linux. Diese Möglichkeit zeichnet sich bereits ab, und wenn es den großen Software-Herstellern nicht gelingt, die Java-Entwicklung durch eigene, nicht-Plattform-übergreifende, Java-ähnliche Implementierungen zu untergraben, wird mit der Version JDK 1.2 auch eine riesige Menge, von Branchenlösungen auf den Markt kommen.

Was ist eine relationale Datenbank? Eine relationale Datenbank kann man sich vorstellen als eine Menge von Relationen, welche mit einem Satz von Operatoren miteinander in Relation gebracht werden können (daher auch der Name relationale Datenbank). Dabei entstehen neue Relationen, die wiederum mit den zugelassenen Operatoren verknüpft werden können. Die Menge der Objekte (Relationen) und die Menge der Operanden (SQL-Anweisungen) müssen dabei ganz bestimmten Eigenschaften genügen (Gruppeneigenschaften), damit keine Objekte entstehen können, die nicht in die definierte Ausgangsmenge gehören.

Zunächst müssen wir etwas in die Theorie der relationalen Datenbasen abtauchen und einige Begriffe klären.

7.2.1 Was ist eine Datenbasis?

Eine Datenbasis ist eine nach bestimmten Kriterien definierte und abgeschlossene Menge von Daten, auf der unter Einhaltung bestimmter Regeln mit einer

Menge an Operationen Aktionen ausgeführt werden können, so daß die Ergebnisse dieser Operationen wieder innerhalb der abgeschlossenen Menge der Daten liegen.

Etwas simpler ausgedrückt, bedeutet das: Wenn ich einen Satz von Daten habe, den ich mit legalen Operationen der Datenbasis verändere, dann darf kein Datensatz dabei herauskommen, der in der Datenbasis nicht abgespeichert werden kann.

Klären wir zuerst zwei Begriffe:

- *Was sind Daten?*

  Auch wenn wir Daten jeden Tag verwenden, ist der Begriff nicht einfach zu definieren. Daten beschreiben einen Ausschnitt aus der realen Welt. Computer können mit dem amorphen Begriff von Daten des täglichen Lebens nicht viel anfangen, sie brauchen eine Typisierung, in der anfallende Daten spezifiziert werden können.

  Das Buch, welches Sie gerade lesen, repräsentiert ein Datum (singular von Daten), also eine Entity der Datenmenge »*Bücher*«. Das Buch kann nach menschlichen Begriffen in gut, schlecht oder doch zumindest mittelmäßig klassifiziert werden, das sind jedoch Kategorien, die für den Computer und eine Datenbasis nicht zur Verfügung stehen. Die Datenbank sieht das Datum Buch unter dem Aspekt: Autor, ISBN-Nummer, Erscheinungsjahr, Verlag und Titel. Diese Eigenschaften sind im Sinne der Computerwissenschaft klassifizierbar.

- *Was sind Datentypen?*

  Aus dem Gesagten folgt, daß Daten in definierter Weise typisiert werden müssen, damit eine Datenbank etwas damit anfangen kann. Eine grobe Einteilung sind die statistischen Datentypen:

  - *Nominale Daten:*

    Nominale Daten können nur auf Gleichheit geprüft werden, da auf ihnen keine semantisch sinnvolle Ordnung definiert werden kann. Man kann zwar nominale Daten in eine lexikalische Ordnung bringen, so daß eine Abfrage

    $$nachname1 < nachname2$$

    möglich wird, aber das ist in der Regel nicht sinnvoll. Nominale Daten werden meist durch Text-Strings repräsentiert und bezeichnen Namen, Vornamen, aber auch Kontonummern. Auch bei paarweisen Kontonummern ist der vergleichende Operator nicht sinnvoll anzuwenden. Man erkennt also, daß der nominale Datentyp nicht

7.2 Ein Beispiel

von der Art der Variablen abhängt, ob diese numerisch oder textuell ist.

Hingegen ist die Abfrage

$$nachname1 = nachname2$$

sehr wohl sinnvoll, wenn man zum Beispiel herausfinden will, ob sich eine Person mit einem bestimmten Namen überhaupt in der Datenbasis befindet.

- *Ordinale-Daten:*
  Werden benötigt um Vergleiche anstellen zu können, dabei handelt es sich hier nicht um Daten mit mathematischem Charakter, wie der Kontostand beispielsweise, sondern um Daten, die zwar einen semantisch sinnvollen Vergleich zulassen, ohne jedoch mathematische Operationen plausibel erscheinen zu lassen. Das Datum ist so ein Datentyp. Er erlaubt die Frage, welcher Tag vor oder nach einem Referenzdatum kommt, aber die Multiplikation zweier Datumsangaben erscheint nicht sehr plausibel.

- *Intervall-Daten:*
  Intervall Daten erlauben ebenfalls die Anwendung der logischen Vergleichsoperatoren Der Vergleich gibt im allgemeinen Aufschluß, ob ein Datum innerhalb einer Bereichsgrenze liegt oder nicht. Prozentvergleiche fallen in diese Kategorie.

- *Ratio-Daten:*
  Auf diese Daten sind alle logischen Vergleichsoperatoren anwendbar, aber auch alle mathematischen Operatoren. Kontostände sind Daten, welche in diesen Bereich fallen. Kontostände lassen sich auf Gleichheit, *kleiner als* und *größer als* abprüfen, aber man kann sie auch semantisch sinnvoll addieren und subtrahieren.

Das war jetzt etwas sehr theoretisch, aber das Wissen um die Datentypen zahlt sich aus, wenn man in einer Datenbasis Operationen auf verschiedenen Objekten ausführen will.

Eine Datenbasis muß Daten in eine bestimmte organisatorische Form bringen. Um das im Sinne einer Datenbank sinnvoll zu tun (siehe Tabelle **13.3**), muß man:

- Der Tabelle (im Datenbank-Talk eine Relation) einen Namen geben. Im Falle der Relation **13.3** ist das der Name *Kunde*.

- Für jede Kategorie von Daten eine Spalte definieren.

- Jede Relation muß die einzelnen Einträge in Spalten verwalten, jede dieser Spalten repräsentiert einen Eintrag, der sich von *allen* anderen Spalten unterscheiden muß.

- Jeder Spalte einen Namen geben. In Tabelle **13.3** ist das zum Beispiel die Spalte mit dem Namen *KNR*.

- Eventuell Diktionäre generieren und verwalten, so daß nicht bei jeder Suche die komplette Datenbank durchsucht werden muß.

- Eine Relation muß erweiterbar sein, und zwar in der Anzahl der Zeilen, aber auch in der Anzahl der Spalten. Das Hinzufügen oder Löschen von Zeilen verändert die Struktur einer Relation nicht, das Ergänzen oder Löschen von Spalten verändern eine Relation jedoch sehr wohl.

Auf einer solchen Datenbasis müssen gewisse Operationen erklärt sein:

- *Daten einfügen:*

  Wenn wir das Gerüst für die Daten fertiggestellt haben, so müssen wir in der Lage sein, Daten in die Datenbasis einzufüllen. Das muß auf definierte Weise geschehen. Werkzeuge, die das bewerkstelligen, sehen wir uns in Kapitel 13 genauer an.

- *Daten suchen:*

  Wenn Daten in einer Datenbasis einmal abgelegt sind, dann muß man diese auch wieder auffinden können. Aber nicht nur das, Daten müssen selektiv und geordnet aufgefunden werden können, das ist der ganze Sinn, der hinter einer solchen Datenhaltung steckt.

- *Daten löschen:*

  Daten als Datenleichen zu verwalten macht wenig Sinn und verbraucht nur Speicher. Also müssen solcherart Daten aus der Datenbasis entfernt werden können. Dieses Entfernen muß vollständig geschehen und vor allem ohne Nebenwirkungen. Dabei müssen gewisse Regeln beachtet werden.

- *Daten verändern:*

  Natürlich müssen Daten innerhalb einer Datenbasis auch verändert werden können. Ein Kunde, der seine Rechnung bereits bezahlt hat, wird es nicht sehr schätzen, wenn er trotzdem jeden Monat eine Mahnung erhält, bloß weil wir nicht in der Lage sind, seinen Kontostand entsprechend abzuändern. Aber auch hier gilt: Die Datenintegrität muß gewahrt bleiben. Das bezieht sich insbesondere auf Schlüsselbeziehungen, die nicht so abgeändert werden dürfen, daß die Schlüssel nicht mehr eindeutig sind, oder gar überhaupt nicht mehr existieren. Hier allerdings hilft uns die Datenbank-Software.

- *Die Integrität der Daten gewährleisten:*

  Diese Forderung hat mit den bereits genannten gemein, daß die Integrität der Datenbasis beim Ausführen dieser Operationen gewährleistet bleiben muß. Das heißt, das Löschen, Suchen, Einfügen und Verändern muß immer unter dem Gesichtspunkt Integrität geschehen. Keine Datenbasis kann von Anfang an so entworfen werden, daß sie allen Anforderungen auf immer und ewig entspricht. Das liegt an der mangelnden Überschaubarkeit der Problemstellungen, aber auch an den sich ändernden Randbedingungen einer Unternehmung. Aber gerade deshalb sollte eine Datenbasis so sorgfältig wie möglich konstruiert werden, um das »*Verfallsdatum*« der Datenbasis soweit wie möglich in die Zukunft hinauszuschieben. Eine Datenbasis sollte gegen Einfüge-, Lösch- und Update-Anomalien gefeit sein.

  - *Einfüge-Anomalie*

    Eine Datenbasis sollte nicht so konstruiert sein, daß das Einfügen eines neuen Kunden erst dann möglich ist, wenn er seinen ersten Auftrag erteilt. Das würde bedeuten, daß man keine potentiellen Kunden ansprechen kann, die noch niemals Kunde waren.

  - *Lösch-Anomalie*

    Wenn der letzte Auftrag eines Kunden gelöscht wird, sollte der Kunde damit nicht auch aus der Datenbasis verschwinden, vielleicht sehen wir ihn dann niemals wieder.

  - *Update-Anomalie*

    Beim Einfügen eines neuen Auftrags in die Datenbasis sollte der Auftraggeber nicht mehrmals als Person in der Datenbasis vorhanden sein. Das ist eine recht häufig vorkommende Anomalie. Vielleicht bekommen Sie ja auch Post von einem Hersteller, und das unter vier verschiedenen Namen. Träger von Doppelnamen sind von dieser Unart besonders häufig betroffen. Ich habe schon Briefe von ein und derselben Firma bekommen, die an Olaf Borkner, Carlo Del Borkner, Olaf Delcarlo und Borkner Olaf del adressiert waren. Das kostet unnötig Geld und zeigt auch, daß die Versenderfirma mit Datenbasen nicht besonders kompetent umgehen kann. Wenn eine solche Firma dann noch Datenbankdienste anbietet, können Sie sich vorstellen, wohin alle vier Briefumschläge wandern. Und das ungeöffnet.

7.3 Die Datenbanken

7.3.1 AdabasD Version 10.01

Wir wählen als erstes eine Datenbank aus, die auch in der sogenannten Personal-Edition ausreichend dimensionierte Relationen zuläßt und die mit ausreichender Schnittstellenanzahl ausgestattet ist. Wir verwenden für das nachfolgende Beispiel die »*personal edition Adabas D, Version 10.01*«-Datenbank der *Software AG*. Das soll jedoch keinesfalls bedeuten, daß alle anderen verfügbaren Datenbank-Systeme nicht brauchbar sind, ganz im Gegenteil, es gibt Anwendungen, be denen andere Datenbanken flexibler sind. Außerdem will ich an dieser Stelle die Datenbank der Firma YARD erwähnen, das ist ein ausgezeichnetes Produkt. Wenn man ein Buch mit begrenzter Seitenzahl verfaßt, welches sich mit dem Thema »*Linux im kommerziellen Einsatz*« befaßt, so hat man zwei Möglichkeiten:

1. Entweder man behandelt die gesamte Palette der gesamten verfügbaren Software, allerdings dürfte dann kaum noch Platz bleiben, irgend ein sinnvolles Beispiel zu erläutern,

2. oder man versucht, einen Ausschnitt der vorhandenen Software zu beleuchten, beschränkt diesen, um an Beispielen im praktischen Einsatz diese Software vorzustellen.

Mit einem Blick auf die bereits unzulässig angewachsene Seitenzahl dieses Buches habe ich mich für das Vorgehen nach Punkt 2 entschieden. Speziell die Inhalte von Datenbank-Programmen sind in hohem Maße portabel, so daß der Transfer einmal eingegebener Daten in eine andere Datenbasis kein Problem darstellen sollte.

Die Installation und Bedienung der *Adabas D*-Datenbank ist ziemlich problemlos. Das gilt auch für die Konfigurierung der Datenbank. Es müssen nur sehr wenige und leicht verständliche Parameter festgelegt werden. Trotzdem kann es erfahrungsgemäß bei der Installation zu Problemen kommen, die wir nicht unterschlagen wollen. Diese Probleme hängen aber fast immer mit der Vergabe der Rechte im Linux-System zusammen und haben ihre Ursache selten bei der Konfigurierung der Datenbank selbst.

Mit dem menügesteuerten Administrations-Tool CONTROL (welches wir gleich näher betrachten werden) kann in einheitlicher Weise die Datenbank gesteuert werden. Es entfallen ab der Version 10.01 fehlerträchtige Abschätzungen der Tabellen- und Indexgrößen, da diese Größen von der Datenbank selbsttätig errechnet werden. Es kann daher nicht zum Überlaufen der internen Datenbankbereiche und Indexgrößen kommen. *Adabas D* verlangt vom

7.3 Die Datenbanken

Benutzer nur, die Gesamtgröße der Datenbasis festzulegen. Ist das einmal geschehen, paßt sich der Speicherbedarf der einzelnen Tabellen und Indizes automatisch an die nötige Größe der Tabellen und Indizes an. Daher ist eine Administration dieser Größen, die erfahrungsgemäß zu Beginn des Datenbank-Einsatzes immer mit gewissen Berührungsängsten verbunden ist, nicht mehr nötig. Daher kann auch der normale Anwender den Betrieb dieses Produkts in Betracht ziehen, ohne befürchten zu müssen, teure DBA-Zeit bezahlen zu müssen. Beim Einsatz mehrerer Platten, sogenannter Spiegelplatten, übernimmt *Adabas D* auch hierfür die Verwaltung selbständig, ohne daß hierfür Eingriffe seitens des Benutzers notwendig wären.

Die *Adabas D*-Datenbank verwaltet den verfügbaren Speicherplatz optimal und ist daher auch für »*kleine*« Linux-Systeme geeignet. Klein ist natürlich relativ zu verstehen, denn so richtig klein darf die Rechnerkonfiguration für einen Datenbank-Server eigentlich nie sein. Der geringe Speicherbedarf wird durch eine zur Laufzeit stattfindende Komprimierung erreicht.

Adabas D unterstützt fehlertolerante Konzepte zum Schutz gegen Hardware-Ausfälle. Ein Betrieb mit mehreren Spiegelplatten kann die Ausfallsicherheit gegen Plattenfehler erheblich steigern. Eine solche Konfiguration sollte immer dann in Betracht gezogen werden, wenn die Datenmenge ein gewisses Maß überschritten hat, aber auch dann, wenn die Daten einer hohen täglichen Fluktuation unterliegen, denn dann nützt die Sicherung (welche hoffentlich jeden Tag stattfindet) nicht allzuviel.

Adabas D verfügt über schnelle Reaktionszeiten, da das System auch für den Mehr-Prozessor-Betrieb eingesetzt werden kann. Das kann gerade bei »*Joins*« zu erheblichen Zeiteinsparungen führen. Ein Join ist die Verknüpfung zweier Relationen.

Wie fast alle Datenbank-Systeme verwendet auch *Adabas D* B^*-Bäume zur Organisation der Sekundärspeicher. Das ist wichtig, da einfache Binär-Bäume zwar eine extrem gute Zeit- und Platz-Komplexität besitzen, leider jedoch die unangenehme Eigenschaft haben, beim häufigen Einfügen in lineare Listen zu entarten. B^*-Bäume degenerieren nicht und haben trotzdem in etwa die Zeitkomplexität eines Binär-Baumes (siehe hierzu auch O. BORKNER DEL-CARLO [3], hier findet die Problematik der Binär-Bäume im Vergleich zu AVL-Bäumen eine recht gute Darstellung). Die hinter einer Datenbank liegende Datenstruktur ist in den allermeisten Fällen der eines einfachen Tabellenkalkulationsprogramms bei weitem überlegen, daher an dieser Stelle noch einmal die Warnung: Verwenden Sie Ihre Tabellenkalkulation *nicht* als Firmendatenbank. Nach einer gewissen Zeit des Anwachsens der Datenbestände verlangsamen sich die Antwortzeiten bis zur Unerträglichkeit. Dann ist es jedoch bereits zu spät, da die als Datenbank mißbrauchte Tabellenkalkulation derart komplex geworden ist, daß eine Portierung der enthaltenen Daten auf eine echte Datenbank praktisch unmöglich ist.

Das Transaktions-Management basiert darauf, daß Benutzersperren in der Regel auf Zeilenniveau verwaltet werden. Group Commits und ein Puffern des Logs bis zum Transaktionsende minimieren den I/O-Bedarf für das Logging.

Adabas D ist skalierbar für Multiprozessorsysteme, das bedeutet, daß *Adabas D* beim Einsatz auf einem Multiprozessor-Rechner diesen Leistungszuwachs auch in mehr Datenbankleistung umsetzt. Dies ist nicht selbstverständlich, da systemintern der Zugriff auf globale Datenstrukturen synchronisiert, d. h. sequentialisiert werden muß. Die Multi-Threaded/Multi-Server-Architektur von *Adabas D* erlaubt die volle Ausnutzung von Multiprozessorsystemen. Sie sollten jedoch nicht die Rechnung aufmachen: Zwei Prozessoren ⇒ doppelte Verarbeitungsgeschwindigkeit, drei Prozessoren ⇒ dreifache Verarbeitungsgeschwindigkeit. Das leistet die Skalierbarkeit für Multiprozessorsysteme natürlich nicht.

7.4 Andere Datenbanken

Wenn sich dieses Buch mit Datenbanken beschäftigen würde, müßten Sie sich sicherlich jetzt noch mit weiteren Kapiteln über Datenbanken beschäftigen, denn das Angebot an Datenbanken für Linux ist ziemlich groß. Die Hersteller von Datenbanken haben erkannt, daß eine der Stärken von Linux auf dem Gebiet der Datenbank-Server liegt. Mir ist die Wahl wirklich schwergefallen, welche Datenbank als Host für die Beispiele dienen sollte. Daß die Wahl in diesem Buch auf *Adabas D* als zentrale Datenbank fiel, hat nichts mit irgendwelchen Qualitätsüberlegungen zu tun, denn alle mir bekannten Datenbanken sind ausgezeichnet geeignet, die Administration und Datenverwaltung einer Unternehmung zu beheimaten, aber der Titel dieses Buches lautet »*Linux im kommerziellen Einsatz*«, daher kommt es mir mehr darauf an, die Datenbank-Applikation und das Zusammenspiel der Relationen untereinander zu demonstrieren.

Die im Kapitel 13, ab Seite 343 vorgestellten Relationen und SQL-Operationen lassen sich fast ohne Änderung auch auf allen anderen Datenbanken implementieren und ausführen. Eine Ausnahme bildet hier die Datenbank »*mSQL*«, die kein Transaktionsprinzip kennt, aber das ist verzeihlich, bedenkt man, für welche Aufgaben diese Datenbank vornehmlich konzipiert worden ist.

7.4.1 Yard

Yard ist ein exzellentes Produkt. Einziger Grund, warum meine Wahl nicht auf Yard gefallen ist, um die Beispiele vorzustellen: Die Beschränkung auf eine

7.4 Andere Datenbanken

Größe von nur 5 MB und auf nur einen Benutzer erschien mir doch etwas zu stringent.

Gerade bei der Unternehmensgründung ist es notwendig, die einzelnen Produkte ausprobieren zu können, bevor man sie erwirbt. Die Idee, welche hinter Linux steckt, ist auch, von diesem unseligen Zug der Lizenzierung abzuspringen, der den Anwender dazu zwingt, nach »optischen« Gesichtspunkten ein Produkt auszuwählen, um dann das Produkt nach und nach in Form von »updates« kaufen zu müssen. Ich will damit nicht sagen, daß ein Programm ein monolithischer Block ist, der niemals einer Verbesserung bedürfte, doch leider zeigt die Praxis, daß kostenpflichtige »updates« meistens nur versteckte Fehlerkorrekturen sind, dafür sollte ein Kunde jedoch nicht auch noch zahlen müssen.

Ich erfahre das immer wieder: In irgendeiner Windows-spezifischen Newsgroup bemängelt man das Fehlverhalten einer bestimmten Software (wie beispielsweise das definierte »Zum-Absturz-Bringen« welches auf Seite 286 beschrieben ist). Die Antworten sind fast schon stereotyp zu nennen: »*Du hättest Dir doch nur das Update Windows 95$^{(c)}$.xx.xx.xx holen müssen, da ist das Problem gelöst.*« Bin ich als Kunde etwa verpflichtet, mich um jedes Update, welches die Firma *Microsoft*$^{(c)}$ herausgibt, zu kümmern? Habe ich nicht ein Anrecht darauf, eine funktionsfähige Software zu bekommen? Ich habe doch schließlich die Software nicht mit Falschgeld bezahlt, warum bekomme ich dann für mein Geld halbfertige Programmversionen geliefert?

All das trifft auf Yard gewiß nicht zu, trotzdem sind die Bedingungen für die »Ausprobier-Phase« für ein Unternehmen in der Gründungsphase bei dem Produkt von *Adabas D* einfach besser.

Yard könnte aber auch erste Wahl sein. Nämlich dann, wenn man sich für die betriebswirtschaftliche Software der Firma »ixware« entscheidet. Dieses Produkt auf Java-Basis verwendet als Datenbank das Produkt der Firma Yard.

Ursprünglich sollte das Produkt der Firma »ixware« in diesem Buch auch vorgestellt werden, aber auf Grund von Kommunikations-Schwierigkeiten bekam ich das Produkt nicht rechtzeitig auf den Schreibtisch. Vielleicht ist das auch ganz gut so, denn das Vorstellen von »firmenspezifischer« Software als Handbuchersatz ist nicht die Intention dieses Buches.

7.4.2 mSQL

Die mSQL-Datenbank eignet sich besonders für den Einsatz im Internet. Der Sprachumfang entspricht dem einer echten Teilmenge der SQL-Syntax, das bedeutet: Alle Befehle, die man in mSQL finden kann, wird man auch im Sprachschatz von SQL wiederfinden, die Umkehrung gilt jedoch nicht.

mSQL unterstützt

- keine Views,
- keine Cursors,
- keine Column Constraints,
- keine gespeicherten Prozeduren,
- keinen Transaction Support: Das ist besonders ungünstig, da ein Rollback damit ausgeschlossen ist. Bei Datenbankanwendungen für das Internet ist das jedoch auch nicht notwendig.
- Eine eingeschränkte Menge von Datentypen
    - int,
    - char,
    - real,
- keine composite keys,
- mSQL kann die Relationenstruktur nicht dynamisch ändern.

Diese Einschränkungen sind gravierend, aber für den Einsatz im Internet nicht störend.

Mit dem Zusatzpaket W3-mSQL lassen sich dynamische Web-Seiten generieren, das prädestiniert mSQL für den Einsatz als Datenbank-gestütze Web-Server-Applikation.

Für mSQL gibt es eine Java-Klasse, mit der einfach auf die Datenbank zugegriffen werden kann.

7.4.3 mySQL

Auch wenn der Namensunterschied zum zuletzt behandelten Produkt nur aus einem Buchstaben besteht, ist der technische Unterschied von **mySQL** zu **mSQL** gravierend.

Warum ich diese Datenbank nicht für die Beispiele verwendet habe, hat seinen Grund in der Tatsache, daß die Thematik dieses Buches nicht den Datenbanken gewidmet ist, sondern dem Einsatz im kommerziellen Bereich. Ich hätte genausogut *mySQL* verwenden können, diese Datenbank unterstützt praktisch alle Standards, welche auch von *Adabas D* unterstützt werden, die Lizenzpolitik ist exzellent, denn man braucht die Software nur zu bezahlen, wenn man

7.4 Andere Datenbanken

sie professionell nutzt, hat aber ohne Bezahlung keinerlei Beschränkungen zu gewärtigen. Mittlerweile gibt es ein ODBC-Interface und auch eine Java-Schnittstelle. Es gibt also absolut keinen Grund, warum Sie nicht auch diese Datenbasis für Ihr Unternehmen einsetzen sollten, die Beispiele funktionieren mit *mySQL* genauso.

Es ist in der Zeit des Internets, in der wir leben, praktisch unmöglich, sich über alle Einzelheiten eines Gebiets informiert zu halten. Soviel zum Thema »Weiter sehen, weil man auf den Schultern anderer steht«. Meine Erfahrungen beschränken sich auf *Adabas D*, und da lag es nahe, auch dieses System für die Beispiele zu verwenden. Aber – ich betone nochmals, die anderen Produkte sind zumindest gleich gut.

Sie können mySQL unter den folgenden Adressen beziehen:

```
http://www.fh-wolfenbuettel.de/ftp/pub/database/mysql
http://www.mysql.he.net
```

Das Handbuch liegt im HTML-Format vor, daher wird das Ausdrucken etwas problematisch. Mehr als 1.000 Seiten auszudrucken ist schon im Postscript-Format eine langwierige Angelegenheit, im HTML-Format wird das zu einem echten Geduldsspiel.

8 Präsentation im Internet

Ihre Firma MUSS im Internet präsent sein, es sei denn Sie verkaufen ausschließlich Briketts in Ihrer Nachbarschaft!!!

Aus Anlaß zu den Vorbereitungen eines Vortrags, den ich vor Bauingenieuren und Architekten an der Technischen Universität München hielt (Titel: »*Einsatz des Internets für Architekten und Bauingenieure*«), wurde von einem Schulungsleiter allen ernstes behauptet, daß die Präsenz im Netz gerade für Bauingenieure und Architekten wenig sinnvoll sei, da diese Berufsgruppen ja doch nur ein lokal begrenztes Klientel bedienen. Meine Verblüffung können Sie sich sicherlich vorstellen, vor allem deshalb, weil diese Bemerkung von einem »*Schulungsleiter*« kam.

Nichts ist falscher als diese Aussage!

Im Zeitalter des Internets lassen sich auch Planungen vorstellen, die nicht an die lokale Präsenz des Ingenieurbüros gebunden sind, und Unternehmer, welche die Entwicklung »*Internet*« verschlafen, müssen sich nicht wundern, wenn in Zukunft ihre Aufträge spärlicher werden.

Wenn man darüber nachdenkt, wie die eigene Unternehmung der potentiellen Klientel zu präsentieren ist, so fallen einem, je nach Typ der Unternehmung, verschiedene ziemlich traditionelle Möglichkeiten ein.

Von der unaufgefordert zugesandten Postwurfsendung über die gezielte Zusendung von Informationsmaterial an einen speziellen Kundenkreis, der mühselig selbst aus den Gelben Seiten zusammengetragen wurde, bis hin zur lokalen Fernsehwerbung gehen die Überlegungen. Aber gerade wenn die Unternehmung in Gründung ist, sind zwei Dinge besonders rar: Geld und Zeit. Man hat nicht die Zeit, sich umständlich seine Kundschaft zusammenzusuchen, und man hat nicht das Geld, große Adressenlisten von den diversen Verlagen zu kaufen oder gar Fernsehwerbung zu betreiben, die von niemandem beachtet wird und trotzdem recht teuer ist. Im Zeitalter des Internets sollte man jedoch nicht so sehr darüber nachdenken, wie man seine Botschaft an den Kunden bringt, viel sinnvoller ist es, darüber nachzudenken, wie der Kunde selbst diese Botschaft finden kann.

Der Effekt ist dreierlei:

- Die natürliche Neugier beim Kunden ist weitaus größer, wenn er selbst eine interessante Nachricht gefunden hat, und
- die Präsentation kostet erheblich weniger Geld,
- das Image der eigenen Firma wird gestärkt durch die eigene Web-Site, weil das den Eindruck der technischen Kompetenz vermittelt.

Der Schuß kann allerdings auch nach hinten losgehen, nämlich dann, wenn die Präsentation schlecht gemacht ist und nur unzureichend funktioniert, weil die Links nicht entsprechend erneuert werden oder weil einige Links nicht einmal von den eigenen Seiten korrekt aufgelöst werden. Das letzterer ist besonders peinlich, allerdings existieren bereits Dienste, die einem Betreiber von Web-Seiten die Kontrolle abnehmen. `SEVENtwentyfour.com` ist eine solche Firma. Wenn Sie bei dieser den entsprechenden Dienst abonnieren, so überprüft diese alle Links Ihrer Site und auch erreichbare Links, die auf Ihre Seite zeigen.

Es ist sehr zeitaufwendig und und auch nicht ganz trivial, die eigene Präsentation konsistent zu halten. Es gilt vor allem sogenannte »*dead 404 Not Found*«-Links zu vermeiden. Das ist nicht einfach, ja sogar bisweilen unmöglich, und das hat drei Gründe.

1. Der Inhalt Ihrer Seiten hat sich verändert und Sie haben nicht alle existierende Links Ihrer Seiten kontrolliert. Dieser Fehler tritt sehr häufig auf, da die Seiten natürlich ständigen Veränderungen unterworfen sind.

   Begehen Sie nicht den Fehler, Ihre Seiten einfach nicht zu verändern, ein Kunde, der auf Ihren Seiten keine neuen Informationen vorfindet, wird Ihre Seiten nicht mehr besuchen und vielleicht bei Ihrem Konkurrenten bestellen.

   Dieser Fehler kann nur allein von Ihnen behoben werden, allerdings ist die Analyse schwierig, da die Anzahl der internen Links Ihrer Seiten die Tendenz hat anzuwachsen, das ist ganz unvermeidlich.

   Es gibt jedoch Dienste im Netz, welche die Integrität Ihrer Seiten überprüfen und Ihnen mitteilen, welche Links nicht korrekt aufgelöst worden sind. Wenn Sie einen solchen Dienst abonniert haben (was übrigens gar nicht teuer ist), dann bekommen Sie jede Woche einen Report, den Sie dann Punkt für Punkt abarbeiten können, bis Ihre Site konsistent ist. Sehen Sie sich Beispiel 8.1 an, dann können Sie erkennen, welche Link auf meinen Seiten nicht korrekt funktionierte. Ich selbst, aber auch keiner meiner Klienten hatte diese fehlerhaften Links bemerkt. Das darf aber nicht so interpretiert werden, daß diese Links einfach belassen werden können. Sie repräsentieren sich selbst und Ihre Firma im Netz, da dürfen »*dead links*« einfach nicht vorkommen. Ein Client wird diese Links gewiß finden, dafür wird »*Murphies Gestez*« schon sorgen.

2. Der zweite Grund sind Links von Ihrer Site auf Sites anderer Internet-Teilnehmer, die nicht mehr existieren oder ihren Ort geändert haben.

   Dieses Problem werden Sie nicht so leicht in den Griff bekommen, denn Sie müßten jede Ihrer Links (und das können hunderte, ja tausende sein) zyklisch überprüfen. Das ist einfach nicht praktikabel und kann zudem auch recht teuer werden. Mit diesem »*Fehler*« werden Sie leben müssen, allerdings empfiehlt es sich schon, wenigstens in größeren Abständen, solche Link von Ihren Seiten zu entfernen.

3. Während Sie bei Punkt 1 und 2 noch kontrollieren können, ob eine »*dead link*« auf Ihren Seiten existiert, haben Sie beim dritten Punkt absolut keine Chance, denn Sie müßten alle Links kontrollieren, die auf Ihre Site zeigen und das ist nur in wenigen Ausnahmefällen möglich oder bei Partnern, von denen Sie wissen, daß diese eine Link auf Ihre Site eingerichtet haben.

   Einen Trost gibt es allerdings, denn Punkt 3 fällt nicht auf Ihre Firma zurück, jeder wird begreifen, daß Sie nicht für die Links anderer Sites verantwortlich sind. Trotzdem sollten Sie, wenn Ihnen eine solche Link »*unter kommt*« der betreffenden Firma Bescheid geben und um Korrektur bitten. Das kann freilich manchmal recht enervierend sein, wenn der Partner partout nicht antwortet.

Beispiel 8.1   *Integritäts-Check*

```
Thank you for your continued subscription to SEVENtwentyfour's link
verification service. If you encounter any difficulties with this
report, please contact us at support@SEVENtwentyfour.com
Site statistics:
    Domain name: www.italisa.de
    Scan completed: Sunday, March 28, 1999 at 11:52:01 PM
    27 pages in your site
    141 total links
    4 broken links
    0 warnings
Internal links:
    93 internal links
    3 internal link errors
    0 links to moved internal pages
    0 internal links with warnings
Outbound links (from your site to others):
    48 external links
    1 external link errors
```

```
   3 links to moved external pages
   0 external warnings
Inbound links (from other sites to yours):
   2 links from other sites to this one
   0 links from other sites to this one with errors

Detailed report
All the broken links into your site from other sites:
All the broken links within your site:

   On page http://www.italisa.de/page1/franca.html
   the link to http://www.italisa.de/page1/borkner@ibm.net
   gives the error: Not found


All links to moved pages:

   On page http://www.italisa.de/page1/linux.html
   the link to http://www.suse.de/cdb/english/
   has temporarily moved to http://cdb.suse.de/cdb/english/
```

8.1 Wahl des Computers und Betriebssystems

In diesem Absatz geht es nicht schon wieder um die Hardware und welche Hardware man auswählen sollte, das Thema haben wir bereits im ersten Teil des Buches behandelt. Es geht vielmehr um einen Vergleich der einzelnen Betriebssysteme, der sich mit der Tauglichkeit der Systeme für den Einsatz als Web-Server beschäftigt.

Ein Windows 95$^{(c)}$- oder Macintosh-Rechner kann prinzipiell als Web-Server verwendet werden, vorausgesetzt, Sie verwenden den Rechner nur für diesen Zweck und nur für Daten, die vom User im Netz nicht verändert werden dürfen. Diese Betriebssysteme verfügen nicht über ein *Multitasking*- und Memoryprotection-System und sind daher eigentlich für den Einsatz als Server untauglich. Allerdings könnten Sie mit einer solchen Lösung nicht viel anfangen, da ein relationales Datenbank-System wie *Adabas D* schlicht ein *Multitasking*-System voraussetzt. Ihnen bleibt in diesem Fall nur die teure Windows NT$^{(c)}$- oder die preisgünstige Linux-Lösung.

Bleibt die Wahl Unix und Windows NT$^{(c)}$! Beide Betriebssysteme sind geeignet, eine solche Aufgabe zu lösen. So ist auf beiden Betriebssystemen Multiprocessing, reentrancy und Protektion der Prozesse untereinander realisiert. Auf Unix-Rechnern ist sogar die Multiuser-Fähigkeit implementiert, aber in der Version Windows NT$^{(c)}$5.0 soll das ja auch bei *Microsoft*$^{(c)}$ verfügbar sein. Wir dürfen uns alle schon auf die Ankündigung freuen, daß *Microsoft*$^{(c)}$ wieder einmal eine uralte Schlüsseltechnik neu erfunden hat. Sie meinen, Win-

8.1 Wahl des Computers und Betriebssystems   225

dows NT$^{(c)}$4.0 sei Multiuser-fähig? Das ist alles nur Sand in den Augen des Betrachters, der da verstreut wird. Windows NT$^{(c)}$4.0 ist *nicht* Multiuser-fähig, es sei denn, Sie nennen das Plazieren zweier Stühle vor einem Computer bereits Multiuser-Fähigkeit.

Die Entscheidung für ein bestimmtes Betriebssystem, um den Einsatz als Server zu planen, bedarf gründlicher Überlegung, denn wenn Ihre projektierte Lösung anfänglich billig erscheint, so kann sich diese später als extrem teuer entpuppen, nämlich in dem Augenblick, wo Sie eine Datenbank-Management-Software unterstützen wollen. Hier sollten Sie Linux wirklich den Vorzug geben, denn eine Oracle Datenbank-Management-Software für einen Windows NT$^{(c)}$-Server kann Sie mal locker 100.000,00 DM kosten, und das ist mehr als die Höhe des Bankkredits manches Gründungskapitals. Natürlich können Sie auch Oracle als Datenbank einsetzen, wenn Sie Linux als Betriebssystem verwenden, denn seit kurzem gibt es eine offizielle Edition, die von der Firma Oracle vertrieben und auch unterstützt wird. Diese Version hat es bei Beginn dieses Buchprojekts offiziell noch gar nicht gegeben. An dieser Entwicklung kann leicht abgelesen werden, wie schnell sich der Server-Markt zugunsten von Linux verändert.

Sehen wir uns existierende marktfähige Produkte einmal an. Einen Windows 95$^{(c)}$- oder Macintosh-Rechner sehe ich nicht als marktfähiges Produkt im Bereich Net-Server an, die kommen daher auch in der folgenden Betrachtung nicht vor:

8.1.1 Der Einsatz von Unix

Beabsichtigen Sie für Ihre Präsentation im Netz eine Unix-Maschine einzusetzen, so sollten Sie Linux in Betracht ziehen. Es ist das einzige Unix, welches mit geringem Aufwand auf fast jeder Hardware installiert werden kann. Läßt sich das aus irgendwelchen Gründen nicht durchsetzen, so sollte die Hardware vom gleichen Hersteller sein, wie das Betriebssystem selbst (HP, IBM oder SUN beispielsweise).

Häufige Irritationen bezüglich der Kompatibilität und Effizienz von Linux im Server-Betrieb versuchen viele Systemadministratoren dadurch zu begegnen, daß sie versuchen, einen goldenen Mittelweg zu gehen, indem sie kompatible Maschinen zusammen mit proprietären Unix-Betriebssystemen einsetzen. Diese Hardware kostet vordergründig weniger, meist sogar erheblich weniger als die Original-Hardware. Trotzdem kann sich eine solche Wahl als fatal erweisen, denn ob sich das im Endeffekt rechnet, ist zweifelhaft. Setzen Sie Ihren eigenen Arbeitsaufwand sehr niedrig an, sind Sie bereit zu experimentieren und viele Freundschaften und gute Beziehungen zu Ihrem Bekanntenkreis aufs Spiel zu setzen, so haben Sie gute Voraussetzungen, das Spiel mit den ungleichen Komponenten zu gewinnen. Die »*kompatible*« Hardware erreicht Sie fast immer ohne die Spur einer installierten Betriebssystem-Version, geschweige denn einer hilfreichen Anleitung. Sie werden ziemliche Probleme haben, bei Ihrem Händler nützliche Informationen zu erhalten, wie denn nun die gelieferte Hardware zum Leben erweckt werden kann. Händler sind nicht gerade für ihre Kompetenz bezüglich Hardware- und Software-Fragen bekannt. Der Hersteller Ihres »*Clones*« verfügt jedoch über einen riesigen Fundus an Dokumentationen und das Problem scheint damit gelöst zu sein. Daß Sie noch über keinen Internet-Anschluß verfügen, interessiert den Hersteller nicht, obwohl Sie schließlich *das Verbinden mit dem Internet* mit Ihrem neuen Rechner bewältigen wollen. Sie gehen also zu einem Freund, der bereits über einen Internet-Anschluß verfügt, er loggt sich für Sie ein, der Download-Prozeß wird gestartet. Ihr Freund wird zunehmend unfreundlicher, obwohl er den Kontakt zur Hersteller-Page nicht abbricht. Sie bekommen einen roten Kopf und wollen vor lauter Peinlichkeit in den Erdboden versinken, nachdem Sie gesehen haben, daß die `tar`-Datei beim Händler so schlappe 17 MB groß ist und es bei einer Transferrate von 2.4 K fast zwei Stunden dauern kann, bis die Datei heruntergeladen ist. Es ist Mittagszeit, der Transfer wird Ihren Freund schon einiges kosten. Sie müssen ihn überreden, sich die Kosten von Ihnen erstatten zu lassen. Was bleibt, ist ein schaler Geschmack im Mund. Bei Ihnen, weil Sie nicht wissen, ob das tatsächlich genug war, was Sie ihm erstattet haben. Bei Ihrem Freund überwiegt das Gefühl, sich für einen Freundschaftsdienst bezahlen zu lassen.

Wenn es Ihnen endlich gelungen ist, die Maschine zum Funktionieren zu bewegen, vergeht schon so einige Zeit, die Sie jedoch kalkulatorisch nicht erfassen müssen. Das war schließlich die Voraussetzung. Endlich sind Sie in der Lage, Ihren Web-Entwickler anzurufen. Es ist dabei völlig egal, welche Maschine Sie gekauft haben, denn es wird immer die falsche sein, glauben Sie mir, das ist ein Naturgesetz.

Alles in Unix wird über sogenannte Script-Dateien konfiguriert. Man gibt magische Beschwörungsformeln in diese Dateien ein, und wenn alles korrekt gemacht wurde und der Mond seine runde, volle Scheibe zeigt, dann kann zur mitternächtlichen Stunde der Rechner hochgefahren und der Server installiert werden.

Ich kenne kaum einen Unixer, der seine Text-Dateien *nicht* mit `emacs` editiert. Emacs ist der wohl beste Editor, der je gebaut wurde. Er kostet nichts und kann Dateien enormen Ausmaßes bearbeiten. Aber das bedeutet natürlich nicht, daß er damit den Anforderungen eines Computer-Händlers genügt. Nein, Sie müssen sich mit einem Editor herumschlagen mit dem Namen **vi**, um die entsprechenden Konfigurationen durchzuführen.

Das wollen wir uns natürlich nicht antun, und so laden wir den Quellcode von `emacs` aus dem Internet. Hier kommt wieder der »Freund« ins Spiel, der

8.1 Wahl des Computers und Betriebssystems 227

bald keiner mehr sein wird, da auch `emacs` mit einem entsprechenden Umfang daherkommt. Der Quellcode muß mit einem Compiler übersetzt werden, mit dem schönen Namen `cpp`. Dieser Compiler stammt von *Richard Stallman*. Man wundert sich, woher dieser Mensch die Zeit nimmt, solche wunderbaren Sachen zu programmieren, denn der `cpp` ist so ziemlich der beste `c++`-Compiler, der auf dem Markt erhältlich ist und – auch diese Software kostet nichts. Leider befindet sich `cpp` ebenfalls nicht auf der CD, wir müssen es aus dem Internet herunterladen, nicht ohne hierfür einen anderen Freund zu bemühen, denn der erste Freund reagiert auf unsere Anrufe nicht mehr und läßt sich von seiner Frau ständig verleugnen.

Mittlerweile hätten Sie auch einen Experten für 300,00 DM die Stunde anheuern können, denn Ihr Zeitverlust beläuft sich, in Geld ausgedrückt, auf ähnlich hohem Niveau. Das Problem ist nur: Sie wissen im voraus nicht, ob dieser Experte Ihre Probleme auch lösen kann. Drei Tage und 6.000,00 DM später läuft Ihr Rechner, und zwar so, wie er bei der Auslieferung eigentlich hätte laufen sollen.

Wenn Sie jetzt ins Zweifeln kommen, warum denn diese Computer überhaupt eine Marktchance haben, dann vergessen Sie, daß diese Rechner normalerweise in Stückzahlen von 2.000 verkauft werden und der Installationsaufwand für diese 2.000 Maschinen nicht wesentlich höher ist als der für eine einzige Maschine. Wenn Sie jetzt Ihren Aufwand von sagen wir 10.000,00 DM durch 2.000 dividieren, dann stellen Sie fest, daß das pro Rechner kaum zu Buche schlägt. Nur – Sie wollten einen dieser Computer als Web-Site installieren, und da sieht das Ganze schlechter aus, schlecht für Sie.

Einen Trost gibt es jedoch: Ein solcher Server-Rechner, einmal korrekt in Betrieb genommen, wird Sie nicht enttäuschen und abstürzen. Niemand weiß, wieso ein solch komplexes System überhaupt funktionieren kann, aber er wird funktionieren – Ihr Unix-Server-Rechner. Ein Unix-Server hat im Gegensatz zu einem Macintosh- oder Windows-Rechner nicht die Tendenz, den Bach hinunterzugehen, immer langsamer zu werden und ungeheure Datenmengen anzusammeln, von denen niemand weiß, wo sie eigentlich herkommen. Irgendwann bleiben diese Rechner einfach stehen, und Ihnen bleibt nichts weiter übrig, als die ganze Software erneut zu installieren. Natürlich nicht, ohne einige Ihrer Kunden auf Nimmerwiedersehen zu verlieren.

8.1.2 Warum nicht Windows NT?

Das Problem mit der Windows-Software ist, daß jeder einem erzählt, wie toll diese Software läuft und wie leicht sie zu installieren ist. Irgendwann glaubt man das alles und wird zu einem begeisterten Windows NT[(c)]-Anhänger, jedoch ohne jemals das System ausprobiert zu haben, denn Windows NT[(c)] ist eine teure Angelegenheit, die man nicht so ohne weiteres mal eben aus der Portokasse bezahlt. Wenn doch, dann können Sie sich sicherlich eine eigene Softwareabteilung leisten und Ihre Systemadministratoren, einen nach dem anderen rauswerfen, wenn sie nicht mit dem System zurechtkommen. Natürlich nur, wenn es die Gewerkschaft zuläßt.

Wenn Sie dann endlich einen solchen Server installieren, stellen Sie fest, daß die Installation keinesfalls einfacher funktioniert, als das bei Linux der Fall ist. Nur die Fehlermeldungen sind etwas ansprechender verpackt, aber darauf kann man locker verzichten. Aber auch einfache Standard-Software ist nicht einfach zu installieren. Wenn man kein »richtiges« Produkt kauft, das schon mit einer Installationsroutine daherkommt, dann hat man ziemlich schlechte Aussichten.

Wenn Sie sich aus dem Netz für Windows 95$^{(c)}$ oder Windows NT$^{(c)}$ auf die gleiche Weise Software besorgen, wie Sie das für Linux tun können, so werden Sie feststellen, daß die meisten Programme nicht auf Anhieb funktionieren. Irgend eine Konfigurationsdatei oder trickreiche Installationsanweisung fehlt immer. Ich gestehe, ich bin nicht sehr versiert, wenn es darum geht, Software für Windows aus dem Netz zu holen, ich brauche zu selten solche. Aber mir gelang es zum Beispiel nicht, einen einfachen Screengrabber für Windows aus dem Netz zu holen und den dann auch zum Funktionieren zu bringen. Sie werden daher auch keine Screenshots von Windows finden, obwohl gerade in Kapitel 11 diese vonnöten gewesen wären. Ich habe keine Ahnung, wie die Ansteuerung der Grafikkarten funktioniert, aber jedes Programm, das ich mir holte, wollte irgendwelche Zusatzprogramme, oder ich hatte vergessen, alle »Updates« in das System einzuspielen. Netzrelevante Programme, besonders im Bereich Server, gibt es nur wenige und sie unterstützen meist nicht alle Funktionen, die vom Unix-Original vorgegeben werden. Die professionellen Produkte sind derart teuer, daß man sich den Kauf dieser Produkte allein vom Preis her sehr gut überlegen wird. Das ist keineswegs eine *Microsoft*$^{(c)}$-spezifische Eigenschaft, als OS/2$^{(c)}$ noch existierte, gab es diese Software auch, billiger und fehlerfreier war die Software deshalb auch nicht. Außerdem gibt es so viele »Updates«, die man eingespielt haben muß, daß man irgendwann einmal den Überblick verliert.

Wenn Sie einen Kollegen haben, der in seiner Firma Windows NT$^{(c)}$ als File-Print-Server einsetzt, oder einen solchen gar selbst betreiben, dann erstellen Sie mal eine Statistik, wie oft dieser Server im letzten Monat, neu gestartet werden mußte, inklusive der Zeit, die zum Einspielen der neuesten »Updates« notwendig war. Es kann ja sein, daß Sie mit dieser Statistik zufrieden sind, aber das kann auch daran liegen, daß Sie nicht sehr verwöhnt sind, was die Stabilität eines Servers angeht.

Standard-Entgegnung aller Windows NT$^{(c)}$-Adepten ist: »*Na das ist doch klar, da hättest Du doch nur das Update 4.xx.xx aus dem Netz holen müssen, da funktioniert das alles problemlos.*«

Erstens glaube ich das nicht, und zweitens! Was ist das für eine Software, bei der man immer erst ins Netz muß, um alle Fehler zu beheben, die in der Release-Version enthalten sind.

8.1.3 Linux gegen NT

Viele Server-Administratoren, welche beide Systeme, Windows NT$^{(c)}$ und Linux, als Web-Site benutzen, haben am Ende den Windows NT$^{(c)}$-Server wieder aufgegeben und sind wieder ganz zu Linux zurückgekehrt. Sei es aus Kostengründen oder aus Gründen der Zuverlässigkeit. Sie brauchen nur die Statistiken des *WebCrawlers* konsultieren, um die Richtigkeit dieser Aussage zu verifizieren. Hinter den weltweiten Web-Sites befinden sich zu 83% Unix-Systeme und nur zu 7% Windows NT-Systeme.

Wenn Sie eine bestimmte Menge Verkehr auf Ihrer Web-Site haben, dann wollen Sie Ihren Web-Server in einem Schrank in der Nähe des Routers haben. Sie mögen der Ansicht sein, daß das Linux-Interface nicht das Gelbe vom Ei ist. Dank X wird es jedoch auch nicht schlimmer werden, wenn Sie in Ihrem Büro oder zu Hause bleiben und Ihren Web-Server von dort aus betreiben. Jedes Programm, welches Sie auf Ihrer Konsole laufen lassen können, läßt sich auch von einem Rechner auf der anderen Seite der Erde starten. Man muß sich nicht einmal physisch zu der Unix-Maschine bewegen, um das System nach einem `shutdown` wieder hochzufahren, das kann man alles über das lokale Netz veranlassen.

Leider können sich gerade hochqualifizierte Spezialisten oftmals nicht gut verkaufen. Wissenschafts- und Ingenieurstudenten macht das Arbeiten und Forschen meist Spaß, und so kommt es, daß ein Arbeitgeber für diese Dienste nur wenig zu bezahlen bereit ist: »*Wenn dem das Spaß macht, dann brauche ich doch nicht für seinen Spaß, den er hat, eine Menge Geld ausgeben*«. Diese Leute helfen sich gegenseitig über das Netz, normalerweise ohne Bezahlung. Von diesem Dienst kann ein Unternehmensgründer profitieren, ohne ein schlechtes Gewissen zu haben. Diese Dienste schließen explizit diese Art der Nutzung nicht aus. Wenn man sich über das Netz Hilfe holt, so sollte man dann aber auch kein Anspruchsdenken an den Tag legen. Man kann es fast an der Art der Fragestellung feststellen, welcher Linuxer vor kurzem noch *Microsoft*$^{(c)}$-Dienste in Anspruch nehmen mußte. Der Ton ist meist rüde, weil angenommen wird, der Support hätte einfach zu funktionieren. Das ändert sich jedoch sehr schnell, wenn der Anfrager in einer Newsgroup merkt, daß auf diese Weise keine Hilfe zu bekommen ist. In der Linux-Gemeinde gibt es keine Hierarchie, jeder, vom Wissenschaftler bis zum Anfänger, gilt gleich viel, und es hat wenig Sinn, auf seine Meriten hinzuweisen. Allerdings gibt es schon Exponenten, die eine gewisse Bedeutung haben, die haben sich aber durch Leistungen für das System hervorgetan.

Immer wenn ich ein Unix-Programm auf einer kommerziellen Web-Site benutze und dafür eine Verbesserung benötige, schicke ich dem Autor eine E-mail und frage ihn, ob er für 100,00 DM diese Änderung für mich in sein Programm einbaut. Solche Angebote werden meistens gerne angenommen. Wenn ich mit einer nutzlosen Unix-Box konfrontiert werde, die nicht einmal emacs installiert hat, rate ich meinem Kunden, einen Freund von mir zu beauftragen, emacs zu installieren. Dieser Freund verbindet sich über telnet mit diesem Rechner und läßt den Computer laufen, während er in einem anderen Fenster seine E-mail beantwortet.

Im Gegensatz hierzu wird jeder, der gelernt hat, wie Word for Windows auf einer Windows NT[c]-Maschine installiert wird, plötzlich zu einem »200 DM die Stunde«-Experten. Wenn Sie es irgendwann einmal vorziehen, auf diesen merkwürdigen Berater zu verzichten, dann existiert kein Pool von preiswerten Ratschlägen für NT-basierte Server. Und weil NT-Boxen schwer an weit entfernten Orten zu betreiben sind, kann Ihnen auch ein Experte an einem anderen Ort nicht helfen, ohne daß seine tägliche Arbeit darunter leidet, denn schließlich ist das Wort »Fernwartung« in der Windows NT[c]-Welt ein Fremdwort.

8.1.4 Apache

Das wohl beliebteste Web-Site-Programm ist zweifellos Apache (siehe Abb. **8.1**). Die statistische Erfassung aller Web-Server im Juni 1998 von Netcraft bescheinigt Apache einen 53%igen Anteil am Markt der gesamten Web-Server-Programme. Das ist bestimmt mehr, als jeder andere Web-Server für sich in Anspruch nehmen kann. Es hat den Anschein, daß Apache auf den einfachsten bis zu den komplexesten Web-Servern eingesetzt wird. Die einfachen Web-Server verwenden Apache nur für statische Dateien. Anwender mit komplexen Bedürfnissen brauchen einen anpaßbaren Server, wollen aber nicht neu zu programmieren beginnen.

Tabelle **8.1** zeigt den Anteil und die Veränderung des Apache-Servers auf dem Markt der Entwickler und Tabelle **8.2** den weltweiten Anteil von Apache am Server-Markt. Das sind beeindruckende Entwicklungen, die sich da manifestieren, sie zeigen ganz deutlich, daß Linux aus dem Bereich Netzwerk-Betriebssystem nicht mehr wegzudenken ist.

Die API-Schnittstelle von Apache spiegelt diesen weiten Anwendungsbereich wider. Der normale Benutzer sollte sich ohne entsprechende Vorkenntnisse

8.1 Wahl des Computers und Betriebssystems

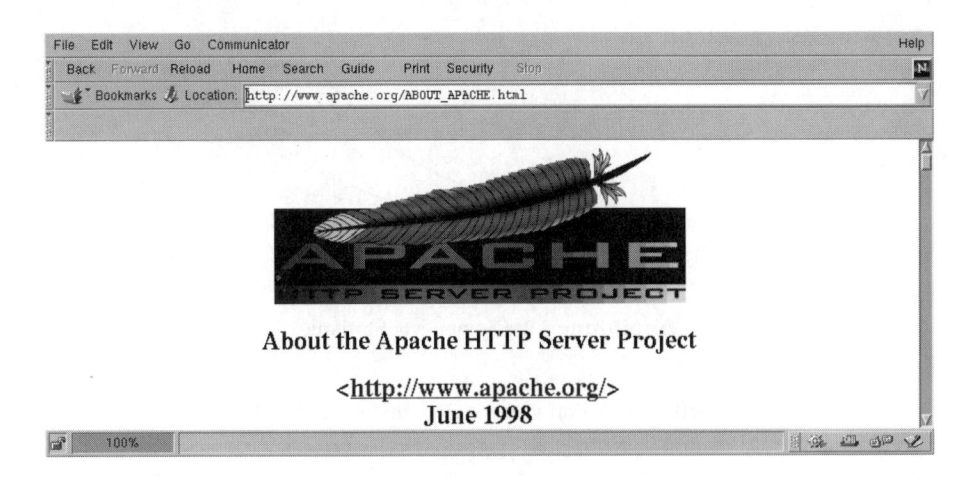

Abbildung 8.1: Der Apache Web-Server

Tabelle 8.1: Anteil des Apache-Servers bei Software-Entwicklern

Top Developers					
Server	Juni 98	Prozent	Juli 98	Prozent	Veränd.
Apache	1182142	49,05	1289192	49,69	0,64
Microsoft-IIS	538343	22,34	588896	22,76	0,36
Netscape-Enterprise	211474	8,77	218217	8,41	-0,36
NCSA	64310	2,67	64432	2,48	-0,19

nicht an der Schnittstelle des Apache Servers versuchen, denn es wird erwartet, daß profunde C-Kenntnisse vorhanden sind. Die API-Schnittstelle ist sehr flexibel, bietet aber selbst keine High-level-Zugangsmöglichkeit.

Sie können für den Apache Server jede Art Unterstützung bekommen, das hängt nur von Ihrer Zahlungsfähigkeit ab. Und das gilt nicht nur für Windows NT$^{(c)}$-Systeme, sondern auch für Linux-basierte Systeme. Eines soll aber noch einmal betont werden: Der Apache Server ist kostenlos erhältlich, und das gilt auch für den Quellcode.

Apache erzeugt nicht für jeden Aufruf einen eigenen Task, sondern der Server ist ein sogenannter Pre-forking-Server und daher ziemlich schnell. 80% der Web-Sites haben entschieden, daß ein Web-Server, dessen Source-Code verfügbar ist, der richtige sei; Apache ist der beste und auch populärste von allen Server-Programmen, die den Source-Code offenlegen.

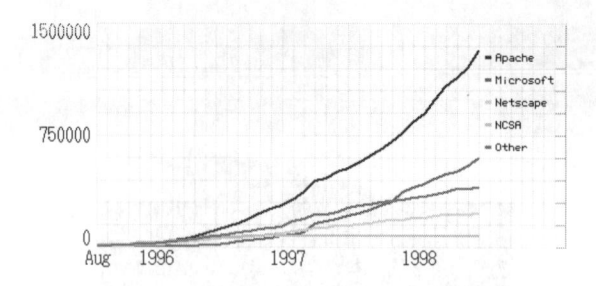

Abbildung 8.2: Die neueste Statistik

Tabelle 8.2: Anteil von Apache am Server-Markt

\multicolumn{6}{c}{Top servers}					
Server	Juni 98	Prozent	Juli 98	Prozent	Veränd.
Apache	1182142	49.05	1289192	49.69	0.64
Microsoft-IIS	529267	21.96	580084	22.36	0.40
Netscape-Enterprise	121321	5.03	128075	4.94	-0.09
NCSA	64310	2.67	64432	2.48	-0.19

8.1.5 ISDN

ISDN, Integrated Services Digital Netzwerk, ist eine Entwicklung, welche in den 70er Jahren von der Firma Siemens im Auftrag der Post entwickelt wurde. Damals waren Coax-Kabel das »non plus ultra«; berücksichtigt man die Bandbreite, über die ein solches in der Erde vergrabenes Kabel verfügt, dann war das wohl eine damals akzeptable Entscheidung. ISDN kann im Maximalfall 128 Kbps über das Netz übertragen und stellt das untere Minimum von Bandbreite dar, welche Sie brauchen, um irgendeinen Web-Server laufen zu lassen. Das Problem ist hier der Provider. Stellen Sie sicher, daß Ihr ISP auch wirklich diese Bandbreite liefert. Meistens bietet der ISP keine Kanalbündelung für ISDN, und wenn er dann auch noch wenige Leitungen zur Verfügung stellt, liegen Sie bald mit Ihren Transferraten bei 2.4 – 2.7 kbps. Dann hätten Sie gleich bei dem alten 2.88 Modem bleiben können.

Für den Fall, daß Sie sich für einen ISDN-Anschluß entscheiden, um Ihre Firma mit dem Internet zu verbinden, sollten Sie einen Kartenhersteller wählen, der Linux voll unterstützt. Andernfalls könnten Sie sich in folgender Situation wiederfinden: Sie wollen Pakete von Ihrem Linux-Rechner in das Internet transportieren. Falls der Transfer der Pakete zum Stillstand kommt, könnte es ein Fehler oder ein falsch konfiguriertes ISDN-Karten-BIOS sein. In diesem Fall müssen Sie die Herstellerfirma um technische Unterstützung bitten. Dort werden Sie sofort Installationshinweise bekommen, welche sich natürlich auf ei-

8.1 Wahl des Computers und Betriebssystems

ne Windows 95$^{(c)}$-, allenfalls eine Windows NT$^{(c)}$-Installation beziehen. Wenn Sie jetzt versuchen klarzumachen, daß Sie ein Linux-Betriebssystem haben, so wird man versuchen, Sie zu überreden, doch das komische Linux zu löschen und ein »richtiges« Betriebssystem zu verwenden (fragt sich nur, was das richtige Betriebssystem ist). Meine Firma liefert Support für Linux-Kunden, und ich bekomme in schöner Regelmäßigkeit jede Woche drei oder vier Berichte herein, welche genau so ablaufen. Die Kartenhersteller mögen kompetente Entwickler haben, aber das Support-Personal ist meistens nicht gerade flexibel. Aber was können Sie erwarten, erst kürzlich habe ich den folgenden Anzeigentext in einem Münchner Zeitung gefunden:

```
Ihre Aufgaben als Mitarbeiter/in im Anwendersupport:
 Installation und Konfiguration von PC's und Netzwerken
 Administration der Netzwerke
 Fehlersuche und Behebung
 Anwenderunterstützung
 Operating
 Zentrale Pflege unserer Anwendungssoftware
```

Als Voraussetzungen wurden gefordert:

```
Sie verfügen über gute Kenntnisse in den folgenden Bereichen:
 PC-Kenntnisse im Bereich Soft- und Hardware
 Kenntnisse im Netzwerk wären vorteilhaft
 Führerschein Klasse III
```

Stellen Sie sich vor, Sie geraten an einen Spezialisten, der diese »Kenntnisse« aufweist. Wenigstens könnte er Sie, nachdem er Sie beraten hat, zu einem Psychiater fahren, über den Führerschein Klasse III verfügt er ja, der Mitarbeiter.

Es könnte aber auch die Telefonleitung sein, in dem Fall rufen Sie auch die Telekom an. Anrufen schadet nichts, ob Sie allerdings mit der Antwort zufrieden sein werden, das steht in den Sternen. Nicht daß die Telekom über keine ausreichend geschulten Experten verfügt, Sie werden nur keinen von ihnen an das Telefon bekommen, nicht einmal dann, wenn Sie T-Online als ISP verwenden. Geben wir der Telekom noch etwas Zeit, schließlich dauert so eine Privatisierung seine Zeit.

Es könnte aber auch Ihr Internet Service Provider sein, in diesem Falle sollten Sie beten. Und wenn Sie dann noch das PPP von Linux fahren, sind Ihre Chancen beim Provider gleich Null. Ich habe Freunde, die verzweifelt versuchten, bei renommierten Providern Auskünfte über den ISDN-Zugang zu erhalten. Auch nach mehrmaligem Nachfragen war keiner von denen in der Lage, über den Anschluß von Linux an das ISDN-Netz Auskunft zu geben.

Alles, was an Informationen rüberkamen waren Installationsanweisungen im Stil der Windows-Welt.

Wenn man es mit drei Firmen zu tun hat, die sich gegenseitig bezichtigen, daß der andere der Schuldige ist, wundert man sich, daß überhaupt jemand ISDN je zum Laufen gebracht hat. Ich bekam mein externes ISDN-Modem unter Zuhilfenahme des ISDN-Zugangs der Firma S.u.S.E. zum Laufen. Die Hilfen meines Providers waren wenig hilfreich bis kontraproduktiv. Die S.u.S.E. bietet sogar einen Bounce-Service für ISDN an. Mit diesem Dienst kann man seine ISDN-Konfiguration an einem funktionierenden Telefonanschluß ausprobieren, wenn das klappt, weiß man wenigstens, daß der Fehler nicht auf der eigenen Seite liegt.

Wie ISDN in einer Linux-Umgebung eingerichtet wird, sehen wir uns im Teil II, Absatz 16.2.4, ab Seite 431 an.

8.2 VNC

Linux ist dabei, der *Microsoft*$^{(c)}$-Software auf ihrem eigenen Territorium Konkurrenz zu machen, denn mit dem neuen VNC-Paket ist Linux etwas gelungen, was mit den *Microsoft*$^{(c)}$-Betriebssystemen nur mit aufwendigen Software-Paketen von Drittherstellern und auch nur unzulänglich gelang. Das VNC-Paket erlaubt es, einen *Microsoft*$^{(c)}$-W-Desktop auf *X* zu exportieren. Damit ist es möglich, auch Windows NT$^{(c)}$-Server auf dem Wege der Fernwartung zu betreuen. Und auch Windows 95$^{(c)}$-Rechner können mit diesem Paket über eine Fernverbindung gewartet werden.

Damit realisiert Linux eine Eigenschaft, welche die *X*-Oberfläche seit ihrem Entstehen bereits hatte, ohne jedoch die immensen Kosten, die ein Export der *Microsoft*$^{(c)}$-Oberfläche verursacht.

Eine natürlich kostenlose Version kann von

```
http://www.orl.co.uk/
```

bezogen werden.

8.2.1 Was ist VNC?

VNC bedeutet *Virtual Network Computing*. Das Projekt hat zum Ziel, die Abhängigkeit von Oberflächen der einzelnen Betriebssysteme aufzuheben. Danach soll ein bestimmter *Desktop* von jeder beliebigen Maschine mit beliebiger Architektur im Internet exportiert werden können.

Das VNC-System unterscheidet sich in vieler Hinsicht von Standard-Applikationen, die ebenfalls den Desktop eines Betriebssystems exportieren können. Wichtigster Unterschied ist die Tatsache, daß VNC den Zustand auf der Host-Maschine nicht speichert. Das bedeutet, wenn Sie eine Session auf einem bestimmten Rechner verlassen und sich dann an einen anderen Rechner begeben, finden Sie den exportierten Desktop dort so vor, wie Sie ihn auf dem ersten Host-Rechner verlassen haben, ja sogar der Cursor wird sich an derselben Stelle befinden, an dem Sie ihn auf dem ersten Rechner stehen ließen. Keine View-spezifischen Variablen werden auf den Zielrechnern zwischengespeichert, die Applikation läuft auch grafisch auf dem Host-Rechner.

Das Überraschende ist, daß der PC-X-Viewer schnell ist und unglaublich wenig Speicherplatz benötigt. Keine Installation wird benötigt, das VNC-Paket läuft wie ein normales Applikationsprogramm. Der Win32-Viewer beispielsweise benötigt nur 15 KB Speicher und kann sogar von einer Floppy gestartet werden. Dabei ist VNC wirklich plattformunabhängig und kann nicht nur auf einer Linux- oder *Microsoft*$^{(c)}$-Plattform laufen, sondern funktioniert genauso auf einer Solaris- oder AIX-Maschine. Abb. **8.3** und Abb. **8.4** zeigen zwei Screenshots des VNC-Viewers.

8.2.2 Der VNC-Viewer für X

Um VNC für *X* zu starten, geht man wie folgt vor:

```
vncviewer snoopy:2
```

Gibt man die Option -h an, so werden alle möglichen Optionen angezeigt, hier nur die wichtigsten:

- `-shared`

  Initiiert man eine Verbindung über einen VNC-Server, dann werden normalerweise alle bereits bestehenden Verbindungen geschlossen. mit dieser Option wird VNC veranlaßt, diese Verbindungen bestehen zu lassen. Auf diese Weise kann ein Benutzer-Oberfläche mit einem anderen, bereits verbundenen Benutzer teilen.

- `-display Xdisplay`

  Mit dieser Option kann festgelegt werden, auf welchem *X*-Display der VNC-Viewer laufen soll.

- `-passwd password-file`

  Wenn man ein Dateisystem verwendet, das Zugriff auf eine Password-Datei erlaubt, so kann man mit dieser Option bewirken, daß das Password nicht erneut eingegeben werden muß.

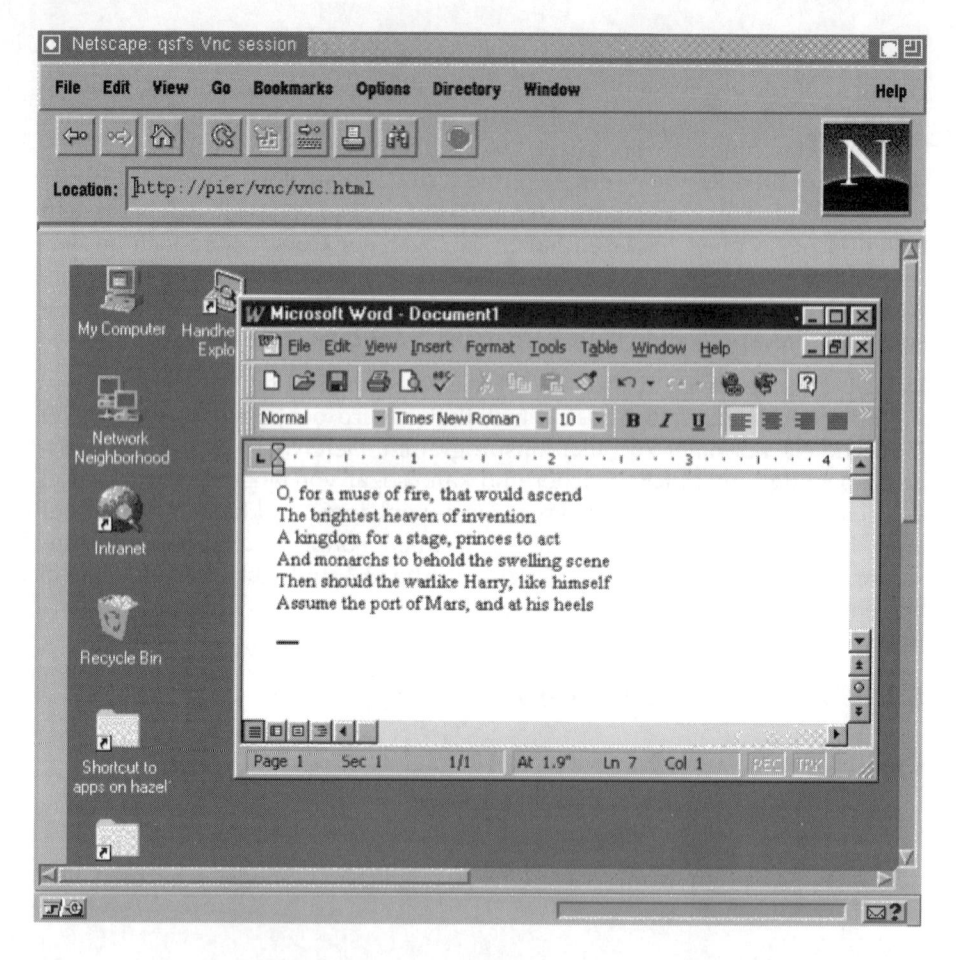

Abbildung 8.3: Ein Netscape-Fenster mit VNC

- `-viewonly`

  Diese Option sperrt alle Unterbrechungen von Maus und Tastatur aus, so daß nur der View allein dargestellt wird. Diese Option ist nützlich, wenn man den View nur zur Betrachtung freigeben will, jedoch verhindern möchte, daß das Zielsystem benutzt wird. Eine solche Möglichkeit ist sinnvoll für Aussteller auf Messen, die verhindern wollen, daß Messebesucher das Zielsystem verwenden und verändern können. Diese Option muß im Zusammenhang mit der Option `shared` verwendet werden.

- `-geometry geometry` Hiermit kann die Lage und Ausdehnung der angezeigten X-Session auf der Host-Maschine festgelegt werden.

8.2 VNC

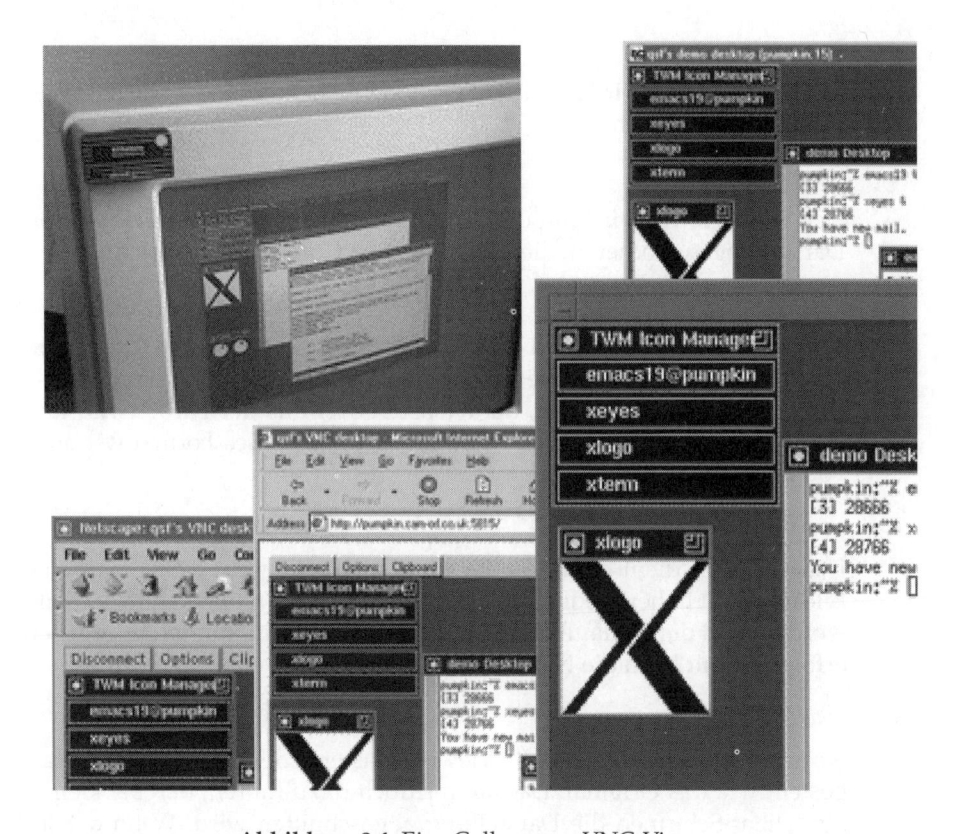

Abbildung 8.4: Eine Collage von VNC-Views

- `-raw, -copyrect, -rre, -corre, -hextile, -nocopyrect, -norre, -nocorre, -nohextile`

  Diese Option kann die Standardreihenfolge der Kodierung verändern. Normalerweise wird VNC versuchen, in der Reihenfolge CopyRect, Hextile, CoRRE und RRE zu kodieren. Mit dieser Option kann das Verhalten verändert werden. Wenn beispielsweise -raw angegeben wird, so wird, anders als bei der Standardabfolge, zuerst diese Kodierung versucht.

- `-depth d`

  Mit dieser Option kann die Pixeltiefe des X-Servers bestimmt werden. Allerdings nur, wenn die Grafik-Station diese Tiefe auch unterstützt. Natürlich kann man diese Option nicht verwenden, um eine bestimmte Farbtiefe zu erzwingen.

- `-truecolor`

  Der VNC-Viewer wird mit dieser Option versuchen, eine TrueColor Darstellung zu kodieren.

- `-owncmap`

  Der VNC-Viewer wird mit dieser Option versuchen, eine PseudoColor-Darstellung zu kodieren, die seiner eigenen Colormap entspricht.

- `-bgr233`

  Mit dieser Option wird der VNC-Server das 8-Bit-True-Color-Pixelformat anfordern. Die ersten beiden Bits jedes Bytesind dabei der Farbe Blau zugeordnet, die nächsten drei Bits der Farbe Grün und die letzten drei Bits der Farbe Rot zugeordnet. Dieses Format wir auch von Java-Clients verwendet.

- `-period ms`

  Diese Option dient dazu, die Netzlast zu verringern, wenn man eine Bildfolge mit hoher Frequenz erwartet. Mit dieser Option kann veranlaßt werden, daß der Bildaufbau nicht öfter als in Millisekunden angegeben erfolgt. Damit kann die Netzbandbreite erheblich verringert werden.

- `-wmdecoration wxh`

  Normalerweise wird das VNC-Viewer-Fenster in der gleichen Größe dargestellt wie das Original. Das kann jedoch dazu führen, daß bei kleineren Client-Schirmen die Darstellung abgeschnitten wird. Wenn der lokale Bildschirm zu klein ist, wird mit dieser Option die Darstellung so groß wie möglich gemacht. Dabei wird die Dekoration nicht abgeschnitten, das bedeutet, die Scrollbars und Auswahlfenster bleiben erhalten. Mit dieser Option kann angegeben werden, wie groß diese Darstellung gemacht werden kann, um den ganzen Schirm des Clients effektiv auszunutzen. Die Angabe von `-wmdecoration 0x0` veranlaßt die Ausnutzung des gesamten Schirms des Zielsystems.

- `-rawdelay ms`

  Mit dieser Option kann überprüft werden, welcher Teil des Monitors erneut gezeichnet werden muß. Bevor die Darstellung erfolgt, wird bei Angabe dieser Option zuerst ein schwarzes Viereck angezeigt, um zu verdeutlichen, welcher Bereich als nächstes gezeichnet wird. Diese Option ist für Debugging-Zwecke äußerst nützlich.

8.2 VNC

- `-copyrectdelay ms`

    Mit dieser Option kann überprüft werden, welcher Teil des Monitors erneut gezeichnet werden muß. Bevor die Darstellung erfolgt, wird bei Angabe dieser Option zuerst ein schwarzes Viereck angezeigt, um zu verdeutlichen, welcher Bereich als nächstes gezeichnet wird. Diese Option ist für Debugging-Zwecke äußerst nützlich. Zusätzlich kann noch die `debug`-Option angegeben werden, das bewirkt, daß die Daten in Hex- und ASCII-Darstellung ausgegeben werden.

8.2.3 Wie funktioniert VNC?

Das VNC-Protokoll basiert auf dem Datenaustausch zwischen den beteiligten Framebuffers. Ein Framebuffer ist ein Zwischenspeicher, der die eigentliche grafische Darstellung enthält. Das VNC-Protokoll erlaubt das Auffrischen des Framebuffers immer dann, wenn eine Veränderung im Bildinhalt stattfindet. Durch diesen einfachen Prozeß ist der Austausch von Oberflächenspezifischen Daten relativ leicht möglich. Das erklärt auch, warum sogar die Cursor-Stellung erhalten bleibt, wenn man sich auf einem weiteren Terminal über das VNC-Protokoll mit einem, Host-Rechner verbindet.

Dieses Konzept erlaubt den Datenaustausch zwischen praktisch allen grafischen Oberflächen. Zur Zeit werden die folgenden Systeme unterstützt: `X/Unix`, Windows-3.1/95/NT und natürlich auch `Macintosh`. Prinzipiell kann jede Art Betriebssystem unterstützt werden, solange nur eine wie immer geartete Kommunikation zu diesem Betriebssystem möglich ist.

Das Projekt ist ziemlich neu und wird in der Zukunft sicherlich ebenso wichtig werden, wie es Samba heute schon ist.

Teil II

Linux im kommerziellen Umfeld

Dieser Teil des Buches soll konkrete Installationshinweise liefern, so daß die Software, welche im ersten Teil vorgestellt wurde, auch anwendbar ist. Ich werde versuchen, auf Stolpersteine hinzuweisen, die sich auch mir in den Weg gelegt haben.

Besonders die Datenbank-Lösung für Ihr Unternehmen soll den Preis des Buches lohnen. Speziell diese Beispiele werden in einer praktischen Datenbasis gipfeln, die Ihre Unternehmung, welche Sie bereits betreiben, begründet haben oder in Kürze gründen wollen, sofort einsetzen können.

Natürlich kann in einem Buch wie diesem keine FIBU enthalten sein, die auch die Steuerbehörde zufriedenstellt, aber eine Kundenverwaltung benötigt jede Firma, auch wenn sie noch so klein ist.

Verfallen Sie nicht auf die Idee, ein Tabellenkalkulations-Programm als Datenbank zu mißbrauchen. Es mag anfänglich leicht und intuitiv sein, das zu tun. Sie werden es bereuen, denn diese »*Datenbanken*« sind *nicht* für größere Datenmengen ausgelegt, außerdem funktionieren sie nach einem viel einfacheren, aber weniger effizienten Schema, als dies echte SQL-Datenbanken tun. Das böse Erwachen kommt, wenn der Kundenstamm zugenommen hat und damit auch die Datenmengen. Die als »*Datenbank*« mißbrauchte Tabellenkalkulation wird immer langsamer und schwerfälliger. Die Komplexität einer solchen »*Datenbanklösung*« hat jedoch bis dahin derart zugenommen, daß an ein Abbilden der enthaltenen Daten auf eine richtige SQL-Datenbank nicht mehr zu denken ist.

9 Hilfestellungen

Einige wichtige Hinweise, die Sie bei der Installation und Konfiguration der beschriebenen Software beachten sollten, auch dann, wenn etwas nicht so funktioniert, wie es beschrieben wurde:

- Zuallererst lesen Sie sich die Installationsanweisungen *genauestens* durch.
- Versuchen Sie, die Schritte der Installation exakt wie beschrieben auszuführen.
- Konsultieren Sie die entsprechenden HOWTOS. Davon gibt es eine große Anzahl und für jedes Themengebiet. Bei der S.u.S.E.-Edition 6.1 finden Sie diese zum Beispiel unter `/usr/doc/wie_geht/html/` oder `/usr/doc/packages/`.
- Sehen Sie sich die Support-Datenbanken an, sicherlich gibt es dort eine Frage/Antwort-Kombination, die sich genau mit Ihrem Problem deckt.
- Stellen Sie Ihre Frage ins `newsnet`. Sie bekommen innerhalb kürzester Zeit mehrere und meist kompetente Antworten und Erklärungen auf Ihre Frage. Klären Sie jedoch vorher Ihre Problematik ab, und seien Sie präzise. Bemerkungen wie: »*Meine Samba-Installation funktioniert nicht, wer kann mir helfen*«, sind nicht sehr aufschlußreich und können auch nicht beantwortet werden:
    - Beschreiben Sie, was Sie getan haben, um die Software zu installieren.
    - Beschreiben Sie die involvierte Hardware (bei Netzproblemen z.B. die Ethernetkarte, bei SLIP-Problemem das Modem).
    - Geben Sie die Systemausgabe der Konsole wieder, und vergessen Sie dabei nicht die letzten Zeilen der `/var/log/messages`-Datei.
- Rufen Sie den Prozeß-Status ab, und kontrollieren Sie, ob alle daemons laufen. Das Prüfen des Prozeß-Status geschieht mit `ps -aux` und sollte als Benutzer-`root` durchgeführt werden.

Ein beliebter Fehler bei der Installation von *Samba* ist es, den `nmbd` daemon nicht gestartet zu bekommen. Das liegt normalerweise daran, daß Sie als Samba-Server nicht Ihre eigene IP-Adresse angegeben haben, sondern die eines Windows-Rechners. Wenn der `nmbd` nicht läuft, kann Ihr Linux-System das NetBios-Protokoll zum Auffinden von Clients nicht finden.

- Sehen Sie sich dann die Dateien im Directory `/var/log` an. Linux ist sehr generös im Aufzeichnen von Fehlermeldungen. Für fast jeden daemon gibt es eine `log`-Datei. Der Inhalt dieser Datei wird Ihnen weiterhelfen, den Fehler zu finden.

  So heißt beispielsweise die `log`-Datei für den smbd-daemon `log.smb` und die für den nmbd-daemon `log.nmb` (wie könnte es auch anders sein).

- Die meisten daemons lesen ihre `conf`-Datei nur beim Start ein. Wenn Sie Veränderungen an den `conf`-Dateien vorgenommen haben, so halten Sie den daemon an und starten ihn dann wieder. Es kann sonst sein, daß Ihre Änderungen zwar korrekt sind, der daemon aber davon nichts mitbekommt. Ein daemon wird angehalten mit der Anweisung:

  ```
  kill -HUP PID
  ```

  Mit dieser Anweisung wird der Kernel angewiesen, die Konfiguration des daemons neu einzulesen, ohne ihn anzuhalten. Wenn man mit

  ```
  killall PID
  ```

  den Prozeß anhält, so muß er wieder per Hand gestartet werden. PID ist dabei die Prozeß-ID-Number, die man mit dem `ps`-Befehl erhält.

  Den daemon startet man wieder, indem man den entsprechenden daemon aufruft, eventuell mit entsprechenden Parametern. Zum Beispiel:

  ```
  nmbd -D
  smbd -D
  ```

Wenn Sie jetzt der Ansicht sind, daß das unter Windows NT[(c)] und Windows 95[(c)] alles viel leichter geht, seien Sie versichert: Wenn Sie einen Windows NT[(c)]-Server aufsetzen wollen, dann ist der Komplexitätsgrad unter dieser Umgebung auch nicht geringer. Sie müssen bedenken, wir betreiben hier Systemadministration. Betriebssysteme zu administrieren, das ist in keiner Umgebung eine leichte Aufgabe.

Einige Dinge sollten Sie jedoch berücksichtigen:

- Bevor Sie irgendwelche Veränderungen vornehmen, machen Sie eine Sicherung, am besten auf Band.

- Haben Sie keine Angst, an das System heranzugehen – und wenn Sie die Berührungsängste erst einmal überwunden haben, dann bekommen Sie ein viel sichereres Gefühl für die Betriebssystem-Software. Stellen Sie sich vor: Ihr System hängt am Wochenende, und Sie können den Fehler selbst beheben. Das spart Ihnen mindestens ein paar tausend Mark ein.

- Halten Sie eine Boot-Diskette bereit, für den Fall, daß Ihr System nicht mehr richtig bootet. Insbesondere beim Verändern der Datei `/etc/fstab` kann das zu einem Problem werden.

Es ist auch eine gute Idee, eine gesonderte Festplatte im System zu installieren, die nur zum Zweck der Maintenace gehalten wird, erstellen Sie sich für dieses System eine Boot-Diskette.

Wenn Ihre Firma bereits so groß ist, daß Ihre Aufgaben Ihnen selbst keine Zeit für technische Einzelheiten wie die hier beschriebenen lassen, können sie natürlich den folgenden Teil des Buches Ihrem Systemadministrator übergeben, der die Probleme dann für Sie lösen wird.

9.1 Konfigurieren des Kernels

Das Konfigurieren des Kernels ist ein Standardprozeß, der in jeder Distribution erklärt wird. Für den kommerziellen Einsatz ist es unabdingbar notwendig, daß der Kernel neu eingerichtet und übersetzt wird, denn viele Editoren von Linux haben eine merkwürdige Ansicht, was alles im Standard-Kernel vorhanden sein muß. Manche dieser Standard-Kernel verfügen nicht einmal über die Fähigkeit zu drucken. Die meisten unterstützen kein `nfs`. Das sind Dienste, auf die man im kommerziellen Einsatz nicht verzichten kann. Aber das ist alles halb so schlimm, denn es ist ziemlich leicht, den Kernel zu konfigurieren und neu zu übersetzen. Es folgt eine Kurzanleitung, wie der Kernel konfiguriert und neu übersetzt wird.

1. Wechseln in das Directory `/usr/src/linux`. Man braucht nicht beunruhigt zu sein, wenn man sich nach Ausführen des Befehls

   ```
   cd  /usr/src/linux
   ```

   in einem Directory befindet, das `/usr/src/linux-2.0.36.SuSE` heißt, das liegt an einem Link, der auf dieses Directory gelegt ist. Man befindet sich schon im richtigen Directory.

2. Hier wird das Konfigurationsmenü aufgerufen, hierfür existieren drei Möglichkeiten:

(a) Im Directory /usr/src/linux folgenden Befehl ausführen:

    make config

    Die Konfigurierung wird im Text-Mode ausgeführt.

(b) Im Directory /usr/src/linux folgenden Befehl ausführen:

    make menuconfig

    Die Konfigurierung wird im Curses-Textmode ausgeführt. Das ist eine Fensterdarstellung, die vielen von MS-DOS[c] bekannt sein wird, dabei werden Fenster im Textmode dargestellt, und die Auswahl wird durch Ankreuzen der Optionen getätigt. Diese Methode ist recht komfortabel, wie in Abb. **9.1** zu sehen ist. Sie eignet sich immer dann, wenn noch kein X-System installiert ist.

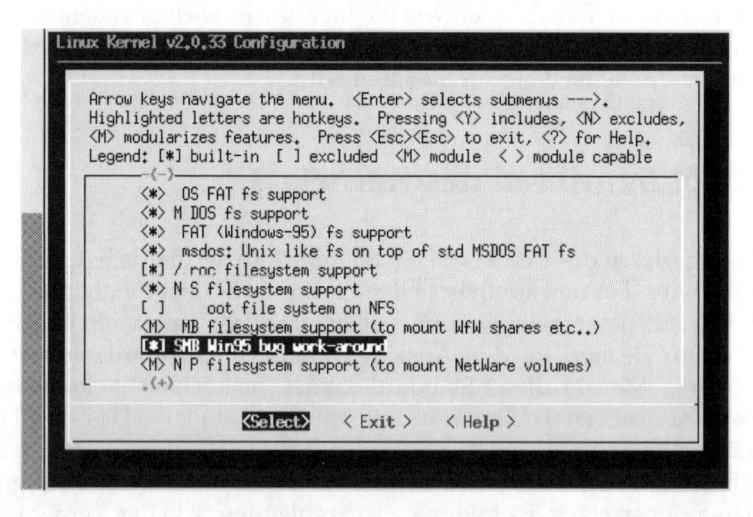

Abbildung 9.1: Menuconfig

(c) Im Directory /usr/src/linux folgenden Befehl ausführen:

    make xconfig

    Die Konfigurierung wird im X-Mode ausgeführt. Dazu muß sich der Rechner jedoch im Graphic-Mode befinden, also muß X laufen. Diese Methode ist die komfortabelste, allerdings neigt man dazu, zu viele Optionen auszuwählen, weil es so schön funktioniert (siehe Abb. **9.2**).

    Wenn die Auswahl der unterstützten Komponenten getan ist, kann man die Konfigurations-Datei sichern.

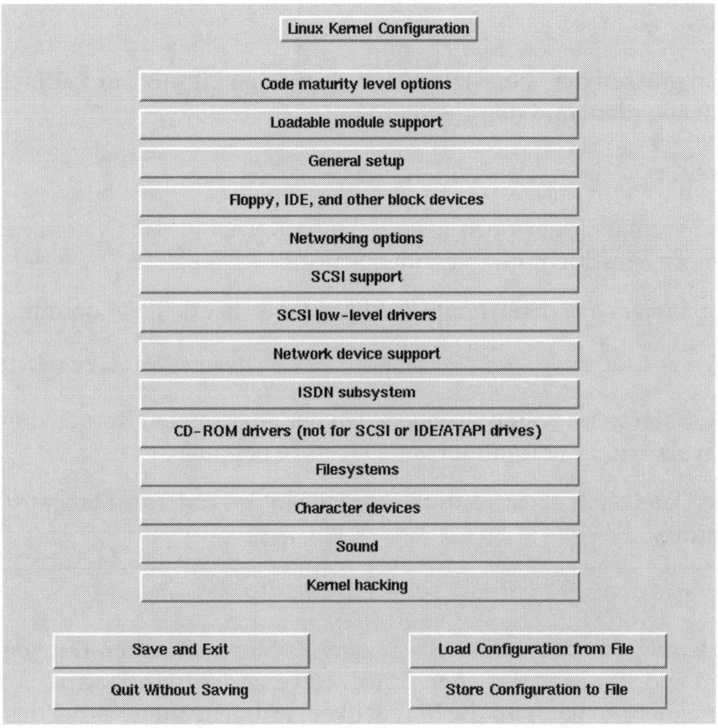

9.1 Konfigurieren des Kernels

Abbildung 9.2: xconfig

3. Als nächstes muß der Kernel mit der gerade erstellten Konfigurations-Datei übersetzt werden, das geschieht mit:

```
make dep clean zImage
```

Jetzt kann es eine Weile dauern, bis die Übersetzung abgeschlossen ist, das richtet sich nach der Größe des Hauptspeichers und nach der Schnelligkeit des Prozessors.

4. Wenn der Übersetzungsprozeß erfolgreich abgeschlossen ist (erkennbar an der fehlerlosen Übersetzung und an der Größe des erzeugten Kernels), müssen die ausgewählten Module übersetzt werden. Der Kernel von Linux unterstützt Module, das sind abgeschlossene Programme, die nur zu bestimmten Zeiten laufen müssen und die auch nur bei Bedarf zum Kernel hinzugeladen werden (pppd ist ein solches Modul). Damit diese Module auch bei Bedarf dem Kernel hinzugefügt werden können, müssen diese Programme ebenfalls übersetzt werden, und das geschieht wie folgt:

```
make modules
```

5. Nun müssen die übersetzten Module für den Einsatz zur Laufzeit vorbereitet werden, und das geschieht mit:

```
make modules_install
```

Bis jetzt haben wir noch keinen neuen Kernel in das System eingebunden, das geschieht im folgenden Schritt:

6. Kopieren des neuen Kernels an die entsprechende Position mit:

```
cp /usr/src/linux-2.0.33.SuSE/arch/i386/boot/zImage /vmlinuz
```

Die Datei `zImage` repräsentiert den neu übersetzten Kernel, dieser muß sich als `vmlinuz` im untersten Directory befinden.

7. Die Datei `System.map` muß ebenfalls in das unterste Directory kopiert werden:

```
cp /usr/src/linux-2.0.33.SuSE/System.map /
```

Es kann ganz sinnvoll sein, vor dem Kopieren die alten Dateien `vmlinuz` und `System.map` in `vmlinuz.old` und `System.map.old` umzubenennen, so hat man die Möglichkeit, mit dem alten Kernel das System hochzufahren, falls der neue Kernel nicht funktioniert. Allerdings muß hierzu die Datei `/etc/lilo.conf`, wie in Abb. 9.1 abgeändert werden.

Beispiel 9.1 *Lilo- für zwei Kernel konfiguriert*

```
# LILO Konfigurations-Datei
# Start LILO global Section
boot=/dev/sda
#compact         # faster, but won't work on all systems.
linear
read-only
prompt
timeout=100
vga = normal    # force sane state
# End LILO global section
# Linux bootable partition config begins
image = /vmlinuz
root = /dev/sda2
label = linux
# Linux 2nd boot kernel
#
image = /vmlinuz.old
root = /dev/sda2
label = linux.old
# Linux bootable partition config ends
#
```

9.1 Konfigurieren des Kernels

Dann kann man zum Zeitpunkt der Boot-Abfrage zwischen dem alten und dem neuen Kernel wählen und, falls erforderlich, den Prozeß erneut starten.

8. Der Aufruf `lilo` installiert den Linux Loader. Wenn die Datei `/etc/lilo.conf` verändert worden ist, dann muß das Programm aufgerufen werden, andernfalls kann ein eingetragener Kernel nicht erkannt werden.

Mit den meisten Sound-Karten gibt es Probleme bei der Installation: Diese Probleme machen sich bemerkbar, indem der Übersetzungsprozeß für den Kernel nicht fehlerlos beendet wird und die Datei `zImage` verdächtig klein geraten ist. In einem solchen Fall sollte man *nicht* mit der Installation weitermachen, sondern im Konfigurationsmenü (Abb. **9.1** oder Abb. **9.2**) die Sound-Unterstützung de-selektieren, den Kernel erneut übersetzen und manuell die Sound-Karten-Unterstützung einbauen.

10 Lokale Netze

10.1 Einrichten eines lokalen Netzes

Die Einrichtung eines lokalen Netzes beschränkt sich nicht nur auf die Vernetzung einiger Unix- oder Linux-Rechner untereinander, man kann ohne besondere Vorkehrungen in ein solches Netz auch Windows-Rechner integrieren. Das gilt jedoch nur für Windows-Betriebssysteme, die über einen integrierten TCP/IP-Stack verfügen. Hierzu zählen alle Betriebssysteme vom Typ Windows 95[c] und größer (Windows for Workgroups gehört auch dazu, weil hier der TCP/IP-Stack bereits installiert ist). Aber auch MS-DOS[c] und alle Betriebssysteme vom Typ Windows 3.0[c] und Windows 3.1[c] können mit einem solchen Stack nachträglich ausgerüstet und dann auch in ein solches Netz eingebunden werden. In einem Firmennetz werden die zuletzt genannten Betriebssysteme kaum mehr anzutreffen sein, daher beschränken wir uns auf die Einbindung von Rechnern mit einem Betriebssystem $\geq$ Windows 95[c]. Wir betrachten die in Abb. **10.1** gezeigte Netztopologie und die auf ihr möglichen Dienste.

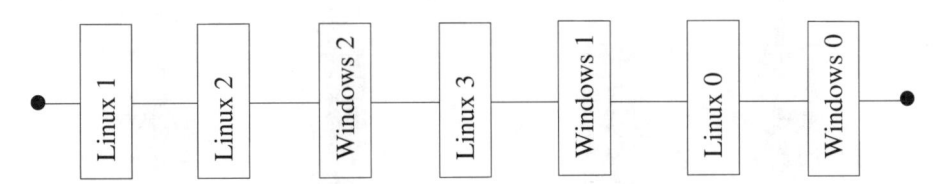

Abbildung 10.1: Eine gemischte Netztopologie

Wenn in einem wie in Abb. **10.1** gezeigten Netz die Adressen und Alias-Namen der Rechner ordnungsgemäß vergeben wurden, so sind ohne irgendwelche besonderen Vorkehrungen Dienste wie `ftp` und `telnet` möglich (natürlich auch `ping`, aber der Dienst wird nach erfolgreicher Installation kaum mehr nötig sein). Während die Linux-Rechner untereinander mit den verschiedensten Unix-Diensten kommunizieren können, ist das mit Windows-Rechnern nicht möglich. Außer dem Austausch von Dateien über den ftp-Dienst und dem Starten von Programmen auf Fremdrechnern können keine weiteren Dienste auf entfernten Rechnern genutzt werden. Das gilt auch für Windows-Rechner untereinander. Während eine Linux-Workstation lokal sogar Programme auf im Netz beteiligten Linux-Rechnern ausführen kann, die mit einer grafischen Bedienerführung oder sonstigen grafischen Darstellung ausgestattet sind, ist dies bei Windows-Rechnern wegen ihrer besonderen Architektur generell nicht möglich. Es werden zwar teure und umständlich zu handhabende Programmzusätze angeboten, die das ermöglichen, aber diese Dienste sind langsam und bereiten wenig Freude, da sie die potentielle Absturzgefahr der Windows-Plattform noch vergrößern. Die typischen TCP/IP-Dienste sind daher für Windows-Rechner nicht von besonderem Interesse, da außer dem Austausch von Dateien wenig sinnvolle Nutzungsmöglichkeiten denkbar sind. Im nächsten Kapitel (Kapitel 11) werden wir uns mit einer mehr Windows-zentrierten Anbindung von Linux-Rechnern beschäftigen.

Zuallererst jedoch einige Bemerkungen zur Verkabelung. Jede der Ethernet-Karten verfügt über einen sogenannten BNC-Stecker (Bayonet Navy Connector). Diese Stecker müssen mit einem Ethernet-Kabel verbunden werden. Dieses Kabel muß an *beiden* Enden, wie in Abb. **10.2** gezeigt, mit einem 50 Ω Stecker abgeschlossen sein. Die Gründe hierfür sind in der Wellenlehre der Elektrotechnik zu suchen (Stichwort: Leitungsreflexionen), Fernsehtechniker und Elektroingenieure wissen, was damit gemeint ist.

Ein besonderer Fehler, der immer wieder gerne gemacht wird, ist in der Verkabelung der Rechner selbst zu suchen.

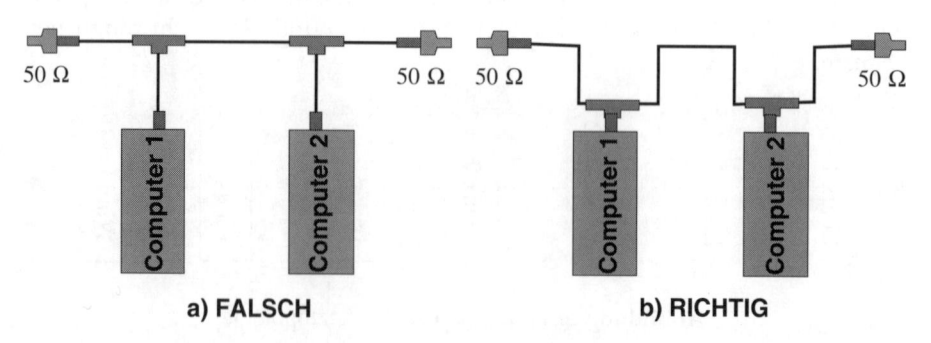

Abbildung 10.2: Das Verkabeln der Rechner

Man kann viele Stunden damit verbringen, diesen Fehler zu suchen, da zwischen der gezeigten Verdrahtung in Abb. **10.2a)** und der in Abb. **10.2b)** elektrisch scheinbar kein Unterschied besteht. Trotzdem, es funktioniert nur wie in **b)** gezeigt. Diese Fehler macht man jedoch wirklich nur einmal (meine Leser,

Linux im kommerziellen Einsatz
Seite 247ff

Prozeß-Status prüfen

ps -aux

Kernel konfigurieren

Auf der Konsole

cd /usr/src/linux

Es wird u.U. /usr/src/linux-2.0.36.SuSE angezeigt, oder ähnlich.
Das wird durch einen Link verursacht.
Man ist auf jeden Fall im richtigen Verzeichnis.

Konfigurationsmenü aufrufen (3 Möglichkeiten):

1. make config   Text Mode

2. make menuconfig   Curses-Textmode
                        Mehr oder weniger
                        übersichtliche Aus-
                        wahl am Bildschirm.

3. make xconfig   Hier für muß X
                        konfiguriert sein.

                        Kann auch direkt
                        aus KDE gestartet
                        werden.

                        K →

→

Gewählten Module übersetzen
    make modules
Erstellten Kernel übersetzen

    make dep clean zImage

Module für die Laufzeit vorbereiten

    make modules_install

Neuen Kernel an die entsprechende Position
kopieren:

    cp /usr/src/linux-2.0.33.SuSE/arch/i386/boot/zImage   2

    /vmlinuz

    vmlinuz repräsentiert den neu übersetzten
    Kernel, dieser muß sich als vmlinuz im untersten
    Directory befinden.

Die Datei System.map muß ebenfalls in das unterste
Directory kopiert werden:

    cp /usr/src/linux-2.0.33.SuSE/~~arch/i386/boot~~ System.map/

Zuvor die Originaldateien durch Umbe-
nennung sichern.
Z.B.: vmlinuz in vmlinuz.old und
      System.map in System.map.old

Datei /etc/lilo.conf wie auf Seite 250
wiedergegeben ändern.
Dann hat man bei Bedarf beim Booten die Möglichkeit
mit dem alten Kernel zu booten.

10.1 Einrichten eines lokalen Netzes

so nehme ich doch an, keinmal). Man braucht also pro Netz zwei 50 Ω-Stecker und für jeden Rechner ein T-Stück. Damit ist dann aber alles erledigt, und das Netz kann, wie in Abb. **10.2b** gezeigt, verdrahtet werden.

Wenn man ein lokales Netz einrichtet, so braucht jeder Rechner eine Adressenliste, damit er seine im Netz verteilten Kollegen auch kennt. Rechner brauchen natürlich keine Namen im Klartext, es reicht eine eineindeutige Bit-Folge. Diese Bit-Folge muß natürlich gewissen Regeln gehorchen, denn sonst würde das totale Chaos im Netz herrschen.

Die Netzadresse eines Rechners ist weltweit als ein Quadrupel von Tripeln definiert. Machen wir es einfacher, die Teil-Adresse, nämlich jedes Tripel, muß sich zwischen den Werten 0 und 255 befinden. Warum das gerade die Zahl 2^8 ist, hat historische Gründe, das ist an dieser Stelle nicht wichtig.

Eine vollständige Adresse sieht also wie folgt aus:

$$\underbrace{108.122.344.\underbrace{207}_{Tripel}}_{Quadrupel} \tag{10.1}$$

Das ist ein Quadrupel (weil die Ziffernfolge vier Teile hat) aus Tripeln (weil jeder Teil aus drei Ziffern besteht).

Jedes Tripel muß aus folgendem Bereich sein:

$$0 \leq Tripel \leq 2^8 - 1$$

Eine solche Adresse nennt man IP-Adresse, oder ausgeschrieben:

»Internet Protokoll-Adresse«

Versuchen Sie mal, mit dem Formeleditor Ihres WYSIWYG-Editors die Formel 10.1 zu fabrizieren, Sie werden überrascht sein, daß man das mit diesem Alleskönner nicht fertigbekommt. Für Linux mit LaTeX ist das keine große Sache.

Eine Adresse wie die in Formel 10.1 dargestellte könnte man im eigenen lokalen Netz vergeben, aber das wäre nicht besonders klug, da man, sobald man in die große weite Welt des Internets kommt, mit den Netz-Adressen anderer kollidiert. Die Adreßvergabe ist geregelt, wie in Tabelle **10.3** gezeigt. Dabei wird die Adresse in Netzwerk- und Host-Anteil unterschieden. Der dunkel markierte Bereich wird als Netzwerk-Anteil bezeichnet, und der heller eingefärbte Teil ist der Host-Anteil.

Class	1. Teil	2. Teil	3. Teil	4. Teil
A	0-127	0-255	0-255	0-255
B	128-191	0-255	0-255	0-255
C	192-223	0-255	0-255	0-255

Abbildung 10.3: Der IP-Adreßraum

Wir wollen nicht auf die Historie der Klasseneinteilung eingehen, aber eine Klasse-A-Adresse kann (theoretisch) an 128 verschiedene Netzwerke vergeben werden. Das sind nicht viele, aber dafür kann jedes dieser Netzwerke wieder eine riesige Anzahl Hosts bedienen, nämlich 16.777.216.

Für die Klasse-B-Netzwerke können schon (wieder nur theoretisch, denn spezielle Adressen werden zu Sonderzwecken verwendet und dürfen nicht benutzt werden) 16.384 Netzwerkadressen vergeben werden, jede von ihnen kann 65.534 Hosts verwalten.

Und zu guter Letzt: Das C-Netz kann an 2.097.152 Netzwerke vergeben von denen jedes 256 Hosts verwalten kann.

Insgesamt können also 2.113.664 Netzwerkadressen vergeben werden. Das ist eine ziemliche Menge, die eigentlich für alle Zeiten ausreichen müßte. Wenn jedes Netz auch nur im Schnitt 100 Rechner verwaltet (was unser kleines Netz so schnell nicht tun wird, denn eine Firma mit einhundert vernetzten Rechnern, das ist schon ein ziemlich großes Unternehmen), dann sind das über 200 Millionen Rechner weltweit.

Leider reicht die Zahl der Internet-Adressen bereits heute nicht mehr aus, daher stehen wir kurz vor der Verabschiedung einer neuen Adreßvergabe. Die neuen IP-Adressen werden nicht mehr 8 Bit lang sein (2^8, Sie erinnern sich), sondern 16 Bit. Damit können auch alle Marsbewohner am Internet unserer Erde teilnehmen (das funktionierte eigentlich schon vorher, weil auf dem Mars keine Bewohner wohnen).

Wir brauchen nicht tiefer in die Materie einzusteigen, aber sogar das riesige `ibm.net` gehört »nur« zur Klasse der B-Netzwerke. Man kann sich leicht vorstellen, daß so kleine Netzwerke wie wir sie hier beschreiben, nur zur Klasse C gehören können.

Was folgt nun daraus? Man sollte seinem Netz *auch lokal* nur eine C-Netzadresse geben, damit es nicht zu Kollisionen im Netz kommt. Im übrigen bekommt man eine eigene IP-Adresse, wenn man bei einem ISP eine Domain registriert, und die ist dann garantiert eine Class-C-Adresse (es sei denn, man arbeitet beim amerikanischen Verteidigungsministerium).

10.2 IP-Adressenvergabe

Da für den Menschen Bit-Folgen weniger gut zu interpretieren sind, können für diese Bit-Folgen sogenannte »Alias«-Namen vergeben werden. Diese Namen werden in einer auf jedem Rechner mit TCP/IP-Stack befindlichen Datei mit Namen `hosts` den entsprechenden IP-Adressen zugeordnet. Auf Unix-Rechnern, also auch auf Linux, befinden sich die Alias-Namen traditionell in der Datei `/etc/hosts`, auf Windows-Rechnern befinden sie sich in `c:\WINDOWS\HOSTS`. Auf Windows-Rechnern befindet sich eine Datei mit Namen `c:\WINDOWS\HOSTS.SAM`, das ist nur eine Beispieldatei. Diese muß in `c:\WINDOWS\HOSTS` umbenannt werden, da sonst die Namensauflösung nicht funktioniert.

Wenn nur ein lokales Netz installiert wird, kann man sich die Adreßvergabe einfach machen und praktisch jede beliebige Adresse pro Rechner vergeben, solange diese nur unterschiedlich sind. Wir wollen aber von vornherein nur Adressen verwenden, die sich unterhalb der Adresse 192.168.255.255 befindet. Unter `/etc/hosts` trägt man die Netzteilnehmer wie folgt ein:

```
#
# hosts         This file describes a number of hostname-to-address
#               mappings for the TCP/IP subsystem.  It is mostly
#               used at boot time, when no name servers are running.
#               On small systems, this file can be used instead of a
#               "named" name server.  Just add the names, addresses
#               and any aliases to this file...
#
127.0.0.1       localhost
192.168.17.1    develop
192.168.17.2    business
192.168.17.3    delcarlo.lisa.it        delcarlo
192.168.17.4    wincom
192.168.17.5    server
```

Das macht man bei jedem der beteiligten Rechner, und somit kennen sich die beteiligten Computer untereinander. Vergessen Sie nicht den Windows-Rechner, auch dieser besitzt eine `hosts`-Datei, sie befindet sich unter `C:\windows\hosts`, auch dort müssen alle beteiligten Rechner und der loopback-Device eingetragen werden.

Sie können jetzt das Netz testen, indem Sie folgendes eingeben:

```
ping develop
```

Sie bekommen (hoffentlich) die folgende Ausgabe:

```
olaf@delcarlo:/home/olaf/books/hanser/komm > ping develop
PING develop (192.168.17.1): 56 data bytes
64 bytes from 192.168.17.1: icmp_seq=0 ttl=64 time=1.4 ms
64 bytes from 192.168.17.1: icmp_seq=1 ttl=64 time=0.8 ms
```

```
64 bytes from 192.168.17.1: icmp_seq=2 ttl=64 time=0.8 ms
64 bytes from 192.168.17.1: icmp_seq=3 ttl=64 time=0.9 ms
64 bytes from 192.168.17.1: icmp_seq=4 ttl=64 time=0.9 ms
64 bytes from 192.168.17.1: icmp_seq=5 ttl=64 time=0.8 ms
64 bytes from 192.168.17.1: icmp_seq=6 ttl=64 time=0.8 ms

--- develop ping statistics ---
7 packets transmitted, 7 packets received, 0% packet loss
round-trip min/avg/max = 0.8/0.9/1.4 ms
```

Wenn wir uns die Adresse von `develop` in unserem Netz ansehen, dann hat diese tatsächlich die IP-Adresse `192.168.17.1`.

Jetzt werden wir etwas mutiger und versuchen uns von unserem Linux-Rechner auf einen anderen Linux einzuloggen:

```
olaf@delcarlo:/home/olaf/books/hanser/komm > telnet -l olaf develop
Trying 192.168.17.1...
Connected to develop.
Escape character is '^]'.
Password:
Have a lot of fun...
Last login: Tue May 26 12:46:54 on ttyp0 from :0.0.
No mail.

Boling's postulate:
        If you're feeling good, don't worry.  You'll get over it.
```

Hat auch geklappt. Übrigens, der schöne Spruch, der beim Einloggen erscheint, ist ein sogenanntes Fortune-cookie. Das kann man zwar abschalten, es kommt sowieso nur, wenn man sich als neuer User einwählt. Es sind einige ganz lustige dabei, deshalb habe ich die immer eingeschaltet. Wo man die ausschaltet? In der lokalen Konfigurationsdatei `.profile`, dort befindet sich der folgende Eintrag:

```
if [ -x /usr/bin/fortune ] ; then
    echo
    /usr/bin/fortune
    echo
fi
```

Sie brauchen den nur auszukommentieren, und schon verhält sich das System ruhig.

10.2.1 Besondere Adressen

Wenn Sie ein Rechnernetz einrichten, dann werden Sie im Verlauf der Konfigurierung nach der IP-Adresse gefragt, welche Sie selbst für einen bestimmten Rechner vergeben wollen; Sie werden aber auch nach der sogenannten »Netmask« und der »Boadcast«-Adresse gefragt. Wir halten für diese Termini die

10.2 IP-Adressenvergabe

Erklärung kurz, denn ausführliche Darstellungen finden sich in *Olaf Kirch* [19], *Craigh Hunt* [18] und *H. Holz, B. Schmitt, A. Tikart* [16].

Die oben angegebene Zahl von 2.113.664 Rechnern ist nicht ganz korrekt, weil bestimmte Adressen für besondere Zwecke vorgesehen sind. Host-Anteile (das sind die hell unterlegten Anteile der Darstellung von Tabelle **10.3**), deren Bits alle mit dem Wert »false« belegt sind, und Host-Anteile, deren Bits alle mit dem Wert »true« belegt sind, haben eine besondere Bedeutung.

Network-Mask

Aus der Network-Mask und der vergebenen IP-Adresse kann man die Netzwerkadresse eines Rechners ermitteln. Die Netzwerkadresse repräsentiert das abgeschlossene logische Netzwerk. Ein solches Netzwerk ist beispielsweise eine Domain, zu der eine Anzahl verschiedener Rechner gehören, es kann aber auch ein Firmennetz damit gemeint sein, welches aus mehreren Domains besteht. Diese Adresse erhält man durch eine logische UND-Verknüpfung der gegebenen IP-Adresse mit der Network-Mask.

Sehen wir uns das an einem Beispiel an:

Die Network-Mask unseres Class-C-Netzes ist: 255.255.255.0; eine unserer IP-Adressen lautet: 192.168.17.4. Die logische UND-Verknüpfung beider Adressen ergibt gemäß Tabelle **10.1** die Netzwerkadresse des Rechners:

Tabelle 10.1: Ermittlung der Netzwerkadresse

	255	255	255	000	Class-C-Network-Mask
AND	192	168	017	004	IP-Adresse eines Rechners
	192	168	017	000	Netzwerkadresse

Das ist eine Adresse, an die ein externer Mail-Server die E-mails für alle am lokalen Netz beteiligten Rechner hinschickt, die dann vom lokalen DNS an die einzelnen beteiligten Rechner verteilt werden.

Broadcast Address

Die Broadcast Address kann verwendet werden, um allen an einem lokalen Netz beteiligten Rechnern eine Nachricht zu schicken. Wird der Server eines Netzes heruntergefahren, so schickt er auf diese Weise an alle beteiligten Rechner die Nachricht, daß das Netz in wenigen Minuten (das hängt von der Einstellung des Shutdown ab und von der Art, wie er aufgerufen wird) von ihm nicht mehr bedient wird. Die Ermittlung dieser Adresse geschieht auf ähnliche Weise, wie bereits bei der Network-Mask besprochen.

Eine Adresse, deren Bits des Host-Anteils alle auf den logischen Wert »true« gesetzt sind, wird eine Broadcast-Adresse genannt. Durch eine logische ODER-Verknüpfung der IP-Adresse eines Rechners mit der invertierten Network-Mask erhält man die Broadcast-Adresse des Subnetzes. Bemühen wir wieder das Beispiel aus Tabelle 10.1:

Tabelle 10.2: Ermittlung der Broadcast-Adresse

	255	255	255	000	Class-C-Network-Mask
	000	000	000	255	Invertierte Netzwerkmaske
OR	192	168	017	000	Class-C-Netzwerkadresse
	192	168	017	155	Broadcast-Adresse

Wie man sehen kann, sind beide Adressen relativ leicht für ein lokales Netz zu ermitteln, man kann damit Fragen nach diesen Adressen bei der Installation leicht beantworten.

Jetzt, da wir die nötigen Zugangsdaten und Zusammenhänge erarbeitet haben, kümmern wir uns um die Installation des Netzes selbst. Wir werden zuerst die Installation mit der S.u.S.E. Edition durchführen und uns dann ansehen, welche Veränderungen das Installations-Werkzeug der S.u.S.E. in den entsprechenden Konfigurationsdateien bewirkt hat. Der erste Schritt der Installation beginnt mit dem Aufruf des Programms YaST (Yet another Setup Tool). Dort wählen wir das in Abb. **10.4** gezeigte Menü.

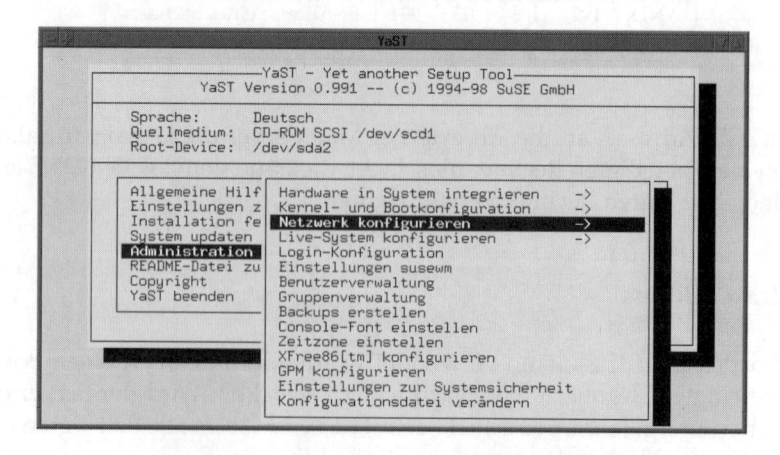

Abbildung 10.4: Die Netzinstallation der S.u.S.E.

10.2 IP-Adressenvergabe

Wenn wir jetzt die Netz-Installation komplett durchlaufen und dabei die Installation vom Unterpunkt Netzwerk Grundkonfiguration bis zum Punkt Konfiguration Nameserver nicht vergessen, sollte das Netz auf Anhieb funktionieren.

- Netzwerk Grundkonfiguration

  In dieser Maske sollten sich mindestens zwei Einträge befinden. Es kann sein, daß nur ein Eintrag (Netzwerktyp Ethernet) belegt ist, aber das kann für den kommerziellen Einsatz nicht genügen, denn eine Verbindung zur Außenwelt muß auch geschaffen werden, und dazu benötigt man eine Einwähl-Verbindung zu einem ISP (es gibt seltene Fälle, in denen die Unternehmung sich im selben Gebäude wie der ISP befindet, dann würde natürlich als Netzwerkzugang eine Ethernet-Karte genügen, aber das ist eben eine seltene Ausnahmekonfiguration).

  Auch wenn man bei einem ISP noch einen Zugang verwendet, kann es sein, daß an dieser Stelle kein Modem konfiguriert werden muß, aber das ist kaum mehr üblich, da alle Provider PPP als Protokoll einsetzen und zunehmend auf SLIP-Zugänge verzichten.

  Um die Einträge zu erzeugen, geht man am besten vor, wie das Werkzeug YaST es vorschlägt. Die Installation ist einfach und kann hier nicht komplett wiedergegeben werden, das würde einfach den Rahmen des Buches sprengen.

- Als nächstes wird der Rechnername und der Domain-Name festgelegt. Hier sollte man darauf achten, daß der Rechner und die Domain einen semantisch erkennbaren Namen bekommen. Solche Namen sind im nachhinein schwer zu ändern, und so sollte man sich gerade über die Namensvergabe einige Gedanken machen.

- Jetzt wird bestimmt, welche Netzwerkdienste beim Hochfahren des Rechners gestartet werden.

- Dann wird der Nameserver konfiguriert, er sollte immer dann konfiguriert werden, wenn man vorhat, sich an das Internet anzuschließen, und davon kann man im kommerziellen Einsatz ausgehen.

- Nun wird bei Bedarf der YP-Client konfiguriert. Den braucht man nur, wenn man die Yellow Pages verwendet, hier werden die YP-Domain und die IP-Adresse des YP-Servers eingetragen.

- Sendmail sollte auf jeden Fall konfiguriert werden, da man das »per Hand« kaum bewerkstelligen kann. Wer sich über die genauen Einzelheiten der Konfigurierung von Sendmail informieren will, der ist mit dem Buch [37] von *Bryan Costales et. al.* und von

Kevin Washburn und Jim Evans [35] gut beraten. Allerdings ist das Buch von Bryan Costales et. al. ca 800 Seiten stark, und das von Kevin Washburn und Jim Evans umfaßt 760 Seiten. Man erkennt, daß es sich bei der Konfigurierung von Sendmail um keine leichte Aufgabe handeln kann.

Für kleinere Netze kann man die »von Hand«-Namensauflösung der Datei /etc/hosts verwenden, für einen Anschluß ans Internet ist aber auf jeden Fall der Einsatz eines Nameservers anzuraten.

10.3 NFS

NFS bedeutet ausgeschrieben *Network File System* und stellt eine Directory-Infrastruktur dar, die es den Benutzern eines solchen verteilten Systems ermöglicht, sich auf jeder im Netz befindlichen Maschine mit genau ihren eigenen Eigenschaften wiederzufinden.

Wir wollen uns hier im technischen Teil um die Einrichtung und Konfiguration eines nfs-Servers kümmern. Bevor nfs überhaupt eingesetzt werden kann, muß sichergestellt sein, daß der Kernel nfs unterstützt. Wenn man einen nicht-konfigurierten Kernel verwendet, ist es ratsam, den Kernel zu konfigurieren und neu zu übersetzen.

Man kann leicht feststellen, ob ein Kernel bereits nfs unterstützt. Nach Eingabe von

```
cat /proc/filesystems
```

sollte man auf der Kommandozeile die folgende Ausgabe sehen:

```
        ext2
        umsdos
        msdos
        vfat
nodev   proc
nodev   nfs
        iso9660
```

Alle Filesysteme werden Sie vielleicht nicht sehen, aber die Zeile `nodev nfs` sollte vorhanden sein.

Abb. **10.5** zeigt, wie der Kernel für das nfs-Filesystem korrekt konfiguriert sein muß. Wie der Kernel selbst konfiguriert wird, kann man in der Einleitung zu Teil II ab Seite 243 nachlesen.

Jedes Directory, welches den verschiedenen Benutzern über nfs zur Verfügung gestellt werden soll, muß für diese freigegeben werden. Das geschieht in der Datei /etc/exports. Eine Beispieldatei ist in Beispiel 10.1 zu sehen.

10.3 NFS

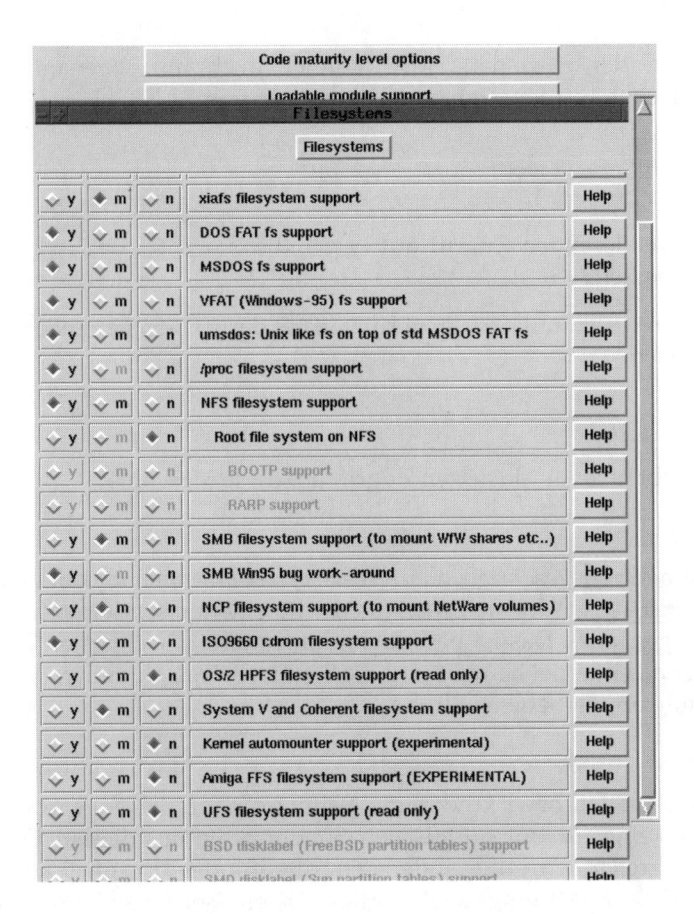

Abbildung 10.5: Die NFS-Option

Beispiel 10.1 */etc/exports*

```
/home              franca(rw) mario(ro)
/usr/bin           franca(ro)
/home/olaf/.TeX    franca(ro) mario(rw)
```

Natürlich kann man den einzelnen Benutzern Rechte geben; so bedeutet zum Beispiel der Eintrag

```
/home              franca(rw) mario(ro)
```

daß Benutzerin `franca` in dem Directory `/home` lesende und schreibende Aktionen, während der User `mario` nur lesende Aktionen ausführen darf.

Die Namen der einzelnen Hosts können auch mit sogenannten »Wildcards« versehen werden; so hätten bei dem Eintrag

```
/home            franca(rw) mario*(ro)
```

alle Benutzer lesenden Zugriff auf `home`, die `mario01 mario02` oder `mario.com` heißen.

Um den Zugriff granular zu steuern, verfügt das `nfs`-System über eine Reihe von Optionen:

- `insecure`

  Erlaubt nicht-autorisierten Zugriff auf diese Maschine.

- `unix-ppc`

  Das heißt ausgeschrieben *unix remote procedure call* und bedeutet, daß der Zugriff auf das lokale Dateisystem von einem reservierten Internet-Port erfolgen muß. Das ist besonders dann wichtig, wenn man ein Intranet über das Internet betreibt und die Standard-Port-Nummern vor fremden Benutzern verbergen will.

- `root_squash`

  Diese Option bewirkt, daß der Benutzer `root` des angegebenen Rechners keine für `root` typischen Sonderrechte auf diesem Dateisystem hat. Erreicht wird dies, indem Zugriffe mit der User-ID 0 auf die User-ID 65534 = (-2) umgesetzt werden. Diese User-ID sollte dem Benutzer `nobody` zugewiesen werden (Vorgabe).

- `no_root_squash`

  Root-Zugriffe nicht umsetzen; Root-Rechte bleiben also erhalten.

- `ro`

  Dateisystem wird nur mit Leserechten exportiert (Vorgabe).

- `rw`

  Dateisystem wird mit Schreib- und Leserechten exportiert.

- `link_relative`

  Umsetzen von absoluten, symbolischen Links (solche, die mit / beginnen) in eine entsprechende Folge von ../. Diese Option ist nur dann sinnvoll, wenn das gesamte Dateisystem eines Rechners gemountet wird (Vorgabe).

10.3 NFS

- `link_absolute`

  Symbolische Links bleiben unverändert.

- `map_daemon`

  Client und Server haben keine übereinstimmenden User-IDs. Durch diese Option wird der `nfsd` angewiesen, eine Umsetz-Tabelle für die User-IDs zu erstellen. Voraussetzung dafür ist jedoch die Aktivierung des Dämons `ugidd`

- `map_identity`

  Auf dem Client werden die gleichen User-IDs wie auf dem Server verwendet (Vorgabe).

Um ein `nfs`-Volume zu mounten (das geht jedoch nur als `root`), geht man wie folgt vor:

```
# mount -t nfs nfs_{volume local_{dir options}}
```

Mit dem Aufsetzen von `nfs` auf ein bereits laufendes System kann ziemlich viel Unsinn angestellt werden, denn `nfs` verteilt die Rechte der einzelnen Benutzer im Normalfall nach den vergebenen UserID-Nummern.

Stellen Sie sich vor, Sie haben ein bereits laufendes System von zwei Rechnern, dann werden die Rechte den Benutzern gegeben, welche zufällig die gleiche UserID besitzen. Das kann unter Umständen völlig verkehrt sein. Am besten ist es, man plant einen `nfs`-Server mit entsprechenden Kapazitäten und richtet auf diesem Benutzer ein, welche das gesamte Netz widerspiegeln, und vor allem vergibt man an diese Benutzer auf dem `nfs`-Server die *gleichen* IDs, welche sie auf ihren Home-Rechnern haben.

11 Samba

11.1 Linux als Server für Windows

Warnung:
Die Einstellungen und Konfigurationsschritte in diesem Kapitel sind in den meisten Fällen nur als root, also mit Superuser-Rechten durchführbar. Wenn Sie Veränderungen vornehmen, so seien Sie vorsichtig, denn als Superuser verfügt man über Rechte, mit denen das gesamte System zerstört werden kann. Löschvorgänge unter Linux können nicht rückgängig gemacht werden. Deshalb sei noch eine zweite Warnung angefügt: Wenn man sich das erste Mal in einer Unix-Umgebung befindet, ist die Versuchung groß, alle Dienste als Superuser auszuführen. Das ist äußerst gefährlich. Legen Sie sich lieber einen oder auch zwei verschiedene User an, unter deren Accounts Sie dann Ihre tägliche Arbeit erledigen können. Für Datenbankdienste müssen in jedem Fall eine neue Gruppe und ein entsprechender User eingerichtet werden.

Wichtige Entwicklungen, welche Linux eindeutig in den Bereich der professionellen Betriebssysteme einreihen, gibt es viele. Es sind jedoch drei spezielle Projekte, welche zur Verbreitung von Linux im kommerziellen PC-Bereich besonders beigetragen haben.

Die eine Entwicklung ist erst vor kurzer Zeit begonnen worden, KDE 1.0, die benutzerfreundliche Desktop-Oberfläche. Die zweite Entwicklung ist von weitsichtigen Unternehmungen auf dem Datenbank-Sektor vorangetrieben worden. Die wichtigsten Hersteller von Datenbanken haben ihre Produkte auf Linux portiert. Mit Zunahme von Java-Entwicklungen für Frontends von Datenbanken wird sich Linux im schwergewichtigen Markt der Verwaltung von Daten behaupten können. Die dritte Entwicklung ist ohne Frage *Samba*, welches Linux den kompletten Server-Markt auch auf dem Sektor Windows-Betriebssystem öffnet. Mit wenigen Einschränkungen (PDC-Support, siehe Seite 307) kann ein *Samba*-Server einen NT-Server ersetzen. Das bringt finanzielle Vorteile, auf die wir etwas später noch genauer eingehen werden. *Samba* bietet aber auch Möglichkeiten, die ein NT-Server überhaupt nicht zur Verfügung stellen kann. Hier spielen für kommerzielle Nutzer die besonderen

Eigenschaften von Unix eine große Rolle (Einsatz als Print-Server mit automatischer Postscript-Emulation). Die Möglichkeit, völlig legal Server-Lizenzen für Windows-Clients einzusparen, kann gerade in der Gründungsphase eines Unternehmens eine erfreuliche finanzielle Entlastung bedeuten, die man mit Wachsen des Unternehmens gerne weiter nutzt.

11.1.1 Finanzielle Aspekte

Der häufigste Einwand gegen den Einsatz einer neuen Betriebssystem-Struktur in einer kommerziellen Umgebung thematisiert die Schwierigkeiten beim Umstellen der Applikations-Software und des daraus resultierenden Schulungsaufwands. Dieses Argument ist nicht einfach zu entkräften, und es dient oft dazu, die bestehende Software-Infrastruktur einer Firma einfach zu belassen, auch wenn die Entscheidungsträger von der Effizienz und Nützlichkeit eines Wechsels überzeugt sind. Ein kompletter Betriebssystem-Wechsel der Infrastruktur bedingt den totalen Stillstand einer Unternehmung, und das im Extremfall für mehrere Tage, ja sogar Wochen. Dieses Szenario ist schon allein deshalb völlig hypothetisch und wird auf diese Weise wohl in keiner Unternehmung realisiert werden.

Der Einsatz von *Samba* ermöglicht einen sanften Übergang. *Samba* ist gerade für den kommerziellen Einsatz von besonderem Interesse, weil ein Unternehmen überhaupt nichts an seiner Rechner-Infrastruktur ändern muß, sieht man von der Installation des Linux-Servers einmal ab. Keine Schulungen werden fällig, keine neue Software muß gekauft werden, keine Spezialisten beschäftigt oder gar eingestellt werden. Außer einem neuen kleinen beigefarbenen Kasten muß nichts innerhalb der Firma verändert werden. Doch, einen Unterschied gibt es schon: Während vor der Installation des Servers für jeden Client, der dem Netz hinzugefügt wurde, teure Lizenzgebühren fällig wurden, kann man sich jetzt diese Ausgabe sparen. Und ist man gar in der glücklichen Lage, das Netz völlig neu einzurichten, dann fallen Server-Lizenzgebühren gar nicht erst an. Daß Client/Server-Gebühren so richtig teuer werden können, wird in Tabelle **3.1** auf Seite 98 demonstriert.

Dieses Kapitel ist besonders wichtig für den kommerziellen Einsatz von Linux, denn es beschreibt den Bereich, in dem Linux am problemlosesten in Unternehmungen und Industrie eingesetzt werden kann, nämlich die Verwendung einer Linux-Workstation als Server für ein proprietäres Windows Netzwerk. Die technischen Beschreibungen, Installations- und Konfigurierungs-Beschreibungen sind daher so gehalten, daß eine Installation durch einfaches Kopieren der Beispiele in die entsprechenden Dateien ausführbar sein sollte. Damit ist die Installation eines Linux-Samba-Servers auch für Unix-unerfahrene Benutzer ohne Probleme möglich. Es ist nicht ratsam, die den einzelnen Linux-Versionen beigegebenen Konfigurations-Scripts einfach zu übernehmen und abzuändern, da diese meistens Details enthalten, die anfänglich schwer zu durchschauen, meist auch gar nicht nötig sind, um ein Funktionieren des Servers zu gewährleisten. Trotzdem muß man sich mit den Diensten, welche Samba bietet, genau beschäftigen, denn mit diesen läßt sich die Sicherheit in einem reinen Windows-Netz gut administrieren. Eine komplette Beschreibung aller Samba-Dienste kann in einem Buch über den kommerziellen Einsatz von Linux natürlich nicht gegeben werden, denn die Datei /etc/smb.conf »versteht« 187 verschiedene Parameter, mit denen der Ablauf und die Vergabe von Ressourcen gesteuert wird. Ich werde mich jedoch bemühen, die wichtigen Dienste, welche *Samba* bietet, zu beschreiben und ihre Konfigurierung zu erklären.

11.1.2 Performance und Sicherheit

In kleinen Netzen spielt die Lizenzgebühr pro Client, die an *Microsoft*[(c)] zu entrichten ist, sicherlich eine nicht zu unterschätzende Rolle, bei größeren Installationen ist das Geld, das die Lizenzen einsparen, definitiv nicht mehr der Hauptfaktor. Bei SysAdmins, die mehr als einen NT-Server in Betrieb halten müssen, gewinnen andere Aspekte erheblich an Bedeutung. Kein Booten, entfernte Administration, Uptimes von Monaten und viele andere nützliche Kleinigkeiten.

Die Skalierbarkeit spielt bei dieser Größenordnung ebenfalls eine Rolle. Ab etwa 40 Clients pro Server bricht NT dramatisch ein, während *Samba* konstante Performance aufweist. Das sind alles belegbare Erfahrungswerte. Zusätzlich kann Samba in sehr großen Netzwerkstrukturen und mit den unterschiedlichsten Protokollen eingesetzt werden.

Ein Vergleich auf technischer Ebene zeigt, daß das *Microsoft*[(c)]-Protokoll dem *Samba*-Protokoll bezüglich Stabilität und Flexibilität in keiner Weise das Wasser reichen kann.

Ein weiteres Beispiel für die Überlegenheit von Samba ist *Microsofts*[(c)] Umgang mit Sicherheit. Die mangelhafte Sicherheitstechnologie von PC-basierten Betriebssystemen hat historische Gründe, die wir im folgenden etwas beleuchten wollen.

Die gesamte PC-Welt basiert seit ihrem Entstehen auf einem Trugschluß, der sich heute im Zeitalter der Vernetzung als fatal erweist. Die PC-Technologie bot von Anfang an die Möglichkeit, von den großen Mainframes wegzukommen, die alleinige Träger von Rechen-Power waren. Der Begriff »*dumb terminal*« war damals in aller Munde (es gab sogar T-Shirts mit dem Aufdruck »*I love my dumb terminal*«). Dezentrale Intelligenz war das Schlagwort der Anfangstage der PC-Entwicklung. Wenn jedes PC-Terminal mit den gleichen Möglichkeiten ausgestattet werden konnte, über die auch ein Mainframe verfügte, so war nicht einzusehen, warum man den Betriebssystemen der PCs (Flex9, CPM, RT11, TOS und DOS beispielsweise) die Möglichkeit mitgeben sollte, mehrere Benutzer zu verwalten. Gerade von diesem (überflüssigen?) Verwaltungsaufwand hoffte man ja wegzukommen. Jeder Benutzer hatte seine eigene kleine Mainframe-Maschine und werkelte auf dieser lustig vor sich hin. Vernetzung war ein Fremdwort, Zugriffsrechte brauchten nicht verwaltet zu werden, denn es machte einfach keinen Sinn, Exklusivrechte gesondert zu diversifizieren. Der User war der Boß seiner Maschine und durfte folgerichtig schlicht alles. Als Sicherheitsmaßnahme gegen Fremdzugriffe galt damals ein kleines Schloß an der Frontseite des Rechners. Jedes Kind, das einen Schraubenzieher halten konnte, war in der Lage, dieses innerhalb von drei Sekunden zu knacken. Man brauchte den Rechner nur aufzuschrauben, den entsprechenden Pin-Stecker dieses »*Schlosses*« vom Mainboard abzuziehen, und schon war's mit der Sicherheit vorbei. Am Ende dieser lächerlichen Entwicklung konnte jeder Schlüssel, den man zu irgendeinem Rechner mitgeliefert bekam, jede Tastatursperre eines beliebigen anderen Rechners entsperren.

Eine weitere Entwicklung in die falsche Richtung war die Vergabe von unsinnigen Laufwerksbuchstaben für Geräte. Das erweist sich gerade heute, bei der Vielfalt verschiedener Laufwerke, als besonders fatal. Jedes Umstöpseln von Geräten bringt unabsehbare Probleme mit sich, da die Software vom Wechsel der Zuordnung der Laufwerksbuchstaben absolut keine Ahnung hat. Und Umstöpseln ist heute fast die Regel geworden, sieht man sich die verfügbaren Geräte an.

Unix mit seiner damals archaisch anmutenden Technologie war praktisch vom Aussterben bedroht. Unixer wurden als universitäre Spinner angesehen, und es war schon aus Kostengründen dem normalen Anwender nicht möglich, ein (auch damals schon) verfügbares PC-Unix zu installieren. SCO, das einzige PC-Unix, das signifikante Verbreitung erfahren hatte, kostete in einer verwendbaren Ausstattung mehrere 10.000,00 DM. Kein Anwender wollte sich den Tort antun, Benutzerrechte gesondert zu vergeben und sich für teures Geld schizophren als Root und als Anwender gleichzeitig einzuloggen, bloß weil er etwas an der Konfiguration seines Rechners verändern wollte. Alle »*modernen*« Betriebssysteme sind leider auf diesen Zug aufgesprungen. Singleuser war das Zauberwort, und OS/2$^{(c)}$ genauso wie Windows NT$^{(c)}$, die großen unter den PC-Betriebssystemen, verinnerlichten dieses Prinzip auf konsequente (und grausame) Weise. Als die lokale Vernetzung in den Firmen Einzug hielt (LAN), ließ sich diese Technologie noch rechtfertigen, denn auch jetzt hieß es »*ein Benutzer/eine Maschine*«. Als aber dann die Anbindung an das Internet erfolgte, da erkannte man das große Blutbad, das man angerichtet hatte. Fast alle Sicherheitsprobleme die damals auftauchten (und heute noch auftauchen, wie Viren beispielsweise), ließen sich auf diese unselige Technologie zurückführen. Jetzt begann man zu erkennen, wie nützlich doch dieses veraltete, schizophrene Unix war mit all seinen Rechtevergaben und Benutzerabstufungen. Linux ist nicht umsonst im Internet entstanden, und es feiert auch dort seine Erfolge.

Die Entwickler von NT begannen erst sehr spät, sich um die abgestufte Sicherheit und die Rechtevergabe von Usern Gedanken zu machen, und die angebotenen Lösungen dieser multiuser-Fähigkeit spiegeln den Irrweg immer noch wider. Das multiuser-Konzept und die Rechtevergabe von NT kann eigentlich nur etwas süffisant als multiuser für arme Leute bezeichnet werden. Die Entwickler von NT haben das sehr wohl erkannt, und so trägt die weitere Entwicklung von NT diesem Umstand auch Rechnung. Bereits die nächste Version soll auf einem echten multiuser-fähigen Kern aufgesetzt werden, und das Gerücht geht um, dieser Kern soll Unix sein. Wie spaßig doch die Welt der Informatik sein kann. Ich will nicht vergessen zu erwähnen, daß auch ich diesem Zug der Zeit ein kurzes Stückchen nachgelaufen bin. Noch manche meiner C und C++ Programme aus meiner OS/2$^{(c)}$-Zeit harren der Konvertierung nach gcc. Wenn ich mal den Ruhestand erreicht habe, werde ich mich diesem Problem verstärkt widmen.

NT ist auf einem jungen, jedoch verqueren Konzept aufgebaut, das auf Sicherheit einfach keine Rücksicht nimmt. Auch die Nachlässigkeit der Programmierer, die sich mit Rechtevergaben bei der Entwicklung von NT beschäftigen, reißt nicht gerade zu Begeisterungsstürmen hin. Man beachte nur die Box im Explorer oder die Art, wie Rechte vergeben werden. Es gibt keinen Hinweis darauf, wie man ein Recht hinzufügt. Alle Rechte können nur ersetzt, aber nicht ergänzt werden (ungleich `chmod` bei Unix). Dann die Sache mit den Paßwörtern. Unix kennt Paßwörter, NT hat schlicht keine Ahnung davon – nichts, einfach gar nichts weist auf Paßwörter hin. Fragt man bei *Microsoft*$^{(c)}$ nach, so wird einem die Auskunft gegeben, das die Paßwörter sicher in der SAM versteckt sind. Das wird dann als besonderer Dienst am Kunden dargestellt. Will man wirklich den Anwender vor sich selbst schützen? Amüsant ist jedoch die Tatsache, daß *Jeremy Allison*, nachdem er das Programm `pwdump` geschrieben hatte, die Passwörter im Klartext lesbar machen konnte. Wie man bei einer solchen Einstellung der Herstellerfirma zur Sicherheit diese Software einsetzen kann, bleibt wirklich ein Geheimnis.

Die Protokolle von `smb` sind von *Microsoft*$^{(c)}$ großzügig freigegeben worden. Bei der rigide praktizierten Lizenzpolitik der Firma *Microsoft*$^{(c)}$ verwundert das doch etwas. *Microsoft*$^{(c)}$ hat natürlich die Protokolle nicht aus reiner Menschenfreundlichkeit herausgegeben, sondern das Win95-Logon-Protokoll wurde veröffentlicht, nachdem *Luke Leighton* herausgefunden hatte, wie die internen Strukturen funktionierten. Das ist ein typisches Beispiel dafür, wie die Linux-Philosophie funktioniert. Hier arbeiten hochqualifizierte Experten zusammen, die noch dazu mit viel Enthusiasmus an die selbstgestellten Aufgaben herangehen. Bleibt noch zu erwähnen, daß das NetBIOS sowieso eine Gemeinschaftsentwicklung der Firmen IBM und *Microsoft*$^{(c)}$ war, es stammt aus einer Zeit, als beide Firmen noch zusammen das OS/2$^{(c)}$-1.3 Projekt entwickelten. *Microsoft*$^{(c)}$ hat sich damals sehr unfreundlich aus dieser Entwicklung verabschiedet, indem man NT 3.5 als Konkurrenzprodukt zum gemeinsam entwickelten OS/2$^{(c)}$ anbot und zur selben Zeit die Zusammenarbeit aufkündigte. Das wird IBM auch nicht gerade ermuntert haben, die Quellen des NetBIOS geheimzuhalten.

11.1.3 Eigenschaften und Begriffe

Samba ist ein Paket von Programmen, das es Betriebssystemen wie Unix oder Linux möglich macht, Dienste über das *Microsoft*$^{(c)}$-proprietäre Netzwerk-Protokoll anzubieten. Das klingt sehr einfach, hat aber weitreichende Konsequenzen, denn damit wird jede beliebige Unix-Plattform in die Lage versetzt, als File- oder Printserver für *Microsoft*$^{(c)}$-Betriebssysteme zu dienen. Aber auch Betriebssysteme wie OS/2$^{(c)}$ und *DOS* können diese Dienste nutzen.

Diese Eigenschaften werden häufig falsch verstanden, denn diese Dienste beschränken sich nicht nur darauf, Dateien auf dem Unix-Server für Windows sichtbar und zugreifbar zu machen, sondern sie ersetzen den NT-File-Server gänzlich (sieht man vom PDC-Support einmal ab). Wenn Sie also ein Office-Paket der Firma *Microsoft*$^{(c)}$ oder irgendein anderes *Microsoft*$^{(c)}$-proprietäres Programm installieren wollen, so können Sie dies auf dem Linux-File-Print-Server tun, so als ob der Linux-Server eine NT-Server-Maschine wäre. Die zu installierenden Dateien befinden sich nach der Installation auf dem Linux-Rechner.

NFS – SMB

Unix-Benutzern wird das von der Firma Sun entwickelte und im System V verwendete Network File System (NFS) bekannt sein. Beide Systeme, NFS und SMB, haben gemeinsam, daß man damit Dateien auf einem Server dezentral nutzen kann (siehe Absatz 6.2.4 auf Seite 195). Es bestehen aber signifikante Unterschiede zwischen beiden Systemen. Während NFS ein temporär verfügbares Dateisystem implementiert, ist Samba ein kontinuierlich vorhandenes Dateisystem. Das bedeutet: Der Zugriff auf eine Datei in einem NF-System geschieht temporär. Nach jedem Zugriff wird das verteilte Filesystem von den beteiligten Rechnern praktisch nicht mehr gesehen. Etwas einfacher ausgedrückt: Wenn zwischen zwei Zugriffen der Server-Rechner ausfallen und wieder starten sollte, so bekommt der Client davon in der Regel nichts mit (natürlich dürfen keine NFS-spezifischen Dienste eingerichtet sein, die zyklisch das Netz kontaktieren). Diese Eigenschaft macht NFS sehr robust, da auch nach einem Ausfall des Servers der Client von diesem Umstand nichts

11.1 Linux als Server für Windows

merkt, vorausgesetzt, der Server wird zwischenzeitlich wieder hochgefahren. Samba als kontinuierlich verfügbares Datei-System ist zwar auch in der Lage, eine Art recovery zu betreiben, aber dazu müssen besondere Maßnahmen getroffen werden, damit die implementierten Dienste wieder aufsetzen können.

SMB muß also als Hintergrundprozeß ständig laufen, während NFS nur statisch erklärt ist und erst nach einer Anfrage aktiviert wird.

NFS ist, wenn es nachträglich in einer Netzumgebung eingerichtet wird, sehr nachlässig mit der Rechtevergabe, denn die Vergabe der Zugriffsrechte richten sich nicht nach dem Benutzernamen, sondern nach der spezifischen User ID, und die kann auf unterschiedlichen Rechnern an verschiedene User vergeben worden sein. NFS ist relativ einfach realisiert und läßt sich auch sehr leicht implementieren, allerdings sollte man den Einsatz eines solchen Netz-übergreifenden Systems vor dem Einrichten des Netzes planen, nachher wird's kompliziert, wenn man versucht, eine homogene Struktur der einzelnen Benutzer zu gewährleisten, da man die User ID-Nummern auf den Clients und dem Server abgleichen muß.

SMB bietet den Vorteil, daß man das Dateisystem zu jedem gewünschten Zeitpunkt einrichten kann, auch nachdem ein Netz bereits eingerichtet ist und schon längere Zeit mit anderen Diensten (`telnet`, `ftp`) den Verkehr zwischen den beteiligten Rechnern realisiert. Zusätzlich lassen sich andere Dienste realisieren (Printserver, Network-messaging), die mit NFS nicht eingerichtet werden können. SMB, genau wie NFS, war ursprünglich dafür entwickelt, Clients mit gleichem oder ähnlichem Betriebssystem an einen Server anzubinden. Bei NFS ist das eine Unix-Umgebung, und bei SMB ist das die *Microsoft*[(c)]-Umgebung. Auch OS/2[(c)] konnte als Client (und als Server) in einer SMB-Umgebung dienen, aber das Thema OS/2[(c)] kann leider als erledigt betrachtet werden, es ist nur noch eine Frage der Zeit, wann dieses Betriebssystem gänzlich vom Markt verschwunden sein wird. Diese stringente Bindung an die jeweiligen Betriebssystem-Umgebungen wurde allerdings im Laufe der Zeit aufgeweicht, und NFS wurde auch für *Microsoft*[(c)]-Betriebssysteme verfügbar gemacht, genau wie *Samba* das SMB-System für Unix-*Microsoft*[(c)]-Kombinationen implementiert wurde.

Man kann einen SMB- oder *Samba*-Server als eine Kombination von NFS lpd und einem verteilten Zugriffsprotokoll wie Kerberos oder DCE betrachten (mit Einschränkungen natürlich). *Samba* existiert für eine Vielzahl von Server-Plattformen, aber nur für wenige Clients. Das mag auf den ersten Blick ziemlich einschränkend klingen, ist es aber nicht, denn in den allermeisten Fällen kommen als Clients sowieso nur *Microsoft*[(c)]-Rechner in Frage.

Wie funktioniert nun der Transfer in einem lokalen Netz? Sehen wir uns dazu einige Modelle an, die teilweise nur noch historischen Charakter haben, aber dennoch für das Verständnis recht nützlich sind, da sie auch die geschichtliche

Entwicklung der Vernetzung von Computern widerspiegeln. Auch wenn die Vernetzung heute eine Selbstverständlichkeit zu sein scheint, so ist sie doch noch recht jung. Vor weniger als 10 Jahren blieb die Vernetzung nur Großrechnern in Wissenschafts- und Forschungsinstituten vorbehalten, für einen Einsatz im kommerziellen oder gar privaten Bereich war eine Vernetzung viel zu teuer und auch zuwenig standardisiert.

Netzwerk Referenz Modelle

Wir wollen hier nicht das OSI-Reference Model (Open Systems Interconnect) bemühen, um zu klären, wie die Netzstruktur eines Computer-Netzwerks definiert ist. Erstens, weil das OSI-Modell, obwohl in aller Munde, keine reale Implementierungsphase durchlaufen hat und zweitens, weil sich eine derartige Diskussion an ein anderes Publikum wendet. Für den Einsatz als Firmen-Server kann getrost auf einen tieferen Einstieg verzichtet werden. Wichtig ist für unsere Betrachtungen nur, daß das OSI-Modell zum erstenmal Schichten für die Implementierung eines Netzwerks definiert hat (siehe Abb. **11.1**). Dieser Ansatz hat sich als ziemlich tragfähig erwiesen, auch wenn später die wirklich implementierten Modelle die Schichten etwas anders definierten oder gar definierte Schichten einfach wegließen.

Die in Abb **11.1** gezeigte Darstellung sollte für ein Grundverständnis ausreichend sein, die einzelnen Schichten sind selbsterklärend.

NetBIOS

Wie wir schon gesehen haben, verwendet *Samba* ein Protokoll mit Namen SMB. Ein solches Protokoll ist eigentlich immer nur dann aktiv, wenn es zwischen Client und Host verwendet wird, also beim Übertragen von Daten oder beim Ausdrucken von Dateien. Das SMB-Protokoll ist darauf angewiesen, daß auf der entsprechenden Seite des Transfers (Host oder Client) eine Infrastruktur existiert, auf der das Protokoll aufsetzen kann. Stellen Sie sich das in etwa vor wie ein Transportdienst (Post, UPS etc.), der Pakete an einen Adressaten liefert. An der Haustüre angekommen, muß eine Instanz existieren, welche Pakete annimmt (oder auch abweist). Ein solcher Transportdienst ist ohne entsprechende Gegenstelle nicht in der Lage, Pakete zuzustellen (wenn etwa niemand zu Hause ist). Genau diese Aufgabe übernimmt NetBIOS. Als wichtige Erkenntnis sollten wir uns merken, daß für eine Netzverbindung ein Transferprotokoll und ein Input/Output-Dienst notwendig ist. Auch wenn das Verfahren schon relativ betagt ist, so findet es auch bei etwas moderneren Neztdiensten Verwendung.

11.1 Linux als Server für Windows

OSI-Schichtenmodell

1. Physikalische Schicht
2. Datenverbindungsschicht
3. Netzwerkschicht
4. Transportschicht
5. Session-Schicht
6. Präsentationsschicht
7. Applikationsschicht

TCP/IP-Schichtenmodell

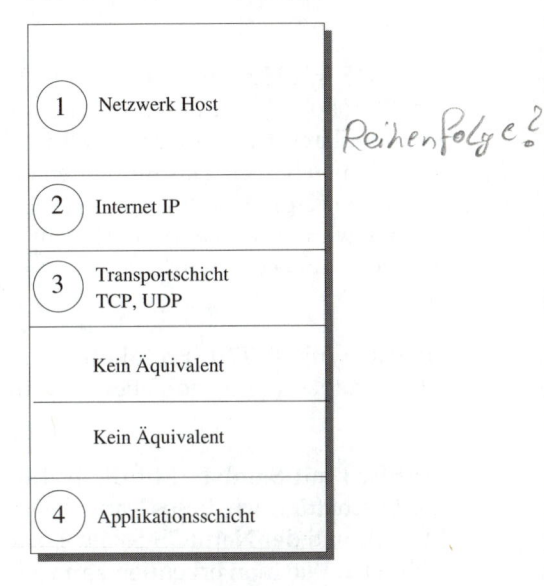

1. Netzwerk Host
2. Internet IP
3. Transportschicht TCP, UDP
- Kein Äquivalent
- Kein Äquivalent
4. Applikationsschicht

Reihenfolge?

Abbildung 11.1: Das OSI- und TCP/IP-Schichtenmodell

Die Datei, beim Server angekommen, wird daraufhin vom NetBIOS analysiert, wo sie abgelegt werden muß oder was sonst mit ihr zu geschehen hat. Das SMB-Protokoll kennt die innere Struktur des Betriebssystems nicht, aber Net-BIOS kennt sie, daher braucht das SMB-Protokoll die entsprechenden Anforderungen nur beim NetBIOS bekanntzugeben, und schon werden die Dienste ausgeführt. Eine exzellente und vor allem umfangreiche Darstellung finden Sie in *Blair, John D.* [2], die weit über die hier gebotene, etwas populärwissenschaftliche Erklärung hinausgeht.

Neben SMB (oder *Samba*) existieren noch einige andere Transportprotokolle, die mit NetBIOS zusammenarbeiten können.

NetBEUI NetBIOS ist der Oberbegriff für eine Server-seitige Struktur, die kontinuierlich weiterentwickelt worden ist, die aber eines Protokolls bedarf, um nützliche Dienste bereitstellen zu können. Wer mit dem Betriebssystem OS/2[c] vertraut ist, wird eine Art von Protokoll kennen, das NetBEUI. Es war die einfachste Protokoll-Interface-Kombination, und sie diente dazu, LAN-Manager-Dienste auf OS/2[c] zu realisieren. Ausgeschrieben bedeutet Net-BEUI »*NetBIOS Extended User Interface*« und verdeutlicht die Verbindung zu NetBIOS. Denken Sie an den Postzustelldienst: NetBIOS in Verbindung mit einem Protokoll ergibt das NetBEUI. Mit dieser Kombination kann Datentransfer in einem lokalen Netz bewerkstelligt werden.

NetBIOS mit IPX-Protokoll Natürlich kann für das Server-seitige NetBIOS der Protokoll-Dienst auch durch andere Implementierungen ersetzt werden. Ein populäres Transportprotokoll ist das IPX-Protokoll, besser bekannt unter dem Namen Novell. Das Einrichten und der Betrieb von IPX wird in einem gesonderten Kapitel beschrieben werden (siehe Kapitel 12 ab Seite 319), deshalb werden wir uns an dieser Stelle nicht damit beschäftigen, wie das Protokoll auf NetBIOS aufgesetzt wird.

NetBIOS mit TCP/IP-Protokoll Das TCP/IP-Protokoll ist das wohl verbreitetste Protokoll und kann ebenfalls auf NetBIOS aufgesetzt werden.

NetBIOS mit Samba Mit dieser Kombination von Net-Hosting und Protokoll beschäftigt sich dieses Kapitel. Die Äquivalenz des eher theoretischen OSI-Modells und der NetBIOS-*Samba*-Lösung erschöpft sich in der Darstellung aus Abb. **11.2**. Wie man erkennen kann, sind die Dienste der Session- und Präsentationsschicht Teil des *Samba*-Protokolls.

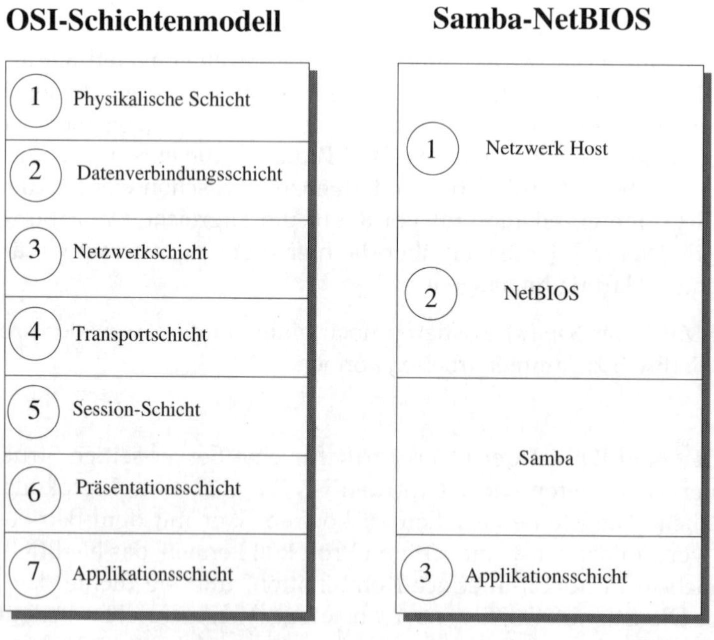

OSI-Schichtenmodell   Samba-NetBIOS

OSI-Schichtenmodell	Samba-NetBIOS
1 Physikalische Schicht	
2 Datenverbindungsschicht	1 Netzwerk Host
3 Netzwerkschicht	
4 Transportschicht	2 NetBIOS
5 Session-Schicht	
6 Präsentationsschicht	Samba
7 Applikationsschicht	3 Applikationsschicht

Abbildung 11.2: Das OSI- und Samba-Schichtenmodell

11.1.4 Einrichten

Bemerkung: Linux, genau wie jedes andere Unix-Betriebssystem, unterscheidet sich grundlegend von Windows-Betriebssystemen. Windows-Betriebssysteme sind Geräte-orientiert, Unix-Betriebssysteme Directory-orientiert aufgebaut. Alles in Unix ist eine Datei, auch die externen Geräte und Festplatten. Bezeichnungen wie `D:`, `A:` oder `LPT1:` gibt es nicht unter Unix. Die Unterteilung in disjunkte Hardware-Komponenten findet natürlich auch unter Unix seine Entsprechung, das Einrichten der Komponenten findet aber zum Zeitpunkt der Aufteilung der Hardware-Komponenten statt und ist zur Laufzeit dem Benutzer nicht mehr transparent.

Die zentrale Konfigurationsdatei für Linux als Samba-Server ist die Datei `/etc/smb.conf`. In dieser Datei können folgende Dienste eingerichtet und konfiguriert werden:

- Alle an Linux angeschlossene Drucker können für Windows-Clients als proprietäre Netzwerkdrucker zur Verfügung gestellt werden, und zwar mit allen Vorteilen, welche das »Filtering« von Unix-Druckern bietet.

- Der Drucker-Zugriff kann für einzelne Benutzer, an Gruppen oder an alle am Netz beteiligten Clients freigegeben werden.

- Linux-Directories können über das Netz von Windows-Clients verwendet werden.

- Zugriffe auf die freigegebenen Directories können an einzelne User distribuiert werden, aber diese Rechte können auch an ganze Workgroups vergeben werden.

- Spezielle Einstellungen bezüglich Sicherheit, Zugriff und auch Effizienz des Netzverkehrs können eingestellt werden.

Der Dienst Samba basiert auf zwei `daemons` (smbd, nmbd), die, wenn dieser Dienst aktiviert ist, immer im Hintergrund laufen.

- Der `smbd`-daemon überwacht das Netzwerk, ob ein Client eine sogenannte `share-request`-Anforderung an den Server stellt. Wird eine solche Anfrage erkannt, so wird die angeforderte Ressource dem nachfragenden Client zur Verfügung gestellt. Es kann sich hierbei um Anfragen an die Mitbenutzung eines Directories, eines Druckers oder einer anderen, vom Linux-Samba-Server verwalteten Ressource handeln. Die angeforderte Ressource wird dabei vom Client als ein Directory, CD-Laufwerk oder Drucker vom Typ Windows erkannt, was bedeutet: Ein für einen Windows-Rechner verfügbar gemachtes (im *Microsoft*[c]-Jargon bedeutet das »freigegebenes«) Directory auf der Linux-Seite verhält sich exakt wie ein Directory auf dem lokalen Rechner bzw. wie eines auf einem Windows NT[c]-Server.

Der `smbd`-daemon erstellt eine Kopie von sich selbst, sobald ein für ihn bestimmter Dienst angefordert wird. Auf diese Weise hat jede Anforderung eines Clients einen für ihn selbst unabhängig arbeitenden daemon.

Mit der Zeile:

`ps x | grep smbd`

kann man herausfinden, wie viele Dienste von Clients beim Server angefordert wurden, dabei ist die Anzahl der Dienste immer $n-1$, wenn n die Anzahl der laufenden `smbd`-daemons ist. Wird kein Dienst angefordert, so existiert ein `smbd`-Daemon.

- Der `nmbd`-daemon fungiert als sogenannter `name-server`, das bedeutet, er löst einen Namen, wie `olaf.delcarlo.italisa` in eine IP-Nummer wie 192.168.17.1 auf.

Beide daemons bedienen sich der Konfigurationsdatei `/etc/smb.conf`, um die entsprechenden Dienste bereitzustellen.

Die Konfigurations-Datei `/etc/smb.conf` ist, ähnlich wie die Datei `WIN.INI`, in drei grobe Abschnitte unterteilt:

- Die `global`-Sektion:

  Hier finden sich alle Regeln wieder, die global gelten.

- Die `directory-shares`, mit der speziellen `homes`-Sektion:

  Hier finden sich alle freizugebenden Directories und natürlich auch die Festlegung der `home`-Directories der einzelnen Windows-Clients. Und

- die `printer-shares`-Sektion:

  Hier befinden sich alle Dienste, die dem Drucker zuzuordnen sind.

Beispiel 11.1 zeigt eine mögliche `/etc/smb.conf`-Datei

Beispiel 11.1   *Die einzelnen Sektionen der /etc/smb.conf-Datei*

```
[global]
  server string = Samba %1.9.18p3
  printing = bsd
  printcap name = /etc/printcap
  load printers = yes
```

11.1 Linux als Server für Windows

```
  log file = /var/log/Samba
  lock directory = /var/lock/Samba
  share modes = yes
  security = user
  strict locking = yes
[homes]
  public = no
  writeable = yes
[printers]
  browseable = no
  printable = yes
  public = no
  writeable = no
  create mode = 0700
```

Die Syntax der Datei `/etc/smb.conf` ist ähnlich festgelegt wie die der Windows-spezifischen Konfigurationsdateien, das ist auch verständlich, schließlich soll der Linux-Rechner als Ersatz für einen Windows NT[(c)]-Server dienen, und da würde es wenig Sinn machen, eine eigene Syntax zu erfinden.

Jede Sektion beginnt mit einem Namen, der mit eckigen Klammern eingeschlossen wird (siehe Beispiel 11.1). Parameter werden nach dem Muster *name = Wert* belegt, also genau wie es in einer `win.ini`-Datei geschieht. Und genau wie unter Windows ist das Kommentarzeichen das Semikolon. Längere Zeilen können umgebrochen werden, indem man als letztes Zeichen einen sogenannten »backslash« (\) eingibt. Das sollte jedoch jedem Unixer bekannt sein. Und die Werteangaben sind nicht »case-sensitive«, das bedeutet: Groß-Kleinschreibung spielt keine Rolle.

Sehen wir uns die Einträge Zeile für Zeile an:

`[global]`
: bezeichnet die Sektionsmarke `global`. Alles, was hier definiert wird, hat Bedeutung für alle Dienste und alle Clients, welche auf den Samba-Server zugreifen.

`server string = Samba %1.9.18p3`
: Mit dieser Textzeile wird die Version des Samba-Servers identifiziert.

`printing = bsd`
: Hier wird der gültige daemon definiert, der für das Drucken verantwortlich ist. Linux unterstützt nicht nur den bs-daemon, sondern auch sysv, hpux, aix, qnx und den plp-daemon, aber der standard-daemon, der normalerweise für das Drucken verantwortlich ist, ist der bs-daemon.

```
printcap name = /etc/printcap
```
Hier wird für den Druckerdienst festgelegt, wo sich die Datei `printcap` befindet. In dieser Datei wird festgelegt, welcher Drucker verwendet wird und in welchem Modus gedruckt werden kann (siehe Beispiel 11.6).

```
load printers = yes
```
Seite 235

Dieser Parameter weist den Server an (natürlich in Abhängigkeit, ob »yes« oder »no« angegeben ist), alle Druckermodi zu unterstützen, welche in der Datei `/etc/printcap` definiert sind. Das

```
log file = /var/log/Samba
```
Hier wird die `log`-Datei für den Samba-Server-Dienst festgelegt. Hier müssen Sie nachsehen, wenn Dinge nicht so funktionieren, wie erwartet. Hier findet man meistens nützliche Hinweise auf mögliche Fehlerquellen.

```
lock directory = /var/lock/Samba
```
Man kann mit einem Parameter bestimmen, wie groß die `log`-Datei maximal werden darf, alle Parameter können wir uns nicht ansehen, das würde die Seitenzahl dieses Buches unbillig in die Höhe treiben.

```
share modes = yes
```
Legt fest, ob die Ressources von allen Clients verwendet werden dürfen.

```
security = user
```
Dieser Parameter ist besonders wichtig, denn mit diesem kann man steuern, wie die Rechte vergeben werden. Mögliche Parameter sind:

- `username`

  Der User mit dem Namen <username> muß sich mit der Kombination username/password identifizieren.

- `share`

  Auf diese Weise werden die Paßworte nach dem Muster von Windows for Workgroups verlangt.

- `server`

  Hier wird ein Windows NT[c]-Server aufgefordert, die Authentifizierung zu übernehmen.

  Wenn man jetzt annimmt, daß mit dieser Antwort ein Windows NT[c]-Server notwendig wird, so ist das korrekt, trotzdem ist der Einsatz eines Linux-Samba-Servers sinnvoll, denn der Windows NT[c]-Server wird in einem solchen Netz ausschließlich dazu verwendet, die Authentifizierung nach dem Windows NT[c]-Modus vorzunehmen, Client-Lizenzen fallen hierfür

11.1 Linux als Server für Windows

nicht an. Wenn Sie schon über eine Windows NT$^{(c)}$-Server-Lizenz verfügen, so können Sie mit einer solchen Kombination, auch bei der User/Password-Abfrage Identität zu einem proprietären Windows NT$^{(c)}$-Netz schaffen.

`strict locking = yes` *Macht bei einen DB-Server keinen Sinn, oder !?*

Diese Option stellt sicher, daß jeweils nur ein Benutzer eine Datei aktiv bearbeiten kann.

`[homes]`

bezeichnet die Sektionsmarke `homes`.

`public = no`

Ein Client, der einen Dienst anfordert, muß sich authentifizieren.

`writeable = yes`

Legt fest, daß Clients die Dateien auf dem Linux-Samba-Server auch beschreiben dürfen.

`[printers]`

bezeichnet die Sektionsmarke `printers`.

`browseable = no`

Keine Erklärung notwendig.

`printable = yes`

Keine Erklärung notwendig.

`public = no`

Ein Client, der einen Dienst anfordert, muß sich authentifizieren.

`writeable = no`

`create mode = 0700`

Legt die Rechte fest. Hier bekommt der User die Lese-, Schreib- und Ausführ-Rechte, alle anderen besitzen keine Rechte.

Für die Installationen in diesem Absatz beziehen wir uns auf folgende Konfiguration:

Eine Domain mit dem Namen `italisa`. Sie müssen natürlich hier Ihren eigenen Domain-Namen einsetzen, Sie können aber auch den Server-Namen, Maschinen-Namen und die entsprechenden User-Namen einfach übernehmen, damit anfänglich alles funktioniert. Wenn man das System einmal eingerichtet hat, ist die Namensvergabe viel transparenter, als das beim Beginn

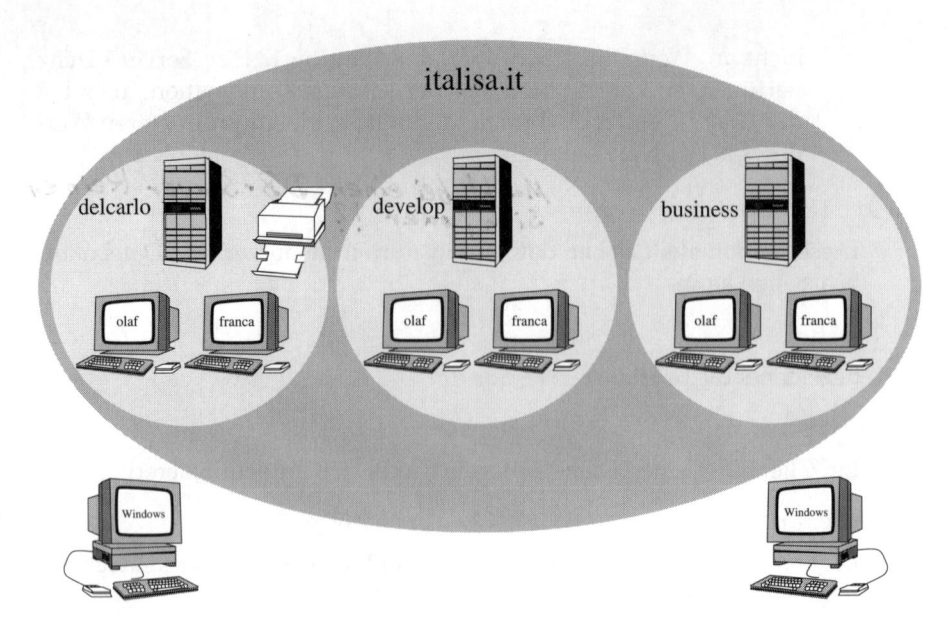

Abbildung 11.3: Die Rechner-Konfiguration

der Installation der Fall ist. Man kann die Namen den eigenen Bedürfnissen entsprechend abändern. Für die Domain sollte ein Name verwendet werden, der sich irgendwie mit dem Firmennamen assoziieren läßt, denn die Domain repräsentiert Software-technisch das Unternehmen. Diese Domain enthält drei Linux-Workstations `delcarlo`, `develop` und `business`. Genau wie beim Domain-Namen müssen natürlich auch hier Ihre eigenen Rechnernamen eingesetzt werden. Diese Namen sollten die Rechner jeweils einer Abteilung repräsentieren. Auf diesen Rechnern befinden sich jeweils zwei User `olaf` und `franca` (auch hier wieder eigene Benutzernamen verwenden). Diese könnte man mit den Mitarbeitern einer Abteilung gleichsetzen. Zusätzlich gibt es noch zwei Windows-Rechner, `windows1` und `windows2`. Und da ist dann noch der Netzwerkdrucker, der am Rechner `delcarlo` angeschlossen ist. Jeder Rechner verfügt über ein CD-ROM-Laufwerk und auch über ausreichend Festplattenplatz. In dieser für kleine bis mittlere Firmen ausreichenden Konfiguration braucht nicht mit einem RAID-Level höher als 0 gefahren werden, nur sollte man darauf achten, daß die Sicherungsstrategie effizient entworfen ist und daß diese auch strikt eingehalten wird (Bandsicherung und Wechsel zu bestimmten festgelegten Zeiten). Die nachfolgend beschriebene Konfiguration gilt auch für die Installation zweier oder mehrerer Linux-Server. Es muß lediglich eine zweite, dritte oder n-te Linux-Workstation auf die gleiche Weise konfiguriert werden. Den von den einzelnen Linux-Servern zur Verfügung gestellten Festplattenplatz findet man auf den entsprechenden Windows-Rechnern als Laufwerksbuchstaben wieder. Eine solche Konfiguration kann sinnvoll sein, wenn eine große Anzahl von Windows-Clients von einem einzigen Linux-Server bedient werden müssen, denn es kann, trotz der Leistungsfähigkeit von Linux, dann zu intolerablen Engpässen kommen. Für die Aufteilung der Ressourcen muß dann jeder Windows-Rechner selbst sorgen.

Wenn eine Firma eine bestimmte Größe überschritten hat (Software-technisch), dann bietet es sich an, Subdomains einzuführen und die Struktur des Netzes nach oben zu verlagern. Also: Domain ⇒ Firmenname, Subdomain ⇒ Abteilungen, Rechner ⇒ Arbeitsgruppen und User ⇒ Mitglieder der Arbeitsgruppen. Es kann topologisch zu Überschneidungen kommen, nämlich dann, wenn ein User gleichzeitig Mitglied mehrerer Abteilungen ist. Eine solche komplexe Topologie kann mit Samba nicht so gut realisiert werden, dafür gibt es andere Strukturen (NFS).

Die in Abb. **11.3** gezeigte Konfiguration ist zwar nicht typisch, das Verhältnis Linux/Windows ist meistens eher umgekehrt, aber um die Konfigurationen zu demonstrieren, ist der beschriebene Rechnerpark ausreichend.

Wir gehen davon aus, daß das Netz bereits eingerichtet, die IP-Nummern vergeben und die richtigen Broadcast-Nummern errechnet und eingerichtet sind (siehe auch Teil II des Buches Kapitel 10, ab Seite 253).

Wenn Sie Linux ausschließlich als Server in einem Windows-Netz einsetzen, so kann damit ein Plus an Stabilität, Sicherheit und Geld gewonnen werden.

- Stabilität, weil Linux sich im Dauerbetrieb als äußerst zuverlässig erwiesen hat. Up-times von mehreren Monaten sind keine Seltenheit.

- Wenn Sie Linux als Firewall und Proxy-Server einsetzen, profitieren Sie vom Sicherheitskonzept der Unix-Philosophie, keine Gerätesicherheit, sondern User-Sicherheit zu gewährleisten. So etwas ist mit einer *Singleuser*-Software-Technologie nicht zu realisieren.

    Das Thema Viren würde im Internet und lokal kein großes Problem darstellen, gäbe es nicht auch *Singleuser*-Systeme.

- Geld läßt sich einsparen, wenn Sie, anstatt teure Lizenzen einzukaufen, nur die Software auf Ihren Einzelrechnern bezahlen müssen. Es ließe sich allerdings noch mehr Geld einsparen, wenn Sie nicht einmal die Betriebssystem-Software für Ihre Clients bezahlen müßten und gleich eine homogene Linux-Umgebung einplanen.

Tabelle **3.1** auf Seite 98 demonstriert in beeindruckenden Zahlen, warum Linux zumindest als Server in einer Betriebsumgebung eingesetzt werden sollte. Der bloße Einsatz von Linux als Server beeinträchtigt eine bereits bestehende

Windows-Umgebung in keiner Weise, denn außer daß Linux die Datenhaltung übernimmt, tangiert der Linux-Server die Software-Infrastruktur einer Firma in keiner Weise. Ihre Mitarbeiter merken nicht, daß die Datenhaltung auf einem Linux-Rechner stattfindet. Diese Art von Server-Lösungen soll uns in diesem Kapitel interessieren.

Abbildung 11.4: Ein Linux-Server und Windows-Clients

11.2 Einrichten eines File- und Printservers

11.2.1 File-Server

Jede moderne Distribution von Linux enthält das Paket Samba, es befindet sich in der Paketserie n. Man kann Samba zwar auch als Quellcode aus dem Netz laden und dann diese Quellen auf dem lokalen Rechner übersetzen, aber das scheint mir nicht die richtige Methode zu sein, wenn man schnell und ohne Probleme von den Vorteilen Sambas profitieren will. Abb. **11.5** zeigt die Position des Samba-Pakets innerhalb der S.u.S.E.-Edition.

Der Zweck von Samba ist es, ein Directory, welches unter Linux angelegt wurde, ein CD-ROM-Laufwerk oder einen Drucker, der an einem Linux-Rechner hängt, proprietär einem Windows-Rechner bekannt zu machen. Das Samba-Paket veranlaßt dann Linux, sich genauso zu verhalten wie ein beliebiger Windows-Rechner, der mit einem anderen Windows-Rechner verbunden ist. Linux mit Samba kann aber noch viel mehr. Für alle Unix-Betriebssysteme,

11.2 Einrichten eines File- und Printservers

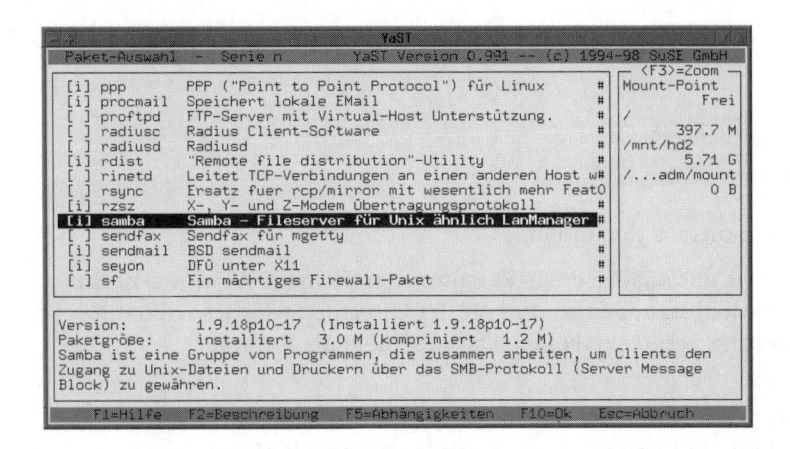

```
                              YaST
   Paket-Auswahl   -  Serie n       YaST Version 0.991 -- (c) 1994-98 SuSE GmbH
                                                         ┌─<F3>=Zoom ─
     [i] ppp         PPP ("Point to Point Protocol") für Linux    # Mount-Point
     [i] procmail    Speichert lokale EMail                       #           Frei
     [ ] proftpd     FTP-Server mit Virtual-Host Unterstützung.   # /
     [ ] radiusc     Radius Client-Software                       #       397.7 M
     [ ] radiusd     Radiusd                                      # /mnt/hd2
     [i] rdist       "Remote file distribution"-Utility           #        5.71 G
     [ ] rinetd      Leitet TCP-Verbindungen an einen anderen Host w# /...adm/mount
     [ ] rsync       Ersatz fuer rcp/mirror mit wesentlich mehr Feat0         0 B
     [i] rzsz        X-, Y- und Z-Modem Übertragungsprotokoll     #
     [i] samba       Samba - Fileserver für Unix ähnlich LanManager #
     [ ] sendfax     Sendfax für mgetty                           #
     [i] sendmail    BSD sendmail                                 #
     [i] seyon       DFÜ unter X11                                #
     [ ] sf          Ein mächtiges Firewall-Paket                 #

   Version:     1.9.18p10-17   (Installiert 1.9.18p10-17)
   Paketgröße:  installiert   3.0 M (komprimiert    1.2 M)
   Samba ist eine Gruppe von Programmen, die zusammen arbeiten, um Clients den
   Zugang zu Unix-Dateien und Druckern über das SMB-Protokoll (Server Message
   Block) zu gewähren.

         F1=Hilfe  F2=Beschreibung   F5=Abhängigkeiten   F10=Ok   Esc=Abbruch
```

Abbildung 11.5: Hier finden Sie bei der S.u.S.E.-Edition das Samba-Paket

und natürlich auch für Linux, ist Postscript das standardisierte Ausgabeformat für Drucker. Für Windows hat man sich bei der Einführung anders entschieden, denn damals waren Postscriptdrucker unerschwinglich für den Privatgebrauch.

Es kann sein, daß, obwohl Sie das Paket Samba installiert haben, es beim Hochfahren des Systems nicht gestartet wird. Das liegt daran, daß in der Datei /etc/rc.config die Zeile START_SMB=»yes« noch auskommentiert ist oder den Wert »no« enthält. Man kann auf zweierlei Weise den smb-Server beim Hochfahren starten, einmal indem man den entsprechenden Eintrag in /etc/rc.config entkommentiert und eventuell auf »yes« setzt, oder indem man im YaST-Menu der S.u.S.E.-Edition den entsprechenden Eintrag Administration des Systems → Konfigurationsdatei verändern → START_SMB den Wert auf »yes« setzt. Danach wird beim erneuten Hochfahren von Linux der Samba-daemon gestartet. Der zweite Teil des Buches setzt zwar ein wenig Unix-Kenntnisse voraus, aber ich will doch schnell erklären, was ein daemon ist. Ein daemon ist ein Programm, das im Hintergrund als eigener Task läuft und immer dann reagiert, wenn er gebraucht wird. Dann allerdings übernimmt er die Kontrolle und administriert seine Aufgaben, für die er konstruiert wurde. Der Samba-daemon ist ein solches Programm.

Man kann den daemon auch per Hand starten, aber das lohnt nur, wenn man den Samba-Server nur einmal ausprobieren will. Gestartet wird der daemon wie folgt:

```
nmbd -D
smbd -D
```

Und man kann den Dienst wieder anhalten, indem man, wie unter Unix üblich, mit:

```
killall smbd
killall nmbd
```

die daemons wieder anhält.

Bevor wir uns ansehen, wie Ressourcen mit einem Windows-Rechner verbunden werden, erzeugen wir uns ein Testdirectory, welches wir dann bei der Konfigurierung vergeben wollen. Das geschieht als *root* mit

```
md /test
```

Wir müssen dann nur noch die Rechte des gerade erzeugten Directory so abändern, daß jeder darauf Zugriff hat (das gilt allerdings nur zum Ausprobieren, später werden wir nicht mehr so leichtsinnig mit den Ressourcen umgehen):

```
chmod ugo+rwx test
```

Dabei ist darauf zu achten, daß dieser Befehl entweder von `root` oder vom User des logins ausgeführt wird. Dieser Befehl gehört zu den privilegierten Befehlen, die nur der Besitzer oder root ausführen kann.

Nun können wir daran gehen, die entsprechende config-Datei auf der Linux-Seite abzuändern. Die Datei, in der die Freigabe von Ressourcen veranlaßt wird, ist zu finden unter:

```
/etc/smb.conf
```

Jetzt kann man damit beginnen, Laufwerke und Ressourcen freizugeben. Und das geschieht durch Verändern der Datei `/etc/smb.conf` in folgender Weise:

```
[windir]
path = /home/olaf/test
public = yes
writeable = no
```

Diesen Eintrag fügt man der Datei `/etc/smb.conf` hinzu. Dann kann man beginnen, einen Windows-Client mit dieser Ressource zu verbinden.

Das geschieht wie folgt:

Man wählt das Objekt *Netzwerkumgebung* mit der rechten Maus-Taste an, dann erscheint ein Menü, in dem man den Unterpunkt *Netzlaufwerk verbinden* selektiert. Hat man dieses angewählt, so erscheint ein Abfragefenster (siehe Abb. **11.6**), in das man die Ressource wie folgt eintragen muß:

Sie können Ihren Windows-Rechner in Tiefschlaf versetzen, wenn Sie folgendes eingeben (siehe Abb. **11.7**):

Der Unterschied zur korrekten Eingabe ist kaum zu erkennen, aber Rechner sind nun einmal etwas pingelig. Zum Vergleich die korrekte Eingabe aus Abb. **11.6**:

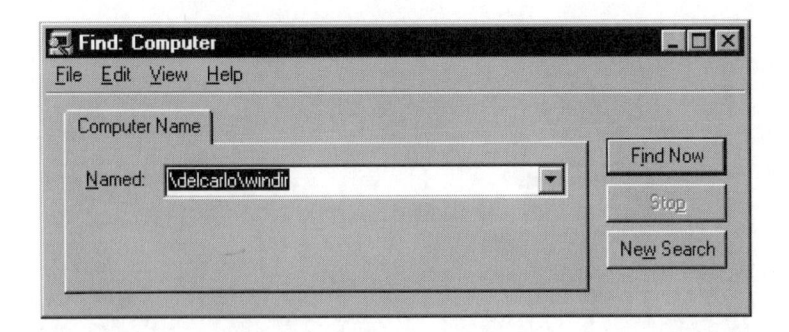

11.2 Einrichten eines File- und Printservers 287

Abbildung 11.6: Die Verbindung erstellen

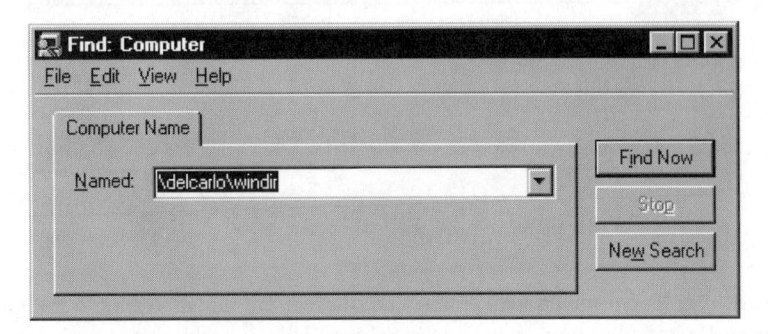

Abbildung 11.7: Die Verbindung erstellen – so jedoch nicht

`\\delcarlo\windir`

Sie bekommen mit dem bewährten Affengriff zwar die Task-Liste, aber Sie können den entsprechenden Task nicht abbrechen. Sie können den Rechner auch nicht »herunterfahren«, sondern müssen den Rechner durch Drücken des Reset-Knopfes wieder zum Leben erwecken. Windows ist ja glücklicherweise nicht sehr empfindlich beim Neustarten (ich frage mich immer, was beim »Herunterfahren« wirklich geschieht, viel kann es nicht sein, denn es funktioniert immer mit einer solchen rasanten Geschwindigkeit).

In jedem Falle sollten Sie eine Darstellung wie in Abb. **11.8** erhalten, wenn die Verbindungsaufnahme zwischen dem *Samba*-Server und Windows NT[c] geklappt hat. Wie zu erkennen ist, handelt es sich hier schon um den neuen *Samba*-Server Version 2.0.3.

Warnung:
Versuchen Sie nicht, den Linux-Rechner auf diese Weise neu zu booten, das könnte recht böse Folgen haben. Allerdings ist die Gefahr, daß Linux in einen Tiefschlaf verfällt, praktisch nicht gegeben.

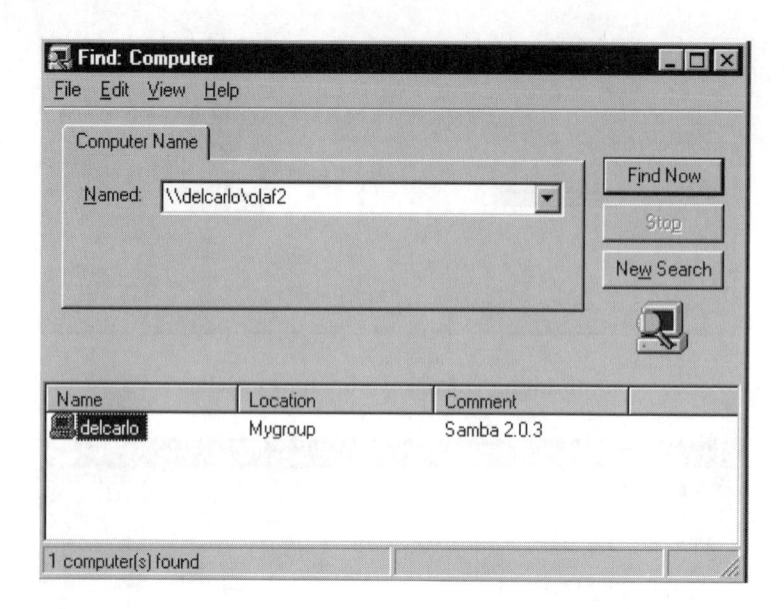

Abbildung 11.8: Die Verbindung auf der NT-Seite

Bemerkung: Es empfiehlt sich, einen Linux-Server mit einem Terminal mit einem `mgetty`-Prozeß über eine freie serielle Schnittstelle zu verbinden. Das kostet fast nichts, denn das Terminal kann ohne weiteres ein Textterminal sein. Diese Geräte kosten heute gebraucht wenige Mark, wenn man sie nicht sogar von einer Universität geschenkt bekommt (VT100, VT220). Verwendet man eine Bus-Mouse oder eine interne Modem-Karte, dann braucht man hierfür nicht einmal eine multi-serielle Schnittstellenkarte. Der Vorteil ist offensichtlich: Wenn die Tastatur des Rechners selbst blockiert sein sollte, so ist man trotzdem in der Lage, sich über dieses Terminal einzuloggen, um die Maschine entweder herunterzufahren oder den in Frage kommenden Prozeß einfach mit `kill -9 PID` abzuschießen. Hier zeigt sich wieder der Vorteil des multiuser-Prinzips.

Da wir keinerlei Zugriffsbeschränkungen eingestellt haben, wird nach der Bestätigung der Eingabe der Inhalt des Directories auf der Linux-Seite sichtbar.

Die gerade beschriebene Konfigurierung kann für beliebig viele Windows-Rechner eingerichtet werden, und damit hat man ein kostengünstiges Windows-Netz aufgebaut, für das keine einzige Mark an Netzlizenzen zu zahlen ist. Ihre Angestellten werden nicht einmal merken, daß sie ständig das Dateisystem von Linux verwenden, da die Ressourcen, die von der Linux-Workstation bereitgestellt werden, nicht zu unterscheiden sind von denen eines Windows-Rechners.

11.2 Einrichten eines File- und Printservers

Abbildung 11.9: Zwei Linux-Server, mit Windows-Rechnern verbunden

Der Datentransfer einer Datei, die beispielsweise von *Microsoft*$^{(c)}$-Word geöffnet, verändert und wieder abgespeichert werden soll, ist in Abb. **11.10** dargestellt. Man kann leicht sehen, daß für den Windows-Rechner nicht zu erkennen ist, von welchem Server er bedient wird. Diese Intransparenz erlaubt es, einen Windows NT$^{(c)}$-Server vollständig und ohne irgendwelche Beeinträchtigungen durch einen Linux-Server zu ersetzen. Außer, daß der Hardware-Bedarf für einen Linux-Server erheblich geringer, die Verarbeitungsgeschwindigkeit ebenfalls um fast 50% schneller ist und daß der Linux-Server auch als Postscript-Drucker-Emulator dienen kann, läßt sich kein Unterschied zu einem Windows NT$^{(c)}$-Server feststellen. Halt – einen Unterschied gibt es doch: Der Linux-Server verursacht keinerlei Kosten für die Lizenzierung der Klienten.

Sie können auch ein verteiltes Netz von mehreren Samba-Servern betreiben und einer oder mehreren Windows-Maschinen die freigegebenen Directories bekanntmachen. Jedoch fängt jetzt natürlich die Arbeit des Netz-Administrators erst an.

Anfangs macht es viel Spaß, alle möglichen Rechner und Ressourcen auf sämtlichen Netz-Rechnern sichtbar und vor allem benutzbar zu machen, im praktischen Einsatz stellt man jedoch schnell fest, daß ein solches Vorgehen äußerst

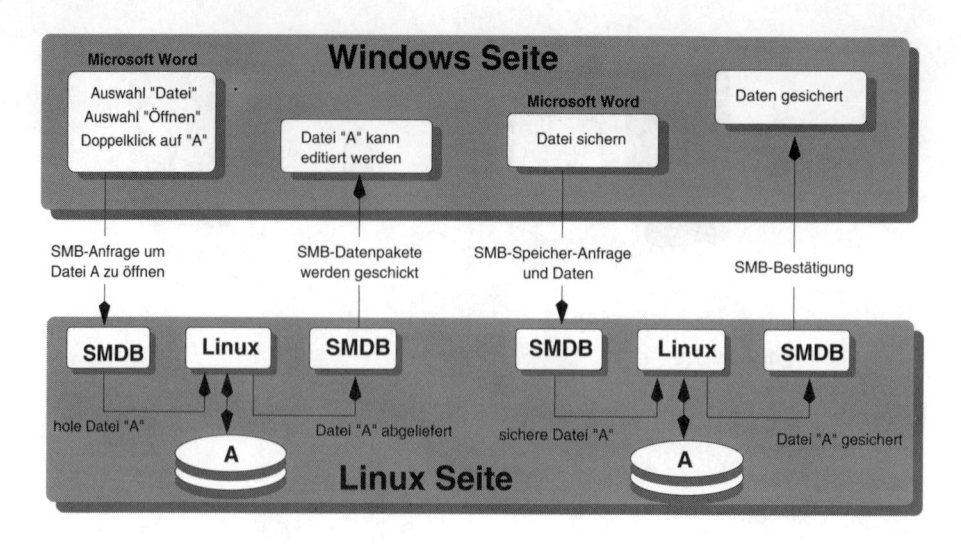

Abbildung 11.10: Datenfluß zwischen Windows- und Linux-Rechner

problematisch werden kann, denn die Directories sind für jeden frei lesbar und beschreibbar. Um die Freigabe richtig steuern zu können, existieren eine Menge an Mechanismen, die wir uns jetzt ansehen werden. Allerdings kann eine korrekte Sicherheitsstruktur nur nach genauer Kenntnis der Firmenstruktur festgelegt werden, für die das Netz eingerichtet wird. Das ist eine Arbeit, die in den meisten Unternehmen immer noch sträflich vernachlässigt wird, aber die Netztechnologie ist ja noch jung, und die Strukturen müssen sich erst noch herausbilden. Auch in den Anfangstagen der Medizin sind die Bader herumgereist, und niemand scherte sich etwas um Hygiene. Und genau wie damals sterben heute die Patienten wie die Fliegen. Einziger (positiver) Unterschied: Es handelt sich um Rechner und schlimmstenfalls um ganze Firmen, die sich verabschieden, statt um Menschen. Es ist immer wieder verwunderlich, mit welcher Leichtsinnigkeit sich Unternehmungen windigen »Spezialisten« anvertrauen und wie die Rechner- und Software-Technologie für eine große Firma bestimmt wird. Ich habe es selbst schon miterlebt, daß der Sohn, dessen Rechner gerade mit dem neuesten Betriebssystem ausgerüstet wurde, als Motivation herhalten mußte, um den Multimillionen-Rechnerpark der Firma mit Betriebssystem-Software zu rechtfertigen: »*Bei mir zu Hause läuft das doch so prima, da wird's für die Firma schon taugen.*« Würden Sie zu Ihrem Metzger in der Nachbarschaft gehen und ihn um Rat fragen, weil Sie Schmerzen in der Nierengegend haben? Klar doch! Der hat jeden Tag mit sauren Nierchen zu tun, also müßte er eigentlich auch etwas von den Ihren verstehen. Sie meinen, der Vergleich hinkt? Er entspricht ziemlich genau der Methode, wie heute noch Software ausgewählt und installiert wird.

11.2 Einrichten eines File- und Printservers

Hoffen wir, daß ein Entwicklungsprozeß, wie er in der Medizin stattgefunden hat, sich auch in der Informatik seinen Weg bahnt (Krankenkassenbeiträge für Rechner beispielsweise).

Es ist immer wieder amüsant, den vollmundigen Artikeln in den diversen Fachzeitschriften zu folgen und das Gelesene mit der Wirklichkeit zu vergleichen. Die Systemadministration, die Netz-Administration und die Datenbank-Administration liegt bei sehr vielen Firmen ziemlich im argen. Dienste werden außer Haus gegeben, und wenn man sich manche »Fachleute« ansieht, die in die Firmen geschickt werden, dann fragt man sich, ob nicht diese sogenannten »Experten« noch vor einem Monat Kartoffeln, abgepackt in 5-Kilo-Paketen, an Kunden in einer Billig-Ladenkette verkauft haben. Man wird heute sehr schnell zu einem Experten, es muß einem nur gelingen, Windows NT[(c)] halbwegs auf einem großzügig ausgestatteten Rechner zu installieren.

Das Verbinden mehrerer Rechner in einem Netzwerk ist nicht einmal 10% der nötigen Arbeit beim Einrichten eines Netzes. Die Sicherheits- und Strukturanalyse bereitet die Hauptarbeit. Aber hier liegen auch die Gefahren, denn sobald das Firmennetz ans Internet angeschlossen ist, stellt man schnell und mit Bestürzung fest: Manche Rechner wären besser unvernetzt geblieben, denn die Daten werden plötzlich auf unerklärliche Weise verändert oder gar gelöscht.

Bemerkung: Trotzdem sollte man nicht überängstlich sein, denn meistens kommt man auch mit Sicherheitslöchern so groß wie Scheunentore einfach davon. Ein großer Netzbetreiber in Amerika bemerkte erst drei Monate nach Einrichtung des Netzes, daß die Paßwort-Abfrage fehlerhaft verlief. Jeder, der wollte, konnte ungehindert auf alle Daten zugreifen. Das Netz wurde aus der Testphase, die ohne Password-Vergabe funktionierte, ohne Änderung ans Internet angeschlossen. Ergebnis nach drei Monaten? – Nichts! – Kein Eindringen in die eigenen Datenbestände konnte festgestellt werden.

Die einfachste Steuermöglichkeit ist die Vergabe von Lese- und Schreibrechten. In der Konfigurations-Datei von Samba in `/etc/smb.conf` befindet sich der Eintrag, wie in Beispiel 11.2 gezeigt:

Beispiel 11.2   *Der Eintrag in der Datei* `/etc/smb.conf`
```
[windir]
path = /home/olaf/test
public = yes
writeable = no
```

In den eckigen Klammern bfindet sich der Name der Ressource die wir für Windows freigeben wollen. In unserem Beispiel handelt es sich um das Directory `test`, welches sich im lokalen `home`-Verzeichnis eines Users mit dem Namen `olaf` befindet.

Bemerkung: Wenn die Rechtevergabe in der Datei /etc/smb.conf verändert wird, dann muß der Samba-daemon angehalten und wieder neu gestartet werden, andernfalls gelten die alten Rechte.

Wenn der Samba-daemon installiert worden ist, und davon gehen wir im weiteren aus, dann kann man ihn mit

```
/sbin/init.d/smb stop
```

anhalten und mit

```
/sbin/init.d/smb start
```

wieder zum Leben erwecken. Sie brauchen also nicht jedesmal den Rechner herunterzufahren und ihn dann neu zu starten.

Der in Beispiel 11.2 gezeigte Eintrag genügt völlig, um das Directory /home/olaf/test freizugeben. Allerdings tritt häufig die Notwendigkeit auf, bestimmte Parameter allen Ressourcen zugänglich zu machen. Hierfür ist ein spezieller Eintrag vorgesehen [global], der nach dem gleichen Muster konstruiert ist wie unser einfaches Beispiel (siehe Beispiel 11.3).

Beispiel 11.3 *Der Eintrag in der Datei* /etc/smb.conf *mit einer global section*

```
[global]
   server string = Samba %Versionsnummer
   strict locking = yes

[windir]
   path = /home/olaf/test
   public = yes
   writeable = yes

[cdrom]
   path = /mnd/cdrom
   public = yes
   writeable = no
```

Der Eintrag %Versionsnummer entspricht der Versionsnummer des Samba-daemons. Diese Versionsnummer bekommen Sie, wenn Sie

```
man Samba
```

aufrufen. Die letzte Zeile der man-Page enthält diese Nummer, die Sie anstatt %Versionsnummer in die Datei /etc/smb.conf eintragen müssen.

11.2.2 CD-Server

Bis jetzt haben wir nur ein Directory zur Benutzung freigegeben. Man kann aber, genau wie in einem echten Windows-Netz, auch echte Laufwerke freigeben, wie zum Beispiel ein CD-ROM-Laufwerk. Das geschieht mit:

Beispiel 11.4 *Die Freigabe eines CD-ROM-Laufwerks*

```
[global]
  server string = Samba %1.9.18p3
  strict locking = yes

[windir]
  path = /home/olaf/test
  public = yes
  writeable = yes

[cdrom]
  path = /mnd/cdrom
  public = yes
  writeable = no
```

Hier ist die Versionsnummer des Samba-daemons bereits eingetragen. Überprüfen Sie jedoch Ihren daemon, es ist sehr wahrscheinlich, daß Sie dort eine andere Versionsnummer eintragen müssen. Dieser Eintrag identifiziert Ihren Server auf der Windows-Seite. Wenn Sie sich die Eigenschaften der Samba-Verbindung auf dem Windows-Rechner anzeigen lassen, so erscheint dort die angegebene Versionsnummer. Die `string`-Zeichenkette darf *keine* Anführungszeichen enthalten, es könnte sonst sein, daß der komplette Server nicht in der Browser-Liste erscheint. Bevor Sie also globale Variablen festlegen, testen Sie Samba mit dem Minimal-Eintrag von Beispiel 11.2, und erweitern Sie dann die Datei sukzessive.

Der Eintrag `strict locking = yes` im Beispiel 11.4 bedeutet, verhindert, daß von mehreren Windows-Rechnern gleichzeitig auf die Dateien zugegriffen werden kann.

11.2.3 User-Kennung

Es ist üblich, daß auf einer Linux-Workstation mehr als nur ein Benutzer eingetragen ist, alle haben natürlich ihren eigenen Bereich und ihre `home`-Verzeichnisse. Es wäre ziemlich mühsam, für jeden Benutzer und für jedes Directory eine separate Freigabe zu installieren. Wenn man die `/etc/smb.conf` um den Eintrag `[homes]` erweitert, so kann sich jeder User auf einem Windows-Rechner mit seinem Namen und Password auf dem Linux-Rechner anmelden.

Beispiel 11.5 *Die User-Freigabe mit [homes]*

```
[global]
  server string = Samba %1.9.18p3
  strict locking = yes
  revalidate = yes
```

```
[windir]
    path = /home/olaf/test
    public = yes
    writeable = yes

[cdrom]
    path = /mnd/cdrom
    public = yes
    writeable = no

[homes]
    public = no
    writeable = yes
```

Wenn Sie jetzt die Freigabe anfordern über NETZWERKUMGEBUNG → rechte Maustaste → LAUFWERK VERBINDEN → Auswahl des virtuellen Laufwerks, dann können Sie folgendes eingeben:

`\\delcarlo\olaf`

Sie werden dann nach dem Password gefragt und können sich dann als User auf Ihrer Linux-Workstation einloggen. Wenn Sie das Beispiel 11.5 aufmerksam durchgelesen haben, dann werden Sie feststellen, daß in der Global-Section ein Eintrag `revalidate` hinzugekommen ist. Diese Variable weist Samba an, das Password bei jedem Verbindungsversuch erneut abzufragen, vorausgesetzt, es ist auf »yes« gesetzt. Ist diese Variable auf »no« gesetzt, so fragt Samba nur beim ersten Verbindungsaufbau nach dem Paßwort. Wenn sich der User während derselben Sitzung mit einer zweiten Ressource verbindet, so fragt Samba auch dann nicht erneut nach dem Paßwort. Also – besser die Variable auf »yes« gesetzt lassen.

11.2.4 Print-Server

In ähnlicher Weise, wie ein CD-ROM-Laufwerk aktiviert wird, läßt sich auch ein Drucker im Windows-Netz verwenden. Dieser Dienst ist besonders interessant, weil unter Unix, also auch unter Linux, Postscript der allgemein akzeptierte Standard ist. Und das funktioniert auch, ohne daß ein Postscript-Drucker vorhanden ist.

Voraussetzung für die Aktivierung eines Druckers ist, daß er in der Datei `printcap` eingetragen ist. Das erreicht man am einfachsten über das jeweilige Installationsmenü der Linux-Edition, die man erstanden hat. Bei der S.u.S.E.-Edition 5.3 geschieht das über das in Abb. **11.11** gezeigte Menü:

Die Konfigurierung ist ziemlich leicht, und wenn Sie über keinen Postscript-Drucker verfügen, dann macht das auch nichts, denn der `apsfilter` sorgt schon dafür, daß Ihr Drucker, ob er nun Postscript kann oder nicht, mit diesem Format zurechtkommt. Und das gilt auch für Farb-Tintenstrahldrucker,

11.2 Einrichten eines File- und Printservers

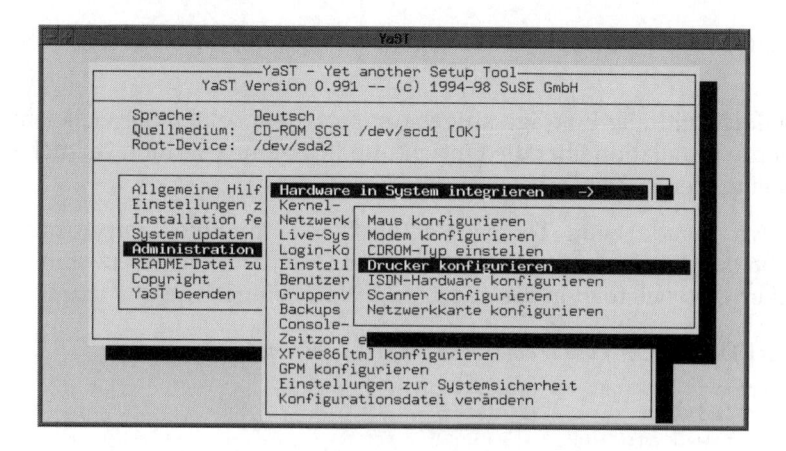

```
┌──────────────────────────────YaST──────────────────────────────┐
│                  ──YaST - Yet another Setup Tool──              │
│                  YaST Version 0.991 -- (c) 1994-98 SuSE GmbH    │
│                                                                  │
│   Sprache:       Deutsch                                         │
│   Quellmedium:   CD-ROM SCSI /dev/scd1 [OK]                      │
│   Root-Device:   /dev/sda2                                       │
│                                                                  │
│           ┌─────────────────┬──────────────────────────────────┐ │
│           │ Allgemeine Hilf │ Hardware in System integrieren  →│ │
│           │ Einstellungen z │ Kernel-                          │ │
│           │ Installation fe │ Netzwerk ┌─────────────────────┐ │ │
│           │ System updaten  │ Live-Sys │ Maus konfigurieren  │ │ │
│           │ Administration  │ Login-Ko │ Modem konfigurieren │ │ │
│           │ README-Datei zu │ Einstell │ CDROM-Typ einstellen│ │ │
│           │ Copyright       │ Benutzer │ Drucker konfigurieren│││
│           │ Gruppenv        │ ISDN-Hardware konfigurieren     │ │ │
│           │ YaST beenden    │ Backups  │ Scanner konfigurieren│ │ │
│           │                 │ Console- │ Netzwerkkarte konfigurieren│
│           │                 │ Zeitzone e                       │ │
│           │                 │ XFree86[tm] konfigurieren        │ │
│           │                 │ GPM konfigurieren                │ │
│           │                 │ Einstellungen zur Systemsicherheit│ │
│           │                 │ Konfigurationsdatei verändern    │ │
│           └─────────────────┴──────────────────────────────────┘ │
└──────────────────────────────────────────────────────────────────┘
```

Abbildung 11.11: Hier wird der Drucker eingebunden

die drucken dann auch in Farbe, und das im Postscript-Mode. Eine schöne und vor allem preiswerte Alternative für einen Postscript-Farb-Laserdrucker. Und wenn Sie die Konfigurierung in der /etc/printcap per Hand machen wollen, bitte sehr, Beispiel. 11.6 zeigt, wie es geht.

Beispiel 11.6 *Der generierte Eintrag in der Datei /etc/printcap für einen Farbdrucker*
```
lp|lp2|cdj850-a4-auto-color-600|cdj850 a4 auto color 600:\
  :lp=/dev/lp1:\
  :sd=/var/spool/lpd/cdj850-a4-auto-color-600:\
  :lf=/var/spool/lpd/cdj850-a4-auto-color-600/log:\
  :af=/var/spool/lpd/cdj850-a4-auto-color-600/acct:\
  :if=/var/lib/apsfilter/bin/cdj850-a4-auto-color-600:\
  :la:mx#0:\
  :sh:sf:
```

Ganz ernsthaft: Es ist tatsächlich recht einfach, den Drucker per Hand zu installieren, erstens benötigt man nicht alle Einträge, und zweitens ist der Buchstabensalat leicht zu entziffern, denn wenn man sich mit `man printcap` die man-Pages ansieht, so ist dort jede Variable erklärt. Als Beispiel soll die Zeile

```
  :sd=/var/spool/lpd/cdj850-a4-raw:\
```

dienen. In der man-Page für `printcap` steht zu diesem Eintrag folgendes:

```
    ...
    sd      str     /var/spool/lpd   spool directory
    ...
```

Das bedeutet: `sd` gibt das Spool-Directory an, das ist das Directory, in welches ein Druckauftrag zugestellt wird, wenn er nicht ausgeführt werden kann, und aus dem, wenn der Drucker wieder bereit ist, gedruckt wird. In unserem Falle wird als Spool-Directory der Pfad `/var/spool/lpd/cdj850-a4-raw` verwendet. Falls die fragliche Datei gedruckt wurde, stehen dort nur leere Dateien.

So einfach sind alle Einträge aufgebaut. Trotzdem sollten Sie vielleicht doch lieber die Installation über die Einrichtung Ihrer Linux-Edition versuchen, das spart eine Menge Zeit.

Weil wir gerade beim Thema Netzdrucker sind: Eine Linux-Workstation erlaubt das Einrichten eines Netzdruckers für das Unix-Netz. Ein solcher Drucker wird wie folgt in die /etc/printcap eingetragen:

Beispiel 11.7 *Der Eintrag eines Netzdruckers in die /etc/printcap*
```
netlp|remote printer on delcarlo:\
      :sd=/var/spool/lpd/netlp:\
      :rm=delcarlo:\
      :rp=lp:\
      :bk:sh:mx#0:
```

rm bezeichnet natürlich den Rechnernamen, an dem der Drucker angeschlossen ist. Wenn man jetzt folgenden Befehl absetzt:

```
lpr -P netlp <dateiname>
```

so wird auf dem Drucker die Ausgabe der Datei initiiert. Jedoch nur, wenn der Client-Rechner entsprechend konfiguriert ist, aber dazu lesen Sie sich das Kapitel über die Vernetzung von Linux-Rechnern durch. Sie finden die Beschreibung in Teil II des Buchs Kapitel 10, ab Seite 253 ff). Doch nun zurück zu unserem Netzdrucker für Windows-Netze. Zunächst gehen wir davon aus, daß Sie über einen Postscript-Drucker verfügen, der an einer Linux-Workstation hängt (lpt1 natürlich). In diesem Falle braucht Linux keinen Filter einzubinden, weil, wie schon bemerkt, das Standard-Druckformat Postscript ist.

Wir müssen unserer /etc/smb.conf-Datei daher den Eintrag wie in Beispiel 11.8 hinzufügen:

Beispiel 11.8 *Das Einrichten eines Druckers in Samba*
```
[global]
   server string = samba %1.9.18p3
   printing = bsd
   strict locking = yes
   revalidate = yes
[ljet4]
   printable = yes
   path = /var/spool/samba
   printer driver = HP Laserjet IV
   public = yes
   writeable = yes
   lpq command = /usr/bin/lpq -Plp %j
   lprm command = /usr/bin/lprm -Plp -rs %s
   print command = /usr/bin/lpr -Plp
   ...
```

11.2 Einrichten eines File- und Printservers 297

Das sieht schon ausreichend kompliziert aus. Ist es aber nicht. Gehen wir die neu hinzugekommenen Einträge etwas genauer an:

- `printing = bsd`

  Dieser Eintrag besagt nichts anderes, als daß Linux nach dem BSD-Verfahren druckt. Viele Methoden und Protokolle, die in Unix Verwendung finden, stammen von einem der besten Unix-Derivate, nämlich vom BSD-System. So auch die Art, wie Linux das Drucken bewerkstelligt.

- `printable = yes`

  Dieser Eintrag bedeutet, daß der Drucker nicht als ein Verzeichnis exportiert werden soll.

- `printer driver = HP Laserjet IV`

  Bezeichnet den Treiber des Druckers, der bei der Installation unter Windows 95[c] verwendet werden soll. Diese Option funktioniert nicht für Betriebssysteme < Windows 95[c]. Diese Angabe ist optional, wird sie jedoch verwendet, so ist darauf zu achten, daß der Name des Druckertreibers exakt so angegeben wird, wie er im Installationsmenü von Windows 95[c] auftaucht. Also, Zwischenräume beachten und Groß-Kleinschreibung ebenfalls.

- `lpq command = /usr/bin/lpq -Plp %j`

  Diese Option ist Unix-spezifisch und bedeutet ausgeschrieben **L**ine**P**rinter **Q**uery. Hinter dem =-Zeichen findet sich der Pfad, er zeigt auf die Stelle im Directory-Baum, wo sich das ausführbare Programm befindet, hier also `/usr/bin/`, gefolgt von dem Programmnamen selbst, nämlich `lpq`.

  Mit diesem Befehl kann der Druckerstatus abgefragt werden. Dieser Status teilt dem Benutzer mit, welcher Job gerade gedruckt wird, welche Nummer dieser hat und welche Jobs sich noch in der Warteschlange befinden.

  Der Parameter -Plp bedeutet nichts weiter, als daß als Printer der Device lp verwendet werden soll, das trifft auch für den nächsten Eintrag zu (siehe Bemerkung auf Seite 277). Die Angabe hinter dem %-Zeichen gibt die zum Drucken übergebene Datei an. `lpq` versteht noch einige zusätzliche Parameter, die man bei Bedarf angeben kann. Sie sind alle in den man-Pages aufgeführt.

  An dieser Stelle will ich ein weiteres Mal darauf hinweisen: Wenn man nicht weiterweiß, zuerst die man-Pages konsultieren.

- `lprm command /usr/bin/lprm -Plp -rs %s`

  Kann man den Status des Druckers abfragen, so sollte man auch Jobs, die sich in der Warteschlange befinden löschen können, sonst hätte die ganze Statusanzeige schließlich keinen Sinn. Genau das macht dieser Eintrag. Er ist eine Zusammensetzung der beiden Befehle **lp**, für Lineprinter und **rm** für remove. Man kann sich mit dem Befehl

  ```
  lpq
  ```

  die Warteschlange anzeigen lassen und bekommt dann die folgende Anzeige auf der Kommandozeile:

  ```
  olaf@delcarlo:/home/olaf/ > lpq
  lp is ready and printing
  Rank   Owner     Job   Files   Total Size
  active olaf      23    LU.ps   14638 bytes
  1st    olaf      24    LU.ps   14638 bytes
  2nd    olaf      25    LU.ps   14638 bytes
  3rd    olaf      26    LU.ps   14638 bytes
  4th    olaf      27    LU.ps   14638 bytes
  ```

  Nun kann mit

  ```
  lprm 23 24 25 26 27
  ```

  jeder Job wieder gelöscht werden.

- `print command = /usr/bin/lpr -Plp`

  Dieser Eintrag legt fest, welcher Printer-Driver Verwendung findet, der Parameter -P legt hier auch wieder fest, daß der Eintrag `lp` aus der `/etc/printcap` verwendet werden soll.

Bis jetzt haben wir gesehen, wie man einen ganz normalen Postscript-Drucker, der sich an einer Linux-Workstation befindet, im Netz von einem Windows-Rechner aus verwendet. Wenn das alles wäre, so könnte man den Drucker auch gleich an einen Windows-Rechner hängen und sich etwas Konfigurations-Arbeit sparen.

Der Standard-Drucker unter Unix ist ein Postscript-Drucker. Als Unix-Rechner noch zu den Hochpreis-Betriebssystemen gehörten, war das auch kein Problem, denn eine funktionsfähige Unix-Workstation kostete damals zwischen 20.000,00 DM und 100.000,00 DM, plus der Service-Kosten, die sich auf mehr als 1.000,00 DM pro Monat belaufen konnten. Da spielte es keine große Rolle, wenn man für einen Postscript-fähigen Drucker noch einmal 5.000,00 DM veranschlagen mußte. Diese Drucker waren schwerfällige Apparate, denen man ihren Preis auch ansah, aber sie produzierten auch das beste Schriftbild und die beste Grafikauflösung. Damals war man mit einer Auflösung von 300 × 300 Punkten pro Inch vollauf zufrieden.

Als Unix immer billiger wurde und schließlich Linux die Szene betrat, da stimmte die Kosten-Relation Drucker/Betriebssystem nicht mehr, und der

11.2 Einrichten eines File- und Printservers

Preisunterschied konnte nicht mehr gerechtfertigt werden. Man erfand den aps-Filter und entsprechende Postscript-Interpreter wie `ghostscript`. Die Script-Umgebung von Unix basiert auf dem piping-Prinzip. Das bedeutet, alles, was von einem Programm als Ausgabe geliefert wird, kann von einem anderen Programm als Eingabe verwendet werden. Wenn man mit `ghostscript` eine Postscript-Datei anzeigen kann, dann sollte es ein leichtes sein, die Pixelansteuerung eines Druckers mit der Ausgabe des Programms zu füttern und so jeden Drucker, der über diese Ansteuerung verfügt, als Postscript-Drucker zu verwenden. Um die Geschichte abzukürzen: Heute unterstützt `ghostscript` fast jeden Drucker, der sich auf dem Markt befindet. Bitte wählen Sie sich einen aus:

```
Input formats: PostScript PostScriptLevel1
PostScriptLevel2 PDF
Available devices:
   x11 x11alpha x11cmyk x11mono appledmp iwhi iwlo iwlq
   t4693d2 t4693d4 t4693d8 tek4696 ap3250 epson eps9mid
   eps9high epsonc st800 stcolor cdeskjet cdjcolor
   cdjmono cdj500 cdj550 cdj850 deskjet djet500 djet500c
   dnj650c paintjet pj pjetxl pjxl pjxl300 hpdj laserjet
   ljet2p ljet3 ljet3d ljet4 lj4dith ljetplus lp2563
   bj10e bj200 bjc600 bjc800 lbp8 lips3 declj250 la50
   la70 la75 la75plus ln03 lj250 ccr cp50 ibmpro imagen
   jetp3852 m8510 necp6 oce9050 oki182 okiibm r4081 sj48
   xes pbm pbmraw pgm pgmraw pgnm pgnmraw pnm pnmraw ppm
   ppmraw pkm pkmraw dfaxhigh dfaxlow faxg3 faxg32d
   faxg4 tiffcrle tiffg3 tiffg32d tiffg4 tiff12nc
   tiff24nc tifflzw tiffpack psmono bit bitrgb bitcmyk
   mgrmono mgrgray2 mgrgray4 mgrgray8 mgr4 mgr8 pcxmono
   pcxgray pcx16 pcx256 pcx24b pngmono pnggray png16
   png256 png16m bmpmono bmp16 bmp256 bmp16m cgmmono cgm8
   cgm24 cif miff24 pdfwrite nullpage
```

Soviel zur unterstützten Hardware, denn Sie werden hier gewiß Drucker finden, die in Windows nicht unterstützt werden.

Die Eigenschaft, eine Linux-Workstation als Postscript-Emulator zu verwenden, ist etwas schwieriger zu installieren, aber man kann mit dem Paket Samba auch diese Eigenschaft für Windows-Netze nutzen. Um das tun zu können, muß natürlich `ghostscript` installiert sein, aber das funktioniert nach bewährtem Muster mit dem entsprechenden Installationsprogramm, bei der S.u.S.E.-Edition natürlich mit YaST.

In der `/etc/printcap` muß sich ein Eintrag befinden, der veranlaßt, daß alles, was von einer Datei an Text geschickt wird, zuerst durch den Postscript-Interpreter laufen muß. Das geschieht mit folgendem Eintrag:

Beispiel 11.9 *Der ps-Eintrag in der Datei* `/etc/printcap`
```
ps:\
  mx#0:\
  sh:\
  sf:\
  lp=/dev/lp1:\
  of=/usr/local/bin/gs_outfile
```

Die Kurzbefehle, für die Unix so berüchtigt ist, entnehmen wir wieder den man-Pages für `/etc/printcap`. Allerdings bedarf eine Zeile der Erklärung, `of=/usr/local/bin/gs_outfile`. `of` bedeutet unter Unix Outputfile, daher liest sich der Befehl wie folgt: Outputfile ist ein Script, welches unter `/usr/local/bin/` zu finden ist und den Namen `gs_outfile` trägt. Dieses Script existiert nicht, und wir müssen es selbst als Shellscript schreiben.

Beispiel 11.10 *Das Shellscript zum Aufruf von gs*
```
#!/bin/sh
exec /usr/bin/gs -q -sPAPERSIZE=a4    \
    -dNOPAUSE -sDEVICE=cdj850 -r600 \
    -sOutputFile=- -
```

Das Shellscript aus Beispiel 11.10 bedarf einiger Erklärung, und es ist besser, wir verstehen genau, was dort vor sich geht: Wenn Sie versuchen, ohne Printer-Treiber eine Datei auf dem Drucker auszudrucken, indem Sie `gs` und die Postscript-Umwandlung verwenden, dann müssen Sie `gs` wie folgt aufrufen:

```
gs -q -sPAPERSIZE=a4 -dNOPAUSE \
    -sDEVICE=cdj850 -r600      \
    -sOutputFile=- >/dev/lp1
```

Das sieht ziemlich kryptisch aus, aber das Rätsel läßt sich schnell lösen:

`gs` ist die Kurzform für das Programm `ghostscript`. Der erste Parameter `-q` bedeutet, es soll im quiet-Mode drucken, also nicht jede Meldung auf Papier ausdrucken; `-dNOPAUSE` bedeutet, es soll keine Pause zwischen den einzelnen Druckdateien gemacht werden. Ohne diese Option würde uns das Programm nach jeder ausgedruckten Seite anhalten; `-sDEVICE=cdj850` legt den Treiber für unseren Drucker fest. Diesen Treiber können Sie leicht finden, wenn Sie sich mit `gs -h` die Ausgabe auf dem Terminal ansehen, dort finden Sie dann Ihren Drucker. Die nächste Option `-r600` bedeutet, die Auflösung Ihres Druckers ist 600 Pixel/Inch, und die letzte Option `-sOutputFile` schickt die Ausgabe der Datei auf die Standardausgabe, also auf das Terminal. Dort wollen wir die Ausgabe aber gar nicht haben, und so leiten wir sie mit > um, in eine Datei `/dev/lp1`. Das ist aber nun eine Geräte-Datei, an der direkt Ihr Drucker HP850c hängt. Fertig!

Soviel zum direkten Aufruf von `gs`. Aber ein Blick genügt, und der Inhalt des Shellscripts kommt uns jetzt irgendwie bekannt vor, denn dort stehen praktisch die gleichen Anweisungen, nur mit einer Kopfzeile verziert, die nichts

11.2 Einrichten eines File- und Printservers

anderes bedeutet, als daß diese Datei (Shellscript genannt) ein ausführbares Programm ist. Dieses Programm wird von einem Interpreter namens `sh` ausgeführt, der sich im Verzeichnis `/bin` befindet. Und weil wir gerade so schön in den Tiefen von Unix herumwühlen, sehen wir uns doch den Eintrag dort einmal an:

```
lrwxrwxrwx   1 root root    4 May  4 20:12 sh -> bash*
```

Was wir hier sehen, ist ein typischer Link auf ein anderes Programm, und dieser Link bedeutet nichts weiter als: Wenn `sh` aufgerufen wird, dann führe das Programm `bash` aus. In Wahrheit ist unser Shellscript-Interpreter das Programm `bash`. Der Stern hinter dem Programmnamen bedeutet, daß es ausführbar ist. In Unix gibt es nicht die Unterscheidung nach der Extension, ob ein Programm ausführbar ist oder nicht. Das sagt uns die Spalte `lrwxrwxrwx`.

Nachdem wir mit:

```
chmod ugo+rwx /usr/local/bin/gs_outfile
```

die Datei `gs_outfile` ausführbar gemacht haben, können wir uns daran machen, den Rest der Samba-Postscript-Installation fertigzustellen. Viel ist nicht mehr zu machen, denn der Postscript-Drucker wird genauso behandelt wie ein normales Gerät. Wir müssen nur noch die Gerätefreigabe in die Datei `/etc/smb.conf` eintragen, und schon sind wir fertig:

Beispiel 11.11 *Das Einrichten eines Postscript-Druckers in Samba*

```
[global]
  server string = Samba %1.9.18p3
  printing = bsd
  strict locking = yes
  revalidate = yes
[ps]
  printable = yes
  path = /var/spool/Samba
  public = yes
  writeable = yes
  lpq command = /usr/bin/lpq -Plp %j
  lprm command /usr/bin/lprm -Plp -rs %s
  print command = /usr/bin/lpr -Plp
  ...
```

Alles weitere erledigt der Filter. Jetzt können wir aus einem Windows-Betriebssystem heraus Dateien drucken, und obwohl sich im Netz nirgendwo ein Postscript-Drucker befindet, bekommen wir den schönsten Postscript-Ausdruck.

11.2.5 Einige Beispiel-Konfigurationen

Der Export des gesamten Linux-Dateisystems

Mit einem [public] Eintrag wie in Beispiel 11.12, wird das gesamte Dateisystem des Linux-Servers für alle Windows-Clients freigegeben.

Beispiel 11.12 *Die gesamte Linux-Partition ist für Windows-Clients sichtbar*
```
[public]
  path = /
  public = yes
  writeable = no
  printable = no
```

Um diese Änderung in der smb.conf-Datei wirksam zu machen, müssen wir die daemons smbd und nmbd anhalten und erneut starten, oder wir müssen, alternativ, den daemons Bescheid geben, ihre Konfigurationsdateien erneut einzulesen und zu interpretieren. Als Systemadministrator sollte man wenigstens wissen, wie man den einzelnen laufenden Prozessen Signale schickt. Wie wir schon gesehen haben, kann man den Prozessen mit kill numerische Signale senden, um sie entweder zum Anhalten zu zwingen (kill -9 <psid>). Dieses Signal (9) besitzt als Alias den Namen SIGKILL. Das Signal SIGHUP hat die niedrigste Signalnummer (1) und veranlaßt nicht das Anhalten des daemons, sondern das Signal veranlaßt das Neueinlesen der entsprechenden Konfigurationsdatei. Um also die daemons smbd und nmbd dazu zu zwingen, die veränderte smb.conf-Datei erneut zu interpretieren. Wie wir bereits auf Seite 278 gesehen haben, erzeugt Samba für jeden sogenannten *share* einen neuen smbd-Prozeß. Jeder dieser erzeugten Prozesse liest beim Start die smb.conf-Datei und interpretiert sie. Wenn wir bei laufenden smbd-daemons die Konfigurationsdateien verändern, so bedeutet das, daß zwei shares laufen können, mit unterschiedlichen Konfigurationsdaten.

Die Original-datei /etc/smb.conf ist gültig für den bereits laufenden Prozeß (auch wenn sie bereits überschrieben worden ist); die gerade veränderte Datei ist jedoch gültig für den neu gestarteten Prozeß. Das ist ein Zustand, den man besser nicht toleriert. Schon allein deshalb nicht, weil die alte smb.conf-Datei, wenn überhaupt, so nur noch als Backup-Datei zur Verfügung steht. Das hängt vom jeweiligen Editor ab, nützt aber auch nicht viel, denn wenn man die Konfigurationsdatei zweimal sichert, wird die alte, für manche Prozesse noch gültige Konfigurationsdatei überschrieben. Man findet sich also in einer nicht-deterministischen Situation wieder, bei der die Randbedingungen bereits laufender Prozesse nicht mehr nachvollzogen werden können.

Um alle laufenden daemons anzuhalten, bedient man sich des killall smbd Befehls (siehe Seite 11.2.1).

Die Konfiguration des Beispiels 11.12 dient nur zu Demonstrationszwecken und sollte auf diese Weise nicht in einem realen Netz Verwendung finden.

Wenn Sie jetzt einen Windows-Client mit dem Server verbinden, sollten Sie das `root`-Directory sehen. Dateien verändern oder gar erzeugen dürfen Sie nicht, weil wir die Variable `writeable = no` gesetzt haben (ein bißchen Sicherheit muß sein ;-)).

11.2.6 Die Syntax der Rechtevergabe von Linux und Samba

Linux, genau wie Samba, lassen eine definierte Rechtevergabe zu. Trotzdem kann es keine Konflikte geben, denn es gilt ganz klar:

Linux-Rechte stehen über Samba-Rechten

Das bedeutet: Wenn die Samba-Konfigurationsdatei gewisse Rechte vergibt, die von Linux nicht vergeben werden, so haben die Rechte von Linux die Präzedenz.

Wenn beispielsweise in der `smb.conf`-Datei ein bestimmtes Directory als `public accessible` deklariert wird, Linux aber keinerlei Gruppenzugriffsrechte gewährt, so kann der Eintrag in der `smb.conf`-Datei daran auch nichts ändern.

Es ist ratsam, unter der Variablen `path` nur die Directories anzugeben, welche wirklich für die Clients reserviert werden sollen. Rundumschläge sollten besser nicht versucht werden. Im übrigen stehen dem sowieso schon die vom Superuser vergebenen Rechte auf der Linux-Seite entgegen.

Das nächste Beispiel demonstriert den Konflikt der verschiedenen Rechte, von Samba und Linux.

Verändern Sie die Einträge in der `smb.conf`-Datei, wie in Beispiel 11.13 gezeigt. Damit soll bewirkt werden, daß ein Windows-Client auf das Directory `/tmp` Zugriff erhält.

Beispiel 11.13 *Konflikt zwischen den Linux- und Samba-Rechten*
```
[public]
   path = /tmp
   public = yes
   writeable = yes
   printable = no
```

Wir haben zwar als Mitglied der `public`-Klasse (das sind alle, also auch wir) Zugang zu dem Directory `/tmp`, wenn wir jetzt versuchen, eine Datei zu öffnen und zu beschreiben, welche *nicht* für den öffentlichen Zugang verfügbar ist, so bekommen wir auf der Windows-Seite die Nachricht, daß wir die Datei nicht beschreiben dürfen.

11.3 Samba 2.0.3

So schnell verändern sich die Dinge. Die Neuauflage macht es notwendig, auf die neue Version von *Samba* einzugehen, denn es sind einige wichtige Eigenschaften hinzugekommen, die zumindest der Erwähnung bedürfen. Da anzunehmen ist, daß eine Installation bereits existiert, werden wir uns die vollständige Installation der *Samba*-2.0.3-Quellen ansehen, um so ein Gefühl dafür zu bekommen, wie man von einer Version zur nächsten kommt.

11.3.1 Installieren

Auch wenn die Installation von *Samba* im Absatz 11.2 schon beschrieben wurde, müssen wir uns jetzt noch einmal damit beschäftigen.

So aktuell die S.u.S.E.-Edition auch sein mag, wenn sie bei Ihnen zu Hause ankommt, die neuesten Entwicklungen wird sie dennoch nicht enthalten können. Das ist für die meisten Pakete (insbesondere den Kernel) nicht so wichtig, insbesondere wenn es sich beim Anwender um einen kommerziellen User handelt. Im Gegenteil, die neuesten Entwicklungen und Updates in ein laufendes System einzuspielen benötigt viel Zeit, technisches Verständnis und Geduld. Manche Applikationen unterliegen einer derart virulenten Evolution, daß sich die Eigenschaften der Vorgängerversion so stark von der neuesten Version unterscheiden, daß ein Update unabdingbar wird. Ohne Zweifel läßt sich gerade das *Samba*-Paket dieser Gruppe von Applikationen zuordnen. Die neu implementierten Eigenschaften der neuen Version können genau die sein, auf die man schon lange gewartet hatte und dann muß einfach ein Update vorgenommen werden.

Bevor Sie jedoch die Installation beginnen, sollten Sie darauf achten, daß die Installationspfade für Ihr System richtig gesetzt sind. Die Vorgabe der `Makefile` gibt als Ort der Installation `/usr/local/samba` vor. Das muß nicht verkehrt sein, wenn aber die neue *Samba*-Version beim Hochfahren nicht gestartet wird, sondern sich immer noch die »*alte Version*« breitmacht, dann liegt das daran, daß die alte Version bei der Installation nicht überschrieben wurde.

1. Wenn Sie das Paket aus dem Netz geholt haben, so sollte sich die folgende Datei in einem Ihrer Directories befinden:

    `samba-2.0.3.tar.gz`

11.3 Samba 2.0.3

2. Dann packen Sie das Archiv aus. Wir haben zwar schon öfters `tar`-Pakete ausgepackt, trotzdem hier noch einmal die Anleitung:

   ```
   tar xzvf samba-2.0.3.tar.gz
   ```

3. Das `z` sagt dem Programm `tar`, daß es sich um eine gezippte und getarte Datei handelt. Jetzt sollte sich ein Directory mit dem folgenden Namen in Ihrem Verezeichnis befinden.

   ```
   samba-2.0.3
   ```

4. wechseln Sie in das Directory `samba-2.0.3/source`, und rufen Sie Programm `configure` auf. Dieses Programm analysiert Ihr Rechnersystem, stellt fest, ob alle Komponenten vorhanden sind, die für eine erfolgreiche Übersetzung der Quellen notwendig sind, und generiert dann eine `Makefile`.

5. Rufen Sie `make` auf, um das *Samba*-Paket zu übersetzen. Dieser Schritt kann ziemlich lange dauern, auf einem schnellen Rechner (Pentium II 333 MHz) kann das mehr als 20 Minuten dauern, auf einem langsamen Rechner entsprechend länger.

6. Jetzt müssen Sie `make install` aufrufen, damit die übersetzten Dateien in die entsprechenden Directories kopiert werden, gleichzeitig werden auch die `manpages` an die richtige Stelle befördert. Wenn Sie dann `man samba` aufrufen, dann finden Sie am Ende in etwa folgende Information:

   ```
   samba 2.0.3              28 Feb 1999                           3
   ```

7. Nun kann man eine Testdatei `smb.conf` erzeugen, in der sich der folgende Eintrag befinden sollte:

   ```
   workgroup = <Name der Workgroup>
   [homes]
       guest ok = no
       read only = no
   ```

   Natürlich müssen Sie `<Name der Workgroup>` durch einen echten Namen ersetzen, der auf Ihrem Rechnernetz aussagekräftig ist.

   Dieser Eintrag gibt all jenen Benutzern Zugang zum Server, die über einen Account auf diesem verfügen. Diese Einträge dienen nur Testzwecken und sollten später unbedingt abgeändert werden. Normalerweise finden Sie die Datei `smb.conf` im Directory `/etc`, wenn Sie jedoch die Standardinstallation der Version 2.0.3 verwenden, dann kann es sein, daß *Samba* diese Datei unter `/usr/local/samba/lib/` sucht. Wenn das der Fall ist, so wird Ihnen der folgende Schritt Auskunft darüber geben, denn das Programm `testparm` analysiert die Datei `smb.conf`, und wenn die Datei dort nicht gefunden wird, teilt das Programm mit, wo denn nun die `smb.conf` erwartet wird.

8. Nun kann man die Konfiguration mit dem Programm `testparm` testen. Nach Abschluß des Tests kann man durch Eingabe von Enter alle Optionen des *Samba*-Pakets ausgeben lassen. Spätestens jetzt werden Sie einsehen, daß man im Kontext dieses Buches nicht alle Parameter behandeln kann, geschweige denn alle legalen Kombinationen davon. Eine solche Aufgabe bleibt einem Buch überlassen, das sich nur und ausschließlich mit Samba beschäftigt. *Blair, John D.* [2] hat sich dieser Aufgabe gewidmet. Er ist einer der Entwickler des *Samba*-Projekts und hat eine wirklich lesenswerte Publikation zu diesem Thema abgeliefert. Aber selbst dieses Buch, das sich schließlich nur mit *Samba* beschäftigt, kann nicht alle möglichen Aspekte und Einstellungskombinationen behandeln, dafür sind es einfach zu viele. Vielleicht erbarmt sich ja mal ein deutschsprachiger Autor und schreibt **die** *Samba*-Bibel (die dann allerdings wenigstens 400 Seiten Umfang haben müßte).

9. Jetzt können die beiden daemons gestartet werden, und erst dann wird die Information in der Datei `smb.conf` interpretiert. Die letzten Schritte (und alle folgenden) müssen natürlich als `root` ausgeführt werden. Die daemons können wie auf Seite 285 gestartet werden, man kann die beiden Dienste `smbd` und `nmbd` auch mit `inetd` starten, dazu muß die Datei `inetd.conf` verändert werden.

Um das korrekt zu bewerkstelligen, muß man in der Datei `/etc/services` nachsehen, ob die beiden folgenden Zeilen definiert sind (es handelt sich um die beiden Transportprotokollports für tcp und udp):

```
netbios-ssn     139/tcp
netbios-ns      137/udp
```

Wenn diese Einträge nicht vorhanden sind (was sehr ungewöhnlich wäre), so ergänzen Sie diese Einträge.

Jetzt kann die Datei `/etc/inetd.conf` in folgender Weise ergänzt werden:

```
netbios-ssn stream tcp nowait root /usr/local/samba/bin/smbd smbd
netbios-ns  dgram  udp wait   root /usr/local/samba/bin/nmbd nmbd
```

11.3 Samba 2.0.3

Nun kann `inetd` erneut gestartet werden (HUP).

Die Version *Samba*-2.0.3 nennt sich die »*Domain Client Release*«. Dieser Begriff stammt aus der Datei `Roadmap`, die jeder Edition von Samba beiliegt. Wenn Sie Informationen über interessante Neuerungen der einzelnen *Samba*-Versionen haben wollen, so ist dies die richtige Quelle, schließlich stammen diese Informationen von den Entwicklern selbst.

Eine wesentliche Neuerung dieser Version besteht unter anderem darin, daß nun auch die spezifischen Windows NT$^{(c)}$-SMB-Calls unterstützt werden. Das bedeutet natürlich nicht, daß ein Windows NT$^{(c)}$-Client mit der alten Version (1.9.18) nicht anzubinden wäre, es wurden nur bisher die NT-spezifischen Calls nicht unterstützt. Das hatte zur Folge, daß bestimmte Dienste nicht bereitstanden, so konnte zum Beispiel ein *Samba*-Client nicht in einer proprietären Windows NT$^{(c)}$-Domain-Umgebung eingesetzt werden, weil die entsprechenden SMB-Calls von *Samba* nicht generiert werden konnten.

Einige wirklich wichtige Eigenschaften sind leider auch in der Version 2.0.0 und der Version 2.0.3 nicht implementiert, aber das hängt mit der bekannten und sehr restriktiven Politik der Firma *Microsoft*$^{(c)}$ zusammen.

Nicht implementiert ist das PDC-Protokoll (Primary-Domain-Controller) und das BDC-Protokoll (Backup-Domain-Controller). Man kann darüber rätseln, ob diese beiden Protokolle nur deshalb nicht freigegeben werden, damit andere Server (*Samba*) diese NT-spezifischen Dienste nicht nutzen können, oder weil *Microsoft*$^{(c)}$ befürchtet, daß bei einer Freigabe dieser Protokolle die Sicherheit in einer Windows NT$^{(c)}$-Domain-kontrollierten Umgebung nicht mehr gewährleistet wäre. Wenn es gelingt, auch diese Protokolle in Samba zu implementieren, dann könnte immerhin ein NT-Server vollständig von einem *Samba*-Server ersetzt werden.

Die *Samba*-Version 2.0.3 ist übrigens in der Lage, diese Protokolle zu unterstützen, allerdings befinden sich diese Dienste noch in einem frühen Alpha-Stadium, und es ist nicht ratsam, sich in einem kommerziellen Einsatz auf diese Dienste zu verlassen.

11.3.2 Logging

In einem Netz können beim Transfer natürlich auch Fehler auftreten. Fehler zu suchen, nachdem sie aufgetreten sind, ist ein ziemlich kompliziertes und mühevolles Unterfangen. Fehler zu suchen, bevor sie aufgetreten sind, ist natürlich nicht möglich. Zwischen diesen beiden Extremen existiert aber noch eine dritte Möglichkeit. Man läßt im Fehlerfall die anfallenden Nachrichten mit protokollieren, dann kann man anhand der Nachrichten herausfinden, was schiefgegangen ist, und dann entsprechend reagieren. *Samba* unterstützt Logging, und so kann gerade in der Implementatiosphase kontrolliert werden, welche Dienste nicht korrekt implementiert worden sind.

Die Log-Datei kann mit einem Eintrag in der Datei /etc/smb.conf in ihrer Größe beschränkt werden, dazu muß man nur den folgenden Eintrag hinzufügen:

```
max log size = 20000
```

Damit legt man fest, daß die Log-Datei nicht auf eine Größe von mehr als 20KB anwachsen kann. Die Voreinstellung ist 5KB, sie gilt dann, wenn keine Angaben gemacht werden.

11.4 Hilfsprogramme

Dem *Samba*-Paket liegen einige nützliche Programme bei, die hier nur kurz besprochen werden. Man kann sich diese Information auch über die man pages zugänglich machen, freilich sind sie auch dort nicht viel ausführlicher beschrieben. Einige von diesen Programmen haben wir bereits verwendet, sie sind uns daher in ihrer Funktion schon etwas vertraut.

- nmblookup

  Mit diesem Befehl können NetBIOS Anfragen von einer Unix-Maschine aus getätigt werden.

- nmbd

  Dieser Daemon liefert NetBIOS-Nameserver-Dienste und browsing support. Beim Starten dieses Daemons wird die Datei smb.conf ausgelesen und interpretiert.

- smbclient

  Dieser Befehl implementiert einen einfachen, ftp-ähnlichen Client.

- testparm

  Dieses Programm haben wir bereits bei der Installation genutzt, es analysiert die Datei smb.conf und gibt Auskunft, ob die Einträge alle syntaktisch korrekt sind.

- testprns

  Mit diesem Programm kann geprüft werden, ob ein Drucker vorhanden ist.

- `smbstatus`

  Mit diesem Befehl kann man Server-seitig feststellen, welcher Client wo eingeloggt ist und über welche IP-Adresse er kommt. Das folgende Beispiel zeigt die Ausgabe der Test-Session nach dem Einrichten der Samba-Version 2.0.3.

  ```
  Samba version 2.0.3
  Service uid   gid   pid machine
  ------------------------------------------
  olaf olaf users 638 wincom (192.168.17.5) Wed Mar 24 10:22:48 1999
  olaf olaf users 638 wincom (192.168.17.5) Wed Mar 24 13:40:50 1999
  ```

- `make_smbcodepage`

  Mit diesem Befehl lassen sich Code-Page-Definition Files für den smbd-Server erstellen.

- `smbpasswd`

  Mit diesem Programm kann man SMB-verschlüsselte Paßwörter von Samba- und NT-Servern verändern.

11.5 Beispiele

Bis jetzt hat sich die gesamte Konfiguration eines *Samba*-Servers in kleinem Rahmen abgespielt, die Dienste sind relativ einfach gewesen, und auch die Netzwerktopologie war sehr flach. Die neue Version von *Samba* hat einen Major-Release-Sprung gemacht, von Version eins auf Version zwei, das läßt vermuten, daß sich wichtige Ergänzungen und Änderungen ergeben haben. Und das ist auch der Fall. Die im folgenden Abschnitt beschriebenen Beispiele sollen auch dazu dienen, diese neuen Strukturen zu erläutern (nicht alle natürlich, das wäre doch etwas zu umfangreich, wir wollen jedoch die wichtigsten Aspekte beleuchten). Als Grundlage dienen uns komplexere Netztopologien, die in der Praxis häufig anzutreffen sind. Wir haben bisher nicht gesehen, wie man konkurrierende Server in einem Netz betreibt, oder wie man unterschiedliche Subnetze zusammenhängt und dabei das Browser-Problem löst.

Jedes Netz signifikanter Größe oder Komplexität sollte über einen Server verfügen. Auch in einem reinen *Microsoft*[(c)]-Netz muß dieser Server nicht zwangsläufig eine Windows NT[(c)]-Server-Workstation sein. Es kann sich genausogut um eine einfache Windows NT[(c)]-Workstation handeln oder sogar um einen Windows 95[(c)]-Rechner. Ja sogar ein alter betagter Windows for Workgroups-Rechner kann diese Aufgabe übernehmen. Solange die Netztopologie flach ist (siehe Abb. **11.12**), ist es völlig egal, wer die Server-Aufgabe übernimmt. Wenn die Topologie komplexer wird (siehe Abb. **11.13**), dann ergeben sich Probleme, die nur durch das Austauschen des Servers selbst zu beheben sind.

Abbildung 11.12: Flache Netztopologie

Wenn man zwei Netze zu einer Workgroup zusammenschließt (sei es lokal oder über das Internet), so stellen sich die Fragen, wie werden die Namen der einzelnen Rechner verwaltet, welcher der beiden konkurrierenden Server übernimmt das Browsing, und wie werden die Konflikte aufgelöst. Diese und andere Fragen werden wir an praktischen Beispielen untersuchen und Lösungen dafür anbieten.

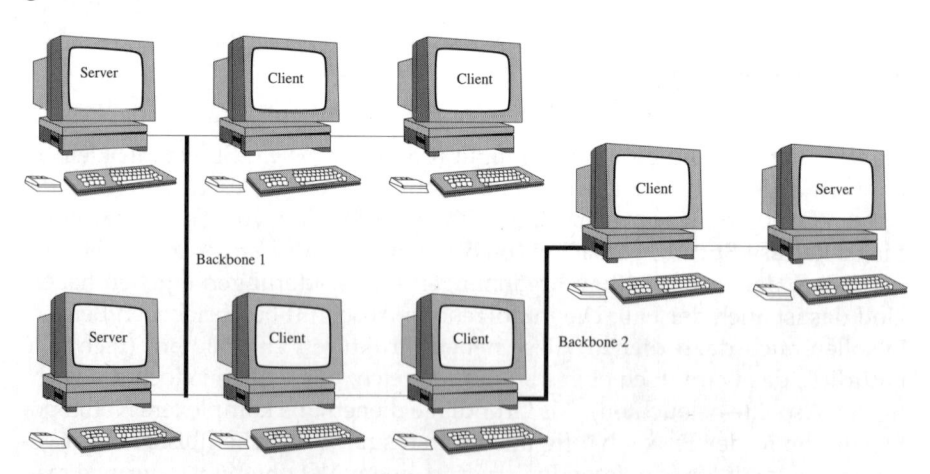

Abbildung 11.13: Tiefe Netztopologie

Bevor wir uns um die Beispiele kümmern, müssen wir noch klären, wo denn nun der *Samba*-Server semantisch in einem Windows-Netz angesiedelt ist. Entspricht er eher einem Windows 95[(c)]-Rechner, einer Windows NT[(c)]-Workstation oder einem Windows NT[(c)]-Server?

Ein Linux-*Samba*-Server ist alles und nichts von allem. Natürlich kann eine Linux-Workstation nicht *Microsoft*[(c)]-Programme ausführen (obwohl das Dementi von *Bill Gates*, daß WinOffice nicht auf Linux portiert wird, so etwas für die nächste Zukunft vermuten läßt). In diesem Sinne ist ein Linux-*Samba*-Server nichts von alledem. Allerdings kann ein Linux-*Samba*-Server einen Windows NT[c]-Server ersetzen, das bedeutet, *Microsoft*[c]-Programme können auf dem *Samba*-Server installiert und ausgeführt werden. Wie bereits bemerkt, kann das Ausführen nicht auf dem Server selbst geschehen, aber jeder beliebige Windows-Client kann ein Netzlaufwerk installieren, dort Programme installieren und diese im Netzlaufwerk ausführen. Auch auf einer reinen *Microsoft*[c]-Plattform lassen sich die Dienste eines Servers in zwei Funktionen zerlegen: Ausführen von Programmen, Bereitstellen von Diensten. Von diesem Standpunkt aus ist es nicht besonders einschränkend, wenn die Programme auf dem Server selbst nicht ausgeführt werden können. Auch auf einer reinen Windows NT[c]-Server-Workstation sollte sich kein User einloggen, der Programme ausführen will, das wäre äußerst leichtsinnig. Normalerweise ist ein Server daran zu erkennen, daß er den kleinsten Bildschirm hat (womöglich monochrom), aber dafür das größte Gehäuse. Setzt man voraus, daß ein User auf dem Server nicht rechnen will, dann kann eine Linux-Workstation einen Windows NT[c]-Server (fast) vollständig ersetzen.

Unter der Prämisse des gesagten sehen wir uns zum Schluß dieses Kapitels einige Beispiele von Netztopologien und die dazugehörigen Einträge in der smb.conf an. Es sollte leicht gelingen, die gegebenen Beispiel-Konfigurationen so abzuändern, daß sie einer realen Situation entsprechen.

Die Beispiele enthalten einige bisher nicht diskutierte Parameter des *Samba*-Programms, wir werden uns diese en passant ansehen.

11.5.1 Kleine Netzwerklösung

Abbildung 11.14: Kleine Netzwerklösung, ein Samba-Server

Die notwendigen Einträge in der Datei smb.conf für die in Abb. **11.14** gezeigte Netztopologie ist in Beispiel 11.14 gezeigt:

Beispiel 11.14 smb.conf *für kleine Netzwerklösungen*

```
workgroup = italisa
server string = Samba %2.0.3
local master = yes
preferred master = yes
os level = 22
```

Abgesehen von den Variablen der ersten und zweiten Zeile des Beispiels 11.14, sind uns noch alle anderen Variablen unbekannt. Nehmen wir das als Anlaß, uns mit dem Browsing zu beschäftigen.

Unter Browsing versteht man das Sichtbarmachen der verschiedenen Ressourcen, die von einem Server aus erreichbar sind. In der NT-Umgebung wird die Liste, die vom Browser generiert wird, im Fenster »*Netzwerk Nachbarschaft*« verwendet und dargestellt. In Abb. **11.15** ist eine solche Browsing-Umgebung für einen NT-Server abgebildet.

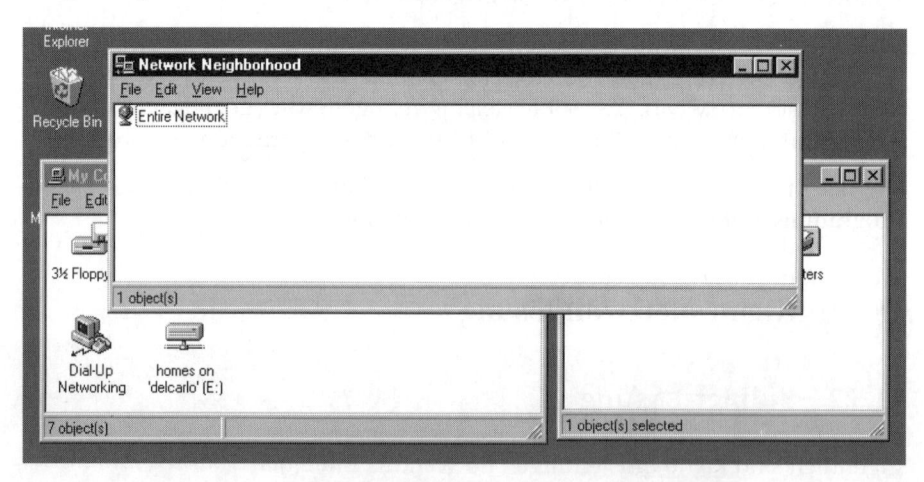

Abbildung 11.15: Browsing

Natürlich kann Linux als *Samba*-Server ebensogut diese Aufgabe übernehmen. Die Zeile local master = yes gibt dem nmbd bekannt, daß dieser *Samba*-Server bereit ist, als Browser zu fungieren.

Wenn sich in einem Netz mehr als ein Server befindet, kann es sein, daß diese Server um die Eigenschaft als Browser konkurrieren. Um dem Server mit der in Beispiel 11.14 angegebenen Konfiguration (smb.conf) diese Aufgabe zuzuweisen, dient die nächste Zeile: preferred master = yes. Man könnte der Meinung sein, daß diese Wahl dann definitiv ist, das ist jedoch nicht der Fall. Die Variable, wenn auf yes gesetzt, signalisiert dem daemon nmbd nur, daß dieser Server bereit ist, diese Aufgabe zu übernehmen. Wenn der Server als erstes auf der Serverliste von nmbd auftaucht, so hat er eine gute Chance, diese Aufgabe auch zugewiesen zu bekommen, gesichert ist das jedoch nicht.

Die letzte Zeile aus Beispiel 11.14 (os level = 22) bestimmt die Priorität, mit der um die Aufgabe als Browser im Netz konkurriert wird. Die Skala der Prioritäten reicht von 1 bis 255, wobei 255 die höchste Priorität bedeutet. Setzt man die Priorität eines *Samba*-Servers auf 0, so wird er bei der Vergabe des Browsings überhaupt nicht berücksichtigt.

Die Browsing-Prioritäten in einem reinen Windows-Netz sind ganz klar definiert:

Tabelle 11.1: Priorität in einem Windows-Netz

Server	Priorität
Windows-for Workgroups	1
Windows 95[c]	1
Windows NT[c]-Workstation 3.51	16
Windows NT[c]-Workstation 4.0	17
Windows NT[c]-Server 3.51	32
Windows NT[c]-Server 4.0	33

Die Konfiguration würde also mit der eingestellten Priorität zwischen den beiden Workstations Windows NT[c]-Workstation 3.51 und Windows NT[c]-Workstation 4.0 liegen. Würden wir den os level auf 42 stellen, so hätte dieser Server immer erste Priorität.

11.5.2 Subnet-Lösung

Eigentlich sind keine Einstellungen notwendig, um einen *Samba*-Server aufzusetzen. Wir haben das bereits in den Beispielen 11.3 bis 11.1 feststellen können. Nichts deutete darauf hin, daß der *Samba*-Server als solcher im Netz seinen Dienst tun sollte. Mit diesen Einstellungen kann man den *Samba*-Server in dem Subnet, in dem er sich befindet, mit dem qualifizierten Namen dieses Segments sichtbar machen. Solange das Subnet das einzige ist (in diesem Zusammenhang kann man freilich nicht von Subnet reden, denn das Netz ist zu keinem anderen »*Sub*«), ist die Voreinstellung ausreichend. Allerdings deutet es sich schon an, daß der *Samba*-Server in einer echten Subnet-Beziehung nicht mehr von den beteiligten Rechnern eines anderen Subnets »*gesehen*« wird oder daß er andere Teilnehmer fremder Subnets »*sehen*« kann. Bei dieser Einstellung kann *Samba* nur dann als Browser fungieren, wenn der *Samba*-Server der einzige im Netz befindliche Server ist. Das muß nicht unbedingt verkehrt sein, denn wenn sich ein Windows NT-Server bereits im Netz befindet, dann ist es kein »*Ehrverlust*«, wenn dieser die administrativen Aufgaben eines Browsers erfüllt. Festzuhalten gilt: *Samba* kann in diesem »*default*«-Mode nicht als local master fungieren. Die Auswahl des Servers in einem Netz geschieht nach gewissen Regeln, um einen Konflikt zu vermeiden, wenn sich mehr als ein qualifizierter Server im Netz befindet. Man kann sich das vorstellen wie eine öffentliche Ausschreibung, die diejenige Firma für sich entscheidet, die das beste Angebot abliefert. In einem solchen Netz (siehe Abb. **11.17**) wird der *Samba*-Server jeden im Netz befindlichen anderen Server verlieren, wenn es um die Eigenschaft local master geht. Aber auch die Entscheidung, wer master browser wird, kann der *Samba*-Server mit diesen Einstellungen nicht für sich entscheiden. Das Problem bei dieser Einstellung ist, daß der *Samba*-Server nur von seinem Subnet gesehen werden kann, der Rest der Workgroup sieht den Server nicht (es gibt Möglichkeiten, den Server auch dann sichtbar zu machen (Stichwort DNS)). Jetzt handelt es sich nicht mehr nur um die Ehre, den Server spielen zu dürfen, jetzt geht es um Funktionalität, und wir müssen versuchen, dem *Samba*-Server diese Rechte zu verschaffen.

Subnet-Lösungen, auch wenn sie so einfach strukturiert sind, wie in Abb. **11.16** gezeigt, sind nicht einfach zu administrieren. In beiden Subnets haben wir eine NetBIOS over TCP-Struktur und die Backbone stellt die Verbindung über TCP/IP her. Wir können, dem Kontext dieses Buches folgend, nicht auf die komplette Problematik dieser Konfiguration eingehen, deshalb beschränken wir uns auf die besonderen Einzelheiten der *Samba*-Server-Konfiguration.

Sehen wir uns das Beispiel aus Abb. **11.16** an. Hier sind zwei Server implementiert, die unabhängig voneinander jeweils ein Subnet administrieren, die gemneinsam eine sogenannte Workgroup repräsentieren. Sie sind über eine sogenannte **Backbone** miteinander verbunden, und deshalb erhebt sich auch die Frage, wer von diesen beiden Servern die Browser-Funktion übernimmt. Da sich im Netz noch eine Windows NT$^{(c)}$-Workstation befindet, muß der os level so hoch gesetzt werden, daß diese Workstation nicht in die Versuchung kommt, als Browser zu agieren. Wir erreichen das, indem wir den os level auf 31 setzen. Aus Tabelle **11.1** kann abgelesen werden, daß die *Samba*-Server eine höhere Priorität als die Windows NT$^{(c)}$-Workstation haben und daher die Zuteilung als Browser bekommen. Um hier keine Konkurrenz auftreten zu lassen, wird der zweite Server mit der Anweisung domain master = no als Browser-Server nicht zur Verfügung gestellt. Die Eigenschaft, Browser zu sein, ist in einem inhomogenen Netz nicht mit Herrschaftswissen verbunden, deshalb kann man sich bei der Präsenz eines NT-Servers auch dafür entscheiden, diesen die Browser-Funktion übernehmen zu lassen.

Werden zwei inhomogene Windows-Netze (Windows NT$^{(c)}$-Workstation, Windows 95$^{(c)}$ oder Word for Windows) auf die in Abb. **11.16** gezeigte Weise verbunden (allerdings ohne *Samba*-Server), so kommt es zu Problem

11.5 Beispiele

beim Browsing. Auch wenn in einem solchen Netz der Eindruck erweckt wird, daß diese Konfiguration nur eine Workgroup repräsentiert, da die Namen der beiden Subnets identisch sind, so handelt es sich doch um zwei disjunkte Workgroups, die nur jeweils gleich benannt sind. Das liegt daran, daß eine inhomogene Vernetzung aus Windows 95[c], OS/2[c] und Windows NT[c]-Workstation ohne einen speziellen Windows NT[c]-Server die lokalen Browsing-Informationen nicht synchronisieren können. Die Server der jeweiligen Subnets können nur innerhalb ihres Subnets die Ressourcen sichtbar machen.

Mit einem (oder wie in Abb. **11.16** zwei) Samba-Servern kann man diesem Mißstand abhelfen, indem man einen der beiden Server als Windows-Server deklariert. Das geschieht in der Zeile des Beispiels 11.15 `wins support = yes`. Damit es nicht zu Konflikten kommt, wird dem anderen Server in der Konfigurationsdatei aus Beispiel 11.15 mitgeteilt, wo der Windows-Server zu finden ist. Auf diese Weise können zwei Subnets über eine Backbone zu einer echten Workgroup zusammengeschaltet werden.

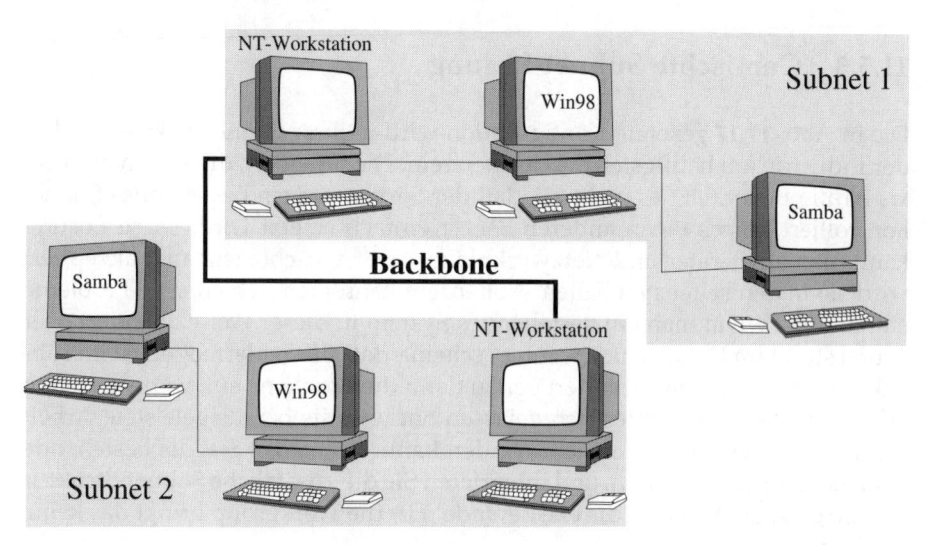

Abbildung 11.16: Subnet, zwei Samba-Server

Beispiel 11.15   *Erster Samba-Server*

```
workgroup = italisa
server string = Samba %2.0.3
local master = yes
domain master = yes
preferred master = yes
```

```
os level = 31
wins support = yes
```

Es folgt die Konfiguration des Servers aus Subdomain 2. Hier wird ganz klar definiert, daß dieser Server nicht der domain master ist, um nicht in Konflikt mit dem dedizierten Server des anderen Subnets zu kommen.

Beispiel 11.16 *Zweiter Samba-Server*

```
workgroup = italisa
server string = Samba %2.0.3
local master = yes
domain master = no
preferred master = yes
os level = 31
wins server = <IP-Adresse des ersten Servers>
```

11.5.3 Gemischte Subnet-Lösung

Die in Abb. **11.17** gezeigte Konfiguration wird in ihrer Grundstruktur wohl in der Industrie am häufigsten anzutreffen sein. Die Situation, die sich in der Praxis häufig bietet, läßt es nicht zu, daß der Server, der ein bestehendes Subnet kontrolliert, durch einen anderen Server einfach ersetzt wird. Diese Lösung kann man als Berater und Netzwerkplaner zwar vorschlagen, aber akzeptiert wird sie in den seltensten Fällen. Außerdem kann man sich enorme Probleme einhandeln, wenn man ein bestehendes System in dieser Weise abändert. Der Teufel steckt im Detail. Auch wenn es scheint, daß alle Fehlermöglichkeiten abgeklärt sind, so treten garantiert genau dann die Probleme auf, wenn man den *»Point of no return«* hinter sich gelassen hat und die bereits geleistete Arbeit nicht mehr rückgängig gemacht werden kann. Versuchen Sie, die bestehende Netzlösung beizubehalten, und integrieren Sie die zusätzliche Subnet-Struktur auf die gezeigte Weise in die existierende. Für die Workgroup bringt das keine Nachteile.

Abb. **11.17** zeigt eine solche Lösung. An ein bestehendes Netz mit einem Windows NT[c]-Server wird ein Subnetz angeschlossen, welches von einem *Samba*-Server kontrolliert wird. Anstatt den neu hinzugekommenen Server als Browser zu konfigurieren, ist es besser, Sie lassen diesen Aufgabenteil beim bereits existierenden Windows NT[c]-Server und binden Ihr Subnet mit den Anweisungen aus Beispiel 11.17 in die smb.conf ein. Bestimmen Sie die Priorität bewußt so, daß sie unterhalb der des Windows NT[c]-Servers liegt. Zwingend ist das nicht, denn erstens wird explizit mit der Anweisung domain master = no der Server als Domain-Server ausgeschlossen, und zweitens wird mit

11.5 Beispiele

der Zeile `wins server = <IP-Adresse des WNT-Servers>` festgelegt, wer der Domain-Server ist, aber schaden kann es nicht, und es macht die Informationen in der Datei `smb.conf` interpretierbarer.

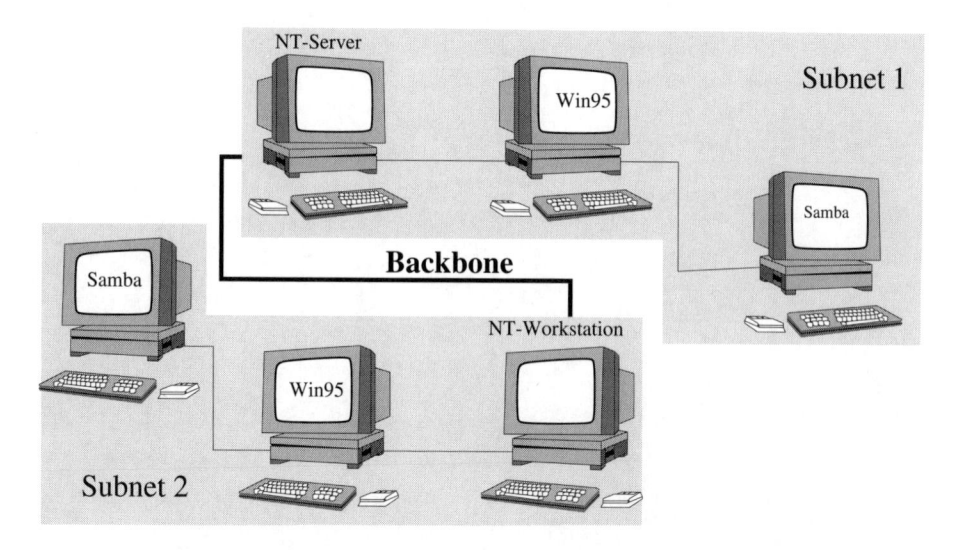

Abbildung 11.17: Subnet, ein Samba-Server, ein NT.Server

Beispiel 11.17   *Zweiter Samba-Server*

```
workgroup = italisa
server string = Samba %2.0.3
local master = yes
preferred master = yes
domain master = no
os level = 22
wins server = <IP-Adresse des WNT-Servers>
```

Es ließen sich noch viele Konfigurationen angeben, die gezeigten decken jedoch nach meiner in der Praxis gewonnenen Erfahrung den größten Teil der Anwendungen im Einsatz ab. Viele Möglichkeiten sind nicht behandelt worden, wie beispielsweise die »*Encrypted Password Authentication*« von Unix und Windows NT[c]. Auch die Methode, Unix-Dateien auf einer Windows NT[c]-Workstation zu sichern, wäre bestimmt ein interessantes Thema. Das Kapitel *Samba* hat sich in dieser Auflage so breit gemacht, daß es sogar im neuen Titel Eingang gefunden hat, trotzdem ist es nicht vertretbar, den kommerziellen Einsatz von Linux so stark in den Hintergrund treten zu lassen, um *Samba* den Vorzug zu geben, auch wenn das unter Berücksichtigung der gegenwärtigen

Entwicklung wünschenswert wäre. Aber dann wäre dieses Buch keine Neuauflage mehr, es wäre ein völlig anderes Buch (was es ja eigenlich schon ist).

12 IPX-Installation

Viele Firmen betreiben ein Novell-Netzwerk. Eine gute Lösung, wenn auch etwas veraltet. Auch wenn wohl langfristig das Novell-Netzwerk der TCP/IP-Lösung Platz machen wird, so ist mittelfristig gewiß die Novell-Lösung immer noch eine Alternative. Wir wollen uns daher auch mit dieser Server-Lösung beschäftigen.

12.1 IPX als Netzwerkprotokoll

Zuerst einmal möchte ich darauf hinweisen, daß viele, ja die meisten Hinweise und Adressen von *Alan Cox* alan@lxorguk.ukuu.org.uk und *Greg Page* greg@caldera.com stammen, die das IPX-Paket entwickelt, beziehungsweise verbessert haben. Erst einmal Dank an diese Adresse. IPX ist nicht gerade ein Protokoll, welchem erste Priorität bei der Entscheidung gegeben wird, vielmehr liegt das Hauptinteresse auf einer Weiterverwendung eines bereits bestehenden Novell-Netzes. Der Linux-Kernel unterstützt in der Version 2.0 das IPX-Protokoll sowie eine Reihe anderer Nicht-TCP/IP-Protokolle, die hier aber nicht betrachtet werden.

12.2 Linux als IPX-Router

Will man mehrere IPX-Rechner vernetzen, benötigt man die Dienste eines Routers. In einer Novell-Umgebung müssen zwei Typen von Informationen vorhanden sein:

- RIP

  Die **Routing Information Propagation** sorgt für die Verbreitung der Routing-Informationen im Netz.

- SAP

  Die **Service Advertisement Propagation** sorgt für die Distribution der angebotenen Dienstleistungen.

Jeder Rechner, der als Router in einer solchen Umgebung fungieren will, muß beide genannten Protokolle unterstützen.

Linux unterstützt beide Protokolle und kann daher als Router für ein Novell-Netz dienen. Ähnlich wie bei dem in Kapitel 11 ab Seite 267 beschriebenen Samba-Server kann man sich auf diese Weise die immer noch recht teuren Novell-Lizenzen sparen. Linux kann relativ einfach als Novell-Router konfiguriert und eingesetzt werden.

Der vom Linux-Kernel unterstützte Support kann für sich allein nur das IPX-Packet forwarding unterstützen, braucht also ein Programm, um die beiden obengenannten Novell-Protokolle RIP und SAP zu unterstützen. Damit wird sichergestellt, daß der Routing-Table vom IPX korrekt aufgebaut ist und in gewissen Zeitintervallen auf den neuesten Stand gebracht wird, um auf die Änderungen im Netzwerk reagieren zu können.

Der route-daemon von *Volker Lendecke* `lendecke@namu01.gwdg.de` macht genau das.

Der daemon kann unter den folgenden Adressen kostenlos bezogen werden werden:

- `sunsite.unc.edu`

- `ftp.gwdg.de`

Linux ist relativ einfach als Router für ein Novell-Netzwerk zu konfigurieren:

1. Zuerst muß der Kernel von Linux mit IPX-Unterstützung neu übersetzt werden. Dabei muß natürlich auch Ethernet und /proc-Support mit einkompiliert werden.

2. Nachdem das Programm ipxd (siehe oben) geholt und übersetzt worden ist, muß es noch als daemon installiert werden.

3. Der Rechner muß danach erneut hochgefahren werden. Beim Hochfahren achten Sie darauf, daß die Statusmeldungen erkennen lassen, daß alle Ethernet-Karten korrekt erkannt worden sind. Sie erinnern sich, daß man bei der Erstinstallation nur eine Ethernet-Karte installieren kann, deshalb müssen Sie alle weiteren Ethernet-Karten vor dem erneuten Hochfahren in das System integriert haben.

12.2 Linux als IPX-Router

4. Geben Sie die Erlaubnis für jedes Interface, das IPX-Protokoll zu verwenden. Dieser Schritt ist sehr wichtig und wird häufig vergessen. Obwohl alles korrekt installiert ist und auch die komplette Hardware korrekt erkannt wird, wird Ihr Router ohne diese Erlaubnisvergabe nicht korrekt funktionieren.

5. Starten Sie den ipxd daemon.

Betrachten sie die Konfiguration in Abb. **12.1**.

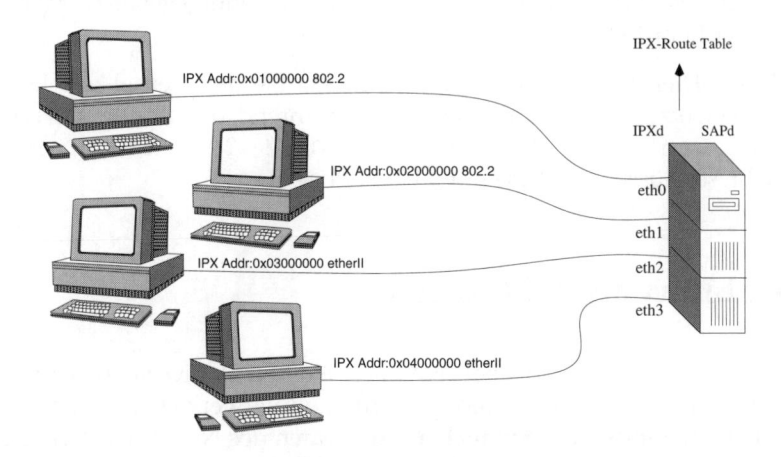

Abbildung 12.1: Ein Novell-Router

Die Konfigurierung für das Netzwerk aus Abb. **12.1** müßte dann wie in Beispiel 12.1 erfolgen:

Beispiel 12.1   *Die Konfigurierung für das Netzwerk aus Abb. **12.1***

```
# ipx_interface add eth0 802.2 0x0100000000
# ipx_interface add eth1 802.2 0x0200000000
# ipx_interface add eth2 etherii 0x0300000000
# ipx_interface add eth3 etherii 0x0400000000
# ipxd
```

Nach einer Weile sollten Sie eine für Ihre Konfiguration relevante Anzahl von OPX-Routes bemerken. Sie können diese »lebendigen« Routes in der Datei /proc/net/ipx_route finden. Dort finden Sie auch die Routes, welche vom System ermittelt worden sind, während Ihr Netz auf solche Routes durchsucht worden ist.

12.2.1 Internes Netzwerk

Novell verfügt über eine sogenannte »*Internal-Network*«-Eigenschaft. Damit ist gemeint, daß die Routing-Tabelle durch die Angabe eines »*inneren Netzes*« wesentlich vereinfacht werden kann, wenn man ein Netz mit mehreren Teilnetzen betreibt und falls ein Host über mehr als eine Netzwerkkarte verfügt (Gateway-Rechner beispielsweise, oder ein Host-Rechner, der zwei disjunkten Teilnetzen als Print-Server dienen soll). Diese Eigenschaft erweist sich als besonders nützlich, wenn beispielsweise ein File-Server an mehr als einem Netzwerk angeschlossen ist. Diese »*internal-network*«-Eigenschaft erlaubt es, daß den beteiligten Rechnern nur eine Route bekanntgegeben werden muß, egal in welchem Teilnetz sie sich befinden.

Um diesen Dienst nutzen zu können, müssen Sie den Kernel neu konfigurieren, übersetzen und installieren. Wenn während der Konfigurierung die Frage `Full internal IPX network` (`CONFIG_IPX_INTERN`) `[N/y/?]` auftaucht, so müssen Sie diese mit `y` beantworten.

12.3 Linux als NCP-Client

Für den Fall einer inhomogenen Netzprotokoll-Struktur (das bedeutet, daß außer dem IP-Protokoll noch das IPX-Protokoll verwendet wird) ist es sinnvoll, wenn Ihr Linux-Rechner auch auf die Daten des Novell-File-Servers Zugriff bekommt. Die Firma Novell bietet zwar ein NFS-Server-Paket (siehe Absatz 6.2.4, Seite 195) an, aber für eine kleine Netzwerkstruktur mit wenigen Rechnern rentiert sich der finanzielle Aufwand nicht. Immerhin kostet die von Novell angebotene NFS-File-Server-Lösung 9.400,00 DM. Zählt man die Client-Lizenzen aus den Tabellen **6.2** und **6.3** hinzu (siehe Seite 201), so kann auch da eine ganze Menge an Investitions-Kapital eingespart werden.

Das Kernel-Modul **ncpfs** von *Volker Lendecke*, zu beziehen unter `lendecke@namu01.gwdg.de`, unterstützt den relevanten Ausschnitt aus der Befehlsstruktur des Novell NCP-Protokolls und erlaubt es, Novell-Dateisysteme in das Linux-Dateisystem zu mounten. Danach kann auf das Novell-Filesystem auf die gleiche Weise zugegriffen werden, als ob es sich um ein originäres Unix-Filesystem handelte.

12.3.1 Wo bekommt man das Programm ncpfs her?

Die neueste Version von **ncpfs** ist für die Kernel-Version 1.2.13 gebaut worden. Aber sie funktioniert auch für die Kernel-Versionen 1.3.71 und damit auch den

12.3 Linux als NCP-Client

Kernel 2.x.x. Es soll ja noch Linux-Rechner geben, welche mit älteren Kernel-Versionen laufen (und dafür gibt es auch wirklich gute Gründe), aber diese Systeme müssen dann auf die neue Kernel-Version gebracht werden, bevor man diese Dienste nutzen kann.

Wir verzichten darauf zu zeigen, wie man das Programm auf der Kernel-Version 1.2.13 installiert, denn diese Linux-Workstations dürften heute wohl die Ausnahme darstellen. Wir beschränken uns auf die Kernel-Version 2.0.33.

12.3.2 Installation von ncpfs für den Kernel 2.0.*

Wie schon bemerkt, unterstützt die Version 1.3.71 auch den Linux-Kernel 2.0.33, der von den meisten Distributoren ausgeliefert wird.

Wenn Sie das Paket ncpfs verwenden wollen, so brauchen Sie nur im entsprechenden Menü der Kernel-Konfigurierung die Unterstützung einbinden, so wie es in Abb. **12.2** und Abb. **12.3** gezeigt ist.

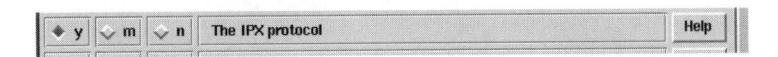

```
  y   m   n    The IPX protocol                                    Help
```

Abbildung **12.2**: Die Auswahl der ncpfs-Unterstützung

Beide Abbildungen, **12.2** und **12.3**, stammen aus der Kernel-Konfigurationsanzeige. Um in diese zu gelangen, müssen Sie in das Directory /usr/src/linux gehen und dort das Programm make xconfig aufrufen. Dann erhalten Sie eine grafische Benutzeroberfläche, in der Sie die gezeigte Auswahl treffen können. Die Abbildungen **12.2** und **12.3** zeigen nur einen Ausschnitt dieser Konfiguration. Das komplette Eingabefenster können Sie in Abb. **9.2** auf Seite 249 sehen.

```
  y   m   n    NCP filesystem support (to mount NetWare volumes)   Help
```

Abbildung **12.3**: Das NCP-Dateisystem einbinden

12.3.3 Konfigurierung der IPX-Netzwerk-Software

Um das IPX-Netzwerk zu konfigurieren, gibt es im wesentlichen zwei Möglichkeiten: Entweder man konfiguriert das Netz »per Hand«, oder man läßt der Software selbst die Wahl, die Konfigurierung zu bestimmen.

Die letztere Methode ist die einfachere und auch ziemlich sicher. Mit der folgenden Anweisung sucht sich die IPX-Konfigurierung die adäquaten Werte selbst aus:

```
# ipx_configure --auto_interface=on --auto_primary=on
```

Diese Vorgehensweise wird in den allermeisten Fällen gut funktionieren. Sollte es Probleme dabei geben, dann bleibt Ihnen nichts weiter übrig, als die brkIPX-Tools zu konsultieren und das Netz manuell zu konfigurieren.

Testen der Konfiguration

Nachdem das IPX-Netzwerk korrekt konfiguriert ist, sollte man mit dem folgenden Befehl alle Novell-File-Server ausgegeben bekommen, welche im System laufen.

```
olaf@delcarlo:/home/olaf/>slist
```

Aber auch eine Meldung wie die folgende zeigt an, daß alles zur Zufriedenheit läuft.

```
slist: No server found in ncp_open
```

Wenn Sie jedoch eine Meldung erhalten wie:

```
ncp\_connect: Invalid argumentslist: No server found in ncp_open
```

dann haben Sie vermutlich vergessen, IPX in den Kernel einzubinden. Vergessen Sie nicht, daß der Kernel nicht nur konfiguriert und übersetzt werden muß, Sie müssen den neuen Kernel auch in das `root`-Directory (/) hineinkopieren. Wie das gemacht wird, entnehmen Sie bitte der einschlägigen Installationsanweisung Ihrer Distribution.

Das Mounten eines Novell-Filesystems

Wenn die beschriebenen Schritte der Installation und Konfigurierung erfolgreich abgeschlossen sind, sollten Sie in der Lage sein, ein Novell$^{(tm)}$-Dateisystem auf Ihrer Linux-Maschine zu mounten.

Um das Novell-Dateisystem zu mounten, benötigen Sie das ncpmount mit folgenden Parametern:

1. Den Fileserver-Namen,

2. das Fileserver login id. Falls ein Password vergeben wurde, brauchen Sie das natürlich auch,

12.3 Linux als NCP-Client

3. und den Mount-Point, wie das bei einem normalen Unix-Dateisystem ebenfalls nötig ist.

Natürlich existiert auch ein Pendant zum umount-Befehl, der ncpumount. Und genau wie beim umount-Befehl wird der ncpumount-Befehl automatisch ausgeführt, sobald das Linux-System mit shutdown heruntergefahren wird.

Um ein Novell-Filesystem auf ein Linux-Filesystem zu mounten, geht man wie in Beispiel 12.2 vor. Der Fileserver soll Novell_FILESYS01 heißen, das Login ID soll brkusers heißen, und das Password soll brkepsilon heißen. Das Filesystem soll auf /mnt/NovellAcc gemountet werden.

Beispiel 12.2 *Das Mounten eines Novell-Dateisystems mit Password*

```
# ncpmount -S NOVELL_FILESYS01 /mnt/NovellAcc -U users -P epsilon
```

Wenn kein Password vergeben wurde, so lautet die Eingabe wie in Beispiel 12.3 gezeigt. Das -n zeigt dem Aufruf an, daß kein Password vergeben wurde.

Beispiel 12.3 *Das Mounten eines Novell-Dateisystems ohne Password*

```
# ncpmount -S NOVELL_FILESYS01 /mnt/NovellAcc -U users -n
```

Für den Fall, daß weder -n für »kein Password« noch -P für »Password« vergeben wurde, verlangt der Mount-Vorgang ein Password von Ihnen. Natürlich steht -S für Server. Hinter diesem Parameter sollte natürlich auch der Server angegeben werden, der in unserem Falle den Namen Novell_FILESYS01 trägt.

Wenn das Mounten erfolgreich gewesen ist, so kann das Novell-Dateisystem traversiert werden, genau wie jedes Linux-Dateisystem auch, allerdings kennt NCP keine Besitzrechte, weder Gruppen- noch User-Besitzrechte. Das bedeutet, daß die Rechte auf den Zugriff der Dateien und Directories sich nach den Rechten des Mount-Point richten. Das kann zur Folge haben, daß einzelne Linux-Benutzer nicht auf die Novell-Dateien zugreifen können, weil sie die falsche Gruppenzugehörigkeit haben, oder die falsche User-Zugehörigkeit. Darauf sollte geachtet werden, wenn man die Novell-Directories mit anderen Anwendern teilen will.

Genau wie beim »normalen« Mount kann ein Novell-Dateisystem-mount auch automatisch vorgenommen werden, so daß die Novell-Struktur beim Booten eingebunden wird und sofort nach dem Hochfahren den einzelnen Benutzern zur Verfügung steht. Und das funktioniert wie folgt:

- Starten des ncp-Filesystems

    ```
    /sbin/insmod /lib/modules/1.2.13/fs/ncpfs.o
    ```

- Konfigurieren des IPX-Netzwerks mit

  ```
  ipx_configure --auto_interface=on --auto_primary=on
  ```

- Users login auf den Fileserver

  ```
  \ttt{ncpmount -S NOVELL_FILESYS01  /mnt/NovellAcc -U users -n}
  ```

12.4 Konfigurieren von Linux als NCP-Server

Um Linux als Novell-Fileserver zu betreiben, benötigt man eines von zwei Paketen. Beide erlauben die Nutzung der Linux-Dateien von einer Novell-Maschine aus. Genau wie das *Samba*-Paket (siehe Absatz 11, Seite 267) kann der Novel-Browser die Dateisysteme der im Netz befindlichen Linux-Maschinen anzeigen, damit unterscheidet sich die als Novell-Browser konfigurierte Linux-Workstation nicht von einem »echten« Novell-Browser.

12.4.1 Das mars_nwe-Paket

Dieses Paket stammt von *Martin Stover* mstover@freeway.de und erlaubt Linux, als File- und Printserver für Novell-Clients zu dienen.

Das Paket mars_nwe ist eine Teilmenge einer lizenzierten Novell NCP-Version und funktioniert auch als Print-Server. Dieses Paket läuft ziemlich stabil und wird daher auch häufig eingesetzt. Man bekommt das Paket unter der folgenden ftp-Adresse:

```
ftp.gwdg.de
```

oder von:

```
ftp://sunsite.unc.edu/pub/linux/system/filesystems/ncpfs/
```

Um das Mars-Paket zu installieren, muß auch hier natürlich der IPX- und Ethernet-Support im Kernel einkompiliert sein. Das geschieht wieder im Directory /usr/src/linux, durch den Aufruf von make xconfig. In Abb. **12.4** sehen Sie den Menüpunkt, den Sie anwählen müssen.

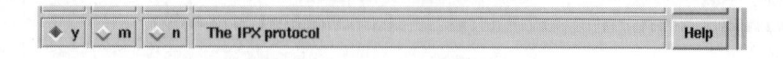

Abbildung 12.4: IPX-Support einbinden

Um das Paket zu entpacken, gehen Sie wie folgt vor:

12.4 Konfigurieren von Linux als NCP-Server

```
# cd /usr/src
# tar xvfz mars_nwe-0.98.pl3.tgz
```

Danach muß `make mars_nwe` aufgerufen werden. Bei diesem Prozeß wird die Datei `config.h` gebildet, die aber noch an die gegebene Situation angepaßt werden muß (eventuell muß die PATH-Umgebungsvariable angepaßt und das gewünschte Installations-Directory festgelegt werden). Die folgenden wichtigen Einträge müssen überprüft und angepaßt werden:

- **FILENAME_NW_INI**
  Der Ort an dem sich die Initialisierungsdatei befindet.

- **MAX_CONNECTIONS**
  Die maximale Anzahl der Verbindungen, welche gleichzeitig aufgebaut werden können.

- **PATHNAME_PROGS**
  Der Ort, wo sich das ausführbare Programm befindet.

- **PATHNAME_BINDERY**
  Der Ort, wo die brkbindery-Dateien hinkopiert werden sollen.

- **WITH_NAME_SPACE_CALLS**
  Ob `ncpfs`-Clients unterstützt werden.

- **PATHNAME_PIDFILES**
  Das Directory für die brkpid-Dateien.

- **INTERNAL_RIP_SAP**
  Ob `mars_nwe rip/sap` routing unterstützen soll oder nicht.

- **MAX_NW_VOLS**
  Die größte Anzahl von Volumes, die `mars_nwe` unterstützen soll.

- **MAX_FILE_HANDLES_CONN**
  Die größte Anzahl von erlaubten offenen Dateien pro Verbindung.

- **SHADOW_PWD**
  Legt fest, ob `shadow passwords` unterstützt werden sollen oder nicht.

In den allermeisten Fällen kann man sich mit den voreingestellten Werten zufriedengeben, trotzdem kann der Fall auftreten, daß man an dem einen oder anderen Parameter noch brkdrehen muß. Für die Erstinstallation jedoch reichen die Vorgaben immer.

Jetzt muß man nur noch make aufrufen, wie gezeigt:

```
# make
# make install
```

Dieser Aufruf sollte alle Pakete erfolgreich und korrekt installieren. Bei diesem make-Durchlauf wird **auch** die Konfigurationsdatei /etc/nwserv.conf installiert und eingerichtet.

12.5 Konfigurieren des Servers

Die Konfigurierung der Datei /etc/nwserv.conf ist nicht besonders schwer, das Beispiel 12.4 zeigt die Datei, welche ich verwendet habe: Das Original stammt von *Martin Stover* mstover@freeway.de und ist exzellent dokumentiert, so daß wirklich keine Schwierigkeiten auftreten sollten.

Beispiel 12.4 *Die Datei /etc/nwserv.conf*

```
# VOLUMES (max. 5)
# Only the SYS volume is compulsory. The directory containing the SYS
# volume must contain the directories: LOGIN, PUBLIC, SYSTEM, MAIL.
# The 'i' option ignores case.
# The 'k' option converts all filenames in NCP requests to lowercase.
# The 'm' option marks the volume as removable (useful for cdroms etc.)
# The 'r' option set the volume to read-only.
# The 'o' option indicates the volume is a single mounted filesystem.
# The 'P' option allows commands to be used as files.
# The 'O' option allows use of the OS/2 namespace
# The 'N' option allows use of the NFS namespace
# The default is upper case.
# Syntax:
#    1 <Volumename> <Volumepath>    <Options>

1    SYS /home/netware/SYS/         # SYS
1    DATA/home/netware/DATA/    k        # DATA
1    CDROM       /cdrom    kmr    # CDROM

# SERVER NAME
# If not set then the {\Li} hostname will be converted to upper case
# and used. This is optional, the hostname will be used if this is not
# configured.
# Syntax:
#    2 <Servername>

2    {\Li}_FILESYS01

# INTERNAL NETWORK ADDRESS
# The Internal IPX Network Address is a feature that simplifies
# IPX routing for multihomed hosts (hosts that have ports on more
# than one IPX network).
```

12.5 Konfigurieren des Servers

```
# Syntax:
#    3 <Internal Network Address> [<Node Number>]
# or:
#    3 auto
#
# If you use 'auto' then your host IP address will be used.
# NOTE: this may be dangerous, please be sure you pick a number
# unique to your network. Addresses are 4byte hexadecimal
# (the leading 0x is required).

3   0x49a01010   1


# NETWORK DEVICE(S)
# This entry configures your IPX network. If you already have your
# IPX network configured then you do not need this. This is the
# same as using ipx_configure/ipx_interface before you start the
# server.
# Syntax:
#    4 <IPX Network Number> <device_name> <frametype> [<ticks>]
# Frame types: ethernet_ii, 802.2, 802.3, SNAP

4   0x39a01010   eth0   802.3   1

# SAVE IPX ROUTES AFTER SERVER IS DOWNED
# Syntax:
#    5 <flag>
#       0 = don't save routes, 1 = do save routes

5 0

# NETWARE VERSION
# Syntax:
#    6 <version>
#       0 = 2.15, 1 = 3.11

6 1

# PASSWORD HANDLING
# Real Novell DOS clients support a feature which encypts your
# password when changing it. You can select whether you want your
# mars server to support this feature or not.
# Syntax
#    7 <flag>
#    <flag> is:
#0 to force password encryption. (Clients can't change password)
#1 force password encryption, allow unencrypted password change.
#7 allow non-encrypted password but no empty passwords.
#8 allow non-encrypted password including empty passwords.
#9 completely unencrypted passwords (doesn't work with OS/2)


7 1


# MINIMAL GID UID rights
# permissions used for attachments with no login. These permissions
```

```
# will be used for the files in your primary server attachment.
# Syntax:
#    10 <gid>
#    11 <uid>
#    <gid> <uid> are from /etc/passwd, /etc/groups

10   200
11   201

# SUPERVISOR password
# May be removed after the server is started once. The server will
# encrypt this information into the bindery file after it is run.
# You should avoid using the 'root' user and instead use another
# account to administer the mars fileserver.
#
# This entry is read and encrypted into the server bindery files, so
# it only needs to exist the first time you start the server to ensure
# that the password isn't stolen.
#
# Syntax:
#     12 <Supervisor-Login> <Unix username> [<password>]

12   SUPERVISOR   terry   epsilon

# USER ACCOUNTS
# This associates NetWare logins with unix accounts. Password are
# optional.
# Syntax:
#       13 <User Login> <Unix Username> [<password>]

13   MARTIN  martin
13   TERRY   terry

# LAZY SYSTEM ADMIN CONFIGURATION
# If you have a large numbers of users and could not be bothered using
# type 13 individual user mappings, you can automatically map mars_nwe
# logins to Linux user names. BUT, there is currently no means of
# use of the Linux login password so all users configured this way are
# will use the single password supplied here. My recommendation is not
# to do this unless security is absolutely no concern to you.
# Syntax:
#     15 <flag> <common-password>
#     <flag> is: 0 - don't automatically map users.
#         1 - do automatically map users not configured above.
#         99 - automatically map every user in this way.

15   0   duzzenmatta

# SANITY CHECKING
# mars_nwe will automatically ensure that certain directories exist if
# you set this flag.
# Syntax:
#     16 <flag>
#     <flag> is 0 for no, don't, or 1 for yes, do.
```

12.5 Konfigurieren des Servers

```
16   0

# PRINT QUEUES
# This associates NetWare printers with unix printers. The queue
# directories must be created manually before printing is attempted.
# The queue directories are NOT lpd queues.
# Syntax:
#       21 <queue_name> <queue_directory> <unix_print_cmd>

21    EPSON    SYS:/PRINT/EPSON lpr -h
21    LASER    SYS:/PRINT/LASER lpr -Plaser

# DEBUG FLAGS
# These are not normally needed, but may be useful if are you debugging
# a problem.
# Syntax:
#       <debug_item> <debug_flag>
#
#       100 = IPX KERNEL
#       101 = NWSERV
#       102 = NCPSERV
#       103 = NWCONN
#       104 = start NWCLIENT
#       105 = NWBIND
#       106 = NWROUTED
# 0 = disable debug, 1 = enable debug

100 0
101 0
102 0
103 0
104 0
105 0
106 0

# RUN NWSERV IN BACKGROUND AND USE LOGFILE
# Syntax:
#       200 <flag>
#0 = run NWSERV in foreground and don't use logfile
#1 = run NWSERV in background and use logfile

200   1

# LOGFILE NAME
# Syntax:
#       201 <logfile>

201   /tmp/nw.log

# APPEND LOG OR OVERWRITE
# Syntax:
#       202 <flag>
#0 = append to existing logfile
#1 = overwrite existing logfile
```

```
202  1


# SERVER DOWN TIME
# This item sets the time after a SERVER DOWN is issued that the
# server really goes down.
# Syntax:
#     210 <time>
#in seconds. (defaults 10)

210  10


# ROUTING BROADCAST INTERVAL
# The time is seconds between server broadcasts
# Syntax:
#     211 <time>
#in seconds. (defaults 60)

211  60


# ROUTING LOGGING INTERVAL
# Set how many broadcasts take place before logging of routing
# information occurs.
# Syntax:
#     300   <number>

300  5


# ROUTING LOGFILE
# Set the name of the routing logfile
# Syntax:
#     301 <filename>

301  /tmp/nw.routes


# ROUTING APPEND/OVERWRITE
# Set whether you want to append to an existing log file or
# overwrite it.
# Syntax:
#     302 <flag>
#<flag> is 0 for append, 1 for create/overwrite

302  1


# WATCHDOG TIMING
# Set the timing for watchdog messages that ensure the network is
# still alive.
# Syntax:
#     310 <value>
#<value> =   0 - always send watchdogs
#   < 0 - (-ve) for disable watchdogs
#   > 0 - send watchdogs when network traffic
#drops below 'n' ticks

310  7
```

```
# STATION FILE
# Set the filename for the stations file which determine which
# machines this fileserver will act as the primary fileserver for.
# The syntax of this file is described in the 'examples' directory
# of the source code.
# Syntax:
#    400 <filename>

400   /etc/nwserv.stations

# GET NEAREST FILESERVER HANDLING
# Set how SAP Get Nearest Fileserver Requests are handled.
# Syntax:
#    401 <flag>
#<flag> is: 0 - disable 'Get Nearest Fileserver' requests.
#   1 - The 'stations' file lists stations to be excluded.
#   2 - The 'stations' file lists stations to be included.

401   2
```

Nun muß lediglich der Server gestartet werden:

```
# nwserv
```

Ein kleiner Test zu Beginn kann nicht schaden. Um den Server zu testen, sollte man versuchen, sich von einem NetWare-Client auf dem Linux-IPX-Server einzuloggen. Wenn das funktioniert, läuft Ihr NetWare-Server korrekt.

12.6 Linux als Novell-Print-Client

Das `ncpfs` beinhaltet zwei Programme, die es einem Linux-Client erlauben, auf einem Drucker zu drucken, der an einem Novell-Rechner angeschlossen ist.

- `nprint`

  Erlaubt das Drucken auf einem Novell-Drucker-Server.

- `pqlist`

  Funktioniert ähnlich wie das Kommando `lpq` und gibt alle Print-Queues aus, welche auf dem NetWare-Server laufen.

Beide Programme verlangen beim Aufruf den User-Namen und das Password, falls eines für den User vergeben worden ist. Der Aufruf von `nprint` gestaltet sich wie in Beispiel 12.5 gezeigt, und die Printer-Queue kann mit der Befehlsfolge aus Beispiel 12.6 abgefragt werden.

Beispiel 12.5   *Der Aufruf von nprint*

```
    # nprint -S NOVELL_FILESYS01 -U users    \
-n nprint    \
-S NOVELL_FILESYS01 \
-q LASER     \
-U users -n <datei>
```

Beispiel 12.6   *Der Aufruf von pqlist*

```
    # pqlist -S NOVELL_FILESYS01 -U users    \
-n nprint    \
-S NOVELL_FILESYS01 \
-q LASER     \
-U users -n
```

Beachten Sie, daß der Aufruf mit allen Parametern in *einer* Zeile erfolgen muß. Der Backslash (\) am Ende der Zeilen (natürlich außer der letzten) soll das verdeutlichen.

12.7   Linux als Novell-Print-Server

Das Programm `pserver` erlaubt es einer Linux-Workstation, als Print-Server in einem Novell-Netz zu fungieren.

12.7.1   Konfigurieren

Die Einstellungen sind recht einfach vorzunehmen. Das Programm muß auf dem Linux-Server-Rechner installiert sein, und der Drucker des Linux-Servers muß ebenfalls korrekt konfiguriert sein. Der Aufruf geschieht dann wie folgt:

Beispiel 12.7   *Der Aufruf von pserver*
```
# pserver -S NOVELL_01 -U LASER -P epsilon -q LASERJET
```

Beispiel 12.7 veranlaßt, daß sich der Print-Server auf dem NOVELL_01 File-Server bekannt macht, der User heißt LASER und verwendet das Password epsilon. Die Print-Jobs werden von der Print-Queue LASERJET geholt. Wenn jetzt ein Print-Job von einem Novell$^{(tm)}$ angemeldet wird, so wird dieser ganz normal über `lpr` auf der Linux-Workstation abgearbeitet. Dabei kann man sich aller Vorteile bedienen, welche der aps-Filter und `/etc/printcap` bieten, also auch einen Postscript-Drucker für die Novell$^{(tm)}$-Clients emulieren.

Für den Aufruf des Druckers lassen sich aber auch Alias-Namen verwenden, dies geschieht, wie schon verschiedentlich erklärt, wie folgt:
```
# pserver -S NOVELL_01 -U LASER \
         -P epsilon -q LASERJET -c "lpr -Plaserjet"
```

12.8 Die Kommandos von ncpfs

Die nun folgenden Kommandos dienen der Administration des Netzes. Zuerst sehen wir uns die Befehle an, die dem Administrator dienen. Für diese Befehle werden Superuser-Rechte vorausgesetzt.

12.8.1 Administration tools

- `nwbocreate` (Network Bindery Object Create)

  Erzeugen eines Netware-bindery-Objekts.

- `nwborm` (Network Bindery Object Remove)

  Erlaubt das Löschen eines Netware-bindery-Objekts.

- `nwbpadd` (Network Bindery Property Add)

  Erlaubt das Verändern der Werte der Eigenschaften eines Netware-bindery-Objekts. Jedes bindery-Objekt besitzt eine sogenannte Ressource-Datei, in der die Eigenschaften des Objekts beschrieben werden; diese Werte können mit diesem Befehl verändert werden.

- `nwbpcreate` (Network Bindery Property Create)

  Dieser Befehl erlaubt es, neue Eigenschaften in Form von Variablen einer bereits bestehenden Eigenschaftsdatei hinzuzufügen.

- `nwbprm` (Network Bindery Property Remove)

  Erlaubt das Löschen der Eigenschaften eines Netware-bindery-Objekts.

- `nwgrant` (Network Trustee Rights Grant)

  Erlaubt das Vergeben von sogenannten Trustee-Rechten an ein Directory eines Netware-Fileservers.

- `nwrevoke` (Network Trustee Rights Revoke)

  Erlaubt das Entziehen von sogenannten Trustee-Rechten an ein Directory eines Netware Fileservers.

Und nun sehen wir uns die User-Befehle an. Für diese Befehle braucht man natürlich keine root-Rechte.

12.8.2 Befehle für den Anwender

- ncopy (Netware Copy)

  Das ist ein Copy-Befehl, der die Netzwerk-Funktion zum Kopieren verwendet, anstatt das Kopieren über das Netwerk.

- nprint (Netware Print)

  Erlaubt das Ausdrucken einer Datei auf dem Netware Server über die Netware print queue.

- nsend (Netware Send)

  Erlaubt das Senden einer Datei auf dem Netware Server über die Netware print queue.

- nwbols (Netware Bindery Objects List)

  Gibt den bindery-Inhalt (siehe oben) des Netware Servers aus.

- nwboprops (Netware List Properties of a Bindery Object)

  Gibt die Eigenschaft eines bindery-Objekts aus.

- nwbpset (Netware Bindery Property Set)

  Erlaubt das Setzen der Eigenschaft eines bindery-Objekts.

- nwbpvalues (Print Netware Bindery Objects Property Contents)

  Erlaubt das Ausdrucken des Inhalts der Eigenschaften der Netware bindery-Objekte.

- nwfsinfo (Netware Fileserver Information)

  Druckt Informationen über den Fileserver eines Netware Servers aus.

- nwpasswd (Netware Password)

  Mit diesem Befehl kann man das Password eines Users ändern (speziell sein eigenes natürlich).

- nwrights (Netware Rights)

  Liefert die Rechte einer Datei oder eines Directories.

- nwuserlist (Netware Userlist)

  Gibt alle Anwender aus, die zu dieser Zeit als User auf einem Netware Fileserver registriert sind (entspricht in etwa dem Befehl who bei Linux).

- pqlist (Print Queue List)

  Dieser Befehl liefert den Inhalt des Netware-Druckerspoolers, er entspricht dem Befehl lpq bei Linux.

- slist (Server List)
  Liefert eine Liste aller bekannter Netware Fileserver im Netz.

12.9 Einrichten des PP-Protokolls für IPX-Support

Der ppp-daemon von Linux erlaubt es, IPX-Datenpakete über eine PPP-Serielle Verbindung zu transportieren. Um diesen Dienst nutzen zu können, müssen bei der Übersetzung des ppp-daemons (er liegt im Source-Code vor) die folgenden Optionen aktiviert werden:

Beispiel 12.8   *IPX-Datenpakete aktivieren*
```
IPX_CHANGE = 1
USE_MS_DNS = 1
```

Das geschieht, indem man die beiden Zeilen (siehe Beispiel 12.8) auf die gezeigte Weise in der Datei

`/src/linux/pppd-2.2.0f/pppd/Makefile.linux`

entsprechend abändert.

Der Eintrag IPX_CHANGE dient dazu, die IPX-Unterstützung in das PPP-Paket einzubauen, der Eintrag USE_MS_DNS ermöglicht Windows 95[c]-Maschinen den Name-Lookup.

12.9.1 Einrichten eines IPX/PPP-Servers

Zuerst muß die Linux-Workstation als IPX-Router konfiguriert werden. Wir haben das in diesem Kapitel bereits besprochen. Wenn der ipxd daemon läuft (Sie können das mit `ps -aux` überprüfen), wird automatisch jeder Netware-Server im Netz erkannt. Wenn Ihr Linux-Rechner der einzige ist, weil Sie sich nicht in einem Netz befinden, dann wird eben nur dieser Rechner als IPX/PPP-Server erkannt. Befinden sich andere Netware-Server im Netz, so werden die Routes automatisch vom daemon erkannt. Auf diese Weise werden von neu angeschlossenen Clients die Netware-Server sofort gesehen, wenn sie sich in das Netz einwählen.

Design

Die Netzwerk-Adressen zu jeder PPP-Link müssen von Ihnen vergeben werden, da jede PPP-Link in einem solchen Netz als IPX-Netzwerk fungiert und dafür auch eine eigene IPX-Netzwerkadresse braucht. Die einfachste Methode, die Adressen zu vergeben, ist: Sie vergeben für jeden Serial-Device, der IPX/PPP-Protokolle unterstützen soll. eine eigene Adresse.

Das ist alles ziemlich theoretisch, deshalb sehen wir uns das an einem praktischen Beispiel an. Nehmen wir an, wir haben die Maus an einem PS2-Port und deshalb zwei serielle Schnittstellen frei, an denen jeweils ein Modem hängt, dann sieht die Vergabe der Adressen wie folgt aus:

Tabelle 12.1: Einstellungen in der /etc/ppp/options.ttyS0-Datei

device	IPX Network Address
ttyS0	0x1122ff00
ttyS1	0x1122ff01

Wenn man über eine achtfach-serielle Schnittstellenkarte verfügt, kann man natürlich mehrere Adressen vergeben und auch mehrere Modems an diese anhängen, aber das ist eine Konfiguration, die nicht so häufig anzutreffen ist.

Um den daemon richtig zu konfigurieren, muß man in der Datei /etc/ppp/options.ttyS0 die Einträge, wie in Beispiel 12.9 gezeigt, verändern:

Beispiel 12.9 *Konfigurieren des daemons*
```
ipx-network 0x1122ff00
ipx-node 2:0
ipxcp-accept-remote
```

Das gleiche gilt natürlich für das zweite serielle Interface, und so verändern wir den Eintrag in der Datei /etc/ppp/options.ttyS1 wie in Beispiel 12.10:

Beispiel 12.10 *Konfigurieren des daemons*
```
ipx-network 0x1122ff01
ipx-node 3:0
ipxcp-accept-remote
```

Diese Einträge veranlassen pppd, die entsprechenden IPX-Netzwerk-Adressen zu vergeben, wenn über die entsprechende serielle Leitung eine Verbindung etabliert wird.

Testen der Server-Konfiguration

Um diese Einstellungen zu testen, stellen Sie sicher, daß alle daemons laufen (mit `ps -aux`). Wenn ein User sich über das Netz einwählt, wird ihm die entsprechende Netzwerkadresse zugewiesen (wie beschrieben, ist dies abhängig von dem Modem, über das diese Verbindung etabliert wird). Wenn das abgeschlossen ist und nachdem ipxd den neuen User erkannt hat, sollte der User zu jedem am Netz beteiligten Benutzer über IPX Verbindung aufnehmen können.

12.9.2 Einrichten eines IPX/PPP-Client

Diese Einstellungen sind viel einfacher, denn sie erfordern keine Konfigurierung der seriellen Schnittstellen. Ob eine Client-Linux-Workstation als IPX-Router konfiguriert werden muß, hängt davon ab, ob dieser Rechner an einem LAN-Netz hängt, welches als IPX-Router dienen soll oder nicht. Falls die Linux-Workstation nicht an ein LAN angeschlossen ist, also als einzelstehender, unvernetzter Rechner betrieben wird, so muß der ipxd auf der Client-Maschine nicht laufen, denn der IPX/PPP-Server erkennt den Client als IPX-Client. Für den Fall, daß die Linux-Workstation an einem LAN angeschlossen ist, muß natürlich die Installation des ipxd, wie im Absatz *Konfigurierung des PP-Protokolls für IPX-Support* beschrieben, erfolgen.

Wie wird der ppp-daemon für IPX konfiguriert?

Zuerst müssen Sie einige Einträge in Ihrer `/etc/ppp/options`-Datei vornehmen, wie in Beispiel 12.11 gezeigt:

Beispiel 12.11 *Die daemon-Konfigurierung*

```
ipxcp-accept-network
ipxcp-accept-remote
ipxcp-accept-local
```

Diese Einstellungen veranlassen den pppd, alle Einzelheiten der Konfigurierung vom Server zu akzeptieren und sich ansonsten völlig passiv zu verhalten. An dieser Stelle ließen sich auch noch Voreinstellungen definieren, die Informationen bereitstellen, was getan werden muß, falls der Server keine Konfigurations-Daten liefert. Solche Einzelheiten können aus bestimmten Anweisungen bestehen, wie `ipx-network`- und `ipx-node`-Informationen, welche die Einträge des Servers ersetzen, falls dieser keine entsprechenden Daten liefert.

Die einfachste Art der Konfigurierung ist es, den Server die komplette IPX-Netzwerk-Konfiguration übernehmen zu lassen.

Den IPX/PPP-Client testen

Nachdem die Installation abgeschlossen ist, benötigt man einen funktionierenden Novell$^{(tm)}$-Server, dem die Linux-Workstation als Client dienen kann. Nachdem der daemon `pppd` in Aktion getreten ist, sollte die IPX-Verbindung zu dem Novell$^{(tm)}$-Server-Rechner beim Aufruf des Programms `ifconfig` zusätzlich erscheinen. Aber bedenken Sie, daß `ifconfig` nur als `root` ausführbar ist. Wenn das der Fall ist, so können Sie versuchen, den `ncpmount`-Befehl auszuführen.

12.10 IPX-Tunneling über ein IP-Protokoll

IPX-tunneling nennt man das Verpacken von IPX-Paketen in IP-Datagram-Pakete. Dieses Verpacken geschieht mit einem Programm namens `ipxtunnel`. Die auf diese Weise verpackten IPX-Inhalte können nun über eine ganz normale TCP/IP-Verbindung transportiert werden und einer ganz normalen IP-Adresse geschickt werden. Natürlich muß die Gegenseite über die Fähigkeit verfügen, die Pakete wieder auszupacken und IPX-Datagrams daraus zu machen, insofern ist das Tunneling nicht allgemein einsetzbar: Wenn aber die Zielmaschine ebenfalls über das Programm `ipxtunnel` verfügt, dann kann eine brkgetunnclte Novell-Verbindung auch über das Internet laufen. Solche Verbindungen sind manchmal im kommerziellen Einsatz recht sinnvoll. Sie stellen Dienste zur Verfügung, die ein reines Novell-Netz nicht leisten kann (Verbindung über das Internet). Wenn zwei Niederlassungen einer Firma getrennt über ein Novell-Netz verfügen, dann lassen sich mit dem IPX-tunneling beide Novell-Netze miteinander verbinden. Speziell im Sektor Hotel findet man solche Situationen häufig, da die Software-Hersteller gerade in diesem Sektor auf Novell als Netzwerklösung setzten und immer noch setzen.

Das Programm stammt von Andreas Godzina `ag@agsc.han.de` und kann über `sunsite.unc.edu` oder entsprechende Spiegel bezogen werden.

12.10.1 Installieren von ipxtunnel

Das Programm `ipxtunnel` ist einfach zu installieren, das geschieht, wie in Beispiel 12.12 gezeigt:

Beispiel 12.12 *Die Installation von ipxtunnel*

```
# cd /usr/src
# tar xvfz .../ipxtunnel.tgz
# cd ipxtunnel
# make
```

12.10.2 Konfigurieren von ipxtunnel

Das Konfigurieren ist ebenfalls recht einfach und geschieht nach dem in Beispiel 12.13 gezeigten Muster.

Angenommen, die beiden beteiligten Rechner haben die Namen `olaf.italisa.com` und `franca.ibm.net`, dann muß die Konfigurationsdatei von `ipxtunnel`, */etc/ipxtunnel.conf*, wie in Beispiel 12.13 eingerichtet werden. Diese Konfigurations-Datei erlaubt das Festlegen des UDP-Ports, der für die TCP/IP-Verbindung verwendet werden soll, sie enthält die Adresse, wo die verpackten Datenpakete hingeschickt werden sollen und auf welche ihrer lokalen Interfaces `ipxtunnel` hören soll und wo die Daten von `ipxtunnel` abgeliefert werden sollen, wenn ein Transfer vom Server zum Client stattfindet.

Beispiel 12.13   *Das Konfigurieren von ipxtunnel*

```
#
# /etc/ipxtunnel.conf for franca.ibm.net
#
# The UDP port to use:      (default 7666)
port 7777
#
# The remote machine to send IPX packets to: (no default)
 remote olaf.italisa.com
#
# The local interfaces to listen for IPX on: (default eth0)
interface eth0
interface eth1
```

Die Gegenseite, die wahlweise als Server oder Client fungiert, muß natürlich ebenfalls das Programm installiert haben und auch über eine entsprechende Konfigurations-Datei verfügen.

Mit der beschriebenen Konfiguration sollten auch bereits bestehende Novell$^{(tm)}$-Netze mit einem Linux-Server ausgerüstet werden können. Es ist aber auch möglich, Linux-Rechner an dieses bestehende Novell$^{(tm)}$-Netz anzuschließen für den Fall, daß ein sanfter Ausstieg aus der doch recht teuren Novell$^{(tm)}$-Technologie geplant ist.

Linux wird vornehmlich als preisgünstiger Ersatz für Server-Lösungen in bereits bestehenden Netzen gesehen, aber Linux ist auch als Client in einer Firmenstruktur zu verwenden. Mit dem KDE-Paket für eine komfortable und ansprechend aussehende Oberfläche steht einem Einsatz von Linux auch in einem Netz mit reinen Anwendern nichts entgegen.

13 Entwurf einer Datenbasis

Dieses Kapitel ist etwas umfangreicher als alle anderen. Der Grund: Datenbasen sind in jedem kommerziellen Einsatz unverzichtbar. Ein Unternehmen kann eventuell auf einen Internet-Zugang, ja sogar auf den Samba-Server verzichten, wenn man nur einen oder zwei Rechner miteinander vernetzt, aber ohne eine Datenbasis kann keine Unternehmung existieren, und sei sie noch so klein. Sicherlich wird manch ein Kleinunternehmen sogar ohne Rechner auskommen (obwohl das heute nur schwer vorstellbar ist), aber eine Datenhaltung, ist schon deshalb nötig, weil sich das Finanzamt seinen Teil an dem Verdienst am Unternehmen holen möchte und für diesen noblen Zweck beim Unternehmen eine geordnete Datenhaltung erwartet. Eine geordnete Datenhaltung ist aber nichts weiter als eine Datenbasis. Wenn diese Datenhaltung die Regeln der BCNF erfüllt, so kann man sie sicherlich als geordnet bezeichnen (siehe Seite 352).

Dieses Kapitel soll auch solche Unternehmer dazu animieren, vielleicht doch den Einsatz einer Datenbank in Betracht zu ziehen, die sich bisher mit wackeligen und kaum überschaubaren »Office«-Lösungen zufriedengaben. Für die Einrichtung einer Datenbasis und den Betrieb findet man in diesem Kapitel das nötige Hintergrundwissen, ohne gleich ein vollständiges Informatik-Studium absolvieren zu müssen. Die Thematik ist nicht einfach, sie ist sogar äußerst komplex, deshalb werde ich versuchen, die Darstellung der Zusammenhänge so plausibel wie möglich zu gestalten und jeglichen »syntaktischen Zucker« auf ein Minimum zu beschränken.

Um ein Datenmodell zu entwerfen, braucht man keine Datenbank, sondern man muß das Modell, als Abbildung eines Ausschnitts der Realität, zuerst formulieren. Wenn dieser Entwurf dann in ein für eine Datenbank verwertbares Format mündet, so ist das für den Rest des Kapitels, natürlich sehr hilfreich. Aber auch ein gut sortierter und administrierter Zettelkasten erfüllt den gleichen Zweck wie eine Datenbank, er *ist* gewissermaßen eine Datenbank. Trotzdem ist man gut beraten, den Zettelkasten über kurz oder lang in eine elektronische Datenbank münden zu lassen.

Um dieses Formulieren so zu gestalten, daß der Entwurf sich in Richtung Datenbank bewegt, benötigt man etwas Hintergrundwissen, um den Entwurf strukturieren zu können, und natürlich auch die Terminologie. Da die Tabellenkalkulation ein Gebiet ist, auf dem sich wohl jeder Leser etwas auskennt, machen wir die vielleicht unbekannten Begriffe an den Termen der bekannten Tabellenkalkulation fest (siehe Tabelle 13.1).

Tabelle 13.1: Gegenüberstellung der Begriffe

Relation	Tabellenkalkulation
Attribut	Spalte
Tupel	Zeile
Attributname	Spaltenüberschrift

Man kann das Wissen um solche Strukturen auch mit Aktenordnern nachbilden und so eine Datenbank betreiben, ohne den Einsatz von Software.

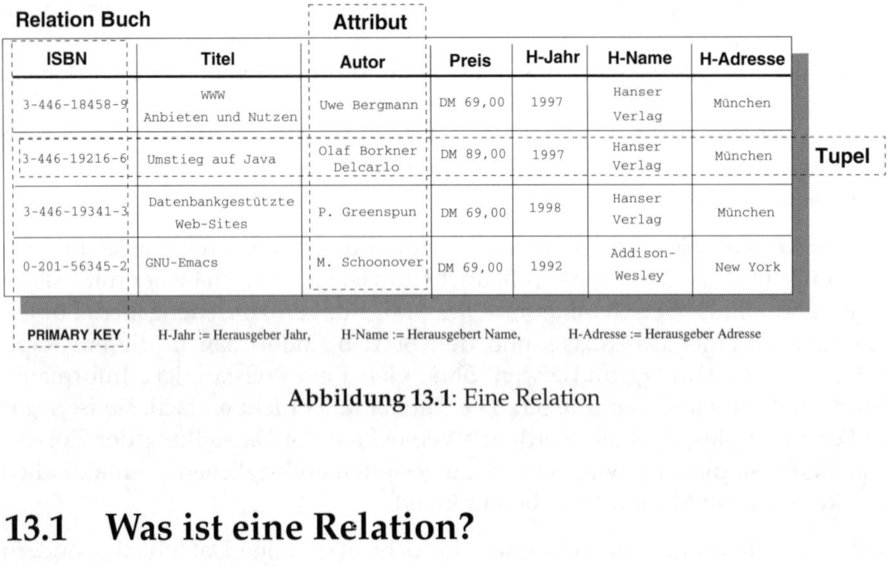

Relation Buch

ISBN	Titel	Autor	Preis	H-Jahr	H-Name	H-Adresse
3-446-18458-9	WWW Anbieten und Nutzen	Uwe Bergmann	DM 69,00	1997	Hanser Verlag	München
3-446-19216-6	Umstieg auf Java	Olaf Borkner Delcarlo	DM 89,00	1997	Hanser Verlag	München
3-446-19341-3	Datenbankgestützte Web-Sites	P. Greenspun	DM 69,00	1998	Hanser Verlag	München
0-201-56345-2	GNU-Emacs	M. Schoonover	DM 69,00	1992	Addison-Wesley	New York

PRIMARY KEY   H-Jahr := Herausgeber Jahr,   H-Name := Herausgebert Name,   H-Adresse := Herausgeber Adresse

Abbildung 13.1: Eine Relation

13.1 Was ist eine Relation?

Eine Relation ist strukturell einer Tabelle in einem Tabellenkalkulationsprogramm ähnlich, denn sie besitzt (fast) die gleichen Elemente. Die Semantik, welche hinter einer Relation steckt, ist jedoch völlig verschieden von der einer Tabelle. Sehen wir uns die exakte mathematische Definition einer Relation an:

Definition 13.1   *Eine binäre Relation R auf einer Menge M ist eine Teilmenge von $M \times M$. Sind auch die Elemente $a, b \in M$ und gilt $(a, b) \in R$, so sagt man »a und b*

13.1   Was ist eine Relation?

stehen in Relation R zueinander«. Eine andere, aus der Logik stammende Schreibweise für den gleichen Sachverhalt ist: aRb

Wider Erwarten ist das eine Definition, mit der man wirklich etwas anfangen kann. Das Wort »*binär*« in Definition 13.1 braucht Sie nicht zu stören, denn jede Relation einer Datenbasis läßt sich auf eine binäre Relation zurückführen.

Es gibt ausgezeichnete Arten von Relationen, wie beispielsweise die Äquivalenzrelation, wir betrachten jedoch nur die Art Relation, welche in dem Modell von *Codd* zum Tragen kommt.

Eine Relation besteht aus einer definierten Menge von Operanden und einem Satz von Operatoren, die auf der Menge der Operanden erklärt sind. Das Anwenden von erklärten Operationen darf jedoch nicht aus der Menge der Operanden herausführen. Diese Bedingung ist elementar, denn sie verhindert, daß sich eine Datenbasis, nach Anwenden einer Menge von Operationen, in einem inkonsistenten Zustand befindet. Diese Bedingung nennt sich »Abgeschlossenheit«.

Dieser Sachverhalt läßt sich am besten mit einem kleinen Beispiel verdeutlichen:

Angenommen, wir betrachten die Menge der positiven ganzen Zahlen, und als Operatorensatz die bekannten arithmetischen Operanden $\{+, -, \div, \times\}$, dann verletzt das Anwenden der beiden Operatoren $\{-, \div\}$ die Eigenschaft der Abgeschlossenheit, denn der Operator $-$ kann das Ergebnis aus der Menge der positiven Zahlen hinausführen ($5 - 7 = -2$). Das gleiche gilt für den Operator $\div$, dieser liefert ein Ergebnis, welches in der Menge der rationalen Zahlen liegt, also außerhalb des definierten Zahlenbereichs. Wenn wir uns vorstellen, daß wir nur mit positiven ganzen Zahlen umgehen können (das war ja die Voraussetzung), so erzeugen wir mit diesen Operatoren Ergebnisse, welche nicht mehr in unserer Reichweite liegen, wir können sie mit den gegebenen Vorgaben nicht mehr behandeln.

Stellen Sie sich nun eine Datenbank vor, bei der das gerade beschriebene Verhalten auftritt. Nach sehr kurzer Zeit wäre die Datenbasis dieser Datenbank nicht mehr benutzbar, weil wir andauernd Ergebnisse produzieren würden, die mit den Operatoren der Datenbank nicht mehr erreichbar wären.

13.1.1   Operatorenmenge

Die Elemente einer Relation können mit sich selbst verknüpft werden, aber es können selbstverständlich auch Elemente zweier disjunkter Relationen miteinander verknüpft werden, das Ergebnis ist dann wieder eine Relation.

Viele der folgenden Operatoren haben mit den aus der Algebra bekannten Operatoren nur den Namen gemein.

Die ersten drei Operatoren setzen voraus, daß die Struktur und Anzahl der Attribute beider beteiligten Relationen identisch ist.

Differenz

Die Differenz zweier Relationen R und S liefert als Ergebnisrelation T alle Tupel, welche in R, aber nicht gleichzeitig auch in S enthalten sind. Diese Operation ist nicht kommutativ, das bedeutet, es gilt:

$$\text{DIFFERENZ R,S} \neq \text{DIFFERENZ S,R}$$

Vereinigung

Unter der Vereinigung zweier Relationen R und S versteht man alle Tupel, welche in R und S enthalten sind. Das Ergebnis ist eine Relation T. Wir erinnern uns hier an die Mengeneigenschaft der Tupel, wonach zwei gleiche Tupel in einer Relation nicht enthalten sein dürfen. Befinden sich in den beiden Relationen R und S zwei gleiche Tupel, so wird nur einer dieser Tupel in die Ergebnisrelation T aufgenommen. Es gilt:

$$\text{UNION R,S} = \text{UNION S,R}$$

Durchschnitt

DURCHSCHNITT R,S

liefert als Ergebnisrelation T alle Elemente, die gleichermaßen in R und S vorhanden sind.

Es gilt:

$$\text{DURCHSCHNITT R,S} = \text{DURCHSCHNITT S,R}$$

Kreuzprodukt

TIMES R,S

liefert als Ergebnis die Kombination aller Tupel aus R mit allen Tupeln aus S.

Ein Beispiel:

Angenommen wir haben die Mengen {a,b,c} und {d,e,f}, dann ist das Kreuzprodukt definiert als:

{ad,ae,af,bd,be,bf,cd,ce,cf}

Als Voraussetzung für das Bilden dieser Relation gilt: Relation R und S dürfen keinen gemeinsamen Attributnamen besitzen.

Projektion

PROJECT R ON $S_1, S_2, S_3, \ldots S_m$

Die Projektion einer Relation auf eine Attributmenge liefert einen Ausschnitt aus der Ausgangsrelation. Wir werden uns mit dieser Art der Verknüpfung später ausführlich beschäftigen, weil diese für das Entwickeln von Frontends für Benutzer ziemlich wichtig ist.

Restriktion

RESTRICT R BY $S_i \Theta c$

Dieser Operator wählt aus der Menge der Tupel einer Relation eine bestimmte Menge aus, welche eine bestimmte Bedingung erfüllt. Wenn wir beispielsweise in einer Kundendatei nach Einträgen von Kunden suchen, deren Konto nicht ausgeglichen ist, so ist das eine typische Restriktionsanweisung.

Eine solche Anweisung hat die Form:

SELECT FROM R
WHERE $S_i \Theta c$

Der Theta (Θ)-Operator hat dabei häufig die Form eines Vergleiches

$$\{=, \neq, <, >, \leq, \geq\}$$

Extension EXTEND R BY S = Skalarausdruck

Liefert als Ergebnis die Erweiterung der Relation R um die Attributmenge der Relation S, welche die Bedingung des Skalarausdrucks erfüllt.

Division DIVIDE R BY S

Die Division ist die Umkehrung des Vereinigungsoperators.

Join

Der JOIN-Operator ist eigentlich kein selbständiger Operator, denn er ist nur eine Zusammenfassung einer Reihe von anderen Operatoren. Da diese Operationenfolge jedoch für die relationale Algebra der SQL wichtig ist, wird er immer als eigenständiger Operator definiert.

13.1.2 Fangen wir an

Noch ohne genau zu wissen, wie eine SELECT-Anweisung aussieht, können wir anhand einer solchen genau sehen, was mit dem Ausdruck »*Relation*« gemeint ist. Sehen wir uns das im Beispiel aus Abb. **13.1** an, die dort gezeigte Relation ist zwar nicht korrekt im Sinne der Normalform-Bedingung, aber das soll hier nicht weiter stören.

Beispiel 13.1 *Die SELECT-Anweisung*

```
SELECT * FROM Buch
  WHERE Preis = 69.00;
```

Als Ergebnis würden wir alle Bücher bekommen, deren Preis 69,00 DM beträgt. Alle Elemente einer solchen Relation müssen einen Bezug zueinander haben.

Abb. 13.1 und Beispiel 13.2 zeigen zwar eine Relation, aber sie zeigen nicht, wie eine solche Relation definiert wird. Sehen wir uns das Beispiel (13.2) an, welches ein Buch als Relation darstellt.

Beispiel 13.2 *Eine einfache Relation*

```
Relation buch (
  isbn_nummer
  titel
  autor
  preis
  jahr_herausgabe
  herausgeber_name
  herausgeber_adresse)
```

Aber auch eine auf diese Weise definierte Relation ist für unsere Zwecke nicht recht brauchbar, denn sie erfüllt gewisse Bedingungen nicht, die erfüllt werden müssen, damit bestimmte Anomalien nicht auftreten können (siehe Absatz 7.2.1 Seite 213). Um diesen Relationen Restriktionen auferlegen zu können, welche gewährleisten, daß diese Anomalien nicht auftreten, müssen wir uns erst einmal klar darüber werden, welche Art von Relationen für eine Datenbasis sinnvoll definiert werden können. Hierzu wurde das sogenannte *Entity-Relation-Model* entwickelt.

13.2 Das Entity-Relation-Modell

Der Begriff ER-Modell (*Entity Relation*-Model) bezeichnet Entities, welche in Relation, in Beziehung zueinander gesetzt werden. Dabei versteht man unter einer Entity die Zeileneinträge, also die Tupel einer Tabelle oder Relation (siehe Abb. **13.1**). Zeileneinträge repräsentieren dabei die Personen oder Objekte, aus denen eine Relation besteht, also die Menge der Elemente einer Relation, im Sinne der Definition 13.1. Ein Beispiel für eine Entity-Relation-Beziehung ist die Zuordnung einer Person zu seiner Adresse. Verfügt eine Person nur über eine Adresse, so handelt es sich um eine *Eins-zu-Eins (One-to-One)*-Beziehung. Verfügt die gleiche Person über mehr als eine Adresse (so etwas soll es ja geben), so handelt es sich um eine *Eins-zu-Vielen (One-to-Many)*-Relation, und wenn mehrere Personen ihren Adressen zugeordnet werden, beispielsweise ein ausgezeichneter Kundenstamm, so handelt es sich um eine *Viele-zu-Vielen (Many-to-Many)*-Relation.

Entities können auf die folgende Weise miteinander in Wechselwirkung treten:

- *Eins-zu-Eins (One-to-One)*

  Eine Entity einer Tabelle (Zeile) kann nur einer einzigen anderen Entity einer weiteren Tabelle zugeordnet werden.

  Beispiel: Im Mendelejevschen Periodensystem kann ein Element genau einer Protonenzahl zugeordnet werden.

- *Eins-zu-Vielen (One-to-Many)*

  Eine Entity einer Tabelle (Zeile) kann mehreren Entities einer anderen Tabelle zugeordnet werden.

  Beispiel: Im Mendelejevschen Periodensystem kann ein Element verschiedenen Isotopen zugeordnet werden.

- *Viele-zu-Vielen (Many-to-Many)*

  Eine Gruppe von Entities einer Tabelle (Zeile) kann mehreren Entities einer anderen Tabelle zugeordnet werden.

  Beispiel: Die Einwohner Bayerns können den Städten Bayerns zugeordnet werden.

Jede dieser Wechselwirkungen besitzt eine symmetrische Relation, die aber nicht berücksichtigt wird. So kann jeder *Eins-zu-Vielen (One-to-Many)*-Relation natürlich eine *Viele-zu-Einem (Many-to-One)*-Relation zugeordnet werden, aber das ist nur von theoretischem Interesse.

Eines haben wir jedoch erkannt: Tabellen müssen *in Relation* zueinander gesetzt werden können, daraus folgt, daß eine Datenbasis aus mehr als einer Tabelle bestehen kann. In der Tat wird man kaum eine Datenbasis im kommerziellen Einsatz finden, die nur aus einer einzigen Relation (Tabelle) besteht.

Die Tupel (Zeilen) einer Relation sind eine Menge im mathematischen Sinne. Für eine Menge gilt, daß die in ihr enthaltenen Elemente eindeutig sein müssen, es dürfen also nicht zwei identische Einträge in einer Menge vorkommen. Es gibt auch ein Konstrukt in der Mathematik (eher Informatik), welches auch gleiche Elemente zuläßt, aber dieses Konstrukt wird als *Bag* bezeichnet und nicht als Menge. Diese *Bags* haben aber in der relationalen Algebra nichts verloren, zumindest in dem Ausschnitt, den wir hier betrachten.

Elemente oder Tupel müssen in der Menge eineindeutig auffindbar sein. Um ein Element auffinden zu können, braucht man ein Attribut oder eine Attributmenge, deren Belegung es erlaubt, dieses Element eindeutig zu identifizieren.

Ein solches Attribut oder Attributmenge muß es geben, da jedes Element der Menge, auf der die Relation definiert ist, eindeutig nur einmal in der Menge enthalten sein kann.

Ein solches Attribut, eine solche Attributmenge kann als Primärschlüssel definiert werden. Jede Relation besitzt eine solche Primärschlüssel-fähige Attributmenge, aber daraus folgt nicht, daß dieser Primärschlüssel auch erklärt werden muß. Trotzdem ist es sinnvoll, eine solche Primärschlüssel-Deklaration für jede Relation zu definieren. Der Primärschlüssel dient der Verknüpfung einer Relation mit einer anderen. Der Schlüssel unterliegt ganz bestimmten Beschränkungen. So darf zum Beispiel unter einem Schlüssel auch nur ein Eintrag (Tupel) gefunden werden, und für jeden Tupel muß es einen Schlüssel geben. Eine solche Bedingung nennt man *eineindeutig* oder *bijektiv*.

Die Definition des Schlüssels ist nicht ganz trivial. Nehmen Sie als Beispiel eine Adreßdatei, welche aus dem Namen und der vollständigen Adresse der gespeicherten Personen besteht. Um einen geeigneten Primärschlüssel für eine solche Relation zu finden, versucht man eine Attributmenge zu finden, welche jedes Tupel eindeutig identifiziert. Beginnt man mit einem Attribut, beispielsweise dem Vornamen, so muß man sicherstellen, daß dieses Attribut den Eintrag (Tupel, Zeile) eindeutig identifiziert. Der Vorname leistet dies nicht, denn in einer Datenbasis können sich natürlich unterschiedliche Personen mit gleichem Vornamen befinden. Nimmt man den Nachnamen zum Schlüssel hinzu, so reicht das auch nicht, denn ein Name wie »*Peter Müller*« dürfte in Deutschland nicht so selten sein. Selbst die Straße, der Ort und die Postleitzahl reichen, zusammen mit dem Namen, nicht aus, um den Primärschlüssel zu definieren, denn in demselben Haus eines Ortes können zwei unterschiedliche Personen gleichen Namens wohnen. An diesem Beispiel haben wir gesehen, daß es sogar Relationen gibt, denen man keinen Primärschlüssel zuordnen kann. Wenn man es mit solchen Relationen zu tun hat, so kann man einen Primärschlüssel immer erzwingen, indem man jedem Tupel einen eineindeutigen Index zuordnet.

Vom Standpunkt der Mathematik aus gesehen, gibt es unendlich viele Relationstypen, zum Glück können wir uns für die relationalen Datenbasen auf die drei angegebenen beschränken.

13.3 Normalformen

Relationen müssen bestimmten Bedingungen, sogenannten Normalformen, genügen, damit keine Anomalien beim Löschen oder Einfügen auftreten. Die Theorie, welche hinter diesen Normalformen steckt, ist sehr komplex und wurde von *E. F. Codd* [10], [11]) und R. F. BOYCE [8] schon in den frühen 70er Jahren entwickelt. An den Normalformen hat sich seit mehr als dreißig Jahren nichts geändert, das zeugt davon, daß es sich offensichtlich um eine sehr stabile und fundierte Theorie handeln muß. Wir wollen uns diese Bedingungen einmal ansehen, jedoch ohne auf die theoretischen Hintergründe einzugehen:

- *Erste Normalform*

  Wenn eine Relation in erster Normalform ist, dann müssen alle Attribute aus jeweils einem Skalar bestehen. Ein Skalar ist eine atomare Einheit, die mathematisch nicht weiter zergliedert werden kann. Das bedeutet *nicht*, daß ein Attribut nicht aus mehreren Elementen bestehen kann. So besteht jeder Name eines Tupels aus Abb. 13.1 aus Vor- und Nachname, aber die Entity »Name« ist nicht teilbar.

  Ein Attribut darf also nicht aus einer zusammengesetzten Struktur oder einer weiteren Relation bestehen.

  Um eine Datenbasis überhaupt relational zu nennen, muß sie sich zumindest in dieser Normalform befinden.

- *Zweite Normalform*

  Wenn eine Relation der zweiten Normalform genügen will, dann müssen alle Attribute, die nicht Teil des Primärschlüssels sind, von diesem funktional abhängen. Ein Primärschlüssel kann aus mehreren Attributfeldern gebildet werden, aber dann muß sichergestellt sein, daß die restlichen Attribute nicht nur von einem Teil des Primärschlüssels abhängen und von dem Restschlüssel nicht. Wir haben bereits eine Relation untersucht, welche nicht in die zweite Normalform zu bringen war.

  Um diese Aussage zu verstehen, sehen wir uns eine Bedingung an, die *nicht* der zweiten Normalform genügt:

  Hätten wir in der Relation aus Abb. 13.1 die Attribute Autor und Herausgeber als Primärschlüssel gewählt, so würde ein Buch, das sich in dieser Relation als Tupel befindet, einem Autor, aber nicht notwendigerweise einem Herausgeber zugeordnet werden können, denn ein Autor kann für mehrere Verlage Bücher schreiben.

- *Dritte Normalform*

  Damit eine Relation der dritten Normalform genügt, muß sie der ersten und zweiten Normalform genügen. Zusätzlich muß *jedes* Attribut von jedem anderen unabhängig sein, außer von dem Primärschlüssel-Attribut. Das gilt selbstverständlich auch für zusammengesetzte Primärschlüssel.

  Anders ausgedrückt, ein Attribut, welches *nicht* Teil des Primärschlüssels ist, *muß* von diesem abhängen. Unabhängige, nicht vom Primärschlüssel abhängende Attribute gibt es dann nicht.

- *Boyce-Codd Normalform*

  Die Boyce-Codd Normalform (BCNF) ist eine strengere Form der dritten Normalform. Eine Relation genügt dann und nur dann der BCN-Form, wenn *jedes* Attribut funktional *nur* vom Primärschlüssel, also nicht von den Restattributen der Relation abhängig ist. Dabei dürfen diese »nicht« zum Primärschlüssel gehören.

  Das ist eine etwas stärkere Form der dritten Normalform, weil diese nicht verbietet, daß die Attribute, welche *nicht* den Primärschlüssel bilden, voneinander abhängen dürfen, sondern nur, daß *alle* Attribute, die nicht zum Primärschlüssel gehören, von diesem abhängen.

Wenn wir unsere Relationen unter Berücksichtigung dieser Normalformen (besser der BCNF) konstruieren, so können wir Anomalien vermeiden, die sonst beim Löschen oder Einfügen von Tupeln in die Datenbasis auftreten könnten. Die folgenden Beispiele werden in der Form angegeben, welche auch von der Datenbank *Adabas D* akzeptiert wird, das vermeidet die Notwendigkeit, später umzudenken, wenn wir eine richtige Datenbasis konstruieren wollen.

Beispiel 13.3 *Das Erzeugen der Relation aus Beispiel 13.2*

```
RELATION buch (
  isbn_nummer
  titel
  autor
  preis
  jahr_herausgabe
  herausgeber_name
  herausgeber_adresse
PRIMARY KEY (isdn_nummer));
```

Will man Bücher in einer Datenbank verwalten, so scheint der Ansatz aus Beispiel 13.3 plausibel zu sein. Die ISBN-Nummer dient als einziges Attribut als Primärschlüssel. Wenn wir uns jedoch die restlichen Attribute ansehen, so fällt auf, daß ein Attribut *nicht* von dem gewählten Primärschlüssel abhängig ist. Sehen wir uns die Attribute einzeln an:

1. Der Titel des Buches ist natürlich von der ISBN-Nummer abhängig, denn er ist sozusagen ein Synonym für den Titel selbst. Diese Beziehung ist eine typische *Eins-zu-Eins (One-to-One)*-Relation, weil kein Buch auf der Welt unter zwei verschiedenen ISBN-Nummern geführt wird.

2. Der Autor ebenfalls, denn er hat ja das Buch geschrieben. Diese Beziehung ist eine typische *Eins-zu-Vielen (One-to-Many)*-Relation, weil ein Autor mehrere Bücher geschrieben haben kann, die alle einer bestimmten ISBN-Nummer zuzuordnen sind.

13.3 Normalformen

3. Der Preis ist auch abhängig von der ISBN-Nummer, dabei ist es nicht notwendig, daß es sonst auf dem Büchermarkt kein Buch mit dem gleichen Preis gibt, nein, wir betrachten nur den Zusammenhang Preis-ISBN-Nummer *dieses* Buches. Auch hier gilt die *Eins-zu-Vielen (One-to-Many)*-Relation, denn die ISBN-Nummer ist dem Preis direkt zuzuordnen.

Würde sich der Preis des Buches ändern, so änderte sich auch die Entity »*buch*« in der Datenbasis selbst. Eine Buchhändlerin müßte eine Entity »*buch*«, dessen Preis sich geändert hat, neu auszeichnen.

4. Auch der Herausgeber und das Jahr der Herausgabe ist von der ISBN-Nummer abhängig.

5. Die Adresse des Herausgebers hängt jedoch nicht von der ISBN-Nummer ab. Dem Namen des Herausgebers kann jedoch seine Adresse zugeordnet werden.

Nehmen wir an, der Herausgeber bezieht ein neues Büro, so würde sich nichts an der Relation »*buch*« ändern, auch die Primärschlüsselbeziehung zwischen Herausgeber-Adresse und ISBN-Nummer nicht, weil schließlich keine Beziehung zwischen dem Wohnort des Herausgebers und der ISBN-Nummer besteht. Dieser Umstand verstößt gegen die BCNF und muß abgeändert werden, wenn die Datenbasis robust und stabil konstruiert sein soll. Um es noch deutlicher auszudrücken: Die Frage nach dem Wohnortwechsel des Herausgebers könnte über die ISBN-Nummer eines Buches, welches er verlegt hat, nicht ermittelt werden.

Wie kann man für den Fall 5 Abhilfe schaffen?

Eine Methode, die immer funktioniert besteht darin, die Relation aus Beispiel 13.2 in mehrere Relationen aufzubrechen und diese dann über eine Fremdschlüssel-Beziehung miteinander zu verknüpfen. Allerdings kann es manchmal schwierig werden, einen Primärschlüssel für die neue Relation zu finden. Wenn das der Fall ist, kann ein Index für die Relation eingeführt werden. Sicherlich leidet durch die häufige Verwendung solcher Indizes die Handhabbarkeit einer Datenbasis. Die letzte Bemerkung bezieht sich natürlich nicht auf die generierten Indizes einer Relation, die auch über nichtindizierte Primärschlüsselbeziehungen verfügt.

Für den Herausgeber erzeugen wir eine neue Relation. Wir verfügen dann über zwei Relationen, die wie folgt strukturiert sind:

Beispiel 13.4 *Das Buch als Relation*

```
RELATION buch (
  isbn_nummer
  titel
```

```
  autor
  preis
  jahr_herausgabe
  herausgeber_name
PRIMARY KEY (ISBN_nummer));
FOREIGN KEY (herausgeber_name) REFERENCES herausgeber);
```

Beispiel 13.5 *Der Herausgeber als Relation*

```
RELATION herausgeber(
  herausgeber_name
  herausgeber_adresse
PRIMARY KEY (herausgeber_name) );
```

Die beiden Relationen können jetzt über die Fremdschlüssel-Beziehung miteinander verknüpft werden, und jede Relation für sich genommen erfüllt die BCNF.

Wir berücksichtigen hier nur Relationen, die einen Autor pro Buch zuläßt, sehr häufig existieren aber mehrere Autoren für ein und dasselbe Buch. Aus diesem Grunde müssen wir die Relationen weiter aufbrechen und erhalten so die in Beispiel 13.6 angegebenen Relationen.

Beispiel 13.6 *Verfeinerte Relation Buch*

```
RELATION buch (
  ISBN_nummer
  titel
  autor
  preis
  jahr_herausgabe
  herausgeber_name
PRIMARY KEY (ISBN_nummer),
FOREIGN KEY (herausgeber_name) REFERENCES herausgeber);

RELATION herausgeber(
  herausgeber_name
  herausgeber_adresse
PRIMARY KEY (herausgeber_name) );

RELATION autor_buch(
  autor_name
  ISBN_nummer
PRIMARY KEY (autor_name),
FOREIGN KEY (ISBN_nummer) REFERENCES buch) );
```

Diese Relationen erfüllen alle für sich gesehen die BCNF.

Wenn wir jetzt an der Adresse der Autoren interessiert sind, so können wir eine weitere Relation bilden, in der die Adressen aller Autoren gehalten werden.

13.3 Normalformen

Was wir bis jetzt behandelt haben, waren reine Relationen. Die Attribute einer Relation müssen aber einen bestimmten Datentyp zugewiesen bekommen, damit der Rechner weiß, wie er mit den Einträgen umgehen soll. Hierzu beziehen wir uns auf die Darstellungen ab Seite 209 des Kapitels 7.

Unser Interesse richtet sich auf die Anwendung einer Datenbasis und weniger auf die Darstellung der Eingabemöglichkeiten. Daher verwenden wir für die Eingabe der Relationen in die Datenbasis ein Werkzeug der Firma *Adabas D*, welches von Christian Krone stammt. Es heißt *tkquery* und erlaubt eine relativ komfortable Eingabe der Befehle. Außerdem kann man das Programm auch als »Frontend« für die Abfrage verwenden. Zudem verfügt das Programm über die Möglichkeit, die SQL-Befehle auf ihre syntaktische Korrektheit zu überprüfen. Etwas Vorsicht ist jedoch angebracht, denn die Editier-Möglichkeiten in diesem Tcl/Tk-Editor sind ziemlich limitiert.

Ich will mich *auch* nur darauf beschränken, die Datenbasis in die bereits bestehende Server-Datenbank MYDB einzugeben. Würde ich alle Möglichkeiten, welche *Adabas D* für die Einrichtung von Datenbanken bietet, behandeln, hätte ich tatsächlich ein Buch über Datenbanken geschrieben, und das steht nicht im Vordergrund der Thematik.

Zu Beginn sind einige Begriffsbestimmungen notwendig:

- *Datenbank*

    Damit ist die gesamte Umgebung gemeint, die von *Adabas D* bereitgestellt wird.

- *Datenbasis*

    Damit ist eine Ansammlung von Relationen gemeint, die in einem bestimmten Format angelegt werden müssen.

- *User-Datenbasis*

    Das ist eine Datenbasis, die vom Kunden angelegt wird. Sie besteht aus einer Ansammlung von Relationen (Tabellen), die in definierten Beziehungen zueinander stehen.

- *Server-Datenbasis*

    Diese Datenbasis stellt die große Klammer dar, die alle Datenbasen beinhaltet, die zu einem bestimmten Bereich gehören.

    Adabas D wird mit einer bereits installierten Server-Datenbasis ausgeliefert, sie heißt MYDB. In dieser Server-Datenbasis werden alle Dantenbasen angelegt, die wir in diesem Kapitel verwenden wollen.

    Wenn Sie die Datenbank *Adabas D* kommerziell einsetzen wollen und eine Lizenz hierfür erwerben, so ist es ratsam, eine eigene Server-

Datenbasis anzulegen. Um das zu tun, ist es effizienter, eine eigene Partition oder Festplatte anzulegen, die ausschließlich der Datenverwaltung vorbehalten ist. Das verbessert die Reaktionszeit der Datenbank und vereinfacht das Sichern der Datenbank ganz erheblich.

13.4 Installieren und Starten der Datenbank

Um die folgenden Beispiele ausprobieren zu können, müssen Sie die Datenbank natürlich installiert haben, und Sie müssen sie starten. Da wir keine eigene Datenbasis anlegen, geschieht das Starten immer auf die gleiche Weise. Beide Prozesse, das Installieren und das Starten, werden wir uns im folgenden Absatz ansehen.

Die Hardwareanforderungen an einen Datenbank-Server sind recht hoch. Legt man aber eine Konfiguration wie in Absatz 2.3, Seite 40 zugrunde, so ist das auch für einen Datenbank-Server eine ausreichend große Plattform.

Installieren der Datenbank

Das Installieren der Datenbank ist nicht sehr kompliziert, wir gehen deshalb nur stichwortartig darauf ein, im übrigen findet sich eine genaue Installationsanleitung in der Dokumentation von *Adabas D*, die man sich jedoch ausdrucken muß. Für alle, denen das zu aufwendig ist, folgt jetzt eine Kurzform der Installationsanweisung. Um die Datenbank effizient nutzen zu können, muß man einige Vorbedingungen erfüllen, die zwar nicht unbedingt nötig, aber doch recht hilfreich sind, wenn man die Datenbasis und die Verwaltung derselben vom Restbetrieb der sonstigen Benutzer abkoppeln möchte. Wir erzeugen hierzu eine eigene Gruppe für die Datenbank und auch einen eigenen User.

- Anlegen einer Gruppe `database`. Am einfachsten funktioniert das mit YaST.

- Anlegen eines Benutzers `adabas`. Auch hier am besten mit YaST.

- Editieren der `.profile`-Datei des gerade angelegten Benutzers `adabas`. Hier muß der folgende Eintrag getätigt werden:

  ```
  export DBROOT=/usr/lib/adabas
  export PATH=$PATH:$DBROOT/bin
  ```

13.4 Installieren und Starten der Datenbank

Die Einträge sind selbsterklärend, die erste Umgebungsvariable bezeichnet den Pfad, wo später die Datenbank installiert wird, die zweite Umgebungsvariable, erweitert den User-Pfad um den Ort, wo *Adabas D* die nötigen Programme findet.

- Legen Sie die CD in ein Laufwerk, und binden Sie die Directory-Struktur wie folgt in den lokalen Directory-Baum ein:

```
mount /dev/cdrom /mnt/cdrom
```

Jetzt können Sie die Installation wie folgt starten:

```
/mnt/cdrom/install /mnt/cdrom $DBRPPT &
```

Im nun erscheinenden Fenster wählen Sie alle gewünschten Elemente aus, die Sie installieren wollen. Dabei ist es ratsam, auch die Beispiel-Datenbank mit zu installieren, und wenn es der Plattenplatz irgendwie zuläßt, installieren Sie auch die Dokumentation. Die ist später sehr hilfreich.

Wenn die Datenbank nicht korrekt starten will, so überprüfen Sie, ob Sie über alle nötigen Rechte verfügen. Wir gehen davon aus, daß die Datenbank *Adabas D* korrekt installiert ist und funktioniert. Wir werden auch keinen raw-Device anlegen, um eine eigene Datenbasis anzulegen, sondern wir verwenden die bereits installierte Server-Datenbasis mit dem Namen MYDB. Diese Konfiguration ist nicht gerade effizient, aber wenn man eine völlig neue Server-Datenbasis anlegen will, um diese kommerziell zu nutzen, sollte dieses auf einer eigenen Partition, besser noch auf einer eigenen, nur für die Datenbasis reservierten Festplatte erfolgen. Um das zu tun, müßten wir jetzt in das bereits bestehende Linux-System eingreifen. Um die Funktion einer Datenbank zu demonstrieren, ist das jedoch nicht erforderlich. Wenn Sie eine solche Partition einrichten wollen, so finden Sie eine ausführliche Anleitung in dem Buch von *Bernhard Röhrig* [31].

Starten der Datenbank

Wenn die Datenbasis der folgenden Beispiele verwendet werden soll, so geschieht das, indem man die folgenden Schritte ausführt:

- Loggen Sie sich als Datenbank-User ein, das geschieht mit:

```
rlogin -l <username> <machinename>
```

Haben Sie beispielsweise einen User mit dem Namen `adabas` eingerichtet, und Ihre Maschine, auf der die Datenbasis läuft, heißt `business`, so sieht das Login wie folgt aus:

```
rlogin -l adabas business
```

Den Maschinennamen bekommen Sie übrigens, indem Sie in einem beliebigen Terminalfenster den Befehl `hostname` eingeben.

Sie öffnen jetzt ein Terminalfenster, welches Sie für das weitere Arbeiten immer verwenden müssen. Ein beliebter Fehler ist es, zwei Terminalfenster offen zu halten, von denen nur eines als User für die Datenbank angemeldet ist, dann aber in dem anderen Terminalfenster Befehle an die Datenbasis abzusetzen. Das kann natürlich nicht funktionieren, Sie müssen alle datenbankrelevanten Eingaben in *dem* Terminalfenster eingeben, das als User angemeldet ist.

- Als nächstes bringen Sie die Datenbank in den Status »warm«, das geschieht mit dem Aufruf:

```
panel&
```

Der Aufruf `panel` initiiert ein Eingabefenster, in dem Sie die vordefinierte Server-Datenbasis `MYDB` hochfahren können. Das geschieht, indem Sie als Username `control` angeben, als Password verwenden Sie ebenfalls das Wort `control`. Als Serverdb verwenden Sie den Namen `MYDB`. Die Server-Datenbasis beherbergt alle Datenbasen, die in diesem Kapitel angelegt werden. Wenn Sie also eine eigene Datenbasis anlegen oder ansprechen wollen, so funktioniert das nur über die Server-Datenbasis `MYDB`.

Vergessen Sie nicht das &-Zeichen am Ende des Aufrufs. Dieses Zeichen bewirkt, daß der aufgerufene Prozeß im Hintergrund läuft. Das gilt allgemein für jedes Unix-System, also auch für Linux. Wenn Sie dieses Zeichen vergessen, dann können Sie über Ihr Datenbank-Eingabefenster keine Befehle mehr an die Datenbank absetzen.

Sollte es Ihnen trotzdem einmal passieren, daß Sie das &-Zeichen am Ende des Befehls vergessen, so können Sie den zuletzt eingegebenen Befehl auch in den Hintergrund schicken, indem Sie `ctrl`-`z` drücken und im nun wieder freigegebenen Eingabefenster `bg` eingeben. Die Tastenkombination `ctrl`-`z` bewirkt, daß der zuletzt angestoßene Prozeß angehalten wird, und die Eingabe `bg` bewirkt, daß der Prozeß wieder angestoßen wird, aber diesmal im Hintergrund (**b**ackground).

Wenn die Datenbank sich im »warm«-Status befindet, so wird das durch Aufleuchten des grünen Signals der Ampel angezeigt.

13.4 Installieren und Starten der Datenbank

- Jetzt können Sie sich im Terminalfenster in Ihre eigene Datenbasis einwählen, das geschieht mit:

```
tkquery&
```

Probieren wir das gleich einmal mit einer bereits existierenden User-Datenbasis:

Um sich mit der Datenbank zu verbinden, rufen Sie in einem Terminalfenster das Programm `panel&` auf. Sie sollten jetzt ein Fenster sehen, wie in Abb. **13.2** gezeigt.

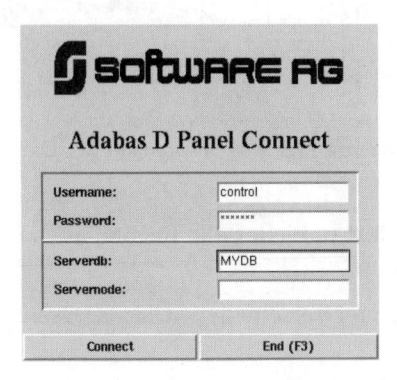

Abbildung 13.2: Einwählen in die Datenbank *Adabas D*

Im Fenster der Abb. **13.2** geben Sie als Username das Wort `control` ein, und als Password geben Sie auch `control` ein. Als Serverdb existiert zur Zeit nur eine einzige, mit Namen `MYDB` diesen Namen tragen Sie an der entsprechenden Stelle ein. Der letzte Punkt bleibt vorerst leer, da wir die Datenbank lokal betreiben.

Wenn Sie jetzt den `connect`-Button bedienen, sollte sich nach einer kleinen Weile das Fenster aus Abb. **13.3** zeigen. Dieses Fenster zeigt an, daß die Datenbank »*warm*« ist, also verwendbar.

Sie können das Demo-Beispiel mal laufen lassen, indem Sie in einem Terminal-Fenster `fotos` eingeben. Es erscheint eine Eingabemaske, in der Sie als Usernamen das Wort `demo` eingeben, als Password ebenfalls das Wort `demo`, und als Serverdb geben Sie die einzige Datenbasis an, welche wir bis jetzt zur Verfügung haben, nämlich `MYDB`. Das Beispiel bringt nicht so arg viel, denn außer ein paar wirklich wunderschönen Bildern von alten Eisenbahnen bietet die Beispiel-Datenbank keine Besonderheiten.

Jede Datenbank, die etwas auf sich hält, stellt verschiedene Benutzerlevel zur Verfügung, um die Handhabung der Datenbank sicher zu gestalten. Hier sehen wir wieder einen gravierenden Unterschied zu einer Datenhaltung in einer

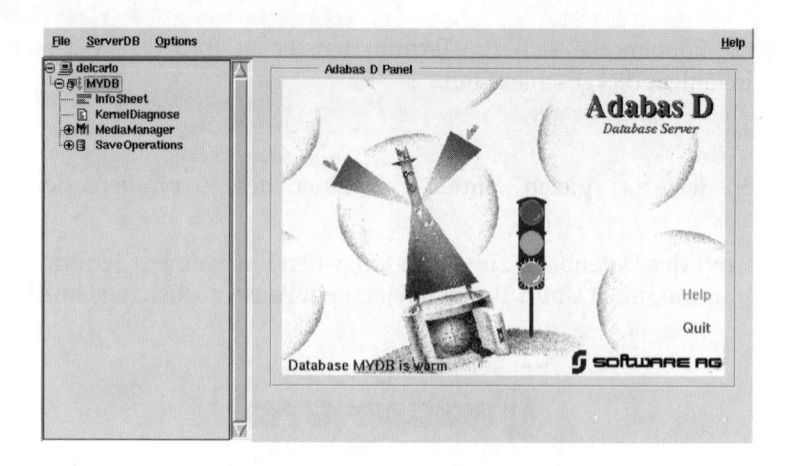

Abbildung 13.3: Das Startfenster der Datenbank

Tabellenkalkulation. Dort hat jeder alle Rechte, auch das Recht, alle Einträge und Benutzer zu löschen.

Adabas D verfügt über vier verschiedene User-Klassen:

- *CONTROL USER*

  Dieser User hat das Recht, alle Funktionen der Control-Utilities auszuführen. *Adabas D* legt beim Einrichten einer Serverdb einen solchen User automatisch an. Wenn Sie sich an die Datenbasis MYDB erinnern, so heißt dort der CONTROL USER `control` und sein Password ebenfalls `control`.

- *SYSDBA USER*

  Dieser Benutzer darf User-Datenbasen anlegen, wir werden diesen Benutzerstatus gleich verwenden, um eine Datenbasis mit dem Namen `Firma` anzulegen.

  Der SYSDBA besitzt auch alle Rechte, auf die Systemtabellen zuzugreifen. Der SYSDBA besitzt die Kennung `sysdba` und das Password `admin`.

- *DOMAIN USER*

  Dieser Benutzer ist Eigentümer der Katalog-Views. Wir werden uns diese später ansehen. Seine Kennung ist `domain`, und sein Password heißt ebenfalls `domain`.

13.4   Installieren und Starten der Datenbank

- *OPERATOR USER*

    Dieser User besitzt die eingeschränkten Rechte des CONTROL USERS, er hat nur das Recht, Datensicherung zu betreiben. Er kann keine Queries absetzen und auch keine neuen Datenbasen anlegen. Seine Kennung heißt `domain`, und sein Password heißt ebenfalls `domain`.

Die Paßwörter des SYSDBA USERS, DOMAIN USERS und OPERATOR USERS sowie Name und Password vom CONTROL USER können verändert werden. Die Modifikation der Paßwörter des SYSDBAs und DOMAINs ist nur im Status WARM möglich. Der CONTROL USER kann hingegen nur verändert werden, wenn der Status nicht WARM ist. Das OPERATOR-Password kann in jedem Zustand geändert werden. Für die folgenden Beispiele werden wir jedoch keines der Passwords verändern. Einzig bei der Erzeugung der User-Datenbasis vergeben wir eigene spezielle Passwords.

Nachdem der Benutzername und das Password der bisherigen Benutzerdefinition eingegeben wurden, wird anhand des Benutzernamens erkannt, welcher Usertyp verändert werden soll. Bei der Eingabe der neuen Definition ist das Password zur Kontrolle ein zweites Mal einzugeben.

Sollte der SYSDBA außerhalb von CONTROL verändert worden sein, so wird bereits beim Einloggen in CONTROL erkannt, daß die Definition nicht mit den Daten im Profile übereinstimmt und die Eingabe des korrekten SYSDBAs gefordert wird.

Wir beschäftigen uns jetzt mit einer einfachen Tabelle, wie in **13.3** gezeigt:

Hier finden sich Einträge, die einer normalen Kundendatei ähneln. Die Namen und Vornamen sind vielleicht nicht sehr originell, aber wenn Sie wollen, können Sie sich ja eigene Namen ausdenken.

Eine solche Tabelle bezeichnet man als *Relation*, weil die Spalten in Relation zueinander stehen, der Nachname gehört zu einem bestimmten Vornamen, und die Kontonummern sollten auch den Personen korrekt zugeordnet sein, denn sonst kann es zu Beschwerden kommen.

13.4.1   Ein Beispiel

Wir werden uns jetzt einem komplexen Beispiel zuwenden, für welches mehrere Relationen zusammenarbeiten müssen. Bei der Beispiel-Datenbasis handelt es sich um eine Reisebüro-Applikation, für die wir verschiedene Relationen benötigen. Das Beispiel stellt eine Arbeitshypothese für ein Projekt dar, an dem ich zur Zeit arbeite, es ist nicht vollständig, jedoch funktionsfähig. Ich übernehme natürlich keine Haftung für die Brauchbarkeit der Applikation.

Sehen wir uns den Ausschnitt aus der Wirklichkeit an, den wir abbilden wollen: Ein Reisebüro hat *Kunden,* für die es Reisen *buchen* soll. Für einen Kunden muß in einem *Hotel* eine *Buchung* getätigt werden. Ein Hotel verfügt über unterschiedliche *Zimmer.*

Die relevanten Relationen sind im Schrifttyp *italic* wiedergegeben, um deutlich zu machen, welches die Objekte sind, die wir modellieren müssen. Aber auch diese Objekte werden nicht vollständig beschrieben; so interessiert es beispielsweise überhaupt nicht, in welcher Farbe ein bestimmtes Hotel gestrichen ist, oder ob der Oberkellner gut bedient oder nicht. Man erkennt, daß es wichtig ist, einen ausreichend guten Abstraktionsgrad für die Beschreibung der Objekte zu finden. Den Abstraktionsgrad zu weit zu treiben ist dabei genauso falsch wie die Beschreibung eines zu modellierenden Objekts in epischer Breite. Ist das Objekt nicht ausreichend, also zu knapp beschrieben, kann man möglicherweise die nötigen Informationen nicht gewinnen. Ist die Beschreibung zu umfangreich, so entsteht ein unnötig großer Datenwust, der keinen Informationsgehalt besitzt, aber trotzdem Zeit und Platz beansprucht.

Um überhaupt die Relationen definieren zu können, benötigen wir Zugang zur Datenbank, und zwar auf einem Niveau, welches die Eingabe von Relationen ermöglicht. Wir werden uns nicht in die vorhandenen Abstraktionsebenen des Datenbankzugriffs eingraben, dafür gibt es das Handbuch der Firma *Adabas D,* sondern nur die Zugänge und Einwahlprozesse ansehen, die notwendig sind, um die Beispiele zu implementieren. Die Beispiele sind zum Teil aus der Dokumentation der Datenbank *Adabas D* übernommen, aber an die spezielle Thematik dieses Buches angepaßt worden.

Um eine Datenbasis einzurichten, erzeugen wir zunächst einen User. Das funktioniert aber nur mit den Rechten eines Super-Datenbank-Administrators. Um diese Rechte zu erlangen, wählen Sie sich in die Datenbank ein, wie in Abb. **13.4** gezeigt. Das nicht-sichtbare Password, heißt »admin«.

Wenn Sie sich erfolgreich eingewählt haben, dann können Sie in dem dann erscheinenden Fenster einen User einrichten (siehe Abb. **13.5**). Sie sehen, die Datenbasis trägt den Namen »*Firma*« und verwendet das Password »*firma*«.

Für die Eingabe der Anweisungen verwenden wir das Tcl/Tk-Werkzeug »tkquery«. Die Editier-Eigenschaften sind zwar etwas limitiert, aber sonst ist das Tool sehr brauchbar.

Wenn wir jetzt diese Maske wieder verlassen, so können wir uns beim nächsten Aufruf von »tkquery« als Benutzer »*Firma*« mit dem Password »*firma*« in die Datenbasis einwählen.

Nachdem wir die Randbedingungen alle erfüllt haben, wenden wir uns den notwendigen Relationen zu:

13.4 Installieren und Starten der Datenbank

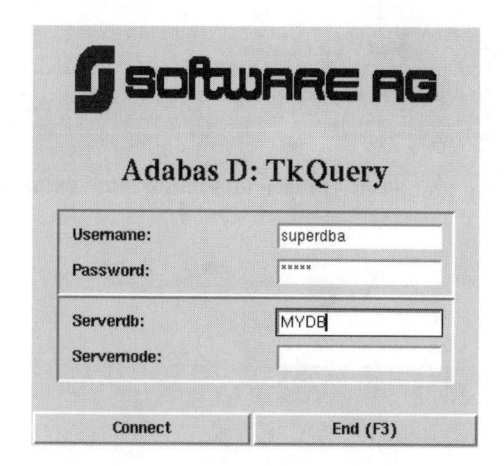

Abbildung 13.4: Einloggen als superdba

Ein Reisebüro vermittelt Kunden an Hotels und nimmt für diese die Buchungen vor. Hotels verwalten Zimmer der verschiedensten Preise und Kategorien. Mit dieser »Kurzanalyse« haben wir bereits festgelegt, welche Relationen für die Aufgabe gebraucht werden:

- Eine »*Kunde*«-Relation, welche der Verwaltung einer Kundendatei dient.

- Kunden eines Reisebüros müssen in irgendeinem Hotel untergebracht werden, also benötigen wir auch eine Datenbasis für alle Hotels, welche uns zur Buchung zur Verfügung stehen, also eine »*Hotel*«-Relation.

- Hotels verfügen über Zimmer, welche unterschiedlichen Kategorien und Preisklassen angehören können, wir brauchen also eine »*Zimmer*«-Relation.

- Und als letztes benötigen wir noch eine Relation »*Buchung*«.

Beispiel 13.7 *Die »Kunde«-Relation*

```
CREATE TABLE Kunde(
rnum CHAR(6),
anrede CHAR(5) CONSTRAINT anrede IN ('Herr','Frau','Firma','Dr.'),
nachname CHAR(17) NOT NULL,
vorname CHAR(17),
plz CHAR(5) CONSTRAINT SUBSTR(plz,1,5) like '(0-9)(0-9)(0-9)(0-9)(0-9)',
ort CHAR(12) NOT NULL,
konto FIXED(7,2) CONSTRAINT konto BETWEEN -10000 AND 10000
PRIMARY KEY (rnum))
```

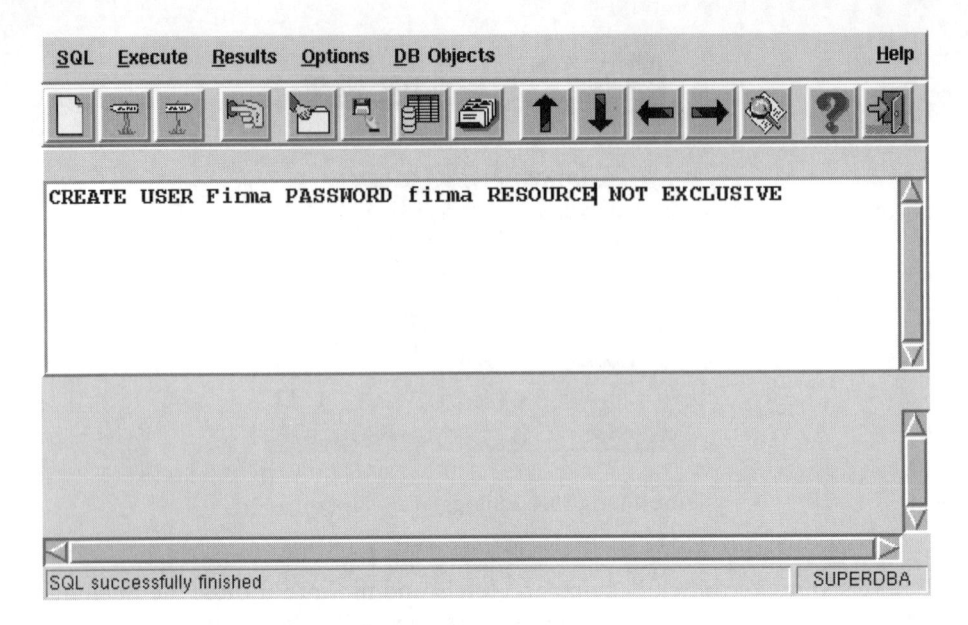

```
┌─────────────────────────────────────────────────────────────────────┐
│ SQL  Execute  Results  Options  DB Objects                    Help  │
├─────────────────────────────────────────────────────────────────────┤
│ [icons toolbar]                                                     │
├─────────────────────────────────────────────────────────────────────┤
│ CREATE USER Firma PASSWORD firma RESOURCE NOT EXCLUSIVE             │
│                                                                     │
│                                                                     │
├─────────────────────────────────────────────────────────────────────┤
│ SQL successfully finished                              SUPERDBA     │
└─────────────────────────────────────────────────────────────────────┘
```

Abbildung 13.5: Erzeugen eines Users

Unsere Kunden verfügen alle noch nicht über eine Straße, in der sie wohnen, und auch über einen Telefonanschluß scheint keiner von ihnen zu verfügen. Diese gravierenden Mängel werden jedoch nur toleriert, um die Beispiele nicht zu kompliziert werden zu lassen. In einer echten Datenbank-Umgebung sähe eine Kunde eher wie in Beispiel 13.8 aus.

Beispiel 13.8   *So könnte eine echte »Kunde«-Relation aussehen*

```
CREATE TABLE Kunde(
rnum CHAR(6),
anrede CHAR(5) CONSTRAINT anrede IN ('Herr','Frau','Firma','Dr.'),
nachname CHAR(17) NOT NULL,
vorname CHAR(17),
plz CHAR(5) CONSTRAINT SUBSTR(plz,1,5) like '(0-9)(0-9)(0-9)(0-9)(0-
9)',
ort CHAR(12) NOT NULL,
strasse CHAR(23) NOT NULL,
hsnr CHAR(6),
tel CHAR(36),
handy CHAR(36),
konto FIXED(7,2) CONSTRAINT konto BETWEEN -10000 AND 10000
PRIMARY KEY (rnum))
```

Als nächstes folgt die »*Hotel*«-Relation, sie verfügt über einen Primärschlüssel, die »*hnr*«, das ist die Hotelnummer.

13.4 Installieren und Starten der Datenbank

Beispiel 13.9   *Die »Hotel«-Relation*

```
CREATE TABLE Hotel(
hnr FIXED(6) CONSTRAINT hnr BETWEEN 1 AND 9999,
name CHAR(10) NOT NULL,
plz CHAR(5) CONSTRAINT SUBSTR(plz,1,5) like '(0-9)(0-9)(0-9)(0-9)(0-9)',
ort CHAR(12) NOT NULL,
adresse CHAR (25) NOT NULL
PRIMARY KEY (hnr))
```

Jetzt noch die Relation »*Zimmer*«, sie verfügt über den gleichen Primärschlüssel wie die »*Hotel*«-Relation.

Beispiel 13.10   *Die »Zimmer«-Relation*

```
CREATE TABLE Zimmer(
hnr FIXED (6),
Zimmertyp CHAR (6) CONSTRAINT Zimmertyp IN ('EINZEL', 'DOPPEL', 'SUITE'),
max_frei FIXED (3) CONSTRAINT max_frei >= 0,
preis FIXED (6,2) CONSTRAINT preis BETWEEN 0.00 AND 1000.00
PRIMARY KEY (hnr))
```

Und als letztes die Relation »*Buchung*«, sie verfügt über den Primärschlüssel »*bnr*«.

Beispiel 13.11   *Die »Buchung«-Relation*

```
CREATE TABLE Buchung(
bnr FIXED(6),
rnum FIXED(6),
hnr FIXED(6),
Zimmertyp CHAR(6) CONSTRAINT Zimmertyp IN ('EINZEL', 'DOPPEL', 'SUITE'),
ankunft DATE NOT NULL,
abreise DATE CONSTRAINT abreise > ankunft
PRIMARY KEY (bnr)
FOREIGN KEY (rnum) REFERENCES Kunde))
```

Mit der Anweisung CREATE TABLE aus Beispiel 13.7 wird eine einfache Relation »*Kunde*« definiert, das geschieht ebenfalls in der Umgebung, welche von tkquery bereitgestellt wird.

Stellvertretend für alle Relationen sehen wir uns den Aufbau des Beispiels 13.7 an:

Die Schlüsselwörter CREATE TABLE erzeugen eine Relation mit dem Namen »*Kunde*«. In Klammern eingeschlossen findet sich die Abbildung des Reale-Welt-Objekts »*Kunde*«. Nach dieser Definition besitzt ein Tupel vom Typ »*Kunde*« folgende Datenstruktur:

```
SQL  Execute  Results  Options  DB Objects                              Help

                           SQL (noname)
CREATE TABLE Kunde(
knr FIXED(6) KEY CONSTRAINT knr BETWEEN 1 AND 9999, anrede CHAR(5)
    CONSTRAINT anrede IN ('Herr','Frau','Firma','Dr.'),
nachname CHAR(17) NOT NULL,
vorname CHAR(17),
plz CHAR(5) CONSTRAINT SUBSTR(plz,1,5) like '(0-9)(0-9)(0-9)(0-9)(0-9)',
ort CHAR(12) NOT NULL,
konto FIXED(7,2) CONSTRAINT konto BETWEEN -10000 AND 10000)

SQL successfully finished                                        FIRMA
```

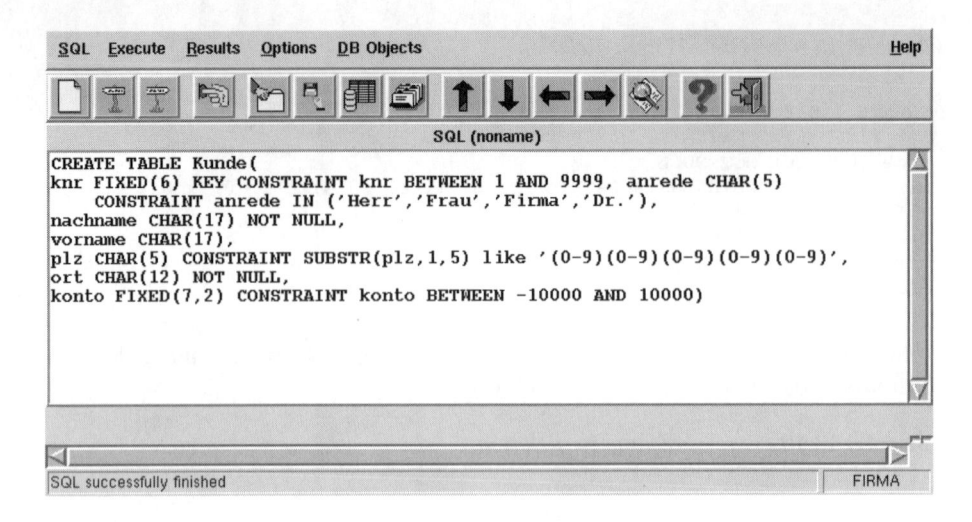

Abbildung 13.6: Erzeugen einer Relation

- *eine Kundennummer:*

    Diese Nummer wird mit dem Datentyp FIXED(6) assoziiert. Der Begriff NOT NULL besagt, daß beim Einfügen eines realen Datensatzen dieses Attribut nicht leer bleiben darf. Eine solche Anweisung nennt man ein »constraint«, frei übersetzt, eine Einschränkung;

- *einen Vornamen:*

    Dieser Vorname kann aus maximal 12 Buchstaben bestehen, wobei Leerzeichen mitgezählt werden. Auch hier gilt das »constraint«, daß jede Person einen Vornamen haben muß;

- *einen Nachnamen:*

    Der aus maximal aus 30 Zeichen bestehen kann;

- *und ein Konto:*

    Auf dem sich Beträge mit sieben Ziffern befinden können, von denen zwei Ziffern die Nachkommastellen bezeichnen. Allzu reich sollte ein solcher Kunde nicht sein, denn mehr als 99.999,99 DM dürfen sich nicht auf seinem Konto befinden.

Falls vom Erzeuger der Relation keine Typenbezeichnung eingegeben wird, so wird ein Default-Wert in die Spalte automatisch eingetragen. Die Einträge sind durch Kommata getrennt, und die Relationsdefinition wird durch eine runde Klammer abgeschlossen.

13.4 Installieren und Starten der Datenbank

Man kann einer solchen Relation einen Primärschlüssel zuweisen, so wie wir es schon in den Beispielen 13.5 und 13.6 gesehen haben. Man kann aber auch zusätzliche referentielle Integritätsbedingungen definieren (siehe Absatz 13.5).

13.4.2 Zulässige Datentypen

Die folgenden Datentypen sind in der Datenbank *Adabas D* der Firma SAG erlaubt:

- Die Bezeichnung FIXED definiert Festkommazahlen. Dabei gibt die erste Ziffer nach der Klammer die maximale Stellenzahl an, die zweite Ziffer bezeichnet die Nachkommastellen. Für den Fall, daß keine zweite Ziffer angegeben wird, besteht die so bezeichnete Zahl aus der Anzahl der ersten Zahl, ohne Nachkommastellen. Die höchste Stellenzahl ist 18. Wir haben im Beispiel 13.7 beide Optionen kennengelernt. Dieser Datentyp eignet sich ideal für die Angabe von Geldbeträgen oder von Daten des Typs Ratio (siehe Seite 7.2.1).

- Mit der Bezeichnung FLOAT wird ein Datentyp gekennzeichnet, der Gleitkommazahlen mit dem Wertebereich ($10^{-64} \leq x \leq 10^{+62}$) zuläßt. Das gilt für den positiven Zahlenbereich wie für den negativen. Wie beim Typ FIXED kann die Stellenzahl 18 Stellen betragen.

- Der Datentyp CHAR ist selbsterklärend, er wird für Zeichenketten verwendet und kann eine Länge von 4000 Zeichen haben. Die Kodierung der Zeichenkette kann von den verschiedenen Datenbankprodukten unterschiedlich gehandhabt werden, es gibt die Speicherung nach ASCII- oder EBCDI-Code.

  Adabas D läßt eine Code-neutrale Speicherung der Zeichenketten zu, indem man als Typ CHAR BYTE angibt.

- Mit VARCHAR definiert man CHAR-Felder, die in ihrer internen Repräsentation in jedem Fall mit variabler Länge abgespeichert werden.

- LONG wird als Datentyp verwendet, wenn längere Zeichenketten eingegeben und verwaltet werden müssen. Eine Anwendung wäre beispielsweise das Abspeichern von E-mail-Nachrichten einer Web-Site, deren Datenadministration von einer Datenbank wie *Adabas D* bewerkstelligt wird.

- DATE ist selbsterklärend und in seiner Darstellung abhängig vom eingestellten Datumsformat der Datenbasis.

- TIME ist ebenfalls selbsterklärend und in seiner Darstellung abhängig vom eingestellten Datumsformat der Datenbasis.

- TIMESTAMP erlaubt die Ablage eines Zeitstempelwertes, der sich aus Datum und Uhrzeit inklusive Mikrosekunden zusammensetzt. Der aktuelle Wert kann durch die Funktion TIMESTAMP abgefragt werden.
- BOOLEAN definiert eine Spalte, die nur die Werte TRUE und FALSE aufnehmen kann.
- Darüber hinaus existieren zusätzliche Datentypen, die intern auf die obengenannten Datentypen abgebildet werden. Es handelt sich dabei um die Typen INTEGER, SMALLINT, DECIMAL, FLOAT, DOUBLE PRECISION, REAL sowie LONG VARCHAR. Auf die Beschreibung ihrer genauen Bedeutung kann verzichtet werden, denn sie kann als bekannt vorausgesetzt werden.

Um für Sie die Eingabe der Relationen und Datenbasen zu erleichtern, befinden sich auf der beigefügten CD alle Eingabemasken in einer einfachen Textdarstellung. Um das Beispiel »*Hotel*« einzugeben, brauchen Sie nur die Datei `databasehotel.txt` in einen Editor zu laden, `tkquery` aufzurufen und mit »*Cut/Paste*« die CREATE-Anweisungen in das Tk-Fenster zu bringen. Dann können Sie mit [f5] die SQL-Anweisung ausführen. Alle Beispiele sind ausgiebig getestet worden und funktionieren. Um fehlerhaftes Abschreiben zu vermeiden, sind die Beispiele alle grafisch dargestellt, das beweist, daß die Beispiele auf meiner Maschine funktioniert haben müssen. Vorausgesetzt, Ihre Datenbank-Implementation ist korrekt installiert, müßten also auf Ihrem Rechner die Beispiele ebenfalls laufen.

Diese Datentypen werden mit nur geringen Abweichungen in der Schreibweise von fast allen gängigen Datenbanken unterstützt. Daher sollten alle Beispiele dieses Kapitels mit den Produkten anderer Firmen genauso lauffähig sein. Ich habe die Typen der *Adabas D*-Datenbank beschrieben, weil unsere Beispiele alle mit dieser Datenbank implementiert werden. Alle anderen Datenbanken werden nur hinsichtlich ihrer Besonderheiten und Abweichungen beschrieben, die lauffähigen Beispiele sollten ohne Änderung auf diesen Datenbanken ebenfalls funktionieren.

Ich habe *Adabas D* als Datenbank aus folgendem Grund ausgewählt: Selbst wenn Sie sich nach der Lektüre dieses Buches nicht zu einer Linux-Lösung entschließen können, so haben Sie immer noch die Möglichkeit, die Datenbasis auf Ihren Windows-Rechner zu portieren und sie dort abzuändern und weiterzuverarbeiten.

13.4.3 Temporäre Relationen

Temporäre Relationen haben nur während einer Sitzung eines Benutzers Gültigkeit. Sie werden nach der Sitzung wieder gelöscht. Solche Relationen bezeichnet man mit dem Terminalzeichen TEMP, der dem Namen einer solchen Relation vorangestellt wird.

13.5 Referentielle Integritätsbedingung

Zwischen zwei Relationen kann, wie in Abb. 13.7 gezeigt, eine Abhängigkeit definiert werden.

Relation Kunde

| kdnr | anrede | .... |

Relation Buchung

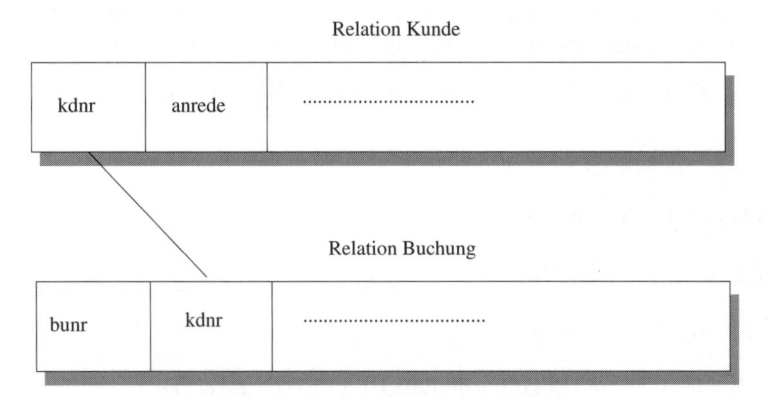

| bunr | kdnr | .... |

Abbildung 13.7: Foreign-Key-Beziehung

Ein solcher Bezug wird als referentielle Integritätsbedingung bezeichnet, er kann durch Angabe eines Fremdschlüssels definiert werden. Mit solchen Beziehungen können Relationen, die beim Erstentwurf nicht der BCNF entsprechen, in diese Normalform gebracht werden. Hierzu werden die Relationen so lange aufgebrochen, bis die BCNF von jeder Teilrelation erfüllt wird. Durch Verknüpfen dieser Relationen über ihre Primär-Fremdschlüsselbeziehung können die gleichen Informationen wie aus der ursprünglichen Relation extrahiert werden. Durch das Umformen auf Teilrelationen, welche alle für sich genommen die BCNF erfüllen, erreicht man aber, daß beim Update, Einfügen und Löschen keine Anomalien auftreten (siehe Kapitel 7, ab Seite 213), welche die Datenbasis in unzulässiger Weise verändern.

Beispiel 13.12 *Erzeugen der Relation »Buchung«*

```
CREATE TABLE Buchung (
   bunr FIXED (4) KEY,
   rnum FIXED (6),
   hnr FIXED (4),
   Zimmertyp CHAR (6),
   ankunft DATE,
   abreise DATE,
```

```
PRIMARY KEY (bunr),
FOREIGN KEY (rnum) REFERENCES Kunde <AUSDRUCK>)
```

Eine Fremdschlüsselbeziehung (referentielle Integritätsbedingung) kann, wie in Beispiel 13.12 gezeigt, durch die Bezeichnung `FOREIGN KEY (rnum) REFERENCES Kunde` angegeben werden. *Adabas D* läßt aber auch das Konstrukt »*kunde_buchung*« als Fremdschlüsselbezeichnung zu.

Wenn aus einer Kundentabelle Tupel gelöscht werden sollen, so muß sichergestellt sein, daß alle Buchungen für diese Zeile ausgeführt worden sind. Ist das nicht der Fall, kann man unter den folgenden Möglichkeiten wählen:

Für <AUSDRUCK> sind die folgenden Konstrukte möglich:

- *Leere Anweisung*
  Das ist der Normalfall.

- ON DELETE RESTRICT

- ON DELETE CASCADE

- ON DELETE SET NULL ON DELETE SET DEFAULT
  Die Bedeutung der einzelnen Anweisungen ist für unser Beispiel nicht wichtig. Sie kann im Handbuch der entsprechenden Datenbanken nachgelesen werden.

13.5.1 Spaltenbeschränkungen

Der Wertebereich des Datentyps einer Spalte kann unter Verwendung von Constraints eingeschränkt werden. Das bedeutet, eine Spalte kann Variablen eines bestimmten Datentyps enthalten, welche aber, bedingt durch diese Constraints oder Wertebereichsbeschränkungen, nur Daten innerhalb eines bestimmten Intervalls enthalten darf.

Adabas D unterscheidet einfache und komplexe Wertebereichsbeschränkungen.

Einfache Wertebereichsbeschränkungen

Eine einfache Wertebereichsbeschränkung bezieht sich immer nur auf eine Spalte, sie schränkt den Wertebereich dieser Spalte auf ein bestimmtes Intervall ein, oder sie erlaubt die Angabe bestimmter Werte.

13.5 Referentielle Integritätsbedingung

- BETWEEN <untere Grenze> AND <obere Grenze>.
  Diese Wertebereichsbeschränkung erlaubt die Auswahl eines Intervalls für die zulässigen Werte.

- IN-Prädikat.
  Diese Wertebereichsbeschränkung erlaubt die Aufzählung einzelner Werte als Bereichsangabe.

Wir wollen uns jetzt für das Beispiel einige Inhalte schaffen. Hier, genau wie im Kino, wären Ähnlichkeiten zu lebenden Personen rein zufällig und nicht beabsichtigt.

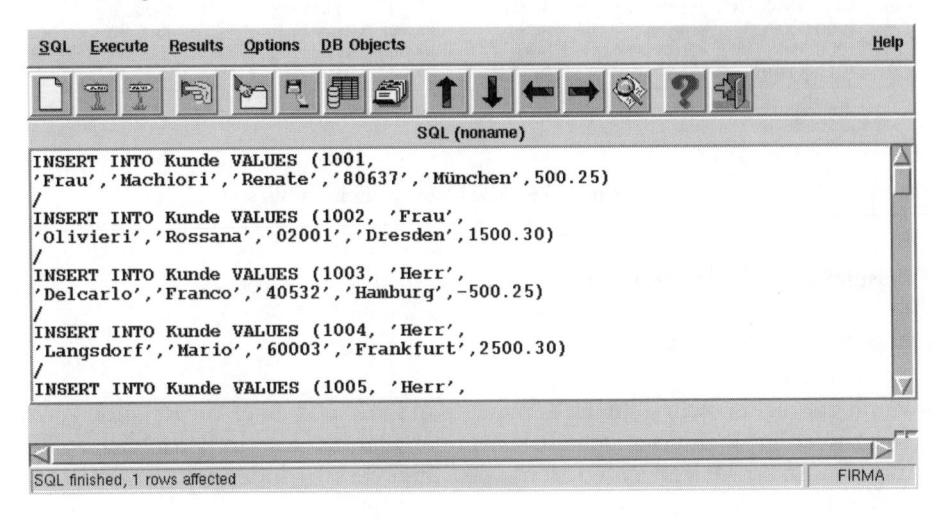

```
SQL Execute Results Options DB Objects                        Help

                         SQL (noname)
INSERT INTO Kunde VALUES (1001,
'Frau','Machiori','Renate','80637','München',500.25)
/
INSERT INTO Kunde VALUES (1002, 'Frau',
'Olivieri','Rossana','02001','Dresden',1500.30)
/
INSERT INTO Kunde VALUES (1003, 'Herr',
'Delcarlo','Franco','40532','Hamburg',-500.25)
/
INSERT INTO Kunde VALUES (1004, 'Herr',
'Langsdorf','Mario','60003','Frankfurt',2500.30)
/
INSERT INTO Kunde VALUES (1005, 'Herr',

SQL finished, 1 rows affected                        FIRMA
```

Abbildung 13.8: Einlesen der Kunden

Die Personendateien finden Sie auf der beigefügten CD. Um diese einzulesen, öffnen Sie nur die Dateien in einem Editor (vi oder emacs), mit Cut/Paste können Sie dann die entsprechenden Einträge in das tkquery-Fenster übertragen.

Wenn alle Daten eingelesen worden sind, kann mit der Anweisung aus Beispiel 13.13 die Datenbasis ausgelesen werden.

Beispiel 13.13 *Wildcard-Selektion*

SELECT * FROM Kunde

Das Ergebnis sollte dann wie in Abb. **13.9** aussehen.

Falls Ihnen einmal das Erzeugen einer Relation danebengehen sollte, so können Sie die komplette Tabelle wie in Beispiel 13.14, wieder loswerden.

```
 SQL    Execute   Results   Options   DB Objects                                    Help
```

```
                              SQL (noname)
 SELECT * FROM Kunde

 KNR      ANREDE  NACHNAME    VORNAME   PLZ    ORT         KONTO
     1001 Frau    Machiori    Renate    80637  München       500.25
     1002 Frau    Olivieri    Rossana   02001  Dresden      1500.30
     1003 Herr    Delcarlo    Franco    40532  Hamburg      -500.25
     1004 Herr    Langsdorf   Mario     60003  Frankfurt    2500.30
     1005 Herr    Montalegni  Adriano   80097  München      1500.25
     1006 Herr    Friedrich   Reiner    20697  Berlin       3500.10
     1007 Dr.     Rechberg    Ulrich    40637  Hamburg      3500.30
     1008 Frau    Rainer      Rose      40637  Hamburg      4500.30
     1009 Dr.     Ottomane    Oldo      40637  Hamburg      2500.30
     1010 Frau    Seemann     Monica    00637  Dresden     -1500.10

 SQL finished, 29 rows returned                               FIRMA
```

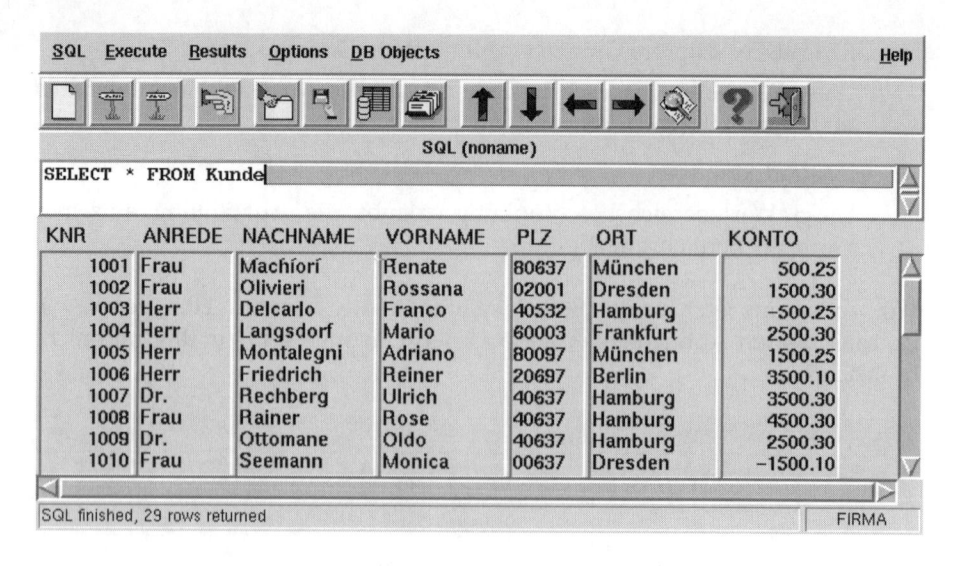

Abbildung 13.9: Alle Daten auf einen Blick

Beispiel 13.14   *Drop-Selektion*

```
DROP TABLE <Name der Relation>
```

Wenn gar nichts mehr geht, ist es manchmal wirklich besser, die Relation ganz wegzuwerfen. Wenn die Datenbasis einmal »läuft«, also in Betrieb ist, sollte man darauf besser verzichten, denn die Daten verschwinden mit der Relation.

13.6 Einige Erläuterungen zur Notation

Die in Beispiel 13.7 und 13.15 gezeigten Einschränkungen sind wichtig, wenn man in die Datenbasis semantische Eingrenzungen einbauen will. So kann die Kundennummer mit der CONSTRAINT-Anweisung nie negativ sein. Jeder Versuch, eine negative Kundennummer einzugeben, würde von der Eingabemaske mit einer Fehlermeldung quittiert.

Die Anrede limitiert sich auf die vier Worte »Herr«, »Frau«, »Firma«, »Dr.«. Eine Eingabe wie »Euer Hochwohlgeboren« ließe sich mit dieser Anweisung nicht eingeben. Im übrigen, sind wir das nicht alle? Hochwohlgeboren!

13.6 Einige Erläuterungen zur Notation

Beispiel 13.15 *Constraints*

```
rnum   FIXED (6)   CONSTRAINT rnum BETWEEN 1 AND 999999
anrede CHAR (7)    CONSTRAINT anrede IN ('Herr', 'Frau', 'Firma', 'Dr.')
konto  FIXED (7,2) CONSTRAINT konto > -10000 AND konto < 10000
```

Auch das Konto kann einen gewissen Betrag nicht über- oder unterschreiten.

Die Anweisung »NOT NULL« bedeutet, daß in dieser Spalte immer ein Wert sein muß. Implizit verursacht ein CONSTRAINT die gleiche Wirkung. Ist ein Attribut mit einem CONSTRAINT ausgestattet, so muß dieser Wert auch eingegeben werden.

Neben den einfachen Wertebereichsbeschränkungen können auch solche verwendet werden, die sich auf mehrere Spalten beziehen. So ist es natürlich sinnvoll, in einer Tabelle »Buchung«, welche den Ankunfts- und den Abreisetag beinhaltet, abzuprüfen, ob der Ankunftstag vor dem Abreisetag liegt, was ja wohl schwerlich möglich ist, durch Fehleingaben jedoch provoziert werden kann (siehe Beispiel 13.16).

Beispiel 13.16 *Vergleich*

```
ankunft DATE NOT NULL
abreise DATE CONSTRAINT abreise > ankunft
```

Eine solche Bedingung kann beliebig erweitert und ergänzt werden, wie in Beispiel 13.17 gezeigt wird:

Beispiel 13.17 *Ein weiterer Vergleich*

```
abreise DATE CONSTRAINT abreise > ankunft AND abreise < '31.12.1998'
```

Die CONSTRAINT-Angabe kann bis auf wenige Einschränkungen alles enthalten, was für die Suchbedingung gültig ist. Prinzipiell können beliebig viele Spalten verknüpft werden. Allerdings nimmt die Verarbeitungsgeschwindigkeit drastisch ab, wenn zu viele Einschränkungen beachtet werden müssen. Durch die Operatoren AND, OR und NOT können mehrere CONSTRAINTS miteinander verknüpft werden.

13.6.1 Einfügen von Zeilen

Wie wir schon in Abb **13.8** gesehen haben, kann mit der folgenden Anweisung eine Zeile in die Tabelle »Kunde« eingefügt werden:

```
INSERT INTO Kunde
        VALUES ('12TR1', 'Frau','Machiori',
                'Renate','80637','München',500.25)
```

Man kann die Attribute der Relation auch auf eine andere, individuellere Weise mit Werten belegen:

```
INSERT INTO Kunde (rnum,anrede,nachname,plz,ort,konto)
        VALUES ('12TRAY', 'Dr.','Hansmann','02334','Dresden',-2.19)
```

Oder, indem man die Attributsnamen explizit angibt, dann ist es natürlich völlig egal, an welcher Stelle die entsprechenden Werte eingegeben werden.

```
INSERT INTO Kunde
        SET konto = -640.30, nachname='Hansmann',
            vorname = 'Hermann', rnum = '12TRDY',
            ort='München',anrede='Dr.',plz='80444'
```

Sie haben sicher schon bemerkt, daß die Reihenfolge der Attribute nur dann wahlfrei ist, wenn man die Attribute benennt. Wird der Name des Attributs nicht angegeben, so müssen die einzelnen Werte in genau der Reihenfolge eingegeben werden, in der sie definiert worden sind; dabei können nichtdefinierte Werte als NULL eingegeben werden.

Beispiel 13.18   *Auswahl der Attribute*

```
SELECT rnum, vorname, nachname, konto FROM Kunde
```

13.6.2 Ändern von Zeilen

Die allgemeine Form der UPDATE-Anweisung ist wie folgt definiert:

UPDATE	Tabellenname
SET	Änderung der Spaltenwerte
WHERE	Welche Zeilen

Wir schmunzeln alle, wenn wieder einmal das Finanzamt oder die Post eine Mahnung nach folgendem Muster abgeschickt hat: »*Sie haben versäumt, den fälligen Betrag von 0,01 DM zu überweisen, bitte zahlen Sie den Betrag innerhalb der nächsten acht Tage auf eines der untengenannten Konten ein.*« Wenn man sich dann sinnend die Briefmarke betrachtet, so stellt man fest, daß diese Mahnung das

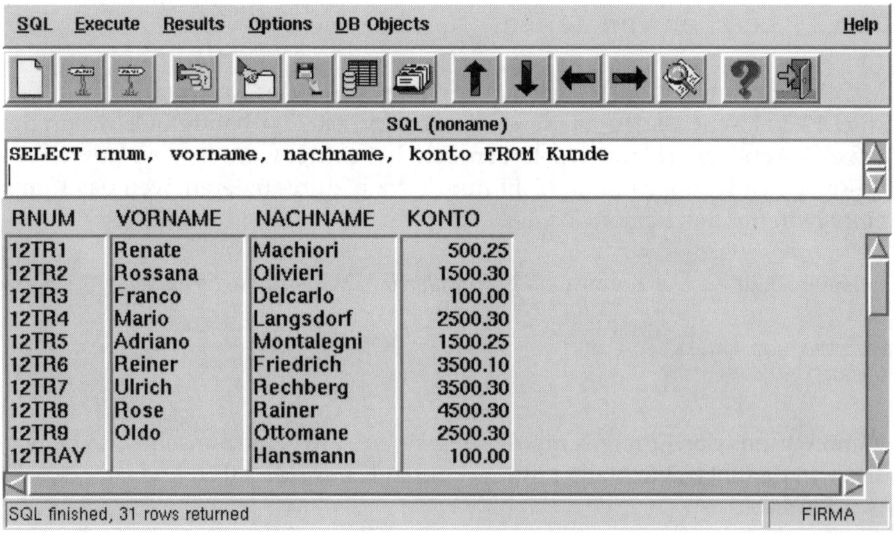

13.6 Einige Erläuterungen zur Notation

```
SQL  Execute  Results  Options  DB Objects                    Help

                          SQL (noname)
SELECT rnum, vorname, nachname, konto FROM Kunde

RNUM    VORNAME   NACHNAME    KONTO
12TR1   Renate    Machiori     500.25
12TR2   Rossana   Olivieri    1500.30
12TR3   Franco    Delcarlo     100.00
12TR4   Mario     Langsdorf   2500.30
12TR5   Adriano   Montalegni  1500.25
12TR6   Reiner    Friedrich   3500.10
12TR7   Ulrich    Rechberg    3500.30
12TR8   Rose      Rainer      4500.30
12TR9   Oldo      Ottomane    2500.30
12TRAY            Hansmann     100.00

SQL finished, 31 rows returned                          FIRMA
```

Abbildung 13.10: Das Ergebnis der SELECT-Anweisung aus Beispiel 13.18

Finanzamt mehr als das Hundertfache des fälligen Betrags gekostet hat. Man fragt sich, warum die Segnungen der Datenbanktechnik, die es doch nun schon seit mehr als fünfundzwanzig Jahren gibt, von Ämtern und Behörden strikt und konsequent ignoriert werden. Vielleicht liegt es ja daran, daß immer noch Tabellenkalkulationsprogramme für die Datenhaltung eingesetzt werden.

Mit der Anweisung aus Beispiel 13.19 können wir solche »Mahnungen« auf elegante Weise vermeiden, denn mit dieser werden alle Werte der Relation »Kunde« derart abgeändert, daß kleinere negative Kontostände auf 0,00 DM gesetzt werden. Damit kann sichergestellt werden, daß Mahnungen, deren Kosten mehr als einen bestimmten Betrag ausmachen, gar nicht erst abgeschickt werden.

Beispiel 13.19 *Der Kontostand kleiner als 10,00 DM wird auf 0,00 DM gesetzt*

```
UPDATE Kunde SET konto = 0
WHERE konto > -10 AND
konto <= 0
SELECT rnum, vorname, nachname, konto
FROM Kunde
```

Solche allgemeinen Änderungen gelten jedoch immer für *alle* Einträge in der Relation, wenn die WHERE-Bedingung *nicht* angegeben wird. Hier ist also Vorsicht geboten. Ich will Ihnen hier jedoch nicht zeigen, wie Sie Ihre Firma administrieren müssen, sondern nur, wie so eine Datenbank funktioniert und wie diese eingesetzt werden kann.

13.6.3 Löschen von Zeilen

Man kann natürlich auch Zeilen, also Tupel, aus einer Relation löschen. Beispiel 13.20 löscht alle Tupel, deren Kontostand 0,0 DM beträgt. Ob das in der Praxis besonders schlau ist, soll hier nicht betrachtet werden, aber meist ist es besser, einen Kundenstamm nicht nur deshalb zu reduzieren, weil das Konto einer betreffenden Person ausgeglichen ist.

Beispiel 13.20 *Der Kontostand größer als 100 DM wird aufgerundet*

```
DELETE FROM Kunde
WHERE konto = 0
```

Wenn wir uns das Ergebnis mit der folgenden Anweisung ansehen, so bemerken wir, daß tatsächlich alle Einträge, deren Kontostand 0,00 DM ist, gelöscht worden sind:

```
SELECT rnum, vorname, nachname, konto
FROM Kunde
```

Auch hier gilt: Solche allgemeinen Änderungen betreffen immer *alle* Einträge in der Relation, wenn die WHERE-Bedingung *nicht* angegeben wird. Hier ist also ebenfalls Vorsicht geboten.

Die allgemeine Form der DELETE-Anweisung ist wie folgt definiert:

```
DELETE FROM    Tabellenname
WHERE          Welche Zeilen
```

13.6.4 Ändern von Spaltendefinitionen

So sorgfältig man den Entwurf einer Datenbasis auch planen mag, irgendwann ergibt sich immer die Notwendigkeit, einer Relation ein Attribut hinzufügen zu müssen. Und obwohl man Attribute hinzufügen kann, sollte man doch darauf achten, daß diese Änderungen so selten wie möglich geschehen. Unsere Beispiele sind jedoch darauf angelegt, sie auf diese Weise komplettieren zu müssen, sonst würde man schließlich nichts daraus lernen.

Eine Relation kann während des Betriebs geändert werden.

Die Anweisung in Beispiel 13.8 fügt der Tabelle »*Kunde*« ein Attribut »telefon« hinzu.

13.6 Einige Erläuterungen zur Notation

Beispiel 13.21   *Das Ändern einer Relation*

```
ALTER TABLE Kunde
ADD (telefon CHAR(8))
```

Eine solche Spalte enthält zunächst nur NULL-Werte, sie kann aber sofort, wie in Beispiel 13.22 gezeigt, bearbeitet werden.

Beispiel 13.22   *Hinzufügen eines neuen Attributs*

```
UPDATE Kunde SET telefon = '563643'
WHERE nachname = 'Machiori'
```

Und das Ergebnis zum Beispiel zeigt Abb. **13.11**.

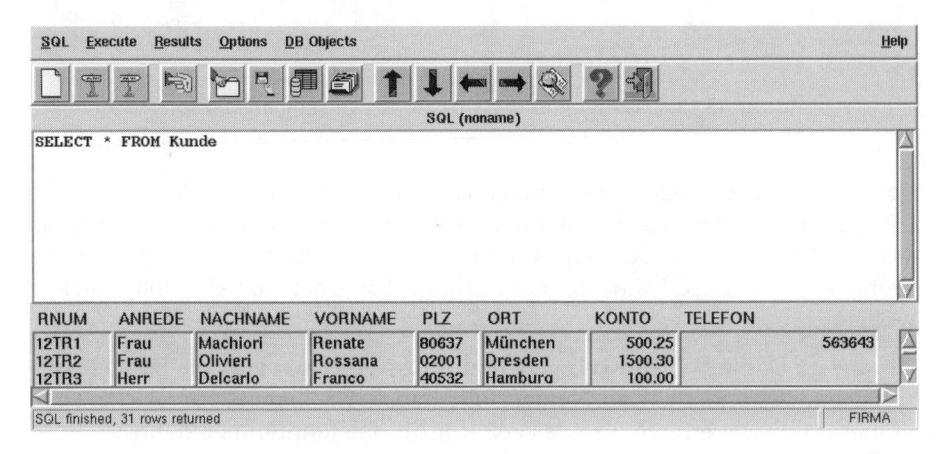

Abbildung 13.11: Das Ergebnis der Update-Anweisung aus Beispiel 13.22

Natürlich kann man auf ähnliche Weise Attribute einer Relation entfernen. Falls die Adresse in einer anderen Relation verwaltet werden soll, so kann man mit der Anweisung aus Beispiel 13.23 die Ortsangabe wieder entfernen.

Beispiel 13.23   *Löschen von Attributen*

```
ALTER TABLE Kunde DROP plz
/
ALTER TABLE Kunde DROP ort
```

Eine Änderung, die relativ häufig vorkommt, weil man sich immer wieder in der Abschätzung der Länge täuscht, ist die Länge der Spaltendefinition. Für Vor-, aber speziell Nach- und Straßennamen wird erfahrungsgemäß eine zu kleine Attribut-Feldlänge gewählt. Sehr viele Namen, gerade bei SPD- oder

```
SQL   Execute   Results   Options   DB Objects                                    Help
```

```
SQL (noname)
SELECT * FROM Kunde
```

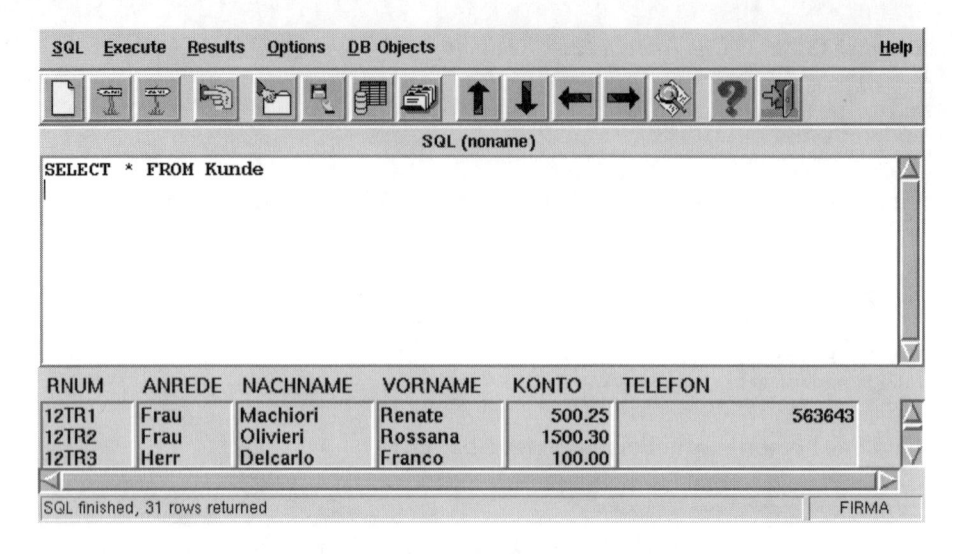

RNUM	ANREDE	NACHNAME	VORNAME	KONTO	TELEFON
12TR1	Frau	Machiori	Renate	500.25	563643
12TR2	Frau	Olivieri	Rossana	1500.30	
12TR3	Herr	Delcarlo	Franco	100.00	

SQL finished, 31 rows returned   FIRMA

Abbildung 13.12: Das Ergebnis der Update-Anweisung aus Beispiel 13.23

Grünen-Parteimitgliedern, bestehen aus mehr als 20 Zeichen. Aber auch die FDP kann mit Namen aufwarten wie »*Leutheuser-Schnarrenberger*«. Wenn Sie jetzt die Feldlänge des Namens mit 20 angegeben haben, dann haben Sie ein Problem, sollte diese Dame einmal in Ihrem Unternehmen ein Hotel buchen wollen.

Um dieser Dame keinen Korb geben zu müssen, lassen sich die Spalten entsprechend verändern. Das Namensfeld haben wir bereits für solche Fälle präpariert. Erweitern wir also das Feld für die Telefonnummer, denn 8 Ziffern ist doch etwas wenig.

```
ALTER TABLE Kunde COLUMN telefon CHAR (12)
```

13.6.5 Views

Die meisten SQL-Datenbanken erlauben sogenannte VIEWS. Ein View ist eine Benutzersicht und funktioniert wie eine Maske, ein Ausschnitt, der über eine existierende Tabelle gelegt wird. Die Maske verdeckt Teile der Relation, läßt aber Teile der Relation sichtbar, die vom Query bestimmt werden.

Mit der folgenden Anweisung wird eine Sicht definiert, die alle Spalten (rnum, anrede, nachname, vorname, plz, ort und konto), aber nur diejenigen Zeilen betrachtet, die in der Spalte »*konto*« einen Wert größer oder gleich 0 haben.

13.6 Einige Erläuterungen zur Notation

```
SQL   Execute   Results   Options   DB Objects                    Help

                        SQL (noname)
CREATE VIEW v1 AS
SELECT *
FROM kunde
WHERE konto >= 0
```

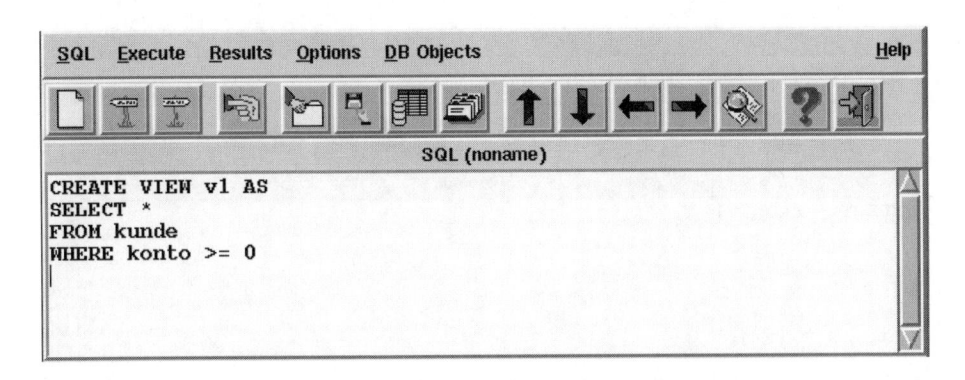

Abbildung 13.13: Der VIEW aus Beispiel 13.24

Beispiel 13.24   *Ein Ausschnitt aus der Relation »kunde«*

```
CREATE VIEW v1 AS
SELECT *
FROM kunde
WHERE konto >= 0
```

Wenn wir jetzt die Anweisung aus Beispiel 13.25 ausführen, dann erhalten wir den gewählten Ausschnitt wie in Abb. **13.13** gezeigt.

Beispiel 13.25   *View der Relation »kunde«*

```
SELECT * FROM v1
```

Die Ausschnittssicht erlaubt es, Spalten umzustellen und auch umzubenennen. Wir können auch mehrere Tabellen miteinander verknüpfen. Es gilt jedoch zu beachten, daß die SELECT-Anweisung der View-Erzeugung *kein* ORDER BY enthalten darf. Sie sollten Ihre Views immer gut dokumentieren, denn sonst kann es Ihnen passieren, daß Sie Views definieren wollen, deren Namen bereits vergeben sind. Sie erfinden dann einen neuen Namen für den gewünschten View. Über kurz oder lang erhalten Sie ein Sammelsurium von View-Namen, deren Semantik Ihnen völlig entgangen ist. Das ist etwas, was besonders unordentlichen Leuten geschieht, ich kann das beurteilen, denn ich gehöre zu dieser Sorte Mensch.

Die Ausschnittssicht hat im wesentlichen drei Vorteile:

- Vertrauliche Daten können versteckt werden.
- SELECT-Anweisungen können verkürzt werden.
- Die Komplexität der Anweisungen kann in einem View verpackt werden.

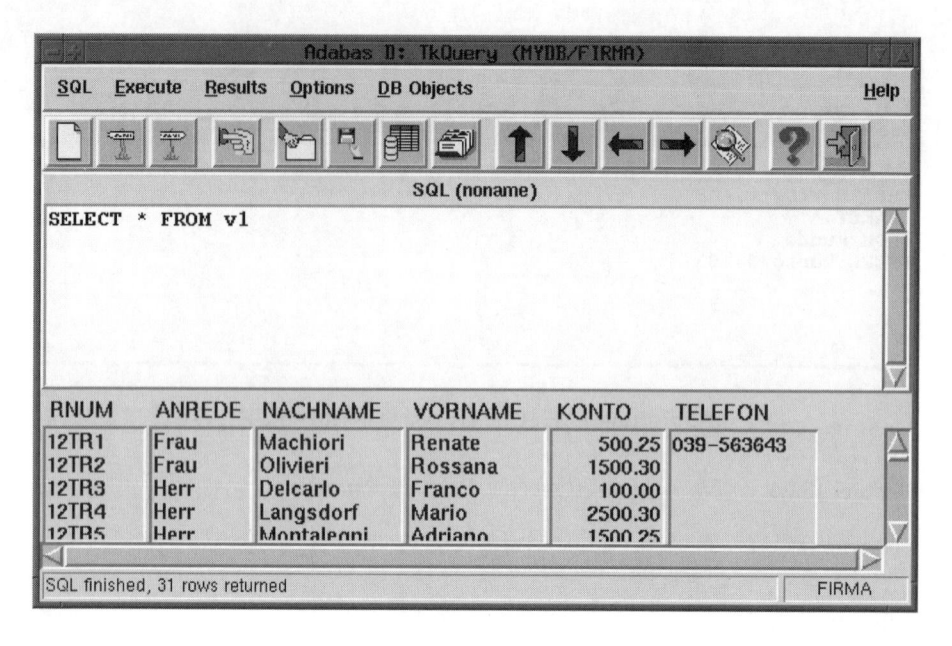

Abbildung 13.14: Der Ausschnitt aus der Kundendatei

13.6.6 Löschen von Objekten

So wichtig das Erzeugen von Relationen und Attributen auch ist, eine Datenbank ohne Lösch-Operationen ließe sich praktisch nicht einsetzen. Seien Sie jedoch vorsichtig, denn die folgenden Lösch-Operationen sind *nicht* rückgängig zu machen. Falls echte Daten dabei verlorengehen, so sind sie für immer verschwunden.

- *DROP TABLE Kunde*

    Löscht aus der Relationenmenge die Tabelle »kunde«. Wenn Fremdschlüssel auf diese Relation zeigen, so sind diese in der entsprechenden Relation nicht mehr vorhanden.

- *DROP VIEW v1*

    Löscht aus der Ausschnittsmenge die Ausschnittssicht »v1«.

- *DROP SNAPSHOT snap1*

    Löscht aus der Snapshot-Menge die Snapshot-Relation »snap1«.

- *DROP SNAPSHOT kunde*

    Löscht aus der Snapshot-Log-Menge den Snapshot-Log aus der Relation »customer«.

13.6 Einige Erläuterungen zur Notation

- *DROP SYNONYM negativ*
  Löscht aus der Menge der Alias-Namen den Namen »negativ«.

- *DROP INDEX kunde.nachname*
  Löscht den Index »kunde.nachname«.

- *DROP DOMAIN name*
  Löscht den Wertebereich »name«.

- *DROP TRIGGER konto_statistik*
  Löscht den Trigger »konto_statistik«.

- *DROP TABLE*
  Löscht eine Tabellendefinition zusammen mit ihrem Inhalt und abhängigen Objekten wie z. B. Benutzersichten, Zusatznamen oder Indizes. Deshalb VORSICHT! Die Anweisung kann nur von Eigentümern der Tabelle verwendet werden.

- *DROP SNAPSHOT*
  Löscht die Kopie (den Snapshot) von Tabelleninhalten.

- *DROP SNAPSHOT*
  Entfernt das Änderungsprotokoll (den Snapshot-Log).

- *DROP SYNONYM*
  Löscht den Zusatznamen einer Tabelle. Ihre ursprüngliche Definition und ihr Inhalt bleiben bestehen.

- *DROP INDEX*
  Entfernt die Indexdatei, die zur Leistungssteigerung eingerichtet worden war. Dies ist die einzige Auswirkung.

- *DROP DOMAIN*
  Entfernt eine Wertebereichsdefinition. Tabellendefinitionen, die diese benutzt hatten, bleiben bestehen. CREATE-TABLE-Anweisungen mit gelöschten Wertebereichsdefinitionen können natürlich nicht mehr abgesetzt werden.

- *DROP TRIGGER*
  Entfernt einen Trigger. Die Prozedur, in der die Verarbeitungsschritte definiert sind, bleibt jedoch erhalten.

Es sind nicht alle Lösch-Operationen aufgeführt, für eine genaue Übersicht konsultieren Sie das Handbuch der Firma *Adabas D*.

13.6.7 Wertebereichsdefinition

Wenn man viele Relationen definieren muß, so ist es ziemlich mühsam, immer den Wertebereich einer Variablen einzugeben, viel einfacher ist es, eine Wertebereichsdefinition vorzunehmen. Das kann man sich wie einen Alias-Namen oder eine Abkürzung vorstellen. Wenn Sie zum Beispiel die Kunden-Relation wie in Beispiel 13.26 eingegeben hätten, dann dürften Sie die Erzeugung der kompletten Relation »kunde« wie in Beispiel 13.27 vornehmen, und das ist schon eine Erleichterung. Allerdings, wie bei allen Alias-Namen muß man sich diese auch merken können und über die vergebenen Namen Buch führen. Wenn der Verwaltungsaufwand für diese Definition größer wird als die Zeitersparnis, sollte man lieber auf die traditionelle Wertebereichsangabe zurückgreifen.

Diese Eigenschaft sollten Sie nur nutzen, wenn wirklich viele Relationen einzugeben sind, die sehr viele Attribute mit gleichem Wertebereich verwenden. Mit einer solchen Wertebereichsdefinition verliert Ihre Datenbasis natürlich auch an Transparenz, denn Sie müssen sich immer daran erinnern, welchen Wertebereich »name« denn nun eigentlich bezeichnet.

Beispiel 13.26   *Wertebereichsdefinition*

```
CREATE DOMAIN name CHAR(7).
```

Das kann später bei der Tabellendefinition verwendet werden:

Beispiel 13.27   *Verwendung der Wertebereichsdefinition*

```
CREATE TABLE Kunde
(rnum FIXED(4),
vorname name,
nachname name,
konto FIXED(7,2))
```

Die Attribute »vorname« und »nachname« haben im Beispiel 13.27 beide den Wertebereich CHAR(7). Für diese beiden Werte hätte sich der Aufwand jedoch nicht gelohnt.

13.6.8 DataBase-Prozeduren

DataBase-Prozeduren sind Programme, die in SQL geschrieben sind und aus einem Anwendungsprogramm aufgerufen werden können. Dabei können Schleifen programmiert und ganze Applikationen mit den entsprechenden Parametern von dem externen Programm an die Datenbank abgesetzt werden.

Für eine genauere Beschreibung verweise ich Sie auf die Dokumentation von *Adabas D*. Diese Eigenschaft ist zwar äußerst interessant, geht aber weit über den Anspruch dieses Buches hinaus.

13.6.9 Erzeugen von Snapshot-Tabellen

Eine View-Relation, wie in Absatz 13.6.5 beschrieben, definiert eine eingeschränkte Sicht auf die entsprechende Relation. *»Eingeschränkt«* ist in diesem Kontext nicht als etwas Negatives, sondern als Einschränkung auf bestimmte Attribute zu verstehen, so wie sie die verschiedenen Anwender benötigen. Eine Snapshot-Relation ist im Grunde nichts anderes als ein View, nur daß der Snapshot erlaubt, Kopien von Teildatenbeständen aus einer Basisrelation zu erzeugen.

Während der View nur eine eingeschränkte Sicht erzeugt, aber die Relation als solche unangetastet läßt, erzeugt der Snapshot eine wirkliche Relation, die physisch als Datenbestand erzeugt wird.

Hier fällt natürlich sofort ein Problem auf: Was ist, wenn die Daten einer Relation sich ändern? Dann wird die Konsistenz, die zwischen Snapshot und Relation herrschen muß, zerstört. *Adabas D* erzeugt *nicht* automatisch einen Datenabgleich der in der Relation enthaltenen Daten und der Daten des Snapshots. Um die Konsistenz der Datenbestände zu gewährleisten, muß man entweder die gesamten betroffenen Daten kopieren oder mit Hilfe des sogenannten Snapshot-Logs die Änderungen automatisch initiieren. Die Ausführung der Veränderungen wird dabei durch die REFRESH-Anweisung angestoßen. Es ist klar, daß gewisse Funktionen in einem Snapshot nicht ausgeführt werden dürfen. So sind INSERT-, UPDATE- oder DELETE-Anweisungen nicht möglich. Strenggenommen kann in Snapshot-Relationen nur selektiert werden.

Sehen wir uns ein Beispiel (Abb. **13.15**) an:

In Abb. **13.15** wird ein Ausschnitt aus der Kundenrelation als Snapshot-Tabelle festgehalten. Für die Relation wird ein Snapshot-Log angelegt. Vergessen Sie nicht den »/«, sonst interpretiert *Adabas D* den Ausdruck als Einheit und bringt dann natürlich eine Fehlermeldung.

Dabei findet eine Veränderung der Kundenrelation statt, indem alle Kunden aus der Tabelle entfernt werden, deren Kontostand kleiner als 500,00 DM ist.

```
DELETE FROM kunde
WHERE konto < 500
```

Nach einem REFRESH und einer folgenden SELECT-Anweisung bekommen wir das Ergebnis aus Abb. **13.16**. Dabei bewirkt die REFRESH-Anweisung, daß

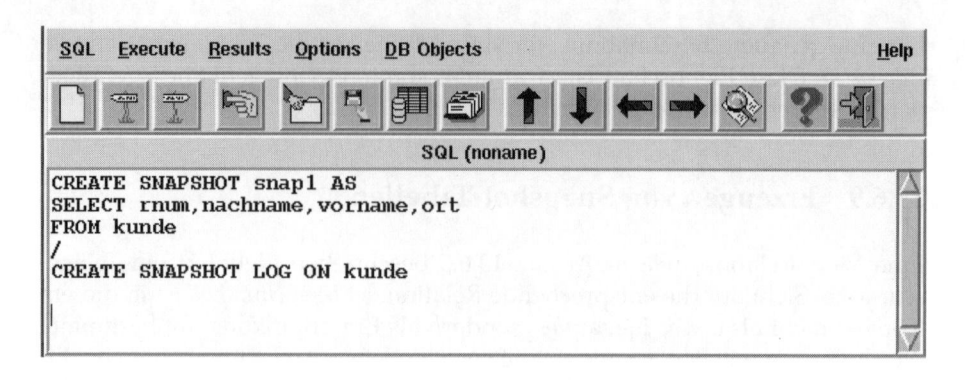

```
SQL    Execute   Results   Options   DB Objects                              Help

                              SQL (noname)
CREATE SNAPSHOT snap1 AS
SELECT rnum,nachname,vorname,ort
FROM kunde
/
CREATE SNAPSHOT LOG ON kunde
```

Abbildung 13.15: Das Anlegen eines Snapshots

die für die Relation »*kunde*« ausgeführte Änderung auch in der neu erzeugten Relation »snap1« gültig wird.

```
REFRESH SNAPSHOT snap1
```

```
SELECT * from snap1
```

13.6.10 Erzeugung eines Index

Das Problem bei relationalen Datenbasen ist, daß jedes Attribut als Suchkriterium verwendet werden kann. Das ist einerseits eine ziemliche Arbeitserleichterung, andererseits ist die textuelle Suche, vom Standpunkt der Informatik, jedoch sehr komplex und daher zeitaufwendig (siehe R. SEDGEWICK [33]). Hat man einige Attribute, welche ständig als Suchkriterium fungieren, so lohnt es sich, ein besonderes Suchkriterium für dieses Attribut zu erzeugen, man kann für ein solches Attribut eine Indexdatei anlegen, die wesentlich schneller durchsucht und auf Identität überprüft werden kann. *Adabas D* (wie die meisten anderen Datenbanken auch) verfügt über zwei grundlegende Indizierungsgenerierungen und Indexmechanismen. Wenn beispielsweise ein Index für das Attribut »*nachname*« erzeugt werden soll, so kann das auf zweierlei Art geschehen.

- Es kann ein benannter Index mit der Bezeichnung »*nachname_idx*« erzeugt werden. Ein solcher Index besitzt zwei Vorteile:
    - Die Lesbarkeit für den Menschen bleibt erhalten, somit kann sich der Anwender auch leichter an diesen Index erinnern.

13.6 Einige Erläuterungen zur Notation

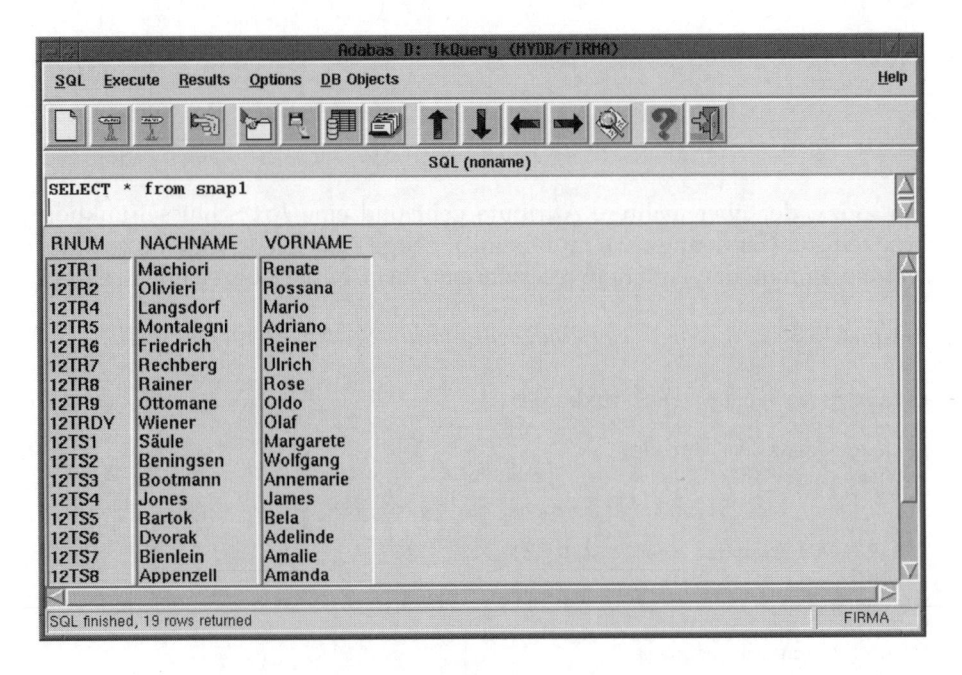

Abbildung 13.16: Das Ergebnis der SELECT-Anweisung

- Der Index kann trotzdem schnell abgearbeitet werden, da der Namensteil vom Suchalgorithmus einfach negiert wird.

Als Nachteil ist der höhere Speicherbedarf zu erwähnen, das ist aber heute kein so großes Problem mehr.

- Es kann ein unbenannter Index erzeugt werden, der nur über den Relations-Spaltennamen identifiziert werden kann.

Ein Beispiel soll das verdeutlichen:

Beispiel 13.28 *Erzeugen von Index-Tabellen*

```
CREATE INDEX nachname_idx on kunde (nachname)
/
CREATE INDEX kunde.vorname
```

Beispiel 13.28 erzeugt einen Namensindex für das Attribut »nachname« und einen direkten Index für das Attribut »vorname«. Genauso, wie es möglich ist, einen Primärschlüssel aus mehreren Attributen zu erzeugen, ist es möglich, einen Index auch für mehrere Attribute zu generieren.

Beispiel 13.29 *Erzeugen eines Index über mehrere Attribute*

```
CREATE INDEX name_idx on kunde (nachname, vorname)
```

Ein Index, der über mehrere Attribute geht und eine Art Schlüsselfunktion besitzen soll (Eindeutigkeit), muß beim Erzeugen als solcher gekennzeichnet werden. Er muß dann mit dem reservierten Wort UNIQUE bezeichnet werden.

Beispiel 13.30 *Erzeugen eines Index über mehrere Attribute mit UNIQUE*

```
CREATE TABLE kunde (rnum FIXED (4) ...
anrede
nachname CHAR (7) UNIQUE,
vorname ...
)

CREATE TABLE kunde (rnum FIXED (4) ...
anrede
nachname
vorname ...
UNIQUE (nachname,vorname)
)
```

13.6.11 Trigger

Die DataBase-Prozeduren dienen dem Zugriff externer Funktionen über extern aufgerufene SQL-PL-Programme. Das ist ein Verfahren, welches für bestimmte Anwendungen unabdingbar ist. Es können aber auch Situationen auftreten, die einen bestimmten Ablauf erfordern. Dies gilt besonders nach INSERT-, UPDATE- oder DELETE-Anweisungen.

Wird beispielsweise auf einer Basistabelle (also kein View oder Snapshot) eine DELETE-Anweisung ausgeführt, dann kann man mit einem Trigger (Auslöser) veranlassen, daß eine bestimmte Anweisungsfolge durchlaufen wird.

Eine denkbare Anwendung wäre es beispielsweise, beim Einfügen in die Kunden-Relation zu überprüfen, ob der neu eingefügte Kunde männlichen oder weiblichen Geschlechts ist. Für den entsprechenden Fall kann man in einer anderen Relation bestimmte Parameter setzen, die darauf hinweisen, daß einem männlichen Hotelgast kein Parfüm und den Damen kein Aftershave ins Badezimmer gestellt wird. Eine separate Relation, welche mit einem Frontend vom Zimmerservice abgefragt wird, könnte die automatisch generierten Informationen aus den entsprechenden Relationen extrahieren und die Badezimmer entsprechend ausrüsten. Ich habe einen solchen Zimmerservice noch nicht gesehen, aber vorstellbar wäre das natürlich.

13.6   Einige Erläuterungen zur Notation

Auch hier würde die Diskussion den Rahmen des Buches überschreiten, daher möchte ich auf die nicht ganz so ausgezeichnete Dokumentation der *Adabas D*-Datenbank hinweisen.

13.6.12   Transaktionen

Wenn Sie Relationen erzeugen oder Tupel in bereits erzeugte Relationen einfügen, dann läuft bei der Datenbank *Adabas D* ein Sicherheitssystem mit, welches die Konsistenz der Eingabe überwacht (natürlich nicht nur bei *Adabas D*, denn das ist allgemeiner Standard für relationale Datenbanken). Dieser Sicherheitsmechanismus erlaubt es, Änderungen wieder rückgängig zu machen. Dieses Verfahren nennt sich, ebenfalls Datenbank-übergreifend, Rollback-Verfahren. Das bedeutet jedoch nicht, daß die Einträge bis zu der ersten Eingabe rückgängig gemacht werden können, das ließe sich auch nicht realisieren. Um den Rückfallpunkt, bis zu dem eine Änderung möglich ist, zu bestimmen, gibt es den COMMIT WORK-Befehl. Wird dieser ausgeführt, so gilt der gegenwärtige Bearbeitungszustand als Plattform, bis zu der zurückgegangen werden kann. Die Eingaben können auch nicht Schritt für Schritt zurückgefahren werden, sondern beim Ausführen des ROLLBACK WORK-Befehls wird alles zurückgesetzt, bis zu dem Punkt des letzten COMMIT WORK-Aufrufs.

Einige Beispiele:

```
COMMIT WORK
SELECT rnum, vorname, nachname, konto
FROM Kunde

UPDATE Kunde SET konto = 0
WHERE konto > -10 AND
konto <= 0
SELECT rnum, vorname, nachname, konto
FROM Kunde

ROLLBACK WORK
SELECT rnum, vorname, nachname, konto
FROM Kunde
```

Es existiert jedoch ein Subtransaktions-Konzept, welches Änderungen in einem gewissen Rahmen rückgängig macht, aber diese Einzelheiten entnehmen Sie bitte der Dokumentation.

13.6.13 Bedingungen in Anfragen

Die Anfragen an ein Datenbanksystem sind nach sprachlichen Gesichtspunkten sehr limitiert und beschränken sich im wesentlichen auf Vergleichsoperatoren und einige wenige Optionen, die eine Ähnlichkeitsabbildung zulassen.

Tabelle 13.2: Vergleichsoperatoren

Identität	=
kleiner als	<
kleiner oder gleich	<=
größer als	>
größer oder gleich	>=
ungleich	<>
mehrere Bedingungen	AND, OR
verneinte Bedingungen	NOT
Werte in einem Bereich	BETWEEN x AND y
Werte in einer Menge	IN (x,y,z)
Vergleich mit einem Teilwert	LIKE '%abc%',
LIKE	'*abc*'
LIKE	'_a_'
LIKE	'?a?'
LIKE	'*@?'

Zusätzlich gibt es noch die folgenden Operatoren:

- Für Vergleiche mit ähnlich klingenden Texten gibt es den Vergleichsoperator SOUNDS.

- Abfrage auf den NULL-Wert IS NULL.

- Abfrage eines Booleschen Wertes.
    - IS TRUE
    - IS FALSE

- Auswahl ohne Bedingung:

    SELECT ort, nachname, vorname FROM kunde

- Auswahl mit einschränkender Bedingung:

    SELECT ort, nachname, vorname FROM kunde WHERE ort = 'Berlin'

13.7 Einige Transaktionen 389

```
SELECT anrede, nachname, konto
FROM kunde
WHERE konto >= 0
```

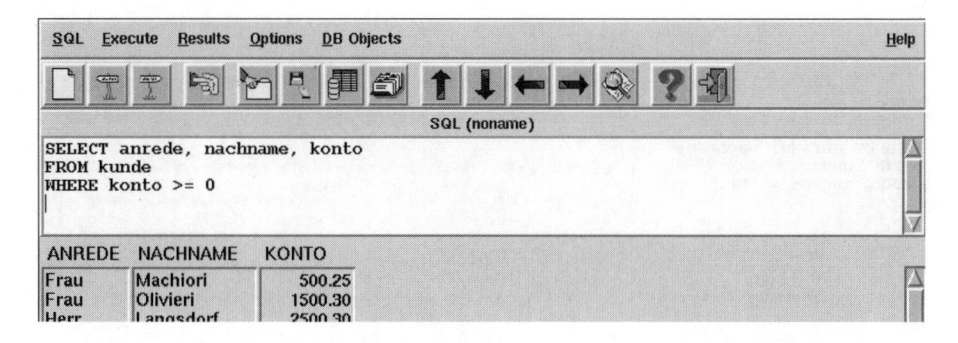

ANREDE	NACHNAME	KONTO
Frau	Machiori	500.25
Frau	Olivieri	1500.30
Herr	Langsdorf	2500.30

Abbildung 13.17: Welcher Kunde hat ein ausgeglichenes Konto?

```
SELECT anrede, nachname, konto
FROM kunde
WHERE konto > 0
```

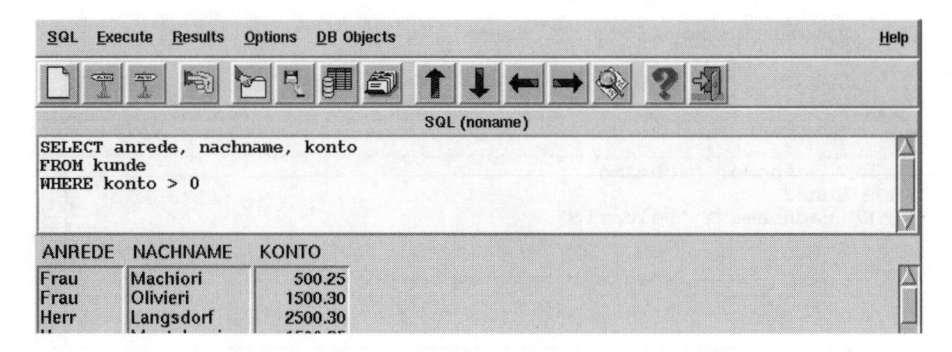

ANREDE	NACHNAME	KONTO
Frau	Machiori	500.25
Frau	Olivieri	1500.30
Herr	Langsdorf	2500.30

Abbildung 13.18: Welcher Kunde besitzt ein Guthaben?

13.7 Einige Transaktionen

AND-OR-Bedingungen

Auf die gleiche Weise können Einträge gefunden werden, die mehr als eine Bedingung erfüllen. Bei solchen Suchprozessen muß man die Bedingungen mit Booleschen Operatoren verknüpfen. Zu diesem Zweck stehen die beiden Operatoren AND und OR zur Verfügung.

Beispiel 13.31 *Eine SELECT-Anweisung*

```
SELECT vorname, nachname, ort, konto
FROM kunde
WHERE ort = 'Berlin' OR konto > 100
```

Den vielfältigen Query-Beispielen entnehmen wir, daß die Semantik in den Anfragen an die Datenbank steckt. Man kann der Semantik aber etwas auf die

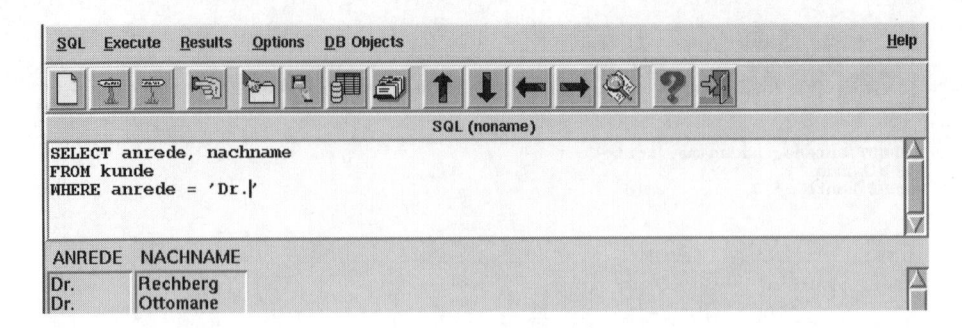

```
SQL  Execute  Results  Options  DB Objects                    Help
[toolbar icons]
                        SQL (noname)
SELECT anrede, nachname
FROM kunde
WHERE anrede = 'Dr.'

ANREDE  NACHNAME
Dr.     Rechberg
Dr.     Ottomane
```

Abbildung 13.19: Ist da irgendwo ein Doktor in der Datenbank?

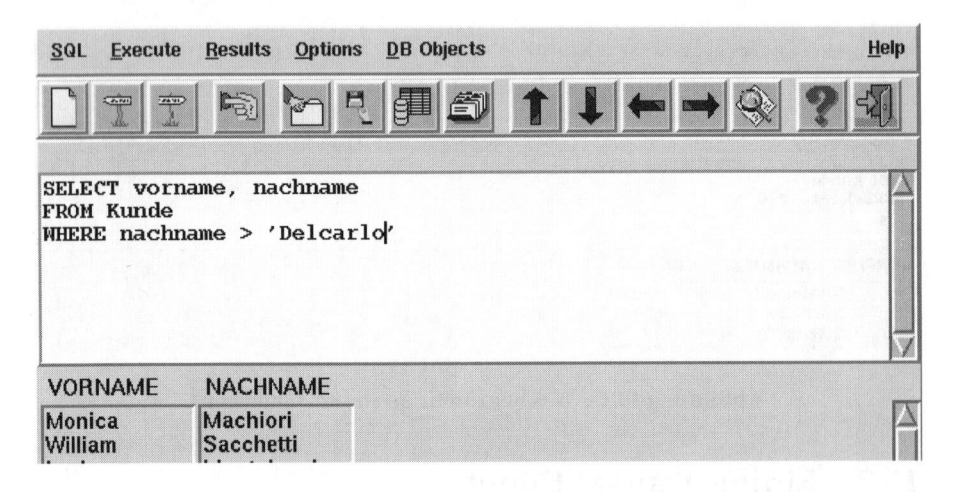

```
SQL  Execute  Results  Options  DB Objects                    Help
[toolbar icons]

SELECT vorname, nachname
FROM Kunde
WHERE nachname > 'Delcarlo'


VORNAME   NACHNAME
Monica    Machiori
William   Sacchetti
```

Abbildung 13.20: Alle Kunden, die nach »Delcarlo« stehen

Sprünge helfen, wenn man die Syntax der Relationsdefinition entsprechend gut vorbereitet und die Relationen nach den Gesetzen von Boyce Codd konstruiert.

Zum Schluß sehen wir uns noch an, wie man eine Eingabemaske im »tkquery«-Fenster definiert, mit der man einfache Aufgaben bewältigen kann. Abb. **13.21** zeigt, wie die Maske definiert wird.

Abb. **13.22** zeigt, wie die Maske, bereit für die Eingabe auf dem Monitor, erscheint. Zwei Werte sind als Default vorgegeben, einmal die Telefonnummern und die Handy-Nummer.

Wenn Sie sich alle Tabellen ansehen wollen, welche Sie im Laufe der Übung erzeugt haben, so funktioniert das, wie in Abb. **13.23** gezeigt. Achten Sie nur darauf, daß der User »Firma« von der Datenbank *Adabas D* in Großbuchsta-

13.8 Entwurfsstrategien

```
LAYOUT
KUNDENEINGABE <Kundendaten eingeben>

Kundennummer : &1
Anrede       : &2
Nachname     : &3
Vorname      : &4
Postleitzahl : &5
Ort          : &6
Strasse      : &7
Anrede       : &8
Hausnummer   : &9
Telefon      : &10 :=000000
Handy-Nummer : &11 :=000000
Kontostand   : &12 := 0.0
ENDLAYOUT
INSERT INTO Kunde
  VALUES('&1','&2','&3','&4','&5','&6','&7','&8','&9','&10','&11','12')
```

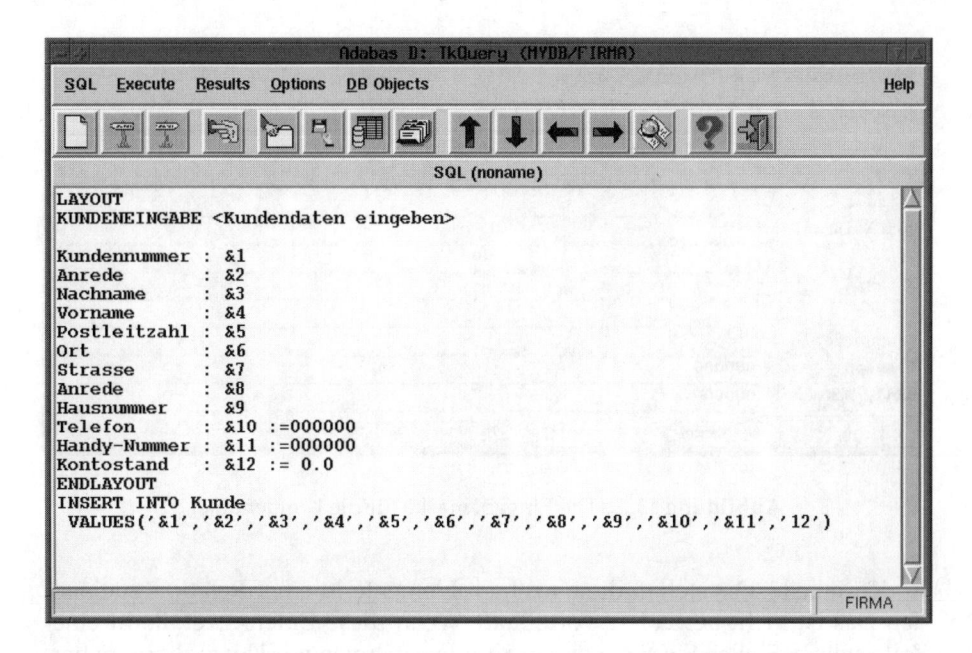

Abbildung 13.21: Definieren der Eingabemaske für die Kundendatei

ben umgewandelt wird. Einen »*owner*« »*Firma*« kennt die Datenbank nicht, obwohl Sie ihn so angelegt haben.

13.8 Entwurfsstrategien

Nicht jeder betreibt ein Hotel oder ein Reisebüro, und so wäre es schon vorteilhaft, wenn man sich für den Entwurf einer Datenbasis an eine gewisse Strategie halten könnte, wie man zu einer funktionsfähigen Datenbasis kommt.

»*Ein funktionsfähiger Entwurf einer Datenbasis gelingt grundsätzlich nicht, so einfach er auch sein mag.*«

Wenn des Entwerfen nicht auf Anhieb funktioniert, warum versuchen wir es nicht andersherum? Entwerfen wir eine Datenstruktur, die, ähnlich einer Lösung mit einem Tabellenkalkulationsprogramm, erst einmal alle nötigen Attribute enthält.

Jetzt können wir uns die Sache einfach machen und eine Datenbasis nach dem Muster von Tabelle **13.3** auf Seite 394 einrichten, aber dann hätten wir gleich ein Tabellenkalkulationsprogramm verwenden können. Warum das nicht sehr vorteilhaft ist, werden wir an diesem Beispiel untersuchen.

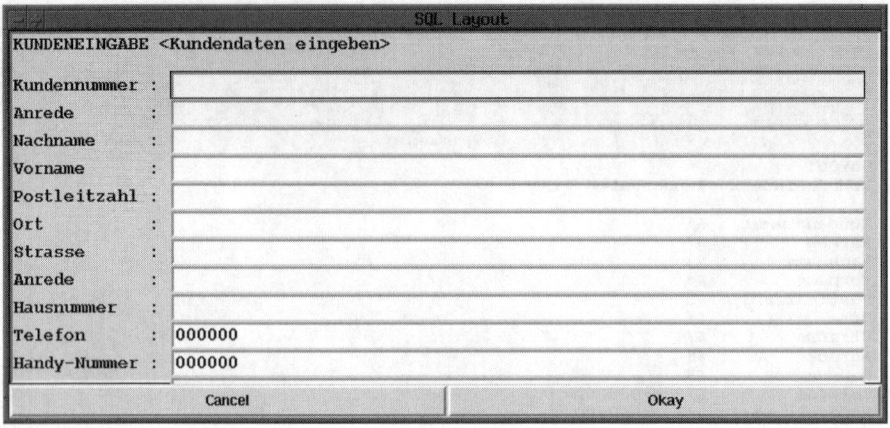

```
┌─────────────────────────────────────────────────────────────────┐
│                         SQL Layout                              │
│ KUNDENEINGABE  <Kundendaten eingeben>                           │
│ Kundennummer  : [                                             ] │
│ Anrede        : [                                             ] │
│ Nachname      : [                                             ] │
│ Vorname       : [                                             ] │
│ Postleitzahl  : [                                             ] │
│ Ort           : [                                             ] │
│ Strasse       : [                                             ] │
│ Anrede        : [                                             ] │
│ Hausnummer    : [                                             ] │
│ Telefon       : [000000                                       ] │
│ Handy-Nummer  : [000000                                       ] │
│         Cancel              │              Okay                 │
└─────────────────────────────────────────────────────────────────┘
```

Abbildung 13.22: Die Eingabemaske für die Kundendatei

In der Tabelle **13.3** stehen die einzelnen Elemente in einer Relation zueinander. Das ist nicht besonders vorteilhaft, wenn diese Datensätze alle in einer Zeile stehen. Stellen Sie sich vor, ein Kunde – nehmen wir Herrn Bierman heraus – verfügt außer über seinen Wohnsitz in Stuttgart in der Wanderstraße 14 über einen weiteren Wohnsitz in München. Was können wir machen, um diesem Umstand gerecht zu werden? Wir können der Tabelle eine neue Zeile hinzufügen, mit den gleichen Attributen, aber mit unterschiedlichen Adreßeinträgen. Herr Biermann käme in unserer »*Datenbasis*« zweimal vor. Das würde nicht gegen die Eindeutigkeit der Einträge in einer Relation sprechen, denn beide Einträge oder Tupel unterscheiden sich ja in dem Adreßeintrag – doch diese Relation entspricht gewiß nicht der BCNF. Wir können aber auch eine zweite Tabelle aufmachen, in der sich nur Leute befinden, die über eine zweite Anschrift verfügen.

Beide Ansätze sind ziemlich unbrauchbar. Der erste, weil man beim Suchen in der Tabelle immer darauf Rücksicht nehmen müßte, daß Herr Biermann noch ein weiteres Mal in der Datenbasis auftauchen könnte. Das führt jedoch dazu, daß der Suchprozeß immer bis zur letzten Zeile durchlaufen werden müßte (man kann schließlich die Suche nicht abbrechen, wenn Herr Biermann einmal gefunden wurde). Die zweite »Lösung« ist noch schlimmer als die erste, da Herr Biermann natürlich auch über mehr als zwei Wohnungen verfügen könnte. Wir müßten daher für jeden Kunden die Möglichkeit einkalkulieren, daß er sehr viele Wohnungen besitzt und müßten, da das nicht so häufig zutrifft, die zweite, dritte und n-te Tabelle ziemlich leer mit uns herumschleppen.

So funktioniert es also nicht. Überlegen wir uns, wie die Wirklichkeit abzubilden ist, und legen dann für jede notwendig werdende Struktur eine neue Relation an, indem wir aus der allgemeinen und unstrukturierten Datenbasis all

13.8 Entwurfsstrategien

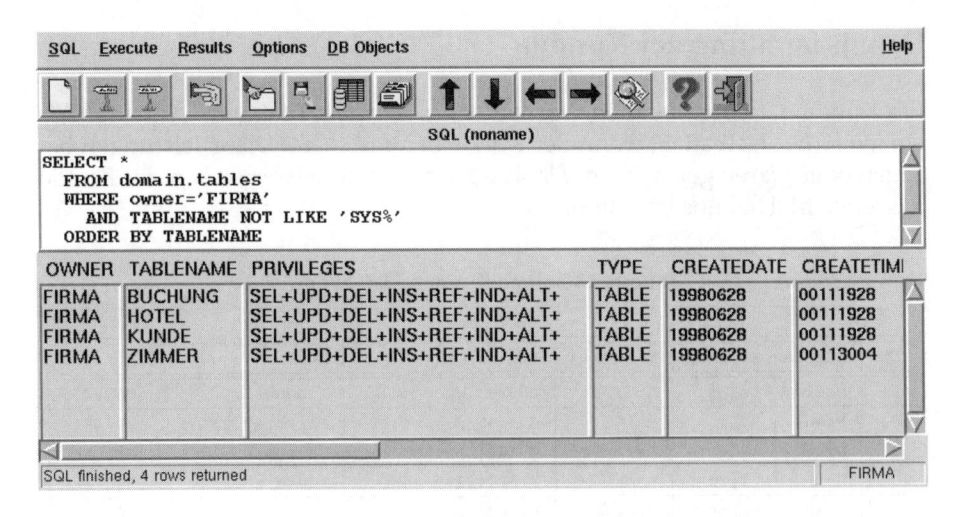

```
SELECT *
  FROM domain.tables
  WHERE owner='FIRMA'
    AND TABLENAME NOT LIKE 'SYS%'
  ORDER BY TABLENAME
```

OWNER	TABLENAME	PRIVILEGES	TYPE	CREATEDATE	CREATETIME
FIRMA	BUCHUNG	SEL+UPD+DEL+INS+REF+IND+ALT+	TABLE	19980628	00111928
FIRMA	HOTEL	SEL+UPD+DEL+INS+REF+IND+ALT+	TABLE	19980628	00111928
FIRMA	KUNDE	SEL+UPD+DEL+INS+REF+IND+ALT+	TABLE	19980628	00111928
FIRMA	ZIMMER	SEL+UPD+DEL+INS+REF+IND+ALT+	TABLE	19980628	00113004

SQL finished, 4 rows returned — FIRMA

Abbildung 13.23: Alle Daten auf einen Blick

jene Elemente entfernen, welche nicht der BNCF entsprechen. Mit diesen Elementen erzeugen wir jetzt neue Relationen, welche wir über Fremdschlüsselbeziehungen mit der alten Restrelation verknüpfen.

Zuerst muß man sich über den Ausschnitt der Wirklichkeit, den die Datenbasis widerspiegeln soll, klarwerden. Hierzu verbalisiert man die Aufgaben und Anforderungen an die Datenbasis.

Wir wollen das Beispiel so einfach wie möglich halten, denn wir haben schließlich schon eine funktionsfähige Datenbasis erzeugt und nehmen daher Tabelle **13.3** als Grundlage der Datenmenge.

- Wir wollen Kunden in die Datei eintragen.
- Kunden können über mehrere Adressen verfügen.
- Wir beliefern die Kunden mit Waren, oder wir leisten Dienste.
- Wir rechnen Fremdleistungen ab, welche wir selbst nicht erbringen können.

Welche Daten benötigen wir dafür?

- Zuerst einmal die Daten der Kunden.
- Und natürlich auch die Daten der Lieferanten.

Datensammlung der Kunden

Ein Kunde hat einen Namen, Vornamen, evtl. einen Titel, eine Adresse. Wir wollen ferner festhalten, wann der Kunde bei uns zuerst Dienstleistungen bezogen oder Waren gekauft hat. Dann wäre es gut zu wissen, wann der Kunde das letzte Mal bei uns bestellt hat.

Tabelle 13.3: Eine Kunden-Datenbank

Kunden							
RNUM	Anrede	Nachname	Vorname	PLZ	Ort	Str.	Konto
A01	Herr	Beimer	Andreas	80341	München	Lindenstr. 9	1232456
A02	Frau	Adam	Maria	60941	Frankfurt	Barthweg 13	223424
A03	Dr.	Meier	Peter	20741	Berlin	Ulmenstr. 29	4711
A04	Herr	Biermann	Hans	71221	Stuttgart	Wanderstr. 14	54873
A05	Frau	Bohne	Bert	82241	München	Wirthplatz 52	34276
A06	Frau	Baldauf	Bodo	28488	Berlin	Dijkstrastr. 39	32325
A07	Frau	Zeta	Zenzi	40472	Hamburg	Einsteinstr. 6	083287
A08	Frau	Vollmer	Veronika	40333	Lüneburg	Fernstr. 39	472116
A09	Dr.	Borkner	Olaf	90014	Weilheim	Freudestr. 9	374364
A10	Herr	Krause	Karl	90241	Regensburg	Foo Str. 76	343521
A011	Dr.	Beisel	Balduin	80541	Rosenheim	Bar Str. 56	878766

Mit diesen Informationen können wir wie im Beispiel »*Reisebüro*« die Daten strukturieren und so zu einer Datenbasis kommen, welche speziell unseren Bedürfnissen entspricht.

Datenbank-Design ist nicht einfach, und so wird eine auf diese Weise entworfene Struktur auch nicht für immer und ewig allen Anforderungen genügen, aber zur Administration einer kleinen bis mittleren kommerziellen Anwendung sollten die vorgestellten Ansätze reichen.

Ein letzter Hinweis: Der beste Weg, sich in diese Thematik einzuarbeiten, ist es, die Datenbank selbst zu installieren und alle Beispiele selbst durchzuspielen. Dabei bekommt man die besten Ideen und kann sich so in der Lernphase an eine Datenbasis-Lösung heranarbeiten, welche auch noch nach Jahren durchschaubar ist und selbst entsprechend den Bedürfnissen angepaßt werden kann.

13.9 Frontends

Um eine Datenbasis verwenden zu können, wäre es ganz sinnvoll, wenn man über Benutzerschnittstellen verfügte. Seit der Version 10.01 der *Adabas D-*

13.9 Frontends

Datenbank läßt sich JDBC als Schnittstelle einsetzen. Es gibt eine große Anzahl von verschiedenen Schnittstellen, wobei ODBC von Linux ebenfalls unterstützt wird. Alle Möglichkeiten kann ich hier nicht vorstellen, das würde einfach an der Seitenzahl scheitern.

Eine Schnittstelle, die recht schnell verwendet werden kann, ist die in der Tcl/Tk-Umgebung eingebaute Lösung. Eine solche Lösung haben wir uns bereits in Abb. **13.21** und Abb. **13.22** angesehen.

14 JDBC

Um den Verbindungsaufbau und den Transfer zwischen Datenbasis und JDBC verstehen zu können, hier eine kurze Einführung in die JDBC-Programmierung. Java soll natürlich nicht vermittelt werden, hierfür gibt es gute Literatur (siehe O. BORKNER-DELCARLO [5] oder auch D. FLANAGAN [14]). Das Problem, sich mit einer Datenbank zu verbinden, liegt in der Absenz von der nötigen Verbindungs-Software. Mit der Entwicklung von ODBC hat die Firma *Microsoft*[c] wirklich eine Entwicklung angestoßen, die man als Meilenstein in der Datenbank-Entwicklung bezeichnen kann. In der Praxis hat sich das sogenannte Drei-Schichten-Modell durchgesetzt. Sehen wir uns die gängigen Entwurfsmethoden etwas näher an:

14.1 Das Zwei-Schichten-Modell

Das Zwei-Schichten-Modell erlaubt es mehreren Clients, auf die Datenbank zuzugreifen (siehe Abb. 14.1). Dabei können die Clients selbst die Daten manipulieren. Alle Aktionen, welche die Clients ausführen, sind der Datenbank selbst intransparent. Da die gesamte Logik des Zugriffs und der Manipulation auf der Seite des Clients stattfindet, nennt man diese Konfiguration auch »*Fat-Client*«. Die Vorteile liegen auf der Hand, denn der teure Datenbank-Server wird entlastet.

Das Zwei-Schichten-Modell hat sich jedoch in der Praxis nicht durchsetzen können, da die Clients jedesmal umprogrammiert werden müssen, wenn die Software geändert werden muß.

14.2 Das Drei-Schichten-Modell

Für den Einsatz von Datenbank-Applikationen hat sich das sogenannte Drei-Schichten-Modell allgemein durchgesetzt. Es sind auch andere Ansätze denk-

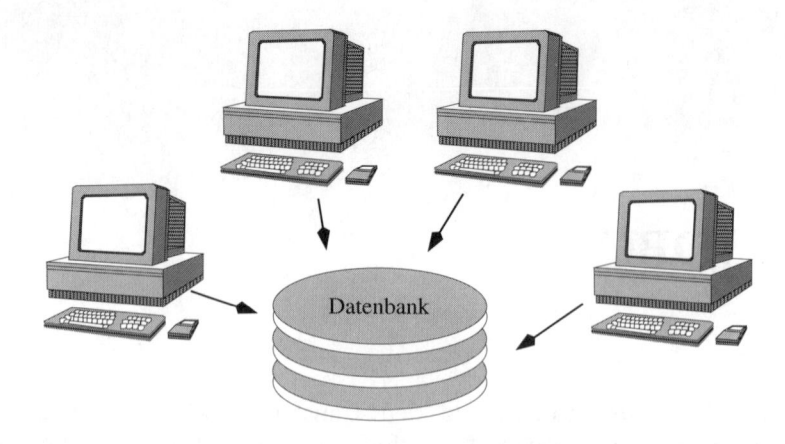

Abbildung 14.1: Das Zwei-Schichten-Modell

bar, aber dieses Modell ist auch für das Verständnis, wie eine Datenbank-Applikation funktioniert, am leichtesten zu durchschauen.

- Obere Schicht (User Interface):

  Hier sitzt die Schicht der Anwenderprogrammierung. Hier kann der User mit einem Java-Interface auf die Daten der Datenbank zugreifen und diese manipulieren. Er kann Daten abfragen, Datensätze einer Relation mit den Sätzen einer anderen Relation verbinden und Datensätze aus enthaltenen Relationen extrahieren. Allerdings nur in Übereinstimmung mit den Regeln, die durch die mittlere Schicht festgelegt werden.

- Mittlere Schicht (Ablaufslogik, steuert die Geschäftsabläufe):

  Hier wird die Firmentopologie auf die Datenbanktopologie abgebildet. Das klingt sehr wissenschaftlich, und das ist es meist auch. Hier werden die meisten Fehler beim Einsatz von Datenbanken in Firmen gemacht. In dieser Schicht kann sich der Erfolg oder der Mißerfolg einer Firma manifestieren. Hier werden wir auch die Demo-Datenbank implementieren, nachdem wir uns angesehen haben, welche Kriterien dabei zu beachten sind und welche Probleme dabei auftauchen können.

- Untere Schicht (Zugriff auf die eigentliche Datenbank):

  Diese Schicht kontrolliert den Zugriff auf die eigentlichen Daten. Hier hat der Nutzer einer Datenbank keinen Zugriff, er sollte auch keinen Zugriff haben, weil hier die Formate und Masken der Daten enthalten sind, und diese unterliegen besonderen Bedingungen.

Eine Datenbank-Applikation kann grundsätzlich auf zwei Arten konzipiert werden:

14.2 Das Drei-Schichten-Modell

```
┌─────────────────────────────────────┐
│         ┌──────────────┐            │
│         │   Anwender   │            │
│         └──────────────┘            │
│                ▲                    │
│                ▼                    │
│      ┌──────────────────┐           │
│      │   Obere Schicht  │           │
│      │  (User Interface)│           │
│      └──────────────────┘           │
│                ▲                    │
│                ▼                    │
│      ┌──────────────────┐           │
│      │  Mittlere Schicht│           │
│      │   (Ablauflogik)  │           │
│      └──────────────────┘           │
│                ▲                    │
│                ▼                    │
│   ┌────────────────────────┐        │
│   │    Untere Schicht      │        │
│   │(Datenbank Kommunikation)│       │
│   └────────────────────────┘        │
│                ▲                    │
│                ▼                    │
│         ┌──────────────┐            │
│         │  Datenbank   │            │
│         └──────────────┘            │
└─────────────────────────────────────┘
```

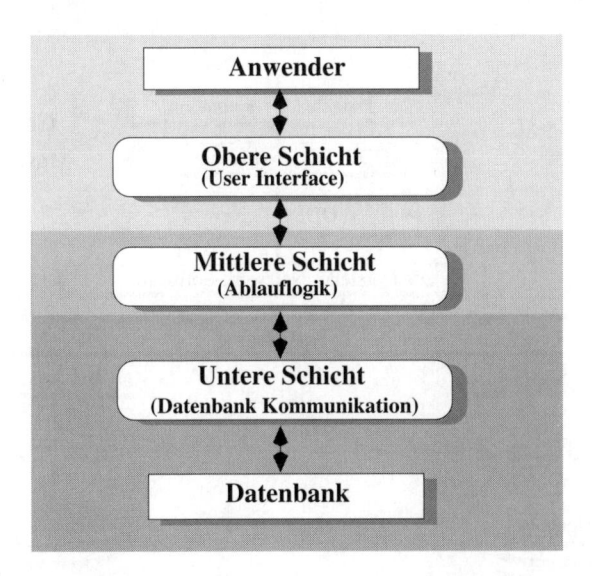

Abbildung 14.2: Das Drei-Schichten-Modell

- Client-orientiert

  Die Client-orientierte Datenbank-Applikationsstruktur ist wohl in der Praxis die am häufigsten anzutreffende Struktur. Sie wird hauptsächlich auf Maschinen implementiert, die Windows als Betriebssystem verwenden. In diesem Modell befindet sich der ODBC-Driver auf dem Client-Rechner. Jeder dieser ODBC-Driver verwendet die proprietäre Netzwerk-Software des Herstellers. Da der Client auf diese Weise mit mehr als einer Datenbank in Verbindung treten kann, muß eine ODBC-Manager-Schicht dafür sorgen, daß die entsprechenden Verbindungen zu den verschiedenen Datenbanken korrekt hergestellt werden. Diese Methodik ist für kleinere, wenig standardisierte Datenbankanwendungen brauchbar. Sie kann allerdings recht teuer werden, da (wie in Abb. 1.2 zu sehen) für jede Datenbank, mit der kommuniziert werden soll, proprietäre Software nötig ist.

- Server-orientiert

  Neuere Versionen professioneller Datenbankhersteller favorisieren die Architektur, wie in Abb. 1.3 gezeigt. Hier befindet sich der ODBC-Driver auf der Server-Seite, daher benötigt der Client keine spezielle, herstellerabhängige Software.

Datenbanken sind für Linux schon seit den Anfangstagen verfügbar, das Problem war immer das Design des sogenannten »*frontends*«. Das Frontend be-

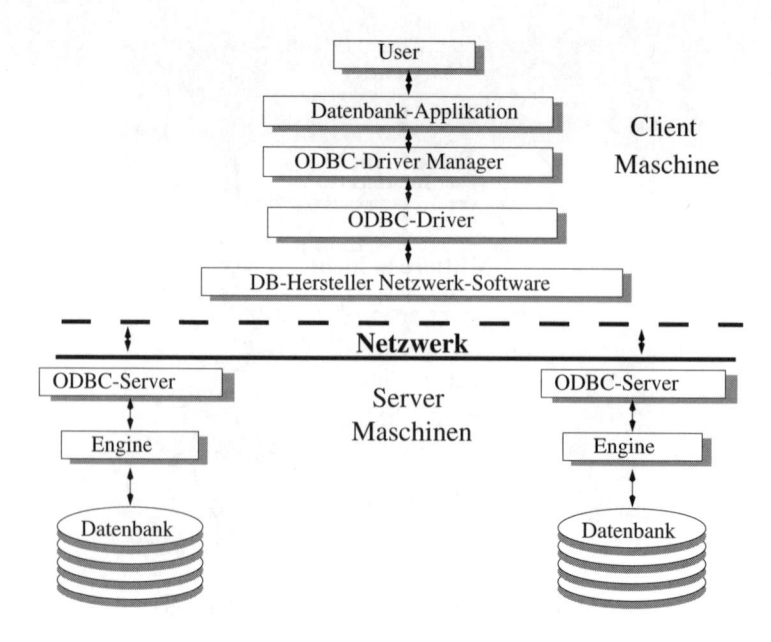

```
          ┌──────────┐
          │   User   │
          └──────────┘
                ↕
    ┌──────────────────────┐
    │ Datenbank-Applikation│         Client
    └──────────────────────┘        Maschine
    ┌──────────────────────┐
    │  ODBC-Driver Manager │
    └──────────────────────┘
                ↕
        ┌───────────────┐
        │  ODBC-Driver  │
        └───────────────┘
                ↕
  ┌──────────────────────────────┐
  │ DB-Hersteller Netzwerk-Software│
  └──────────────────────────────┘
─ ─ ─ ─↕─ ─ ─ ─ ─Netzwerk─ ─ ─ ─ ─↕─ ─ ─
 ┌────────────┐                ┌────────────┐
 │ ODBC-Server│   Server       │ ODBC-Server│
 └────────────┘   Maschinen    └────────────┘
 ┌────────────┐                ┌────────────┐
 │   Engine   │                │   Engine   │
 └────────────┘                └────────────┘
      ↕                              ↕
  (Datenbank)                    (Datenbank)
```

Abbildung 14.3: Eine Server-orientierte Architektur

stimmt die Art der Masken und das Benutzer-Interface (siehe Abb. **14.2**). Dieses Frontend auf eine andere Plattform zu portieren bereitete extrem große Schwierigkeiten, so daß die Portierung meist unterblieb. OS/2$^{(c)}$ profitierte davon, daß die Firma IBM eine Datenbank unterstützt (und selbst entwickelt hat), die auf dem Markt die größte Verbreitung erfahren hat, nämlich DB/2. Da IBM seit dem Erscheinen der ersten Java-Implementierung auf diese Plattform gesetzt hatte und eine ODBC-JDBC-Anbindung des Frontends ihrer Datenbank implementierte, kann ein Linux-Client relativ einfach auf eine DB/2-Datenbank zugreifen.

Aber auch andere Entwickler setzen auf Java und JDBC. Seit der Version 10.0 unterstützt *Adabas D* auch JDBC (*Java-Database-Connectivity*), dadurch wird die Portierung von Frontends wesentlich erleichtert.

Die Java Datenbank Connectivity Spracherweiterung (JDBC) spezifiziert ein von der Firma SUN Microsystems definiertes Protokoll. JDBC kann als das Pendant oder Äquivalent zum ODBC gesehen werden.

Für C und Java existiert eine Art Sprachergänzung (ODBC und JDBC), für den Anschluß der jeweiligen Muttersprache an verschiedene relationale Datenbanken. Beide Sprachergänzungen basieren auf dem X/Open Standard der Datenbank-Connectivity, daher ist es auch nicht überraschend, daß beide Standards sehr ähnlich in der Anwendung sind.

Genau wie ODBC besteht eine JDBC-Implementierung im wesentlichen aus zwei Teilen:

Dem Driver-Manager, der sich um das Laden der Driver und dem Verbinden dieser Driver zur Datenquelle kümmert, und dem Driver, der sich mit dem Transfer der Daten und der Applikation beschäftigt.

Die Hauptunterschiede, die zwischen ODBC und Java existieren, resultieren aus der Zielsprache, für die beide Interfaces geschrieben worden sind: C und Java. JDBC ist jedoch strukturell einfacher aufgebaut als ODBC. Das liegt daran, daß JDBC die eingebauten Fähigkeiten der Sprache Java nutzt. So allozieren beide Sprachen freie Ressourcen für die Verbindungen und SQL-Befehle. Da Java die Verbindungsdaten und die Befehle in Objekte einbaut, braucht in JDBC kein besonderer Handle für jede Verbindung und jeden SQL-Befehl vergeben werden.

Anders als ODBC besitzt JDBC keinen expliziten Mechanismus, um SQL-Befehle asynchron ablaufen zu lassen. Das ist auch nicht notwendig, da JDBC hier die Eigenschaften seiner Muttersprache Java nutzt und diese Befehle als unabhängige (aber synchronisierte) Threads ablaufen lassen kann. Der Effekt ist dem bei ODBC vergleichbar. Genauso verhält es sich mit den bei ODBC ausgefeilten Prozeduren zur Fehlerbehandlung. JDBC verläßt sich hier auf den `try catch throw finally`-Mechanismus, der den Fehler-Prozeduren der ODBC-Sprache bei weitem überlegen ist.

14.3 Elemente der JDBC-Spracherweiterung

Der JDBC-Standard definiert elf Klassen und acht Interfaces (für die Definition der Begriffe Klasse und Interface siehe O. BORKNER-DELCARLO [6], mit denen der Kontakt zu einer Datenbank hergestellt werden kann und mit denen die gewünschten SQL-Befehle abgesetzt werden können.

14.3.1 Die Klassen

- DataTruncation:

    JDBC erzeugt ein Objekt dieser Klasse, wenn Daten, die in die Datenbank eingefügt werden sollen, nicht komplett vorliegen, wenn also der Datensatz abgeschnitten worden ist. Ein Objekt dieser Klasse wird auf dem Wege der Ausnahmebehandlung erzeugt.
- Date:

    Diese Klasse entspricht dem SQL-Typ DATE. Diese Klasse enthält Methoden zur Typumwandlung.

- DriverManager:

  Ein Objekt dieser Klasse kann entsprechende Driver laden und etabliert die Verbindung einer gegebenen URL mit einer Datenbasis.

- DriverPropertyInfo:

  Ein Objekt dieser Klasse enthält JDBC-spezifische Daten über einen bestimmten Driver. Diese Klasse ist den Experten vorbehalten.

- NullData:

  Ein Objekt dieser Klasse wird verwendet, um ein bestimmtes Datum mit dem Wert NULL zu belegen. Die Belegung von Daten in relationalen Datenbanken ist im Gegensatz zur binären Logik (true false) dreiwertig (true false NULL). Diese Logik ist nicht unumstritten. Der Erfinder der relationalen Datenbank, Codd, befürwortet diese dreiwertige Logik, während ein anderer Exponent der relationalen Datenbank-Theorie die Belegung NULL vehement ablehnt (C. J. Date).

- Numeric:

  Diese Klasse kodiert die SQL-Typen NUMERIC und DECIMAL, für die es in der Sprache Java kein Äquivalent gibt. Ein Objekt dieses Typs wird von JDBC in eine Festkommazahl umgewandelt.

- SQLException:

  Diese Klasse verpackt die Fehlermeldungen der SQL-Queries in das Exception-System der Sprache Java.

- SQLWarning:

  Diese Klasse sammelt die von den SQL-Queries generierten Warnungen.

- Time:

  Diese Klasse entspricht dem SQL-Typ TIME. Diese Klasse enthält Methoden zur Typumwandlung der Zeitangabe.

- Timestamp:

  Diese Klasse definiert genaue Zeitmarken. Diese Marken sind für den Locking-Mechanismus einer relationalen Datenbank wichtig. Wenn auf den Datensatz einer Datenbank von mehreren Benutzern gleichzeitig zugegriffen wird, so muß die Datenbank verhindern, daß von mehreren Benutzern gleichzeitig geschrieben wird. Der Locking-Mechanismus stellt sicher, daß immer nur ein Benutzer Schreibrechte besitzt. Die Steuerung dieses Vorgangs ist extrem zeitkritisch.

- Types:

  Ein Objekt dieser Klasse enthält die entsprechenden SQL-Datentypen und wandelt diese in Java-verträgliche Typen um.

14.4 Die Interfaces

- CallableStatement:

  Dieses Interface definiert die Klasse, welche alle Übergabeprozeduren enthält. Mit den hier zu implementierenden Methoden kann man:

  1. Variablen registrieren, die von den SQL-Prozeduren zurückgeliefert werden,
  2. Java-Daten ermitteln, und
  3. man kann Daten auf den logischen Wert NULL testen.

- Connection:

  Dieses Interface dient in seiner Implementierung als Klasse, um bestimmte Rechte abzuprüfen. Hier kann getestet werden, ob ein Datensatz schreib- oder lesegeschützt ist.

- DatabaseMetaData:

  Diese Implementierung beschreibt, wie die Daten (Reihen, Spaten) organisiert sind. Es ist klar, daß für einen solchen Zweck nur ein Interface in Frage kommt, da JDBC ja nicht wissen kann, wie eine bestimmte Datenbasis organisiert ist. Für eine genaue Erläuterung des Interface-Prinzips siehe O. BORKNER-DELCARLO [6].

- Driver:

  Dieses Interface beschreibt einen bestimmten JDBC-Driver. Auch hier ist die Struktur eines Interfaces angebracht, da auch hier JDBC nicht wissen kann, welche Driver-Software verwendet wird.

- PreparedStatement:

  Dieses Interface beschreibt ein prepared statement. Bei einem prepared statement handelt es sich um ein vorkompiliertes Stück Code, der reentrant aufgerufen werden kann, der sich innerhalb eines Objekts einer Klasse befindet und so den Ablauf des Datentransfers beschleunigt.

- ResultSet:

  Dieses Interface beschreibt die Datenbank-spezifischen Rückgabewerte, die von Relation zu Relation unterschiedlich sein können. Dieses Interface muß vom Datenbank-Administrator in einer Klasse selbst implementiert werden, um eine bestimmte Firmen- oder Anwendungstopologie auf die Datenbank abzubilden.

- ResultSetMetaData:

  Eine Implementierung dieses Interfaces dient zur Beschreibung der Daten, die von der Implementierung ResultSet zurückgeliefert werden.

- Statement:

    Die Implementierung dieses Interfaces enthält SQL-Statements. Hier können auch Methoden untergebracht werden, welche statische SQL-Anweisungen initiieren.

Soviel zur Theorie, und nun die Praxis.

Das folgende Beispiel zeigt den Einsatz von JDBC, es verbindet eine Datenbank firmendaten mit einer (vom Benutzer zu spezifizierenden) URL und setzt folgendes SQL-Query an die Datenbasis ab:

```
"SELECT firma_name FROM firma ORDER BY firma_name"
```

Ein Beispiel:

```java
import java.net.URL;
import java.sql.*;
import imaginary.sql.*;
class connectDatenbank {
 public static void main(String argv[]) {
  Connection con;
  /* connect: Die url der Datenbank, userID und password */
  try {
   Class.forName("imaginary.sql.iMsqlDriver");
   con = DriverManager.getConnection(
       "jdbc:msql://localhost:1112/firmendaten",
     "mylogin","mypassword");
  } catch ( Exception e) {
   e.printStackTrace();
   return;
  }
  /* Hier wird ein SQL-Query abgesetzt */
  try {
   Statement stmt = con.createStatement();
   iMsqlResultSet rs =
   ((iMsqlResultSet)stmt.executeQuery(
   while(rs.next()) {
    System.out.println(rs.getString(1));
   }
   stmt.close();
  } catch( Exception e) {
   e.printStackTrace();
  }
  /* Schliessen der Verbindung zur Datenbank */
  try {
   con.close();
  } catch( Exception e) {
   e.printStackTrace();
  }
 }
}
```

Das Programm besteht im wesentlichen aus drei Teilen:

1. Das Laden der Driver und Verbinden mit der Datenquelle.
2. Das Ausführen eines SQL-Queries und die Extraktion der gewünschten Daten.
3. Schließen der Datenverbindung.

Um eine Datenbank mit JDBC anzusprechen, bedarf es der folgenden drei Teile:

1. Das Laden der Driver und Verbinden mit der Datenquelle.
2. Das Ausführen eines SQL-Queries und die Extraktion der gewünschten Daten.
3. Schließen der Datenverbindung.

Wir gehen im folgenden von einer einfachen Kundendatenbasis aus, die wir mit dem Namen »firma« bezeichnet haben. Diese Relation enthält eine Spalte mit Einträgen von Kundennamen (kunden_name). Das Beispiel ist besonders einfach gewählt worden, um die Darstellung und Programmierung nicht zu kompliziert werden zu lassen. Als Beispiel-Datenbank ist eine PD-Software verwendet worden, die für die Plattform Linux von der Firma MySQL TcX DataKonsult kostenfrei zur Verfügung gestellt wird. Der kommerzielle Einsatz der Datenbank unterliegt jedoch der kostenpflichtigen Lizenzierung. Wird ein solcher Einsatz beabsichtigt, sollte man sich an die Adresse info@tcx.se wenden.

14.5 Das Herstellen einer Verbindung

Der folgende Quellcode demonstriert, wie eine Datenbankverbindung zu einer Datenbank mit JDBC geöffnet werden kann:

```
...
Connection con;
...

// Verbinden der url der Datenbank mit dem User und password
try {
   Class.forName("hypothetischer.sql.SQLDriver");
   con = DriverManager.getConnection("jdbc:mySql://localhost:1112:firma",
                                    "ownlogin", "password");
   }
catch (Exception e)
```

Die class-Methode forName greift auf die Objekte des hypothetischen SQL-Drivers zu. Die class-Methode `getConnection()` öffnet die Verbindung zur Datenquelle der Datenbank. Diese Methode verlangt drei Argumente:

- Die URL der Datenquelle;
- die Identifikation des Benutzers, der die Datenbank manipulieren möchte;
- die Identifikation der Datenbank selbst.

Das URL-Argument besteht aus vier durch Kommata getrennte Felder:

1. Das Protokoll, mit dem die Datenquelle angesprochen wird (in unserem Fall ist das natürlich JDBC).
2. Das Unterprotokoll, welches für die Datenquelle verwendet wird. In den allermeisten Fällen wird es sich dabei ebenfalls um JDBC handeln. An dieser Stelle findet der Austausch zwischen herstellerspezifischen Daten und dem JDBC-Standard statt. Dieser Code muß nach wie vor von der Herstellerfirma der Datenbank bereitgestellt werden.
3. Hier wird der Rechner angesprochen, auf dem sich die Datenbank befindet, localhost ist natürlich das Synonym für den Rechner, auf dem dieses Programmstück läuft. Wenn sich die Datenbank auf einem anderen Server befindet, muß diese natürlich Client/Server-fähig sein. Dann sollte sich jedoch die Verbindungsaufnahme ähnlich einfach gestalten.
4. Hier wird die Port-Nummer angegeben und natürlich der Name der Datenquelle. In unserem Falle ist das die Relation mit dem Namen »*firma*«. Die Portnummer wird normalerweise vom Hersteller der Datenbank vorgeschlagen, sie kann aber auch an die speziellen lokalen Bedürfnisse angepaßt werden.

Das JDBC-Protokoll erlaubt der Driver-Software, die URL-Adresse zu definieren. Damit ist gewährleistet, daß der Datenbankhersteller der Driver-Software bereits bestehende Methoden und Informationen übergeben kann. Diese Vorgehensweise dient der Entkopplung von JDBC- und herstellerspezifischen Eigenschaften. Ist einmal eine Implementierung des JDBC-Interfaces gelungen, so sollte die gleiche Implementierung auch für jede andere Datenbank funktionieren. Der Hersteller muß natürlich die entsprechende Driver-Software zur Verfügung stellen.

Das liest sich jetzt so, als ob sich im Vergleich zu CGI- oder ODBC-spezifischen Implementierungen nichts geändert hätte, das stimmt aber so nicht, denn die Driver der Herstellerfirma treffen sich mit dem JDBC-Interface auf halbem Wege. Die Implementierung der Interfaces von JDBC geschieht dabei immer auf

14.5 Das Herstellen einer Verbindung

die gleiche Weise: Der Hersteller liefert die Driver, welche die Informationen an dieser Stelle abholen. Die Frage, warum man dann die JDBC-Schnittstelle nicht gleich implementiert ausliefert, ist einfach zu beantworten:

Die Namen der Relationen und die Struktur der Datenbasen, die Ports und die URLs sind natürlich nicht für jede Anwendung identisch, hier muß vom Anwender eingegriffen werden können.

Die URL-Adresse beinhaltet die gleichen Informationen, die einem ODBC-Driver¨ubergeben werden müssen: Data-Source-Name, die Benutzeridentifikation und das Password:

14.5.1 Ausführen eines SQL-Befehls

Die Methode `getConnection` kann mit einem, zwei oder drei Parametern aufgerufen werden, dabei muß das erste Argument immer vom Typ String sein und die URL-Adresse enthalten.

Das Ausführen eines SQL-Befehls ist, nachdem die Verbindung etabliert wurde, recht einfach:

```
...
/* Ausführen eines SQL-Statements */
try {
  Statement bf = con.createStatement();
  iMySqlResultSet rs = ((iMySqlResultSet)bf.executeQuery(
  "SELECT kunden_name FROM firma ORDER BY kunden_name"));
    while(rs.next()) {
    System.out.println(rs.getString(1));
  }
  stmt.close();
} catch( Exception e) { e.printStackTrace(); }
...
```

Die Zeile `Statement bf = createStatement` erzeugt ein Objekt vom Typ Statement. Die Methode `executeQuery()` führt eine SQL-Anfrage auf der bereits geöffneten Datenbasis aus, JDBC speichert dabei automatisch die Daten, welche von der Datenbank zurückgeliefert werden, und stellt diese dem Anfrage-Prozeß zur Verfügung.

Die Klasse `ResultSet` enthält alle Methoden und Variablen, die für die Extraktion der erhaltenen Daten nötig sind. Die Klassen-Methode `ResultSet.next()` liefert dabei die jeweils nächste Reihe der Daten, die von dem SQL-Statement SELECT bezeichnet werden. Diese Methode liefert als Ergebnis einen Booleschen Wert, der beschreibt, ob die Operation erfolgreich ausgeführt werden konnte oder nicht.

Die Klasse `ResultSet` verfügt über eine ganze Reihe von Methoden, mit denen Daten aus der Datenbasis extrahiert werden können. Alle diese Methoden beginnen mit get, gefolgt von dem Java-Datentyp, in den diese Daten konvertiert werden sollen. So wird mit der Methode `ResultSet.getInt()` eine Integer-Variable der Datenbasis in eine Integer-Variable vom Typ Java umgewandelt. Weitere Beispiele sind:

```
ResultSet.getFloat();
ResultSet.getString();
```

Natürlich kann nicht jeder SQL-Typ in einen entsprechenden Java-Typ umgewandelt werden. So kann beispielsweise der SQL-Typ VARCHAR nicht in eine Java-Variable vom Typ Int umgewandelt werden.

Jede der get-Methoden akzeptiert als Argument einen Zähler, der die Spalte der Relation der Datenbasis identifiziert, auf die zugegriffen werden soll. So greift die Methode `rs.getString(1)` auf die am weitesten links stehende Spalte der folgenden SELECT-Anweisung:

```
"SELECT kunden_name FROM firma ORDER BY kunden_name";
```

Aber auch der Aufruf `rs.getString(»kunden_name«)` liefert das gleiche Ergebnis wie der Aufruf `rs.getString(1)`. Diese Aufrufmethode gestaltet den Zugriff auf die statische Datenstruktur der Datenbasis äußerst flexibel und komfortabel.

Wie schon bemerkt, kann mit `ResultSet.next()` die Zeile der Datenbasis weitergeschaltet werden. Wenn diese Methode jedoch als Ergebnis `false` liefert, so ist das Ende der Relation erreicht (und die while-Schleife in unserem kleinen Programmstück wird verlassen).

14.5.2 Schließen der Verbindung

Das Schließen der Verbindung ist einfach und ziemlich einsichtig. Es erfolgt nach folgendem Muster:

```
...
    /* Schließen der Verbindung */
    try {
      con.close();
    } catch( Exception e) {
      e.printStackTrace();
    }
...
```

Allgemein gilt für die Java-Programmierung: Jede Anweisung sollte in eine try-Umgebung eingebunden werden, damit auftretende Fehler durch die ausgefeilte Ausnahmebehandlung des Java-Exception-Handlers abgefangen werden können.

14.6 ADABAS D

Adabas D ist als offenes System ausgelegt. Eine Vielzahl von Produkten von Drittanbietern können *Adabas D* als Datenbankserver nutzen. Somit ist die Integration in die existierende DV-Landschaft auf einfache Weise möglich. Wenn der Anwender sich zum Beispiel schon für ein PC-Entwicklungswerkzeug entschieden hat, erlaubt die Offenheit den Zugriff von seinem Windows-Tool auf *Adabas D*.

Für den mittelständischen Anwender existiert ein umfangreicher Lösungskatalog. Dieser enthält sowohl branchenneutrale (z. B. Finanzbuchhaltung) als auch eine Vielzahl von branchenspezifischen Lösungen.

Wir sehen uns jetzt ein relationales Datenbanksystem mit einer SQL-Sprachschnittstelle an. Die Daten werden dabei in Form von Tabellen organisiert. Mit einem Satz von einfachen, an die englische Sprache angelehnten Anweisungen der Sprache SQL (Structured Query Language) lassen sich vielfältige Operationen darauf formulieren.

Das bedeutet:

Die SELECT-Anweisung ermöglicht die zeilen- oder spaltenweise Auswahl von Daten aus einer Tabelle. Zeilen mehrerer Tabellen können miteinander verbunden werden. Sortierungen, Gruppierungen und Berechnungen können ausgeführt werden. Mit der Anweisung INSERT lassen sich Zeilen einfügen und mit DELETE wieder entfernen. Mit UPDATE können Änderungen vorgenommen werden. Eine weitere Gruppe von Anweisungen dient zur Definition und Re-Definition der Tabellenstruktur. Wir werden uns jetzt ein Beispiel ansehen:

14.6.1 Szenario

Um ein praktisches Beispiel durchspielen zu können, benötigen wir zu allererst eine verbale Beschreibung der Tätigkeit, des Ablaufes, den wir modellieren wollen. Wir müssen die facettenreiche Wirklichkeit auf den zu modellierenden Teilbereich eingrenzen, in vereinfachender Form abstrahieren und beschreiben. Danach müssen wir diese Beschreibung in eine Form bringen, die von der Datenbank und ihrer einfachen Sprache »verstanden« werden kann.

Stellen Sie sich vor, Sie betreiben eine Firma, welche telefonischen Support für ein technisches Produkt bereitstellt, das von einer Fremdfirma geliefert wird. Die Kunden, die bei Ihnen anrufen, müssen ein Produkt der Fremdfirma gekauft haben, ansonsten haben sie keine Berechtigung, von Ihnen telefonischen Support zu verlangen. Zu diesem Zweck schickt Ihnen die Fremdfirma jeden Monat eine Liste von Lizenznummern der bereits an den Großhandel verkauften Waren, mit denen sich ein Kunde bei Ihnen identifizieren muß, wenn er von Ihnen Support erhalten will. Der Support gilt für 60 Tage nach dem ersten Anruf, oder bis zur Ausgabe der neuesten Produktversion, je nachdem was früher eintritt; danach ist der Support für den Kunden kostenpflichtig.

14.6.2 QUERY

QUERY stellt eine interaktive SQL-Schnittstelle sowie einen Berichtsgenerator (REPORT) bereit.

SQL-Anweisungen werden mittels QUERY direkt am Bildschirm eingegeben. Das Ergebnis wird als Tabelle in einem Standardformat angezeigt. Es kann am Bildschirm durchgeblättert und über den Drucker oder in eine Datei ausgegeben werden.

Über den Berichtsgenerator REPORT bringt man Ergebnistabellen schrittweise in das gewünschte Ausgabeformat. Nach jedem einzelnen REPORT-Befehl wird der Bericht im aktuellen Format angezeigt. Anwendungs-Programmierern bietet QUERY die Chance, ihre SQL-Anweisungen, die sie in Programmen verwenden wollen, interaktiv zu testen. Häufig wiederkehrende Anfragen speichert man als parametrisierte SQL-Anweisungen zusammen mit einer Folge von REPORT-Befehlen. Sie lassen sich dann über eine Eingabemaske oder einen Kommandonamen aufrufen und liefern als Ergebnis einen fertig aufbereiteten Bericht. Für solche katalogisierten Kommandos können Aufrufprivilegien an andere Benutzer vergeben werden. Über die LIST-Funktion liefert QUERY ein individuelles Menü aller gespeicherten Kommandos, die ein Benutzer aktuell aufrufen kann.

Durch die katalogisierten Kommandos wird QUERY auch in der Fachabteilung zu einem attraktiven Werkzeug, da für ihren Aufruf keine SQL-Kenntnisse mehr erforderlich sind. Außerdem besteht die Möglichkeit, katalogisierte Kommandos direkt aus der Betriebssystemebene heraus aufzurufen und so Kommandos mit langen Laufzeiten im Batch-Betrieb auszuführen. QUERY bietet einen hohen Benutzerkomfort: Die ausgeführten Kommandos werden pro Sitzung in einer Kommando-Historie gehalten und sind jederzeit erneut aufrufbar. Die Sprache für die Führungstexte und die wichtigsten Merkmale des Standardformats lassen sich individuell einstellen. REPORT zeigt den aufbereiteten Bericht am Bildschirm an, schreibt ihn in eine Datei oder gibt ihn

14.6 ADABAS D

über den Drucker aus. Beim Druck sind unterschiedliche Druck-Seitenformate definierbar.

Für Master-Detail-Strukturen gibt es die Möglichkeit, diese einfach in einem Bericht anzuzeigen und darin sowohl auf Master-Ebene als auch auf Detail-Ebene vorwärts und rückwärts zu blättern. In Berichten werden Rechenfelder unterstützt, z. B. um Ergebnisse auf Gruppenniveau zu akkumulieren. Ebenso kann man Kreuztabellen bilden und diese in nachfolgenden Anfragen auswerten.

Der Aufruf von katalogisierten QUERY-Kommandos und von REPORT ist auch aus Anwendungsprogrammen möglich. Damit muß nicht in jeder Anwendung eine vertikale und horizontale Blättermimik in Ergebnistabellen erfunden werden. Die Ergebnisse der in einem REPORT definierten Rechenfelder können nach einem REPORT-Aufruf in das Anwendungsprogramm übernommen werden.

14.6.3 Wozu brauchen Sie QUERY?

Adabas D ist ein relationales Datenbanksystem mit einer SQL-kompatiblen Benutzeroberfläche.

Relational bedeutet, daß *Adabas D* den Benutzern gegenüber alle Informationen in Form von Tabellen darstellt. Die normierte Sprache SQL – Structured Query Language – liefert einen Satz von Kommandos, mit denen diese Tabellen verwaltet, gepflegt und ausgewertet werden können. QUERY bietet die Möglichkeit, beliebige SQL-Anweisungen direkt am Bildschirm einzugeben. Jede Anweisung wird zunächst geprüft und dann ausgeführt. Handelt es sich um eine Anfrage, zeigt QUERY das Ergebnis am Bildschirm an. Andernfalls kommt eine Rückmeldung, ob die Ausführung erfolgreich verlief. Für Anwendungsprogrammierer ist QUERY somit ein komfortables Werkzeug, um die SQL-Anweisungen, die sie in ihren Programmen verwenden wollen, vorab zu testen. Die SQL-Anweisung SELECT ermöglicht sowohl einfache Anfragen als auch komplexe Recherchen, bei denen Informationen aus mehreren Tabellen verknüpft werden sollen. Das Ergebnis wird stets als Tabelle angezeigt. Fester Bestandteil von QUERY ist der interaktive Berichtsgenerator REPORT. Mit seiner Kommandosprache kann eine Ergebnistabelle schrittweise in die gewünschte Berichtsform gebracht werden. Der aufbereitete Bericht wird am Bildschirm angezeigt und auf Wunsch über den Drucker oder in eine Datei ausgegeben.

Die Kombination von Abfragesprache und Berichtsgenerator führt dazu, daß mit QUERY viele Ad-hoc-Auswertungen ohne den Rückgriff auf die konventionelle Anwendungsprogrammierung durchgeführt werden können. QUERY ist aber nicht nur ein Werkzeug für SQL-Experten. Parametrisierte SQL-Anweisungen – auch Anfragen kombiniert mit REPORT-Kommandos – lassen sich unter einem Kommandonamen speichern. Für solche gespeicherten Kommandos können Aufrufprivilegien an andere Benutzer vergeben werden. Gespeicherte Kommandos können direkt aus Prozeduren des Betriebssystems (Shell) heraus oder über das LIST-Menü von QUERY aufgerufen werden. Pro Kommando kann eine Maske für die Eingabe der aktuellen Parameter beschrieben werden.

Damit ist QUERY auch für gelegentliche Benutzer und für Sachbearbeiter ohne SQL-Kenntnisse einsetzbar. Der Benutzerservice erstellt parametrisierte Kommandos für die häufigsten Typen von Ad-hoc-Auswertungen und gibt den betreffenden Endbenutzern das Privileg für deren Aufruf. Über den Aufruf von QUERY kann sichergestellt werden, daß bestimmte Benutzer nur vorbereitete Kommandos, aber keine eigenen SQL-Anweisungen ausführen können (LIST-Option). *Adabas D* bietet dem Anwender ein umfassendes Autorisierungskonzept, das vier funktionale Benutzerklassen und spaltenorientierte Zugriffsrechte unterstützt. Damit ist es möglich, für jeden Benutzer eine individuelle Teilsicht auf den Datenbestand zu erzeugen und die Daten vor unberechtigten Zugriffen und Veränderungen zu schützen. *Adabas D* unterscheidet vier Benutzerklassen mit unterschiedlichen Rechten:

- DBA

  Benutzer mit DBA-Status können Benutzer und Benutzergruppen mit RESOURCE- und STANDARD-Status erzeugen, private Daten erstellen und Privilegien an andere Benutzer weitergeben. Der Benutzerstatus DBA schließt alle Rechte ein, die ein Benutzer mit dem Status RESOURCE hat.

- SYSDBA

  Der SYSDBA hat zusätzlich zu den Rechten eines DBA an seiner SERVERDB das Recht, Benutzer mit dem Status DBA zu erzeugen.

- RESOURCE

  RESOURCE-Benutzer können eigene Tabellen, Views, Synonyme definieren und Privilegien für diese Objekte weitergeben.

- STANDARD

  STANDARD-Benutzer dürfen Views und Synonyme definieren, ansonsten sind sie nur in der Lage, Operationen auf Daten durchzuführen, für die sie privilegiert wurden.

Mehrere RESOURCE- oder STANDARD-Benutzer können von ihrem DBA zu einer Benutzergruppe zusammengefaßt werden. Dies erleichtert die Administration der Privilegien, da alle Mitglieder einer Benutzergruppe dieselben Rechte bezüglich der SQL-Privilegierung erhalten.

Privilegien werden durch die GRANT-Anweisung an Benutzer oder Benutzergruppen vergeben und durch REVOKE wieder entzogen. Privilegien beziehen sich auf Tabellen, Views, Spalten und DB-Prozeduren. Durch Views können auch Privilegien formuliert werden, die von den Datenbankinhalten abhängig sind (werteabhängige Privilegien).

15 Fernwartung

Um die Fernwartung nutzen zu können, muß eine Möglichkeit geschaffen werden, sich in den Zielrechner einzuwählen. Für diesen Zweck existiert das Programm `getty` (eine Kurzform von Get TTY). Dieses Programm schreibt nach dem Einwählen auf dem Zielrechner einen Begrüßungstext auf das Client-Terminal, der sich in der Datei `/etc/issue` befindet. Sie können diesen Text durch einfaches Editieren so abändern, daß er Ihren Anforderungen entspricht. Man möchte schließlich als Unternehmung seinen Berater am anderen Ende Deutschlands nicht unbedingt mit dem vorgegebenen Text der Firma S.u.S.E. begrüßen. Danach fordert Sie der Zielrechner mit `login:` auf, sich zu legitimieren. Der Zielrechner erwartet nun, daß die erste Eingabe, welche über die Verbindung vom Client geschickt wird, der Benutzername auf der Zielmaschine ist, für den ein `login` angefordert wird. Dann werden Sie, wie bei einem lokalen Login, nach dem Password gefragt. Stimmt die Kombination User-name/Password mit einem gültigen Login-Eintrag in der `/etc/passwd` überein, so startet das Login-Programm den Kommandozeileninterpreter. Dieser Kommandozeileninterpreter nimmt dann die Befehle des Client-Rechners entgegen und verarbeitet diese entsprechend. Der externe Client kann nun auf seinem Terminal den Zielrechner verwenden, so als ob er direkt davorsäße.

Der Client-Prozeß kann vom externen Rechner durch die Eingabe von `exit` oder `logout` beendet werden. Das getty-Programm beendet dann den externen Prozeß, führt einen `reset` aus und zeigt wieder den `login`-Text (`/etc/issue`) auf dem Client-Rechner an.

Dieser Vorgang ist nichts Ungewöhnliches, denn Linux erlaubt es, mit der Tastenkombination ALT F1 ... F6 mehrere Benutzer zu verwalten. Auch hier verwaltet `getty` die Prozesse. Ein `getty`-Prozeß ist natürlich in der Lage – genauso wie virtuelle Konsolen verwaltet werden – einen seriellen Port zu verwalten. Das bedeutet aber, daß ein externer Rechner entweder über ein Nullmodem-Kabel oder aber über eine Modem-Verbindung mit dem Client verbunden werden kann.

Die Möglichkeit, eine Nullmodem-Verbindung zu etablieren, ist recht beliebt, um ein root-Terminal an einen Server anzuschließen. Anstatt einen Server mit üppiger grafischer Hardware auszustatten, wird ein externes Terminal über eine serielle Schnittstelle an den Server angebunden, die dann als root-Konsole dient. Solche Text-Terminals sind für wenig Geld zu haben, wenn sie denn überhaupt etwas kosten, denn jede Universität ist froh, wenn sie die alten VT220 DEC-Terminals loswerden kann. Der Umweltschutz verbietet es, solche Terminals einfach wegzuwerfen. Die Entsorgung kostet im Regelfall mehr, als das Gerät noch wert ist. Ihnen kann jedoch ein solches Terminal noch gute Dienste leisten.

15.1 Installation von mgetty

Das Programm `mgetty` sollte natürlich installiert sein, um das Programm verwenden zu können. Falls das noch nicht geschehen ist, finden Sie das Programm im Paket n auf der S.u.S.E.-CD. Mit YaST ist das schnell geschehen. Die Konfiguration erfolgt in der Datei:

/etc/mgetty+sendfax/mgetty.config.

Beispiel 15.1   *Die mgetty-Konfiguration der S.u.S.E. GmbH*

```
#
# mgetty configuration file
# ----- global section -----
# In this section, you put the global defaults, per-port stuff is below

# set the global debug level to "4" (default from policy.h)
debug 4

# set the local fax station id
fax-id 49 89 xxxxxxxx

# access the modem(s) with 38400 bps
speed 38400

#  use these options to make the /dev/tty-device owned by "uucp.uucp"
#  and mode "rw-rw-r--" (0664). *LEADING ZERO NEEDED!*
port-owner uucp
port-group uucp
port-mode 0664

#  use these options to make incoming faxes owned by "root.uucp"
#  and mode "rw-r-----" (0640). *LEADING ZERO NEEDED!*
#fax-owner root
#fax-group uucp
#fax-mode 0640
# ----- port specific section -----
```

15.1 Installation von mgetty

```
# Here you can put things that are valid
# only for one line, not the others

speed 38400
port ttyS0
port-owner uucp
port-group uucp
port-mode  0644
data-only y
init-chat '' -v '' ATZ OK ATDI38039900 CONNECT ''


# some other Rockwell modem, needs "switchbd 19200" to receive faxes
# properly (otherwise it will fail with "timeout").
#
#port ttyS1
#   speed 38400
#   switchbd 19200


# ZyXEL 2864, connected to ttyS1: maximum debugging, grab statistics
#
#port ttyS2
#   debug 8
#   init-chat "" \d\d\d+++\d\d\dAT&FS2=255 OK ATN3S0=0S13.2=1 OK
#   statistics-chat "" AT OK ATI2 OK
#   statistics-file /tmp/statistics.2864
#   modem-type cls2

# direct connection of a VT100 terminal which doesn't like DTR drops
#
#port ttyS3
#   direct y
#   speed 19200
#   toggle-dtr n
```

Sie können das Beispiel 15.1 ruhig als Startinstallation verwenden und die Einträge nach Ihren Bedürfnissen abändern. Das ist die schnellste Methode, um zum Ziel zu kommen.

Die Syntax der Einträge in der Datei aus Beispiel 15.1 ist praktisch selbsterklärend:

- `port ttyS0`

  Bezeichnet den Port, der für den `getty`-Prozeß reserviert wird. Gleichzeitig gelten alle folgenden Konfigurationen für diesen Port. Hier, wie in allen folgenden Konfigurations-Schritten, sollten Sie natürlich Ihre eigenen Daten einsetzen.

- `speed 38400`

  Dieser Eintrag ist selbsterklärend, er legt die Geschwindigkeit fest, mit der das angeschlossene Modem initialisiert wird.

- `port-owner uucp`

  Auch dieser Eintrag bedarf keiner großen Erklärung, er bezeichnet den User, der den Port verwenden darf. User ist in diesem Falle nicht eine Person, sondern ein virtueller User, der für den Datentransfer verantwortlich ist. Wenn Sie sich die Datei /etc/passwd ansehen, so werden Sie dort den User uucp finden. Beispiel 15.2 zeigt einen Ausschnitt meiner /etc/passwd-Datei, Ihre sollte nicht viel anders aussehen.

  Beispiel 15.2 *Die /etc/passwd-Datei*

  ```
  ...
  uucp:x:10:14::/var/lib/uucp/taylor_config:/bin/bash
  games:x:12:100::/tmp:/bin/bash
  man:x:13:2::/var/catman:/bin/bash
  at:x:25:25::/var/spool/atjobs:/bin/bash
  amanda:x:37:6:Amanda Admin:/var/lib/amanda:/bin/bash
  ixess:x:38:29:IXware Admin:/usr/lib/ixware:/bin/bash
  ftp:x:40:2:ftp account:/usr/local/ftp:/bin/bash
  nobody:x:-2:-2:nobody:/tmp:/bin/bash
  ...
  ```

- `port-group uucp`

  Auch hier finden Sie eine entsprechende Gruppe in der Datei /etc/group, wie in Beispiel 15.3 zu sehen ist. Es handelt sich hier also nicht um eine Gruppe, die einem User zuzuordnen ist.

  Beispiel 15.3 *Die /etc/group-Datei*

  ```
  ...
  news:x:13:news
  uucp:x:14:uucp,fax,root
  shadow:x:15:root
  ...
  ```

- `data-only y` für Yes oder `n` für No
- `init-chat`

  Der hier angegebene Wert in Beispiel 15.1 ist aus meiner Konfigurationsdatei übernommen, Sie müssen die Werte an Ihre Anforderungen anpassen. Die Syntax funktioniert nach einem Frage/Antwort-Modus. Zuerst senden Sie eine Nachricht (die erste Nachricht muß ein Leerzeichen sein, daher auch in meinem Eintrag " "). Die angegebene Telefonnummer gilt natürlich nur für meinen Provider, Sie werden ohne entsprechende Authentifizierung nichts damit anfangen können.

Wenn Sie eine für Sie passende Konfiguration gefunden haben, müssen Sie den mgetty-Prozeß noch starten. Dies geschieht in der Datei /etc/inittab.

15.1 Installation von mgetty

Der INIT-Prozeß überwacht die getty-Prozesse und stellt sicher, daß sie nach Beendigung wieder korrekt gestartet werden. Angenommen, Sie erwarten auf dem Device /dev/ttyS0 einen rlogin, dann geschieht der Start des getty-Prozesses durch Eintragen des folgenden Befehls in die /etc/inittab:

```
S0:23:respawn:/usr/sbin/mgetty /dev/ttyS0
```

Wenn sich nun ein User über die serielle Leitung auf Ihrem Rechner einwählt, so wird er auf seinem Rechner das login Ihres Rechners angezeigt bekommen, zusammen mit dem Text, den Sie in der Datei /etc/issue abgelegt haben.

Verfügt der User über ein X-Terminal, so kann er die Ressourcen Ihres Rechners auf seiner Maschine verwenden, so als ob er direkt vor Ihrem Rechner säße. Er verfügt dann über alle Rechte, welche Sie dem speziellen Login zugeteilt haben. Sie brauchen eine solche Einwahlmöglichkeit nur mit den Rechten eines Systemadministrators auszustatten, und schon kann die Fernwartung beginnen.

Wir können im Rahmen dieses Buches auf alle Einzelheiten der Installation eingehen, aber einen Parameter will ich doch erwähnen: respawn bedeutet, daß der Prozeß immer wieder neu gestartet wird, falls er aus irgendeinem Grunde beendet wird.

Mit dem Befehl telinit q teilen Sie dem INIT-daemon mit, daß sich die inittab-Datei geändert hat und daß diese daher neu eingelesen werden muß.

16 Verbinden mit dem Internet

16.1 Terminal-Verbindungen

Über kurz oder lang muß eine Unternehmung sich passiv oder aktiv an das Internet anschließen. Häufig findet der erste Kontakt mit dem Internet über einen Anbieter wie *AOL, CompuServe* oder *T-online* statt. Diese Dienste werden vornehmlich mit einem Terminal-Emulator-Programm verwendet. Das bedeutet, man nimmt nicht wirklich teil am Internet, sondern man bekommt die Dienste über den Provider als Sekundärdienst angeboten. Anstatt selbst mit den Beteiligten des Netzes in Kontakt zu treten, übergibt man beispielsweise eine E-mail, die man verschicken will, an einen dieser Anbieter, und der leitet sie dann weiter. Ein »richtiger« ISP nimmt Ihren Einwahlwunsch zur Kenntnis und schaltet dann eine Verbindung direkt ins Internet, dort können Sie als vollgültiger Teilnehmer alle Dienste des Netzes in Anspruch nehmen. Die Sekundäranbieter haben exzellente Methoden und Werkzeuge entwickelt, um diesen Umstand vor ihren Kunden zu verbergen. Für einen Zugang zum Internet, der einer kommerziellen Nutzung dienen soll, ist ein echter ISP unumgänglich. Für den Anfang ist ein Sekundäranbieter sicherlich eine brauchbare Lösung, allerdings eine aktive Teilnahme, also das Anbieten von eigenen Diensten im Internet, ist, wenn überhaupt, nur sehr schwierig zu bewerkstelligen. Die genannten Anbieter sorgen über ein ausgeklügeltes Auswahlsystem, daß dem Benutzer der Unterschied zu einer richtigen Internet-Verbindung garnicht auffällt. Dienste wie `talk` können natürlich über diese Dienste nicht abgewickelt werden, weil dazu der direkte Zugang zum Internet notwendig ist. Das bedeutet, der User muß direkt anwählbar sein, er muß für die Zeit seiner Verbindung über eine eineindeutige IP-Nummer erreichbar sein, die in diesem Zeitraum allein ihm zur Verfügung steht. Solche Nummern werden von ISPs meist nur dynamisch vergeben. Das bedeutet, Sie bekommen aus der Menge der verfügbaren IP-Nummern, welche dem ISP zur Verfügung stehen, eine zugeteilt. Sie können aber nicht sicher sein, daß Ihnen bei einer erneuten Einwahl, die gleiche Nummer wieder zur Verfügung steht. Es kann notwendig werden, daß Sie sogar eine eigene eineindeutige IP-Nummer benötigen, mit der Sie immer im Netz präsent sind. Eine solche IP-Nummer brauchen Sie immer dann, wenn Ihr Rechner als Web-Server dienen soll, also immer am Netz präsent ist. Auch wenn Sie eine Firewall betreiben wollen, um ein Intranet gegen unliebsame Teilnehmer abzuschotten, müssen Sie über eine eigene IP-Nummer verfügen (siehe Absatz 16.3). Das wird jedoch immer schwieriger, da die Anzahl der zu vergebenden Nummern immer geringer wird.

16.2 Node-Verbindungen

Wie wir gesehen haben, ist es besser, wenn man über den Provider direkt die Dienste des Internets nutzen kann. Das ist jedoch nur dann möglich, wenn man sich spezieller Protokolle bedient, die eine aktive Reaktion Ihres Netzes oder Ihres Einzelrechners ermöglichen. Hierzu muß zuallererst eine Verbindung zum Internet geschaffen werden, und dann kann mittels spezieller Protokolle der Datentransfer stattfinden. Diese beiden Dienste, nämlich das Einwählen und der eigentliche Datenverkehr, sind vor noch gar nicht so langer Zeit vollkommen getrennt voneinander abgewickelt worden. Dieses Verfahren ist mit einer gravierenden Schwachstelle behaftet. Da die Transferparameter (z.B. Geschwindigkeit, Paketgröße) zum Zeitpunkt des Verbindungsaufbaus etabliert werden, kann das Transferprotokoll diese Parameter nicht mehr dynamisch verändern. Man muß sozusagen zum Zeitpunkt der Verbindungsaufnahme die schlechtest möglichen Verbindungsparameter einstellen, um sicher zu sein, daß das Übertragungsprotokoll fehlerlos funktioniert. Sollte sich die Verbindungsqualität während der Übertragung verbessern, so hat das Protokoll keine Möglichkeit, auf diesen Umstand zu reagieren (die Übertragungsgeschwindigkeit zu erhöhen oder die Paketgröße zu steigern). Weil diese Protokolle heute noch sehr häufig im Gebrauch sind, werden wir uns damit im folgenden Absatz beschäftigen.

16.2.1 slip

Wir sehen uns deshalb zuerst das `slip` (Serial Line Internet Protocol) an. Dieses Protokoll fügt den User bei einer erfolgreichen Einwahl ins Netz direkt in das Internet ein. Das `slip`-Protokoll wird langsam, aber sicher vom `ppp`-Protokoll verdrängt, ist aber noch so verbreitet, daß wir es nicht ganz negieren können.

Das `slip`-Protokoll wird immer in Verbindung mit einer Modem-Verbindung eingesetzt, und es verschickt die Datenpakete mit einer Art Verpackung.

Das `slip`-Protokoll stellt eine einfache Methode dar, IP-Pakete über eine einfache Telefonleitung zu verschicken. Die IP-Pakete werden in sogenannte SLIP-

16.2 Node-Verbindungen

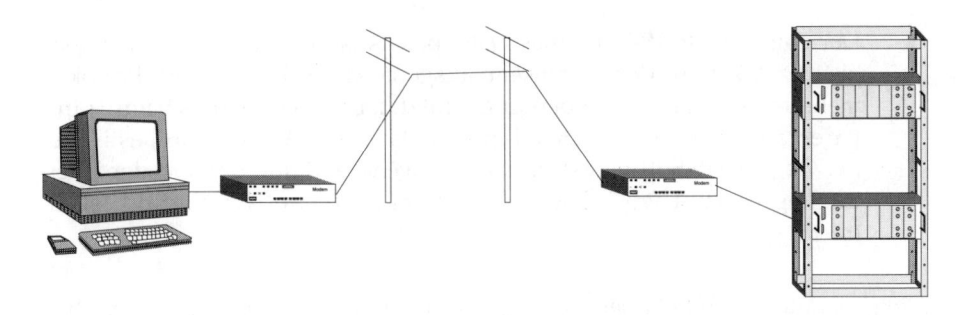

Abbildung 16.1: Eine Node-Verbindung über einen Provider

END-Charakter eingeschlossen. Seltsamerweise dient das SLIP-END-Zeichen ebenfalls als Anfang des Pakets. Ein eigenes SLIP-START-Zeichen ist nicht notwendig, da das Paket immer von einem SLIP-END bis zum nächsten SLIP-END-Zeichen gelesen wird. Es gibt noch ein weiteres Zeichen, nämlich das SLIP-ESC-Zeichen: Es wird immer dann gesendet, wenn in einem Datenstrom ein Kontrollzeichen vorkommt, das numerisch identisch mit dem SLIP-END-Zeichen ist. Die Pakete bei der Slip-Übertragung müssen immer gleich lang sein, daher muß ein pseudo-SLIP-END-Zeichen als solches gekennzeichnet sein, ansonsten würde der Transfer eines Paketes vorzeitig beendet, nämlich dann, wenn im Datenstrom ein solches Zeichen vorkommt. Das SLIP-ESC-Zeichen sichert die Synchronisation des Datenstroms.

Die einfache, fast schon primitiv zu nennende Methode vom Slip-Protokoll, die IP-Datenpakete einzupacken, hat dazu geführt, daß man sich Gedanken machte, wie der Datentransfer sicherer zu gestalten ist, denn das primitive Slip-Protokoll ist mit einigen Nachteilen behaftet:

- Da keine IP-Adresse in den übertragenen Paketen übergeben wird, muß die Verbindung zwischen zwei Partnern bereits hergestellt sein. Das bedeutet, die Verbindung zweier IP-Adressen muß außerhalb des Slip-Protokolls etabliert werden. Das mag kein großer Nachteil sein, es bedingt aber, daß man sich eines Programms bedienen muß, welches die Verbindung herstellt und die beteiligten IP-Adressen etabliert. Ein solches Programm ist `dip`. Wie eine Einwahl mittels `dip` vonstatten geht, werden wir uns gleich ansehen.

- Weil alle Datenpakete immer gleich lang sind, müssen kürzere Pakete mit Zeichen aufgefüllt werden, da die Gegenseite die ausgehandelte Länge der Pakete erwartet. Falls ein Paket größer als erwartet ist, muß es in kleinere Pakete der vereinbarten Länge aufgebrochen werden, und das letzte Paket muß dann eventuell wieder aufgefüllt werden.

- Der eingepackte IP-Typ eines Datenpakets ist solange nicht erkennbar, bis das Paket auf der Gegenseite ausgepackt wird. Da das IP-Protokoll mehrere verschiedene Typen unterstützt, kann nicht bereits beim Transfer erkannt werden, welcher Typ von Daten übertragen wird, es ist auf der Gegenseite Software-Aufwand notwendig, damit der Typ der Übertragung erkannt wird. Dieses Verfahren ist zeitaufwendig und fehlerträchtig.

Die genannten Punkte lassen das Slip-Protokoll nicht gerade effizient erscheinen. Trotzdem gibt es noch viele Provider, welche nur das Slip-Protokoll unterstützen.

Mein Zugang zum Internet wird in Deutschland mit dem ppp-Protokoll etabliert, während mir in Italien nur das slip-Protokoll zur Verfügung steht. Das gilt selbstverständlich nur für meinen ISP. In Italien unterstützt die große Mehrheit der Provider das ppp-Protokoll.

16.2.2 dip

Um sich beim Provider mit slip einzuwählen, bedient man sich eines Programms mit Namen dip. Im Beispiel 16.1 ist mein dip-Script gezeigt, natürlich habe ich mein userid und mein Password unkenntlich gemacht, Sie müssen also an die entsprechend markierte Stelle Ihre eigenen Parameter eingeben. Diese Parameter bekommen Sie von Ihrem Provider.

Beispiel 16.1   *Ein dip-Script*

```
main:
            get $remote 165.87.194.244
            netmask 255.255.255.0
            # set serial port and speed
            port cua1
            speed 38400
            send terminal ATDT
            send terminal databits 8\n
            send terminal flowcontrol rts\n
            send terminal telnet-transparent\n
            # Hier folgt eine gültige Modem-Initialisierung
            send ATDT&F\r
            send ATDT&D2&C1X3V1Q0S7=70\r
            wait OK 20
            if $errlvl != 0 goto modem_trouble
            # Bologna Telefonnummer, die 0, dient nur meiner Telefonanlage
            dial 0,247285
            if $errlvl != 1 goto modem_trouble
            # Wir sind verbunden. Jetzt folgt das Login.
login:
```

16.2 Node-Verbindungen

```
        sleep 2
        send &
        wait ==> 20
        if $errlvl != 0 goto login_error
        send 1.0\r
        wait ==> 20
        send INTERNET\r
        if $errlvl != 0 goto password_error
        send <netzname> <userid> <password>\r
        get $locip remote 10
        send \r
        get $rmtip remote 10
loggedin:
        get $mtu 600
        default
done:
        print CONNECTED $locip ---> $rmtip
        mode SLIP
        goto exit
prompt_error:
        print TIME-OUT SLIPlogin ...
        goto error
login_error:
        print TIME-OUT Login: prompt ...
        goto error
password_error:
        print Fehler bei Password-Übergabe ...
        goto error
modem_trouble:
        print Modem-Fehler ...
error:
        print Verbindung zu $remote kann nicht etabliert werden ...
        quit
exit:
        exit
```

Das `dip`-Programm unterstützt mehrere Variable, die im folgenden kurz erklärt werden:

`beep Anzahl`

Selbsterklärend.

`bootp`

Veranlaßt dip, das `bootp`-Protokoll zu verwenden. Damit kann veranlaßt werden, daß die vom ISP zugeteilte IP-Adresse über das `bootp` ermittelt wird.

Wenn man keine eigene IP-Adresse besitzt, wird einem vom ISP bei jeder Anwahl eine freie IP-Adresse vom Provider zugeteilt. Ist keine IP-Adresse mehr frei, terminiert das Programm.

`break`
: Sendet ein `break`-Signal.

`chatkey $KEYWORD`
: Veranlaßt dip, das KEYWORD des Modems zu akzeptieren.

`config [if] [rout] [pre | up | down | post] ARGS`
: Aktiviert das Interface (if) und den Router. Diese Option ist normalerweise ausgeschaltet.

`databits 7|8`
: Etabliert die Anzahl der Datenbits.

`dec $VAR1 [Ziffer | $VAR2]`
: Das ist der Decrement-Operator. Für diesen Operator gibt es drei mögliche Anwendungen:

    `dec $VAR1`
    : Die Variable mit dem Namen VAR1 wird um den Wert 1 erniedrigt.

    `dec $VAR1 Ziffer`
    : Die Variable mit dem Namen VAR1 wird um den Wert Ziffer erniedrigt.

    `dec $VAR1 $VAR2`
    : Die Variable mit dem Namen VAR1 wird um den Wert VAR2 erniedrigt.

`default`
: Etabliert die Default-Route zum System, in das man sich eingewählt hat.

`dial $TELEFONNUMMER [$ZEIT]`
: Wählt die angegebene Telefonnummer und wartet die angegebene Zeit ab (optional).

`echo [AN|AUS]`
: Wenn diese Option eingeschaltet ist, werden die Antworten des Modems auf der Kommandozeile protokolliert. Diese Option ist gut für die Fehlersuche geeignet.

`flush`
: Löscht den letzten übertragenen Eintrag des Modems.

`get $var Wert`
: Belegt die mit einem $ gekennzeichnete Variable mit dem darauf folgenden Wert.

16.2 Node-Verbindungen

```
goto label
```
Sprung zu einer mit `label` bezeichneten Marke, sehen Sie sich das Script an, da wird dieser Befehl häufig verwendet.

```
if Ausdruck goto label
```
Wenn die Bedingung von `Ausdruck=1` ist, dann springe zu der angegebenen Marke, andernfalls wird das nächste Kommando ausgeführt. Mit diesem Befehl kann das Script sehr komfortabel gestaltet werden, wie in Beispiel 16.1 zu sehen ist.

```
inc $VAR1 [Ziffer | $VAR2]
```
Das ist der Increment-Operator. Für diesen Operator gibt es drei mögliche Anwendungen:

```
inc $VAR1
```
Die Variable mit dem Namen VAR1 wird um den Wert 1 erhöht.

```
inc $VAR1 Ziffer
```
Die Variable mit dem Namen VAR1 wird um den Wert Ziffer erhöht.

```
inc $VAR1 $VAR2
```
Die Variable mit dem Namen VAR1 wird um den Wert VAR2 erhöht.

```
init
```

```
mode SLIP | CSLIP | PPP
```
Mit diesem Parameter wird das Protokoll festgelegt (SLIP, CSLIP oder PPP).

```
modem Typ des Modems
```
Der voreingestellte Wert ist Hayes-kompatibel.

```
netmask $NETZMASKE
```
Dieser Wert legt die Netzmaske für den Router fest, mit dem das Modem verbunden wird (normalerweise ist der Wert für NETZMASKE = 255.255.255.0).

```
onexit
```
Hier stehen Anweisungen, die ausgeführt werden, wenn die Verbindung unterbrochen wird. Da das Programm ein echtes Script-Programm ist, können hier Prozeduren angegeben werden wie beispielsweise Fehlerlogging.

`parity odd | even | none`

Etabliert die Interpretation des Paritätbits auf einen der drei angegebenen Werte.

`password`

Legt fest, daß der User nach dem Password gefragt wird. In Beispiel 16.1 wird ein anderes Verfahren verwendet, hier wird das Password, zusammen mit der Netzbezeichnung und des UsterIDs, an den Provider geschickt. Wenn man weiß, wie die Verbindung aufgebaut werden muß, kann man auf die explizite Paßwort-Abfrage verzichten.

`proxyarp`

Verlangt, daß das proxy ARP (Address Resolution Protocol) verwendet wird.

`print TEXT [ $VAR ]`

Veranlaßt, daß der angegebene `TEXT` ausgegeben wird; zusätzlich kann auch der Wert oder der Inhalt der Variablen $VAR ausgegeben werden. Dieser Operator eignet sich besonders gut, um das Programm auf Fehler zu untersuchen.

`port device`

Setzt den Kommunikations-Port auf den angegebenen Device. In Beispiel 16.1 ist es der Port `cua1`.

`quit`

Beendet das Programm.

`reset`

Dieser Operator sendet drei + Zeichen an das Modem (+++). Diese Zeichen veranlassen das Modem anzuhalten. Dann wird wird eine »ATZ«-String an das Modem geschickt, der das Modem zurücksetzt. Mit diesem Operator kann das Modem aus jeder Situation zurückgesetzt werden.

Wenn Sie sich die Erklärung in Verbindung mit dem Beispiel 16.1 ansehen, haben Sie eine Demonstration am »lebenden« Objekt.

Das Programm unterstützt einige Standard-Variablen, von denen im Beispiel 16.1 einige verwendet werden.

$errlvl

In dieser vordefinierten Variablen wird immer das Ergebnis der letzten Operation abgespeichert. Wenn diese Operation korrekt abgelaufen ist, befindet sich in dieser Variablen eine 0, jeder andere Wert signalisiert einen fehlerhaften Ablauf.

16.2 Node-Verbindungen

$local

Der lokale Maschinenname.

$locip

Die lokale IP-Adresse.

$modem

Dieser Wert ist immer mit HAYES belegt, Sie können ihn auch vergessen. Nach dem Aufkommen des `ppp`-Protokolls, hat sich das `slip`-Protokoll nicht weiterentwickelt, daher ergeben sich für diesen Wert keine anderen Belegungen.

$mtu

Dieser Wert ist Anlaß für die meisten Kommunikationsprobleme. Er bezeichnet die maximale Anzahl von Bytes, die ein Paket haben kann. Dieser Wert ist von Provider zu Provider verschieden, Sie müssen sich bei Ihrem Provider nach diesem Wert erkundigen, sonst bekommen Sie Ihre Datenpakete nie über das Netz.

$port

Der Name des seriellen-Ports.

$remote

Der Name des Computers auf der Server-Seite.

$rmtip

Die Server-seitige IP-Adresse.

$speed

Die Geschwindigkeit des Modems.

Wenn Sie sich mit dem angegebenen Programm einwählen konnten, so sollten Sie, nach Eingabe von `netstat -r -n` folgende Ausgabe auf Ihrem Terminal erhalten:

```
Kernel IP routing table
Destination    Gateway        Genmask          Flags MSS Window irtt Iface
192.168.17.3   0.0.0.0        255.255.255.255  UH    1500 0        0 dummy0
152.158.16.37  0.0.0.0        255.255.255.255  UH     600 0        0 sl0
192.168.17.0   0.0.0.0        255.255.255.0    U     1500 0        0 eth0
127.0.0.0      0.0.0.0        255.0.0.0        U     3584 0        0 lo
0.0.0.0        152.158.16.37  0.0.0.0          UG     600 0        0 sl0
```

Wenn Sie jetzt Ihren Netscape-Navigator richtig konfiguriert haben (siehe Absatz 5.4.1, auf Seite 175), können Sie das Internet nutzen, weil Ihr Rechner Teil des Internets geworden ist. Wenigstens für die Zeit, in der Ihr Rechner mit dem Netz verbunden ist.

16.2.3 ppp

Wenn Ihr Provider Ihnen das ppp-Protokoll als Alternative anbietet, so sollten Sie diese nutzen. Das ppp-Protokoll ist wesentlich flexibler und auch sicherer als das alte slip-Protokoll. Ein Einpacken in zwei einfache Startzeichen genügt nicht mehr.

Das ppp-Protokoll etabliert nicht nur die serielle Verbindung, sondern es enthält auch Informationen über den Typ der im Paket übertragenen Daten. Daraus folgt natürlich, daß dieses Protokoll wesentlich komplexer aufgebaut ist als das alte slip-Protokoll.

Das ppp-Protokoll verwendet das LC-Protokoll (Link Control Protocol) um die Verbindung zum Provider herzustellen, den Typ des Pakets zu ermitteln und, um im Bedarfsfall eine Fehleranalyse durchzuführen. Die Übertragungsgeräte (Modem) werden immer komplexer und schneller, da macht es wenig Sinn, sich bei der Übertragung von Daten auf eine konstante Paketlänge einigen zu wollen. Wenn die Übertragungsqualität sich ändert, sollte das Protokoll in der Lage sein, die Paketlänge entsprechend zu modifizieren. Auch das Aufkommen neuer, digitaler Verbindungen wie des ISDN, verlangen die Verlagerung der Kontrolle in das Übertragungsprotokoll, anstatt diese Kontrolle statisch bei der Einwahl zu bewerkstelligen (siehe Absatz 16.2.1).

Die Datenmengen werden immer größer. Während im Jahre 1990 Übertragungsmengen von wenigen Kilobytes üblich waren, sind heute Übertragungsmengen von mehreren Megabytes notwendig. Ein einfacher Browser wie der Netscape-Navigator umfaßt eine Datenmenge von mehr als 10 MByte. Wenn man eine solche Datei mit einer konventionellen Datenübertragungsrate von 9600 Baud übertragen wollte, so würde man sich über die Telefonrechnung am Ende des Monats ziemlich wundern. Mit einer ISDN-Verbindung zum Provider erreicht man Datenübertragungsraten, die um den Faktor 14 größer sind und dementsprechend weniger Verbindungskosten verursachen. Jedoch partizipieren manche Provider von dieser Verbindungsmöglichkeit, indem sie ihre Gebühren in Abhängigkeit von der Art der Verbindung berechnen. Wenn das der Fall ist, suchen Sie sich einfach einen anderen Provider.

Das ppp-Protokoll verwendet nicht mehr Kontrollzeichen zum Bestimmen des Beginns und des Endes des Datenpakets, sondern es werden Bitmuster verwendet. Die Empfangsseite prüft die ankommenden Daten auf das Auftreten dieser Bitmuster ab und schaltet die Übertragung in davon abhängige Zustände. So kann das Protokoll seine Zustände nicht nur in einer Richtung verändern, es kann, bei Übertragungsfehlern, eine Abfrage erneut veranlassen.

Das Network Control Protocol (NCP) kann verschiedene Typen von Paketen transportieren, die wichtigsten sind:

16.2 Node-Verbindungen

- IP-Protokoll
- IPX (siehe Kapitel 12, Seite 319)
- Das Network BIOS Extended User Interface von *Microsoft*$^{(c)}$ (NetBEUI) (siehe Kapitel 11, Seite 267).

Eine Verbindung über das `ppp`-Protokoll läuft etwas anders ab als eine `slip`-Verbindung.

1. Die reine Hardware-Verbindung wird etabliert. Hierfür kann man auch das Programm `dip` aus dem Absatz 16.2.2 verwenden, aber auch eine ISDN-Verbindung ist möglich. Wie ein solcher ISDN-Kontakt hergestellt wird, sehen wir uns im nächsten Absatz an.

2. Die beiden Rechner (local-Client und remote-Server) handeln nach dem OSI-Network-Model mit Protokollpaketen aus, wie die Verbindung aufgebaut werden soll.

3. Der Server-Rechner (das kann natürlich auch der lokale Rechner sein) sendet NCP-Pakete und teilt damit dem empfangenden Rechner mit, welcher Protokoll-Typ vom `ppp`-Protokoll übertragen wird (siehe oben).

4. Danach besteht eine vollgültige Internet-Verbindung und alle genannten Protokolle werden automatisch vom Empfänger verstanden und korrekt interpretiert.

Wie schon bemerkt, können Sie die Verbindung, auch über ein `dip`-Script aufbauen. Nachdem die Verbindung einmal aufgebaut ist, interessiert es nicht mehr, wer diese aufgebaut hat. Auch wenn das `dip`-Script die Paketgröße statisch festlegt, kann das `ppp`-Protokoll diese Größe dynamisch im Einklang mit dem Server zum Zeitpunkt der Übertragung verändern.

16.2.4 ISDN

Besser wäre es jedoch, Sie könnten eine ISDN-Verbindung aufbauen. In Deutschland ist ISDN zum Glück mittlerweile sehr verbreitet, und gerade in größeren Städten findet man auch Provider, die ISDN unterstützen. Auf dem Lande ist man manchmal auf die Dienste von T-online angewiesen, wenn man die Vorteile einer ISDN-Verbindung nutzen möchte.

Eine ISDN-Verbindung zu konfigurieren war bis vor kurzem eine ziemlich heikle Angelegenheit. Das hat sich jedoch seit der Version 5.2 der Linux-S.u.S.E.-Edition geändert. Der Einwahlprozeß ist zwar nicht mehr so intuitiv, funktioniert aber trotzdem einwandfrei, und man gewöhnt sich auch schnell an die Tatsache, daß der Verbindungsaufbau von der Gegenstelle nicht quittiert wird. Wenn man partout wissen will, ob der Einwahlprozeß erfolgreich war, so kann man sich die letzten Zeilen der messages-Datei ansehen, während man sich einwählt. Das geschieht mit:

```
tail -f /var/log/messages
```

Allerdings gibt man das schnell wieder auf, wenn man etwas Vertrauen in die Art der Einwahl gewonnen hat.

Und weil es gerade aktuell ist: Die Datei /var/log/messages ist für die Fehleranalyse von großer Wichtigkeit. Wenn Sie Probleme haben, konsultieren Sie immer diese Datei zuerst, bevor Sie im Netz nach Hilfe suchen.

Die Deutsche Telekom bietet mengenabhängige Dienste an, wenn man den vollen Zugang zum Internet nutzen möchte. Der Service, den die Telekom bietet, ist mittlerweile recht gut, und die Anfangsschwierigkeiten, die zu verzeichnen waren, haben sich gegeben (vermutlich seit die Telekom Linux-Router einsetzt), trotzdem bleibt der Einwand der mengenabhängigen Dienste. Betrachtet man die Datenmengen, die heute übertragen werden müssen, so kann man sich ausrechnen, daß mengenabhängige Dienste langfristig einfach zu teuer sind.

Sehen wir uns jetzt aber die Konfigurierung einer ISDN-Verbindung an. Während die dip-Script-Technik ziemlich intuitiv funktioniert – man startet ein Programm, wartet bis die Verbindung steht und startet dann einen Browser –, ist der Vorgang beim ISDN-Verbindungsaufbau nicht so einleuchtend.

Zuerst muß ein ISDN-Modem eingerichtet werden (das Vorgehen beim Einrichten einer ISDN-Karte ist praktisch identisch), hierfür verwenden wir wieder das YaST-Programm der Firma S.u.S.E. Ein externes ISDN-Modem hat den Vorteil, daß es im Regelfall auch als V24-Modem zu verwenden ist. Es bietet also einen gewissen Komfort, der mit einer einfachen ISDN-Karte nicht zu haben ist. Außerdem kann ein externes ISDN-Modem mit dem ganz normalen AT-Befehlssatz gesteuert werden, und das vereinfacht den Betrieb ganz erheblich.

Die Globalisierung hat dazu geführt, daß die etwas windigen Telefonsteckerchen, natürlich aus den Vereinigten Staaten kommend, auch Eingang in Deutsche Haushalte gefunden haben. Abgesehen davon, daß diese Stecker ohne Spezialwerkzeug überhaupt nicht montiert werden können, sind sie so fragil, daß ein leichtes Zupfen am Kabel schon dazu führen kann, daß der Stecker sich von seiner Buchse verabschiedet oder daß das Kabel aus dem Stecker gerissen wird. Auch sind diese Stecker keinesfalls alle gleich, auch wenn man diesen

16.2 Node-Verbindungen

Eindruck haben könnte, denn es gibt von 4poligen bis zu 8poligen Steckern alle Zwischenstufen. Aber auch die analogen Stecker unterscheiden sich von den ISDN-Steckern. Während die ersten winzig klein sind, können ISDN-Stecker schon mit etwas größeren Ausmaßen aufwarten. Leider braucht man für diese Stecker eine andere Crimp-Zange. Aber auch die Wirtschaft will leben, und so lassen wir die Frage des Zangenumsatzes beiseite.

Viele externe ISDN-Modems besitzen am Gerät selbst einen ganz normalen Stecker und keinen breiten Western-Stecker, wie er für ISDN vorgesehen ist. Das suggeriert, daß man ein solches Modem auch an eine ganz normale Telefonbuchse anschließen kann. Leider ist das nicht richtig, denn ein externes ISDN-Modem muß auch an eine ISDN-Leitung angeschlossen werden, andernfalls funktioniert überhaupt nichts.

Natürlich kann man anstatt des externen ISDN-Modems auch eine ISDN-Steckkarte verwenden, passive ISDN-Karten sind recht preiswert. Man sollte aber darauf achten, daß die Karte von Linux auch unterstützt wird.

Die Abbildungsfolge Abb. **16.2** bis Abb. **16.4** zeigt das Einrichten eines Modems, welches über ppp mit dem Provider Kontakt aufnehmen soll.

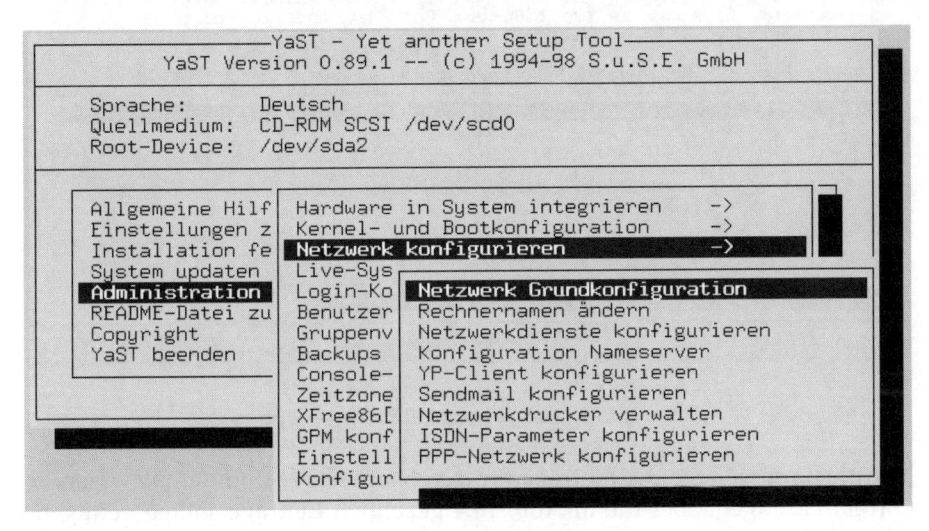

```
          ─────YaST - Yet another Setup Tool─────
            YaST Version 0.89.1 -- (c) 1994-98 S.u.S.E. GmbH

   Sprache:       Deutsch
   Quellmedium:   CD-ROM SCSI /dev/scd0
   Root-Device:   /dev/sda2

   ┌─────────────┬───────────────────────────────────────────┐
   │Allgemeine Hilf│ Hardware in System integrieren     -> │
   │Einstellungen z│ Kernel- und Bootkonfiguration      -> │
   │Installation fe│ Netzwerk konfigurieren             -> │
   │System updaten │ Live-Sys┌──────────────────────────────┐
   │Administration │ Login-Ko│ Netzwerk Grundkonfiguration  │
   │README-Datei zu│ Benutzer│ Rechnernamen ändern          │
   │Copyright      │ Gruppenv│ Netzwerkdienste konfigurieren│
   │YaST beenden   │ Backups │ Konfiguration Nameserver     │
   └─────────────┘ Console-│ YP-Client konfigurieren      │
                    Zeitzone│ Sendmail konfigurieren       │
                    XFree86[│ Netzwerkdrucker verwalten    │
                    GPM konf│ ISDN-Parameter konfigurieren │
                    Einstell│ PPP-Netzwerk konfigurieren   │
                    Konfigur└──────────────────────────────┘
```

Abbildung 16.2: Das YaST-Menü zur Einstellung von ppp

Nach dem Start des YaST-Programms wählen Sie die Netzwerkgrundkonfiguration an, so wie in Abb. **16.2** gezeigt, und richten dort einen entsprechenden Device ein. In unserem Fall ist das ein Modem. Es kann aber auch eine ISDN-Karte sein. Für die Installation macht das kaum einen Unterschied.

Das Programm YaST von der Firma S.u.S.E. macht das Einrichten zu einem Kinderspiel. Wenn Sie in dem Menüeintrag *provider* Ihren Provider finden, dann gestaltet sich die Konfiguration äußerst simpel, denn es existiert eine Datenbank mit Provider-Daten, deren Konfiguration auf jeden Fall sofort funktioniert. Sie brauchen nur noch die Telefonnummer einzutragen und damit die Installation abschließen.

Finden Sie ihren Provider nicht in dieser Datenbank, so wählen Sie den Provider mit dem Namen *generic*; hier müssen Sie jedoch einige Daten zur Verfügung stellen, die Sie jedoch von Ihrem ISP erfragen können. Kann Ihnen ein Provider diese Daten nicht geben und fordert Sie auch noch auf, doch lieber Windows für den Netzzugang zu verwenden, weil dort die Konfiguration schließlich automatisch vonstatten geht, so wechseln Sie den Provider. Mit solchen Amateuren sollten Sie sich nicht ernsthaft auseinandersetzen. Sie glauben, so etwas gäbe es nicht? Oh doch, solche Meldungen bekomme ich in Italien während meiner Support-Arbeit fast jede Woche einmal zu hören.

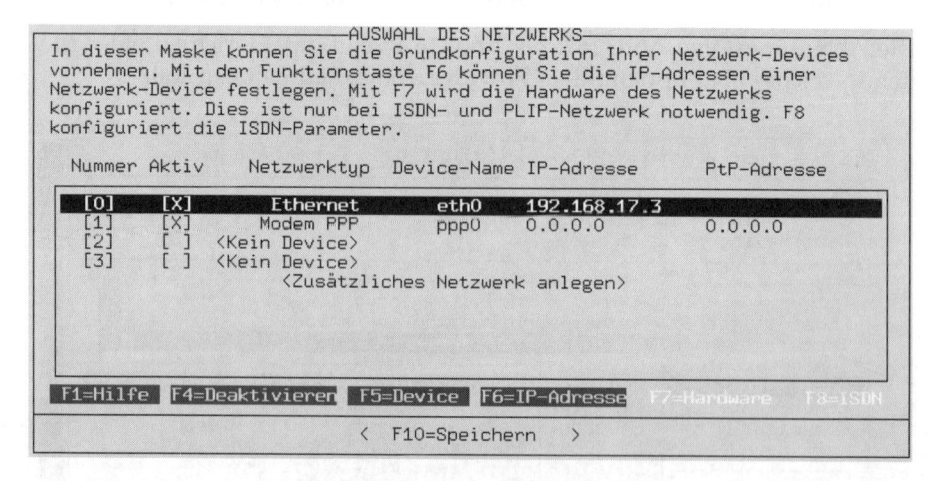

```
──────────────────────AUSWAHL DES NETZWERKS──────────────────────
In dieser Maske können Sie die Grundkonfiguration Ihrer Netzwerk-Devices
vornehmen. Mit der Funktionstaste F6 können Sie die IP-Adressen einer
Netzwerk-Device festlegen. Mit F7 wird die Hardware des Netzwerks
konfiguriert. Dies ist nur bei ISDN- und PLIP-Netzwerk notwendig. F8
konfiguriert die ISDN-Parameter.

     Nummer  Aktiv    Netzwerktyp    Device-Name  IP-Adresse      PtP-Adresse
    ┌─────────────────────────────────────────────────────────────────────────┐
    │  [0]    [X]         Ethernet      eth0       192.168.17.3               │
    │  [1]    [X]        Modem PPP      ppp0       0.0.0.0         0.0.0.0    │
    │  [2]    [ ]     <Kein Device>                                           │
    │  [3]    [ ]     <Kein Device>                                           │
    │                 <Zusätzliches Netzwerk anlegen>                         │
    │                                                                         │
    │                                                                         │
    └─────────────────────────────────────────────────────────────────────────┘

    F1=Hilfe  F4=Deaktivieren  F5=Device  F6=IP-Adresse  F7=Hardware  F8=ISDN
                              < F10=Speichern >
```

Abbildung 16.3: Die Installation von ppp

Natürlich müssen Sie die Einträge für den Nameserver und den Newsserver korrekt eintragen, aber die in Abb. **16.4** gezeigten Einträge sollten genügen, schließlich läuft meine ISDN-Verbindung mit dieser Konfiguration, mit meinem Provider problemlos.

Wenn Sie die Installation erfolgreich beendet haben, dann starten Sie die Verbindungsaufnahme mit:

```
/etc/suseppp/scripts/ppp-up
```

16.3 Firewall und Masquerading

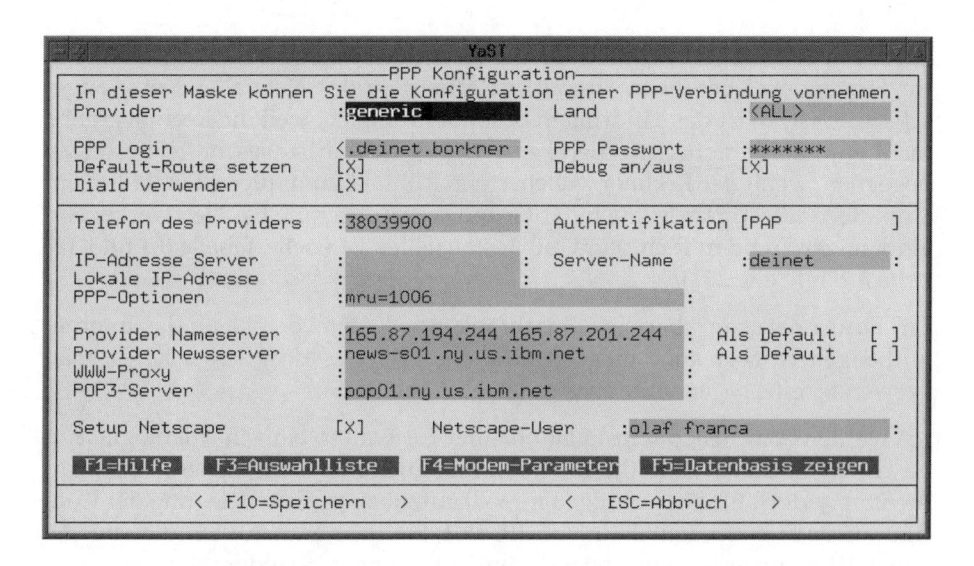

```
┌─────────────────────────────YaST──────────────────────────────┐
│                       ─PPP Konfiguration─                      │
│ In dieser Maske können Sie die Konfiguration einer PPP-Verbindung vornehmen. │
│ Provider           :generic        :  Land           :<ALL>        :│
│                                                                │
│ PPP Login          <.deinet.borkner :  PPP Passwort  :*******      :│
│ Default-Route setzen [X]              Debug an/aus   [X]            │
│ Diald verwenden    [X]                                         │
│                                                                │
│ Telefon des Providers :38039900    :  Authentifikation [PAP      ] │
│                                                                │
│ IP-Adresse Server  :               :  Server-Name    :deinet       :│
│ Lokale IP-Adresse  :               :                            │
│ PPP-Optionen       :mru=1006                       :            │
│                                                                │
│ Provider Nameserver :165.87.194.244 165.87.201.244 :  Als Default [ ]│
│ Provider Newsserver :news-s01.ny.us.ibm.net        :  Als Default [ ]│
│ WWW-Proxy          :                               :            │
│ POP3-Server        :pop01.ny.us.ibm.net            :            │
│                                                                │
│ Setup Netscape     [X]    Netscape-User  :olaf franca        :  │
│  F1=Hilfe    F3=Auswahlliste   F4=Modem-Parameter  F5=Datenbasis zeigen │
│          <  F10=Speichern  >        <  ESC=Abbruch  >          │
└────────────────────────────────────────────────────────────────┘
```

Abbildung 16.4: Die Konfigurierung von ppp

Beenden können Sie den Dienst mit:

```
/etc/suseppp/scripts/ppp-down
```

Anders als beim Aufruf von `dip`-Programm wird Ihnen nicht mitgeteilt, ob die Verbindung erfolgreich aufgebaut wurde. Sie können sich aber in einem anderen Terminalfenster das Ende der `messages`-log-Datei ansehen; dort können Sie erkennen, ob alles gut gegangen ist.

```
tail -f /var/log/messages
```

Wenn die Verbindung zu Ihrem Provider etabliert wurde, können Sie sich mit einem korrekt konfigurierten Netscape in das Internet einwählen.

16.3 Firewall und Masquerading

Der Anschluß eines Firmennetzes ist nicht nur vom technischen Standpunkt aus eine anspruchsvolle Angelegenheit, auch der Aspekt Sicherheit spielt eine wichtige Rolle. Wie schon mehrfach bemerkt, ist man, wenn man sich in das Internet einwählt, ein vollgültiger Teilnehmer des Internets, mit allen Vorteilen, welche das Netz bietet. Leider auch mit allen Nachteilen. Ist Ihre Adresse einigen Netzteilnehmern bekannt, so kann jeder dieser Teilnehmer des Internets auf Ihren Rechner und damit auf das gesamte Firmennetz zugreifen. Wenn Ihr Firmennetz über einen *Singleuser*-Rechner an das Netz aller Netze angeschlossen ist, so ist das Eindringen besonders einfach, weil die Rechtevergabe nicht granular gesteuert werden kann. Dieser Gefahr ist wesentlich besser zu begegnen, wenn der Rechner, welcher den Kontakt zum Internet etabliert, ein Unix-Rechner ist. Das ist auch der Grund, warum gerade bei Netzwerken ein eindeutiger Trend in Richtung Unix festzustellen ist (siehe Tabelle **8.1** und Tabelle **8.2** auf Seite 231).

Ein Firmennetz nur über eine einschränkende Rechtevergabe an das Internet zu hängen ist aber auch nicht gerade eine brillante Idee. Besser ist es, man verwendet eine sogenannte Firewall (siehe Abb. **16.5**).

Ich werde versuchen, die Installation einer Firewall so einfach wie möglich zu beschreiben. Daher kann die Beschreibung auch nur dazu dienen, eine rudimentäre, jedoch funktionsfähige Firewall aufzubauen. Eine Belegung der Konfigurationsdaten finden Sie in Tabelle **16.1**, Sie müssen natürlich die angegebenen IP-Adressen entsprechend Ihren Bedingungen abändern. Für weitergehende Informationen sehen Sie sich die HOWTOS an.

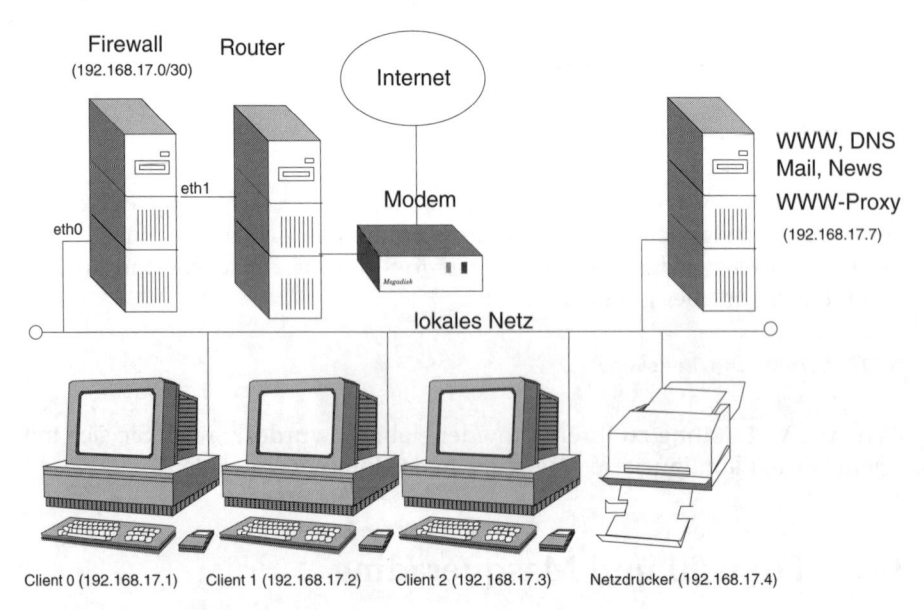

Abbildung 16.5: Eine typische Firewall-Konfiguration

16.3.1 Was ist eine Firewall?

Der Begriff ist dem Bauingenieurwesen entlehnt. Dort ist damit eine Wand gemeint, welche sich zwischen zwei Häusern befindet und mittels ihrer besonderen Eigenschaften dazu dienen soll, das Übergreifen des Feuers von einem Haus auf das andere zu verhindern.

Genau diese Funktion hat die Firewall für ein Netz auch. Die Firewall soll das lokale Netz vor dem Eindringen Unbefugter schützen. Um das zu bewerkstelligen, ist es absolut notwendig, daß die Verbindung der Firewall zum lokalen Netz und die Verbindung zum Internet über zwei physikalisch verschiedene Devices geschieht. In Abb. **16.5** wird das durch die beiden Ethernet-Karten *eth0* und *eth1* angedeutet. Die Router-Funktion muß nicht durch einen eigenen Rechner realisiert werden, sondern kann auch von dem Firewall-Rechner übernommen werden. In diesem Fall kann auf die zweite Ethernet-Karte (eth1) verzichtet werden, und der zweite Device kann durch eine ISDN-Karte, einen PPP oder SLIP-Zugang ersetzt werden (siehe Abb. **16.11**). Ein solches Device (eth, slip, ppp, isdn) muß statisch vorhanden sein, und seine IP-Adresse muß fest vergeben sein. Das bedeutet, daß eine dynamische IP-Adreß-Zuteilung durch Ihren ISP nicht in Frage kommt, das bedeutet aber auch, daß damit viele (meist kleinere) Provider für eine Anbindung Ihrer Unternehmung nicht in Frage kommen. Leider bedeutet es auch, daß die Dienste teurer werden, da die großen Anbieter dem Konkurrenzdruck nicht so stark ausgesetzt sind. In diesem Zusammenhang darf nicht unerwähnt bleiben, daß die großen Anbieter in der Regel besser mit Hardware, Netzzugang und Experten-Teams ausgestattet sind als die kleinen Anbieter.

> **Bemerkung:** Wenn Sie eine zweite Ethernetkarte installieren, vergessen Sie nicht, daß man nur eine dieser Karten bei der Erstinstallation angeben kann und die zweite Karte »von Hand« nachinstalliert werden muß. Passen Sie auf, daß Sie hier keinen IRQ- oder Adreßkonflikt provozieren. Wir werden in diesem Absatz einige grundlegende Veränderungen am Kernel vornehmen müssen, das ist nicht weiter problematisch. Stellen Sie trotzdem sicher, daß der Lilo auch vom alten Kernel booten kann. Das geschieht, indem Sie das Programm `lilo` aufrufen und den alten Kernel in das Start-Menu des Lilo mit aufnehmen. Der alte Kernel hat im Normalfall den Namen `vmlinuz.old`.

Die Firewall kontrolliert nur den Datentransfer, der vom lokalen Netz in das Internet geht und umgekehrt, der interne Datenverkehr auf dem lokalen Netz bleibt von der Kontrolle ausgespart.

Abb. **16.5** zeigt eine typische Konfiguration eines Firmennetzes, welches über eine Firewall und einen Router an das Internet angeschlossen ist.

16.3.2 Installieren einer Firewall

Der Kernel von Linux unterstützt eine Firewall nicht automatisch, und auch das Masquerading ist keine Eigenschaft, die beim Einrichten mit YaST angelegt werden kann. Diese Eigenschaften müssen in den Kern des Linux-Systems »hineinkompiliert« werden. Hierzu müssen die Kernelparameter bestimmt, der Kernel erzeugt und installiert werden.

Um einen neuen Kernel zu erzeugen, wechselt man in das Directory /usr/src/linux und ruft die Konfiguration des Kernels auf:

```
make xconfig
```

Aus dem dann erscheinenden Tcl/Tk-Menu wählt man den Punkt *Networking Options* aus (siehe Abb. **16.6**).

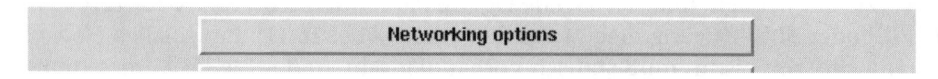

Abbildung 16.6: Die Konfigurierung der Firewall

Dann wählt man die in Abb. **16.7** bis Abb. **16.10** gezeigten Optionen aus.

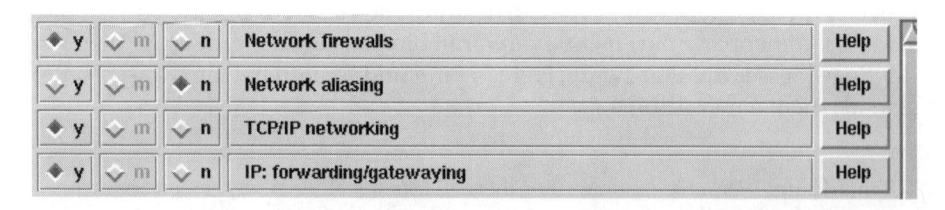

Abbildung 16.7: Erstes Menü

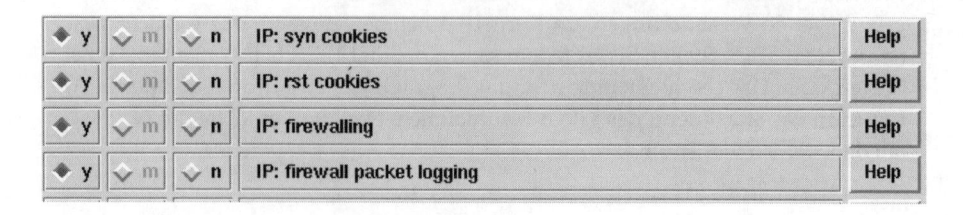

Abbildung 16.8: Zweites Menü

Man übersetzt den Kernel neu mit:

```
make dep
```

16.3 Firewall und Masquerading

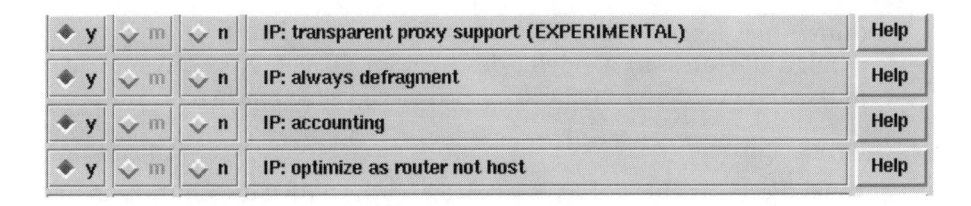

◆ y	◇ m	◇ n	IP: transparent proxy support (EXPERIMENTAL)	Help
◆ y	◇ m	◇ n	IP: always defragment	Help
◆ y	◇ m	◇ n	IP: accounting	Help
◆ y	◇ m	◇ n	IP: optimize as router not host	Help

Abbildung 16.9: Drittes Menü

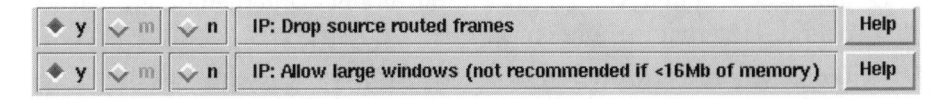

| ◆ y | ◇ m | ◇ n | IP: Drop source routed frames | Help |
| ◆ y | ◇ m | ◇ n | IP: Allow large windows (not recommended if <16Mb of memory) | Help |

Abbildung 16.10: Viertes Menü

```
make clean
make zImage
```

und installiert ihn an der richtigen Stelle, das kann man mit dem folgenden Befehl bewerkstelligen:

```
make zlilo
```

Beim nächsten reboot ist dann die Firewall-Option aktiviert.

16.3.3 Konfigurieren einer Firewall

Die Firewall muß natürlich auch konfiguriert werden, das bedeutet, die entsprechenden IP-Adressen müssen eingerichtet und die Berechtigung für bestimmte Dienste vergeben werden. Die für die Firewall relevanten Variablen beginnen alle mit dem Präfix FW_ und sind auch immer vom gleichen Format. Diese Variablen werden immer mit einer Liste von IP-Nummern und Rechnernamen initialisiert, die durch Leerzeichen voneinander getrennt sind. Die Identifizierung von Rechnern und Rechnernetzen darf nicht durch »Alias«-Namen geschehen, sondern hat immer durch die Angabe von IP-Nummern zu erfolgen. Die folgende alphabetisch geordnete Beschreibung der Parameter dient der Konfiguration der Firewall, aber es sind auch einige Dateien involviert, aus denen bestimmte Parameter ausgelesen werden.

- FW_DNSSERVER

  Interne Adressen von DN-Servern (Dynamic Name Servern), auf die externe Teilnehmer Zugriffsberechtigung haben. Wie bereits bemerkt, dürfen hier keine »Alias«-Namen vergeben werden, es muß sich um richtige IP-Adressen handeln, da diese im lokalen Netz bekannt sein müssen, sollte diese Angabe keine Schwierigkeiten machen.

- FW_FRIENDS

  Wenn diese Variable auf »yes« gesetzt wird, werden die Einträge in der Datei /etc/fw-friends interpretiert. Die dort genannten IP-Adressen erhalten vollen Zugriff auf das lokale Netz. Diese Option ist besonders interessant für den Aufbau eines Intranets einer Unternehmung, welches über das Internet verbunden ist.

  Die Datei /etc/fw-friends enthält für jede Zeile einen Rechner, der die Berechtigung auf lokalen Zugriff erhält. Als Kommentarzeichen dient die ## Zeichenkombination.

  Wenn die FW_FRIENDS-Variable nicht gesetzt ist (»no«), so erhält kein externer Rechner Zugriff auf das lokale Netz. Egal, was sich in der Datei /etc/fw-friends befindet. Diese Datei wird dann nicht ausgelesen.

- FW_FTPSERVER

  Diese Variable wird mit allen (lokalen) ftp-Servern initialisiert, auf die von Fremdrechnern aus im lokalen Netz zugegriffen werden kann.

- FW_INOUT

  Wenn diese Variable auf »yes« gesetzt wird, werden die Einträge in der Datei /etc/fw-inout interpretiert. Die dort genannten IP-Adressen erhalten vollen Zugriff auf das externe Netz. Diese Option ist besonders interessant für den Aufbau eines Intranets einer Unternehmung, welches über das Internet verbunden ist.

  Die Datei /etc/fw-inout enthält für jede Zeile einen Rechner, der die Berechtigung auf den globalen Zugriff in das Internet erhält. Als Kommentarzeichen dient die ##-Zeichenkombination.

  Wenn die FW_INOUT-Variable nicht gesetzt ist (»no«), so erhält kein lokaler Rechner Zugriff auf das externe Netz. Egal was sich in der Datei /etc/fw-inout befindet. Diese Datei wird dann nicht ausgelesen.

  Diese Möglichkeit bietet sich an, um bestimmte Mitarbeiter- oder Mitarbeitergruppen vom Gebrauch des Internets auszuschließen. Das muß keine Diskriminierung einzelner Benutzergruppen innerhalb der Unternehmung bedeuten, es gibt genügend Aufgaben innerhalb einer Unternehmung, die nicht unbedingt Zugriff auf das Internet benötigen. Durch den Ausschluß dieser User erreicht man eine bessere Performance der Mitarbeiter, die auf den Internet-Zugang angewiesen sind.

16.3 Firewall und Masquerading

- FW_INT_DEV

  Diese Variable wird mit dem Device des lokalen Netzes initialisiert. Mit diesem Device kann man lokale Verbindungen in das Internet überwachen.

- FW_LOCALNETS

  Hier werden die lokalen Netze aufgeführt, welche vor dem Zugriff vom Internet aus geschützt werden sollen. Hier muß speziell die Adresse des Rechners angegeben werden, der mit dem Internet verbunden ist. Wird diese Adresse nicht angegeben, ist es einem externen Eindringling möglich, sich über diese Adresse in Ihr lokales Netz einzuwählen.

  Diese Adresse wird oft vergessen, da viele der Meinung sind, daß gerade die Firewall nicht überwacht zu werden braucht, da sie ja gerade diese Dienste bereitstellt.

  Wir sehen uns nun die einzelne Parameter an

- FW_LOG_ACCEPT

  Diese Variable ist besonders wichtig, wenn man überwachen will, welche lokalen Benutzer sich mit dem Internet verbunden haben. Setzt man diese Variable auf den Wert »yes«, werden alle Versuche, sich vom lokalen Netz aus in das Internet einzuwählen, in der Datei /var/log/messages aufgezeichnet. Eine Analyse kann unter Umständen wichtige Erkenntnisse bringen, welcher Mitarbeiter sich am häufigsten im Internet tummelt. Das soll wirklich nicht der Mitarbeiterüberwachung dienen, aber man gewinnt unter Umständen Erkenntnisse, welcher der Mitarbeiter eventuell einer Schulung bedarf.

- FW_LOG_DENY

  Diese Variable ist besonders wichtig, wenn man überwachen will, welche Benutzer eine Attacke auf das interne Firmennetz versuchen oder versucht haben. Setzt man diese Variable auf den Wert »yes«, so werden alle Versuche, von außen in das Netz einzudringen, in der Datei /var/log/messages aufgezeichnet. Eine Analyse kann unter Umständen wichtige Erkenntnisse bringen.

- FW_MAILSERVER

  Hier werden die Adressen der SMTP-Server angegeben, auf die von außen auf das lokale Netz zugegriffen werden kann.

- FW_NEWSFEED

  Hier werden die Adressen der News-Feeds angegeben, welche den NNTP-Server erreichen dürfen. Das ist sinnvoll, um bestimmte, nicht benötigte Newsgroups innerhalb der Firma auszuschalten. Mit dieser

Option kann manchmal die Produktivität innerhalb einer Firma enorm gesteigert werden ;).

- `FW_NNTPSERVER`

  Hier werden die Adressen der NNTP-Server angegeben, auf welche die News-Feeds Zugriff haben sollen.

- `FW_REDIRECT`

  Diese Option ist noch im Experimentierstadium, sie wird hier nur der Vollständigkeit halber angegeben. Sie sollte nicht benutzt werden. Auch das angegebene Konfigurationsbeispiel (siehe Tabelle **16.1**) verwendet diese Option nicht.

- `FW_ROUTER`

  Adresse des Internet-Routers. Diese Adresse sollte nur dann angegeben werden, wenn der Router eine Adresse aus dem Bereich besitzt, der in der Variablen `FW_LOCALNETS` angegeben wurde.

- `FW_SSH`

  Mit dieser Variablen werden die SSH-Ports für die in der Datei `/etc/fw-ssh` aufgeführten Rechner freigegeben, wenn diese auf den Wert »yes« gesetzt wurden.

  Die Datei `/etc/fw-ssh` enthält für jede Zeile einen Rechner. Als Kommentarzeichen dient die ##-Zeichenkombination.

- `FW_SSLPORT`

  Hier kann nur eine Nummer angegeben werden sie bezeichnet den Port, auf dem der SSL-Server Anfragen erwartet.

- `FW_SSLSERVER`

  Hier kann man die Adressen von Secure-Socket-WWW-Servern angeben, auf die von außen zugegriffen werden darf.

- `FW_START`

  Dieses ist die zentrale Steuervariable; ist sie auf »yes« gesetzt, so wird beim Hochfahren des Rechners die Firewall aktiviert.

- `FW_TCP_LOCKED_PORTS`

  Hier kann eine Liste von Ports angegeben werden, die für den Zugriff von außen gesperrt werden. Will man beispielsweise die Portnummern 1 bis 6 und 8 bis 1023 sperren, so muß `1:6 8:1023` angegeben werden.

16.3 Firewall und Masquerading

- FW_TRANS_PROXY_IN

  Unter dieser Variablen können alle Ports und IP-Adressen angegeben werden, um eingehende Datenpakete auf lokale Ports umzuleiten.

- FW_TRANS_PROXY_OUT

  Unter dieser Variablen können alle Ports und IP-Adressen angegeben werden, um herausgehende Datenpakete auf lokale Ports umzuleiten.

- FW_UPD_LOCKED_PORTS

  Hier können UPD-Portnummern gesperrt werden. Das funktioniert nach dem gleichen Prinzip wie bei den FTP-Ports (siehe O. BORKNER-DELCARLO[5]).

- FW_WORLD_DEV

  Hier werden Devices angegeben, die überwacht werden sollen, natürlich können hier mehrere Devices angegeben werden.

- FW_WWWSERVER

  Hier werden Adressen von WWW-Servern angegeben, auf die von außen zugegriffen werden darf.

Tabelle 16.1: Beispielkonfiguration einer Firewall

FW_START	=	"yes"
FW_LOCALNETS	=	192.168.17.0/30 192.168.17.64/25
FW_FTPSERVER	=	192.168.17.3
FW_WWWSERVER	=	192.168.17.3
FW_SSLSERVER	=	""
FW_SSLPORT	=	""
FW_MAILSERVER	=	192.168.17.4
FW_DNSSERVER	=	192.168.17.3
FW_NNTPSERVER	=	192.168.17.4
FW_NEWSFEED	=	134.222.90.2
FW_WORLD_DEV	=	eth1
FW_INT_DEV	=	eth0
FW_LOG_ACCEPT	=	"no"
FW_LOG_DENY	=	"yes"
FW_ROUTER	=	192.168.17.1
FW_FRIENDS	=	"yes"
FW_INOUT	=	"yes"
FW_SSH	=	"no"
FW_TRANS_PROXY_OUT	=	192.168.17.64/25,0,0/80
FW_REDIRECT	=	80,192.168.17.66:3128
FW_TCP_LOCKED_PORTS	=	1:1023
FW_UPD_LOCKED_PORTS	=	1:1023

Man kann natürlich die Funktion der Firewall auch während des Betriebs anhalten und neu starten. Zu diesem Zweck akzeptiert das Firewall-Script vier Parameter (siehe Tabelle 16.2):

Tabelle 16.2: Parameter des Firewall-Scripts

start	Die Firewall wird gestartet, falls sie nicht aktiv ist, andernfalls geschieht nichts.
stop	Die Firewall wird deaktiviert, was bedeutet, daß jeder externe User Zugriff auf Ihr Firmennetz hat; seien Sie also vorsichtig mit dieser Option, speziell dann, wenn sich Ihr Router-Rechner am Netz befindet.
block	Die Firewall wird zwar nicht angehalten, aber die Verbindungen vom und zum Netz werden deaktiviert.
list	Alle implementierten Regeln der Firewall werden auf der Kommandozeile ausgegeben.

16.3.4 Masquerading

Die Firewall läßt die IP-Adressen des lokalen Netzes für externe User transparent. Das bedeutet, es werden auch von außen die lokalen Adressen für den Zugang in das Betriebsnetz verwendet. Ein solcher Zugang kann im lokalen Netz zwar kaum Schaden anrichten, wenn diese Adressen bekannt sind. Trotzdem ist es sinnvoll, diese Adressen zu maskieren und dem Nutzer von außen nur eine einzige Adresse zugänglich zu machen, nämlich die Adresse des Masquerading-Rechners. Wird ein solcher Rechner installiert, so erscheint nach außen für das gesamte Firmennetz nur die IP-Adresse dieses Rechners.

16.3.5 Installieren des Masquerading

Will man diese Option nutzen, so muß für Linux ein Kernel verwendet werden, der diese Option unterstützt. Zu diesem Zweck muß der Kernel mit den in Abb. **16.12** bis Abb. **16.14** gezeigten Selektionen übersetzt und installiert werden. Wie das geschieht, haben wir bereits bei der Installation einer Firewall gesehen. Manche der für das Masquerading angewählten Optionen überschneiden sich mit denen der Firewall, das ist jedoch beabsichtigt. Sie brauchen also nicht über diesen Umstand zu stolpern, das ist völlig korrekt.

Es gibt jedoch noch zwei andere Gründe, warum ein Masquerading-Rechner sinnvoll sein kann:

- Ihr Betriebsnetz besitzt keine offizielle IP-Adresse, Sie wollen es aber trotzdem an das Internet anschließen.

16.3 Firewall und Masquerading

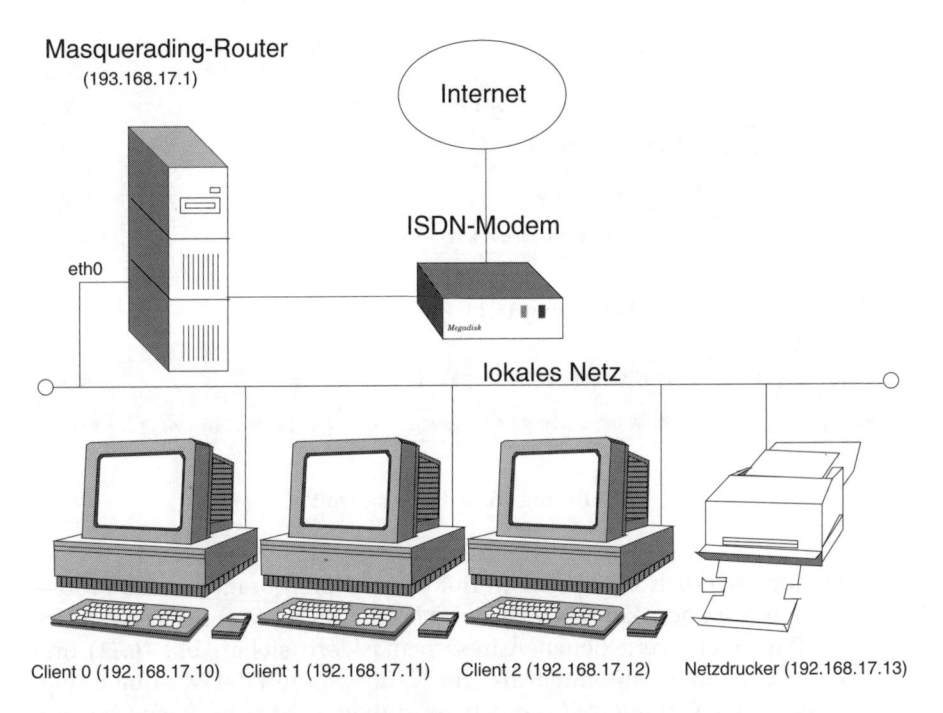

Abbildung 16.11: Ein Masquerading-Router

Abbildung 16.12: Erstes Menü

Wenn Sie ein internes Firmennetz installieren, welches nie an das externe Internet angeschlossen wird, ist die Vergabe der IP-Nummern völlig gleichgültig. Sie können IP-Nummern eines A-Netzes vergeben. Wir haben das bereits in Kapitel 10 ab Seite 253 behandelt. Problematisch wird es jedoch, wenn Sie ein solches Netz irgendwie an das Internet anschließen. Wir haben bereits gesehen: wenn Sie sich nicht über Sekundärdienste wie AOL oder Compuserve an das Internet anschließen, sondern einen richtigen ISP benutzen, sind Sie nach dem Einwählen ein ganz normaler Internet-Teilnehmer. Alle Ihre Adressen sind nach außen sichtbar, spätestens jetzt bekommen Sie Probleme mit den von Ihnen selbst vergebenen Internet-Adressen.

Aber auch wenn Sie intern nur Klasse-C-Adressen vergeben haben (siehe Abb. **10.3**, Seite 256), können Sie nicht sicher sein, daß diese Adres-

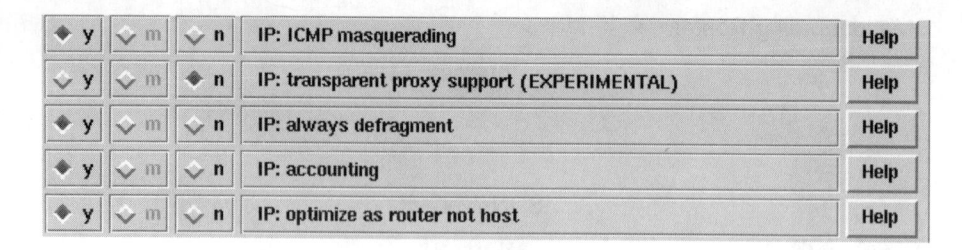

◆ y	◇ m	◇ n	IP: ICMP masquerading	Help
◇ y	◇ m	◇ n	IP: transparent proxy support (EXPERIMENTAL)	Help
◆ y	◇ m	◇ n	IP: always defragment	Help
◆ y	◇ m	◇ n	IP: accounting	Help
◆ y	◇ m	◇ n	IP: optimize as router not host	Help

Abbildung 16.13: Zweites Menü

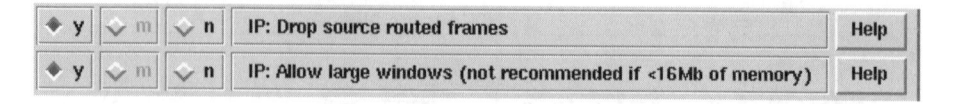

| ◆ y | ◇ m | ◇ n | IP: Drop source routed frames | Help |
| ◆ y | ◇ m | ◇ n | IP: Allow large windows (not recommended if <16Mb of memory) | Help |

Abbildung 16.14: Drittes Menü

sen auch wirklich frei sind. Um mit dieser Konfiguration keine Probleme zu bekommen, können Sie einen Masquerading-Rechner verwenden, der Ihre intern vergebenen Adressen maskiert (siehe Abb. 16.11) und diese nach außen unsichtbar macht. Natürlich muß der Masquerading-Rechner eine von interNIC vergebene gültige Adresse besitzen (die muß nicht direkt von interNIC stammen, es kann sich auch um eine Adresse handeln, welche Sie von Ihrem Provider bekommen haben, die natürlich ursächlich wieder von interNIC irgendwann für diesen Provider freigegeben wurde).

- Mit einem Masquerading-Rechner können Sie die Architektur Ihrer Computer-Infrastruktur vor den Netzteilnehmern verbergen. Da Ihr Firmennetz nur mit der Adresse des Masquerading-Rechners im Netz erscheint, ist für Außenstehende nicht zu ermitteln, welches Netz Sie intern verwenden und wie das Netz topologisch aufgebaut ist.

Genau wie für die Firewall existieren Variable, mit denen der Masquerading-Server konfiguriert werden kann. Alle Variablen beginnen mit dem Präfix MSQ_. Es sind wesentlich weniger Variable, als dies beim Firewalling notwendig ist.

16.3.6 Konfigurieren des Masquerading

- MSQ_START

    Genau wie bei der Firewall muß diese Variable auf den Wert »yes« gesetzt werden, damit das Masquerading aktiviert wird.

16.3 Firewall und Masquerading

Tabelle 16.3: Mögliche Kernel-Module für das Masquerading

Modul	Protokoll
ip_masq_cuseeme	CU-See-Me
ip_masq_ftp	FTP
ip_masq_irc	IRC
ip_masq_quake	Quake
ip_masq_raudio	Real Audio
ip_masq_vdolive	VDOLive

- MSQ_DEV

Hier muß der Device angegeben werden, auf dem das Masquerading erklärt ist. Hier kommen Devices wie eine ISDN-Verbindung in Frage, aber auch slip oder ppp sind möglich. Wenn der glückliche Umstand vorliegt, daß man sich im selben Gebäude wie sein Provider befindet, so kann hier auch ein Ethernet-Zugang angegeben werden (eth0). So etwas gibt es? Doch, ich kenne solche Fälle, leider befindet sich mein Büro nicht in einer solch glücklichen Lage.

- MSQ_NETWORKS

Hier wird die Liste der lokalen Rechner angegeben, die maskiert werden sollen. Diese Liste kann ziemlich lang werden. Bei großen Netzen sollte man erwägen, eventuell mehr als einen Masquerading-Rechner einzusetzen.

- MSQ_MODULES

Hier werden alle Module geladen, die für das Masquerading benötigt werden.

Diese Angabe ist unter Umständen notwendig, weil nicht alle Protokolle damit umgehen können, daß die Absender-IP-Adresse in den gesendeten Paketen einfach ersetzt wird. Deshalb können verschiedene Module für unterschiedliche Protokolle in den Kernel mit eingebunden werden.

Mögliche Module sind in Tabelle **16.3** aufgelistet, sie werden automatisch beim Starten des Masquerading in den Kernel eingebunden.

Auch das Masquerading-Script kennt Parameter zur Steuerung des Ablaufs, diese sind in Tabelle **16.4** aufgeführt.

Zum Schluß eine Beispielkonfiguration eines Masquerading-Rechners, sie bezieht sich auf die Abb. **16.11**.

Tabelle 16.4: Parameter des Masquerading

start	Das Masquerading wird gestartet, falls sie nicht aktiv ist, andernfalls geschieht nichts.
stop	Das Masquerading wird deaktiviert, das bedeutet, daß jeder externe User Zugriff auf Ihr Firmennetz hat, seien Sie also vorsichtig mit dieser Option, speziell dann, wenn sich Ihr Masquerading-Router-Rechner am Netz befindet.
list	Alle implementierten Regeln des Masquerading werden auf der Kommandozeile ausgegeben.

Tabelle 16.5: Beispielkonfiguration des Masquerading

MSQ_START	=	"yes"
MSQ_DEV	=	isdn0
MSQ_NETWORKS	=	192.168.170.0/255.255.255.0
MSQ_MODULES	=	ip_mask_ftp ip_mask_irc

16.3.7 Nachteile einer Firewall

Die Firewall stellt aber auch ein großes Problem für eine Unternehmung dar, die auf einen problemlosen und schnellen Internet-Zugang angewiesen ist. Wenn man eine Firewall wie gezeigt konfiguriert hat, ist man zwar ziemlich sicher gegen unberechtigten Zugriff, aber wie immer, wenn man die absolute Sicherheit anstrebt, wird die Benutzung des Internets für jeden Beteiligten immer umständlicher, je dichter man das Netz knüpft.

Der Hauptnachteil einer Firewall ist die Tatsache, daß ein gesamtes Unternehmen, mit eventuell mehreren hundert Rechnern, am Internet nur mit einem einzigen »Dialup Shell Zugang« ausgestattet ist. Wenn sich ein interner Mitarbeiter in das Internet einwählen will, so ist das mit ziemlichen Einschränkungen behaftet. Eine dieser wirklich lästigen Einschränkungen besteht darin, daß komfortable Programme wie *Netscape*, welche eine direkte Internet-Verbindung voraussetzen, hinter einer Firewall kaum zum Funktionieren zu bringen sind. Es soll Tricks geben, *Netscape* hinter einer Firewall doch zum Funktionieren zu bewegen, mir ist es jedoch noch nie gelungen, das zu bewerkstelligen.

Das Problem läßt sich jedoch mit einem sogenannten Proxy-Server lösen. Wir werden uns nicht mit diesen Servern beschäftigen, das Buch würde zu sehr in Richtung »Networking« entarten. Das ist jedoch nicht Thema dieses Buches.

Nur soviel sei gesagt; Ein Proxy-Server handelt in Prokura. Das bedeutet, er kann anstelle des Users entscheiden, welche Dienste im Netz zugänglich sind und welche nicht. Wenn ein Rechner des lokalen Netzes in die Lage versetzt werden soll, im Internet mit dem *Netscape-Navigator* zu arbeiten, so müßte ein Proxy-Server vor den Firewall-Rechner gesetzt und die Ports (Firewall Port 80) müßten so »umgemapped« werden, daß diese mit dem Port 1080 des Proxy-Servers verbunden werden, damit alle Adressen im Netz korrekt erreichbar sind.

Bemerkung: Wenn Sie genügend Internet-Adressen erhalten, können Sie auch lokale Dialups erlauben. Sie müssen dann allerdings darauf achten, daß die einzelnen Rechner entsprechend konfiguriert sind. Dieser Vorschlag gilt natürlich nur unter Vorbehalt, doch es gilt – wie bei allen Dingen des Lebens – ohne Risiko geht nichts, die totale Sicherheit bedeutet für ein Netz auch den totalen Stillstand. Die Italiener haben ein schönes Sprichwort dafür: »*Chi non risica non rosica*«, dem ist nichts hinzuzufügen.

17 Installation von Software

In den Anfangstagen von Linux war es ein wirkliches Problem, irgendwelche Programme unter Unix überhaupt zum Laufen zu bringen, zumindest für Novizen auf dem Gebiet Unix. Man ließ besser die Finger davon, besonders, wenn man keinen Systemadministrator in der Nähe wußte, und überließ das Installieren den Experten der Software-Firma selbst (die es meistens auch nicht auf Anhieb hinbekamen). Die schwierige Installation hatte aber auch ihre Vorteile, denn so mußte man sich mit der Lage des Programms, den Umgebungsvariablen und den Rechten ganz genau auseinandersetzen, und man wußte deshalb auch meistens, warum ein Programm plötzlich nicht mehr lief und wie man es wieder zum Laufen bekam.

Die Installation und Einrichtung eines Programmpakets ist heute auch nicht einfacher geworden, das gilt für Windows 95[c]-, Windows NT[c]- und Unix-basierte Systeme gleichermaßen, nur die Hilfsmittel haben sich verbessert, mit denen man Software installieren kann. Diese Hilfsmittel müssen jedoch entweder davon ausgehen können, daß sich die Struktur aller Rechner, auf denen Software installiert werden soll, in gewisser Weise gleicht, oder die Hilfs-Software muß so intelligent aufgebaut sein, daß sie das bestehende System analysieren kann.

Letztere Methode ist bei weitem die gefährlichere. Linux hat die wilden Tage hinter sich, und so hat sich ein gewisser Standard herausgebildet, wo die entsprechenden Dateien zu liegen haben. Ein Installationsprogramm kann sich also darauf verlassen, daß die Verzeichnis-Struktur bei jeder Linux-Workstation nicht sehr unterschiedlich ist. Niemand wird seine lauffähigen Programme unter /var/log/ ablegen, das wäre einfach nicht klug. Durch diese »Normierung« ist das Installieren von Standardprogrammpaketen unter Linux stark vereinfacht worden. Außerdem haben Firmen wie Red-Hat, S.u.S.E. und Caldera einen Standard entwickelt, der auf jeder Linux-Workstation funktionieren müßte, den **rpm** (Red-Hat-Program-Manager)-Standard.

17.1 Installation mit RPM

Das Installieren von Software-Paketen war in einer Unix-Umgebung immer ein ziemlich großes Problem. Es gab (und gibt) zwar Werkzeuge, wie make, mit denen man das Installieren handhaben konnte, aber man mußte doch Experte sein, um die Installation in jedem Fall erfolgreich abzuschließen. Jeder Linuxer kann sich gewiß an Situationen erinnern, wo man nächtelang versuchte eine bestimmte Software zu übersetzen. Wenn es dann endlich gelang (und das tut es schließlich immer), waren wenigstens fünf Liter Kaffee konsumiert und das Nervenkostüm war auch nicht mehr das beste.

Der RPM (Red-Hat-Package-Manager ist ein sehr mächtiges Installationswerkzeug, daß den Anwender in die Lage versetzt, auch komplexeste Software ohne kompetente Hilfe zu installieren.

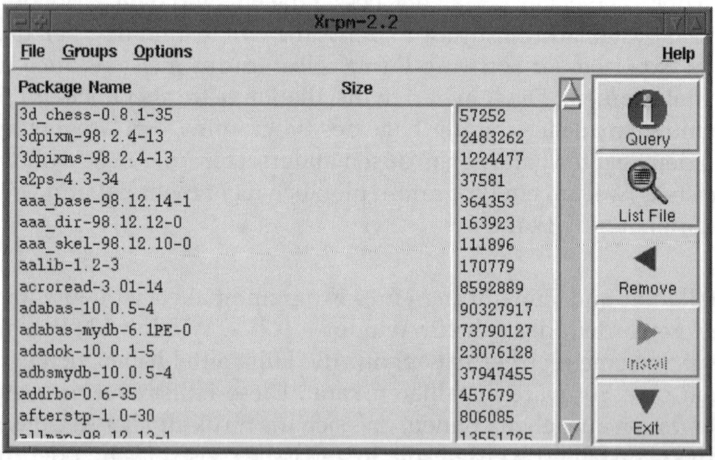

Abbildung 17.1: Das xrpm-Programm der Firma Red-Hat

Mit dem Paket kann man jedoch nicht nur Pakete installieren, sondern man kann:

- Ein installationsfähiges Archiv erzeugen,
- installieren eines RPM-Pakets,
- ein RPM-Paket auf Konsistenz überprüfen,
- ein RPM-Paket verifizieren,
- auf den neuesten Stand bringen und

17.1 Installation mit RPM

- ein installiertes Paket aus dem System entfernen.

Natürlich muß ein Paket dem RPM-Standard entsprechen. Für RPM existiert sogar eine grafische Benutzeroberfläche, die in Tcl/Tk geschrieben ist. Diese erleichtert die Arbeit mit RPM ganz erheblich. Abb. **17.1** zeigt den etwas spartanischen Aufbau des Programms und Abb. **17.3** zeigt das Fenster in dem die Parameter an das darunterliegende RPM-System übergeben werden.

Jedes mit RPM erzeugte Archiv beinhalten:

- Das Archiv der Dateien
- Paketinformationen, bestehend aus
    - Namen,
    - Version
    - und Beschreibung des Pakets.

Es gibt verschiedene Möglichkeiten, ein Paket zu installieren und die meisten Editionen von Linux schwenken auf die Red-Hat-Linie ein. Das zeigt wie die Philosophie von Linux funktioniert. Stellen Sie sich vor, Macintosh würde eine Routine verwenden, die eindeutig aus der Softwareschmiede von *Microsoft*[c] stammt und dies auch noch öffentlich bekennen. Die Aktienkurse von Macintosh würden ins bodenlose fallen, die Gerichte wären auf Jahre hinaus beschäftigt und die Prozeßkosten stiegen ins astronomische (für Mac natürlich). Was macht Macintosh also, sie erfinden das Rad erneut und betreiben etwas daß man *re engineering* nennt. Ich nenne das Verschwendung von Ressourcen.

Weil es so wichtig ist, sehen wir uns zuerst die Möglichkeit der Paketinstallation an, ich werde immer den kompletten Aufruf von RPM angeben, so daß Sie nur die komplette Zeile eingeben müssen, damit RPM für Sie arbeitet:

- rpm -i [Installationsoptionen] <Paketname>

    Mit diesem Aufruf kann man ein RPM-Paket installieren.

- rpm -U [Installationsoptionen] <Paketname>

    Mit diesem Aufruf kann ein Paket installiert oder updated werden, je nach Sachlage. Ist das Paket bereits installiert, so wird ein upgrade versucht, wenn es noch nicht installiert ist, so wird das Paket installiert.

    Der <Paketname> kann als URL-Adresse angegeben werden, in diesem Fall versucht das System, das zu installierende Paket unter der angegebenen Adresse vom Netz zu laden. Diese Möglichkeit bietet sich für Vertreiber von Linux-Software, um ihren Kunden eine einfache update-Möglichkeit zu geben.

- rpm -q [query-options]

  Mit diesem Aufruf kann man herausfinden, ob ein RPM-Paket bereits installiert ist und wo es sich befindet. Es ist gerade für Anfänger immer ein Problem, herauszufinden, wo sich die installierte Software am Ende der Installation befindet. Ein Hinweis an dieser Stelle: Seien Sie vorsichtig, wenn Sie sich die RPM-Datenbank ansehen. Irgendwelche Veränderungen tangieren Ihr gesamtes System.

- rpm -V—y—verify [verify-options]

  Mit diesem Aufruf kann man prüfen, ob ein bereits installiertes Paket mit einer neueren Version überschrieben werden kann oder nicht. Dr Vergleich umfaßt die Überprüfung der

  - Paketgröße
  - Prüfsumme
  - Zugriffsrechte
  - Typ der Dateien
  - Owner
  - und Group

- rpm –checksig <Paketname>

  Diese Aufrufzeile gibt die Signatur eines Pakets aus. Die Signatur bezieht sich hier auf eine PGP-Signatur, mit der ein Paket verschlüsselt werden kann. PGP (Pretty Good Privacy) ist ein Programm, mit dem E-mails und Dateien verschlüsselt werden können. Die Originalversion stammt von PHILIP R. ZIMMERMANN

  Mit dieser Methode kann man verschlüsselte Nachrichten mit Partnern austauschen, die man noch nie gesehen oder mit ihnen kommuniziert hat. Man muß, um die Schlüssel auszutauschen keinen *sicheren* Kanal verwenden, das macht das System äußerst anwenderfreundlich. Zugleich können mit der Methode die zu übertragenden Daten komprimiert werden, um den Datentransfer zu beschleunigen. Das RPM-Paket *versteht* diese Art der Verschlüsselung.

- rpm -e <package_name>

  Diese Aufrufzeile entfernt ein Paket vollständig aus Ihrem System. Anders als bei anderen Betriebssystemen bleiben keine *Leichen* im System zurück. Es werden auch alle erzeugten Umgebungsvariablen entfernt.

- rpm -[b—t]O [build-options] <package_spec>

  Hiermit können RPM-konforme Pakete erzeugt werden. Diese Option wird von Software-Entwicklern benötigt, im kommerziellen Umfeld wird man ihr kaum begegnen.

17.1 Installation mit RPM

- rpm –rebuilddb Fix permissions:

  Mit diesem Aufruf kann die RPM-Datenbank überprüft und erforderlichenfalls neu erzeugt werden.

- rpm –setperms [query-package-specifiers]

  Mit diesem Aufruf können die Owner und Groups neu bestimmt werden.

- rpm –setugids [query-package-specifiers]

  Mit diesem Aufruf kann die Ressource-Information eines Pakets extrahiert werden.

- rpm –showrc

  Zeigt den Inhalt der RPM-eigenen Konfigurationsdatei an (rpmrc).

- -vv

  Gibt währen RPM arbeitet, eine Menge von Informationen aus, die evtl. für eine Fehlersuche nützlich sein können.

- –keep-temps

  Die während der Installation oder De-Installation angelegten temporären Dateien werden normalerweise nach dem Programmdurchlauf gelöscht. Dieser Parameter verhindert das Löschen dieser Dateien. Dient hauptsächlich zur Fehlersuche.

- –quiet

  RPM arbeitet so *leise* wie möglich, es werden nur Fehlermeldungen ausgegeben.

- –help

  Gibt einen Hilfetext aus.

- –version

  Gibt die Version des verwendeten RPM-Programms aus.

- –rcfile <file>

  Gibt die Ressource-Datei aus, die zur Datei <file> gehört.

- –root <dir>

  Verwendet das Directory <dir> als oberstes Directory. Wenn Sie die Installation unter einem speziellen Pfad vornehmen wollen, so funktioniert das mit dieser Option.

- –dbpath <path>

  Mit dieser Option kann die RPM-Datenbasis angegeben werden. Wird diese Option nicht verwendet, so wird eine Standardvorgabe verwendet.

- –ftpproxy <host>

  Verwende <host> als FTP-proxy.

- –ftpport <port>

  Verwende <port> als FTP-port.

Weitere Optionen:

- –force

  Diese Option hat den gleichen Effekt wie der Aufruf des RPM mit den Optionen –replacepkgs, –replacefiles, und –oldpackage. Die Installation des gewünschten Pakets wird forciert.

- –oldpackage

  Mit dieser Option kann man erzwingen, daß ein älteres Paket über ein neueres installiert wird. Wenn man ein neues Paket installiert und stellt im nachhinein fest, daß die Funktion der Software nicht die gewünschte ist, so kann man das neue Paket mit dieser Option wieder durch die alte Version der Software ersetzen.

- –replacefiles

  Wenn diese Option angegeben wird, kann man erzwingen, daß auch Dateien bereits installierter Pakete ersetzt werden. Vorsicht, diese Option kann dazu führen, daß nach der Installation eines neuen Paketes, andere, bereits installierte Software nicht mehr funktioniert.

- –replacepkgs

  Ein mit dieser Option installiertes Paket wird auch dann installiert, wenn dabei bereits installierte Teile im System vorhanden sind. Vorsicht, diese Option kann dazu führen, daß nach der Installation eines neuen Paketes, andere, bereits installierte Software nicht mehr funktioniert.

- –allfiles

  Installiert alle Dateien, egal ob ein Upgrade oder Missingok ausreichen würde, die Software zu installieren.

- –nodeps

  Veranlaßt keine Abhängigkeitsprüfung, bevor ein Upgrade der Software durchgeführt wird.

- –noscripts

  Verhindert, daß die preinstall- oder postinstall-Scripts ausgeführt werden.

- –excludedocs

  Die Dokumentations-Dateien werden nicht installiert (auch man-Pages und TexInfor-Dateien sind davon betroffen).

- –includedocs

  Die Dokumentations-Dateien werden explizit installiert. Das ist nur sinnvoll, wenn in einer Ressource-Datei wie rpmrc eine Option angegeben wurde, welche die Installation der Dokumentation ausschloß.

- –test

  Bei Angabe dieser Option wird die Software nicht installiert, aber es werden alle potentiellen Konflikte und Fehler ausgegeben, welche bei einer wirklichen Installation auftreten würden.

- –prefix <path>

  Leitet die Installation der Software auf den Ort; <path> um.

- –ignorearch

  Erlaubt das Installieren der Software auch dann, wenn der zu installierende Binär-Code nicht mit der Zielmaschine übereinstimmt.

- –ignoreos

  Erlaubt das Installieren der Software auch dann, wenn der zu installierende Binär-Code und das Ziel-Betriebssystem nicht mit der Zielmaschine übereinstimmt.

Das RPM-System bietet noch eine Vielzahl anderer Optionen und Möglichkeiten, die aber für eine Erstinstallation von Software nicht so interessant sind.

Die Einrichtung des KDE-Systems zeigt, wie das RPM-System praktisch eingesetzt wird.

17.2 Proprietäre Installation

Alle diese Entwicklungen haben die Installation der Software stark vereinfacht. Bei manchen Software-Paketen ist die Installation so Windows-ähnlich, daß sie von dieser wirklich nicht zu unterscheiden ist. Und auch die Funktion der Standard-Software hat sich angeglichen. Der einzige Unterschied, der

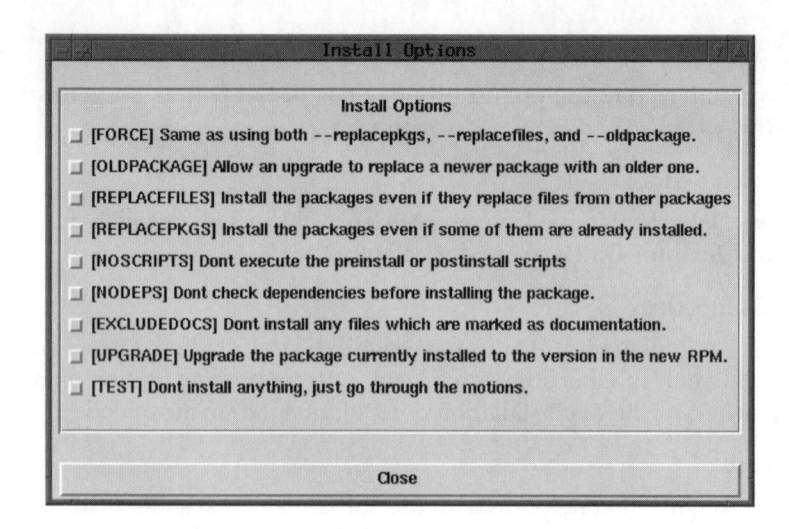

```
                    Install Options
    Install Options
 ⊔ [FORCE] Same as using both --replacepkgs, --replacefiles, and --oldpackage.
 ⊔ [OLDPACKAGE] Allow an upgrade to replace a newer package with an older one.
 ⊔ [REPLACEFILES] Install the packages even if they replace files from other packages
 ⊔ [REPLACEPKGS] Install the packages even if some of them are already installed.
 ⊔ [NOSCRIPTS] Dont execute the preinstall or postinstall scripts
 ⊔ [NODEPS] Dont check dependencies before installing the package.
 ⊔ [EXCLUDEDOCS] Dont install any files which are marked as documentation.
 ⊔ [UPGRADE] Upgrade the package currently installed to the version in the new RPM.
 ⊔ [TEST] Dont install anything, just go through the motions.

                          Close
```

Abbildung 17.2: Die Menüauswahl des xrpm-Programms

von Bedeutung ist, sind die Filter, denn diese entscheiden darüber, ob man Dokumente untereinander austauschen kann und ob man Dokumente, die auf einer Linux-Plattform erstellt wurden, auch unter Windows weiterverarbeitet werden können.

Diese Art der Kompatibilität hat natürlich auch ihre Tücken, denn wenn man mit den Datenformaten immer »up to date« sein will, so bleibt einem nicht viel übrig, als die komplette Installation der Updates mitzumachen und nur ja keine Version auszulassen. Es könnte sonst geschehen, daß wertvolle Daten nicht mehr mit der neuen Version verarbeitet werden können. Und wer will schon zu jedem Dokument die entsprechende Programmversion mit archivieren, die dann bei Bedarf wieder installiert werden müßte. Und ob das Installieren alter Software auf der neuen Betriebssystem-Version funktioniert, das steht auch in den Sternen. Sie sehen, ganz so problemlos ist die Sache nicht mit der Standard-Software.

17.3 Office-Pakete

Die Zahl der Office-Pakete für Linux nimmt langsam, aber stetig zu, während die Anzahl der Pakete für Windows ständig abnimmt. Für einen Second Source-Hersteller macht es einfach keinen Sinn, für Windows ein Office-System zu entwickeln, das kostet enorm viel Geld, und gegen den großen Konkurrenten kommt man sowieso nicht an. Sogar Produkte, die, wenn nicht besser, so doch vergleichbar sind, haben es seit dem Verschwinden von OS/2[c]

17.3 Office-Pakete

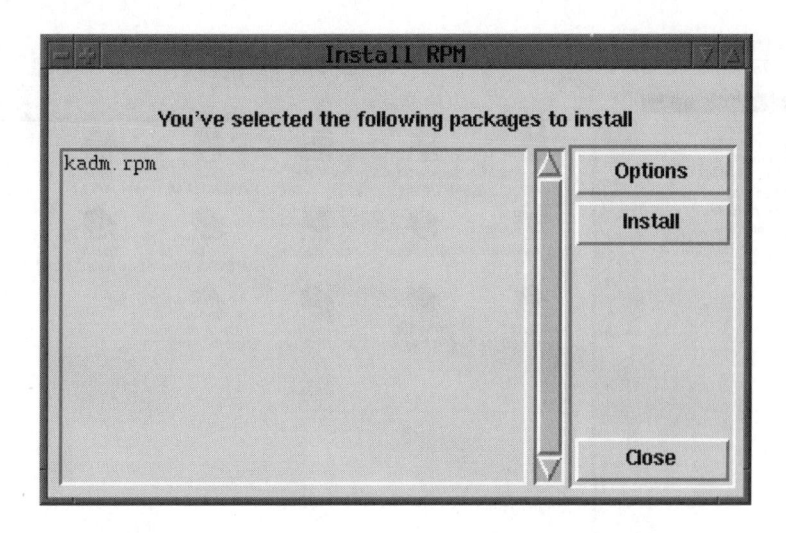

Abbildung 17.3: Die Paketauswahl des xrpm-Programms

schwer, sich auf dem Markt zu behaupten. Auch wenn am Untergang der hervorragenden Textverarbeitung *DeScribe* die Herstellerfirma zum großen Teil selbst Schuld war, so ist zum Teil auch die Nähe zu den Produkten von *Microsoft*[c] an der mangelnden Verbreitung Schuld gewesen. Das folgende Paket hat sich gegen den großen Konkurrenten nur deshalb behaupten können, weil die Firma von vornherein nicht nur auf Windows gesetzt hat.

17.3.1 StarOffice

Eines der flexibelsten Office-Pakete für Linux ist das Paket StarOffice von der Star Division GmbH in Hamburg. In der neuen Version (5.0) macht es nur noch Freude. Abgesehen vielleicht von dem wenig Unix-ähnlichen Erscheinungsbild. Wer es mag und wer es gewohnt ist, dem mag das eher als Vorteil erscheinen, aber das soll hier nicht diskutiert werden. Über Geschmack streiten sich selbst die Götter vergebens.

Die Installation ist ziemlich einfach, allerdings ist das Programm nicht so einfach zu bekommen. Sicher, wenn man über einen T1-Anschluß als Standleitung verfügt oder jemanden kennt, der sich solchen Luxus leistet, dann ist alles kein Problem. Man geht einfach auf die Seite `http://www.stardiv.com`, in die Sektion *download*, und lädt sich das 48MB-Paket herunter.

Die Pakete Applixware und Lyx installiert man am besten über das Yast-Menü der S.u.S.E. Edition, obwohl auch hier eine manuelle Installation möglich ist.

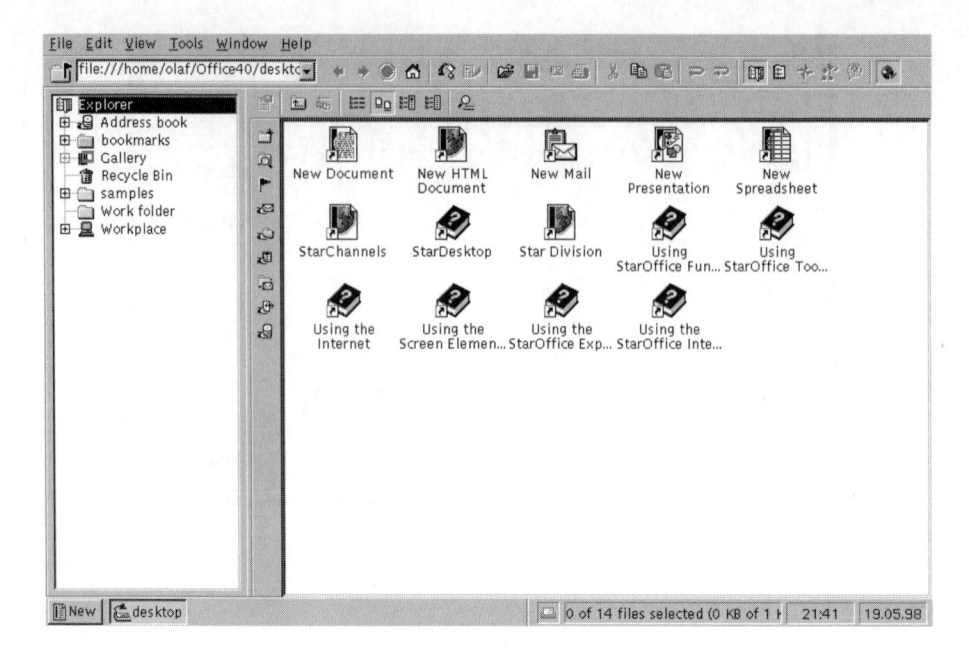

Abbildung 17.4: Das StarOffice-Paket der Firma Star Division

Die Datenbanken liefern exzellente Installationsanweisungen, so daß ich diese hier nicht nur mit anderen Worten wiederholen möchte.

Adabas D wird mit einer systemeigenen Installations-Software ausgeliefert. Auch für wenig versierte Anwender bereitet die Installation dieser Software keine Probleme. Auf ein Problem will ich jedoch hinweisen: Speziell bei der Installation der Datenbank *Adabas D* ist darauf zu achten, daß für diesen Zweck ein eigener User eingerichtet wird. Richtet man auch eine eigene Gruppe ein, so ist darauf zu achten, daß die Rechte der Gruppe entsprechend abgeändert werden. Es ist ziemlich schwierig, anhand der Fehlermeldung von *Adabas D* herauszufinden, warum die Datenbank sich nicht starten läßt, wenn der Datenbank-Benutzer nicht die entsprechenden Group-Rechte hat.

17.4 Die Installation der KDE-Oberfläche

In Absatz 5.2.2, auf Seite 151 haben wir uns das *KDE*-System angesehen, jetzt wollen wir das System auf einem Rechner installieren.

17.4.1 KDE einrichten

Das *KDE*-System befindet sich seit ganz kurzer Zeit nicht mehr im Beta-Stadium, sondern ist als erste Release-Version 1.0 verfügbar. Es ist wenig wahrscheinlich, daß die Installation des *KDE*-Systems in irgendeiner Weise die Festplatte des bereits installierten Linux-Systems durcheinander, oder gar zum Absturz bringen kann. Um sicherzugehen, kopieren wir zuerst alle *X*-bezogenen Dateien in ein spezielles Directory, oder wir kopieren die X-Konfigurationsdateien nach folgendem Muster um:

```
olaf@delcarlo:/home/olaf > cp .xinitrc .xinitrc.org
```

Wenn Sie auf diese Weise mit allen Dateien in denen sich Konfigurationsdaten befinden, verfahren sind, können Sie bedenkenlos mit der Installation beginnen. Durch einfaches Umkopieren auf den Namen der Originaldatei können Sie jederzeit den alten Zustand wiederherstellen. Vergessen Sie auch nicht, das Directory `/usr/X11/lib/X11/xdm` in dieses Directory hineinzukopieren, sonst könnten Sie sich in der Situation wiederfinden, daß zwar Ihre Konfigurationsdateien korrekt sind, aber der Windowmanager nicht mehr ordnungsgemäß funktioniert.

Soll ein bereits bestehendes Linux-System mit *KDE* ausgerüstet werden, so sollten Sie besser firmenspezifische Daten sichern. Es ist sehr unwahrscheinlich, daß diesen Daten ein Tort angetan wird, aber besser, man sichert die Daten trotzdem, dann hat man sich im Fall des Falles nichts vorzuwerfen. Ein DAT-Streamer tut hier gute Dienste.

Ist Linux gerade erst eingerichtet worden, befinden sich keine Userspezifischen Daten auf der Festplatte, und wir könnten mit der Installation beginnen.

Notwendige Bauteile

Bevor wir mit der Installation von *KDE* beginnen, müssen wir uns versichern, daß das System die folgenden Randbedingungen erfüllt:

- Ein funktionierendes POSIX-kompatibles Unix-System. Das *KDE*-System ist aber auch auf andere Unix-Plattformen portiert worden, es läuft auf:
    - Linux
    - FreeBSD
    - SunOS
    - MkLinux

Andere Plattformen sollen folgen.

- Natürlich benötigt *KDE* auch etwas Festplattenplatz, aber das ist in der Zeit der Gigabyte-großen Festplatten, in der wir leben (hoffentlich eine SCSI-Platte), kein großes Problem mehr. Um *KDE* zu installieren, benötigt man etwa 60 MB an Platz, und zwar auf der Partition, auf der das Directory `/opt/kde` erzeugt werden soll. Diese Angabe bezieht sich auf ein System, welches *Shared Libraries* unterstützt, aber das sollte ein modernes Linux schon leisten. Ansonsten muß man mit etwa der doppelten Größe rechnen. Wir wollen das *KDE*-System nicht von den Quellen aus generieren, uns soll es genügen, die *binary*-Version zu installieren.

- *KDE* benötigt natürlich ein funktionierendes *X-Window-System*, dabei ist es egal, welcher Windowmanager verwendet wird, da wir ja *KDE* installieren wollen.

- Das *KDE*-System basiert nicht mehr auf dem alten Defacto-Standard *Motif*, sondern es verwendet die *qt graphic-libraries* der Firma *Troll Tech*. Der Grund hierfür ist in der Lizenzpolitik der Vertreiber des *Motif*-Pakets zu sehen. Auch die *qt*-Bibliothek ist nicht völlig ohne Lizenzgebühren zu haben, aber zumindest die nicht-kommerzielle Nutzung verursacht keine Gebühren. Wenn Sie jetzt befürchten, daß bei einer kommerziellen Nutzung des *KDE*-Systems Kosten in Form von Lizenzen entstehen, so kann ich Sie beruhigen. Die Lizenzierung gilt nur für die Verwendung von *qt-libraries*, die in professionell vertriebenen Produkten verwendet werden. Weil das *KDE*-System kostenfrei erhältlich ist, fallen auch keine Lizenzgebühren für dieses System an.

Stellen Sie sicher, daß sich auf Ihrem System diese Bibliothek befindet, und zwar in einer Version $\geq$ 1.33. Diese finden Sie unter der folgenden Adresse:

```
ftp://ftp.kde.org/pub/kde/stable/1.0 \
    /distribution/rpm/SuSE-5.2/1.0/binary/qt/
```

Diese Angabe besteht aus nur einer Zeile, sie kann nur aus drucktechnischen Gründen nicht als eine Zeile dargestellt werden.

Falls sich auf Ihrem System bereits eine ältere Version von *KDE* befindet, so sollten Sie diese wie folgt sichern, man sollte sich nicht den Rückweg zu einer bereits installierten und funktionsfähigen Version verstellen.

```
cd /opt/kde
tar cfvz ~/KDE-old-version-backup.tar.gz *
```

17.4 Die Installation der KDE-Oberfläche 463

Linux: Installation von RPM für RedHat, Caldera und SuSE Linux 5.3

Auf allen genannten Installationen ist das *rpm*-System installiert, daher brauchen Sie in diesem Falle nur von `http://www.kde.org`, besser jedoch von einer Mirror-site, da der Server von `http://www.kde.org` ständig überlastet zu sein scheint. Der komplette Pfad einer *KDE*-Version sieht wie folgt aus:

`ftp://ftp.kde.org/pub/kde/stable/1.0/distribution/rpm/SuSE-5.2/1.0/`

Vermeiden Sie die Version für die `libc6`-Version, sie funktioniert nur für die Red-Hat-Linux-Edition. Das kann sich aber in allernächster Zukunft ändern, wenn die neue S.u.S.E.-Version erscheint. Diese unterstützt dann ebenfalls die `libc6`-Bibliotheken.

Es ist eine ziemliche Menge, welche man sich vom Spiegel herunterladen muß, deshalb ist es vielleicht besser, man versucht das Herunterladen nach 21^{00} Uhr, da sind die Telefongebühren billiger, und der Verkehr auf der Backbone Deutschland ist geringer (am besten wartet man bis ein wichtiges Fußballspiel stattfindet, dann hat man die Backbone fast für sich allein).

Auf den Spiegel-Servern befinden sich auch die Versionen für die Alpha- und Sparc-Architekturen. Falls die Sites, welche man auf `http://www.kde.org` findet, überlastet sein sollten, dann findet man die Pakete auch auf `sunsite.unc.edu` und `ftp.redhat.com`. Die Spiegel sind immer dann kaum benutzbar, wenn gerade eine neue Beta-Version herausgegeben wurde.

Um die Basis-Installation zu tätigen, benötigt man mindestens die folgenden Pakete:

- kde-(Komponente).(Architektur).rpm
- kdesupport,
- kdelibs
- kdebase.

Alle anderen Pakete können nach und nach installiert werden, wenn man sich mit dem System etwas vertraut gemacht hat.

Um die Pakete das allererste Mal mit dem *rpm*-System zu installieren, geht man wie folgt vor (siehe auch Absatz 17.1):

Beispiel 17.1   *Die Erstinstallation von KDE*

```
rpm -i kdesupport.arch.rpm
rpm -i kdelibs.arch.rpm
rpm -i kdebase.arch.rpm
```

Warnung:
Die gezeigte Installationsanweisung muß genau in der angegebenen Reihenfolge ablaufen, andernfalls kann es zu Problemen bei der weiteren Installation kommen. Wichtig ist auch, daß diese Pakete installiert sein müssen, damit überhaupt weitere Pakete installiert werden können.

Falls sich ein lauffähiges *KDE*-System bereits auf Ihrem System befindet, so müssen Sie, abweichend von Beispiel 17.1, die folgenden Anweisungen eingeben:

Beispiel 17.2   *Das Update einer bestehenden KDE-Installation*

```
rpm -Uvh kdesupport.arch.rpm
rpm -Uvh kdelibs.arch.rpm
rpm -Uvh kdebase.arch.rpm
```

Als Ergebnis sollten Sie eine funktionsfähige, aber noch nicht konfigurierte Version des *KDE*-Systems auf Ihrem System unter /opt/kde vorfinden, welches wie folgt strukturiert ist:

```
drwxr-xr-x   8 root     root     1024 May  4 20:58 ./
drwxr-xr-x   7 root     root     1024 Jun  3 07:29 ../
drwxr-xr-x   2 root     root     3072 May  4 20:58 bin/
drwxr-xr-x   2 root     root     1024 May  4 20:58 cgi-bin/
drwxr-xr-x   7 root     root     3072 May  4 20:58 include/
drwxr-xr-x   2 root     root     2048 May  4 20:58 lib/
drwxr-xr-x   2 root     root     1024 May  4 20:58 sbin/
drwxr-xr-x  14 root     root     1024 May  4 20:58 share/
```

Linux kann auf die unterschiedlichste Weise gestartet werden. Wie das System dem Benutzer beim Hochfahren erscheint, um das login zu bewerkstelligen, hängt vom Runlevel ab, dieser wird beim Aufruf von xdm im Script /etc/rc.d/xdm gesetzt. Um diesen Runlevel auf 3 (Start des X-Systems) zu setzen, verwenden Sie das Script aus Beispiel 17.3, welches mit Genehmigung der Firma S.u.S.E. hier wiedergegeben wird.

17.4 Die Installation der KDE-Oberfläche

Beispiel 17.3 *Starten des kdm im runlevel 3*

```
#! /bin/sh
# Copyright (c) 1996 S.u.S.E. GmbH Fuerth, Germany.
# All rights reserved.
# Author: Florian La Roche <florian@suse.de>, 1996
#         Werner Fink <werner@suse.de>, 1996
# Modified on October, 13th by
#         Andreas Buschka <andi@bonn-online.com>, 1997
# for the KDE documentation project.
#
# /sbin/init.d/xdm
. /etc/rc.config
 case "$1" in
    start)
          echo "Starting kdm."
          /opt/kde/bin/kdm
          ;;
    stop)
          echo -n "Shutting down kdm:"
          killproc -TERM /opt/kde/bin/kdm
          echo
          ;;
    *)
          echo "Usage: $0 {start|stop}"
          exit 1
esac
exit 0
```

Zusätzlich muß auch in `/etc/inittab` der Standard-runlevel auf 3 gestellt werden, um kdm zu starten, wenn das System hochläuft.

Um dieses Änderungen zu aktivieren, müssen Sie sich als Benutzer neu anmelden. Das geschieht, in dem Sie sich mit »exit« auf der Kommandozeile abmelden oder mit »Controll-d« aus dem System verabschieden. Dann werden Sie erneut zum Login aufgefordert.

Die Konfigurierung von KDE

Um das *KDE*-System verwenden zu können, muß es noch konfiguriert werden, aber bedenken Sie den Hinweis, der ganz zu Anfang (Seite 460) gegeben wurde. Zu diesem Zweck hängen Sie an das Ende der `/etc/profile` den folgenden Eintrag an:

Beispiel 17.4 */etc/profile-Änderungen*

```
export LD_LIBRARY_PATH=/opt/kde/lib
export PATH=$PATH:/opt/kde/bin
export KDEDIR=/opt/kde
export LANG=Sprache
```

Die in Beispiel 17.4 angegebenen Änderungen stammen auch von der S.u.S.E.-Edition, sie müßten aber für jedes Linux identisch aussehen und auch so funktionieren.

Die Option *LANG* in der Datei /etc/profile kann mit den Werten der einzelnen Landessprache belegt werden, so bedeutet

```
...
export LANG=DE
...
```

Die Auswahl Deutsch als Sprache, und

```
...
export LANG=IT
...
```

wählt Italienisch als Sprachmodul aus.

Da wir anfangs die X-relevanten Steuerdateien alle kopiert haben, können wir jetzt die Steuerdateien verändern, ohne großen Schaden anzurichten. Um *KDE* richtig zu konfigurieren, muß die Datei .xinitrc wie in Beispiel 17.5 abgeändert werden. Wir suchen in der Originaldatei nach dem Eintrag, der den Windowmanager aufruft und ersetzen diese Zeile durch den in Beispiel 17.5 gezeigten Eintrag:

Beispiel 17.5   *Die .xinitrc-Änderungen*

```
#
# Einstellungen für die KDE-Oberfläche
#

kaudioserver &
kfm -d &
kcc -init &

kbgndwm &
krootwm &
kpanel &

kwm
```

Wenn Sie jetzt das *X-System* mit »startx« neu hochfahren, begrüßt Sie die KDE- anstatt der fvwm2-Oberfläche. Sie werden sich sehr schnell zurechtfinden, denn die KDE-Oberfläche ist nach den neuesten Erkenntnissen der Benutzerführung konzipiert. Es wird etwas gewöhnungsbedürftig für Sie sein, mit nur einem Mausklick eine Applikation starten zu können, und anfänglich werden Sie fast immer zwei gleiche Programme starten, weil Sie aus alter Gewohnheit die Applikation mit einem Doppelklick geöffnet haben, bald wird Ihnen der Einfachklick in Fleich und Blut übergehen und die Nervosität im rechten Zeigefinger beginnt abzunehmen.

A Die neue Softwarekrise

A.1 Sollte Software wirklich verkauft werden?

Die Frage mag provozierend sein, und man mag sich wundern: »*Wie soll denn dann mit Software-Produkten überhaupt Geld verdient werden?*« So einleuchtend diese Bemerkung ist, auch die Gegenfrage muß erlaubt sein: Wieviel vom *eigenen* Software-Produkt stammt denn wirklich von einem selbst, so daß es auch als eigenes Produkt verkauft werden kann? Haben die Produzenten von Software schon mal daran gedacht, daß der Kellerautomat, den praktisch jedes Programm auf die eine oder andere Art verwendet, nun keinesfalls von Ihnen stammt? Verkettete Listen, Binärbäume jeglicher Bauart, yacc und lex, ohne die ein moderner Automat und Compiler gar nicht zu erstellen wäre. Das sind alles kostenfreie Ideen und Produkte, die jeder Programmierer verwendet und verwenden darf.

Ist es nicht so, daß jedes Software-Produkt auf den Erkenntnissen anderer Entwicklungen aufbaut? Und wenn wir die Lizenzierung schon auf diese Weise betreiben wollen, dann doch bitteschön konsequent. Aber wo kämen wir denn hin, wenn für jedes Stückchen Software, das wir verwenden, dem Urheber Royalties bezahlen müßten? Das würde das Ende jeder Software-technischen Entwicklung bedeuten.

Sind wir uns ganz sicher, daß nicht auch viele Entwicklungen des großen Bruders mit einem *gnu-Compiler* fabriziert werden, mit *yacc* und *lex*, welche die generösen Programmierer völlig kostenlos zur Verfügung stellten (übrigens ohne gefragt zu werden). Man stelle sich diese Chuzpe vor: Ein Programm wird mit *gnu* entwickelt, *yacc* und *lex* werden hinzugemischt, und das Ganze wird dann als eigenes Produkt und natürlich kostenpflichtig verkauft und vertrieben. Und dann erscheint auch noch im Installationsmenü des Programms oder des Betriebssystems die Mitteilung, daß man doch als ehrlicher Kunde die Nichtehrlichen gefälligst zur Anzeige bringen soll, damit die Software-Industrie und alle Kunden moralisch und strafrechtlich sauber bleiben. Es folgt eine lange Liste von Telefonnummern, wo man die Anzeige zur Kenntnis bringen kann.

Ist die Kampagne der Firma AutoDesk, die vor einigen Jahren die Softwareszene erschütterte, schon vergessen? Da wurden doch allen Ernstes Prämien von 500,00 DM ausgelobt für denjenigen, der einen illegalen Benutzer der Software AutoCAD zur Anzeige bringt. Die Firma hatte anscheinend vergessen, daß die Verbreitung und das riesige Geschäft, welches sie mit diesem Produkt machten, darauf beruhte, daß die pre-12-Versionen ziemlich leicht zu knacken waren. Aber gerade deshalb setzte sich das Produkt im universitären Bereich bei den Architekten und Bauingenieuren schnell durch. Die verließen die Uni und schlugen ihrem neuen Arbeitgeber gerade diese Software vor. AutoDesk verdiente Millionen daran und duldete diese Raubkopien, weil die Firma wußte, daß diese der Verbreitung ihres Produkts äußerst förderlich waren. Dann, nachdem die Firma etabliert war und sich die Marktanteile zu ihren Gunsten verschoben hatten, sollten auf einmal alle zur Kasse gebeten werden; auch die, welche eifrig für sie Reklame gemacht und das Produkt bei ihrem neuen Arbeitgeber propagiert hatten.

Ich rede nicht dem Software-Klau das Wort, gewiß nicht – aber ist das Verfahren, wie Software verkauft und vertrieben wird, nicht das schiere Pharisäertum? Werden nicht die Anwender von den Herstellern geradezu ermuntert, genau das zu tun, und dann, wenn die Anwender ihre Schuldigkeit getan haben, nämlich für die Verbreitung des Produkts gesorgt zu haben, werden sie an den Pranger gestellt. Die Software-Industrie würde nicht untergehen, bloß weil die Produkte selbst kein Geld mehr einbringen, auch wenn die Industrie das vehement behauptet. Wenn man eine Weltbilanz aufstellen würde und vergliche, welcher Umsatz größer wäre, der der Consulting-Industrie, also derjenigen Anbieter, welche die Produkte installieren, konfigurieren und warten, oder der der herstellenden Industrie, dann könnte selbst *Microsoft*[(c)] nicht mit den Umsätzen der Erstgenannten mithalten, dessen bin ich mir sicher. Software leistet einen Dienst, wenn sie eingesetzt wird, dieser Dienst sollte auch bezahlt werden. Das könnte in Form von Service-Verträgen oder als Mietbeitrag geschehen. Manche Software leistet keinen Dienst, warum sollte sie dann also bezahlt werden? Einige Software-Produkte richten sogar Schaden an, warum sollte die Herstellerfirma dafür nicht geradestehen? Freilich, auch dann, wenn man feststellt, daß eine Software nichts taugt, bleibt man daran gebunden, weil diese Software ja schließlich auf anderen Betriebssystemen nicht läuft und man einige Funktionen unbedingt zum Überleben braucht. Bloß weil der angerichtete Schaden in manchen Fällen kaum bezahlbar wäre, ist das noch kein Grund, die Verantwortung für ein Produkt, das man selbst hergestellt hat, abzulehnen. Solange wir uns das gefallen lassen, wird sich nichts daran ändern.

Große Firmen haben sich schon längst über die Rechte Dritter hinweggesetzt, sie bedienen sich bedenkenlos der Früchte anderer. Dagegen wäre auch nichts einzuwenden, wenn diese Firmen dann wenigstens für ihre Produkte kein Geld verlangen würden. Aber quasi für selbstgeklaute Software andere zur

A.1 Sollte Software wirklich verkauft werden?

Kasse zu bitten, das ist doch ein starkes Stück. Keiner dieser Riesen dürfte seine Quellen offenlegen, die Herren KNUTH, DYKSTRA, BAUER, PAUL, STALLMAN, SEDGEWICK, WOOD und viele viele andere Pioniere der Computer-Wissenschaften müßten beim Durchlesen der Quellen andauernd ihren Hut ziehen, aber nicht aus Respekt vor der Leistung, sondern weil sie ständig alten Bekannten begegneten.

Die Software-Industrie ist auf Grund der unseligen Lizenzierung der Produkte dazu gezwungen, das Rad leider jedesmal neu zu erfinden. Die ehrenvolle Aufgabe des Users ist es dann, die Fehler zu finden, die in der schlampig zusammen-gestöpselten Software enthalten sind. Warum sollte der Anwender eigentlich kein Geld für seine Dienste verlangen, schließlich investiert er doch die meiste Arbeitskraft und Findigkeit, wenn er versucht, die Fehler einer Software zu umschiffen, oder Bugs ausfindig zu machen, die das Produkt in dieser Form schlicht unbrauchbar machen. Ist er wirklich verpflichtet, seine kostbare Zeit der Software-Industrie kostenlos zur Verfügung zu stellen? Die Software-Hersteller kümmern sich keinen Deut darum, ob ihre Software die vollmundig angekündigten Eigenschaften auch besitzt, Hauptsache, die grafische Benutzeroberfläche sieht ausreichend »*catchy*« aus. Es ist zum Normalfall geworden, daß Software-Hersteller in ihren PR-Aktionen Eigenschaften ihrer Produkte ankündigen, die im Entwicklungslabor noch nicht einmal im Beta-Stadium vorliegen. Ich habe den Trick noch nicht herausgefunden, der aus intelligenten Menschen Lemminge macht, aber es muß eine solche Methode geben, denn sonst würden wir uns das nicht alles klaglos gefallen lassen. In jedem anderen Wirtschaftszweig würde die Industrie mit gerichtlichen Auseinandersetzungen überzogen werden, nur die Software-Industrie scheint das nicht zu tangieren. Wir sind die Guinea-Pigs der Software-Industrie, wir lassen uns alles gefallen. Wieso werden Software-Hersteller nicht für das haftbar gemacht, was ihre Software anrichtet? Wieso muß in den USA ein Hersteller von Mikrowellen-Öfen in die Bedienungsanleitung hineinschreiben, daß man in dem Ofen kleinen Hunden nicht die Haare trocknen darf? Die Software-Industrie verkauft ihre Produkte »*as is*« ohne Garantie und ohne für Folgeschäden jemals aufkommen zu müssen.

Stellen Sie sich vor, eine Firma verkauft Ihnen einen Elektroherd, dessen erste Aktion ein grandios anzusehender, blasser, lilablaugetönter Blitz ist, der aus der Herdplatte fährt, um dem Leben Ihrer Großmutter ein jähes Ende zu bereiten. Sie wollte Ihnen gerade Spaghetti vom Mittagstisch aufwärmen, aber dazu wird sie nun wohl nicht mehr kommen. Sie rufen entrüstet bei der Herstellerfirma an, denn Ihre Großmutter war Ihnen lieb und teuer. Der Verlust trifft Sie hart. Einzige Reaktion der Herstellerfirma: »*Wir bedanken uns für die Fehlermeldung, sie hat die Referenznummer 10202. Wir sind bemüht, den Fehler in der nächsten Version des Modells zu beheben.*«

Die Qualität der Software verharrt auf dem Stand der 50er Jahre, weil die Art und Weise, wie Computer-Software verkauft und vertrieben wird, anachronistische Züge trägt. Software wird verkauft wie ein Stuhl oder ein Schrank. Das ist wunderbar, denn so können wir doch eine Menge von der Kunst, Möbel unters Volk zu bringen, lernen. Das ist eine Kunst, die unsere Gesellschaft schließlich seit Jahrtausenden beherrscht. Da wir über ein ausgezeichnetes Händlernetz für den Vertrieb von Möbeln verfügen, können wir alles so veranstalten wie gehabt. Wenn man Möbel jetzt noch via Internet ins Haus holen könnte, um eventuell notwendig werdende Verbesserungen vorzunehmen, dann wäre das Vertriebsnetz perfekt und könnte direkt auf die Software übertragen werden. So sehr sich auch das Produkt Software und der Vertrieb derselben von der Distribution von Möbeln unterscheidet, geschieht mit der Software genau das gleiche wie mit einem wackeligen Stuhl. Gekauft, wie im Katalog abgebildet! Und wer schreibt den Katalog? Die Herstellerfirma. Aber um die Software ist es eigentlich noch viel schlimmer bestellt. Während wir einen defekten Stuhl an die Herstellerfirma zurücksenden können und eine gute Chance haben, diesen entweder repariert oder ein Austauschmodell zurück zu bekommen, müssen arme Software-Kunden die Fehler des Produkts auf dem Wege von »Updates« noch einmal bezahlen. Gekauft wie besehen!

Sehen wir uns einmal an, welche Wahlmöglichkeiten der Software-Kunde bei der gegenwärtig üblichen Preis- und Lizenzpolitik hat:

Rudi, der Normalkunde

Rudi, der Kunde, ist ein Schüler und besitzt einen neuen Pentium-Rechner, auf dem er eine Klassenarbeit vorbereiten soll. Das Problem ist nur, Rudi besitzt kein Textverarbeitungsprogramm. Das Geld hat gerade noch für das Betriebssystem gereicht, aber das auch nur, weil es im Bundle (so heißt das heute) beim Rechnerkauf dabei war. Er kann das Word-Programm für 400,00 DM bis 500,00 DM kaufen, er kann es schlicht von einem Freund klauen, oder er kann das Programm für einige Stunden mieten.

Nehmen wir an, Rudi kauft das Word-Processor-Programm. Die Herstellerfirma bekommt 400,00 DM und ist glücklich. Rudi bekommt die Handbücher und Support und kann seine Arbeit effizient voranbringen. Rudi braucht nirgends hinzufahren, und er erspart sich so einige Mühe. Dummerweise kann sich Rudi, so wie die meisten seiner Schulkollegen, den Preis von 400,00 DM nicht leisten, noch dazu für Software, die er nur für einen oder zwei Tage benötigt. Außerdem wird die Software veraltet sein, wenn er sie das nächste Mal benötigt. Und hat er dann nicht die gesamte Update-Kette mitgemacht, so kann es leicht sein, daß die neueste Version seines Textverarbeitungsprogramms die alten Daten nicht mehr lesen kann.

Sicher kann Rudi das vermeiden, indem er sich jedes Update der Software kauft, aber nimmt man die Versionsnummer 8 oder 9 wofür sie steht, so hätte Rudi für das Programm unter Umständen mehrere tausend Mark aufzuwenden, und das übersteigt gewiß sein Taschengeld-Budget.

Sehen wir den Tatsachen ins Auge: Rudi wird das Programm nicht kaufen. Er wird es klauen, indem er sich die CD seines Freundes ausleiht und eine Kopie davon zieht. Dummerweise läßt sich das Programm ohne Handbücher und Support nur sehr schwer verwenden. Rudi geht also los und holt sich ein Buch über das Word-Processor-Programm. Rudi muß in die Stadt, verliert also viel Zeit, und die Herstellerfirma bekommt kein Geld.

Daß dieses Szenario der Realität entspricht, kann man leicht nachprüfen, indem man sich die einschlägige Literatur zur erhältlichen Software in einer beliebigen Buchhandlung ansieht. Manche dieser Bücher gleichen im Inhalt dem Original-Handbuch wie ein Ei dem anderen. Stillschweigend wird vom Software-Klau ausgegangen, denn diese Bücher sind alle für nicht-legal erworbene Software geschrieben. Die Situation könnte sich schnell ändern, wenn das mehrere Milliardenvolk China, sich um die Lizenzpolitik einiger Software-Firmen nicht die Bohne kümmert. Vielleicht wachen dann manche dieser Hersteller auf und verkaufen Support, anstatt in schönen Kartons verpackte Ansammlungen von Software-Fehlern.

A.2 Eine letzte Bemerkung

Die Hardware-Hersteller und Entwickler haben die letzten 30 Jahre ausgezeichnete Arbeit geleistet. Die Arbeit war so hervorragend, daß niemandem aufgefallen ist, daß die kommerzielle Software seit 1967 keinen wesentlichen Schritt vorangekommen ist. Das war nur möglich, weil in der Welt der Software zunehmend Klasse mit Masse erschlagen wird. Ob hier die Software-Hersteller einen geheimen Bund mit den Hardware- und Prozessor-Herstellern geschlossen haben, kann ich nicht belegen (der wäre ja auch sonst nicht geheim), aber wenn man sich »moderne« Software ansieht, dann kann man sich dieses Eindrucks nicht erwehren.

Die »moderne« Software scheint nur noch damit beschäftigt zu sein, kleine Knöpfchen darzustellen und Abfragen anzubieten, die niemand jemals benötigt, Cursor-Schwänzeltänze vollführen zu lassen, kleine Brieflein darzustellen, die bei dem nüchternen Prozeß des Kopierens hin- und herfliegen und sich dabei auf elegante Weise zusammenfalten, und irrsinnige Töne beim Öffnen eines Fensters zu erzeugen. Vielleicht sollten sich die Schreinermeister besinnen und Fenster herstellen, die beim Öffnen verschiedene Geräusche verursachen, ich meinte richtige Fenster, mit Glas und Rahmen. Jedem normalen

Menschen leuchtet ein, daß gerade zu Zeiten des Frühjahrsputzes dies zu einer unerträglichen Belästigung führen würde, aber bei virtuellen Fenstern scheint das völlig in Ordnung zu sein, auch wenn sich 20 Mitarbeiter in einem Großraumbüro befinden. Hier mein Rat, schmeißen Sie die in Ihrem Gerät befindliche Sound-Karte weg, soweit Sie werfen können, im kommerziellen Umfeld leistet sie keine Dienste.

Ließe man alle diese idiotischen »Features« weg, so könnten wir heute bei gleicher Funktionalität mit unseren alten 386-Rechnern 33MHz auskommen und würden uns trotzdem über die rasante Arbeitsgeschwindigkeit wundern. Aber der Kunde ist König. Oder sind es vielleicht doch schon die Software-Hersteller? Könnte sein! Ich habe jedenfalls noch nie jemanden getroffen, der wirklich ungeduldig und mit klopfendem Herzen auf die Einführung eines sich drehenden Rades am Ende eines Cursors gewartet hat. Orientieren sich Wirtschaft und Industrie wirklich an den Notwendigkeiten einer Nintendo-Gamestation? Müssen auf Schreibtischen der Kriminalpolizei wirklich Rechner stehen, deren Betriebssystem eher im Kindergarten oder in einem Internet-Cafè Platz hätten? Wie lange wollen wir das eigentlich noch mitmachen?

Die Industrie ist in der Lage, Prozessoren für 150,00 DM zu bauen, die 300 Millionen Instruktionen pro Sekunde ausführen können. Unglaublich! Mit derart mächtigen Computern ist es verwunderlich, daß überhaupt noch irgend jemand zur Arbeit gehen muß. Ein anderer Aspekt dieser Widersprüchlichkeit ist, daß während seines kurzen Lebens – denn länger als ein Jahr kann man einen solchen Boliden nicht betreiben, ohne daß man sich danach im Kindergarten wiederfindet – der 150,00 DM-Chip verursacht 10.000,00 DM an System-Administrationskosten, denn Rechenzeit ist eine bezahlbare Größe. Überlegen Sie gut, ob Linux nicht vielleicht kostengünstiger ist, auch wenn Ihre Sekretärin Anfangsschwierigkeiten hat, sich an die Software unter Linux zu gewöhnen.

Lassen Sie mich eine andere Frage aufwerfen, welche an die Fragen aus Kapitel 2, Seite 80 anknüpft, und über die es sich gewiß lohnt, einmal nachzudenken.

Was passiert eigentlich, wenn es außer Windows auf dem Software-Sektor nichts anderes mehr geben wird? Was geschieht, wenn die Firma *Microsoft*[(c)] aus schierer Machtvollkommenheit gewisse Informationen die sicherlich in der Software eingebaut sind, nicht freigibt, oder nur gegen ein horrendes Lösegeld (und anders wäre eine solche Zahlung nicht zu bezeichnen). Was geschieht, wenn die Banken feststellen müssen, daß man ihre Datenbestände durch »worm holes« anzapfen kann? Bereits in die neueste *Microsoft*[(c)]-Betriebssystem-Software ist eine Sicherheitslücke eingebaut, die ein unberschtigtes Kopieren aller Ihrer Daten auf einen am Internet angeschlossenen Fremdrechner ermöglicht. Sie brauchen nur eine bestimmte Homepage anzuwählen. Wie werden wir uns verhalten, wenn die maßgeblichen politischen

A.2 Eine letzte Bemerkung

Stellen eines Tages nur noch Zugriff auf die Daten haben, welche die Monopolherrschaft des Betriebssystems freigibt. Ist uns eigentlich klar, daß das Funktionieren unserer Gesellschaft heute schon absolut und vollständig von dem Wohlwollen einer Firma abhängt? Und ist das gemäß unserem Grundgesetz und dem aller anderen Staaten überhaupt zulässig, daß diese Abhängigkeit aus reiner Nachlässigkeit toleriert wird?

Und, wird mein Verlag diese letzte Bemerkung überhaupt drucken, ohne von Big Brother mit einer Flut von Rechtshändeln überzogen zu werden?

Wir können die Effekte einer solchen Monopolstellung heute schon beobachten. Gute Produkte werden einfach vom Markt gefegt. Und das nicht, weil sie im Konkurrenzkampf unterlegen sind, eine einzige Firma kann es sich mit ihrer Stellung am Markt heute erlauben alle diese Produkte einfach an die Wand zu drückten und das mit schierer Marktmacht und ohne ein besseres Produkt dafür anbieten zu können. Ist es das was wir unter freier Markwirtschaft verstehen?

Ich habe in der Einleitung gesagt, ich will kein Windows-bashing betreiben, weil es der Argumentation nicht förderlich ist. Meine Einwände richten sich nicht gegen das Produkt Windows 95[c] oder Windows NT[c], auch nicht gegen die Firma *Microsoft*[c] selbst. Meine Einwände richten sich gegen das Monopol *Microsoft*[c] und die zukünftig ausschließlich verfügbare Windows 95[c]+x oder Windows NT[c]-Software. Als Konkurrent unter Konkurrenten kann uns *Microsoft*[c] ein willkommener und ganz gewiß ernstzunehmender Opponent sein, aber als Monopolist kann uns eine einzelne Firma nicht recht sein. Wir sollten alle, die wir Software für unsere tägliche Arbeit brauchen, dem Wettstreit des Marktes eine Chance geben. Vor allem dann, wenn es sich um eine so sensitive und gesellschaftsbestimmende Technologie handelt, wie sie die Informationstechnologie nun einmal ist.

Zum Glück kann Linux nicht einfach ausgetreten werden wie eine halbgerauchte Zigarette, denn Linux ist nicht an den Kommerz gebunden. Wir alle, die wir Linux unterstützen, tun dies aus freien Stücken und, so möchte ich postulieren, auch aus einer gewissen gesellschaftlichen Verantwortung heraus. Die Software-Technologie greift heute schon in ungeahntem Maße in das Räderwerk unserer Gesellschaft ein. Sie wird das in Zukunft noch in viel größerem Maße tun. Wir können es uns nicht leisten, weltweit in die Abhängigkeit einer einzigen Firma zu geraten. Die Software wurde nicht von *Microsoft*[c] erfunden, sie ist heute als Allgemeingut zu bezeichnen. Für Software-Produkte eine Bezahlung zu verlangen ist zwar heute noch die Regel und akzeptierter Usus, es ist trotzdem ein Anachronismus, mit dem Schluß gemacht werden sollte. Wenn für alle Algorithmen, die von den vielen Wissenschaftlern und Enthusiasten der ganzen Welt erdacht worden sind, auch Lizenzen gezahlt werden müßten, dann könnte keine Firma, auch die allmächtige Firma *Microsoft*[c] nicht, die Lizenzgebühren aufbringen, die dafür notwendig wären. Warum sollen wir für geistiges Eigentum, das die Gesellschaften dieser Welt mit teuren Universitäten und anderen Bildungsstätten bereits bezahlt haben, noch einmal bezahlen müssen?

Daß die Firmen auch ohne Bezahlung ihrer Software viel Geld verdienen, läßt sich schon allein daran erkennen, daß Sie heute einen Computer kaufen können und mit dem Erwerb dieses Computers gleich das Betriebssystem hinzubekommen. Obendrein bekommen Sie noch das »update-fähige« komplette Office-System, den Internet-Browser, das Fax-Programm, einige Grafik-Programme, 30 Tage freie Mitgliedschaft bei dem hauseigenen ISP-Provider und vielleicht noch ein Pfund Butter und eine Tüte Eis inklusive, alles Vanilla.

Wenn Sie das gleiche Ofiice-Paket beim gleichen Händler zum selben Zeitpunkt über die gleiche Theke käuflich erwerben wollen, dann müssen Sie dafür mehr als den halben Preis hinblättern, den Sie gerade für den Computer, »alles inklusive«, ausgegeben haben. Obendrein wird dem Kunden vermittelt, daß er eben mit dem Kauf des Rechners, »alles inklusive«, ein Schnäppchen gemacht habe. Anstatt sich nun auf den Arm genommen vorzukommen, bedanken wir uns eifrig und ziehen freudestrahlend von hinnen, der Heimat zu – »alles inklusive«!

Wäre es nicht viel ehrlicher, wenn wir nicht für das Produkt, sondern für den Service, der für ein Produkt geleistet werden muß, bezahlen müßten? Das wäre doch ehrlicher. Der Kunde könnte sich auch später noch entscheiden, ob er nach dem dritten Update nicht doch lieber ein anderes Produkt verwenden möchte. Qualität muß der ausschlaggebende Faktor sein, nicht »corporate identity«. Daß diese Idee funktioniert, dafür ist Linux der lebendige Beweis. Und – ich kenne keinen Linux-Programmierer, der am Hungertuch nagt.

Let's get on with it!

B Entstehung von Linux

Im März 1991 wollte Linus Torvalds in Helsinki die Möglichkeiten des Intel-386-Prozessors in seinem neuen PC ergründen. Der 386er war damals die neueste Chip-Technologie, die auf dem PC-Markt verfügbar war. Das Problem war nur, daß kein (erschwingliches) Betriebssystem der damaligen Zeit die Fähigkeiten dieses Prozessors ausnutzte.

Torvalds verwendete das 386er Minix System, ein Unix-System, das für den Einsatz an Universitäten konzipiert war und eigentlich nur dazu diente, die Funktionsweise eines Betriebssystems zu demonstrieren. Torvalds konnte für seine Tests das C-Entwicklungssystem der Free Software Foundation verwenden, das unter Minix lauffähig war.

Nach nur einem halbenn Jahr erwuchs aus den Assemblerstudien von Torvalds ein kleines, aber lauffähiges Betriebssystem. Im September 1991 verschickte Linus Torvalds die erste Version (0.01) von Linux an interessierte Minix-User. Er mußte es noch unter Minix übersetzen und installieren. Damit erschöpften sich aber auch schon die Verbindungen von Minix zu Linux.

Linus Torvalds hat seine Entwicklung von Beginn an frei angeboten. Jeder kann die Quelltexte bekommen, jeder kann daran mitarbeiten, und jeder kann die Programme nutzen.

Im Januar 1992 kam die Version 0.12 heraus. Sie hatte bereits einen stabil laufenden Kernel. Der GNU C-Compiler, die bash, uemacs und viele der GNU Utilities waren in dieser Version bereits verfügbar. Jetzt konnte diese Version als Betriebssystem bezeichnet werden und wurde in `comp.os.minix` annonciert und über anonymous FTP weltweit angeboten.

Die Zahl der Programmierer, Tester und Unterstützer wuchs in diesen Tagen so schnell, daß die Kommunikation per E-mail nicht mehr ausreichte und nach dem Beispiel von comp.os.minix die Rubrik alt.os.linux im USENET eingerichtet wurde. Dieses Medium und der anonyme FTP-Service im Internet ermöglichten eine Programmentwicklung, wie sie in den Vorstandsetagen der mächtigen Softwareschmieden erträumt wird. Innerhalb weniger Monate wurde aus dem weitgehend in Assembler geschriebenen Minikernel ein ausgewachsenes Betriebssystem mit vollständiger Unix-Funktionalität.

Die weitgehende POSIX-Konformität von Linux und die umfangreichen C-Bibliotheken des GNU-C-Compilers erleichtern die Portierung von Unix- oder BSD-Software auf ein Maß, das diesen Namen eigentlich nicht verdient. Praktisch das gesamte Angebot an freier Software läuft auch unter Linux. Dank der enormen Leistungen, die bereits seit vielen Jahren von der Free Software Foundation, dem X Consortium, den Universitäten und ungezählten Organisationen und Einzelpersonen in diesem Bereich erbracht wurden, haben die Linux-Distributionen heute einen Umfang erreicht, der die Angebote kommerzieller Unixe leicht in den Schatten stellt.

C Epilog

Ein Buch mit nur 501 Seiten kann nicht den Anspruch erheben, die gesamte Thematik des kommerziellen Einsatzes eines kompletten Betriebssystems abzudecken. Viele Probleme sind weder behandelt noch erwähnt worden. Speziell das Sicherheitsproblem wurde bei der Darstellung der Lösungen sehr nachlässig behandelt. Dort, wo es nötig war, habe ich auf die verfügbare Software hingewiesen. Wenn Sie sich die verfügbare Literatur zur Sicherheitsproblematik ansehen, dann werden Sie feststellen, daß es die ultimative Sicherheit nicht gibt. Lassen Sie sich aber auch nicht verunsichern von Nachrichten der Pressemedien, die jeden Tag neue Horrorgeschichten drucken, welche die potentielle Unsicherheit im Netz beweisen. Niemand hat jemals behauptet, daß Transfer von Informationen sicher sei. Das trifft auf den »*Kurier des Zaren*« genauso zu wie auf den DSA-verschlüsselten Datentransfer. Wenn man jedoch die totale Sicherheit fordert, so wird man bald keine Daten mehr benötigen. Unser Zusammenleben beruht primär auf Konsens, also auf dem toleranten Miteinander, und erst sekundär auf den Gesetzen, die wir uns gegeben haben. Das gilt im Bereich der Unternehmen ganz genauso. Ohne ein gewisses Vertrauen in die Gutwilligkeit und Kooperationsbereitschaft des Partners sind kommerzielle und industrielle Aktivitäten schlicht unmöglich. Man erinnere sich an das »*Gefangenendilemma*« aus der formalen Logik, auch hier wären die Beteiligten bei kooperativem Verhalten besser gefahren.

Genauso, wie Sie erwarten können, daß niemand böswillig in Ihren Datenbestand einbricht, kann er das gleiche von Ihnen erwarten. Die Absicherung beim Transfer von Daten sollte sich an der Wichtigkeit der Daten orientieren. Nicht jedes Stückchen Datensalat ist schützenswert. Und wenn es doch einmal geschieht, daß jemand in Ihr Firmennetz einbricht,

– »*you can't win them all*« –.

Mit der Sicherheit ist es wie mit dem Erstellen von Backups: Solange nichts schiefgeht, denkt man nicht daran, ein Backup zu ziehen. Erst wenn der Fall der Fälle eingetreten ist, dann bereut man die Unterlassung. Mit der Sicherheit im Internet verhält es sich genauso: `telnet`, `rsh` und `rlogin` funktionieren so lange gut, bis der erste Einbruch ins Firmennetz stattgefunden hat. Sobald Sie das Internet als Transfermedium für Ihre Firma verwenden, können Sie mit zwei simplen Mechanismen die Sicherheit Ihrer Daten zu einem hohen Prozentsatz sicherstellen. Wenn Sie bei einem `telnet`-, `rsh`- oder `rlogin`-Verkehr den `sshd` (ssh Daemon) verwenden, so kann Ihren Daten praktisch nichts mehr geschehen. Dieser Mechanismus ist aber im Buch auch ausführlich beschrieben worden. Alles, was darüber hinausgeht, ist von akademischem Interesse. Wenn Sie bei einem Consultant-Unternehmen mit `rlogin` die Fernwartung übernehmen lassen, so denken Sie daran, hier muß sshd verwendet werden. Wenn der Berater Ihrer Wahl Ihnen das nicht von selbst vorschlägt, so sollten Sie sich vielleicht nach einem anderen, kompetenteren Berater umsehen.

Wenn in Ihrer Firma die Anzahl von Rechnern eine bestimmte Größe überschreitet, so verwenden Sie eine Firewall, wenn Sie sicher sein wollen, daß niemand Ihre Daten mißbraucht. Wie eine solche Firewall installiert wird, zeigt Ihnen das Buch. Aber auch mit welchen Nachteilen Sie zu rechnen haben.

Es kam mir mehr auf die Einsatzfähigkeit der vorgestellten Software an und auf die Möglichket, schnell Resultate zu erzielen. Gerade Unternehmensgründer haben wenig Zeit, sich um ausgebuffte Lösungen zu kümmern, für sie kommt es darauf an, schnell eine funktionierende Infrastruktur zu schaffen, die Zeit einspart, anstatt Zeit kostet.

Eine große Menge an verfügbarer und nützlicher Software fand keinen Eingang in die Themen dieses Buches, das ist zum großen Teil meine Schuld. Die angebotene Software ist so vielfältig, daß niemand auch nur annähernd einen Überblick haben kann, welche Software angeboten wird, welche Software einen Nutzen hat und wie das Kosten/Nutzenverhältnis ist.

Beschäftigt Ihre Unternehmung einen tüchtigen und kompetenten Systemadministrator, so wird dieser sehr bald in der Lage sein, die gesamte und sehr komplexe Struktur von Linux für Ihre Firma zu nutzen. Sehen Sie sich an der lokalen Universität um, dort kann Ihnen vielleicht ein fähiger Student gute Dienste als Systemadministrator leisten. Ich habe mir damit mein Studium finanziert.

Die neue Zeit, der wir entgegengehen, verlangt neue Denkansätze, und sie verlangt, für Lernprozesse immer offen zu sein. Nur wer sich ständig informiert, wird der sich wechselnden und entwickelnden Technologie gewachsen sein. Eine Unternehmung wird in Zukunft, ohne im Netz präsent zu sein, nicht überleben. Technik ist nichts Gottgegebenes, sondern wir alle sind für Technik verantwortlich, für die Entwicklung, aber auch dafür, daß die Resignation der auf uns einstürmenden Informationsvielfalt nicht dazu führt, daß wir zum Spielball anderer werden. Linux ist die Antwort der modernen Technik auf den Anspruch eines Monopols, die Welt zu beherrschen. Machen Sie es nicht wie die Lemminge, informieren Sie sich, oder lassen Sie sich informieren. Wenn Sie davon überzeugt sind, daß Linux für Sie nicht die richtige Wahl ist, nachdem Sie sich informiert haben, so verwenden Sie andere Betriebssysteme (leider hat man heute ja kaum noch eine Wahl). Aber wählen Sie nicht bloß deshalb eine Betriebssystem-Struktur, weil das alle Kollegen auch tun. Es ist gefährlich, sich einer Technologie auszuliefern, bloß weil man die Alternativen nicht kennt.

Linux ist nicht bloß deshalb eine gute Wahl, weil es nichts kostet, es ist einfach eine überlegene Technologie, die mit den Methoden der Zukunft entwickelt wird. Schließlich kann kein Software-Haus dieser Erde behaupten, eine solche Menge an kompetenten Entwicklern für sich arbeiten zu lassen, wie dies bei dem Betriebssystem Linux jeden Tag geschieht. Samstags und sonntags eingeschlossen.

D Glossar

Akronym

Oft werden Abkürzungen als Akronym bezeichnet. Linux, ftp, und gnu sind bekannte Akronyme.

Alias

Am häufigsten gebraucht man den Ausdruck Alias im Zusammenhang mit der shell. Mit einem Alias kann man lange oder oft benötigte Befehle abkürzen. Sehen Sie hierzu bitte im Abschnitt über Handhabung der Shell nach.

ATAPI

ATAPI ist ein Protokoll, über das Geräte angesteuert werden können, die am (E)IDE-Kontroller hängen. Verbreitet sind insbesondere ATAPI-CD-ROM-Laufwerke; mittlerweile gibt es aber auch ZIP-Drives, Streamer und Diskettenlaufwerke, die an dieser Schnittstelle betrieben werden. All diese Geräte werden von Linux unterstützt.

Backup

Backup ist der englische Ausdruck für Sicherheitskopien. Sicherheitskopien sollte man sich regelmäßig v. a. von den wichtigen Daten anlegen. Auch (meist mühevoll erstellte) Programmkonfigurationen sind durchaus sicherungswürdig. Unter Linux ist der Befehl `tar` die grundlegende Methode, Daten auf ein Device zu sichern. Oft wird `tar` zusammen mit `gzip` verwendet.

Benutzerverzeichnis

Das Benutzerverzeichnis ist der Ausgangspunkt der meisten Aktivitäten eines Benutzers im Rechnersystem. Im Benutzerverzeichnis kann der Benutzer seine privaten Daten ablegen. Neben dem Systemadministrator hat er als einziger Schreibzugriff auf die Dateien des Benutzerverzeichnisses. Die Lage des Benutzerverzeichnisses im Dateisystem wird unter Unix in der Umgebungsvariablen HOME festgehalten.

Betriebssystem

Das Betriebssystem ist ein permanent auf einem Rechner im Hintergrund laufendes Programm, welches das grundlegende Arbeiten mit dem Rechner überhaupt erst ermöglicht. Die Aufgaben eines Betriebssystems ist die Verwaltung aller verfügbaren Ressourcen eines Rechners. Unter Linux übernimmt diese Aufgaben der Kernel und evtl. vorhandene Kernelmodule. Bekannte Betriebssysteme sind ittAmigaOS, Linux, ittMacOS, OS/2$^{(c)}$, Unix, Windows NT$^{(c)}$ u. a.

BIOS

In jedem PC befindet sich ein kleiner Speicherbereich, welcher das sog. BIOS enthält. Das BIOS enthält Initialisierungs- und Testprogramme für den Systemstart sowie (relativ einfache) Treiber für die wichtigsten Peripheriegeräte: Tastatur, Videokarte, Laufwerke, Schnittstellen, Uhr. Unter Linux ist das BIOS nicht aktiv, da es im real mode (CPU) arbeitet und beim Booten des Kernels abgeschaltet wird. Der Kernel stellt unter Linux auch wesentlich leistungsfähigere Routinen als das BIOS zur Verfügung.

Booten

Mit Booten wird der gesamte Startvorgang eines Systems vom Einschalten bis zu dem Moment, in dem das System dem Benutzer zur Verfügung steht, bezeichnet. Unter Linux versteht man darunter das Booten des Kernels, welches sich durch die Meldung uncompressing Linux... ankündigt und mit der login:-Aufforderung beendet ist.

Buffer

Unter Buffer versteht man eine Art Zwischenspeicher, der es ermöglicht, wiederkehrende Zugriffe auf die in ihm gesicherten Daten zu beschleunigen. Unter Linux gibt es viele Arten von Buffern.

CD-ROM-Laufwerk

Es gibt verschiedene Typen von CD-ROM-Laufwerken. Am verbreitesten sind nunmehr wohl ATAPI-Laufwerke, die an einen (E)IDE-Festplattenkontroller angeschlossen werden. Außer diesen Laufwerken gibt es noch

- SCSI-CD-ROM-Laufwerke, die über einen SCSI-Hostadapter betrieben werden,
- CD-ROM-Laufwerke, die an den Parallel-Port angeschlossen werden können, und
- herstellerspezifische CD-ROM-Laufwerke, die über spezielle Kontrollerkarten oder über Soundkarten angesteuert werden.

Nur für die letztgenannten Laufwerke müssen spezielle Treiber ausgewählt werden!

CPU

Der Prozessor. Intel-Prozessoren der x86–Reihe kann man in mehreren Modi betreiben, wovon besonders zwischen zwei unterschieden werden soll:

- Real Mode:
  Die ursprüngliche Betriebsart mit segmentiertem Speichermodell. Langsam und veraltet (16-Bit Software).

- Protected Mode:
  (ab 386 nutzbar) Betriebsart mit linearem Speichermodell, mehreren Privilegstufen und Zugriffsschutzmechanismen. Erst in dieser Betriebsart entfaltet die CPU ihre volle Leistung. Linux nutzt den Prozessor ausschließlich im Protected Mode.

Linux gibt es derzeit für die folgendenden Prozessorarchitekturen: Intel x86, DEC alpha, Motorola m68k, Sparc, PowerPC, MIPS, ARM.

Cursor

Der Cursor ist im allgemeinen ein kleines Blockzeichen, das die Stelle der Eingabe markiert. Unter Linux taucht der Begriff an folgenden Stellen auf:

- Shell/Editor:
  Durch ein Rechteck oder (blinkenden) Strich markierte Stelle, an der die Eingabe von Zeichen mittels Tastatur erfolgt. Auf der Shell steht der Cursor rechts neben dem Prompt.

- Mauscursor unter X:
  Der Mauszeiger unter X. Je nach Hintergrund ändert er seine Form. Z.B. Pfeil bei xterm, X–förmig auf dem Hintergrund, I–förmig in einem Editorfenster.

- GPM-Cursor (Console):
  Ein zeichengroßer Block, der mittels der Programms GPM auf der Konsole mit Mausbewegungen positioniert und für Cut & Paste (Selection) verwendet werden kann.

Datei

Unter Linux ist eine Datei das zentrale Konzept beim Umgang mit Daten. Wie bei anderen Systemen auch, dienen Dateien in erster Linie dazu, Daten auf Massenspeichern abzulegen. Der Dateiname muß im Verzeichnis, in dem die Datei liegt, einmalig sein. Mit Hilfe des Dateisystems können diese Dateien hierarchisch strukturiert werden. Sehen Sie bitte in diesem Eintrag auch zu weiteren Informationen über Dateinamen nach.

Zusätzlich gibt es unter Linux hierzu noch weitere spezielle Dateien. Siehe hierzu die Einträge Link, Device und Proc.

Dateisystem

Ein Dateisystem stellt ein Ordnungssystem für Dateien dar. Es gibt eine Vielzahl verschiedener Dateisysteme, die sich hinsichtlich ihrer Leistungsfähigkeit teilweise stark unterscheiden. Manche Dateisystemarten sind fest an bestimmte Medientypen gebunden. Man kann nicht einfach sagen: Linux benutzt Dateisystem X.

DSA

Der *DSA* (Digital Signature Algorithm) ist ein Verschlüsselungsalgorithmus für die Verschlüsselung von Daten.

Domain-Name

Der Domain-Name bezeichnet einen Rechnerverbund, dabei kann es sich um lokal vernetzte Rechner handeln (siehe Abb. **2.5**), aber auch um einen Einzelplatzrechner, der an einen ISP als Client angeschlossen ist. Dieser ISP stellt dann den Domain-Namen. Wenn man keine Intention hat, sich im Internet zu tummeln, so kann man lokal jede Art Phantasienamen vergeben, allerdings wird das bestimmt auf keinen kommerziellen Rechner-Verbund zutreffen. Ist man nur Client, so sollte man einen Namen wählen, der die Firma repräsentiert. Nun kann man diesen Namen nicht mehr frei wählen, denn täte das jeder, gäbe es ein ziemliches Namens-Durcheinander im Netz, und niemand könnte sicher sein, den gewünschten Adressaten auch zu erreichen.

E-mail

Verfahren, um eingetragenen Benutzern eines Rechnersystems, das in ein Netzwerk integriert ist, über das Netzwerk elektronische Briefe zukommen zu lassen. Wie bei Briefen (oft als Schneckenpost *engl. snail mail* bezeichnet) muß der Adressat angegeben werden: dies geschieht mit der sog. E-mail-Adresse. Mit E-mail können nicht nur Texte, sondern auch Ton-Dokumente oder Bilder verschickt werden. Der Vorteil von E-mail sind die geringen Kosten und die Tatsache, daß die meisten Postsendungen nach wenigen Minuten schon beim Empfänger ankommen können.

Editor

Editoren sind Programme, mit denen Dateien durch Eingabe z.B. von Text verändert werden können. Bekannte Mehrzweck-Editoren unter Linux sind [emacs]GNU Emacs oder der Unix-Editor vi.

Eingabeaufforderung

Bei einer textorientierten Shell wird die Stelle, an der Befehle an das Betriebssystem eingegeben werden können, durch die Eingabeaufforderung gekennzeichnet. Im Prompt können z.B. der Rechner- und Benutzername, die aktuelle Uhrzeit und ähnliche Angaben dargestellt werden. Meist steht der Cursor direkt hinter dem Prompt. Mit dem Wiederauftauchen des Prompts signalisiert das Betriebssystem (bzw. die Shell), daß das System zur Entgegennahme neuer Befehle bereit ist.

Ethernet

Eine *Ethernet*-Verbindung besteht aus mindestens zwei Rechnern, die jeweils mit einer entsprechenden Netzwerkkarte ausgestattet und über eine Koaxialleitung miteinander verbunden sind.

EXT2

ist das von Linux verwendete Standard-Dateisystem. Es zeichnet sich durch hohen Durchsatz, lange Dateinamen und Zugriffsrechte sowie Fehlertoleranz aus.

Fenster

Fenster sind rechteckige Bildschirmausschnitte, die im allgemeinen von einem Rahmen umgeben sind. Der Rahmen enthält meist Dekorationselemente über die z.B. die Lage oder Größe des Fensters auf dem Bildschirm verändert werden kann. Um mit Fenstern arbeiten zu können, muß unter Linux ein X-Server und ein Fenstermanager laufen.

Fenstermanager

Der Fenstermanager wird unter dem X Window System benötigt, um Fenster manipulieren zu können, z.B. Öffnen, Schließen, Verschieben, als Icon darstellen etc. Oftmals warten die Fenstermanager mit zusätzlichen Funktionen auf, z.B. mit Toolbars, die Icons zum Starten von Applikationen beherbergen.

Firewall

Mit *Firewall* wird ein Frontrechner bezeichnet, der ein lokales Netz nach außen abschottet. Die *firewall* wird in Verbindung mit einem *proxy*-Server eingesetzt, der bestimmt, welche Benutzer und Dienste des lokalen Netzes nach außen sichtbar sein sollen.

Fokus

Man sagt, ein Bedienelement, z.B. die Eingabezeile eines Terminals, hat den Fokus, wenn die aktuellen Eingaben über die Tastatur an dieses Bedienelement weitergegeben werden. Meist ist der Fokus mit der Position des Cursors verbunden. Die Art, wie ein Fenstermanager den Fokus verwaltet, wird als Fokuspolitik *engl. focus policy* bezeichnet. Hier unterscheidet man den Fokus, der immer dem Mauscursor folgt, und den Fokus, der nur dann an ein Bedienelement übergeht, wenn es durch Klicken mit der Maus aktiviert wird.

Fremdschlüssel

So wird die Spalte einer Relation bezeichnet, deren Werte auf die Primärschlüsselwerte einer anderen Relation bezogen sind.

FTP

FTP ist die Methode, Dateien unter Unix von einem Rechner zum anderen zu transferieren. Hierbei beteiligt sind der FTP-Server (der Rechner, der die Daten bereitstellt) und der FTP-Client (der Rechner, der die Daten holt).

GNU

GNU steht für *GNU is Not Unix* und ist ein Projekt der FREE SOFTWARE FOUNDATION (FSF), dessen Ziel die Schaffung eines völlig frei (das heißt kostenlos und im Quelltext) verfügbaren, mit Unix kompatiblen Betriebssystems zum Ziel hat. Im Zuge dieser Entwicklung werden alle Unix-Hilfsprogramme neu entwickelt und teilweise mit mehr oder verbesserter Funktionalität versehen. Linux profitiert von diesem Projekt (insb. von den Tools), sollte damit aber nicht gleichgesetzt werden.

Grafische Benutzeroberfläche

Der Bildschirm, der unbedingt grafische Ausgaben ermöglichen muß, wird als Schreibtischoberfläche *engl. desktop* angenommen. In den Fenstern laufen die verschiedenen Prozeße. Die Bedienelemente eines GUI werden üblicherweise mit der Maus, einem Trackball oder ähnlichem bedient. Bekannte GUIs sind das X Window System, APPLE MACINTOSH System 7, DIGITAL RESEARCH GEM, MS-WINDOWS.

Hintergrundprozeß

Wenn sich die Shell (scheinbar) mit nur einem Prozeß beschäftigt und keine weiteren Eingaben erlaubt, spricht man von einem Prozeß, der *im Vordergrund* abgearbeitet wird. Daneben gibt es bei den meisten Shells die Möglichkeit, Prozesse *im Hintergrund* abzuarbeiten.

Soll ein Prozeß im Hintergrund gestartet werden, so muß die Eingabezeile, mit der das Programm gestartet wird, mit dem Zeichen & beendet werden. Voraussetzung für Prozesse, die im Hintergrund ablaufen, ist ein *Multitasking*-Betriebssystem.

Host

Der *Host* ist der Gastgeber, ein Zielrechner, auf dem man rechnen kann, dessen Dienste man in Anspruch nehmen und dem man Nachrichten senden kann.

Host-Name

Der Host-name ist der Name der einzelnen Maschine innerhalb einer Domain. Jede Maschine hat in ihrem Netz einen eigenen Namen, der zusammengesetzt mit dem domain-Namen den Rechnernamen im Internet repräsentiert.

Inode

Mit Inodes verwaltet das EXT2-Dateisystem die Information zu den Dateien auf der Festplatte. Außerdem enthalten die Inodes weitere Informationen, wie etwa Eigentümer der Datei, zugeteilte Rechte, Datum der Änderung.

Internet

Das Internet ist ein weltumspannendes heterogenes – das heißt aus verschiedensten Rechnern bestehendes – Netzwerk. Rechner werden im Internet über die IP-Adressen (IP = internet protocol) angesprochen, die weltweit eindeutig sind. Die IP-Adressen sind gegliedert in nationale, Domänen- und Subdomänen-Adressen und die Rechneradresse. Neben der numerischen IP-Adresse existieren sogenannte Aliases, die den Benutzern das Merken der Adressen erheblich vereinfachen. Das Internet funktioniert neben der Hardware-Ebene mit Hilfe einer Reihe von Protokollen, z.B. ftp, http, tcp u. a. auf verschiedenen logischen Ebenen. Bekannte Dienste des Internets sind z.B. E-mail oder das World Wide Web (WWW oder W3). Ein wichtiges Stichwort im Zusammenhang mit dem Internet ist z.B. die Netiquette, die das für ein geordnetes Zusammenleben benötigte Wohlverhalten aller im Netz im Sinne eines *selbstverständlichen Ehrenkodex* regelt.

IP-Adresse

Der Computer kann mit textuellen Namen nicht sehr viel anfangen, deshalb verwendet das Internet numerische Namen zur Identifikation der einzelnen Benutzer. Jede IP-Adresse wird durch ein Quadrupel von Tripeln repräsentiert. Ein Beispiel:

$$192.168.017.003$$

Die IP-Nummernvergabe unterliegt genauen Restriktionen, die wir hier nicht näher erläutern wollen, da diese in jedem Buch über Linux und Linux-Netzwerke genau erläutert sind (siehe OLAF KIRCH [19], MICHAEL KOFLER [22] oder CRAIG HUNT [18]).

ISP (Internet Service Provider)

Hier handelt es sich um einen Dienstleister, der Internet-Dienste bereitstellt. Auch wenn eine Unternehmung schon einen großen Umfang angenommen hat, wird man kaum eine Standleitung mit einem T1-Zugang wählen, die Kosten hierfür sind schon recht erheblich.

Jokerzeichen

Siehe Stichwort Wildcards.

Join

Ein Join ist die Verknüpfung zweier Relationen über Primär/Fremdschlüsselbeziehungen.

Kommandozeile

Die Arbeitsweise unter Unix ist kommandozeilenorientiert. Das bedeutet, daß jedes Programm, welches Sie in der Shell eingeben, eine Kommandozeile haben kann. Der Befehl ls kann verschiedene Optionen zur Steuerung seines Verhaltens annehmen.

Konsole

Früher gleichgesetzt mit dem Terminal. Unter Linux gibt es sog. *virtuelle Konsolen*. Diese erlauben es, einen Bildschirm für mehrere unabhängige – aber gleichzeitige – Sitzungen zu verwenden. Der Standard (Runlevel 2) sind 6 virtuelle Konsolen, die Sie mit Alt+F1 bis Alt+F6 erreichen können.

Vom X Window System aus[1] erreichen Sie die Textkonsolen mittels Strg+Alt+F1 bis Strg+Alt+F6.

LAN

Ein LAN ist ein Netzwerk mit geringer räumlicher Ausdehnung, meist von einem Systemadministrator betreut. LANs werden meist über sog. Gateways an andere Netzwerke angeschlossen und bilden so ein WAN.

Löschanomalie

Bei einer schlecht konstruierten Datenbasis kann es geschehen, daß beim Löschen eines Eintrags in einer Relation noch benötigte Informationen mit gelöscht werden. Ein Beispiel: Wenn wir über eine Person Daten speichern, dann muß die Speicherung so geschehen, daß beim Löschen des Eintrags nur die entsprechenden Daten gelöscht werden, aber nicht der Kundenname selbst, denn den könnte man ja schließlich noch einmal gebrauchen. Wenn beispielsweise bei der Stornierung eines Auftrags

---

[1] welches entweder Konsole 7 (Runlevel 2), oder Konsole 3 (Runlevel 3) benutzt

der Auftraggeber mit gelöscht wird, so zeugt das von keinem besonders kompetenten Datenbank-Design.

Massenspeicher

Ein Sammelbegriff für viele z. T. sehr unterschiedliche Medien zum Speichern von Daten.

Typische Massenspeicher sind: Disketten, Festplatten, Magnetbänder, CD-ROMs, magnetooptische Speicher, holografische Speicher u. a.

Menü

In grafischen Benutzeroberflächen können viele Funktionen eines Programms meist über ein Menü erreicht werden. Menüs stellen (wie eine Speisekarte) alle zur Verfügung stehenden Befehle dar, so daß der Benutzer diese auswählen und ausführen lassen kann. Meist gibt es in einem Programm eine Menüleiste (*engl. menu bar*) mit Untermenüs. Zusätzlich gibt es Popup-Menüs, die z.B. vor dem Hintergrund auftauchen und durch Drücken eines Buttons ausgelöst werden.

Mountpoint

Unter dem Mountpoint versteht man das Verzeichnis, unter dem eine Partition oder ein Gerät in den Linux-Verzeichnisbaum eingehängt ist.

Multiprocessing

Arbeitet ein Rechner, auf dem dieses Betriebssystem läuft, mit mehr als einem Prozessor, spricht man von einem MultiProzessor- oder Multiprocessing-System. Unter Linux werden Sie den Begriff SMP antreffen, was soviel wie *symmetric multi processing* bedeutet und eine spezielle Form des Multiprocessing ist.

Multitasking

Betriebssysteme, die mehr als ein Programm gleichzeitig ausführen können, nennt man *Multitasking*-Systeme (*engl. task = Aufgabe*). Man unterscheidet zwischen zwei Formen von *Multitasking*:

- **preemptives** *Multitasking*:
  Das Betriebssystem verwaltet die Zuteilung der Rechenzeit der einzelnen Prozesse.

- **kooperatives** *Multitasking*:
  Die Prozesse geben freiwillig ihre Rechenzeit ab.

Wie man schon sieht, ist die erste Variante das bessere Verfahren, da kein Anwenderprozeß die CPU vollständig in Beschlag nehmen kann. Linux bietet preemptives *Multitasking*.

multiuser

Das *Multitasking* ist Voraussetzung für das gleichzeitige Arbeiten mehrerer Benutzer an einem Rechner. Ein Betriebssystem, das diese Fähigkeit besitzt, bezeichnet man als multiuser-System.

Netzwerk

Das Netzwerk ist ein Zusammenschluß mehrere Rechner. Netzwerke existieren in verschiedenen Strukturen, je nachdem, wie die Rechner miteinander zusammenhängen: Ring, Stern, Bus, Baum u. a. Bekannte Hardware-Standards für Netzwerke sind z.B. Ethernet, Token-Ring oder ISDN. Bei den Software-Protokollen sind (auf verschiedenen Ebenen) z.B. TCP, UDP, IPX u. a. wichtige Begriffe.

NFS

Protokol zum Zugriff auf Dateisysteme vernetzter Rechner. Auf der Serverseite wird in der Konfigurationsdatei /etc/exports festgelegt, welcher Rechner auf welchen Verzeichnisbaum des Servers zugreifen darf. Der Klient kann dann diese Verzeichnisse in seinen Verzeichnisbaum einhängen.

ping

Der Dienst tut genau das, was man bei seinem Klang vermutet. Er schickt ein Datenpaket zum Zielrechner, schlägt dort an die Glocke der Eingangstür, kehrt zurück und teilt dem Anwender mit, ob der Fremd-Rechner erreichbar war oder nicht; er teilt auch mit, wie viele Datenpakete transferiert worden sind und wie lange das gedauert hat. Zu guter Letzt gibt er noch eine Statistik aus, die Aufschluß darüber gibt, wie schnell das schnellste Paket war, wie langsam das langsamste, und wie schnell im Mittel die Pakete waren.

Pfad

Über den Pfad wird die Position einer Datei in einem Dateisystem eindeutig beschrieben. Dabei werden in Unix die verschiedenen Ebenen von Verzeichnissen, durch die der Pfad führt, voneinander durch einen / SLASH getrennt. Man unterscheidet zwei Arten von Pfaden:

- relativer Pfad:

    Hierbei wird die Position einer Datei oder eines Verzeichnisses mit dem aktuellen Verzeichnis als Bezugspunkt angegeben.

- absoluter Pfad:

    Hierbei wird bei der Beschreibung Bezug auf das Wurzelverzeichnis genommen.

Pipe

Mit einer Pipe meint man die direkte Verbindung des Standardausgabekanals eines Programms mit dem Standardeingabekanal stdin-out eines NachfolgeProzesses. Auf diese Weise müssen Daten zur Weiterverarbeitung durch den zweiten Prozeß nicht in einer temporären Datei zwischengespeichert werden. In der Shell werden die zu PIPENDEN Prozeße in der Reihenfolge ihrer Abarbeitung in die Eingabezeile geschrieben, wobei sie durch ein Piping-Zeichen | (ASCII 124) voneinander getrennt werden.

Primärschlüssel

So wird die Spalte einer Relation bezeichnet, welche jede Zeile der Relation eindeutig identifizieren kann.

Prompt

Siehe Eingabeaufforderung.

Protokoll

Protokolle regeln sowohl auf Hardware- als auch auf Software-Ebene die Kommunikation von Rechnern in Netzwerken. Sie legen fest, wie die transferierten Daten auszusehen haben, in welchen Zeitabständen ein Rechner Daten übertragen darf, welcher Rechner eine Verbindung kontrolliert usw. Bekannte Protokolle sind z.B. FTP, UDP, TCP, HTTP etc.

Provider

Der *Provider* ist eine Stelle oder Firma (Telekom, AOL, Compuserve), welche gegen Entgelt Zugang zum Internet gewährt. Dabei können vom *Provider* zusätzliche proprietäre Dienste angeboten werden, die vor den Zugang zum Internet geschaltet sind.

proxy

Proxy bedeutet übersetzt Prokura. Genau wie in der Wirtschaftswelt beinhaltet die Prokura die Berechtigung, an Stelle einer anderen Person rechtsverbindlich handeln zu können. Ein *proxy*-Server wird einem lokalen Netzwerk vorangeschaltet, um das Eindringen unberechtigter Dritter nach außen abzuschotten.

Prozeß

Ein Prozeß ist quasi die *lebende* Variante eines Programms oder einer ausführbaren Datei (Shell). Oft wird dieser Begriff synonym mit Task verwendet.

RAM

Physikalischer Speicher von begrenzter Kapazität, auf den relativ schnell lesend und schreibend zugegriffen werden kann.

Rlogin

Mit einem *remote login* kann man sich über das Internet bei einem nichtlokalen Rechner einloggen, als wenn man selbst an der Konsole dieses Rechners säße. Wenn auf beiden Rechnern ein X-Server läuft, kann man sogar die Ausgaben einer X-Applikation auf das lokale Display umleiten lassen, indem man die DISPLAY-Variable des *remote environments* richtig setzt.

ROM

Nur-Lese-Speicher. Eine CD ist ein Beispiel für ROM-Speicher.

rpm RPM

Mit rpm lassen sich Softwarepakete installieren und de-installieren, aber auch Anfragen an die Paket-Datenbank richten.

Root

Siehe Systemadministrator.

Schalter

Schalter lassen den Benutzer das Standardverhalten von Programmen beeinflussen. Die sog. Kommandozeile besteht aus dem Programmnamen und evtl. folgenden Schaltern.

Schnittstelle

Generell wird als Schnittstelle die Stelle bezeichnet, über die verschiedene Systeme Informationen miteinander austauschen. Eine solche Schnittstelle ist z.B. die Tastatur, an der Mensch und Maschine aufeinandertreffen. Diese Ansicht ist sehr abstrakt. Viel konkreter kann man folgende Schnittstellen unterscheiden:

- Hardwareschnittstelle:
  Durch die z.B. Peripheriegeräte an den Rechner angeschlossen werden. Beispiele sind der Parallelport, SCSI und serielle Schnittstelle.

- Softwareschnittstelle:
  Legt fest, wie Programme miteinander kommunizieren. Siehe auch Protokoll.

- Benutzerschnittstelle:
  Hier tauschen Mensch und Maschine miteinander Daten aus. Beispiele hierfür sind Maus, Monitor und Tastatur.

Selection

Die Selection ist ein Mechanismus des X-Servers. Mit der Maus können Textzeichen auf dem grafischen Bildschirm selektiert (indem man mit gedrückter linker Maustaste über den auszuwählenden Bereich fährt) und z.B. in einer anderen Applikation verwendet werden (indem man den Cursor in das Fenster der jeweiligen Applikation bringt und die mittlere Maustaste drückt). Diesen Vorgang nennt man auch Cut & Paste.

Server

Ein Server ist ein meist sehr leistungsfähiger Rechner, der anderen, über ein Netzwerk angeschlossenen Rechnern (Clients) Daten und Dienste bereitstellt. Neben den Rechnern als Server gibt es auch Programme, die Dienste verteilen. Solche Programme werden ebenfalls Server genannt, da sie ständig laufen und dadurch eine ähnliche Verfügbarkeit wie Hardware-Server haben. Ein Beispiel für einen Software-Server ist z.B. der X-Server.

Shell

Die Shell stellt eine grundlegende Schnittstelle zum Betriebssystem (Kernel) dar. Mit Hilfe der Shell können Befehle eingegeben werden. Dazu stellt die Shell eine Eingabezeile bereit. Um Arbeitsvorgänge automatisieren zu können, verfügen Shells meist über eine eigene Programmiersprache. Diese Programme (sog. Shellskripte) können als intelligente Batchdateien angesehen werden. Beispiele für Shells sind `bash`, `sh`, `tcsh`.

Speicher

Speicher ist das Gedächtnis Ihres Rechners; oft spricht man auch von Arbeitsspeicher oder Hauptspeicher (*engl. main memory*). Unter Linux sind zwei Arten von Speicher definiert:

- physikalischer Speicher:
  Dies ist der in Form von RAM-Bausteinen in Ihrem Rechner vorhandene Speicher. Typische Größenordnung ist 8 MB bis 128 MB. Auf Daten im RAM ist ein schneller Zugriff möglich.

- virtueller Speicher:
  Durch das Konzept des virtuellen Speichers kann das System speziell ausgezeichnete Bereiche der Festplatte/Floppy etc. (Swap) ebenfalls als Arbeitsspeicher ansehen.

Standardein-/ausgabe

Jeder Prozeß besitzt 3 Kanäle, auf denen er Daten einlesen bzw. ausgeben kann. Diese sind der Standardeingabekanal (stdin), der Standardausgabekanal (stdout) und der Standardfehlerkanal (stderr). Diese Kanäle sind per Voreinstellung auf bestimmte Ausgabegeräte gerichtet, nämlich die Standardeingabe auf die Tastatur, die Standardausgabe und der Standardfehlerkanal auf den Bildschirm. Mit Hilfe der Shell lassen sich die Kanäle auf jeweils andere Kanäle umlenken. Man spricht dann z.B. von der Umlenkung des Standardeingabekanals, wenn die Zeichen z.B. aus einer Datei statt von der Tastatur eingelesen werden. Die Umleitung wird in der Shell durch die vorangestellten Zeichen < (Eingabekanal), > (Ausgabekanal) und 2¿ (Fehlerkanal) versinnbildlicht. Siehe auch Pipe.

Systemadministrator

Die Person, die in einem komplexen Rechnersystem bzw. -netzwerk Konfigurationen und Wartung übernimmt. Der Systemadministrator (`root`) hat (meist als einzige Person) Zugang zu allen Aspekten eines Rechnersystems (Root-Rechte).

Task

Siehe Prozeß.

TCP/IP

TCP/IP bezeichnet das sogenannte *Transmission Control Protocol*, in Verbindung mit der *Internet-Protokoll-Schicht*. *TCP/IP* bezeichnet ein Netzwerk-Protokoll. Das Stream-Protokoll, besser bekannt als *TCP*- oder Transfer-Control-Protocol ist verbindungsorientiert. Das bedeutet, bevor eine Nachricht geschickt werden kann, muß eine Verbindung zwischen dem Socket des sendenden Prozeßes und dem Socket des empfangenden Prozesses aufgebaut werden. Wenn diese Verbindung einmal steht, dann können über diese beliebig große Datenmengen ausgetauscht werden. Sobald die beiden Sockets verbunden sind, ist die Richtung der Nachrichten nicht mehr wichtig. Die beiden Prozesse können interaktiv miteinander kommunizieren.

Telnet

Telnet ist das Protokoll und Kommando, um mit anderen Rechnern, *engl. hosts*, zu kommunizieren.

Terminal

Im Deutschen auch als Datensichtgerät oder Datenstation bezeichnet. Eine an einen Mehrbenutzerrechner angeschlossene Kombination aus Bildschirm und Tastatur ohne eigene Rechenleistung. Auf Workstations auch zur Bezeichnung von Programmen benutzt, die ein echtes Terminal emulieren.

Umgebung

Eine Shell stellt i. d. R. eine Umgebung zur Verfügung, in welcher der Benutzer temporär Einstellungen vornehmen kann. Diese Einstellungen sind zum Beispiel Pfadnamen zu Programmen, der Benutzername, der aktuelle Pfad, das Aussehen des Prompts etc. Die Daten werden in einer Umgebungsvariable gespeichert. Die Belegung der Umgebungsvariablen erfolgt z.B. durch die Konfigurationsdateien der Shell.

Umgebungsvariable

Ein Platz in der Umgebung der Shell. Jede Umgebungsvariable hat einen Namen, der meist in Großbuchstaben angegeben ist. Den Variablen werden Werte, z.B. Pfadnamen, zugewiesen. Bei der Bash-Shell geschieht dies so:

```
root@delcarlo:/ >export EDITOR=emacs
```

Mit dem Befehl env kann die aktuelle Belegung der Variablen abgefragt werden. Wird ein Variablenwert z.B. in einem Shellskript benötigt, wird die Variable durch Voranstellen eines $ dereferenziert. Wichtige Umgebungsvariablen sind HOME (enthält den Pfad des Benutzerverzeichnisses), SHELL (Pfad des Shellprogramms), USER (Benutzername), PATH (Suchpfad für ausführbare Dateien), MANPATH (Suchpfad für man pages).

Unix

ist ein Betriebssystem, das vor allem auf Workstations verbreitet ist. Unix unterstützt wichtige Konzepte wie z.B. den Betrieb von Rechnern in einem Netzwerk. Unix besteht aus einem Kern (Kernel), einer Shell und Anwendungsprogrammen. Seit Beginn der 90er Jahre ist Unix in einer Freeware-Version auch für PCs in Form von Linux erhältlich.

UPS

Eine UPS-Einheit (Uninterrupted Power Supply) besteht aus einer ziemlich dicken Batterie und einer Steuereinheit, welche die Spannung der Batterie von 12 V Gleichstrom auf 220 V Wechselstrom umformt und diesen dann, bei einem Ausfall des lokalen Stromnetzes **ohne Unterbrechung** dem Rechner zur Verfügung stellt.

Ur-Linux

Beim Installieren wird zuerst das Ur-Linux zum Laufen gebracht. Es kommt ohne Festplatte aus, die in diesem Stadium noch nicht ansprechbar ist. Sein Kernel stammt von der Bootdiskette oder von der CD-ROM, das Rootimage ist in eine RAM-Disk geladen (ebenfalls von CD-ROM oder der Rootdiskette). Die weiteren Programme (z.B. YaST) kommen direkt aus der RAM-Disk.

Nach dem ersten Einloggen startet man YaST und bereitet die Installation des richtigen Linux vor.

User-Name

Dieser Begriff existiert nur bei multiuser-BS, also auch bei Linux. Für die Installation und den Betrieb des Netzes ist er von untergeordneter Bedeutung, wenn Sie jedoch einen ISP in Anspruch nehmen und eine registrierte Domain betreiben, ist dieser Name wichtig für die Zustellung der E-mail innerhalb Ihres lokalen Netzes. Wir werden das zu gegebener Zeit genau beleuchten.

Aus dem Domain-Namen, dem Rechnernamen und dem User-Namen setzt sich Ihre E-mail-Adresse zusammen. Eine Adresse wie borkner@business.italisa.com (das ist die Adresse, unter der Sie mich im Internet erreichen können), bedeutet, es gibt einen User mit Namen `borkner`, dieser User befindet sich auf einem Rechner mit Namen `business`, und dieser Rechner ist Teil der Domain `italisa.com`.

Verzeichnisse

bauen die Ordnungsstruktur eines Dateisystems auf. In einem Verzeichnis werden Datei- bzw. Verzeichnisnamen aufgelistet. Man sagt, eine Datei x liegt in einem Verzeichnis y, wenn ihr Name dort aufgeführt wird. Dadurch, daß in einem Verzeichnis Verweise auf andere Verzeichnisse (Unterverzeichnisse) liegen können, wird das Dateisystem als Baumstruktur möglich. Will man ein anderes Verzeichnis ansehen, kann man in dieses Verzeichnis wechseln. Damit geht man im Dateisystembaum eine Ebene tiefer. Dateien sind als Blätter dieses Dateibaums zu sehen, in denen (logischerweise) kein Abstieg mehr möglich ist. Verzeichnisnamen folgen denselben Beschränkungen wie Dateinamen. Die besonderen Verzeichnisnamen

. und ..

bezeichnen das Verzeichnis selbst bzw. dessen Vorgänger in der Hierarchie des Dateisystems.

WAN

Im Gegensatz zu LAN ein Netzwerk mit großer räumlicher Ausdehnung.

Wildcards

Die beiden Zeichen * und ? sind generische Zeichen und werden als Jokerzeichen bzw. Wildcards bezeichnet. Das Zeichen ? ersetzt genau ein beliebiges Zeichen, das Zeichen * ersetzt beliebig viele, auch kein Zeichen. Jokerzeichen werden in regulären Ausdrücken verwendet. Der Befehl `ls -l bild*` listet z.B. alle Dateien im aktuellen Verzeichnis mit Namen `bild` und beliebigen (auch keinen) darauffolgenden Buchstaben.

World Wide Web

Das *World Wide Web* ist der neueste Informationsdienst im Internet. Es entstand 1982 am CERN (Laboratorium für Teilchenphysik) in Genf aus der Idee, alle Informationen aus dem Internet neu zu strukturieren, einen globalen Zugriff auf jedes im Netz befindliche Dokument zu ermöglichen und ein effektives System zum Informationsaustausch zu entwickeln. Dadurch sollten Forschungsergebnisse mit anderen Arbeitsgruppen, die weltweit verteilt arbeiteten, geteilt und einheitlich genutzt werden.

Wurzelverzeichnis

Das oberste Verzeichnis eines Dateisystems. Im Gegensatz zu allen anderen Verzeichnissen eines Dateisystems hat das Wurzelverzeichnis kein übergeordnetes Verzeichnis. Der ..-Eintrag des Wurzelverzeichnisses verweist auf sich selbst. Das Wurzelverzeichnis wird unter NIX als / dargestellt.

X Window System

Eine Sammlung von Programmen, Protokollen und Routinen zur Verwaltung einer grafischen Benutzeroberfläche. Das X (kurz: X) wurde im Rahmen des Projekts Athena am MIT (Massachusetts Institute of Technology) entwickelt. Die großen Vorteile von X gegenüber anderen Systemen (z.B. MS Windows oder GEM) sind die Netzwerkfähigkeit und Flexibilität. So ist es möglich, daß der Benutzer Programme auf anderen Rechnern ausführen, aber auf seinem Bildschirm anzeigen lassen kann, und das Aussehen und Verhalten der Oberfläche frei wählen kann.
Anmerkung: Nein, es heißt nicht X-WINDOWS, sondern wirklich nur schlicht und einfach *X-System*.

X-Server

Rechner, auf denen ein X-Server läuft, können Dienste der grafischen Benutzeroberfläche X Window System benutzen. Eine wichtige Aufgabe des X-Servers ist die Verwaltung der Displays. Normalerweise hat jedes Ausgabeterminal ein Display. Der Name dieses Displays wird mit der Umgebungsvariablen `DISPLAY` angegeben, welche das Format `rechnername:displaynummer` besitzt, z.B. `delcarlo:0`. Die Kenntnis des Display-Namens ist wichtig für das rlogin.

Zugangsberechtigung

Die Einheit aus dem Benutzernamen *engl. login name* und dem Paßwort (*engl. password*). Die Zugangsberechtigung wird im allgemeinen vom Systemadministrator eingerichtet. Dieser legt auch fest, zu welcher Benutzergruppe der neue Benutzer gerechnet wird und welche Rechte im

Rechnersystem daraus resultieren. Das Einrichten der Zugangsberechtigung beinhaltet meist das Einrichten eines Benutzerverzeichnisses und das Zuteilen einer E-mail-Adresse an den Benutzer.

Zurücksetzen

Wenn der Rechner nicht mehr ansprechbar ist und auf keine Aktionen des Benutzers reagiert, befindet er sich oft z.B. in einer Endlosschleife. Die einzige Lösung in einem solchen Fall ist, den Rechner wieder in einen definierten Ausgangszustand zu versetzen. Man nennt dieses Vorgehen einen Reset (Zurücksetzen). Nach einem Reset befindet sich der Rechner im gleichen Zustand wie direkt nach dem Einschalten. Ein Reset ist dem Aus- und Wiedereinschalten des Rechners vorzuziehen, da er den Rechner mechanisch und elektrisch weniger belastet.

WICHTIG: Wie man sich leicht vorstellen kann, gehen bei einem Reset alle Daten, die im Speicher des Rechners vor dem Reset gelegen haben, verloren!

Literaturverzeichnis

[1] S. Autorenteam. *Installation, Konfiguration und erste Schritte der Version 6.1*. Suse, Nürnberg/Fürth, 1999.

[2] J. D. Blair. *Samba, Integrating Unix and Windows*. SSC Inc., 1998.

[3] O. Borkner-Delcarlo. *AVL-Baumstruktur in C++*. VDI-Verlag Düsseldorf, 1993.

[4] O. Borkner-Delcarlo. *Eine Halbfacetten-Datenstruktur für die Modellierung von „non-manifold"-Körpern*. Technische Universität München, München, 1995.

[5] O. Borkner-Delcarlo. *Umstieg auf Java Professionelle Softwareentwicklung mit dem JDK 1.1*. Carl Hanser Verlag München, 1997.

[6] O. Borkner-Delcarlo. *Java Database Connectivity*. Java-Magazin, Mar. 1998.

[7] O. Borkner-Delcarlo. *KDE, Programmieren und Einrichten*. International Thompson Publishing, 1998.

[8] R. F. Boyce and D. D. Chamberlain. Using a structured english query language as a data definition facility. *IBM RJ*, 1318(2), Dec. 1973.

[9] V. Claus and A. Schwill. *DUDEN Informatik, Ein Sachlexikon für Studium und Praxis*. Dudenverlag, Mannheim/Wien/Zürich, 1989.

[10] E. F. Codd. A relational model of data for large shared data banks. *Comm. of the ACM*, 13(6):377, June 1970. Reprinted in M. Stonebraker, Readings in Database Sys., Morgan Kaufmann, San Mateo, CA, 1988.

[11] E. F. Codd. Relational database: A practical foundation for productivity. *Comm. of the ACM*, 25(2):109, Feb. 1982.

[12] K. Dalheimer. *Programming With Qt*. O'Reilly, 1999.

[13] L. Dietsche and J. Lammarsch. *LaTeX zum Loslegen, Ein Soforthelfer für den Alltag*. Springer Verlag, Berlin/Heidelberg, 1994.

[14] D. Flanagan. *Java in a Nutshell*. O'Reilly & Associates, Inc, 1996.

[15] P. Greenspun. *Database backed Web Sites*. Carl Hanser Verlag München, 1998.

[16] A. T. Helmut Holz, Bernd Schmitt. *Linux für Internet und Intranet*. International Thompson Publishing, Bonn, 1998.

[17] S. Hetze, D. Hondel, M. Müller, and O. Kirch. *Anwender Linux Handbuch Leitfaden für die Systemverwaltung 6. Auflage*. LitetIX Softfair, Berlin/Dulles/Darmstadt, 1996.

[18] C. Hunt. *TCP/IP Network Administration*. O'Reilly & Associates, Inc., 1994.

[19] O. Kirch. *Linux Network Administrator's Guide*. O'Reilly & Associates, Inc, 1995. getty Prozeß einrichten für externe Einwahl.

[20] D. E. Knuth. *The Art of Computer Programming*. Four volumes. Addison-Wesley, 1968–90. Seven volumes planned (this is a cross-referenced set of BOOKs).

[21] D. E. Knuth. *Seminumerical Algorithms*, volume 2 of *The Art of Computer Programming*. Addison-Wesley, Reading, Massachusetts, second edition, 10 Jan. 1981.

[22] M. Kofler. *Linux Installation, Konfiguration, Anwendung*. Addison-Wesley, 1996.

[23] H. Kopka. *LaTeX eine Einführung*, volume 1. Addison-Wesley, 1995.

[24] H. Kopka. *LaTeX Ergänzungen*, volume 2. Addison-Wesley, 1995.

[25] H. Kopka. *LaTeX Erweiterungen, mit einer Einführung in METAFONT*, volume 3. Addison-Wesley, 1995.

[26] O. Kyas. *Sicherheit im Internet*. International Thompson Publishing, 1998.

[27] L. A. Lamport. *LaTeX A Document Preparation System*. Addison-Wesley, 1986.

[28] L. K. Matt Welsh. *Linux Wegweiser zur Installation & Konfiguration*. O'Reilly, 1996.

[29] A. S. Michel Goossens, Frank Mittelbach. *The LaTeX Companion*. Addison-Wesley, 1994.

Literaturverzeichnis

[30]   J. K. Ousterhout. *Tcl und Tk Entwicklung graphischer Oberflächen für das X Window System*. Addison-Wesley, 1995.

[31]   D. B. Röhrig. *Datenbanken mit Linux*. C&L-Verlag, Vaterstetten, 1998.

[32]   O. K. Sebastian Hetze, Dirk Hohndel. *Linux Anwenderhandbuch und Leitfaden für die Systemverwaltung*. LunetIX Softfair, 1995.

[33]   R. Sedgewick. *Algorithms in C++*. Addison-Wesley Publishing Company, Inc., 1992.

[34]   Suse-Autorenteam. *Installazione, Configurazione e primi passi 6.0*. Tradotto da Franca Delcarlo, Nürnberg/Fürth, 1999.

[35]   K. Washburn and J. Evans. *TCP/IP running a successful network*. Addison Wesley, 1994.

[36]   H. Werner and O. Borkner-Delcarlo. *A new geometric modeler for non-manifold objects*. A.A.Balkema, Rotterdam/Brookfield, 1995.

[37]   B. C. with Eric Allman & Neil Rickert. *Sendmail*. O'Reilly & Associates, Inc., 1994.

Index

Symbols
Änderungen 189
Überleben 101
LaTeX 104, 165, 170, 174
LaTeX-Beschreibung 175
Linux, vorinstalliert 43
OS/2$^{(c)}$2 174
TeX 165, 174
S.u.S.E. 103

A
Adabas D 14, 26, 27, 214–219, 224, 352, 355–357, 360, 362, 367, 368, 370, 381, 383, 384, 387, 390, 394, 400, 409, 411, 412, 460
Administration 215
Administrations-Tool 214
Administrationsaufwand 78
Administrationskosten minimieren 110
Administrator
  kostengünstiger Einsatz ... 130
Adreßraum 67
Adresse 180
AIX 91
Akronym 102
Aktionen 210
Alaska 102
Algebra, relationale 206
Alias-Namen 179
ALPHA-Maschine 29
ALPHA-Server 33
AltaVista 75
Analogzugang 73

Anfangskosten 99
Anforderungen 206
Anomalie 213
  Einfüge 213
  Lösch 213
  Update 213
Antwortzeiten 71, 215
Anwender 100, 181
Apache 230
Apache-Web-Server 10, 34
Apple 63
AppleShare-Datei 34
Applikationen 55
Applikationssoftware 55
Applikationsstarter 156
Applixware 89
Arbeitsplatz 80, 129
Arbeitsprozesse 136
ARS-Consulting GmbH München 202
Asha, K. 184
AT-Bus 41
ATAPI-CD-ROM 41
Atlas 5
Auflösung 172
Ausfallsicherheit 200
Ausgabeformate 172
Ausgangs-Datenbasis 206
Ausschreibung 102
Avantgardisten 101

B
B1 128
B2 128
B3 128

Bänder 48
Backup 48
Backup-Hardware 44
bash 493
Batterien 52
Baukasten-Prinzip 166
Baumstruktur 190
Bedieneroberfläche 192
Bedienung 165
Beispiel-Datenbasis 205
Benennung 196
Benutzer 127, 133
    identifizierbar 127
    Operation 127
    Password 127
Benutzer-ID-Nummer 197
Benutzeroberfläche 112
Berater 72, 202
Beraterfirma 106
Beratungsdienste 203
Bereichsgrenze 211
Betrachtungen 116
Betreiben eines Netzes 187
    Netz, lokales 187
Betriebssystem .... VIII, XI, 3–
    5, 7–16, 18–21, 23–25, 30,
    31, 33–36, 38, 39, 41, 62, 63,
    65, 71, 77, 78, 80–82, 85, 87,
    89–95, 100–102, 106, 110,
    116, 117, 121–123, 125–
    129, 132, 133, 135, 142,
    145–148, 153, 154, 157,
    160–163, 170, 174, 181,
    182, 185, 187, 189, 191,
    194, 199, 207–209, 224–
    226, 230, 233–235, 239,
    246, 247, 253, 267–270,
    272, 273, 275, 277, 283, 284,
    290, 297, 298, 301, 454, 457,
    458, 467, 468, 470, 472–
    474, 477, 479, 482, 485, 486,
    489, 490, 493, 495
Bibliotheken 197

Big Brother 147
Big-Tower-Gehäuse 50
Bildwiederholfrequenz 48
Billiganbieter 107
Binär-Baum 215
BIOS 41
BIOS I/O Adressen 91
Black-Box 44
Bookmarks 71
Branchen-Lösung 135, 202, 209
Braunsche Röhre 194
Broadcast-Adresse 67
Browser 71
Browsing 312
BSD 91
Burns, S. 184

C

C 271
C++ 151, 271
C-Programmierkenntnisse 195
C-Sicherheitsklasse 126
C-Standard 126
C/C++-Compiler 30
C1 127
C1-Systeme 127
C2 127
C2-Sicherheitsstandard 128
C2-Standard 127
C2-Voraussetzung 127
Caldera 33, 94
CD 26
CD-ROM-Laufwerk ... 42, 134, 196
CD-ROM-Writer 48
Channel 193
Checkliste 45
CISCO-Router 74
Claus, V 101
Client 35, 36, 112, 113, 115, 125,
    133–135, 140, 142, 143, 200
    ftp 486
Client-Rechner 48, 113, 193
Client-Server-Prinzip 112

Index

Client/Server 86, 110–112, 115, 116, 124, 268, 406
Clients 112, 196
Cobol 194
Codd, E. F. 206
Coddsches Modell 206
Compaq 38
composite key 218
Computer 193
Computer-Infrastruktur 37
Computerwelt 100
Constraint 218
Consultant 202, 203
Consulting-Firma 57, 202
CPM 8, 100
Cursor 218

D

Dachverband, Life 185
Daemon 193
Daemon-Schlüssel 193
Darstellungen, mathematische . 172
Dateibaum 195
Dateistruktur 196
Dateisystem 76, 190, 196
Daten
    Anomalie 213
    Integrität gewährleisten ... 213
Daten einfügen 212
Daten löschen 212
Daten suchen 212
Daten verändern 212
Datenbandbreite 73
Datenbank 136, 205, 206, 214
Datenbank-Bereich 80
Datenbank-Design 207, 208
Datenbank-Einsatz 215
Datenbankanwendungen 218
Datenbanken, andere 216
Datenbanken, relationale 205
    Adabas D 214
    andere Datenbanken 216
    Beispiel 206
    Datenbanken 214

etwas Theorie 205
mSQL 217
mySQL 218
Was ist eine Datenbasis? ... 209
Yard 216
Datenbankleistung 216
Datenbasis 112, 206, 207, 215
Datenbasis, Operationen auf ... 211
Datenbasis, was ist das? 209
Datenbestand 125, 133, 208
Datenhaltung 212
Datenmenge 210
Datenpakete 72
Datensichtgerät 494
Datenstation 494
Datev 180
Debian 94, 104
dec
    dec $VAR1 426
    dec $VAR1 $VAR2 426
    dec $VAR1 Ziffer 426
Dell 38
Desktop 145, 155
Dienste 115
Dienste in einem Linux-Netz .. 192
Dienste, benutzerorientiert 190
    Fremdrechner 188
    Gruppen 188
    Passwortkontrolle 188
    Zielmaschine 188
    Zugangsberechtigung 188
Dienste, geräteorientiert .. 187, 190
Dienste, maschinenorientiert .. 187
Digital Equipment 111, 194
DIP 424
    beep 425
    bootp 425
    break 426
    chatkey 426
    config 426
    databits 426
    dec 426
    default 426

dial ... 426
echo ... 426
errlvl ... 428
flush ... 426
get ... 426
goto ... 427
if ... 427
inc ... 427
init ... 427
local ... 429
locip ... 429
mode ... 427
modem ... 427, 429
mtu ... 429
netmask ... 427
onexit ... 427
password ... 428
port ... 429
port device ... 428
quit ... 428
remote ... 429
reset ... 428
rmtip ... 429
speed ... 429
Directories ... 197
Directory-Baum ... 189, 191
Directory-Struktur ... 189, 197
Directory-Struktur, verteilte ... 197
Diskette ... 191
Disketten-Laufwerk ... 191, 196
Display ... 117
Distribution ... 102
Dokumentation ... 128
Domain ... 68, 76
Domain-Name ... 65, 71
Doppelnamen ... 64
DOS ... 100, 114, 174, 272
Download-Bereich ... 184
Druckbetrieb ... 125
Drucker ... 53, 187, 191
Drucker-daemon ... 67
Druckerdienste ... 199
DTP ... 162

E

EDV-Infrastruktur ... 130
Edwards, S ... 97
EIDE ... 31, 42
EIDE-Standard ... 41
Einfüge-Anomalie ... 213
Einkaufstips ... 48
Einleitung ... 7
   File- und Print-Server ... 9
   XEROX PARK ... 8
Einrichten ... 134
Einrichtung ... 197
Einsatz, kommerzieller ... 191
Einsatz,kommerzieller ... 14
Einsatzgebiete ... 80
Einsatzszenario ... 125
Einschränkung ... 80
Einsparmöglichkeiten ... 202
Einzelplatzlösungen ... 100
Einzelplatzrechner ... 78
Einzelplatzsystem ... 132
Einzelpreise ... 57
EISA ... 41
EmTeX ... 174
Emacs ... 34, 197
Empfänger ... 189
Entscheidungshilfen ... 205
Entwicklerteam ... 111
Entwicklung ... 56
Entwicklung und Forschung ... 181
Entwicklungsoberflächen ... 114
ER-Modells ... 207
Ereignisse ... 113
Ethernet Switch oder Hub ... 49
Experten ... 208

F

FAQs ... 106, 110
Farbdrucker ... 54
Farbseparation ... 174
Fehleinschätzungen ... 100
Fehlerfreiheit ... 89
Fehlersituationen ... 101
Fensterliste ... 155, 156

Index

Festfrequenz-Monitore 114
Festplatte 47, 78, 191
Festplatte, physikalische 196
Festplatten-Kapazität 200
Festplatten-Schnittstelle 47
Filesystem 191
Fink, Werner 104
firewall 199
Firmendatenbank 208, 215
Firmeninteresse 130
Firmennetz 51, 133
Firmenumgebung 78
Flex9 100
Folgekosten 98
Formatieren 171
Formatierungsbefehle 172
Formatierungsinformation 166
Formeleditoren 171
Formeln 171
Framemaker 83, 102
Fremdrechner 116, 188–190
Fremdzugriff 126
Frontend 209
ftp . 115, 116, 187–190, 194, 195, 253, 254, 273, 440, 486
    Client 486
    Kuriosität 194
    Server 486
fvwm System 149
    Beschreibung 149
fvwm2 .... 148, 154

G

Garantie 38, 39, 56, 57
Garantie-Regelungen 59
Gateway 66
gcc 34
Gebühren 72
Gefangenen-Dilemma 27
Gehäuse 49
Gerätetreiber 196
Geschwindigkeit 92
Gestaltung 71
Gettys, J 111

gimp 86, 88
Glücksspiel 99
Gleichheit 211
GNU 30
GNU-Lizenz 102
Goossens, M. 165
Grafikausstattung 200
Grafikspeicher 48
Greenspun, Philip 208
Großhändler 54
Großhandel 39
Großrechner 192
groff 109
Group Commits 216
Grundausbaustufe 166
Grundfunktionen 166
Grundgebühr 73
Gruppen 188
Gruppeneigenschaften 209

H

Hacker 154
Hacker-System 209
Handbuch 102
Hardware 29, 196
Hardware, physikalische 191
Hardware-Ausstattung 200
Hardware-Forderungen 35
Hardware-Hersteller 54
Hardware-Kosten 99
Hauptspeicher 78
Hauptspeicherbereich, PDP8 .. 194
Heim-Computer-Bereich 101
Heller, J 119
Hersteller 54, 117
Hetze, S. 105
Hetze, Sebastian 30
Hilfe für Datenbank-Probleme . 108
Hilfe für Hardware-Probleme . 108
Hilfe für Netzwerkprobleme .. 108
Hoffnungsschimmer 56
Homepage 10, 70, 71, 73, 103
Hondel, D. 105
Host-Name 65

HOWTOs 110
HP 38, 201
HP-Maschine 29
HPUX 41, 91
HTML-Format 219
HTML-Interfaces 209
HTML-Seite 75
Hunt, Craig 65

I
I/O-Bedarf 216
I/O-Bereich 41
Iconleiste 159
ImageMagicks 34
Implikationen 133
Inbetriebnahme 201
inc
    inc $VAR1 427
    inc $VAR1 $VAR2 427
    inc $VAR1 Ziffer 427
Indexgrößen 214
Informationen 106
Informationsquellen 106
Informix 183, 184
Infrastruktur 55
    Schaden 131
Installation 93, 176, 197, 201
Intel 46
Interface 66, 187
Interleaf 102
Internet . XII, 7, 8, 10, 14, 17–19, 26,
    30, 40, 49, 63, 65, 66, 68–
    71, 73, 74, 76, 77, 86, 93, 94,
    103, 105, 108, 116, 128, 132,
    133, 135, 137, 149, 159, 175,
    182, 193, 198, 199, 208, 218,
    221, 223, 226, 227, 232–
    234, 256, 261, 262, 264,
    270, 271, 283, 291, 310,
    340, 343, 421, 422, 429,
    431, 432, 435–437, 440–
    442, 445, 448, 449, 470, 472,
    474, 477, 478, 491, 496, 497
    Größe 198

Was ist das? 198
Internet, Präsentation 221
Internets 21, 146, 191, 219, 221, 255,
    422, 429, 435, 440, 448
InterNIC 74
Interupts 41
Intervall-Daten 211
Intranet . 14, 63, 68, 93, 94, 131–133,
    193, 199, 264, 422
Intranets 199, 440
IP-Adresse 65, 67
IP-Interface 67
IP-Nummer 65
IP-Zuordnungen 180
IPX 30
    IPX/SPX 132
    NetBEU 132
    TCP/IP 132
IPX-Novell-Netware-Server 34
IPX/SPX 132
ISBN-Nummer 210
ISDN 232, 234, 431
ISDN-Karte 29, 40
ISP 69–73
    Transfer 73

J
Java . 19, 21, 176, 184, 185, 199, 209,
    217, 238, 400, 408
Java-Klasse 218
Java-Programm 199
JDBC 209
Jobs 192

K
Kaufman, L 13
KDE .... XII, 145, 150–161, 460–466
    Applikationsstarter 156
    Close-Button 160
    Fensterliste 156, 161
    File-Browser-Button 157
    Hilfe 159
    Hilfe-Button 161
    Kopfleiste 160

Maximize 160
Minimize 160
Password-Schutz 158
Reißnagel 159
Uhrzeit 159
Virtuelle Desktops 158
KDE starten 154
KDE-Projekt 153, 194
KDE-Projekts 153
KDE-Umgebung 155
Kempen, Fred N. van 30
Kernel 29
Kirch, Olaf 30, 65, 105, 116
Klamath 46
Klasse A1 128
Klasse B3 128
Klasse-B 127
Klasse-C-System 127
Klassifikation 127
    B 128
    B1 128
    B2 128
    B3 128
    Kriterien 127
Klimaanlage 192
Knuth, Donald E 165
Kofler, Michael 13, 65, 105
Kommando 193
Kommandozeile 118
Kommandozeilen-Modus 154
Komplettlösungen 37
Komplexitätsgrad 173
Konfiguration 179
Konfigurationsfenster 180
Konkurrenz 107
Konsole
    virtuelle 488
Kontakt 175
Koppelung 191
Kosten 98
Kostenanalyse 97
Kostendifferenz 99
Kostenfrage 97

Kredit 202
Krise 467
    Software 467
Kunden 208
Kundenkreis 74
Kundenwerbung 71

L

Lösch-Anomalie 213
Lampport, Leslie 165
LAN 199
Laufwerksbezeichner 195
Laufwerksbuchstabe 191
Laufwerksname 191
Layout 174
Layout-Funktionen 102
Layout-Mechanismen 171
Layout-System 171
Leistungsfähigkeit 80
Lendecke, Volker 30
License 30
Lieferzeit 58
Life 185
Link Control Protocol 430
Linus Torvalds 475
Linux als File- und Print-Server .. 9
Linux gegen NT 229
    Unix gegen NT 229
Linux-Anwender 11
Linux-Workstation 14, 15,
    55, 202, 209, 268, 282, 288,
    293, 294, 296, 298, 299, 323,
    334, 337, 339, 340, 451
Lizenz 79, 125
Lizenzkosten 134
Lizenzpolitik 218
Lizenzzahlungen 202
Lochkartenstapel 192
Logging 216
Login-Aufforderung 154
Login-Daten 190
Login-Prozeß 154
loopback 187
loopback-Interface 187

LunetIX 105
LunetiX 94

M

Macintosh 102
Macintosh-Rechner 34
Mainboard 39
man-Befehl 109
man-pages 106, 109
Manuskript 166
Marktanalysen 55
Maschine 195
Mathematiksatz 174
Mattes, Eberhard 174
Maus 22, 53
Maus als Bedienungselement .. 193
Mercedes-Benz 181
META-Elemente 76
Metafont 174
Microsoft .... X, 3, 4, 7,
   8, 12, 14, 21, 24, 31, 34, 35,
   71, 82–85, 88, 89, 101, 107,
   132, 133, 137, 146, 153, 160,
   185, 207, 208, 217, 224, 228,
   229, 234, 235, 269, 271–
   273, 278, 289, 307, 309–311,
   397, 431, 453, 459, 468, 472,
   473
Mini-Computer 100
MIT 111
Mittelbach, F. 165
mount 196, 197
MS-DOS 63, 131, 132, 248, 253
mSQL 217, 218
   Einschränkung 218
mSQL-Datenbank 217
multi-tasking . 78, 91, 114, 121, 122,
   224, 486, 489, 490
Multi-Threaded/Multi-Server-
   Architektur 216
Multiprozessor-Rechner 216
Multiprozessorsystem 216
mySQL 218

N

Nachfrage 58
Nachrichten
   Informix 184
   neue 183
   Oracle 183
NetBEU 132
NetBIOS 132, 274
NetBIOS-Daten 132
NetBIOS-Protokoll 133
Netscape 62, 179, 180
Netscape Communicator .. 178, 179
Netscape Navigator 175
Netscape-mail 179
Netware Novell 200
Network-File-Server 190
Netz, inhomogenes 14
Netz, lokales 187
Netz-Device 187
Netzanbindung 64
Netzdruckerdienste 187
Netzsegment 192
Netzteilnehmer 200
Netzwerk, Preise 99
Netzwerk-Management 200
Netzwerkbetriebssystem 63
Netzwerke 200
Netzwerkkarte 48
Netzwerkmanagement-Lösung 201
Netzwerkprotokoll 66, 132, 133
Netzwerksoftware 187
Netzwerkunterstützung 30
Netzzugang 116
   Intranet 199
Neustart 193
newsgroup 108–110, 229
newsgroups 108, 109
NFS 195
nfs 188, 190, 196, 197, 200, 247, 262,
   264, 265
NFS-File-Server 202
NFS-Serve 34
Node 422

Index

Normierung 29
Novell .. 132, 201, 324, 334, 340, 341
Novell-Architektur 201
Novell-Basis 201
Novell-Netware 201
Novell-Netz 132, 201
Novell-Router 202
Novell-Server 201
Novell-Software 202
nroff 109
nroff-Kommandos 109
nroff-Text 109
NT 99
NT-Lösung 98

O

Oberflächengestaltung 209
OEM-Version 36
Office-Paket 135, 137
Office-System 113
Openview 201
Operation 127, 210
Operatoren 211
Oracle 9
Oracle-Portierung 183
Ordinale-Daten 211
Ordnungskriterium 76
OS/2 .... 4, 31, 85, 110,
    112, 116, 151, 153–155, 158,
    160, 174, 191, 228, 270–
    273, 275, 315, 400, 458, 482,
    503
OSI 274
OTC-Computer-Geschäft 35
Ousterhout, John K. 149

P

Paketname 168
Panels 155
Paradigma, objektorientiertes .. 206
Partition 133
Password 127, 154, 194, 195
Password-Inhaber 129
Password-Kontrolle 188

PC-Bereich 78
PC-Hardware 31
PC-Markt 41
PC-Sektor 29
PC-Welt 77
PCI 29
PCI-Bus 42
PDP8 194
Perls 34
Permanente UPS 52
Photosatz 172
Photoshop 86
ping 253
Pipe 109
Pirsig, Robert M. 205
Plattenplatz 113
Plattformen 165
Plazieren von Abbildungen 172
plug and play 147
Pop-Up-Fenster 189
Postscript 134, 168, 219, 285,
    294–296, 298–301
Postscript-Drucker 134
Postscript-Format 109
PPP 430
Präsentationsgrafiken 136
Privatnachfrager 74
Programm 117
Programmierer 114
Programmprojekte 197
Programmteile 113
Provider 68, 69, 180
Prozeß 486
Prozeduren 218
Prozessorausfall 46
Publikationen 200
Publizieren
    AltaVista 75
    META-Elemente 76
    Web-Site 75–77
    WebCrawler 76

Q

Qualitäts-Anforderungen 58

QuarkXpress 83, 102
Quell-Code 30

R

R3-Modell 209
R3-Portierung 183
RAID05-System 200
RAID5-Level 42
Ratio-Daten 211
Rechenaufgaben 192
Rechenkapazität 192
Rechenzentrumsleiter 192
Recherche 57
Rechner-Architektur 133
Rechner-Infrastruktur 116
Rechnername 65
Rechnerpark 80
Rechnerschlüssel 193
Rechnertyp 191
Rechnerverbund 64
Red-Hat 33, 94, 104
Referenzdatum 211
Relation
    Gruppeneigenschaften 209
Relationenstruktur 218
Remote Procedure Call-Dienst . 196
remote shell 193
Ressourcen 188, 192
Restriktionen 65
Ritchie, D. 91
rlogin 188, 193, 477, 478
Rollce Royce 97
root-Password 72, 129
RPM 452
RSA-Schlüssel 193
rsh 193, 477, 478
RT11 100

S

Sachkenntnis 107
SAG GmbH 9
Samarin, A. 165
Samba 131, 190, 191
    Browsing 312

NetBIOS 274
OSI 274
Samba 2.0.3 304
Samba-File-Printserver 34, 131
Samba-Lösung 107
SAP 183, 209
Satzsystem 109, 170
Schadensausmaß 130
Schaltelement 156
Scheifler, B 111
Schlüsselpaar 193
Schlüsselworte 75
Schulungsraum 125
Schutzmechanismus 127
Schwachstellen 101
Schwaller, Tom 90
Schwill, A. 101
SCO 91, 98
SCSI 31, 42, 200
SCSI-2 39
SCSI-Platte 196
SCSI-Scanner-Interface 41
SCSI-Wide 39
Secure-Shell-Client 192
Secure-Shell-Protocol 192
Seitenreferenzen 165, 166
Sekundärdienste 69
Sender 189
Server 9, 35, 75, 87, 93,
    112, 115, 116, 128, 133–135,
    140, 142, 197, 199, 200, 268,
    273, 282, 283, 293
    Auswahl 224
    ftp 486
    Internet 68
    Intranet 68
Server im Windowsnetz 131
Server, eigener
    ISDN 232
Server, eigener
    Unix 225
    Apache 230
    ISDN 232

Index

Web-Site .. 72, 73, 227, 229, 230
Server-Betrieb 187
Server-Lösungen 199
Server-Maschine 113
Server-Message-Block 133
SEVENtwentyfour 222
sh 493
Shells 114
Sicherheit 126, 128, 187, 190
Sicherheitsniveau 127
Sicherheitsproblem 190, 192
Sicherheitsprotokoll 192
Sicherheitsstandard 193
Sicherheitsstufe 128
Sicherheitstechnik 130
Siemens 38
Siemens-Nixdorf-Rechner 43
Silicon Graphics 33
single-user 78, 79, 121, 122, 126, 132, 189, 283, 436
Sixt 181
Slakware 105
SLIP 422
SMB 133
Smith, Neale 189
SNMP-Protokoll 201
Software 55, 467
Software, freie 20
Software-Betreuung 33
Software-Hersteller 209
Software-Imperialismus 174
Software-Infrastruktur 97
Software-Konfiguration 38
Sound-Karte 41, 54
spamming 108
SPARC/Solaris 33
Speicherausbau 49
Spezialisten 55
SQL 217
SQL-Datenbanklösung 56
SQL-Datenmodellen 208
SQL-Operationen 216
SQL Anywhere 180

ssh 192, 193
sshd 193
Stückzahlen 58
Stabilität 92
Stallman, Richard M. 30
Standard-Produkte 135
Standard-Software 135
Standleitung 133
Stanford University 111
StarOffice 14, 62, 89
Struktur 125
Struktur, logische 191
Suchergebnis 175
Suchmaschine 75, 76
Sun 33, 98
Support 80, 106
Support-Firma 107
Support-Szenarien 106
SuSE 94
Sybase 180, 181
Systemadministration 100, 101
Systemadministrator 55, 72, 82, 100, 127
Systemstart 191

T

T1-Anschlusses 49
Tabellenkalkulation 205, 207
Tabellenkalkulationsprogramm 135
Tastatur 52, 154
Tcl/Tk 34, 149
TCP/IP 30, 113, 132, 201
TCP/IP-Lösung 201
TCP/IP-Pakete 132
TCP/IP-Protokoll 132, 133
TCP/IP-Stack 63
tcsh 493
TeTeX 174
TeTeX-Version 174
Technologie 91
Teilnehmer 193
Telekom 181
telnet 33, 115, 116, 187, 188, 190, 192–195,

230, 253, 273, 477, 478
Kuriosität 194
Sicherheitsproblem 192
vertrauenswürdig 193
telnet-Sicherheitsproblem 192
Terminal 129
TeX 165
Texterfassung 172
Textfenster 154
Theorie 205
Thompson, K. 91
Tivoli 201
TkDesk 161
TME 201
Torvalds 475
Torvalds Linus 475
Torvalds, Linus 29
Transaktions-Management 216
Transaktionsende 216
Transfer 195
Transferprotokoll 132
Transportprotokoll 132
Transportschicht 132
Tricks 76
Tridgell, A 9
troff 109
twm 149, 150
Typisierung 210

U

ugidd 265
Umbruch-Mechanismus 171
Umfeld 68
Umgebung 134, 155
Umgebungsvariablen 114
Unbequemlichkeit 189
Universität 82, 182
Unix 11, 13, 15, 20,
24, 25, 29–31, 33–35, 41, 45,
62, 64, 71, 77, 78, 82, 85, 91,
92, 100, 101, 104, 106, 107,
110–112, 114–118, 125–129,
131–135, 138, 140, 146,
147, 149, 151, 153, 154,
158, 162, 166, 187, 192–
196, 203, 224–229, 253,
254, 257, 267, 268, 270–
273, 277, 283–286, 294,
296–301, 308, 322, 325,
358, 436, 451, 452, 459, 461,
481, 482, 484, 486, 488, 490,
495, 513
Unix-Produkte 99
Unix-System 475
Unix-Systeme 20, 114
Unix-Systemen 20, 110
Unix-Workstation 298
Untermasken 67
Unternehmensgründer 11
Unternehmensgründung 217
Unternehmensstruktur 130
Unternehmer 11
Unternehmung 125, 202
Update-Anomalie 213
UPS 51
UPS, geschaltet 52
UPS-Einheit 51, 52, 200
USENET 31
User-Daten 190
User-Identifizierung 188
User-Name 65

V

Verbindung 193
Verbindungsaufnahme 195
Verdipus 5
Vergleichsoperatoren 211
Vergleichsoperatoren, logische . 211
Verkehr 133
Vernetzung . 100, 101, 125, 191, 192
Verzeichnisbaum 196
Vesa-Local-Bus 41
vi 226
View 218
VNC 234
VNC, was ist das? 234
VNC-Server 235
Volkerding, Patrick 30

Index

Volkshochschule 125
Volkswagen 97

W

W3-mSQL 218
Wahlmöglichkeit 132
Web-Server ... 72, 73, 224, 229–232, 422
Web-Server-Applikation 218
Web-serving-Computers 72
Web-Site . 8, 72, 73, 75–77, 208, 227, 229–231
WebCrawler 76
Welche Hardware? 34
Welsh, M 13
Weltanschauung 106
Wer verwendet Linux? 181
Widerspruch 102
Windows .... IX, 7, 9, 12, 14, 16, 24, 31, 34, 37, 41, 55, 63, 80–83, 87, 94, 95, 100, 102, 106, 107, 110, 116, 121, 125, 126, 131–135, 137–139, 152, 153, 158, 160, 161, 174, 187, 190–192, 195, 207, 217, 227, 228, 239, 253, 254, 257, 267–269, 272, 277–279, 282–289, 291–294, 296, 298, 299, 301–304, 310, 311, 313–315, 368, 434, 457–459, 472, 473
Windows 3.0 253
Windows 3.1 110, 114, 131, 132, 253
Windows NT ...... IX, 4, 12, 13, 24, 25, 37, 43, 55, 71, 82, 83, 87, 93, 97, 99, 101, 107, 110–112, 121, 125–128, 132–134, 146, 151, 157, 191, 224, 225, 227–231, 233, 234, 246, 270, 278–281, 287, 289, 291, 307, 309–311, 313–317, 451, 473, 482
Windows NT-Server 314
Windows-NT 146
Workstation 30
Wunschliste 56
Wurzel 196
WYSIWYG-Editor 110, 166, 171

X

X 95, 110, 111, 113, 115–117, 123, 146, 151, 154, 157, 158, 194, 229, 234–237, 248, 419, 461, 464, 466, 497
X-Server 113
X-System 34, 111–114, 466, 497
    Anwenden von X 114
X-Terminal 77
X-Terminals 80
X-Verbindung 193
X-Version 11 111
X-Window-System 110, 462
X11 .... 30, 149
X11R3 111
X11R4 111
X11R5 111
X11R6 111
XEROX PARK 8
XFree86 114
xftp 189
    Directory-Baum 189
    Empfänger 189
    Password-Übergabe 189
    Rechnername 189
    Sender 189
    User-Name 189
    Zielmaschine 189
    Zielrechner 189

Y

Yahoo 76
Yard 10, 14, 216, 217
YaST ... 261, 356, 416, 432–434, 438
Yet another Setup Tool 260
Yggdrasil 94, 105

Z

Zähler 173
Zeilenniveau 216
Zielmaschine 188, 189
Zugangsberechtigung 188
Zugriff
    nichtautorisierter 130
        Risikofall 130
        Sicherheit 130
Zusatzpaket 218
Zuse, Konrad 198

Hanser - Fachbücher für Computer, Technik und Wirtschaft

Entscheidung für Linux:
Installation, Konfiguration, Funktion

Genau hier setzt das Buch an. Es reduziert den Umfang des zu lesenden Textes auf das erträgliche und sinnvolle Maß. Aufeinander aufbauend werden grundlegende Zusammenhänge erklärt, so daß der Leser zum Ende hin in der Lage ist, sein Linux-System zu beeinflussen und gemäß seinen Bedürfnissen zu gestalten.

Aus dem Inhalt

- Ein paar Worte zu Linux
- Installation
- Umgang mit Linux
- Dateien und Verzeichnisse
- Editoren (Joe, Vi)
- Die Shell
- Zugriffsrechte
- Kommandos
- Archive
- Gerätedateien
- Systemverwaltung
- Kernel bauen
- Internetzugang
- Shellprogrammierung
- Drucken
- Die Oberfläche KDE
- X im Detail
- Programmierung von X-Windows

Die beigefügte CD-ROM enthält die Debian-Linux-Distribution Version 1.3.1 mit KDE von J.F. Lehmanns.

Kai Petzke
Linux
verstehen und anwenden
713 Seiten. 51 Abb. 75 Tab. 1998. Kartoniert mit CD-ROM.
ISBN 3-446-19074-0

Zu Linux gibt es eine Fülle von Dokumentationen in unterschiedlichen Formen. Auf den Anfänger wirkt diese Vielfalt absolut erschreckend. Die Frage kommt auf: „Was, soviel muß ich lernen, bevor ich Linux verstanden habe?"

Fax (0 89) 9 98 30-269

Carl Hanser Verlag

Postfach 86 04 20, D-81631 München
Tel. (0 89) 9 98 30-0, Fax (0 89) 9 98 30-269
eMail: info@hanser.de, http://www.hanser.de

HANSER

Hanser – Fachbücher für Computer, Technik und Wirtschaft

Risiken richtig einschätzen – Schutzmaßnahmen ergreifen

Der Autor erläutert die Gefahren bei der Nutzung des Internet und ermöglicht dem Leser so, das eigene Risiko richtig einzuschätzen. Darauf aufbauend stellt er die unterschiedlichen Schutzmöglichkeiten dar.

Praxisnahe Tips und viele Konfigurationsbeispiele ermöglichen es Profis, ein Firmennetz gegen Angriffe abzusichern und privaten Nutzern, ohne Ängste durch das Internet zu surfen.

Aus dem Inhalt
- allgemeine Grundlagen
- Gefährdungen bei der Nutzung des Internet
- Verschlüsselung
- Auswahl, Einrichtung und Betrieb einer Firewall
- Informationsserver
- Browser
- Remote-Access und Telearbeit
- Anonymität, Privatsphäre und Recht im Internet
- Electronic Commerce

Kai Fuhrberg
Internet-Sicherheit
Browser, Firewalls und Verschlüsselung
438 Seiten. 96 Abb. 36 Tab. 1998.
Gebunden
ISBN 3-446-19400-2

Dr. Kai Fuhrberg ist im Bundesamt für Sicherheit in der Informationstechnik (BSI) für den Bereich Internet-Sicherheit zuständig.

Im Anhang finden sich ein Beispiel für eine Benutzerordnung für das Internet, ein Notfallplan, wichtige Informationsquellen zur Internet-Sicherheit und eine Liste nützlicher Programme mit einer Kurzbeschreibung ihrer Funktionsweise.

Carl Hanser Verlag

Postfach 86 04 20, D-81631 München
Tel. (0 89) 9 98 30-0, Fax (0 89) 9 98 30-269
eMail: info@hanser.de, http://www.hanser.de

HANSER